KLEINES BIBELLEXIKON

neukirchener
aussaat

MIX
Papier aus verantwortungsvollen Quellen
FSC
www.fsc.org
FSC® C083411

Dieses Buch wurde auf FSC®-zertifiziertem Papier gedruckt.
FSC (Forest Stewardship Council®) ist eine nichtstaatliche,
gemeinnützige Organisation, die sich für eine ökologische und
sozialverantwortliche Nutzung der Wälder unserer Erde einsetzt.

Bibliografische Information der Deutschen Nationalbibliothek

Die Deutsche Nationalbibliothek verzeichnet diese Publikation in der Deutschen Nationalbibliografie; detaillierte bibliografische Daten sind im Internet über http://dnb.d-nb.de abrufbar.

4. Auflage 2015 der überarbeiteten Ausgabe

Umschlaggestaltung: Andreas Sonnhüter, www.sonnhueter.com, unter Verwendung der Bilder von © april70, Stavchansky Yakov, Banana Republic images, irisphoto1, jsp, Karol Kozlowski, kavram, George Dukinas, andersphoto, ChameleonsEye, shutterdandan, Bakusova / shutterstock.com
Gesamtherstellung: CPI – Ebner & Spiegel, Ulm
Printed in Germany
ISBN 978-3-7615-6258-1

www.neukirchener-verlage.de

VORWORT

Die Bearbeiter dieses Lexikons wollen dem Leser helfen, den Bibeltext besser zu verstehen, da er im Laufe vieler Jahrhunderte, zum Teil im Bereich fremder Kulturen und Denkwelten, enstanden ist. Die dadurch gegebene Vielartigkeit der biblischen Begriffe will dieses Lexikon versuchen aufzuzeigen und zu klären. Der Leser wird deshalb bei vielen Stichworten entsprechende Hinweise finden.

Die Bibel ist kein Schul-Geschichtsbuch – es kommt ihr nämlich nicht auf Schilderungen historischer Ereignisse an. Wenn ein Historiker mit Recht sagt, eine bestimmte Überlieferung könne historisch nicht richtig sein, ist das noch kein Grund zum Zweifel an der Wahrheit der Bibel oder zur blinden Ablehnung aller Geschichtswissenschaft; seine Behauptung wird vielmehr zum Anlass für die Überlegung, welche Absicht die Bibel mit dem betreffenden Text verfolgt (vgl. z. B. das Stichwort „Ai") und was er für die heutige Zeit bedeutet. Das Ziel dieser Überlegungen ist nicht, den Leser zu einer gewaltsamen Änderung seiner bisherigen Auffassung zu führen, sondern durch biblische Theologie eine Gemeinsamkeit christlichen Lebens anzuregen, die als Voraussetzung ökumenischer Verständigung angesehen werden kann.

Dieses Lexikon kann die großen biblischen und allgemein-theologischen Fachlexika nicht ersetzen. Bei einzelnen Stichworten wird der Leser verschiedene Antworten erhalten. Diese sollen ihn auf die Vielschichtigkeit biblischer Fragen aufmerksam machen.

Durch Themen wie z. B. Ehe, Liebe, Freude, Leid und Staat möchten wir nicht nur diejenigen informieren, welche regelmäßig in der Bibel lesen, sondern alle, die an diesen Fragen interessiert sind.

Dass dieses Kleine Biblellexikon die Erwartungen des Lesers erfülle, wünschen

Bearbeiter und Verlag

VERZEICHNIS DER ABBKÜRZUNGEN FÜR DIE BIBLISCHEN BÜCHER

Am	Das Buch Amos
Apg	Apostelgeschichte des Lukas
Bar	Das Buch Baruch (griechisch)
1 Chr	Das 1. Buch der Chronik
2 Chr	Das 2. Buch der Chronik
Dan	Das Buch Daniel
Dtn	Deuteronomium (5 Mose)*
Eph	Der Brief an die Epheser
Esra	Das Buch Esra
Est	Das Buch Ester
Ex	Exodus (2 Mose)
Ez	Das Buch Ezechiel (= Hesekiel)
Gal	Der Brief an die Galater
Gen	Genesis (1 Mose)*
Hab	Das Buch Habakuk
Hag	Das Buch Haggai
Hebr	Der Brief an die Hebräer
Hld	Das Hohelied (= Das Hohelied Salomos)
Hos	Das Buch Hosea
Ijob	Das Buch Ijob (= Hiob)
Jak	Der Brief des Jakobus
Jdt	Das Buch Judith
Jer	Das Buch Jeremia
Jes	Das Buch Jesaja
Joh	Das Evangelium nach Johannes
1 Joh	Der 1. Brief des Johannes
2 Joh	Der 2. Brief des Johannes
3 Joh	Der 3. Brief des Johannes
Joel	Das Buch Joël
Jona	Das Buch Jona
Jos	Das Buch Josua
Jud	Der Brief des Judas
Klgl	Die Klagelieder des Jeremia
1 Kön	Das 1. Buch der Könige
2 Kön	Das 2. Buch der Könige
Koh	Das Buch Kohelet (Pred = der Prediger Salomo)*
Kol	Der Brief an die Kolosser
1 Kor	Der 1. Brief an die Korinther
2 Kor	Der 2. Brief an die Korinther
Lev	Levitikus (3 Mose)*
Lk	Das Evangelium nach Lukas
1 Makk	Das 1. Buch der Makkabäer
2 Makk	Das 2. Buch der Makkabäer
Mal	Das Buch Maleachi
Mi	Das Buch Micha
Mk	Das Evangelium nach Markus
Mt	Das Evangelium nach Matthäus
Nah	Das Buch Nahum
Neh	Das Buch Nehemia
Num	Numeri (4 Mose)*
Obd	Das Buch Obadja
Offb	Die Offenbarung des Johannes
1 Petr	Der 1. Brief des Petrus
2 Petr	Der 2. Brief des Petrus
Phil	Der Brief an die Philipper
Phlm	Der Brief an Philemon
Ps	Die Psalmen
Ri	Das Buch der Richter
Röm	Der Brief an die Römer
Rut	Das Buch Rut
Sach	Das Buch Sacharja
1 Sam	Das 1. Buch Samuel
2 Sam	Das 2. Buch Samuel
Sir	Das Buch Jesus Sirach
Spr	Das Buch der Sprichwörter (= Die Sprüche Salomos)
1 Thess	Der 1. Brief an die Thessalonicher
2 Thess	Der 2. Brief an die Thessalonicher
1 Tim	Der 1. Brief an Timotheus
2 Tim	Der 2. Brief an Timotheus
Tit	Der Brief an Titus
Tob	Das Buch Tobit (= das Buch Tobias)
Weish	Das Buch der Weisheit (= Die Weisheit Salomos)
Zef	Das Buch Zefanja

* In der Tradition der Luther-Bibel werden die in der Klammer angegebenen Bezeichnungen gebraucht.

SONSTIGE ABKÜRZUNGEN

Abb.	Abbildung(en)	N	Nord(en)
Abk.	Abkürzung(en)	NO	Nordost(en)
äg.	ägyptisch	NW	Nordwest(en)
allg.	allgemein	n. C.	nach Christus
AO	Alter Orient	n	nördlich
aor.	altorientalisch	no	nordostwärts
arab.	arabisch	NT	Neues Testament
aram.	aramäisch	ntl.	neutestamentlich
armen.	armenisch	nw	nordwestlich
assyr.	assyrisch	o. Ä.	oder Ähnliche(s)
AT	Altes Testament	ö	östlich
atl.	alttestamentlich	O	Ost(en)
bab.	babylonisch	or.	orientalisch
bes.	besonders	par	und Parallelstelle(en)
bzw.	beziehungsweise	pers.	persisch
bibl.	biblisch	phön.	phönikisch
betr.	betreffend	Pl.	Plural, Mehrzahl
ca.	circa/etwa	rabb.	rabbinisch
christl.	christlich	röm.	römisch
d. Ä.	der Ältere	s	südlich
d. Gr.	der Große	S	Süd(en)
d. h.	das heißt	SO	Südost(en)
d. J.	der Jüngere	SW	Südwest(en)
ev.	evangelisch	semit.	semitisch
Ev	Evangelium	s. o.	siehe oben
Evv	Evangelien	sö	südöstlich
evtl.	eventuell	sog.	so genannt
f	folgender Vers, folgende Seite	sw	südwestlich
ff	die beiden folgenden Verse bzw. Seiten	s. u.	siehe unten
		syr.	syrisch
gest.	gestorben	s. Z.	seiner Zeit
griech.	griechisch	theol.	theologisch
hebr.	hebräisch	u. a.	und andere/unter anderem
hl.	heilig	u. Ä.	und Änlich(e)
HS	Heilige Schrift	ü. d. M.	über dem Meeresspiegel
Hs(s)	Handschrift(en)	udgl.	und dergleichen
i. J.	im Jahr	u. ö.	und öfter
isr.	israel(it)isch	urspr.	ursprünglich
Jh.	Jahrhundert(e)	usw.	und so weiter
Jt.	Jahrtausend(e)	v.	von, vor
jüd.	jüdisch	V(v)	Vers(e)
Kap	Kapitel	v. C.	vor Christus
kath.	katholisch	Vg	Vulgata
lat.	lateinisch	vgl.	vergleiche
LXX	Septuaginta	viell.	vielleicht
m	Meter	w	westlich

W	West(en)	Zushg.	Zusammenhang
wahrsch.	wahrscheinlich	zw.	zwischen
wörtl.	wörtlich	z.Z.	zur Zeit
Z.	Zeile	→	Verweiszeichen: schlage auch das auf → folgende Stichwort (bzw. eine Ableitung davon) nach.
z.B.	zum Beispiel		
z.St.	zur Stelle		
z.T.	zum Teil		

In der alphabetischen Anordnung ist ä wie ae behandelt, ö wie oe und ü wie ue.

Da z.B. die hebr. und die griech. Sprache einen anderen Lautbestand haben als die deutsche, kann man Namen usw. meist nur annähernd in Umschrift wiedergeben, ohne Zusatzzeichen (z.B. Punkte, Akzente zu verwenden, die z.T. sehr ungewohnte Wortbilder ergeben würden. Darauf wurde verzichtet. Es gibt verschiedenartige Versuche, die Laute des Urtextes in unserer Sprache zu umschreiben. Unser Lexikon kann sie nicht alle berücksichtigen. Wenn also einem Leser eine bestimmte Form der Umschrift geläufig ist, kann derselbe Begriff in anderer Umschrift im Lexikon behandelt werden. So mag man z.B. erwarten:
statt *c* oft *k* (z.B. statt *Cyrus* = *Kyros*),
statt *h* oft *ch* (z.B. statt *Ahab* = *Achab*),
statt *ch* gelegentlich *k* (z.B. statt *Karchemisch* = *Karkemisch*),
statt *ss* oft *s* oder *sch* (z.B. statt *Asser* = *Ascher*),
statt *z* oft *s* (z.B. statt *Zion* = *Sion*),
statt *th* oft *t* (z.B. statt *Thekoa* = *Tekoa*).
Ein weiteres Problem bildet die Schreibweise der bibl. Eigennamen (einschl. der Autoren der bibl. Bücher): Auf der einen Seite stehen da die Formen, die auf Grund der hebr. Textüberlieferung jüd. Gelehrte vor etwas mehr als einem Jahrtausend festgelegt haben. Auf der anderen Seite stehen die Formen, die von den Übersetzern des AT ins Griech. (LXX, vor mehr als zwei Jahrtausenden) gebraucht wurden und einerseits den damaligen Lautbestand der hebr. Sprache, andererseits den Charakter der griech. Sprache berücksichtigten. Dieser letzteren Form folgten die lat. Bibelübersetzung und die Mehrzahl der modernen kath. Wiedergaben; der zuerst genannten Form folgen (zum größten Teil) die Reformatoren. Dadurch ergaben sich in deutschen Bibelübersetzungen beträchtliche Unterschiede: So stehen etwa neben Abidas oder Sophonias (griech.-lat.-„kath.“): Obadja bzw. Zefanja. Diese Unterschiede sind keine Prinzipienprobleme, sondern historische „ Zufälligkeiten“. Wir bitten unsere Leser, sich nicht daran zu stoßen, wenn eine Form gebraucht wird, die ihnen nicht geläufig ist. Bei den Lexikon-Stichwörtern haben wir jeweils an beide Formen der Namenschreibung gedacht und z.Teil. ausdrücklich von der einen auf die andere verwiesen.

A

A (*alpha*) und **O** (*omega*), erster und letzter Buchstabe des griech. Alphabets, bezeichnen Gott, den Anfang und das Ende von Welt und Geschichte (Offb 1,8; 21,6; vgl. Jes 41,4; 44,6; 48,12). In Offb 22,13 wird der erhöhte Christus so genannt (vgl. Offb 1,17; 2,8).

Aaron (hebr. Bedeutung unbekannt). Anders als „Mose" nur in jüngeren Überlieferungen. Danach Bruder des → Mose (Ex 4,14; 6,20) und sein Helfer (z.B. Ex 7,1; 17,10–13; 19,24). Nach einem Zweig der Überlieferung (→ Mosebücher) verfertigt er ein goldenes Kalb (→ Stier), lehnt sich gegen Mose auf (Ex 32,1–6.21–24; Num 12,1–15; vgl. Apg 7,40f), stirbt auf dem Berg Hor (Num 20,22–29; 33, 38f; Dtn 32,50; nach Dtn 10,6 aber in Moser).
Nach einem anderen Zweig der Überlieferung Stammvater der „Söhne A.s", einer wichtigen Priesterklasse (Ex 28,1), der Erste → Hohepriester (Ex 28f; 39; Lev 8–10). Die gesamte Priesterschaft heißt daher „Haus A." (Ps 115,10.12; 118,3; vgl. Lk 1,5). „Aaronitischer Segen" heißen die Worte Num 6,24–26.
Durch den Hohenpriester Jesus ist die frühere Priesterschaft überholt (Hebr 7,11–19).

Abaddon Ort des Verderbens, Untergangs (Ijob 26,6; 28,22; 31,12; Ps 88,12; Spr 15,11); personifiziert Ijob 28,22; Offb 9,11 („Engel des Abgrundes", griech. *apollyon*).

Abana Einer der Hauptflüsse des Gebietes von → Damaskus (2 Kön 5,12; Variante: Amana). Heute: *nahr baradah*.

Abba Aus dem Aram. stammende Anrede im NT = Vater (familiärer Ausdruck); Jesus gebraucht zum ersten Mal dieses Wort im Gebetsverkehr mit Gott (Mk 14,36); diese Anrede wurde auch von den griech. sprechenden Christen übernommen (Röm 8,15; Gal 4,6).

Abbild → Bild

Abdias → Obadja

Abdon („dienstbar") Name mehrerer Personen, z.B. eines „kleinen" → Richters (Ri 12,13ff; → Barak). Auch eine Stadt im Gebiet des Stammes Ascher (→ Stämme) heißt A. (Jos 21,30).

Abel
1) (vgl. hebr. *hebel* = Vergänglichkeit) Nach Gen 4,2 zweiter Sohn → Adams und → Evas, nach Gen 4,8 von seinem älteren Bruder → Kain erschlagen (vgl. Weish 10,3). Gott nahm das Opfer des A. an, das des Kain aber nicht (→ Nomaden). Im NT gilt A. als Märtyrer (Mt 23,35 par) seines Glaubens (Hebr 11,4) und seiner Gerechtigkeit (1 Joh 3,12).
2) („Bach") Teil mehrerer Ortsnamen (z.B. Abel-Keramim, Abel-Mizrajim).

Abel-Bet-Maacha Aram. Stadtstaat im N → Palästinas (2 Sam 20,14f), durch den König von → Damaskus erobert (1 Kön 15,20), durch Tiglat-Pileser III. → Assyrien eingegliedert (2 Kön 15,29).

Abendmahl Alle Berichte vom A. sind bereits im NT von der Form der urchristl. liturgischen Feier gefärbt, Mt 26,20–30; Mk 14,17–26 z.T. stärker als Lk 22,14–20; 1 Kor 11,23–25 (vgl. auch Joh 13,1–30). Umstritten ist, ob das A. isr. Passa-Mahl war (vgl. Mk 14,12–16 par; Joh 18,28; Lk 22,15 meint viell. bereits das „neue" Pascha; vgl. Kalender von → Qumran). Was Jesus sagte, lässt sich nicht mehr genau feststellen (Mk 14,22–25 oder 1 Kor 11,23–25 oder eine dritte Form, z.B. unter stärkerer Berücksichtigung von Lk ?).
Das A. wird uns geschildert als Umstiftung des Pascha-Mahles, als Mahl eines neuen → Bundes; Jesus selbst wird „Opfer für die Vielen" genannt. Es soll zu seinem Gedächtnis wiederholt werden (nicht nur in pietätvollem Gedenken, sondern als Geschehen in der Gegenwart). In der Urkirche nannte man die Wiederholung z.B. „Brotbrechen", „Danksagung" (*eu-*

charistia). Sie stiftet Gemeinschaft und geschieht im Ausblick auf die → Wiederkunft. Im „Brotwort" („das ist mein Leib") und im „Kelchwort" („das ist mein Blut") weist Jesus auf sich selbst; über die Auslegung dieser Stellen geht die Auffassung der Exegeten weit auseinander, bedingt nicht zuletzt durch ihr Vorverständnis, das sich kaum durch rein bibelwissenschaftl. Methoden gewinnen lässt. Eine Auslegung, bei der die betreffenden Stellen als vom Zusammenhang losgelöst betrachtet werden, ist bibelwissenschaftl. nicht vertretbar.

Abendopfer → Opfer

Aberglaube Die Auffassung, übernatürliche Kräfte oder Erkenntnisse seien in Dingen oder Handlungen gegenwärtig, obwohl sie solche Kräfte nicht haben (Beispiele: Amulett zum Schutz vor bösen Dämonen oder vor dem „bösen Blick", → Totenbeschwörung, → Wahrsagerei, → Zauberei). Eine typisch isr. Form des A. war das Vertrauen, der Jerusalemer → Tempel würde allein durch sein Vorhandensein vor allen Gefahren schützen (Jer 7,4; Mi 3,11).

Abfall → Umkehr

Abgabe → Erstlingsgabe, → Steuer

Abgötterei Der isr. Bundesgott gilt als einziger Gott; daher ist jeder Kult anderer Götter A. (vgl. Ex 20,3–5; Lev 19,4; Dtn 4,35; 5,7–9), ob man sie als „Nichtse" (vgl. Ps 31,7; Jer 2,5; 18,15; Jona 2,9) verstand oder als Dömonen (vgl. Dtn 32,17; Ps 95,3; 97,7; 106,37; Bar 4,7) → Götzendienst.

Abgrund → Unterwelt, → Urflut

Abib → Kalender

Abigajil („der Vater ist erfreut"?)
Frau des Nabal, die David nach dem Tod ihres Mannes heiratet (1 Sam 25,2–42).
Eine Schwester Davids (1 Chr 2,16) LÜ: Abigal).

Abihu („Vater ist ER") Nach späterer Überlieferung zweiter Sohn → Aarons, mit seinen drei Brüdern als Priester angestellt, starb kinderlos zur Strafe für eine rituelle Übertretung (Ex 6,23; 28,1; Lev 10,1).

Abija („Vater ist Jahwe"), Name verschiedener Personen, z. B.:
1) 2. König von Juda (ca. 916–914 v. C.), der den König → Jerobeam von Israel besiegte (1 Kön 15,1–8; 2 Chr 13,1–23).
2) 2. Sohn des Propheten → Samuel, mit seinem Bruder Joel → Richter in Beerscheba (1 Sam 8,2f).
3) Haupt eines Priestergeschlechtes, dem → Zacharias, der Vater Johannes des → Täufers, angehörte (Lk 1,5).

Abimelech („Vater ist der Gott Malchu") Name mehrerer Personen, z. B.:
1) In Gen 20 König von Gerar, der → Sara, angeblich → Abrahams Schwester, zu sich holte. Als er im Traum erfuhr, dass Sara in Wirklichkeit Abrahams Frau war, gab er sie zurück (Parallelerzählung zu Gen 12,10–20; vgl. Gen 26,1–11).
2) Natürlicher Sohn des → Gideon (= Jerubbaal), der ein Blutbad unter seinen Brüdern anrichtete und sich dann zum König über Israel in → Sichem ausrufen ließ. Er starb durch einen vom Turm herabgeworfenen Mühlstein (so Ri 9).

Abinadab („Vater hat sich freigebig gezeigt") Name mehrerer Personen, z. B.:
1) Mann aus Kirjat-Jearim, der die → Bundeslade in seinem Haus hatte, bis sie David nach Jerusalem überführte (1 Sam 7,1; 2 Sam 6,3).
2) Ein Sohn Sauls, der mit ihm fiel (1 Sam 31,2).

Abiram („Vater ist erhaben")
1) Nach späterer Überlieferung Teilnehmer an der Empörung der Rotte Korach (Num 16,1; Ps 106,17).
2) Sohn des Hiël (1 Kön 16,34; → Jericho).

Abischag Junge Frau aus Schunem, die David im Alter pflegte und nach dessen Tod von → Adonija zur Frau begehrt wurde (1 Kön 1,3f; 2,13–25).

Abischai (hebr. Bedeutung unsicher). Angeblich Bruder Joabs und Sohn von Davids Schwester Zeruja (1 Chr 2,16), Davids treuer, gewalttätiger Waffengefährte (1 Sam 26,6–9; 2 Sam 2,18–24; 21,16f), später Feldhauptmann (vgl. 2 Sam 10,6–14; 18,2.5.12; 20,6). → Joab und A. (2 Sam 3,30) ermordeten → Abner (2 Sam 3,23–27; → Blutrache). Wegen seiner Rachsucht verfluchte ihn David (2 Sam 3,28–30).

Abjatar Sohn des Priesters → Ahimelech, entkam als Einziger seines Geschlechts dem Blutbad des → Saul (1 Sam 22,20). Priester unter David (2 Sam 8,17). Im Kampf um die Nachfolge Davids stellte er sich gegen → Salomo auf die Seite des → Adonija und wurde verbannt (1 Kön 2,26f).

Abner („Vater ist Licht“) Neffe und Heerführer → Sauls (1 Sam 14,50f; 17,55), machte gegen die Absichten Davids den Sohn Sauls zum König über Israel (2 Sam 2,8–3,1), ging später zu David über und wurde von → Joab und → Abischai aus → Blutrache ermordet (2 Sam 2,12–3,30).

Abraham Erster der drei Erzväter. Seine „Geschichte“ in Gen 11,27–25,10 ist in langer Überlieferung gewachsen. Neben Erzählungen von A. finden sich solche, die urspr. Isaak und Jakob galten oder unabhängig von ihnen entstanden sind (so etwa Gen 22,1–19). Der geschichtl. A. stammt aus → Haran (erst späte Überlieferung lässt ihn aus dem „Ur der Chaldäer“ kommen). Die Namen seiner Verwandten sind in der Umgebung Harans als Ortsnamen bezeugt. Von dort bricht A. im Zuge des Weidewechsels oder im Verlauf der langsamen Ausbreitung der → Aramäer auf. Dieser Aufbruch ist für die Bibel nicht Zufall, sondern Führung Gottes (Gen 12,1). A. kommt nach Kanaan. Dort erhält er – wohl am Heiligtum in → Sichem – die Verheißung von Landbesitz und Nachkommen (Gen 15). A. verehrt den Gott seiner Sippe, den er nach bibl. Überlieferung mit El (→ Namen Gottes), dem Hochgott des syr.-kanaan. Raumes, gleichgesetzt. Als ersten Anteil am verheißenen → Land erwirbt A. nach dem Tod → Saras das Grundstück mit der Höhle Machpela im Bezirk von → Hebron (Gen 23). Wann A. gelebt hat, ist unsicher. Die Angaben der Forscher schwanken zwischen dem 19. und 13. Jh. v. C. Gute Gründe sprechen für das 14. Jh. Die Bibel zeichnet A. als „Vater Israels“ (Jes 51,2; vgl. Mt 3,9; Joh 8,39), Empfänger göttl. Zusagen (Lk 1,55.73), Vorbild des Glaubens (Röm 4; vgl. Gal 3,9), „Freund Gottes“ (Jes 41,8; Jak 2,23). Jesus ist größer als A. (Joh 8,52–58).

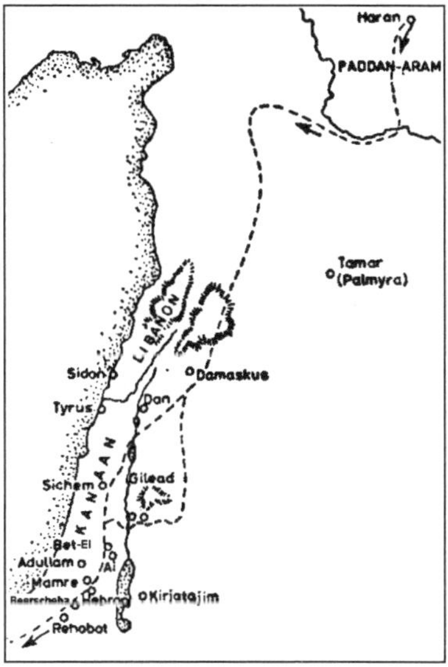

Die Wanderzüge der Erzväter zwischen Haran und Ägypten nach Gen 12–50. In den nördlichen Steppengebieten ist es auch möglich, dass sie den Weg über Tamar (Palmyra) zogen. Ur der Chaldäer, mit dem späte Überlieferung Abraham verbindet, liegt mehr als 1000 km südöstlich von Haran

Abschalom/Absalom („Vater ist Friede“) Sohn → Davids und der Tochter des Königs von → Geschur, → Maacha (2 Sam 3,3). Über A.s Leben und seinen Versuch, Nachfolger Davids zu werden, berichtet die „Thronfolgegeschichte Davids“ (wohl schon unter Salomo verfasst und später ein Teil von 2 Sam) in 2 Sam 13–19. Nach dieser Überlieferung ermordet A. den Thronanwärter Amnon unter dem Vorwand, die Verletzung der Ehre seiner Schwester → Tamar zu rächen; er flieht nach Geschur, erlangt aber durch Vermittlung → Jaobs die Verzeihung Davids. Später gelingt es A., sich beim Volk beliebt zu machen; er zettelt eine Verschwörung an, lässt sich in → Hebron zum König ausrufen und zieht in → Jerusalem ein. David flieht mit seinen Söldnern nach → Mahanajim. In der folgenden kriegerischen Auseinandersetzung im bewaldeten ostjordanischen Bergland s des → Jabbok unterliegen die Stämme, die für A. kämpfen, den Soldaten Davids. A. wird gegen den ausdrücklichen Befehl Davids getötet.

Abschiedsreden → Johannesevangelium

Achaia Röm. Provinz (seit 27 v.C.), Hauptstadt → Korinth.

Die Lage von Achaia

Achikar Beamter der assyr. Könige Sanherib und Asarhaddon, fällt in Ungnade, wird durch seine → Weisheit rehabilitiert (viele antike Berichte und Fabeln). In Tob (11,19) als Achior Neffe des Tobias (legendär).

Achior („Bruder ist Licht")
1) → Achikar
2) Ammonitischer Feldherr, wandte sich nach Jdt gegen → Holofernes und wurde an die Juden ausgeliefert; nach deren Sieg trat er zum Judentum über.

Achisch Nach 1 Sam 27,1–28,2 fand David bei dem Philisterfürsten A. von Gat Schutz bei seiner Flucht vor → Saul (vgl. 1 Sam 21,11–16; viell. 1 Kön 2,39).

Achjo begleitete die → Bundeslade, als diese nach Jerusalem gebracht wurde (2 Sam 6,3f).

Achor (viell. „Unglück, Kummer") Tal im Bergland zwischen Jerusalem und Jordan (Steinigung des Achan Jos 7,24ff). Das Tal des Grauens soll einst „Hoffnungspforte" werden (Hos 2,17; Jes 65,10).

Achsa („Fußspange") Tochter des Kaleb; dieser gab sie seinem Bruder → Otniël zur Frau (Jos 15,16–19; Ri 1,11–15).

Achschaf Kanaan. Königsstadt, erwähnt in den Briefen v. → Amarna, nach Jos 12,20 von Josua erobert.

Achsib
1) Stadt am Mittelmeer n von Akko, von den Israeliten nicht eingenommen, dennoch zu → Ascher gerechnet (Ri 1,31).
2) Ort in Juda (Jos 15,44).

Achtzehngebet Aus 18 Segenssprüchen gebildetes jüd. Gebet, das größtenteils aus vorchristl. Zeit stammt, zum festen Bestand des Synagogengottesdienstes gehört, von den Juden dreimal täglich gebetet werden soll und auch „das Gebet" (schlechthin) genannt wird. Jesus lehrt seine Jünger ein eigenes Gebet, das → Vaterunser.

Ackerbau Nicht nur Erwerbszweig, sondern auch Kulturform (mit religiöser, polit., sozial-wirtschaftl. Tragweite). → Nomaden und Halbnomaden schauen neidisch-sehnsüchtig auf das Land, „darin Milch und Honig fließt" (Ex 3,8), und überschätzen die Vorteile der Sesshaftigkeit, da für sie Hungersnot o. Ä. sehr gefährlich war. Während kurzer Zeitabschnitte suchen sie im Kulturland Zuflucht, werden zu Landarbeiten u. a. herangezogen (→ Auszug aus Ägypten), versuchen aber immer wieder, endgültig in die Kulturländer (z. B. → Kanaan) einzudringen; diejenigen, denen das gelingt, bewahren viele Gebräuche aus der Halbnomadenzeit und gewöhnen sich erst langsam an die Sesshaftigkeit. Viele Züge der atl. Religion stammen aus der Nomaden- bzw. Halbnomadenzeit (→ Landnahme); aus der A.-Kultur übernommene Gebräuche werden umgeprägt (z. B. Erstlingsgabe) oder in der HS als → Götzendienst gebrandmarkt (z. B. Fruchtbarkeitskulte, → Aschera), auch wenn sie weit verbreitet waren. Die → Rechabiter lehnten sektenhaft alle Anklänge an die A.-Kultur prinzipiell ab. Politisch-sozial ist mit der Sesshaftigkeit z. B. verbunden: → Königtum und Großgrundbesitz (vgl.: Jes 5,8; Am 5,11; Mi 2,2).

Jesus lebte in ausgesprochener A.-Kultur. Daher nahm er viele → Gleichnisse aus dem Bereich des A.s (z.B. Sämann, Unkraut), die in der heutigen Industriezivilisation nicht mehr so anschaulich sind. Ernten, Dreschen, Vorratshaltung → Ernte.

Adam Urspr. Gattungsname für Mensch oder Menschheit, wurde in der Stammesliste Gen 4,25–5,5 zum Eigennamen des ersten Menschen, des Stammvaters des menschl. Geschlechts. Die Berichte über A. reden vom Menschen überhaupt, im Stammvater ist die Geschichte der Gattung vorgebildet. Die Bibel verbindet A. mit dem hebr. *adamah* (Erde, Ackerboden): A. ist mit der Erde verwandt, sie ist sein Lebensraum. Als Kinder von A. und → Eva werden genannt: → Kain, → Abel und → Set. Nach Gen 5,5 lebte A. 930 Jahre. A. wird außerhalb der → Urgeschichte in keinem frühen Buch des AT erwähnt, dem NT ist er wichtig (Einehe: Mt 19,4–6; Gnadenlehre: Röm 5,12–21). Paulus zeichnet A. als Vorbild des neuen himmlischen A., Christus (Röm 5,14); mit ihm beginnt eine neue Schöpfung, ein neues Paradies. Deshalb muss jeder Christ den alten Menschen ablegen und den neuen A. anziehen (Röm 5,14; Kol 1,15; 3,9f).

Adar → Kalender

Adonaj → Namen Gottes

Adoni-Besek Kanaan. König, von den Judäern nach Ri 1,5–7 besiegt und verstümmelt.

Adonija („Herr ist Jahwe") Name mehrerer Personen, vor allem: Der älteste der Söhne Davids, die in dessen Alter noch lebten; versucht sich des Thrones zu bemächtigen (Hilfe von → Joab und → Abjatar), lässt sich noch zu Davids Lebzeiten als König huldigen (1 Kön 1,9). Die Gegenpartei erreicht Davids Zustimmung zur sofortigen Inthronisation → Salomos. A. flieht zum → Altar (→ Asylrecht), möchte später → Abischag heiraten (Rechtstitel auf den Thron), daher in Salomos Auftrag getötet (1 Kön 2,13–25). Viell. indirektes Opfer der Beseitigung des → Urija; die bibl. Berichte über ihn sind im Geist der Gegenpartei verfasst.

Adoniram („der Herr ist erhaben") Beamter Davids und Salomos, auch Adoram genannt, von den aufständischen Israeliten gesteinigt, als er in → Rehabeams Auftrag vermitteln wollte (2 Sam 20,24; 1 Kön 5,28; 12,18).

Adonis → Tammus

Adoni-Zedek („der Herr ist Gerechtigkeit") Kanaan. König von Jerusalem, nach Jos 10 Führer des Fünfstädteverbandes → Jerusalem, → Hebron, Jarmut, → Lachisch und Eglon, von Josua in der Schlacht bei → Gibeon besiegt, in der Höhle von Makkeda gefangen und getötet.

Adoram → Adoniram

Adramyttion/-ium Kleinasiatische Hafenstadt in der Provinz → Mysien (Apg 27,2).

Adria Zwischen Sizilien und Kreta (Apg 27,27), also nicht nur das Meer zwischen Italien und Dalmatien.

Adullam („abgeschlossener Ort"; *chirbet esch-schechmadkur*) Kanaan. Stadtstaat (Jos 12,15); in A. fand David vor → Saul Zuflucht (1 Sam 22,1).

Adummim („Rotensteig", „Blutsteige") Bergpass auf der Grenze von Juda und Benjamin (Jos 15,7; 18,17), zwischen Jerusalem und Jericho. Der Name steht im Zusammenhang mit rötlich gefärbten Schichten, die in der Nähe der „Herberge des barmherzigen Samariters" der Kalklandschaft ein auffallendes Gepräge geben.

Ägypten (hebr. *mizrajim*) Land am Nil, eine der ältesten Stätten menschlicher Kultur. Schon in der Steinzeit sind verschiedene Kulturen entwickelt. Die eigentliche Geschichte beginnt um 3000 v.C. Für die folgenden Jt. bestimmt das Verhältnis Ä. – Zweistromland die Geschichte des ganzen Vorderen Orients, bes. Palästinas (an der Verbindungsstraße zwischen beiden Gebieten). Schon vor der Gründung des Alten Reichs (zwischen 3200 und 2890 v.C.) besteht eine Verbindung zwischen Ä. und Byblos, viell. sogar eine gewisse Oberherrschaft Ä.s über die östl. Mittelmeerküste. Sie ist in der Zeit des Mittleren Reichs (ab 2050 v.C.) durch regen Handel und Kulturaustausch mit Ä. verbunden. Äg. Texte dieser Zeit nennen wichtige Städte → Kanaans wie → Aschkelon und → Jerusalem. Der Einfall der → Hyksos in Ä. um 1670 v.C. und ihre Vertreibung ca. ein Jh. später haben auch

Ägypten. *Thutmosis III. (1504–1483v. C.), Sieger in der ersten geschichtlichen Schlacht von Megiddo, zermalmt besiegte Asiaten. Relief am Amontempel in Karnak.*

Ägypten

Spuren in Palästina hinterlassen: Vertriebene Hyksos siedeln sich in Palästina an; Ä. sucht durch mehrere Feldzüge seine Herrschaft in Palästina und Syrien wieder aufzurichten. 1480 siegt Thutmosis III. bei → Megiddo. In der Amarnazeit (→ Amarna) kann Ä. seine Herrschaft in Palästina nicht mehr durchsetzen.

Im 14. und 15. Jh. v.C. haben sich neben anderen Nomadenstämmen auch Vorfahren von Sippen des späteren Israel in Ä. aufgehalten. Berichte aus verschiedenen Zeiten beweisen, dass Ä., bes. der Osten des Deltagebiets (→ Goschen), für Nomaden in Zeiten der Hungersnot Zufluchtsland war. Der → Auszug aus Ä. dürfte unter Ramses II. erfolgt sein. Wenig später nennt eine Siegessäule des Pharao Merenptah zum ersten Mal den Namen → Israel. Welche völkische Gruppe damit genau gemeint ist, kann aus der Inschrift nicht erschlossen werden. Das Großreich → Davids verdankt sein Entstehen auch der polit. Schwäche Ä.s. Die Staatskunst Ä.s beeinflusst entscheidend David, Salomo und ihre Nachfolger, äg. Weisheit die → Weisheit Israels und der Bibel. Einflüsse der äg. Göttervorstellungen auf die Glaubenswelt Israels lassen sich aber kaum nachweisen.

Pharao Scheschonk I. (→ Schischak) unternimmt um 930 v.C. einen Kriegszug nach Palästina, der ohne größere Folgen bleibt. In den kommenden Jh. bestimmen andere Mächte die Politik in Palästina und Phönizien: die → Aramäer und Assyrer. Um 720 v.C. kommt es im SW Palästinas zur ersten feindl. Begegnung zwischen Ä. und → Assyrien. Nach dem Untergang der assyr. Großmacht erlangt der Pharao → Necho, der 608 v.C. in einer Schlacht bei → Megiddo Joschija getötet hatte, nochmals die Oberhoheit über Palästina. Doch bereits wenige Jahre später hat → Nebukadnezzar seine Macht bis an die Grenzen Ä.s ausgedehnt.

Noch einmal wird Palästina von Ä. aus beherrscht. Von 323 bis 198 v.C. regieren die Ptolemäer (→ Ptolemäus) über ein Ä., das Palästina einschließt. Ihre Königsstadt → Alexandria wird zu einem wichtigen Zentrum der griech. sprechenden jüd. → Diaspora. Hier wird ein wichtiger Beitrag zur Übersetzung des AT ins Griech. (→ Septuaginta) geleistet.

Mt 2,13–23 (Flucht nach Ä.) stellt Jesus als neuen Mose, als neuen Retter seines Volkes, dar. Jesu Rückkehr aus Ä. wird in Mt 2,15 nach Hos 11,1 als Wille Gottes verstanden.

Älteste

1) Im Christentum → Presbyter.

2) Im Judentum: Der Ausdruck Ä. bezeichnet mehr die Würde als die Altersstufe. Ä. Israels oder Ä. eines → Stammes sind der Adel, der Kriege anführt und Recht spricht (Ex 18,13–26). Von der → Landnahme an begann an ihre Stelle eine städtische Aristokratie zu treten, jedoch ohne sie zu verdrängen. Nach dem → Exil bildeten Ä. die lokalen Behörden; später wurden sie in den Hohen → Rat aufgenommen. Auch in den Gemeinden der jüd. → Diaspora hatten Ä. maßgebende Funktionen.

Äon → Zeit

Ärgernis Unter Ä. versteht man nicht Ärger, sondern Anstößigkeit für den Glauben, also für den Weg zum Heil. Im NT steht nicht „sittliche Gefährdung" durch „Skandale" im Vordergrund. Anlass für unser Ä. ist es, wenn Gott anders wirkt, als wir es uns „fromm" vorstellen und verstehen können (Mk 6,3; Mt 11,6; Lk 2,34; vgl. Mk 8,31ff par). Es ist unvermeidlich, dass auch Menschen Ä. verursachen. Lk 17,1 droht diesen schwere Strafen an. Die HS kennt aber nicht nur Gefährdung für den Glauben, sondern auch Ä. als Anlass zur Sünde (vgl. Mt 9,43–47 par).

Äthiopien (hebr. *kusch*) Im AT Name für Nubien, den heutigen Sudan (Gen 2,13; Est 1,1). Die Bevölkerung hatte einen negroiden Einschlag, die Kultur war von Ägypten mitbestimmt. Bodenschätze (Jes 43,3) und Handel (Jes 45,14) veranlassen Ägypten immer wieder, die Herrschaft nach Ä. auszudehnen. Um 1000 v. C. wird Ä. unabhängig und erobert unter Pianchi (751–716) Ägypten. Bis zum Einmarsch der assyr. Truppen (um 670 v. C.) regiert eine äthiopische Dynastie in Ägypten (→ Tirhaka). Die Kuschiten werden bei den Propheten mehrmals erwähnt (Am 9,7; Jes 18,1–2), dienen als Sklaven in Israel (2 Sam 18,21), als Beamte am Jerusalemer Hof (Jer 38,7).

Im NT meint Ä. das Königreich in SO-Nubien, das vom 6. Jh. v. C. bis ins 4. Jh. n. C. bestand und öfters von Königinnen mit dem Titel Kandake regiert wurde. Von hier stammt der Hofbeamte, dem Philippus begegnet (Apg 8,27ff).

Ätiologie Erzählung, die einen bestehenden Brauch (Gen 32,32), einen Ritus, einen Namen (Ex 2,1–10), ein Bauwerk, eine polit. Situation (Jos 9), einen Ruinenhügel (Jos 8) u. Ä. erklären will. Auf eine ätiologische Erzählung weisen die Formeln „bis auf den heutigen Tag" (Gen 19,37.38; Jos 6,25 u. ö.) und „wenn dann eure Kinder fragen" (Jos 4,6f).

Agabus Christl. → „Prophet" aus Jerusalem (Apg 11,28), wohl identisch mit A. aus Cäsarea (Apg 21,10).

Agag Amalekiterkönige (Num 24,7; 1 Sam 15,8–33: von → Saul geschlagen und verschont, von → Samuel getötet). Ob der Beiname „Agagiter" des → Haman in Est 3,1 mit A. zusammenhängt, ist umstritten.

Agape → Liebe

Agrapha → Kanon

Agrippa → Herodes

Agur Spruchdichter aus Nordarabien (Spr 30,1–14).

Ahab König des → Nordreiches Israel (875–854 v. C.), bedeutender Politiker (Wohlstand, großartige Bauten), festigte seine Beziehungen zu den → Phöniziern auch durch die Heirat mit → Isebel, duldete deren → Baal-Kult und ihren Kampf gegen die Jahwepropheten, wird daher in den Königsbüchern sehr hart beurteilt und erscheint als Gegenspieler des → Elija (1 Kön 16,29–22,40), fällt in einer Schlacht gegen die Aramäer (1 Kön 22,34–40).

Ahas („ergriffen hat Jahwe") König (736–721 v. C.) des → Südreiches Juda; da er sich der Koalition des → Nordreiches Israel und → Syriens (Damaskus) gegen → Assyrien nicht anschließt, wird er bedrängt. Als die Lage militärisch aussichtslos geworden ist, ruft A. den König von Assyrien (Tiglat-Pileser III.) zur Hilfe (Tribut aus dem Tempelschatz); A. missachtet dadurch die Weissagung Jes 7, rettet zwar sein Land vorläufig, bringt es aber völlig unter assyr. Einfluss. Er opfert seinen Sohn dem assyr. Gott → Moloch; in der HS wird er sehr negativ beurteilt (2 Kön 16).

Ahasja („ergriffen hat Jahwe") Name zweier Könige:

1) A. von Israel (→ Nordreich; 854–853 v. C.), Sohn und Nachfolger des → Ahab. Wegen seiner religiösen Toleranz lehnt ihn 1 Kön 22,52–54 ab. A. befragt nach einem schweren Sturz den Gott von Ekron (Baal-Sebub, → Baal). → Elija droht ihm daher einen frühen Tod an (2 Kön 1).

2) A. von Juda (→ Südreich; 842 v. C.), Sohn der → Atalja. Nach 2 Kön 8,28 kämpft er mit seinem Oheim → Joram von Israel gegen Damaskus; Joram wurde verwundet, sein Heerführer → Jehu erhob

sich gegen Joram und ließ auch A. töten (2 Kön 9,27).

Ahasveros → Xerxes

Ahija („Bruder ist Jahwe") Name mehrerer Personen, vor allem: A. aus Schilo, → Prophet, kündigte die Erhebung des → Jerobeam zum König über das → Nordreich an (1 Kön 11,29–36) und später dessen Untergang mit seinem Geschlecht (1 Kön 14,5–16).

Ahikam („Bruder hat sich erhoben") Hofbeamter des → Joschija (2 Kön 22,12), beschützt Jeremia unter der Regierung des → Jojakim (Jer 26,24).

Ahimaaz (hebr. Bedeutung unsicher) Name mehrerer Personen, vor allem: Sohn des Priesters → Zadok, Agent Davids während → Abschaloms Aufstand gegen David (2 Sam 15,36; 17,17–21).

Ahimelech („Bruder ist König") Priester in Nob. Als David vor → Saul floh, gab er ihm die → Schaubrote (vgl. Mk 2,26 par). Daher wurde A. und sein Geschlecht von Saul hingerichtet; nur sein Sohn → Abjatar entkam (1 Sam 21–22).

Ahinoam („Bruder ist Anmut") Name mehrerer Frauen, vor allem einer der Frauen Davids (2 Sam 3,2: Mutter des Amnon; → Tamar).

Ahitofel (hebr. Bedeutung unsicher) Hochangesehener Berater Davids (2 Sam 16,23), schließt sich dem Aufstand → Abschaloms gegen David an und erhängt sich, als er die Sache für verloren ansieht (2 Sam 17,23).

Ai Ort in der Nähe von Bet-El, von 3000–2000 v.C. semit. Siedlung, nach Jos 7–8 durch Josua zerstört. Ai wurde lange Zeit mit Et-Tell gleichgesetzt, das aber z.Z. der Landnahme bereits zerstört war.

Ajalon („Hirschort") Altkanaanäische Stadt am Weg von der Mittelmeerküste ins Bergland, bereits in den Briefen v. → Amarna erwähnt, ca. 20 km nw Jerusalems, früher das arab. Dorf *jalo* (1967 völlig zerstört). Viell. Mittelpunkt eines Mondkults, bei dem ein Hirsch verehrt wurde (vgl. auch Jos 10,12).

Ajin („Quelle" oder „Auge") Stadt im Gebiet von Simeon (Jos 19,7) oder Juda (Jos 15,32). A. kommt als *En* in vielen Ortsnamen vor.

Akkad Nach Gen 10,10 eine Stadt Nimrods, unter Sargon I. (um 2350) Hauptstadt des gleichnamigen semitischen Reiches in Nordbabylonien. Die Stadt wird durch die nichtsemit. Gutäer um 2190 zerstört und ist nicht ausgegraben. Die Herrscher von → Ur nennen sich „König von → Sumer und Akkad", → Kyrus „König von → Babel, Sumer und Akkad".

Akkadisch Ostsemit. Sprache, die in einem assyr. und in einem bab. Dialekt gesprochen und in Keilschrift geschrieben wurde.

Akko Kanaan. Hafen- und Handelsstadt, n vom Karmel. Bereits in den Briefen v. → Amarna erwähnt, von den Israeliten nie erobert (Ri 1,31), dennoch zu → Ascher gerechnet (Jos 19,30), in hellenist. Zeit als *Ptolemaïs* gelegentl. Residenz der → Seleukiden; 47 v.C. der röm. Provinz Syria einverleibt (→ Syrien), von Paulus besucht (Apg 21,7).

Alexander d. Gr., antikes Münzbild

Alexander („Männerabwehrer") Name mehrerer Personen, vor allem: A.d.Gr. (357–323 v.C.), Begründer des griech. Weltreiches, im AT nur 1 Makk 1,1–9 mit Namen genannt, aber außerdem in mehreren Visionen in Dan gemeint, förderte die Entwicklung der jüd. → Diaspora. → Hellenismus.

Alexander Balas trat 153 v.C. als Sohn des → Antiochus IV. Epiphanes auf und versuchte, den König von → Syrien, Demetrius I., zu verdrängen. Der → Makkabäer Jonatan unterstützte A. gegen große

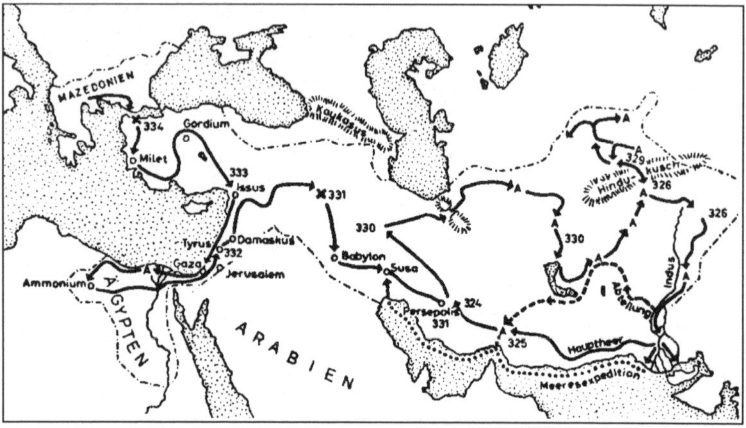

Der Zug Alexanders d. Gr., auf dessen Weltreich auch in Dan angespielt wird, war für Palästina von großer Bedeutung. Außer Tyrus (332 v. C. erst nach monatelangem Kampf eingenommen) wurden die Hafenstädte leicht und schnell erobert; nachdem der Widerstand von Gaza gebrochen war, stand der Weg nach Ägypten offen. Dort wurde Alexandria gegründet (331). Viele Orte, die längs des Zuges lagen und auf dieser Karte mit A bezeichnet sind, wurden nach Alexander benannt, wie Alexandria, Alexandropolis.

Zugeständnisse. Schließlich siegte aber der Sohn des Demetrius, A. wurde 145 v.C. enthauptet.

Alexandria (*iskenderije*) Name vieler Städte, vor allem: Stadt im W des Nildeltas, 332/1 v.C. von → Alexander d.Gr. gegründet, Zentrum von Wissenschaft und Kultur, Mittlerin zwischen Ost und West, nach Rom größte Stadt der vor- und frühchristl. Welt. Selbstständige jüd. Gemeinde mit hohen kulturellen Leistungen (→ Septuaginta; Versuche, jüd. Tradition philosophisch zu durchdringen; → Hellenismus). Mit der Eroberung durch die Araber (642 n.C.) beginnt der Verfall.

Der Ausdruck „Alexandrinische Schule" unterscheidet nicht die „Katechetenschule" von der wissenschaftl. „Schule": Letztere ist bis 215 n.C. eine Privateinrichtung und steht allen (auch Heiden) offen; ihr berühmtester Vertreter war → Origenes. Anders als die „Schule" von → Antiochia ging es ihr weniger um den „historischen Sinn" einer Bibelstelle, als vielmehr um das göttl. Geheimnis, das sich hier angeblich ausdrückt (Gefahr einer Deutung der HS innerhalb eines spekulativen Systems). Mit dieser → allegorischen Bibelauslegung hatte sie große Bedeutung für Exegese und Dogmengeschichte des Altertums und Mittelalters.

Alkimus (griech./lat. Form von Eljakim = „Gott möge aufrichten") Hellenistisch gesinnter Jude, vom König von → Syrien, Demetrius I., zum → Hohepriester ernannt, von Judas → Makkabäus bekämpft (1 Makk 7; 9,54–57; vgl. 2 Makk 14,3–13).

Allegorische Bibelauslegung geht aus von der Überzeugung, ein Text bedeute eigentlich etwas anderes, Tieferes, als er zunächst ausdrückt, auch wenn er nicht direkt bildliche Sprache andeutet. Paulus wendet die A. z.B. in Gal 4,21–32; 1 Kor 10,4 an. Er geht damit nicht formal über die Regeln hinaus, die in seiner Zeit galten. Aber *inhaltlich* ist seine Auslegung und sein Predigen ganz neu. Das ist wesentlich für jede allegorische Auslegung: Man gibt einem feststehenden Text einen aktuellen Sinn, ob man die wörtl. Bedeutung daneben steht lässt oder nicht. Oft kommt hier geistreiche, oft aber auch sehr schlichte Fantasie zum Vorschein, sodass die „Auslegung" nichts mehr mit dem urspr. Sinn der Stelle zu tun hat (→ Alexandria).

Alleluja → Halleluja

Allerheiligstes → Tempel

Almosen werden im AT hoch geschätzt (→ Gerechtigkeit); viele atl. Bestimmungen begünstigen → Witwen, Waisen, „Niedrige“ (Lev 19,15) usw. Jahwe hat ja seinerseits Heil geschenkt (Lev 25,42; Dtn 15,15). Nach dem Zurücktreten des → Kultes und nach scharfer Kritik durch die → Propheten werden A. dem → Fasten, → Opfern u. Ä. übergeordnet (Jes 58,6f; vgl. Lk 11,41; Spr 21,3; Tob 4,11). A. wirken sündenvergebend (Dan 4,24; Tob 12,9), in der Heilszeit werden sie überflüssig. Nach vielen Stellen gilt die A.-Verpflichtung nur gegenüber Armen des eigenen Volkes (Lev 25,44).
Das NT übernimmt die Hochschätzung der A., gibt aber neue Motive (→ Nächstenliebe, A. als Maß beim Gericht: Mt 25,31–46; Erwartung der Heilszeit: Lk 10,33 par) und sprengt den nationalen Rahmen (Feindesliebe, vgl. Lk 6,27.29; 10,30–37). Die Grenze zwischen Strukturveränderung (→ Armut) und A. wird verwischt, wenn schwere persönliche Opfer zu bringen sind (vgl. Mk 10,21 par). A. sollen nicht nur äußerliche Gabe sein, sondern innerer Haltung entsprechen (Mt 6,1–4; vgl. Sir 18,15ff). Die Kollekte des → Paulus für die → Gemeinde von Jerusalem war A. (Apg 24,17; 1 Kor 16,1ff; 2 Kor 8–9; Röm 15,25f); dort gab es eine geregelte Armenpflege (→ Diakone).

Aloe Wohlriechende Pflanze (Ps 45,9; Spr 7,17; vgl. Joh 19,39).

Aloe

Alpha und Omega → A

Alphabet → Buchstabe (3)

Alphäus
1) Vater des Zöllners Levi (Mk 2,14).
2) Vater des → Jakobus (2) (Mk 3,18 par; Apg 1,13).

Altar Bezeichnet in der Bibel überwiegend die Opferstätte, kann aber auch Denkmal sein, Erinnerung an eine besondere Gotteserfahrung. Nach bibl. Überlieferung stiften die → Erzväter Altäre (Gen 12,8; 26,25; 33,20). David errichtet einen A. auf der Tenne des → Arauna (2 Sam 24,25), Salomo in und vor dem Tempel in Jerusalem (1 Kön 7,49; 8,64), → Jerobeam in → Dan und → Bet-El (1 Kön 12,28–32). 2 Chr 32,12 zeichnet das Ideal eines Altars für ganz Israel. Im NT tritt die Bedeutung des A.s zurück, da Christus einmal geopfert ist (Hebr 9,28). Der

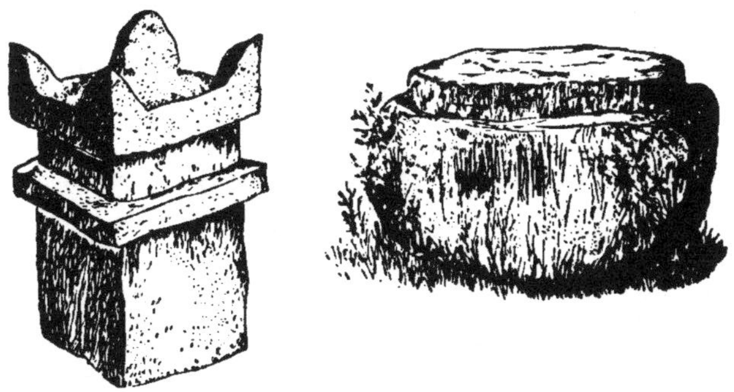

Altäre: Links ein Räucheraltar aus Megiddo. Rechts ein aus einem Stück gehauener Altar; zwei Altäre dieser Art wurden in Megiddo und Sichem gefunden.

neue A., von dem Hebr 13,10 spricht, ist wohl Christus. Mittelpunkt der Gemeindefeier wird der Tisch des Abendmahls (1 Kor 11,20).
Die ältesten im AT erwähnten Altäre sind aus Erde und unbehauenen Steinen aufgeschichtet (Ex 20,24), Felsenaltäre werden von den Israeliten – im Gegensatz zu den Nachbarvölkern – selten verwendet (Ri 6,20; 1 Sam 6,14), charakteristisch sind die vier Hörner an den Ecken des A.s: Symbol der Macht und Stärke Gottes (Ex 21,14; 27,2); wer sie ergreift, steht im Schutz Gottes (1 Kön 1,50 → Asylrecht).
Nach ihrer Bestimmung werden unterschieden: Brandopferaltar für das Opfer von Tieren, Brot, Mehl und Wein; Räucheraltar für das Verbrennen von Räucherwerk.

Alter
1) A. der Patriarchen. Hohes A. (unterschiedlich in verschiedenen Textüberlieferungen) ist überliefert z.B. von → Adam, → Set, → Metuschelach, → Abraham. Die Zahlen bezeichnen nicht „Jahre", die kürzer als unsere wären. Sie sind nicht historisch zu nehmen (höhere Lebenserwartung), sondern schematisch (Verbindung mehrerer → Genealogien, theolog. Aussagen über Idealalter und religiös-sittl. Abstieg).
2) Alte Menschen verbleiben im Familienverband; Väter „bestellen ihr Haus" vor dem Tod (→ Familie, → Testament). Würde und Weisheit alter Menschen werden geachtet (Lev 19,32; Spr 16,31; 1 Tim 5,1f); daran ändert auch ein Nachlassen ihrer Kräfte nichts (Sir 3,12ff). Die Würde der → Ältesten rührte urspr. von ihrem A. her. Andererseits weiß die HS um die Aufgaben des A.s (Tit 2,2ff); das Schicksal der → Witwen war nicht beneidenswert. A. ist nicht automatisch ein Wert (→ Jugend).

Altes Testament („Alter Bund, bei den Juden *tenach* genannt; → Testament) Sammelausdruck für einen großen Teil der HS. Die Bücher des AT entstanden in mehreren Jh. und gehören verschiedenen Literaturgattungen an (z.B. Lieder, Briefe, Spruchsammlungen), unterscheiden sich also stark voneinander. Gemeinsam ist aber ihre Grundhaltung: Sie verkünden den einen Gott des → Bundes, der sich auch um die Einzelnen kümmert.

Amalekiter Nomadischer Stämmeverband, der gelegentlich Raubzüge nach Südpalästina unternimmt (1 Sam 30,14), daher Feind Israels (Dtn 25,17–19). Bibl. Überlieferung sieht den Beginn dieser Erbfeindschaft im Zusammenstoß zw. A.n und Israel beim Auszug aus Ägypten (Ex 17,8–16). Durch Saul (1 Sam 15) und David (1 Sam 27,8; 30,1–20; 2 Sam 8,12) wird ihre Macht gebrochen. 1 Chr 4,43 nennt noch Reste der A.

Amarna Auch el-Amarna oder Tell el-Amarna, heutiger Name von Achet Aton („Strahl des Aton"), der Residenz Amenophis' IV. Echnaton auf dem östl. Nilufer etwa in der Mitte zwischen → Theben und Memfis. In der Regierungszeit Amenophis' IV. (1372–1352 v.C.) war das gottesdienstliche, literarische und künstlerische Leben eigenständig geformt. Sein Archiv, die Amarnabriefe – in akkad. Sprache und Keilschrift abgefasste, 1888 gefundene Tontafeln – sind wichtige Quelle für Geschichte, Kultur und Sprache Kanaans. Die Briefe stammen von den Königen der zahlreichen Stadtstaaten wie Byblos, Beirut, Akko, Aschkelon, Megiddo, Lachisch und Jerusalem, die um Hilfe gegen → Hetiter oder → Chabiru bitten, ihre Treue gegenüber dem Pharao betonen oder ihre Nachbarn als Verräter brandmarken.

Amasa („auf sich genommen hat Jahwe") Name mehrerer Personen, vor allem: Sohn der → Abigajil (Stiefschwester Davids 1 Chr 2,17), Heerführer → Abschaloms (2 Sam 17,25), von David begnadigt und statt → Joab zum Heerführer gemacht (2 Sam 19,14), von diesem jedoch später bei Gibeon meuchlings ermordet (2 Sam 20,7–13).

Amazja („auf sich genommen hat Jahwe") Name mehrerer Personen, vor allem: König des → Südreichs Juda (797–779 v.C.), besiegt die → Edomiter und schafft so freien Zugang zur See. Als er für seinen Sohn die Tochter des → Joasch von Israel (Anspruch auch auf das → Nordreich!) zur Frau begehrt, wird er von die-

Amarnabrief. *Beispiel aus der Korrespondenz der Vasallenfürsten Kanaans an Amenophis IV., auf Tontafeln in Keilschrift geschrieben, wurde 1887 in Amarna gefunden.*

sem besiegt und gefangengenommen, Jerusalem geplündert. A. flieht nach Lachisch und wird dort ermordet (2 Kön 14,1–22).

Amen (hebr., unverändert ins Griech. und Lat. übernommen = „Ja, so sei es" (Jer 11,5).

1) Im AT Zustimmung (1 Kön 1,36; Jer 11,5) oder aber Verwünschung für den Fall, dass man einer Verpflichtung nicht nachkommt (Num 5,22). Formel für den Lobpreis Gottes, weil man sich fest einer Erwartung anschließen möchte (Ps 106,48).

2) Im NT liturgischer Ruf zu Gott (1 Kor 14,16; himmlische Liturgie Offb 5,14; am Ende von Gebeten usw. Röm 1,25; 1 Petr 5,11), nicht zur Bestätigung der Wahrheit, sondern Bitte, dass Gott die gemachten Verheißungen erfülle (Offb 1,7; 22,10).

3) Nur im Mund Jesu Bestätigungsformel (etwa = unbedingt wahr): Mk 3,28; 8,12; 9,1. Lk hat meist eine Umschreibung, Übersetzung oder lässt die Stelle weg. In Joh ist „A.A." häufig (z. B. 3,3; 5,19; 8,34).

Dem erhöhten Christus wird das Wort A. auch als Selbstbezeichnung in den Mund gelegt („der A. heißt" Offb 3,14).

Ammoniter (Ammon) Aram. Volksstamm, der im 12. Jh. am oberen → Jabbok siedelt. Hauptstadt → Rabba. Gen 19,38 führt die A. auf → Lot zurück, erkennt also die aram. Herkunft und die Stammesverwandtschaft mit Israel an. Wiederholt führen die A. Kriege gegen die Israeliten. Sie werden besiegt durch → Jeftah/Jiftach (Ri 10,7–11,33), Saul (1 Sam 11), David 2 Sam 12,26–31), → Joschafat (2 Chr 20,1–30) und durch → Judas Makkabäus. Seit 64 v. C. unter röm. Herrschaft, gehen sie gegen Ende des 2. Jh. n. C. in den Arabern auf. Nationalgott: → Moloch (Milkom), (1 Kön 11, 5.7.33).

Amnon → Tamar

Amon („geübt, geschickt") König des → Südreiches Juda (639–638 v. C., Mt 1,10), von seinen Dienern ermordet (2 Kön 21,19–26).

Amon („der Verborgene") Stadtgott Thebens und Reichsgott Ägyptens. Einziger äg. Gott, der im AT namentlich erwähnt wird (Jer 46,25: A. von No).

Die ägyptische Gottheit Amon mit der Gemahlin Mut

Amoriter (= „Westsemiten") Semit. Nomaden der syr.-arab. Steppe. Gegen Ende des 3. Jt. brechen sie in → Sumer ein. In immer neuen Wellen drängen sie in die Kulturgebiete Mesopotamiens und Palästina-Syriens. Amoritische Fürsten regieren in → Babylon, → Mari und → Byblos. Gen 15,16; Am 2,9f bezeichnen die ganze vorisr. Bevölkerung Kanaans als A. Sicher ist, dass es im Raum des späteren Israel amoritische Staatengebilde gegeben hat (Num 21,21–35; Jos 10,1–14). Die A. haben mit den Vorfahren Israels gemein: die Art, wie sie Eigennamen bilden, verschiedene Wörter und Begriffe, rechtliche Gepflogenheiten. Die besondere Form des Opfers → Abrahams (Gen 15,9.10.17) geht wohl auf einen amoritischen Brauch des Vertragschließens zurück.

Amos (Kurzform von Amazja = „getragen hat Jahwe") → Prophet, möchte nicht als Berufsprophet bezeichnet werden (Am 7,14), Vieh- und Maulbeerfeigenzüchter aus der Gegend von → Tekoa (→ Südreich Juda), ca. 10. km s Betlehems (Am 1,1), tritt jedoch im → Nordreich Israel auf (Am 7,12f) unter → Jerobeam II. (784–744 v. C.), in einer Periode von Frieden (vgl. Am 6,13) und Wohlstand (vgl. Am 5,11; 3,15; 6,4–6), rügt scharf die Missstände (z. B. Käuflichkeit der Richter: Am 5,7.10–12) und soll aus dem Nordreich ausgewiesen werden (Am 7,10–13). Das erhaltene A.buch enthält bilderreiche Drohsprüche gegen Heidenvölker, gegen Nord- und Südreich, Erfahrungs- und Visionsberichte, Heilsverheißungen, durchlief mehrere Redaktionen, stammt zum größten Teil von A.

Amrafel besiegte nach Gen 14,1–9 als König von Schinar gemeinsam mit König Kedor-Laomer die Könige von Sodom, Gomorra u. a. und wurde anschließend von Abram überwunden.

Amram („das Volk ist erhaben") Nach Ex 6,20 Vater von → Aaron und → Mose.

Amt › Dienst

Amulett Gegenstand, der Heilung oder Abwehr bewirken und wunderbare Kräfte verleihen soll, oft zugleich Schmuckstück (Hld 4,9). Theologisch umgedeutet erscheint das G. als Gewandquaste (Num 15,38–41; vgl. Mt 23,5). Es steht aber oft im Zusammenhang mit dem → Götzendienst (Gen 35,4). Da A.e meist importiert wurden, kann man bei A.-Funden Aussagen über die Reichweite des Handels der Exportländer machen.

Anathema → Bann

Anatot (*rās el-charrūbe*, in der Nähe des Skopus bei Jerusalem) Stadt im Gebiet v. Benjamin, den Leviten zugewiesen (Jos 21,18; 1 Chr 6,45). Nach A. wurde → Abjatar verbannt (1 Kön 2,26). Geburtsort → Jeremias (Jer 1,1; 11,21; 32,7ff). Nach der bab. Gefangenschaft neu besiedelt (Esra 2,23).

Anbetung Akt kultischer Gottesverehrung (Gen 22,5; Ps 5,8), oft sichtbar dargestellt (Niederbeugen des Körpers), auch gegenüber anderen Gottheiten (Ex 20,5; Jes 2,8). A. wird oft verbunden mit Opfern (Dtn 26,10), Musik, Psalmengesang (2 Chr 29,28) oder dem Mahnruf für → Umkehr (Ps 95,8–11). Auch *Menschen* wird Huldigung geleistet, weil sie Gottes Macht tragen oder ausüben (1 Sam 24,9; 28,14); später war sie untersagt (Est 3,2–4), da Gott allein A. gebühre (Mt 4,10); Engel usw. lehnen sie darum ab (Offb 19,10; 22,9). Der Ort, wo man „anbetet", war Jerusalem (Joh 12,20), eine Frage, die jetzt hinfällig ist (Joh 4,21–24). Auch dem erhöhten Christus wird A. zuteil (Phil 2,6–11). Vor allem bei Mt wird das entsprechende griech. Wort auch angewandt auf Jesus vor der → Erhöhung, z. B. wenn Menschen von ihm ein → Wunder erbitten (8,2; 15,25). In der himmlischen Liturgie nimmt sie nach Offb einen wichtigen Platz ein (4,10; 5,14; 7,11), ist Abbild der A. durch die Christen (Offb 11,1). Aber es gibt auf Erden noch eine A. der satanischen Macht (Offb 13,4.8.12.15).

Andreas („der Mannhafte") Einer der Zwölf (→ Apostel), nach Joh 1,40-44 Bruder des → Petrus, von Jesus als Erster berufen, aus Betsaida, tritt einige Male in den Evv hervor (z. B. in der Frage nach dem Termin der Tempelzerstörung, Mk 13,3f), in der Apg nur 1,13 genannt, sonst nicht im NT. Legendarisch sind die Erzählungen von A.' Wirken auf dem Balkan und in Südrussland, auch von seinem Martyrium. Als Erstberufenem wurde ihm später aus kirchenpol. Grund die Gemeindegründung in Byzanz zugeschrieben.

Andronikus („Männerüberwinder")
1) Heidnischer Herrscher, der den → Hohenpriester Onias III. ermorden ließ und dafür auf Befehl → Antiochus' IV. *Epiphanes* hingerichtet wurde (2 Makk 4,33–38).
2) Mitgefangener, den Paulus grüßen lässt (Röm 16,7).

Angesicht
1) Das A. des *Menschen* gilt als Spiegel des Seelenlebens (z. B. Gen 4,5; 40,7; 1 Sam 1,18) oder steht für die eigene Person (Ps 42,6; 43,5).
2) Das A. *Gottes* bezeichnet manches Mal Gottes Person (Ex 33,14f; Ps 31,13; 80,17), meist aber Gottes sichtbare Gegenwart oder Gottes Erscheinen (Ex 33,20.23; Jes 6,5; 1 Kor 13,12).
3) A. in festen *Formeln:* „Gottes A. suchen" = Gottes → Barmherzigkeit erflehen (1 Chr 16,11; Ps 24,6). „Gott bedeckt, verhüllt sein A." = Gott stellt einen Men-

schen auf die Probe oder er zürnt ihm (Ijob 13,24; Jes 59,2). „Jemandem ins A." = offen, unerschrocken (Ijob 13,15; Gal 2,11). „Sein A. auf jemand heften" = sich ihm zuwenden, ihm nicht mehr ungünstig sein (Lev 20,5; Jer 21,10; vgl. 1 Petr 3,12). „Auf sein A. fallen" = sich aus Ehrfurcht oder Angst zu Boden werfen (Lev 9,24; Mt 17,6; Lk 5,12).

Angst Die HS unterscheidet nicht zwischen A. (allgem. Grundgestimmtheit), Furcht (von Gegenständen ausgelöste Haltung) und Schrecken (unmittelbare Reaktion auf Eindrücke).

1) Zukunft und Heil sind dem Menschen nicht verfügbar. Er sucht sich daher ängstlich abzusichern (z. B. durch Ersatzreligionen, Vertrauen auf äußere Institutionen und Werke). Wenn aber der Weg anders als erwartet verläuft, ist er hilflos (Kleingläubigkeit). Der Gläubige steht nicht unter dieser Unsicherheit (1 Joh 4,18; Röm 8,15; aber: Phil 2,12), sondern lebt aus der → Hoffnung (vgl. Röm 4,18) auf die Vollendung, ohne Rücksicht auf Verfolgung (vgl.: Apg 18,9f; 1 Petr 3,14). Den Nichtglaubenden erscheint das als Leichtsinn. Das Verkünden dieses Glaubens kann Ordnungen umstürzen und Unruhe hervorrufen (→ Bergpredigt; → Pharisäer; Apg 17,13).

2) Wenn ein Mensch von Gottes Eingreifen berührt wird, überfällt ihn oft Furcht und Schrecken. Es gehört zum Stil von Erscheinungsberichten usw., das zu erwähnen (z. B. Gen 28,17; Ex 20,18ff; Lk 1,12f.30; 2,9; Mt 9,8 par; Mk 8,6 par; Offb 1,17; vgl. Ex 3,5f: das Göttliche als Tabu).

3) Eines der Motive christl. Ethik (nicht das entscheidende) ist die Furcht vor Gottes Gericht (Mt 10,28 par; Hebr 10,26f).

4) Gottesschrecken → Bann

5) → Gottesfurcht

Anna → Hanna

Annas → Hannas

Anrufen → Gebet

Anstoß → Ärgernis

Anthropomorphismus Bildhafte Redeweise, die menschl. Formen (Angesicht: Ex 33,23; Mund: Dtn 8,3; Augen: 1 Sam 15,19) und Verhaltensweisen (Reue: Gen 6,6; Zorn: Ex 15,7; Freude: Dtn 28,63) auf Gott überträgt. In der Bibel, vor allem im AT, öfters gebraucht, in der → Septuaginta vermieden oder gemildert. A. ermöglicht, Gott als lebendige, geschichtsmächtige Person auszusagen. Der Gefahr, dass Gott vermenschlicht wird, wehrt das AT: Gott ist kein Mensch (Hos 10,4) er wohnt nicht leiblich im Tempel (1 Kön 8,27), ist nicht geschlechtlich bestimmt und darf nicht bildlich dargestellt werden (Ex 20,4).

Antichrist („Widerchrist") heißt der direkte Gegenspieler Christi in der Geschichte. Paulus spricht vom A. als „Menschen der Sünde", „Kind des Verderbens", Widersacher, der sich über alles erhebt, „was Gott oder Gottesdienst heißt". Zuvor muss der große Abfall kommen (2 Thess 2,3–12). Von ihm sprechen die Johannesbriefe (1 Joh 2,18.22; 4,3; 2 Joh 7). Am deutlichsten ist das Bild des A. in Offb gezeichnet, vor allem in Offb 13. Der A. ist dort das Tier, das ein Weltreich aufrichtet. Mit dem Satan und dem falschen Propheten stellt es dort eine höllische Dreieinigkeit dar. Christus bereitet der Macht des A. ein Ende (Offb 19,11-20) (vgl. auch Mk 13,22 par). → Teufel

Antilegomena → Kanon

Antilibanon Dem → Libanon paralleler Gegenzug auf der Ostseite des Grabenbruchs, durch den Leontes und Orontes fließen. Sein südlichster und höchster Teil ist der → Hermon. Im AT werden für A. oder seine Teile verschiedene Namen genannt (Dtn 3,9; Jer 18,14; Ps 29,6; Hld 4,8). Am A. entspringen Orontes, Leontes, Barada (alter Name: → Abana) und ein Quellfluss des → Jordan.

Antiochia Name vieler Städte, in der HS:

1) Hauptstadt → Syriens, um 300 v. C. gegründet, große und reiche Handelsstadt. Hier entstand eine der ersten heidenchristl. Gemeinden und der Name „Christen" (Apg 11,19–26); Stützpunkt der urchristl. Mission (Apg 13,1–3; 14,26–28; 15,35–40; 18,22). → Apostelkonzil

Auch in nachbibl. Zeit wichtiger Mittelpunkt des Christentums. Niedergang und Eroberungen machten die Stadt zum kleinen Ort (heute *antakje*).

Die „Antiochenische Schule" war nicht beständige Lehrinstitution oder gar Katechetenschule (→ Alexandria), sondern eine Färbung von Lehre und Exegese, wie sie einzelne Gelehrte vertraten (z. B. Lukian von A., gest. 312; Diodor von Tarsus, gest. vor 394, einer seiner Schüler war Johannes Chrysostomus, gest. 407). Ihr kam es darauf an, den „historischen Sinn" der HS zu wahren gegenüber geistvollen Spekulationen.
2) A. in → Pisidien, Grenzstadt zw. Phrygien und Pisidien; anfangs Missionserfolg (Apg 13,14–49, aber Apg 13,50).

Das syr. und das pisidische Antiochia

Antiochus („der Standfeste") Name syr. Könige aus der Dynastie der → Seleukiden, von denen einige in Makk erwähnt werden:
1) A. IV. *Epiphanes* (175–163 v. C.) plünderte den jüd. → Tempel. Um seine Macht zu festigen und sein Reich für hellenist. Einfluss zu öffnen, verlangte er von den Juden Verehrung und Anbetung des Zeus Olympus. Dadurch löste er den Aufstand der → Makkabäer aus. A. starb während eines Partherfeldzugs.
2) A. V. *Eupator* (163–162 v. C.) Unmündiger Sohn von 1), schloss Frieden mit → Judas Makkabäus, wurde von seinem Neffen ermordet (1 Makk 6,17–7,4; 2 Makk 10,9–14,2).
3) A. VII. *Sidetes* (139–129 v. C.) besiegte mithilfe des → Makkabäers Simon den Usurpator Tryphon, später wandte er sich gegen Simon (1 Makk 15–16), schloss Frieden mit Johannes Hyrkanus I. und kam bei einem Partherfeldzug ums Leben.

Antiochus IV. Epiphanes. Antike Münze

Antipas
1) → Herodes (4)
2) unbekannter Märtyrer in Pergamon (Offb 2,13).

Antipater („Ebenbild des Vaters") Sohn des Jason, war Gesandte des → Makkabäers Jonatan in Rom und Sparta (1 Makk 12,1–23; 14,22).

Antipatris → Afek

Antisemitismus → Juden

Antlitz → Angesicht

Antonia Burg an der NW-Ecke des Tempelplatzes, Neh 2,8 erstmals erwähnt, unter den → Hasmonäern erneuert, von → Herodes (1) umgebaut und zu Ehren seines Gönners M. Antonius A. genannt. Z. Z. Jesu überwachten von der A. aus röm. Truppen ständig den Tempelplatz (Apg 21,31–36; 22,24). Zu Unrecht als → Prätorium des Pilatus angesehen.

Afek („Bachbett" *rās el-'ēn*) Name mehrerer Städte in Kanaan, u. a. kanaanäische Königsstadt in der Scharonebene, nach Jos 12,18 von Josua erobert, Lagerort der Philister (1 Sam 4,1f), von → Herodes (1) Antipatris (Apg 23,31) genannt.

Apokalypse → Offenbarung des Johannes

Apokalyptik Literaturgattung (2. Jh. v. C.–1. Jh. n. C. beliebt und weit verbreitet). Die bedrängte Situation veranlasste, über Leid und künftige Herrlichkeit der Guten nachzudenken. Aus dem überlieferten Stoff suchte man die eigene Zeit als Weg zum endgültigen Sieg Gottes und des Guten zu verstehen. Dabei stellte man neben alte Bilder: Kosmologien, Spekulationen über Zahlen, Buchstaben, Einteilungen, Erzählungen von großen Tieren und von Engeln; man schilderte Erscheinungen, Vorzeichen des Endes, letzte Drangsale, Weltgericht, Seligkeit und Verdammnis; man schrieb die „Offenbarung“ Visionen, Traumgesichten u. a. zu und nahm für sie gerne Persönlichkeiten früherer Zeit in Anspruch (z. B. Adam, Henoch; apokryphe Apokalypsen → Kanon). In der HS stehen nur wenige Vorstufen und Texte der A., die im Vergleich zur bizarren Fantasie anderer Schriften nüchtern wirken (vorchristl.: Ez 1,4–28; 10,1–22; 37,1–14; 40–48; Jes 24–27; Sach 9–14; Joel 3–4; vor allem Dan 7–12; christl. Mk 13 par; 2 Thess 2,1–12; viele Einzelstellen; vor allem Offb).

Apokryphen → Kanon

Apollonius („dem Apoll geweiht“) Name einiger Persönlichkeiten, die unter den → Seleukiden die Juden verfolgten, vor allem: A. von Tarsus, Statthalter von Zölesyrien und Phönizien unter Seleukus IV. (175–164 v. C.), schilderte diesem die Größe der Schätze im → Tempel von Jerusalem, der den Tempelraub durch Heliodor (2 Makk 3,5–29) veranlasste.

Apollos (Kurzform von Apollonius = dem Apollo gehörend) Gebildeter Jude aus → Alexandria, predigte in → Ephesus (Apg 18,24–26) und → Korinth (Apg 18,27–19,1), vor allem auch gegen das Judentum; eine Gemeindepartei nannte sich nach ihm (1 Kor 1,12; 3,4f). Apg 18,24–28 möchte den selbstständig missionierenden A. mit der apostol. Linie verbinden (Unterweisung durch → Aquila und dessen Frau). Viell. Jünger des → Täufers (Apg 18,25); späteres Schicksal unbekannt; einige sahen in A. den Verfasser des → Hebräerbriefs, was jedoch wenig wahrscheinlich ist.

Apollyon → Abaddon

Apostel („Abgesandter“, in dieser Bedeutung nur christl.) Auf die Zeit des Wirkens Jesu in Galiläa (Einzelberufungen) geht das Kollegium der „Zwölf“ zurück (Wahl: Mk 3,13; Namen in verschiedener Reihenfolge: Mt 10,2–4; Mk 3,16–19; Lk 6,14–16; Apg 1,13). Von Jesus wie Rabbinenjünger ausgesandt (Mt 10,5; Lk 9,2; vgl. Mk 3,14), richtet sich ihre Verkündigung zunächst an die Stämme Israels (vgl. Mt 10,6). Die traditionelle Zwölfzahl (→ Stämme, endzeitliche Richter nach Mt 19,28) wurde auch nach dem Ausscheiden von → Judas (5) beibehalten (Apg 1,15–26). Die „Zwölf“ verstanden sich weiterhin als „Ausgesandte“ (Stellung der „Zwölf“, vor allem des Petrus, in der urkirchl. Missionsarbeit).
Der Begriff A. war weiter. Jesus selbst wurde A. genannt (Hebr 3,1), vor allem aber Boten, Missionare (z. B. Joh 13,16; 2 Kor 11,5.13; Offb 2,2). Paulus bezeichnet sich selbst (z. B. Gal 1,1; 2,8) und seine Mitarbeiter (2 Kor 8,23) so. Auch die „Zwölf“ hießen A. (z. B. Mt 10,2; Mk 6,30). Ein A. leitet die kultischen Feiern (z. B. Apg 20,7-11), gründet und leitet Gemeinden (z. B. Apg 8,14; 2 Kor 13,10), ist „Mitarbeiter Gottes“ (1 Kor 3,9). Er ist nicht Herr, sondern Diener (vgl. Mk 10,44; 2 Kor 1,24; 4,5), obwohl er Anspruch auf Gehorsam hat (z. B. 1 Kor 14,37).
Schon im AT (vor allem in Lk und Apg), mehr noch später, wird der Begriff A. auf die „Zwölf“ eingeschränkt (z. B. Apg 1,26; Offb 21,14). Paulus nimmt dabei eine Sonderstellung ein.
Zum Amt des A. gehört die autoritative Sendung durch Christus (vgl. Mt 28,19) oder durch Gott (vgl. Gal 1,17), zunächst also nicht durch die → Kirche.
Nach der Apg bleiben die A. zunächst in Jerusalem (vgl. Apg 8,1); legendär sind Kirchengründungen durch A. in aller Welt und A.martyrien.

Apostelgeschichte Ntl. Buch (80–85 n. C., womöglich aber auch schon vor der ersten Christenverfolgung unter Nero im Jahr 64, da weder der Tod der Apostel Petrus und Paulus noch die Zerstörung Jerusalems erwähnt werden), Fortsetzung von Lk: Ausbreitung des Ev in der Kraft des heiligen Geistes von Jerusalem bis nach Rom (im 2. Teil steht vor allem Paulus im Mittelpunkt der Darstellung), also nicht Geschichte des Wegs aller Apostel. Verwendet Quellen, z. B.: Stationenverzeichnis von Paulusreisen mit Kurzangaben (Missionserfolg), verfasst von einem Begleiter. Nicht verwendet wurden die Paulusbriefe, deren Angaben aber meist zu denen der A. passen (schwierigste Spannungen: Formulierung der Jakobusklausel → Apostelkonzil; Paulusbild der A. nicht so antijudaistisch wie in den großen Paulusbriefen, → Heidenchristen). *Reden* frei typisiert, jedoch ihre Probleme haben histor. Hintergrund. Stark von dem üblicherweise gebotenen Text der A. unterscheidet sich ihr „westlicher" Text (→ Bibeltext).

Apostelkonzil Nicht „Konzil" im heutigen Sinn, sondern Treffen von Vertretern (Paulus, Barnabas) der Gemeinde von → Antiochia (→ Heidenchristen) mit Vertretern der Gemeinde von Jerusalem und den dortigen → Aposteln und Ältesten (um 49 n. C.). Man einigte sich, von den → Heidenchristen nicht die Erfüllung von jüdischen Kultvorschriften (z. B. Beschneidung) u. Ä. zu fordern. Dadurch wurde das Christentum keine innerjüdische Sekte. Nach Apg 15,20 wurden ihnen nur die „Jakobusklauseln" (Enthalten von Götzenopferfleisch, Blutgenuss, Unzucht, Ersticktem = nicht ausgebluteten Tieren) als Auflage gegeben. Neben grundsätzl. Bestimmungen enthalten sie zeitbedingte Gebote, um die Mahlgemeinschaft mit → Judenchristen zu ermöglichen. Ob sie mit dem A. zusammenhängen, wie es Apg schildert, ist umstritten.

Apostellehre → Didache

Apostolikum, Apostolisches Glaubensbekenntnis Glaubensformel (eine von vielen, stammt aus Taufliturgie und Erklärung des Glaubens), nicht in der HS (heutiger Text aus dem 8. Jh., Erweiterung eines Textes aus dem 4. Jh.), erst im 4. Jh. als „apostolisch" betrachtet (Legende: verfasst von den → Aposteln vor ihrem Weggang aus Jerusalem).

Apostolische Väter Seit dem 17. Jh. Sammelausdruck für die christl. Literatur der unmittelbar nachapostol. Zeit; Autoren standen z. T. noch in persönl. Kontakt mit Aposteln; Briefe (Clemens von Rom, Ignatius, Polykarp), Berichte über Martyrien (Polykarp), Kirchenordnung (→ Didache = Zwölfapostellehre), Predigt (2. Clemensbrief), Apologie (Diognetbrief), eschatologische Bußschrift (Hirt des Hermas), Lehr- und Mahnschreiben (Barnabasbrief, viell. nicht zu den A. V.).

Aquila Personennamen:
1) Wie Paulus jüd. Zeltmacher, begütert, verlässt bei Judenvertreibung mit seiner Frau Priszilla (Priska) Rom, zieht nach → Korinth, nimmt Paulus längere Zeit auf (Apg 18,2f). A. und seine Frau begleiten Paulus nach → Ephesus (Apg 18,18f), nehmen dort → Apollos bei sich auf, kehren später nach Rom zurück, wo sie Paulus dankbar grüßen lässt (Röm 16,3f; vgl. 1 Kor 16,19).
2) → Hexapla

Araba Geologischer Einbruch, der Palästina in Nord-Südrichtung durchschneidet: die Jordansenke und ihre Fortsetzung zwischen Totem und Rotem Meer. In der Bibel bezeichnet A. fast nur den Jordangraben (Dtn 1,7; Jos 18,8 u. ö.), heute ausschließlich die Senke s des Toten Meeres.

Arabien Asiatische Halbinsel; Urheimat der Semiten, die von hier aus in immer neuen Wellen in den → Fruchtbaren Halbmond vorstießen. Die Bewohner der heutigen arab. Halbinsel nennt das AT Ismaeliter (Gen 25,12ff), Joktaniter (Gen 10,26ff) und Keturiter (Gen 25,1ff).
Araber ist im AT gleichbedeutend mit → Nomade (Jes 13,20; Jer 3,2) und bezeichnet allgemein die Stämme der syr.-arab. Wüste und des südl. → Negeb (2 Chr 17,11, Jes 21,13; Jer 25,24). Diese „Söhne des Ostens" (Gen 29,1; Ri 6,3) sind früh am Karawanenhandel beteiligt (1 Kön 10,15). Trotz ihres Handels mit → Salomo gelten die Araber als Feinde des auserwählten Volkes (2 Chr 9,14; Neh 2,19), unter → Joram fallen sie ins → Südreich Juda ein und plündern den Palast in Jerusalem (2 Chr 21,16f). In späteren Schriften des AT sind Araber, Bewohner der pers. Provinz Arabien, unmittelbare Nachbarn der Provinz Juda (Neh 4,1). Sie bilden später das Königreich der → Nabatäer, das Gal 1,17; 4,25 A., dessen Herrscher 2 Makk 5,8 Araberfürst genannt wird.

Arad (*tell arad*) Ruinenstätte 30 km ö → Beerscheba. Zitadelle aus der Zeit Salomos, bisher einziger ausgegrabener Jahwetempel mit Vorhof und Brandopferaltar (10.–7. Jh. v.C.). Möglicherweise will die Notiz Ri 1,16 die dortige Priesterschaft auf den Schwiegervater des Mose zurückführen. Da die Ortslage zwischen 2700 und 1050 nicht besiedelt war, muss die kanaanäische Königsstadt A. (Num 21,1; 33,40) an anderer Stelle der südl. Wüste gesucht werden.

Aramäer Semit. Völkergruppe zwischen Syrien und Eufrat, in den Briefen von → Amarna und in einer Inschrift Tiglat-Pilesers I. erwähnt. Das AT nennt das Gebiet zwischen dem Oberlauf von Eufrat und Tigris *Aram Naharajim*, „Aram der beiden Ströme" (Gen 24,10; jüngere Überlieferung: Paddan-Aram Gen 25,20 u.ö.). Dort lag → Haran, die Heimat Abrahams. Mit diesem Gebiet verbindet die Überlieferung Jakob, der Dtn 26,5 A. genannt wird. Zur Zeit Davids und Salomos bestehen u.a. die Aramäerstaaten: Sam'al in Nordsyrien, → Zoba zwischen Antilibanon und der syr.-arab. Wüste und im Hochtal des Leontes (2 Sam 8,3ff), → Bet-Rehob (2 Sam 10,6), → Maacha, → Geschur und → Damaskus. Die Assyrer haben der Unabhängigkeit dieser Stämme und Staaten ein Ende bereitet, 732 v.C. auch dem Reich von Damaskus. Die A. erlangen großen Einfluss in Assyrien. Ihre Sprache (→ Aramäisch) wird Handels- und später Weltsprache. Inzwischen hatte sich der aram. Stamm der Chaldäer im Mündungsgebiet des Eufrat und Tigris angesiedelt, seine Macht immer weiter ausgebreitet. Er aramaisiert das Reich und erreicht seit der neubab. Dynastie auch die polit. Herrschaft.

Aramäisch Nordwest.-semit. Sprache, eng verwandt mit dem Hebr. und dem Punischen, urspr. der semit. Dialekt der → Aramäer. Nach dem Untergang der Aramäerstaaten wird A. Handels- und Diplomatensprache, in neubab. Zeit allg. die Sprache des Vorderen Orients. Von der Rückkehr aus dem → Exil bis in die christl. Zeit Volkssprache in Palästina, Mutterspache Jesu. Teile des AT sind aram. geschrieben (Dan 2,4–7,28; Esra 4,8–6,18; 7,12–26). Im NT finden sich verschiedene aram. Wörter (Mk 5,41; 7,34; 14,36; 15,34; 1 Kor 16,22). Ob die Evangelien auf aram. Vorlagen beruhen, ist umstritten. Durch die Verbreitung des Islam wird das A. vom 8. Jh. an durch das Arabische verdrängt. Heute wird es noch in einigen Dörfern des Irak (um Mosul) und Syriens (z.B. am Antilibanon) gesprochen. Die Quadratschrift, die das althebr. Alphabet verdrängte, ist aram. Ursprungs.

Ararat Landschaftsname einer bergigen Gegend Armeniens am mittleren Araxes, wo nach Gen 8,4 die → Arche Noach festsaß. A. ist wahrscheinlich das aus Keilinschriften bekannte Reich Urartu im armen. Hochland, das seine Blütezeit zwischen dem 9. und 7. Jh. erlebte. Dorthin flohen die beiden Söhne → Sanheribs, nachdem sie ihren Vater ermordet hatten (2 Kön 19,37). A. heißen heute zwei Berge Armeniens.

Arauna (oder Ornan) → Jebusiter, dessen Tenne nach 2 Sam 24,16–25 David zur Errichtung eines Altars kaufte, um durch Opfer die Pest abzuwenden. Nach 2 Chr 3,1 war das der Ort, an dem Salomo später den → Tempel baute.

Arbeit Im heidnischen Bereich galt A. als minderwertige Sklavenbeschäftigung (abgesehen von ältesten und vereinzelten Belegen). Auch in der HS wird ihre Mühsal als Fluch gedeutet (Gen 3,17–19), ist mühsam und letztlich erfolglos (Ps 90,10; Koh 2,11), behindert die Suche nach Weisheit (Sir 38,24–39,11). In der Heilszeit gibt es keine vergebliche Mühe (Jes 65,23).

Aber sie ist auch Mitwirkung an Gottes „A." (Schöpfung: Gen 2,2; Gott als Weingärtner: Jes 5,7; er wirkt noch immer: Joh 5,17), wird als göttl. Auftrag verstanden (schon im Paradies nach Gen 2,5.15; Spr 18,9; vgl. Spr 6,6–11), als Dienst am Schöpfungswerk und an der menschl. Selbsterhaltung (Gen 1,28f; 3,17–19); sie ist Dienst für den Herrn, nicht für die Menschen (Kol 3,23), darf nicht verabsolutiert werden (→ Eigentum, → Sabbat); ihr Ertrag darf dankbar als Gottesgabe genossen werden (Ps 128,1f). Der Lohn für die A. muss ausbezahlt werden, und es darf keineswegs soziale Unterdrückung geben (Dtn 24,14f; Jer 22,13). Die Schriftgelehrten waren verpflichtet, einen Beruf zu erlernen (vgl. Apg 20,34; 2 Thess 3,8f). Jesus selbst war Handwerker (Mk 6,3). Aber das → Gottesreich bestimmt Sinn und Umfang der A. (Lk 12,31). Es darf keine „ängstliche Sorge“ geben (Mt 6,25–34 par), kein habsüchtiges Streben über den Bedarf hinaus (Lk 12,15–20; Hebr 13,5; vgl. Mt 6,11 par): Habsucht ist Götzendienst (Eph 5,5; Kol 3,5).

Aber wie immer sie verbrämt wird, Scheu vor A. ist verwerflich (1 Thess 4,11f; 2 Thess 3,6–8.10–12). A. wird als Normalfall vorausgesetzt in einigen → Gleichnissen, ermöglicht Fürsorge für Bedürftige (Eph 4,28). Auch schwere und verachtete A. soll „von Herzen“ dem Herrn zuliebe getan werden (Eph 6,7; Kol 3,23). Auch die A. der Hausfrau wird geachtet (vgl. 1 Tim 5,10).

Missionsarbeit → Mission. Die Lutherübersetzung setzt einige Mal (nach dem damaligen Sprachgebrauch) A. an Stellen, wo Bedrückung, Nichtigkeit o. Ä. gemeint ist. → Sklaverei

Archäologie ist Lehre von der Vergangenheit, die auf den materiellen Überbleibseln gründet. Diese Zeugen der Vergangenheit – Ruinenhügel (*tell*), Bauwerke, Gräber mit den Grabbeigaben der Toten – werden meist durch Ausgrabung erforscht. Bibl. Archäologie richtet ihr Augenmerk auf Ausgrabungen und Funde (Waffen, Keramik, Schmuck) von bibl. Stätten und sucht jede Tatsache festzuhalten, die irgendwie mit der Bibel zusammenhängt. Ihr Ziel ist nicht der Beweis bibl. Berichte, sondern der Erweis geschichtl. Wahrheit. Die Geschichte der Palästinaarchäologie beginnt 1890 mit den Ausgrabungen von Flinders Petrie in *tell el ḥesi*. Seine Erkenntnisse sind wichtig für die weitere archäologische Arbeit:

1) Die von den Arabern *tell* genannten Hügel sind künstl. Schutthügel, die aus verschiedenen Schichten übereinander gebauter Siedlungen bestehen. Die erste Siedlung begann auf Fels oder gewachsenem Boden. Sie wird zerstört oder verlassen. Die Lehmziegel zerfallen. Die nächsten Siedler ebnen das Gelände ein und bauen auf die alten Ruinen. Die Schutthöhe wächst mit den Besiedlungen. Der *tell* von → Megiddo beispielsweise erreichte eine Höhe von 21 m.

2) Grabungsziel ist nicht eine Sammlung von Museumsstücken, sondern die Geschichte eines Ortes. Darum sind alle Funde und vor allem die Schichtenfolge zu beachten.

3) Die Keramikformen wechseln nach Kulturperioden. Die unverwüstl. Scherben des gebrannten Tons sind wichtiges Mittel, Schichten gegeneinander abzugrenzen und zeitlich festzulegen.

Weitere Hilfen, Ausgrabungsschichten zeitlich zu bestimmen, sind die Radio-Karbon-Methode (für die Zeit vor 3000 v. C.) und Münzfunde (erst ab der pers. Zeit).

Nach Petrie haben sich zwei Ausgrabungsmethoden entwickelt: Die erste trägt die Schichten des *tell* nacheinander ab. Dabei wird zunächst der Hügel vermessen, dann die erste Schicht freigelegt, gefundene Mauern im Plan eingetragen, fotografiert, Funde registriert, Tonscherben und Münzen gesammelt, Scherben zusammengesetzt, abgezeichnet, genau beschrieben und, wenn möglich, datiert. Danach wird die Schicht abgehoben und mit der zweiten gleich verfahren (Beispiel: → Hazor). Nach der Schnittmethode von Mortimer Wheeler und Kathleen Kenyon wird der *tell* durch einen tiefen Graben angeschnitten. Weitere Schnitte werden rechtwinklig zu gefundenen Mauern angelegt (Beispiele: Jericho, Ofel in Jerusalem).

In Palästina arbeiten verschiedene archäologische Institute: Ecole Biblique et Archéologique Française, Deutsches Evangelisches Institut für Altertumswissenschaft des Heiligen Landes, Israel Exploration Society, American Schools of Oriental Research u. a.

Der Ertrag der A. für die Bibelwissenschaft ist bedeutend: Sie bestätigt die Bibel (z. B. Eroberung Samarias: 2 Kön 17), hilft zu deren besserem Verstehen (vgl. Texte aus → Nuzu und → Mari), ergänzt Angaben der bibl. Geschichtsschreiber (Bedeutung → Omris, Tribut des → Jehu

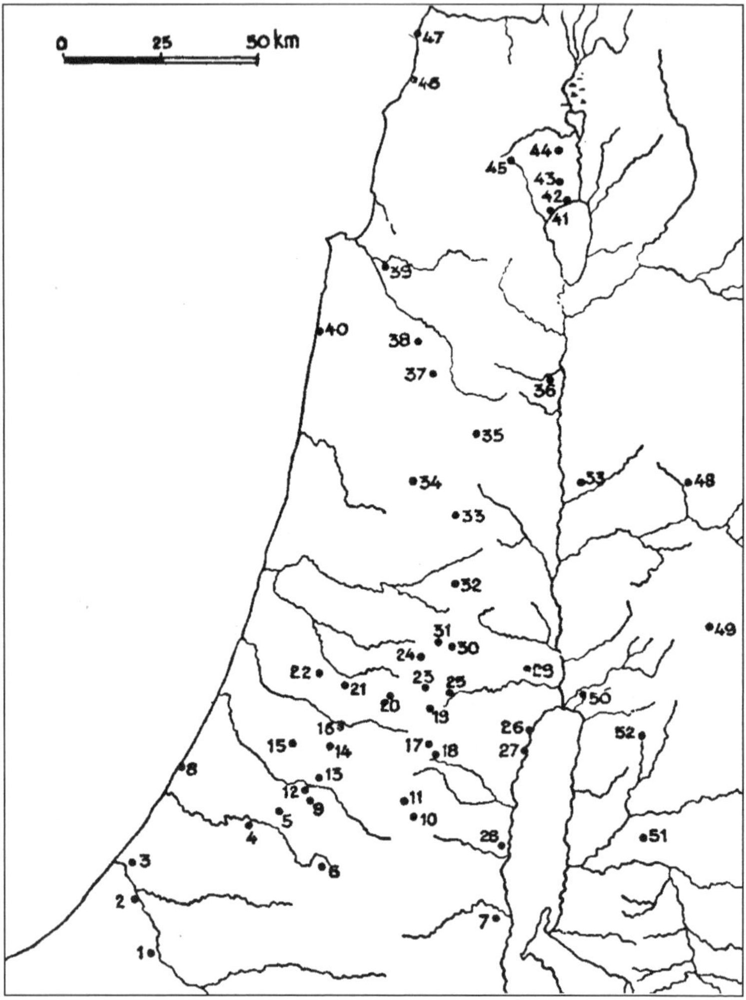

Wichtige Ausgrabungsorte in Palästina mit ihren arabischen und biblischen Namen: 1. tell el-fare' 2. tell dschemme 3. tell 'addschul 4. tell el-ḥesi = Eglon 5. tell ed-duwēr = Lachisch 6. tell bēt mirsim = Debir 7. es-sebbe = Masada 8. chirbet 'askalān = Aschkelon 9. tell sandaḥanne = Marescha 10. ramat el-chalīl = Mamre 11. chirbet eṭ-ṭubēqa = Bet-Zur 12. bēt dschibrīn 13. tell ed-dschedēde = Moreschet-Gat 14. tell zakarīje = Aseka 15. tell eṣ-ṣafi 16. tell er-rumēle = Bet-Schemesch 17. bēt-laḥm = Betlehem 18. bēt sahur = das Hirtenfeld 19. el quds = Jerusalem 20. dēr en-naṣbe = Kirjat-Jearim 21. 'amwas = Emmaus 22. tell dschezer = Geser 23. tell el-ful = Gibea 24. tell ennaṣbe = Mizpa 25. rās el-charrube = Anatot 26. chirbet qumran 27. 'en feschka 28. murabba 'at: Höhlen mit Schriftrollen 29. tell es-sulṭān = Jericho 30. et-

tell = Aï 31. bētīn = Bet-El 32. chirbet sēlun = Schilo 33. tell balāṭa = Sichem 34. sebasṭije = Samaria 35. tell el-fār'a = Tirza? 36. tell-el ḥösn = Bet-Schean 37. tell ta'annek = Taanach 38. tell el-muteseliim = Megiddo 39. tell 'amr = Haroschet der Heiden 40. et-ṭanṭura = Dor 41. tell el-'orēme = Kinneret 42. tell ḥum = Kafarnaum 43. chirbet kerāze = Chorazin 44. tell el gedaḥ = Hazor 45. mēron = Merom 46. amm el-awamid = Hammon 47. ṣur = Tyrus 48. dscherasch = Gerasa 49. 'ammān = Rabbat-Ammon, Philadelphia 50. telēlāt ghassul 51. dībān = Dibon 52. mādeba = Medeba 53. tell dēr 'allā = Sukkot?

---

u. a.), ordnet die Bibel in die großen Zusammenhänge der Geschichte und Kultur des Alten Orients ein (Wanderungen der Amoriter und Aramäer als Hintergrund der Vorgeschichte Israels); sie zwingt in anderen Fällen einen bestimmten bibl. Abschnitt (etwa den Bericht von der Eroberung → Jerichos) neu zu durchdenken.

Arche (lat. arca, „Kasten") Fahrzeug, das → Noach auf Gottes Geheiß baute, um die seinen und eine Anzahl unreiner und reiner Tiere vor dem Untergang in der großen → Sintflut zu retten (Gen 6–9). Nach 1 Petr 3,20 ist die A. Sinnbild der christl. Taufe. Auch Mt 24,38; Lk 17,27; Hebr 11,7 erwähnen die A. Die → allegorische Bibelauslegung vergleicht die A. mit der Kirche.

Archelaus → Herodes

Archippus („Pferdebändiger") „Mitstreiter" des Paulus (Phlm 2), Christ in → Kolossä (Kol 4,17).

Areopag („Hügel des Ares") nw der Akropolis in Athen, vom Wort A. abgeleitet die oberste athenische Behörde. Die A.rede des → Paulus (Apg 17,19–34) soll nicht eine historische Epoche erzählen, sondern die wahre Gotteserkenntnis der griech. Weisheit gegenüberstellen und so den Sieg des Christentums über sie betonen (vgl. 1 Kor 1,22ff).

Aretas („Metallarbeiter") Name mehrerer Könige der → Nabatäer.

Arimathäa (wahrscheinlich = *rentis*) Stadt in Judäa, Heimat des Ratsherrn Josef von A., der Jesu Leichnam bestattete (Mk 15,43 par; Joh 19,38).

Aristarch („bester Herrscher"), Mitarbeiter (Apg 19,29) und Mitgefangener (Phlm 24) des Apostels Paulus aus → Thessalonich (Apg 20,4).

Aristeas („ausgezeichneter Herrscher") Angeblich königl. Beamter (um 250 v. C.), der aus Jerusalem 72 Übersetzer der 5 Bücher Mose nach → Alexandria holen sollte; diese hätten angebl. in 72 Tagen getrennt dieselbe Übersetzung angefertigt. Das Ganze ist eine Legende (berichtet im A.brief um 140 v. C.), hinter der aber der Bericht vom Anfang der Übersetzung des AT ins Griech. steht (→ Septuaginta).

Aristobulus („bester Ratgeber") Personenname, z. B.:
1) äg. Jude, an den der Brief 2 Makk 1,10–2,18 gerichtet ist, viell. Religionsphilosoph (→ Hellenismus).
2) Makkabäer

Armenbibel (= Biblia Pauperum) Spätmittelalterl. Sammlung von Buchmalereien (später Holzschnitten) mit ntl. Szenen, verbunden mit Bildern aus dem AT und erbaulichen (zum größten Teil nichtbibl.) Texten. Die reich ausgestatteten Werke waren nicht für Arme erschwinglich, aber billiger als Bibelausgaben, als deren Ersatz man sie ansah (Name A. spät).

Armut Das AT betrachtet A. als Übel. Ursachen: eigene Schuld (Spr 6,9–11; 24,30–34 u. ö.), Schicksalsschläge (1 Kön 17,1–16), Gewalttätigkeit der Reichen und Mächtigen (vor allem bei den Propheten: Jes 5,8; Jer 5,27; Am 5,11; Mi 2,1f: 6,10f). Jahwe ist Beschützer der Armen (Ps 10,14.17; 14,6; 68,6 u. ö.). Nach dem → Exil wird A. ein religiöser Begriff (bedeutet etwa: Demut, Frömmigkeit, Ps 18,28; 70,6; 86,1f; Sach 9,9), ohne soziale Tragweite zu verlieren. „Arme" waren nicht selbstsicher oder opportunistisch, daher oft von den Mächtigen, Reichen, besonders aber von den religiösen Autoritäten gering geachtet. Im Sinne dieses Begriffswandels ist auch das Wort von den

Artemis von Ephesus

„Armen im Geiste" (Mt 5,3) zu verstehen. In Akzentuierung und Auswahl des Traditionsguts zeigt vor allem Lk große Sympathie für „Arme" und Skepsis gegenüber Reichen (vgl. Lk 6,24–26; 12,15.33f; 14,33) und greift damit Anliegen aller Evv auf (vgl. Mk 10,23–26 par). Mit knappen → Almosen können sich Reiche nicht von dieser Skepsis befreien. Paulus verweiset auf die A. Jesu (2 Kor 8,9). Eine Gemeinde kann äußerlich arm, in Wirklichkeit aber reich sein oder umgekehrt (Offb 2,9; 3,17).

Auch die Mitglieder der Gemeinde von → Qumran bezeichnen sich als die „Armen".

Arnon (*sēl el-mōdschib*) Zufluss des → Toten Meeres; nach Num 21,13 Grenze zwischen → Moabitern und → Amoritern. S-Grenze des von Israeliten besiedelten Landes (Ri 11,13; Gegenstück im N: → Jabbok).

Artemis Jungfräul. Fruchtbarkeitsgöttin (urspr. or.), bes. in → Ephesus verehrt. Ihr Tempel galt als Weltwunder und enthielt ein angebl. vom Himmel gefallenes Kultbild. Gegen Paulus erhoben sich die Devotionalienhersteller (Apg 19,23–40). Oft fälschlich mit Diana (Göttin des Mondes und der Jagd) gleichgesetzt.

Artahsasta König von Persien; während dessen Regierung → Esra und → Nehemia wirken (Neh 5,14). Wohl identisch mit Artaxerxes I. Longimanus (464–424 v. C.).

Arwad Phönizische Stadt und Insel vor der syr. Küste (Gen 10,18; Ez 27,8.11). 1 Makk 15,23 nennt es Arados.

As → Münzen

Asa (Kurzform von: Asaël, „geschaffen hat Gott"), König des → Südreiches Juda (914–874 v. C.; 1 Kön 15,9–24) in der HS wird sein Vorgehen gegen → Götzendienst und kult. Prostitution (→ Dirne) gerühmt. Vom → Nordreich bedrängt, verbündet er sich mit → Damaskus; nach 2 Chr 16,7 wendet sich der Seher Hanani gegen dieses Bündnis. Chr berichtet weitere Kämpfe und Siege.

Asaël („geschaffen hat Gott") Personenname, z. B.: „Held" Davids (2 Sam 23,24), Bruder → Joabs und → Abischais, von → Abner getötet (2 Sam 2,18–32).

Asaf („er hat sich erbarmt") Personenname, z. B.: nach 1 Chr 15,17ff; 16,5ff; 2 Chr 5,12 (vgl. Esra 2,41; Neh 7,44) geht eine Klasse der für den Dienst im Tempel bestellten Sänger auf A. zurück, der unter David und Salomo gewirkt habe. Ihm werden Ps 50; 73–83 zugeschrieben.

Asarhaddon (assyr.: „Assur hat einen Bruder geschenkt") Assyr. König (681–669 v. C.) soll in Samaria fremde Kolonisten angesiedelt (Esra 4,2) und von →

Manasse (König des → Südreiches Juda) Tribut erhalten haben.

Denkmal des Asarhaddon

Asarja („geholfen hat Jahwe“) Personenname, z. B.:
1) König des → Südreiches Juda (779–738 v. C.), in 2 Chr 26,1–23 Usija genannt. Wirtschaftl. Blüte, friedl. Beziehungen zum → Nordreich Israel, Errichtung militär. u. a. Bauten kennzeichnen seine Zeit. A. erobert den Hafen Elat zurück. Gegen Ende seiner Regierung befiel ihn der → Aussatz, von 2 Chr 26,16–21 dadurch erklärt, dass er in Rechte der Priesterschaft eingegriffen habe. Mitregent wurde sein Sohn → Jotam (2 Kön 15,5).
2) Gefährte → Daniels, angebl. Verfasser des „Gebetes des A.“ (Dan 3,26–45 LXX).
Aschdod Anakitischer (Jos 11,22), seit dem 12. Jh. philistäischer Stadtstaat. Berühmtes Heiligtum des → Dagon (1 Sam 5,2–5). Usija (→ Asarja) zerstört seine Mauern (2 Chr 26,6). 711 v. C. besetzt Sargon die Stadt (Jes 20,1). Der Pharao Psammetich belagert die Stadt nach einem Bericht des Herodot von etwa 620 v. C. an 29 Jahre lang. Von den → Makkabäern zerstört, wird A. durch den röm. Feldherrn Gabinius wieder aufgebaut. Nach Apg 8,40 predigt hier → Philippus. Das heutige A. liegt 7 km n der alten Siedlung.
Ascher („der Glückliche“)
1) Einer der → Stämme Israels. Sein Gebiet lag auf dem Westabfall des galiläischen Gebirges (Jos 19,24–31) schließt Ansprüche mit ein, die noch nicht verwirklicht waren). Die spätere Geschichte des Stammes ist unbekannt; aus ihm stammt → Hanna (Lk 2,36).
2) Nach Gen 49,20 war der 8. Sohn Jakobs Stammvater von (1).
Aschera (Phönizisch-kanaanäische Fruchtbarkeitsgöttin, Gemahlin → Baals (in → Ugarit des Göttervaters El). Ihr Kultbild wurde in Jerusalem (1 Kön 15,13), Israel (1 Kön 16,33), im Baalstempel zu → Samaria (2 Kön 10,25) und zeitweise im Jahwetempel Jerusalems (2 Kön 21,3.7) verehrt. Ihr Zeichen – ebenfalls A. genannt – war der hl. Baum oder Kultpfahl neben dem Altar. Dtn verlangt wiederholt, dass die Ascheren umgehauen (7,5), verbrannt (12,3) oder erst gar nicht gepflanzt werden (16,21).
Aschkelon (*chirbet askelān*) Kanaanäischer Stadtstaat und Hafen, schon im 19. Jh. v. C. urschriftlich erwähnt, 1280 von → Ramses II. erobert, seit 1200 eine der fünf Hauptstädte der Philister (Jos 13,3), oft von → Propheten mit dem Gericht bedroht (Am 1,8; Jer 25,20; 47,5.7). In hellenist. Zeit judenfeindlich (1 Makk 10,86; 11,60), 104 v. C. Freistaat mit eigenem Münzrecht. Viell. Heimat → Herodes (1), der hier prächtige Bauten errichtete.
Aschkenas Nach Gen 10,3 Enkel Jafets. Seit dem Mittelalter = Deutschland, aschkenasisches Judentum = deutsche und poln. (jidd. sprechende) Juden. → Sefarad
Aschmodai In jüd. Legenden (z. B. im Talmud) böser Geist. In Tob 3,8 tötete er die sieben Männer der Sara. Name und Vorstellung hängen viell. mit dem pers. Dämon *eschma-dewa* zusammen.
Aschtarot („Stätte der Astarte“) Kanaanäische Stadt, Residenz des Königs Og von Baschan (Dtn 1,4; Jos 9,10). Das Gen 14,5 erwähnte Aschterot-Karnajim könnte mit A. identisch sein, da A in der Nähe von Karnajim liegt (1 Makk 5,43ff).

Aseka (*tell zakarīje*) Ort in der → Schefela, 27 km nw von Hebron. Hier soll Josua die verbündeten kanaanäischen Könige besiegt (Jos 10,10) und sich die Streitmacht der Philister mit → Goliat zum Kampf gegen Saul versammelt haben (1 Sam 17,1). Durch → Rehabeam befestigt (2 Chr 11,9), von → Nebukadnezzar erobert, nach dem Exil z.Z. des Nehemia wieder besiedelt (Neh 11,30).

Asenat („der Göttin Neith geweiht") Nach Gen 41,45.50ff Tochter des → Potifar, Frau des → Josef und Mutter von → Manasse und → Efraim.

Asiarch Titel hoher Beamter in der röm. Provinz (vgl. Apg 19,31) Asien. Über ihre Amtsaufgaben (kultisch?) ist Näheres nicht bekannt.

Asidäer → Chasidäer

Asien In der HS bezeichnet A. nicht den Erdteil, sondern entweder das Reich der → Seleukiden (1 Makk 8,6), die röm. Provinz Asia (Kleinasien; Apg 6,9) oder nur die Küstengebiete Kleinasiens (Apg 2,9).

Askese → Ethik

Assuan → Syene

Assur Stadt am Tigris (Gen 2,14), → Assyrien.

Assurbanipal König des neuassyr. (→ Assyrien) Reiches (668–626 v.C.).

Assyrien Eigentlich Assur, n Teil des Zweistromlandes. Wichtigste Städte des Kernlandes: → Assur, Arbailu, Dur-Scharrukin, Kelach und → Ninive. Von Beginn der geschichtl. Zeit bis in 7. Jh. regieren 116 Könige in ununterbrochener Folge. Schon um die Wende des 2. Jt. gründen Assyrer Handelsniederlassungen in Anatolien. Sie werden Vermittler der von ihnen übernommenen sumerisch-bab. Kultur. Seinen ersten polt. Aufstieg verdankt A. dem Usurpator Schamschi-Adad I. (1750–1717). Er erobert → Mari, schafft ein Reich, das Eufrat und Tigris verbindet

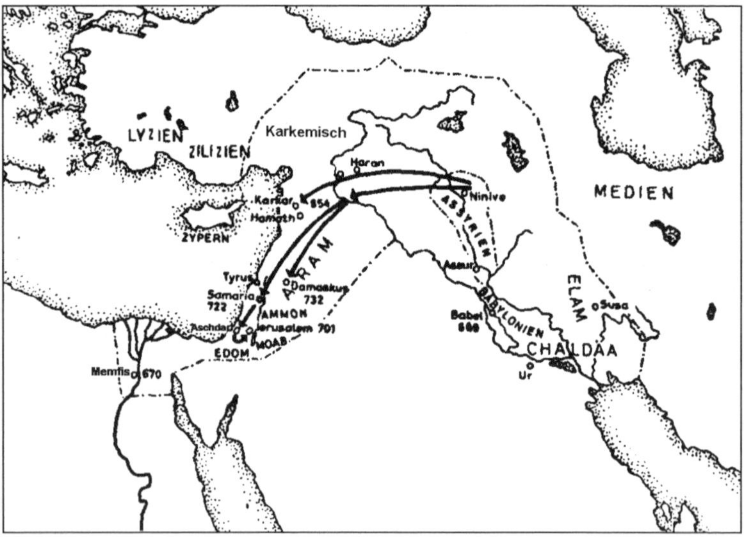

Die Entwicklung Assyriens. Im 14. Jh. v.C. war Assyrien noch auf das Gebiet um Ninive und Assur beschränkt. Es erfuhr seine größte Ausdehnung im 7. Jh. Im Jahr 854 stieß Salmanassar III. auf die Heere von elf Verbündeten, unter denen auch Ahab von Israel war. Im Jahr 732 wurde Damaskus durch Tiglat-Pileser III. und im Jahr 722 Samaria durch Sargon II. (2 Kön 19) unterworfen, der 689 Babel zerstörte. Im Jahr 670 eroberte der assyr. König Asarhaddon (681–669) Ägypten und besiegte Tirhaka, den König von Äthiopien (2 Kön 19,9).

und sich über die Ufer beider Ströme hinaus erstreckt. Das Streben A.s nach Vorherrschaft wird gebremst durch → Hammurabi von Babylon, den Staat von → Mitanni und die → Hetiter. Harte Auseinandersetzungen und raues Klima fördern den kriegerischen Geist dieses Volkes. Seine Führer schaffen ein diszipliniertes, hervorragend ausgerüstetes Heer. Vom 13. Jh. an drängt A. nach N, W und S. Tukulti-Ninurta I. (1242–1206) erobert → Babylon, Tiglat-Pileser I. (1112–1074) erreicht das Mittelmeer und den Van-See. Die zweite Phase der Ausdehnung (neuassyr. Reich) leitet Adad-Nerari II. (909–889 v. C.) ein. Die Feldzüge werden immer rücksichtsloser und grausamer geführt, gefangene Feinde misshandelt, Menschen aus eroberten Gebieten deportiert. Salmanassar III. (858–824) greift als Erster Israel an. → Jehu bringt ihm Tribut. Tiglat-Pileser III. (745–727) wird von → Ahas zu Hilfe gerufen gegen → Syrien und → Israel (vgl. 2 Kön 15,19f; 16,7–18; Jes 7). Sein Sohn Salmanassar V. (727–722) belagert → Samaria. Sargon II. (722–705) erobert die Stadt (2 Kön 17,6.30f). → Sanherib (705–681) belagert unter → Hiskija Jerusalem (2 Kön 18,13–16). Seinen Kriegszug nach Palästina schildert er in verschiedenen erhaltenen Inschriften, die Belagerung von → Lachisch durch eine Reliefdarstellung in seinem Palast. Unter Asarhaddon (681–669) und Assurbanipal (668–626) reicht das Reich vom Persischen Golf und Zagrosgebirge bis nach Ägypten, von den armen. Gebirgen bis zur arab. Wüste. Assurbanipal fördert Kunst und Wissenschaft, richtet in seiner Residenz eine Bibliothek ein, die auf etwa 10 000 Tontafeln auch die wichtigsten Werke der bab-assyr. Literatur umfasst: das Gilgameschepos mit der bab. Erzählung v. der → Sintflut; das Epos vom Pestgott Erra; das Enuma elisch, ein Lied von der Weltschöpfung.

Unter Nabopolassar von → Babylon und dem Mederkönig Kyaxares fallen Assur (614 v. C.) und Ninive (612 v. C.). A zerbricht (vgl. Nah 3), das neubab. Reich übernimmt die Herrschaft im Zweistromland.

Astarte Semit. Fruchtbarkeitsgöttin, im ganzen Vorderen Orient verehrt, Stadtgöttin von → Aschtarot (Gen 14,5) und → Sidon (1 Kön 11,5.33; 2 Kön 23,13), mit → Ischtar, der assyr.-bab. Göttin der weibl. Fruchtbarkeit, verwandt. Ihr Kult war ausgesprochen sexuell und mit Prostitution verbunden. Ihre Darstellungen betonen meist die Geschlechtsmerkmale. A. wird im AT – wie → Aschera und → Baal – meist in der Mehrzahl gebraucht (Ri 2,13; 10,6; 1 Sam 7,4).

Göttin Astarte

Astyages Letzter König des Reiches der → Meder, um 550 v. C. von seinem bisherigen Unterkönig → Kyrus besiegt.

Asylrecht Einrichtung fast aller or. Stämme. In Israel später bes. wichtig, um die Konsequenzen der → Blutrache einzudämmen. Nach Ex 21,13; Num 35,15 gilt das A. nur für den Totschläger, nicht für den Mörder. Asyl bot das Heiligtum, der

→ Altar (vgl. 1 Kön 1,50). Nachdem der Kult in Jerusalem zentralisiert worden war, setzte man außer Jerusalem weitere Asylstädte (Freistädte) fest (Num 35,13–15; Jos 20,1–9).

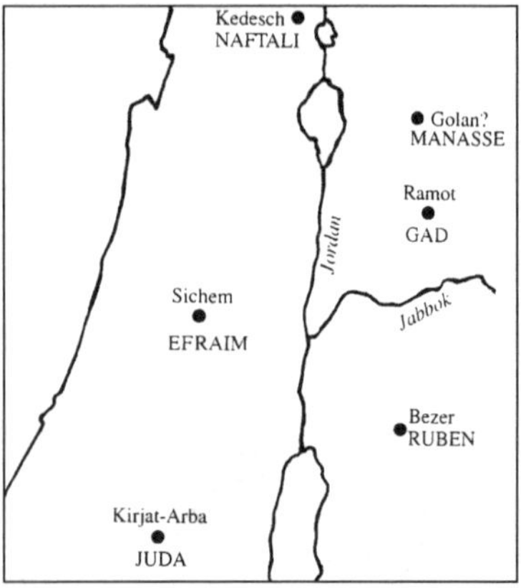

Die sechs israel. Freistädte

Atalja („seine Erhabenheit bekundete Jahwe") Personenname, z.B.: Prinzessin aus dem → Nordreich Israel, nach 2 Kön 8,18 Tochter des → Ahab und der → Isebel, Frau des → Joram (König des → Südreiches Juda 849–842 v.C.), beeinflusst ihn und ihren Sohn → Ahasja (Baalskult). Nach deren Tod beseitigt sie die königl. Familie (außer → Joasch) und regiert selbst (842–836), bis sie von Priesterkreisen gestürzt und getötet wird.

Athen Wichtiges Kulturzentrum der Antike, in der ntl. Zeit ohne polit. Bedeutung. Apg 17,15–34 erzählt vom Wirken des Apostels → Paulus in A. (→ Areopag).

Auferstehung Christi Heilstat Gottes, die von der *gesamten* urkirchl. Verkündigung vorausgesetzt wird (1 Kor 15,14). Auch die verschiedenen Berichte über die A. C. setzen sie voraus. Sie möchten sie aber unter verschiedenen Gesichtspunkten (z.B.: Verkündigung, Ort des Ereignisses, dritter Tag nach Jesu Tod als Zeitpunkt, Apologie gegen Einwände, frühchristl. Kult) in anschauliche Darstellungen fassen, die je unterschiedliche Intentionen verfolgen. Daher sind diese Berichte so verschieden wie diese Gesichtspunkte selbst; man kann aus ihnen keine „Geschichte des Auferstandenen unter den seinen" zusammenstellen. Was hinter den Schilderungen im Einzelnen steht, ist meist nicht mehr auszumachen und zweitrangig für einen Leser, der an die göttl. Heilstat glaubt. Ihm kommt es darauf an, aus der ganzen ntl. Verkündigung die Botschaft von Tod und A. Jesu herauszuhören. Ntl. Berichte von der A. stehen 1 Kor 15,3–7; Mt 28; Lk 24; Joh 20f (Mk 16,9–20 wurde erst nachträglich aus den anderen Evv angefertigt); vgl. Röm 1,3f; Reden der → Apostelgeschichte. Die A. ist Beginn der Erneuerung von Himmel und Erde (→ Erhöhung Jesu), an der auch die Menschen Anteil haben, die Christus als ihren Herrn bekennen (1 Kor 15,22f; Röm 6,4f.8; 8,11).

Auferstehung der Toten → Leben nach dem Tod

Auferweckung von Toten durch Elija, Jesus usw. → Totenerweckung

Aufruhr → Staat

Auge spiegelt seelische Affekte wider (z.B. Heimweh Dtn 28,65), ist gut (Spr 22,9) oder böse = missgünstig, neidisch (Spr 23,6; Mk 7,22 par) und gefürchtet („böser Blick"). A. bedeutet auch „geistige Erkenntnis" (Mk 12,11 par; Röm 11,8). Eine kostbare Sache wird wie der „Augapfel" gehütet (Ps 17,8).

Augustus („Erhabener") Röm. Herrscher (31 v.C.–14 n.C.). Unter seiner Regierung wurde Jesus geboren (vgl. Lk 2,1). Während seiner Regierungszeit herrschte im röm. Reich lange Zeit Frieden.

Auserwählung → Erwählung

Ausgrabungen → Archäologie

Aussatz Sammelname für verschiedene Hautkrankheiten (Lev 13f); Lepra ist nur eine von ihnen. Allen ist gemeinsam, dass die Haut fleckig (z.T. schuppig) wird. Ähnliche Merkmale finden sich auch bei „aussätzigen" Häusern (Lev 14,33–53) oder Kleidern (Lev 13,47–59). Aussätzige werden ausgestoßen (Lev 13,45f; Ijob 2,7f), stehen außerhalb der bürgerlichen und kultischen Gemeinde (Feststellung des A. durch den Priester:

vgl. Lev 13,1–44; Mk 1,40–44 par). A. gilt als Schlag durch Gott (Num 12,9f; 2 Sam 3,29; 2 Kön 5,27; 15,5). Man glaubte, in der Heilszeit gebe es keinen A. mehr. A.-Heilungen durch Jesus künden daher davon, dass die Heilszeit angebrochen ist (Mt 11,5 par; vgl. Mt 8,2–4; Mk 1,40–44 par).

Auszug aus Ägypten (griech. *exodos*), als Tat Jahwes, ist Urbekenntnis Israels (Ex 15,1–18), Keimzelle der ganzen Überlieferung, die in den 5 Büchern Mose aufgezeichnet ist, der am häufigsten wiederholte Glaubenssatz des AT (Num 23,22–24,8; Dtn 26,8). Auf die Errettung aus Ägypten führt Israel seine Existenz und seine Sonderstellung im Kreis der Völker zurück. Dieses Urbekenntnis wird erzählerisch gestaltet in Ex 1–15, kultisch gefeiert im jährlichen Paschafest.

Dem bibl. Bericht liegen wohl diese geschichtl. Ereignisse zu Grunde: Halbnomaden aus Kanaan, die „Jakobsleute", kommen während einer Hungersnot nach Ägypten, weden im Land Goschen angesiedelt, schließlich als Leute minderen Rechts, als → Chabiru, zu Fronarbeiten beim Bau der Festungsstädte Pitom und → Ramses herangezogen. Sie entfliehen – wohl noch unter Pharao Ramses II. (1301–1234 v. C.) – ihrem Sklavendasein; ihre ägypt. Verfolger versinken durch eine unerwartete Katastrophe im Wasser. Der Ort dieses „Meerwunders" lässt sich nicht mehr festlegen. Auf der Suche nach neuer Heimat schließen sie sich an den Rändern des palästinischen Kulturlandes oder in Palästina mit landbegehrenden Verwandten, Sippen und Stämmen zusammen. Auf welchem Weg die entflohenen Staatssklaven Palästina erreichten, ist unsicher. Die Bibel überliefert zwei verschiedene Wege: die große Heeres- und Handelsstraße entlang der Mittelmeerküste, an der Baal-Zefon und Migdol (Ex 14,2; Num 33,7) liegen, und den Weg durch die Wüste, der in der Überlieferung ein deutliches Übergewicht bekam. Wichtigste Orte im Bericht von der Wüstenwanderung sind → Kadesch-Barnea und der → Sinai. Als Dauer der Wüstenwanderung werden ‚40 Jahre', eine häufig gebrauchte runde Zahl, angegeben. Die Angabe von 600 000 ausziehenden Männern (Ex 12,37; Num 2,32; 26,51) beruht auf einer nicht mehr sicher deutbaren Zahlensymbolik; viell. ist sie nach dem Zahlwert der Buchstaben „Söhne Israels" = 603 gebildet.

Authentizität → Vulgata

Awa (auch Iwa) Stadt, die öfters in Verbindung mit → Hamat genannt wird (2 Kön 17,24; 18,34; 19,13; Jes 37,13). Sie lag wohl im syr. Teil des assyr. Großreiches. Um 722 v. C. wurden die Bewohner von A. nach → Samaria umgesiedelt (2 Kön 17,24.31).

B

Baal („Herr") Weit verbreiteter Göttername (auch in Orts- und Personennamen, z. B.: Baal-Hermon Ri 3,3, Baal-Gad Jos 11,17, Baal-Hazor 2 Sam 13,23, Eschbaal und Meribaal 1 Chr 9,39f); mit ihm werden sehr viele Gottheiten bezeichnet, die wenig miteinander zu tun haben. Einige Beispiele:
„B." eines Baumes, Ortes usw. (z. B. → Hadad-Rimmon von Megiddo Sach 12,11).
Vor allem in Kanaan nennt man den Urheber der Fruchtbarkeit B. (→ Höhen) und stattet ihn oft mit Zügen aus, die aus ältester Zeit stammen, in der betr. Gegend heimisch sind und mit dem B.s-Kult nichts zu tun haben (z. B. Reschef). Die B.e waren sehr populär (vgl. Ri 6,30) und wurden in der griech.-röm. Welt (z. B. von sem. Sklaven) mit den dort üblichen Gottheiten identifiziert (z. B. mit Zeus, Jupiter). In Ekron wurde Baal-Sebub verehrt

Bronzebild eines phönizischen Baal

(von → Ahasja aufgesucht, vgl. 2 Kön 1,2–16; → Beelzebul).
→ Ahab, → Isebel, → Atalja u. a. fördern den B.s-Kult (1 Kön 16,31ff; 18,17ff; 19,1f; 2 Kön 11,18), → Elija und → Jehu bekämpfen ihn (1 Kön 18,19–40; 2 Kön 10,18–27). Einen Sonderfall bildet der B.-Berit (= Bundes.-B) von Sichem (Ri 8,46; → Gottesnamen).
Das weibl. Element des Fruchtbarkeitskultes heißt meist → Aschera oder → Astarte.

Baala („Herrin") Name einiger Städte, z. B. einer Grenzstadt von Juda (Jos 15,9).

Baalat Andere Bezeichnung v. → Baala

Baalbek („Herr des Tales"), Stadt in der Hochebene zw. → Libanon und → Antilibanon (→ Zölesyrien), in phön. Zeit Kultstätte des Baal-Hadad, der → Astarte und des Adonis (→ Tammus), gehörte viell. zum Großreich → Davids, in hellenist.-röm. Zeit als *Heliopolis* bedeutender Kultort des *Zeus Heliopolites* = *Jupiter Heliopolitanus*, der *Aphrodite* = *Venus* und des *Hermes* = Merkur. Der Hauptgott von B. wure auch im W des Röm. Reiches verehrt; seine Kultsymbole kamen durch röm. Soldaten bis nach Koblenz. An der gewaltigen Tempelanlage in B. wurde vom 2. Jh. v. C. bis zum 3. Jh. n. C. gebaut. Der Haupttempel mit Altarhof, Vorhof und Propyläen, 300 x 120 m groß, war Jupiter geweiht, ein zweiter Langhaustempel der Venus und ein kleiner Rundtempel dem Merkur.

Baana ermordet mit seinem Bruder Rechab den Isch-Boschet, Sohn → Sauls; wird von → David zum Tode verurteilt (2 Sam 4,1–12).

Babel → Babylon

Babel und Bibel Bezeichnung für den überholten wissenschaftl. Streit über den Einfluss der bab.-sumerischen Kultur auf die Religion Israels und die Bibel.

Babylon (= griech.; hebr. Babel) Hauptstadt → Babyloniens am Eufrat. Ihr Name

wird im Akkadischen volksetymologisch als *bāb-ili* („Tor Gottes"), in Gen 11,9 mit *balal* („verwirren") gedeutet. Geschichtlich bedeutsam als Residenz → Hammurabis, der B. zum polit. und geistigen Zentrum, den Stadtgott → Marduk zum Reichsgott machte und den Tempelturm Etemenanki erbaute. Trotz zweier Zerstörungen unter Tukulti-Ninurta I. (1242–1206 v.C.) und → Sanherib (689 v.C.) kann B. eine gewisse Vormachtstellung behaupten. → Nebukadnezzar II. (605–562 v.C.) baut die Stadt großzügig aus. 539 v.C. wird B. von → Kyrus erobert; noch → Alexander d.Gr. will sie zur Hauptstadt seines Reiches machen. Dann geht ihre Bedeutung zurück. Die jüngeren Bauschichten (Ischtar-Tor, Prozessionsstraße, Marduktempel mit der Zikkurat Etemenanki, großes Stadtschloss mit hängenden Gärten) sind 1899–1917 von einer deutschen Expedition freigelegt worden.
In der Bibel gilt B. als Symbol gottfeindl. Weltmacht (Jes 13,1); darum ist B. im NT (Deckname für Rom (1 Petr 5,13; Offb 14,8; 17,5). An die 91 m hohe, auf 8281 qm Grundfläche erbaute Zikkurat Etemenanki (= Haus, das Fundament von Himmel und Erde ist) knüpft sich die Erzählung des *Turmbaus* von B. Sie gibt eine → Ätiologie des Namens B. und der Vielfalt der *Sprachen* und beurteilt die bab. Kultur im Licht des Jahweglaubens,

Tempelturm des Nabunaid in Ur. Ähnlich haben wir uns den Turm zu Babel vorzustellen.

verurteilt hochmütiges Vertrauen auf eigene Kraft, politische Leistung und zeigt, dass Menschen und Völker ohne Gott nicht weiterkommen. Sie drängt am Ende der → Urgeschichte den Leser zur Frage, ob das Verhältnis Gott zum Menschen endgültig zerbrochen ist. So bereitet sie die Antwort vor, die Gott in → Abraham gibt.

Babylonien etwa 30 000 km^2 große Tiefebene am Unterlauf von Eufrat und Tigris im heutigen Irak, verdankt seine Fruchtbarkeit den periodischen Überschwemmungen der Flüsse und seinem künstl. Bewässerungssystem. Wichtige Städte: → Akkad, Sippar, → Babylon, Kisch, Borsippa, Nippur, Isin, Lagasch, Uruk, Larsa, → Ur, Eridu. Archäologische Funde weisen auf vorgeschichtl. Besiedlung (etwa 30000 v.C.) und über 20 Kulturzentren der vorliterarischen Geschichte (seit 5000 v.C.). In der Mitte des 4. Jt. v.C. wandern die *Sumerer* ein, der vorübergehende Rückgang der Kultur wird bald wettgemacht durch Aufschwung in Baukunst und Plastik (Neuschöpfung der Skulptur). Hauptort und Sitz ihres obersten Himmelsgottes ist zunächst Uruk. Dann wechselt der Sitz der Vorherrschaft zw. Kisch, Ur, Umma bzw. Uruk. Mit der Erfindung der Schrift um 3000 v.C. (→ Buchstabe) beginnt für B. die eigentliche Geschichte. Die ältesten Urkunden haben wirtschaftl. Charakter. Später finden sich Königslisten, Königsinschriften und Chroniken.
→ Sargon von Akkad leitet (um 2350 v.C.) die erste *semit.* Herrschaftsperiode im Zweistromland ein und begründet das erste Großreich der Geschichte. Das Reich seiner Nachfolger fällt 160 Jahre später den Gutäern zum Opfer. Ein neues Großreich begründet Urnamu (etwa 2070–1960). In der Hauptstadt → Ur wird der Tempelturm für den Mondgott Nanna wieder errichtet. Im 19. Jh. v.C. dringen nomadische Westsemiten (→ Amoriter) gegen das Reich vor, reißen die Herrschaft in Larsa und Assur an sich und begründen die 1. bab. Dynastie. Ihr bekanntester Herrscher ist → Hammurabi (1728–1686). Er erobert ganz B., unterwirft →

Mari, gliedert → Assyrien in sein Reich ein. Seine Nachfolger können das Staatsgebiet nicht halten. Doch erst 1530 v.C. wird die 1. bab. Dynastie von den → Hetitern gestürzt. Von O drängt das Bergvolk der Kassiten ins Land, wird Herrenschicht und regiert bis etwa 1150 v.C. B. verliert seine Großmachtstellung und seine kulturelle Höhe. Der Schwerpunkt polit. Macht verschiebt sich nach N (→ Assyrien). Die folgenden Jh. bringen eine wechselvolle Geschichte, die mitbestimmt ist durch das Vordrängen der → Aramäer. Nach dem Tod des assyr. Königs → Assurbanipal drängen die → Chaldäer aus dem S vor, Nabupolassar erobert Babylon und ruft sich 625 v.C. zum König aus. B. steigt erneut zur Großmacht auf: man nennt es Neubab. oder Chaldäisches Reich. Glanzzeit unter Nabu-kudurriussur II. (→ Nebukadnezzar II. 605–562 v.C.). Sein Reich reicht vom Pers. Golf bis zum Toten Meer. Er erobert Jerusalem (597 und 586 v.C.) und deportiert die führende Schicht ins → Exil. Der letzte König B.s ist Nabonid (556–539 v.C.); während dessen Regierungszeit in der Oasenstadt Tema ist → Belschazzar Mitregent in → Babylon. 539 v.C. erobert → Kyrus diese Stadt. B. wird pers. Provinz.

Babylonische Gefangenschaft → Exil

Babylonische Sprachverwirrung → Babylon

Bach (arab.; *wadi*) führt meist nur zur Regenzeit Wasser, ist dann aber reißend (Ps 18,5). Von Ijob als Bild für seine unzuverlässigen Freunde verwendet (6,15–18). Jer klagt, Gott sei ihm zum Trugbach geworden (15,18). Die Wasser des Baches veranschaulichen die Huld Gottes (Ps 126,4).

Bach Ägyptens (*wadi el-'arīsch*) Alter Grenzfluss zw. Ägypten und Kanaan, nur während der Regenzeit mit Wasser gefüllt, fließt ins Mittelmeer (Num 34,5).

Backe(n) Bild für Kraft und Macht (Ps 3,8). Auf die B. geschlagen werden ist also nicht nur Qual, sondern schimpfliche Demütigung (Mi 4,14), Schicksal von Propheten (1 Kön 22,24 = 2 Chr 18,23), Leidenden (Klgl 3,30; Ijob 16,10), des → Gottesknechtes (Jes 50,6), Jesu in der Leidensgeschichte (Mk 14,65 par; Joh 18,22; 19,3), der → Jünger Jesu, die das ertragen (1 Petr 2,20) und auch die andere B. hinhalten sollen (Mt 5,39 par).

Bad Neugeborene werden gebadet (Ez 16,4.9). Das B. gehört zur weibl. Schönheitspflege (Rut 3,3; Ez 23,40) und zum Abschluss der Trauerzeit (2 Sam 12,20). B.anstalten (Beirut unter → Herodes Agrippa I. → Betesda), Badehäuser (Geser in röm. Zeit), -zimmer (außerisr. Ausgrabungen) sind späte Einzelfälle; man badete in Haus, Hof, Garten, Fluss, fließendem Wasser (2 Sam 11,2; Dan 13,15.17; 2 Kön 5,10.12; Ex 2,5; Lev 15,13) und benutzte Schneewasser, Lauge, „Seife" (Ijob 9,30; Jer 2,22). → Fußwaschung. Rituelle und kultische Bäder → Qumran, → Taufe, → Waschung.

Bär Heute in Palästina nur noch selten anzutreffen. Früchte, Grünzeug, Getreide, Honig, Eier und kleinere Tiere sind seine Speisen. Ein hungriger B. kann auch Menschen gefährlich werden (2 Kön 2,24; Am 5,19), bes. eine der Jungen beraubte Bärenmutter (2 Sam 17,8; 17,12; Hos 13,8). Sein Brummen ist Bild des Missmuts und Unwillens (Jes 59,11). Das Tier aus dem Meer (Offb 13,2) hat Bärentatzen als Zeichen großer Kraft.

Bahurim Kleiner Ort nö vom Ölberg, nach 2 Sam 3,16 wohl Grenzort; Heimat des Schimi (2 Sam 16,5–13); Versteck zweier Boten Davids (2 Sam 17,18); Geburtsort des Asmawet, eines Helden Davids (1 Chr 11,33; vgl. 2 Sam 23,31).

Bakchides („Sohn des Gottes Bacchus") Heerführer (bis 159 v.C.) des Antiochus IV. Epiphanes und → Demetrius I. Soter gegen → Judas Makkabäus und den → Makkabäer Jonatan. Setzte sich für den → Hellenismus und für die Anerkennung des → Alkimus als → Hohenpriester ein.

Balak König von → Moab, rief → Bileam, damit er die heranrückenden Israeliten verfluche, da er sich vor einem Kampf scheute (Num 22–24; Mi 6,5). Midraschartige (lehrhafte) Bearbeitung wird in Offb 2,14 vorausgesetzt.

Balsam Öl (leicht fest werdend), Harz des B.strauches (= Bakastrauch?), eines der Geschenke der Königin von Saba an Salomo (1 Kön 10,2.10), wichtiger Handelsartikel (→ Tyrus, Ez 27,22; Schatzhaus des → Hiskija 2 Kön 20,13) zur Kosmetik (Hld 4,10.14.16; Est 2,12), auch zur Totensalbung (2 Chr 16,14; vgl. Mk 16,1; Lk 23,56; 24,1; Joh 19,40) und als Räucherwerk (Ex 25,6) gebraucht. B. ist auch Sammelausdruck für wohlriechende Harze verschiedener Art → Harz).

Bann

1) Gelübde an Jahwe (Lev 27,28; Num 18,14; Ez 44,29), das man nicht (z.B. durch Geld oder Sachopfer) ablösen kann.
2) Theokratische Todesstrafe (vor allem für Götzendienst) über Einzelpersonen (Ex 22,19; Lev 27,29; später ist Dtn 7,26) und Städte (Dtn 13,13–19), viell. um dämonische Kraft unschädlich zu machen. Später gelegentlich durch Enteignung ersetzt (Esra 10,8).
3) Militärische Regel: nach dem Sieg Ausrottung bzw. Verzicht auf Beute (Num 21,1–3; Jos 6f; Ri 1,17; 1 Sam 15). Ab und zu werden Ausnahmen für bestimmte Personen oder Dinge gemacht (Dtn 2,35; 20,14; Jos 6,17–25; 8,2; 11,14). Dieser B. wurde als Dienst an Jahwe gewertet.
4) Zeitweiliger Synagogen-Ausschluss (bereits Esra 10,8; vgl. Gemeinde von → Qumran, christl. Gemeinden Mt 18,17; 1 Kor 5,11; 16,22).
5) Im weiteren Sinn (= Verfluchung, Anathema) z.B. Apg 23,14 (vgl.: 1 Kor 12,3; Gal 1,8f).

Bar (aram. „Sohn“) oft als Bestandteil des Namens verwendet (z.B. Barabbas, Barnabas, Bartholomäus).

Barabbas („Sohn des Vaters“ = Lehrers) Gefangener, an dessen Stelle Pilatus gerne Jesus freigelassen hätte (Mk 15,6–15 par; Joh 18,39f). Umstritten ist, ob B. krimineller oder politischer Verbrecher (vgl. Mk 15,7) war. Außerbibl. ist einer Osteramnestie nicht sicher bezeugt.

Barachias („Gesegnet hat Jahwe“) Vater eines Propheten Secharja, der „zwischen Tempel und Altar“ gesteinigt wird (Mt 23,35; 2 Chr 24,20f).

Barak Nach Ri 4,6–5,15 Sohn des Abinoam aus Kedesch in Naftali, führte auf Geheiß der Prophetin → Debora die isr. Stämme Naftali und Sebulon zu Kampf und Sieg gegen Kanaaniter (→ Richter).

Barbaren → Heiden

Barjesus („Sohn des Jesus“) Auch Elymas gen. Jüd. Zauberer, falscher Prophet beim → Statthalter Sergius Paulus auf Zypern; von → Paulus mit → Blindheit geschlagen, da B. den Statthalter vom Glauben abhalten wollte (Apg 13,6–11).

Bar-Jona („Sohn des Jona“) vom Namen des Vaters abgeleiteter Beiname des Simon → Petrus (vgl. Mt 16,17).

Barmherzigkeit

1) Gott ist gnädig (Ex 22,26; 34,6), einzelnen (→ Gnade) und dem ganzen Volk (→ Bund, → Treue) gegenüber. Seine B. darf man aber nicht als Freibrief missverstehen (vgl. Jer 13,14; Sir 5,6). Sie erreicht ihren Höhepunkt darin, dass er in Jesus Christus dem Volk (Lk 1,54) und nach seiner Entscheidung (Röm 9,18) allen Menschen sein Heil schenkt (vgl. Röm 9,23; 11,32). Er wird „Vater der Erinnerungen“ genannt (2 Kor 1,3), ist Grund der B. und Menschen zueinander (Lk 6,36) und fordert sie (Mt 9,13; 12,7 je nach Hos 6,6; → Kult).
2) Oft wird Jesus als Barmherziger geschildert (z.B. Mk 1,41; 6,34 par; 10,47–51 par; aber: Mt 15,22–28 par; vgl. Phil 2,27; Jesus als „barmherziger Hoherpriester“ Hebr 2,17).
3) Im *Gericht* (vgl. Jud 23; Hebr 10,28f) wird Gott gegen die Barmherzigen barmherzig sein (Mt 5,7; Jak 2,13; vgl. Mt 23,23); → Liebe, → Umkehr.

Barnabas („Sohn der Prophetie“? „Sohn des Nebo“? Nach Apg 4,36: „Sohn des Trostes“) Nach Apg 9,27f; 13–14 judenchristl. Mitarbeiter des Paulus, überbrachte der Gemeinde von Jerusalem den Ertrag der Kollekte (→ Almosen); später trennten sich beide, da Paulus den → Heidenchristen keine jüd. Vorschriften auferlegte (Apg 15,36–39; Gal 2,13): Dem B. wurde ein Aufruf an heidenchristl. Gemeinden zugeschrieben (B.brief), voll scharfer Polemik gegen das Judentum, in maßlos allegorischer Schriftauslegung, mit der Lehre von den zwei Wegen (→ Didache) und mit Liste von Tugenden bzw. Lastern. Er entstand um 125 n.C.

vermutlich in Alexandria, hoch geschätzt (→ apostolische Väter), steht auch in einigen → Bibelhandschriften. → Kanon

Barsabbas („Sohn des Sabbas")

1) Josef B., mit dem Beinamen Justus („der Gerechte"), einer der Kandidaten für die Nachfolge des → Judas Iskariot (Apg 1,23).

2) Beiname des Propheten Judas, der mit → Barnabas, → Paulus und → Silas nach → Antiochia entsandt wurde, um dort den Beschluss des → Apostelskonzils mitzuteilen (Apg 15, 22–32).

Barsillai Nach 2 Sam 17,27ff (vgl. 1 Kön 2,7ff) treuer Anhänger Davids, dem er bei der Flucht vor → Abschalom Proviant und Ausrüstung verschaffte. Nach Esra 2,61f konnten seine Nachkommen nach der Rückkehr aus dem → Exil ihre Abkunft nicht beweisen und wurden daher nicht zum Priestertum (→ Priester) zugelassen.

Bart Angebl. Ausdruck männl. Kraft und Zeichen des Ansehens, wurde mit Öl gepflegt (Ps 133,2). Abschneiden des B.es galt als Beschimpfung (2 Sam 10,4f) oder war Zeichen der Trauer (Jes 15,2; Jer 41,5; 48,37), wobei gewisse Formen (fremde Kulte?) verboten waren (Lev 19,27; 21,5).

Bartimäus („Sohn des Timäus") Blinder Bettler bei Jericho, den Jesus heilte (Mk 10,46–52 par, nur Mk nennt den Namen).

Bartolomäus („Sohn des Tolmai") Einer der Zwölf (→ Apostel); erwähnt nur in den Apostellisten (Mk 3,18 par; Apg 1,13). Nach legendärer Überlieferung habe er in Indien, Phrygien und Großarmenien gewirkt und sei dort enthauptet worden, nachdem ihm vorher die Haut abgezogen worden sei. Die seit dem 9. Jh. im O und im 11. Jh. im W übliche Identifizierung mit → Natanael ist unsicher.

Baruch („gesegnet" oder: „er sei gesegnet") Eigenname, z.B. eines Mitarbeiters von → Jeremia (Jer 36,4–32; 32,12–16; 45,1), mit ihm in Ägypten (Jer 43,6). Ihm wurde das Buch B. (nur griech. überliefert) zugeschrieben. Der historisch fragwürdigen Einleitung (1,1–14) folgen: Gebet der Verbannten (1,15–3,8, kollektiver Bußpsalm), Ermahnung (3,9–4,4) mit Hymnus an die → Weisheit und Trost- bzw. Klagelieder (4,5–5,9). Die verschiedenen Elemente entstanden getrennt voneinander, das jüngste vielleicht erst in der Mitte des 1. Jh. n.C. → Jeremiabrief, → Kanon

Bascha (oder Baësa) 3. König des → Nordreichs Israel (910–887 v.C.). Als Heerführer tötete er bei der Belagerung von Gibbeton seinen König Nadab, den Sohn → Jerobeams, und dessen ganzes Haus. Damit erfüllte er die Prophezeiung des → Ahija gegen Jerobeam. B. selbst wurde König; während seiner ganzen Regierungszeit lag er mit dem König des → Südreichs Juda im Kriegszustand, erzielte aber nur Teilerfolge, da der Aramäerkönig → Ben-Hadad in sein Land einfiel. Weil er am religiösen Schisma Jerobeams (Götzendienst) festhielt, prophezeite ihm der Prophet Jehu den Untergang seines Hauses, der durch Simri 886 v.C. herbeigeführt wurde (1 Kön 16,11–13).

Baschan Fruchtbare Hochebene des Ostjordanlandes am Oberlauf des Jarmuk. Bekannt durch fruchtbare Weiden (Mi 7,14; Jer 50,19; Nah 1,4), seine Eichen (Jes 2,13; Ez 27,6), sein Vieh (Dtn 32,14; Ps 22,13; Ez 39,18; Am 4,1). B. war Teil des Großreichs Davids, des → Nordreichs Israel, dann aram. Besitz (2 Kön 10,33), unter → Tiglat-Pileser III. assyrisch, im 2. Jh. v.C. nabatäisch, gehörte zum Reich → Herodes (1) und seiner Nachfolger. Der Bericht vom Sieg über den sagenhaften König Og v. B. (Num 21,33–55) betont wohl nur den Anspruch Israels auf dieses Gebiet.

Basemat („Balsam")

1) Frau des → Esau (nach Gen 26,34 Tochter des Hetiters Elon, nach Gen 36,2f Tochter Ismaels; der Widerspruch beider Angaben ist nicht aufzulösen).

2) Tochter → Salomos, Frau des Ahimaaz, eines der zwölf Vögte Salomos (1 Kön 4,15).

Bat → Maße

Batseba („die Üppige") Frau des → Urija (2 Sam 11,3; vgl. Mt 1,6), von → David verführt, während Urija im Felde steht. Als es David misslingt, ihm die Vaterschaft anzuhängen, lässt er ihn im

Feld so aufstellen, dass er fällt (2 Sam 11,1–17). David nimmt B. zur Frau (2 Sam 11,27), sein erster mit ihr gezeugter Sohn stirbt; der zweite ist → Salomo (2 Sam 12,15.18f.24). B. erreicht später bei David, dass er ihren Sohn Salomo, nicht seinen Ältesten, → Adonija, zum König ausrufen lässt (1 Sam 1,11–40). Als B. sich später für Adonijas Wunsch, → Abischag von Schunem zur Frau zu nehmen, bei Salomo einsetzt, weist dieser sie ab (1 Kön 2,17–23).

Bauen war stets von außerisr. (z.B. äg., assyr., hellenist.) Vorbildern abhängig.
1) Die Regel waren rechteckige Wohnhäuser (selten mehr als ein gemeinsamer Raum für Mensch und Tier, kaum Fenster, durch Außentreppe zu erreichendes Flachdach = Aufenthalts- und Schlafstätte, gelegentl. kleines Obergemach).
2) Aufwändiger waren Hofhäuser (mehrere Räume um einen Innenhof gruppiert).
3) → Tempel (im AO oft Herrscherpalast damit verbunden).
4) → Stadt
5) → Grab

Baum der Erkenntnis → Paradies

Baum des Lebens → Paradies

Bdelliumharz Aus kleinen, gelblichen Körnern bestehendes Harz des Balsamstrauches (vgl. Gen 2,12); in Num 11,7 wird beschrieben, das → Manna habe wie B. ausgesehen.

Beamte Sehr verschieden in Rang und Einfluss, waren sie wichtige Kulturträger, da sie meist lesen und schreiben konnten. Wenn die zivile Macht nicht mehr durch → Älteste, den Adel usw. ausgeübt werden konnte, waren B. nötig, die oft großen Einfluss hatten. Am weitesten ausgebaut war das B.nsystem in Ägypten (vgl. Gen 40,1f; 41,38–45). Im Großreich Israel und in seinen Nachfolgestaaten kennen wir z.B. den Kanzler (= Schreiber, vgl. z.B.: 2 Sam 8,17; 1 Kön 4,3; 2 Kön 18,18; Jer 36,20; 37,15; Esra 4,8f) und den Palastvorsteher (vgl. 1 Kön 4,6). Auch zum Hofstaat des Königs gehörten B. (z.B. Mundschenk, Kämmerer). B.nlisten stehen z.B. 2 Sam 8,16ff; 1 Kön 4,1–6.

Becher Mit Ausnahme des → Schlauches, den der → Nomade als Trinkgefäß benutzte, war der B. aus Ton, Stein, kostbarem Metall oder Glas allgemein gebräuchlich (2 Sam 12,3; Gen 40,11; 1 Kön 10,21). Im rel. Leben Israels hatte der B. bes. Bedeutung bei rituellen Waschungen (Mk 7,4; Mt 23,25f); man kannte Trost-B. nach Begräbnissen (Jer 16,7), Dank-B. bei Dankopfern (→ Danksagung) (Ps 116,13). Im übertragenen Sinn bezeichnete man den Inhalt des B.s als Ausdruck des Schicksals eines Menschen (Mk 10,38f par; 14,35 par; Joh 18,11: Leidenskelch).
Das → Gericht Gottes wurde dargestellt als „Austrinken des B.s“ des Zornes Gottes (Jes 51,22; Jer 49,12), des Jammerns und Trauerns (Ez 23,31ff), den die trinken müssen, die vorher aus dem Sünden-B. Babylons getrunken haben (Jer 51,7.17–23; Offb 17,4). In 1 Kor 10,21 bedeuten B. der → Dämonen und B. des → Herrn Verbundenheit des Menschen mit einer der beiden Mächte. Weil das Trinken aus einem B. Zeichen der Gemeinschaft ist (2 Sam 12,3), wird mit Hinweis auf diese Auffassung die Tischgemeinschaft und damit die den Menschen erlösende Lebensgemeinschaft mit Christus betont in 1 Kor 10,16 (B. der Segnung), 1 Kor 11,25.28; Lk 22,20 (B. des Neuen → Bundes).

Bedan Nach 1 Sam 12,11 → Richter in Israel. B. ist wohl Kurzfassung von → Abdon.

Beduinen → Nomaden

Beelzebub → Beelzebul

Beelzebul (hebr. Bedeutung unsicher) nannten die → Pharisäer den Obersten der Dämonen (Mk 3,22 par; einige griech. Hss: Beezebul; das Wort „Beelzebub“, das die → Vulgata und syr. → Bibelübersetzungen hier verwenden, ist wohl nachträgliche Angleichung an Baal-Sebub, → Baal); → Teufel.

Beerot („Grundwasserbrunnen“) Stadt im Gebiet der Gibeoniten (Jos 9,17), zu Benjamin gerechnet (Jos 18,25; 2 Sam 4,2). Einwohner der Stadt kehren aus dem → Exil zurück (Esra 2,25). 1 Makk 9,4 Berea genannt. Ortslage viell. mit *el-bīre* (bei Ramallah) zu identifizieren.

Beerscheba („Grundwasserbrunnen der

Sieben = der Fülle") Alte kanaan. Kultstätte (Gen 21,33) 43 km sw Hebron, von den Israeliten übernommen (1 Sam 8,2; Am 8,14) und mit den Überlieferungen von Abraham, Isaak und Jakob verknüpft. In Jos 15,28 zu Juda, 19,2 zu Simeon gerechnet (→ Stämme). Nach dem → Exil von Judäern besiedelt (Neh 11,27). Genaue Ortslage archäologisch nicht gesichert. In der Redensart „Von Dan bis B." südlichster Punkt Kanaans.

Befestigung → Stadt

Befreiung → Freiheit

Begierde erscheint im AT und NT als böses Verlangen; nach Ex 20,17 als zur → Sünde führend verboten (auch Mt 5,27f). Ohne genauere Unterscheidung zw. Sünde und → Versuchung bezeichnete man im AT mit B. Wünsche und Absichten, durch die der Mensch sich und der Gemeinschaft schadet (Spr 11,6; 21,25f); Folgen der B.: Herzenshärte und Verstocktheit (Ez 36,26), unglückliches Jagen nach dem Bösen (Jer 2,23), Unfähigkeit, auch Erlaubtem zu entsagen (Num 11,4.34); der Gerechte (→ Gerechtigkeit) muss bitten um Selbstbeherrschung (Sir 22,27), ihm gelten bes. Mahnungen (Spr 23,1–5). Immer mehr verstärkt sich auf Grund dieser Gedanken das Bewusstsein, B. sei Ursache der Sünden; Entsagung wird zum vollkommenen Ideal des Frommen. NT: aus der B. kommen Verunreinigung des Menschen (Mt 15,18ff; Gal 5,16–21), Versuchungen und Sünden (Jak 1,13ff), Bindung an die → Welt in der dreifachen Art der B. des → Fleisches, der Augen, der Hoffart des Lebens (1 Joh 2,15ff); nach Mk 4,19 hindert die B. den Menschen, das → Wort Gottes aufzunehmen. In der Auffassung des → Paulus bestimmt die B. das Fleisch (Röm 1,24f; 6,12f), sodass der Mensch sich gegen Gott wendet. Durch die B. gerät der Fromme in Konflikt zum → Gesetz (Röm 7,22f), das zur Übertretung reizt (Röm 7,7); durch die B. erscheint Sünde als Bosheit, die den Menschen versklavt (Röm 7,14–23).

Christus erlöst aus der B. (Röm 8,1–4); der Christ soll sich gegen sie wehren (Gal 5,16–21; Eph 4,17–24); sie ist grundsätzl. entmachtet (Kol 3,5; Gal 5,24), doch nur im Mitwirken des Menschen kann sie überwunden werden (Röm 8,13).

Von den Aussagen der HS veranlasst, wurde die christl. → Ethik zu einer oft einseitig negativen Sicht menschl. Begehrens geführt, wie auch zu einer Idealisierung des Entsagens.

Begraben → Grab

Behemot Name für „Nilpferd"; in Ijob 40,15–24 als Meisterstück der → Schöpfung Gottes geschildert. In späterer jüd. Apokalyptik mit → Leviatan als Ungeheuer dargestellt

Beistand → Paraklet

Bekehrung → Umkehr

Bekenntnis Im AT zunächst das Lob Gottes für seine Heilstaten, wie sie durch den → Bund verheißen sind (vgl. Preislied des Mose für die Rettung aus Ägypten Ex 15,1–18; Lobgesang Davids 1 Chr 16,8–36). B. ist die Bezeugung, dass Heil und Sicherheit vor Feinden nur v. Gott kommen (Ps 3,9; Dtn 12,10). Damit verbunden ist das Eingeständnis der eigenen Schuld und Unfähigkeit (vgl. Dan 9,4–16). Im NT gibt Christus das Bekenntnis zu Gott durch Worte (vgl. → Vaterunser; Mt 11,25 par) und Taten (vgl. Joh 14,11–13). Er fordert darüber hinaus das B. zu seiner Person (Mt 10,32 par). Diese Anerkennung der Heilstat Gottes in Christus wird zugleich zum B. vor der übrigen Welt, zum Zeugnis des Glaubens (vgl. 1 Joh 2,23). Die rettende Kraft dieses Glaubens wird auch im Sünden-B. bezeugt (1 Joh 1,9; vgl. → Umkehr).

Bel Bab. Hauptgott (viell. = → Marduk) (vgl. Jes 46,1; Jer 50,2). Im Anhang von Dan (→ Kanon) wird durch eine satirische Szene der Sieg über B. dargestellt (Dan 14).

Beliar Bosheit, Nichtigkeit, in 2 Kor 6,15 (Beliar) Antichrist, → Teufel.

Belschazzar („Bel schütze den König") Nach der Erzählung in Dan Sohn des Nebukadnezzar (5,18f) und letzter aram. König von → Babylonien (5,30), der beim Gastmahl die schreibende Hand erblickt und von Daniel Deutung des → Menetekel erhält (Dan 5). Historisch war B. der Sohn des Nabonid, der als letzter neubab.

König regiert und (während seines zehnjährigen Aufenthaltes in Arabien) B. zum Regenten in Babylon einsetzt.

Beltschazzar Bab. Name → Daniels (Dan 1,7; 2,26).

Benaja („gebaut hat Jahwe") Nach 2 Sam 8,18; 20,23; 1 Chr 27,5f Befehlshaber der Leibwache und Offizier Davids, unterstützt Salomo im Kampf um die Thronfolge (1 Kön 1,8.10.26.32.36f), tötet auf Salomos Befehl dessen Konkurrenten Adonija, Schimi (1 Kön 2,25.46) und → Joab, dessen Nachfolger er wurde (1 Kön 2,234f).

Benedictus → Zacharias

Ben-Hadad Aram. Könige v. → Damaskus:

1) Mit B. I. verbindet sich (1 Kön 15,18ff) der König des → Südreiches Juda (→ Asa) gegen den des → Nordreiches Israel (→ Bascha)

2) Salmanassar II. von Assyrien besiegt 854 v.C. eine Koalition, die viell. v. B. II. angeführt wird; B. II. kämpft anschließend erfolglos gegen das → Nordreich Israel (1 Kön 20,1–34).

3) B. III. wird um 790 v.C. von Assyrien geschlagen und kann daher gegen das → Nordreich Israel (→ Joasch) keine Erfolge mehr erringen (2 Kön 13,24f).

Benjamin („Sohn der rechten Hand") – Sohn des Südens oder des Glücks) Isr. Stamm, dessen Stammvater nach Gen 35,16–19 der jüngste Sohn → Jakobs und der → Rahel war. Der Jakobssegen nennt ihn wohl seines Tatendrangs und seiner kriegerischen Haltung wegen „reißender Wolf", der Mosesegen „Liebling Jahwes". Die Geschichte seiner → Landnahme in Kanaan ist Jos 2–9 überliefert. Zum Stammesgebiet – zw. Efraim und Juda – gehören Städte wie → Jericho, → Gilgal, → Rama und → Mizpa (vgl. Jos 18,11–28).

Nicht mehr zu erhellen ist der geschichtl. Kern des Berichtes vom Krieg der isr. Stämme gegen B. in Ri 19–21. Da → Saul B.it ist, erlangt B. zunächst eine führende Rolle in Israel, fügt sich dann widerwillig der Herrschaft Davids, verschmilzt nach der Reichsteilung teilweise mit Juda (vgl. Kön 11,31–36; 12,20). → Paulus stammt aus B. (Röm 11,1; Phil 3,5).

Berea (1 Makk 9,4) wahrsch. identisch mit dem Ort → Beerot.

Berechja („Gesegnet hat Jahwe") Vater des Propheten → Sacharja (Sach 1,1.7).

Berenike („Siegbringerin") Eigenname zweier Frauen:

1) Tochter Ptolemäus II. Philadelphos (285–247 v.C.), zweite Gattin des Königs Antiochus II. Theos (261–246 v.C.). In Dan 11,6 als „Tochter des Königs des Südens" bezeichnet.

2) Tochter des → Herodes (6) und Gattin eines Markus, dann ihres Onkels Herodes von Chalkis. Nach dessen Tod lebt sie mit ihrem Bruder (→ Herodes [7]) zusammen. Berüchtigt ist ihr Verhältnis zu → Titus Flavius. Nach Apg 25f lernt sie Paulus in Cäsarea kennen.

Berg → Höhen

Bergpredigt Große Rede, die Mt an den Beginn des Wirkens Jesu stellt (5 7), in Lk 6,20–49 spricht Jesus vom Fuß des Berges („neuer Mose", vgl. z.B. Ex 34,29–32) für „alles Volk", wobei er einen Teil des Stoffes aber auslässt oder anderswo bringt. Sowohl Mt als auch Lk stellen → Herrenworte zusammen, systematisieren, wählen aus, stellen um (Mt oft nach Stichworten, Lk oft aus theolog. Gründen).

Die B. verkündet keine Elitemoral, keinen neuen Gesetzeskodex und kein eth. Ideal, das man erst „irgendwann einmal" anstreben wollte. Vielmehr wird geschildert, wie die Verwirklichung der → Gottesherrschaft (z.B. im eth. Bereich) aussieht, und zugleich dokumentiert, dass man auch unter Christen nicht voraussetzen kann, sie sei endgültig vorhanden.

An der B. soll der einzelne Christ ablesen, wie weit er noch davon entfernt ist, das seine für diese Verwirklichung zu tun (→ Ethik). Wichtige Teile der B. nach Mt sind die → Seligpreisungen (5,3–12; vgl. Lk 6,20–23), die Antithesen („ihr habt gehört ... ich aber sage euch"; 5,21–48), das → Vaterunser (6,7–15; vgl. Lk 11,1–4), die „Goldene Regel" (Mt 7,12; vgl. Lk 6,31).

Beröa

1) Stadt in Nordsyrien (heute: Aleppo), nach 2 Makk 13,4 wurde dort um 162

v. C. der → Hohepriester Menelaus ermordet.
2) Stadt in → Mazedonien (heute: Werria), von → Paulus besucht (Apg 17,10–14).

Berufung zeigt am deutlichsten das Handeln Gottes am Menschen; sachlich meist mit *Erwählung* identisch, da B. an den bereits Erwählten ergeht; ihr Ruf zur → Umkehr (Jer 3,12ff), zu einem Dienst (Jes 6; Jer 1; Jes 42,6; 48,15; 1 Sam 3,4–10; 10,17; 2 Sam 16,18; 1 Kön 8,16) oder zum → Heil, das einem Einzelnen wie dem Volk geschenkt werden soll (Gen 12,1ff; Jes 41,8f; 43,1). Begrifflich ist „Erwählung" vorherrschend; durch die Erwählung der Väter (→ Erzväter) offenbart sich Gott als souverän Handelnder (Gen 12,15; Jes 51,2), sie erfolgt ohne Rücksicht auf die Qualität des Menschen oder sein Verhalten vor Gott.
Durch das Zeichen der → Beschneidung (Gen 17,9ff) mit den Vätern verbunden, wird → Israel durch den → Bund (Ex 19,5) Eigentum Gottes (Dtn 7,6), Volk Gottes (Dtn 4,20), Weinberg (Jes 5,1–7), Sohn (Ex 4,22), Braut (Hos 2), Gemeinde (Num 20,4), Knecht (Jes 41,8). Mit der Erwählung verbunden sind → Segen, Schutz und Hilfe Gottes (Jes 43,2f), aber auch Verantwortung vor Gott (Am 2,6–16). Der Ausdruck „hl. Rest" (z. B. Jes 10,22) (nachexilisch: „die Frommen") besagt, dass das Volk als Ganzes der Verantwortung nicht gerecht wird; der Gedanke des „Restes" wurde bedeutsam in → Qumran, in der „hl. Gemeinde" der „Erwählten".
Im NT begegnen uns Johannes d. → Täufer (Mk 1,3 par) und die → Apostel als persönl. Berufene, nicht nur zum eigenen Heil, sondern vor allem zum Heil der Menschen; an alle Menschen ergeht B. zu den Heilsgütern (Röm 8,23; 1 Kor 1,9), doch wird von Menschen die Antwort der Umkehr, der → Treue (Mk 1,14f), der Mitwirkung erwartet (Mt 22,12). In der B. wendet sich Gott an die → Freiheit des Menschen; der Mensch steht vor der Entscheidung, ob er im → Glauben den Ruf Gottes annimmt; denn Erwählung allein schafft noch nicht Heil (Mt 3,7ff; Lk 13,23ff). Trotz Erwählung kann der Mensch von Gott nicht Heil fordern; er kann am Heil auch vorbeigehen. Erwählung geschieht im NT immer zu einem → Dienst (→ Apostel, → Diakon, → Presbyter).

Beschneidung Entfernung der Vorhaut des männl. Gliedes. Die B. war bei den alten Völkern des Orients weit verbreitet, z. B. bei den Ägyptern, Edomitern, Moabitern (vgl. Jer 9,24), nicht jedoch bei den Indoeuropäern (z. B. Philistern). Von Assyrern und Babyloniern fehlt uns sichere Kenntnis. Zu den Israeliten kam die B. vermutlich von den Ägyptern. Dass urspr. ein scharfer Stein als B.smesser verwandt wurde (vgl. Ex 4,25), weist auf das hohe Alter dieser Sitte hin. Während die B. bei den übrigen Völkern hauptsächlich als Mannbarkeits-Ritus im Pubertätsalter vollzogen wurde, galt sie bei den Israeliten schon früh als Zeichen des → Bundes und der Zugehörigkeit zum Gottesvolk. Ihre Einsetzung wurde darum auf → Abraham zurückgeführt (Gen 17,9–14). Sie geschah als rituelle Handlung an allen Knaben im Alter von 8 Tagen (vgl. Lev 12,3), aber auch an Fremden, die an der Paschafeier teilnehmen wollten (Ex 12,48) sowie an den Proselyten. In der Regel nahm der Hausvater die B. vor; z. Z. Jesu war damit die Namensgebung verbunden (Lk 1,59). Auf Grund der strengen Verpflichtung zur B. herrschte in der urchristl. Gemeinde Unklarheit darüber, ob zum Christentum bekehrte Heiden zunächst beschnitten werden müssten. Das → Apostelkonzil (Apg 15) lehnte diese Forderung ab und überwand damit in einem entscheidenden Punkt das exklusive Heilsdenken judaistischer Kreise.
Im übertragenen Sinn gelten „beschnitten" und „unbeschnitten" in der Bedeutung von „gläubig, gottesfürchtig" bzw. „ungläubig, gottlos" (vgl. Dtn 10,16; Jer 9,25; Apg 7,51; Phil 3,3). Nach Paulus ist die B. im Neuen Bund durch den Glauben an Christus und die Taufe überholt und als Heilszeichen im bibl. Sinne wertlos (Kol 2,11–12). Jetzt gilt nur noch die B. „des Herzens, dem Geiste und nicht dem Buchstaben nach" als Zeichen der Anerkennung von Gott (Röm 2,29; vgl. die atl.

Aufforderung, „Herz“ und „Ohren“ zu beschneiden in Dtn 10,16; Jer 4,4).

Besessenheit Beherrschung des Menschen durch einen bösen Geist, im AT gelegentl. (z. B. von Saul: 1 Sam 16,14–16), im NT häufiger geschildert. In den Evv wird berichtet, wie Besessene vom unreinen Geist gequält werden (Mk 1,26), ihrer Glieder nicht mehr mächtig, gewalttätig und tobsüchtig (vgl. Lk 8,27–31), stumm und blind sind (Mt 12,22). Viele Besessene werden von Jesus geheilt (Mt 4,24); er überwindet die Macht des bösen Geistes durch sein Wort (vgl. Mk 9,17–27) und treibt „viele Dämonen“ aus (Mk 1,34). Moderne Erklärung neigt dazu, B. als psychische Krankheit zu erklären, die damals in Unkenntnis teuflischem Einfluss zugeschrieben wurde und deren Heilung auf suggestivem Weg erfolgte. Jedoch wird heute allgemein anerkannt, dass die Berichte über Teufelsaustreibungen zum ältesten Bestand der Evv-Tradition gehören. Kern der Botschaft Jesu: Mit seiner Person ist die Macht des Satans in dieser Welt überwunden und die Zeit des → Gottesreiches angebrochen. Zeichen dafür ist seine Wunderkraft bei der Heilung der Besessenen (vgl. Mt 12,22–30).

Besitz → Eigentum

Bestatten → Grab

Bet („Haus des ...“) Kommt in vielen Zusammensetzungen vor, z. B.: Betlehem, Bet-El.

Betabara → Betanien

Bet-Araba Ort bei Jericho (Jos 15,6).

Betanien („Armenhaus“ oder „Haus des Ananja“)

1) Dorf am Ostabhang des → Ölbergs, an der Straße Jerusalem – Jericho. Nach dem

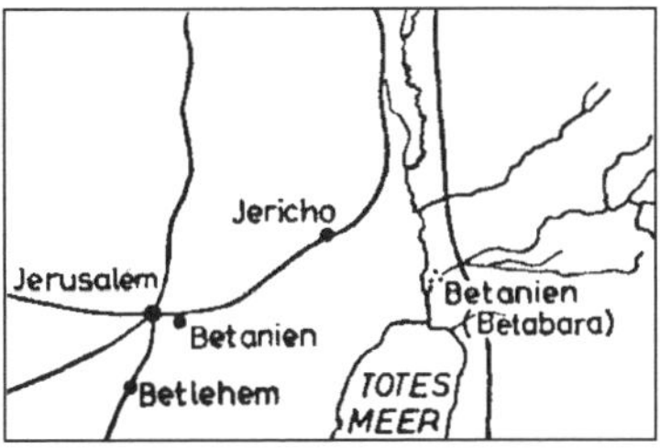

Die Lage der beiden Betanien

→ Exil von Benjaminiten besiedelt (Neh 11,32). Heimat des Lazarus, der Maria und Marta (Lk 10,38; Joh 11,1.18) und Simon des Aussätzigen (Mk 14,3). Später nach Lazarus *el 'azārīje* genannt.

2) Ortschaft am Ostufer des Jordan (Joh 1,28; 3,26; 10,40).

Bet-Awen → Bet-El

Bet-Diblajim In Jer 48,22 Ort bei Medeba; auf der → Mescha-Säule genannt.

Bet-El („Haus Gottes“, *bētīn*; Spottname: Bet-Awen = Sünderhaus, z. B. Hos 5,8) Zunächst hieß nur das Heiligtum B., die Stadt (Lus) wurde erst später B. genannt (vgl. Ri 1,22–26; spätere Ügerlieferung kennt diesen Unterschied nicht mehr, vgl. Gen 35,6). Sie liegt 18 km n Jerusalems an der Kreuzung der Wege Jerusalem – Sichem und Jericho – Meeresküste, wurde nach Ri 1,22–26 durch Verrat erobert, zeitweilig stand hier die → Bundeslade (vgl. Ri 20,27; 21,2ff).

→ Jerobeam I. (932–911 v. C.) richtete in B. ein Reichsheiligtum ein (1 Kön 12,29.32f → Stier), umso für das → Nordreich einen Gegenpol zu Jerusalem (im → Südreich) zu schaffen. Dabei konnte er alte Kulttraditionen verwenden, die viell. sogar die → Erzväter beeindruckt hatten (vgl. Gen 12,8; 13,3f; Himmelsleiter 28,10–22; 35,6–15). Zwar wurde B. vom Südreich auf einige Zeit wieder erobert (2 Chr 13,19), war dann aber mehr als 1 Jh. in der Hand des → Nordreiches.

Scharf gegen das Heiligtum wandte sich die prophet. Kritik (vor allem Amos: 3,14; 4,4 5,5; schließlich 7,10–17), im Rahmen seiner Reformen ließ es → Joschija zerstören (2 Kön 23,15).

Beten → Gebet

Betesda Doppelteich n vom Tempelplatz, nach Joh 5,2 in der Nähe des Schaftores. Die beiden großen, im 2. Jh. v. C. geschaffenen (vgl. Sir 50,3) Becken hatten eine Seitenlänge v. ca. 50 m und eine Tiefe v. 13 m. Sie speicherten das Regenwasser des Stadtteils Bezata. Durch einen unterird. Kanal floss das Wasser zum Tempelplatz, wo es für den Kult gebraucht wurde.

Die Becken waren von 4 Säulenhallen

umgeben, eine 5. Halle stand auf der Trennwand zw. den Becken. Die Säulenhallen konnten Teil einer Badeanlage und seit ca. 135 n.C. eines Asklepiosheiligtums gewesen sein, das sich ö an die Teiche anschloss. Bei Ausgrabungen zw. 1959 und 1962 wurden Reste des Gebäudes (Bogengalerien), in den Felsen gehauene Badewannen und Votivgaben an den Heilgott Asklepios gefunden. Es ist denkbar, dass Kranke hier Heilung gesucht haben. An dieser Stätte, die viell. schon z.Z. Jesu mit einem Heiligtum verbunden war, hätte dieser dann – nach Joh 5,2–9 – den Gelähmten geheilt.

Betesdateich

Betfage („Haus der Feigen") Ortschaft bei Betanien ö von Jerusalem; beim Einzug Jesu nach Jerusalem erwähnt (Mk 11,1 par).

Bet-Horon („Haus des Gottes Horon") Vorisr. Kultstätte.

1) Oberes B. (*bēt 'ur el-foqa*) Grenzort zw. Efraim und Benjamin, beherrscht den Zugang zur palästin. Hochebene (Jos 16,5; 10,10f).

2) Unteres B. (*bēt 'ur et-taḥā*) am Fuß der Passstraße (Jos 16,3), von Salomo befestigt (1 Kön 9,17: vgl. 2 Chr 8,5).

Der Höhenunterschied zw. beiden Orten betrug über 200 m.

Betlehem („Brothaus" oder „Haus der Göttin Lachama"; *bēt laḥm*)

1) B. in Sebulon (Jos 19,15).

2) B. in Juda, 7 km s Jerusalems, Siedlungsstätte des Geschlechts Efra oder Efrat (1 Chr 4,4; daher „B. Efrat" (Mi 5,1), Heimat des → Isai (1 Sam 16,1) und seines Sohnes → David (1 Sam 16,11–13). Das künftige Heil soll nach Mi 5,1ff nicht von Jerusalem ausgehen, sondern von dem unbedeutenden B., also nicht von der herrschenden Dynastie (→ Königtum, sondern von einer anderen Linie des „Stumpfes Isai" (Jes 11,1).

Nach Lk 2,4–7 (vgl.: Mt 2,1–12; Joh 7,42) Geburtsort Jesu (→ Zensus). Die „Herberge" (Lk 2,7) kann Massenunterkunft oder Gemach in einem Bauernhof bedeuten, der „Stall von Betlehem" wäre als Höhle zu denken. Das Ausweichen in den Stall war weder selten noch bes. unangenehm; das Erregende an der Geburt Jesu ist vielmehr das ganz Alltägliche („Windeln"). → Hirten. Über den traditionell als Jesu Geburtsort verehrten Grotten in B. steht seit dem 4. Jh. eine Basilika.

Betlehemitischer Kindermord → Kindheitsgeschichte

Bet-Peor Nach Dtn 3,29 weilten die Israeliten im Tal gegenüber von B., bevor sie den Jordan überschritten; nach Dtn 34,6 wurde dort → Mose begraben.

Bet-Rehob Aram. Stadtstaat z.Z. → Davids, n des Ammonitergebirges (Num 13,21; Ri 18,28; 2 Sam 10,6).

Betsabee → Batseba

Betsaida (*bēt-ṣajdā*) Ortschaft n des Sees Gennesaret (späterer Name: *Julias*); aus ihr stammen: → Philippus (5), → Andreas, → Petrus. B. und Chorazin werden nach Mt 11,21 von Jesus wegen Unglaubens verflucht. Umstritten ist die Bedeutung von „B." in Mk 6,45 (Fahrtziel der Jünger nach der Brotvermehrung). Die in

Betlehem.
Oben: Terrassenförmige Felder am Hügel der Geburtskirche. Im Hintergrund die Herodesfestung Herodeion.

Unten: In der ‚heiligen Grotte' wird der Ort der Geburt Jesu verehrt.

Mk 8,22–26 erzählte Blindenheilung geschieht nach dem Evangelisten in B.

Bet-Schean (*tell el ḥöṣn*) Kanaan. Stadt beim See → Gennesaret, anfängl. nicht erobert (Jos 17,16; Ri 1,27); nach der Schlacht von → Gilboa hängten ihre Einwohner die Leichen der Sauliden an die Mauern (1 Sam 31,10). Salomo schloss sie mit anderen Städten, vorwiegend nichtisr. Bevölkerung, zu einem Verwaltungsbezirk zusammen (1 Kön 4,12). Später hieß B. *Skythopolis* (2 Makk 12,29) und war eine der wichtigsten Städte der → Dekapolis.

Bet-Schemesch („Sonnenhaus"), Ortsnamen, z. B.:

1) (*tell er-rumēle*) Urspr. Kanaanäerstadtstaat (Sonnenkult), erwähnt in der Geschichte von der Rückkehr der Bundeslade (1 Sam 6,9–15).

2) Stadt in → Naftali, nicht sofort erobert (Ri 1,33). Hier siegte der König des → Südreiches Juda (→ Joasch) über den des → Nordreiches Israel (→ Amazja).

3) = On/Heliopolis (äg. Stadt; Jer 43,13).

Betuël

1) Nach Gen 22,22f; 24,29 Neffe Abrahams, Vater der Rebekka und des Laban (→ Erzväter).

2) Stadt im Gebiet des Stammes → Simeon (1 Chr 4,30; Betul in Jos 19,4; 1 Sam 30,27).

Betulia (Betylua) In Jdt 7–15 Geburtsort der → Judit und Schauplatz des Geschehens (Belagerung durch Holofernes).

Bet-Zur (*chirbet eṭ-ṭubēqa*) Stadt im Gebiet des Stammes → Juda s von Jerusalem (Jos 15,58), nach 2 Chr 11,7 durch König Rehabeam befestigt, nach dem → Exil Bezirksstadt, in den Kriegen der → Makkabäer stark umkämpfte Festung (1 Makk 4,29–35; 4,61; 6,7.26). Heute höchstgelegene Stadtruine Palästinas (1000 m ü. d. M.).

Betrübnis → Leiden

Betylua → Betulia

Beulen → Krankheiten

Beute → Krieg

Bezer Nach Dtn 4,41-43 Asylstadt (→ Asylrecht).

Bibel Sammlung der Schriften des AT und NT (→ Kanon), Zeuge göttl. → Offenbarung (→ Inspiration). Sie ist nicht einfach ein Handbuch dogmat., eth. oder allgemein-menschl. Wahrheiten, sondern gibt Einblick in Gottes Wirken in der Geschichte. Da sich ihre Einzelschriften in Form, Entstehungszeit bzw. urspr. Umwelt und Aussagekraft stark voneinander unterscheiden, kann man z. B. nicht bedenkenlos einen Begriff von Röm mit einer Aussage in Ri erklären.

Der Name „Bibel" kommt vom griech. *biblia* (= Bücher; → Buch, → Buchrolle). Die Bezeichnung „Heilige Schrift" oder nur „Schrift(en)" kommt schon in ihr selbst vor und meint zunächst das AT (vgl.: Joh 2,22; Gal 3,22; 1 Petr 2,6).

Bibelausgaben

1) B. im Urtext. AT: Heute allein maßgebend: die Ausgabe v. R. Kittel und P. Kahle. Die Lesarten aus der Jesajarolle von → Qumran sind dort notiert. → Masoreten; ältere hebr. Ausgaben haben fast nur noch histor. Bedeutung.

NT: Die „klassischen" B. stammen von *C. v. Tischendorf* (maßgebend ist die Auflage von 1869–1872), *B. F. Westcott – F. J. A. Hort* (1881), *B. Weiß* 1894–1900), vgl. mit Vorbehalten diejenige von *Herrn v. Soden* (1902–1913). Alle diese Ausgaben sind mehrbändig: für Theologen wurden Handausgaben geschaffen. Die älteste ist die von *E. Nestle* (seit 1898) (Privil. Württ. Bibelanstalt, Stuttgart), inzw. völlig neubearbeitet und wesentlich verbessert (Nestle-Aland, 7. revidierter Druck von 1983); außerdem werden in Deutschland u. a. noch folgende B. benutzt:

A. Merk (Päpstl. Bibelinstitut, Rom, mit sehr reichhaltigen textkrit. Anmerkungen); *H. J. Vogels* (Freiburg i. Br.: kürzere textkrit. Anmerkungen, die stark die lat. und syr. → Bibelübersetzungen berücksichtigen); *K. Aland – M. Black – B: M. Metzger – A. Wikgren* (United Bible Societies, London, vor allem prakt. Ziele, eigenständ. textkrit. Anmerkungen, Angabe des Wahrscheinlichkeitsgrades, dass verworfene Lesarten doch den Urtext bilden könnten).

2) B. in (z. B. deutschen) → Bibelübersetzungen.

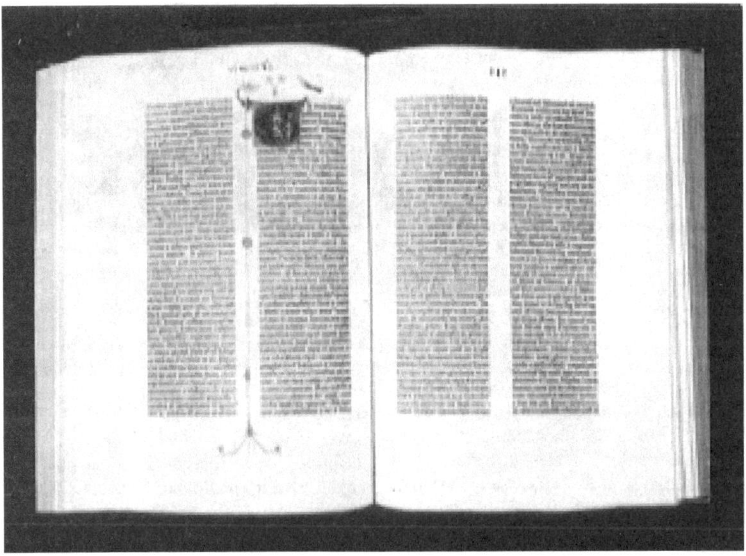

Bibel. *Oben: Meisterwerk der Buchdruckerkunst: Gutenbergbibel (um 1460); unten links: Lutherbibel (1536; Erstausgabe 1534); unten rechts: Dietenbergerbibel (1540; Erstausgabe 1534).*

Bibelauslegung
In der → Bibel wird verkündet, dass Gott an den Menschen wirkt. Dabei benutzt er ihre Denkweise und berücksichtigt ihre Umwelt. Die Bibel ist also Wort Gottes (→ Inspiration), kann aber nicht ausgelegt werden, ohne diese menschliche Denkweise ernst zu nehmen. B bedeutet also nicht, möglichst viele Bibelstellen zu sammeln und nebeneinander zu stellen, die in verschiedenen Jh. bzw. Zivilisationen formuliert, stilisiert und redigiert wurden. Auch ist es nicht berechtigt, Bibelverse als Schmuckstücke zum Garnieren persönl. → Ethik oder moderner Aussagen (z.B.: → Frau, → Friede, → Krieg, → Staat) zu verwenden; ein naiv-buchstabengläubiges Verständnis genügt also oft nicht. Häufig ist es auch nötig, zur Erklärung außerbibl. Zeugnisse hinzuzuziehen, da Denkweise und Tatbestände der Umwelt vorausgesetzt werden. Schon gar nicht werden *Sachkenntnisse* durch Bibelzitate ersetzt.
Vor den Schriften der Bibel war die Gemeinde, die sie in den → Kanon aufnahm, z.T. mitformte (z.B. die → Evangelien) und z.T. umdeutete (z.B. das → Hohelied). Auch heute ist die B. nicht nur Sache des einzelnen mit Gott; sie geschieht vielmehr in und für die Gemeinde (→ Kirche). Den Versuch, B. möglichst umfassend und sorgfältig nach wissenschaftl. Gesichtspunkten vorzunehmen, macht die → Bibelwissenschaft.

Bibelhandschriften Bis kurz nach Erfindung des Buchdrucks wurden Bibel und Bibelteile handschriftl. vervielfältigt. Die tausende solcher B. im Urtext (auch → Masora, → Qumran) oder in alten → Bibelübersetzungen unterscheiden sich in Alter, Material (→ Buchrolle, Papyrushss, Pergamenthss, Papier), Inhalt und Umfang, Ausstattung (z.T. Initialen, farbige Buchmalereien, gelegentlich mit Gold oder Silber oder auf purpurgetränktem Pergament), Spaltenzahl, Schriftart (Majuskeln = nur Großbuchstaben, Minuskeln = nur Kleinbuchstaben), Textcharakter. Viele B. enthalten auch Appkryphen (→ Kanon). Alter und Berühmtheit von B. verbürgen noch nicht ihren textkritischen Wert.
Am berühmtesten:
Codex Alexandrinus, aus Ägypten (5. Jh.), → Septuaginta und NT, 2 Spalten, durch Geschenk im Brit. Museum London;
Codex Ephraemi Rescriptus, → Palimpsest, um 500 geschrieben, fast nur NT (lückenhaft) erhalten, stellenweise unlesbar;
Codex Sinaiticus, aus dem 4. oder 5. Jh., → Septuaginta und NT, 4 Spalten, mehrfach überkorrigiert, unter abenteuerlichen Umständen von C. Tischendorf 1844 und 1859 gefunden, von der Sowjetregierung dem Brit. Museum/London verkauft;
Codex Vaticanus, aus dem 4. Jh., → Septuaginta und NT, 3 Spalten, sehr lückenhaft, in der vatikanischen Bibliothek, 1868/81;
„Westlicher“ Text: *Codex Bezae Cantabrigiensis*, aus dem 6. Jh., fast nur Evv und Apostelgeschichte, viele Lücken, zweisprachig (griech./lat.), von Beza der Univ.-Bibliothek Cambridge geschenkt;
Codex Claromontanus, 6. Jh., Paulusbriefe, zweisprachig (griech./lat.), in Clermont bei Beauvais gefunden, jetzt in der National-Bibliothek/Paris.

Bibeltext Den urspr. B. sucht die → Textkritik zu ermitteln. In seiner Geschichte spiegelt sich die Geschichte von Kultur und Zivilisation. Vor allem, solange von Hand abgeschrieben wurde (→ Bibelhandschriften), war er Änderungen ausgesetzt (z.B. Fehlern, irrtümlichen Korrekturen von Abschreibern oder Lesern der Vorlage, Aufnahme geläufiger Formulierungen). Für alle Bücher oder Buchgruppen (z.B. Paulusbriefe) verlief die Textgeschichte verschieden; nur einige Andeutungen:
1) Hebr. überlieferte Bücher des → AT → Masora, → Qumran, → Bibelübersetzungen.
2) Griech. überlieferte Bücher des AT (→ Kanon): griech. Text ist hier nicht Übersetzung, sondern Urtext, meist nach hebr. Vorlage (für Sir um 1900 aufgefunden). Er folgt der Textgeschichte der → Septuaginta.
3) Den B. in Hymnen, Gebeten, Glaubensformeln usw. formt auch der liturg. Gebrauch.

4) Die vier Evv beeinflussen sich gegenseitig sehr stark, vor allem in den Parallelstellen (→ Synopse), zumal um 170 eine Evv-Harmonie geschaffen (Tatian), überarbeitet und übersetzt wurde (griech. Original verloren).
5) In die B.-überlieferung gelangten auch Lesarten aus der tendenziösen NT-Redaktion des Ketzers *Markion.* In den Evv und in Apg tritt neben dem „neutralen" Text (= Ergebnis einer alten Rezensionsarbeit, die den Urtext herstellen wollte) der „westliche" Text deutlicher hervor als sonst im NT („westlich", da erst später beachtet wurde, dass er auch einem Teil der syr. Überlieferung zu Grunde liegt): Er ist verwildert (Paralleleneinfluss, Glossen usw.), enthält aber auch Sonderlesarten rätselhafter Herkunft.
Außer dem „westlichen" Text unterscheidet man mit Recht weitere Rezensionen (vor allem: Caesarreensische; → Hexapla. → Bibelübersetzungen). Die Geschichte des B. wird allein durch Gliederung der Zeugen nach Rezensionen nicht geklärt.
Am Ende der Geschichte des griech. B. (NT, Septuaginta) steht ein Durchschnittstext (Koine-Text) ohne textkritischen Wert.

Bibelübersetzungen Bibel oder Bibelteile sind in mindestens 2000 moderne Sprachen übersetzt, in manche mehrmals. Deutsche B. gab es bald nach der Mission (Spuren im Wortschatz der althochdeutschen Literatur, Wortlisten; im 8. Jh.: Vaterunser, Glaubensbekenntnis, Mt). Im Mittelalter sind 43 Hss von deutschen Vollbibeln, 764 von Bibelteilen z. B. dem NT) erhalten. Vor Luther wurden 14 hochdeutsche Drucke der Gesamtbibel hergestellt (Vorlage → Vulgata), 1522 erschien *Luthers* NT in 1. Aufl., 1527 eine kath. Übersetzung des NT (Hieron. *Emser*), 1534 Luthers Vollbibel (Vorlage war der Urtext nach dem damaligen Stand der → Textkritik) und eine kath. Übersetzung (*Dietenberger*; Vorlage Vulgata), viele Revisionen und Neuübersetzungen (des AT auch durch jüd. Gelehrte).
Heute werden in Deutschland vor allem vier Übersetzungen gebraucht: die Lutherbibel in der Revision von 1984, die Revidierte Elberfelder Bibel, die Einheitsübersetzung und die Gute Nachricht Bibel.
Seit 1980 gibt es die endgültige Fassung der kirchenamtlich anerkannten Einheitsübersetzung, die im Auftrag der katholischen Bischöfe des deutschen Sprachgebiets herausgegeben wird. Für die Psalmen und das Neue Testament ist sie auch ökumenisch anerkannt. Die Einheitsübersetzung hat frühere Übersetzungen (z. B. H. Menge / 1909; P. Riessler – R. Storr / 1934; E. Henne – K. Rösch / 1934; V. Hamp – M. Stenzel – J. Kürzinger / seit 1966 bearb. von G. Miller und E. Beck; deutsche Übersetzung der Bible de Jérusalem / 1966) weitgehend abgelöst.
Die Gute Nachricht Bibel ist die erste vollständige ökumenische Übersetzung. Sie wurde im Auftrag der katholischen Bibelwerke und evangelischen Bibelgesellschaften in Europa übersetzt und 1997 revidiert.
B. des Altertums sind für die Textkritik und die Geschichte der Sprachen wichtig. Sie setzen griech. oder hebr. Texte voraus, die in → Bibelhandschriften nicht mehr erhalten sind. Beispiele: → Targum, → Septuaginta, andere griech. Übersetzungen des AT (→ Hexapla), → Vetus Latina, → syr., koptische, arab., äthiop., armen., georgische, gotische (vor allem die des Bischofs Wulfila) Übersetzungen, teils mit berühmten Hss (z. B.: Codex Brixianus: Hs der gotischen Übersetzung in Brescia, → Codex argenteus).

Bibelwissenschaft (Exegese) Versuch, wissenschaftl. Ansprüchen gemäß die Bibel auszulegen (→ Bibelauslegung). B. umfasst viele Problembereiche und Spezialgebiete, z. B.:
1) *Grundsätzl.* Fragen (Sprachphilosophie; „hermeneutische Frage" = Frage nach Möglichkeit und Methode der Bibelauslegung überhaupt; Kritik der „existentialen Interpretation" = Kritik der Bibelauslegung, die in der Bibel nur die Frage nach der Existenz des Menschen gelöst sieht und darüber Hinausgehendes durch „Entmythologisierung" auszuscheiden versucht; Unterscheidung der histor.-bild-

haften von der systemat.-abstrakten Denkweise),
2) *Philolog.* Fragen (→ Textkritik; Philologie der Ursprachen; Geschichte der → Bibelübersetzungen; Kenntnis der → Bibelhandschriften; Paläographie usw.),
3) *Histor.* Fragen (polit., geistige, relig. Strömungen der Umwelt z. Z. der bibl. Schriften usw.),
4) *Literar.* Fragen (Literar-, Form-, Redaktionsgeschichte usw.),
5) Fragen der *bibl. Theologie und Ethik* (Gott als Schöpfer; der Alte Bund, Stellung Christi; Bergpredigt; Theologie des Paulus; urchristl. Gemeindeleben usw.),
6) *Homilet., katechet.* u. a. Fragen. In jedem Einzelfall durchdringen sich diese Fragestellungen, einmal ist diese, einmal jene wichtiger; übersprungen werden kann keine; völlig durchdringen können die betr. Gebiete nur Spezialisten.

Biblia Pauperum → Armenbibel

Bilder Fast nur im AT finden sich Aussagen über „B.", meist negativer Art; genannt werden: „Götzenbild" (Num 33,52; vgl. Offb 13,14f; 14,9ff), „Schnitzwerk" (Dtn 4,16), „Tierbild" (Ex 32,4; vgl. Apg 7,41), „Abbild" (Ex 20,4). Die Gesetzgebung (→ Bund) wendet sich unerbittlich gegen jede Form einer Darstellung Jahwes (Ex 20,4f.23; 34,17); in der späteren Zeit lehnen die → Propheten jeden B.-Dienst ab (Hos 2,10; Jes 2,8; 10,10f; Jer 2,26ff; vgl. Apg 17,29); dies ist zu verstehen aus der Bildlosigkeit des späteren Jerusalemer Jahwekultes, der sich schon in dieser Weise abhebt von den Kultformen der nichtisr. Völker, der aber gefährdet war durch kanaanäische Einflüsse (vgl.: 1 Kön 12; 13,34; Hos 8,5f; 13,2; Röm 1,23). B. waren nicht nur Abbildungen, sondern vielmehr der Abgebildete selbst; durch B. konnte man sich nach semit. Auffassung des Abgebildeten bemächtigen. Das B.-Verbot hat demnach die Absicht, den Menschen von magischem Missbrauch Jahwes abzuhalten, sich seiner zu bemächtigen. Diese Auffassung wirkte nach bis in die frühchristl. Zeit, in der alle Kult-B. wie auch jede Darstellung Christi oder der Apostel abgelehnt wird; ein Wandel tritt allmählich durch die Darstellung von Symbolen ein (Christus als Hirt, Lehrer); die Scheu vor bildl. Darstellungen wich einer Überfülle von Bildern, immer ist der Mensch jedoch in der Gefahr, B. und Glaubensinhalt gleichzusetzen, B. als eigentliche Wirklichkeit zu betrachten.
Dass im AT das Anfertigen eines „toten" Bildes Jahwes verworfen wird, hängt viell. mit einer Aussage über den Menschen zusammen. Nach Gen 1,26 ist er „lebendiges" *Ebenbild* Gottes. Gen 1,27; 5,1.3; 9,6 meint mit „Ebenbild" nicht Verwirklichung eines idealen Planes „Mensch", sondern dass Gott selbst „Modell" des Ebenbildes sei: der Mensch ist Gott ähnlich, in ihm will sich Gott als vielgestaltiges B. erkennen.
Nach Ps 8,6–9 ist Ebenbildlichkeit Teilnahme an der Herrschergewalt Gottes; der Mensch repräsentiert Gott als Herrn der → Schöpfung. In bibl. Betrachtungsweise ist der Mensch Ganzheit; seine Ebenbildlichkeit umfasst → Leib und → Seele. Zur Vielgestaltigkeit des Ebenbildes gehört die Zweiheit von → Mann und → Frau; in ihrer Erfüllung zeigt sich Gottes Lebens- und Schöpferkraft. Entfaltung des Begriffs der Ebenbildlichkeit: in Sir 17,1–14 ist der Mensch verpflichtet, dem Bild Gottes zu entsprechen, nach Weish 2,23 ist dem Menschen Unsterblichkeit verheißen.
In Christus erfährt die „Ebenbildlichkeit" eine wesentliche Erweiterung. In Kol 1,15 heißt Christus Ebenbild Gottes, Prägebild des Wesens Gottes (vgl.: 2 Kor 4,4; Hebr 1,3). Nach Kol 3,10 ist die Ebenbildlichkeit Gabe und Aufgabe für den Menschen, die entfaltet werden soll. Die Entfaltung geschieht im „Anziehen" des „neuen Menschen" (Kol 3,10), in der Umwandlung in das Bild des neuen Adam (1 Kor 15,49), in der Gleichförmigkeit mit dem Bild Christi (Röm 8,29; vgl. 2 Kor 3,18). Ebenbildlichkeit wird zur Christusgemeinschaft in Tod und Auferstehung, in der Teilnahme an seiner → Herrlichkeit.

Bileam Sohn des Beor, Wahrsager, soll nach Num 22–24 im Auftrag des Moabiterkönigs → Balak das Volk Israel verfluchen, als es auf dem Weg von Ägypten nach Kanaan in Moab einzieht; stattdessen beruft Gott ihn zum Propheten (redende Eselin, Engel am Weg), der Israel segnet (Num 22–24). Später wird er als Verführer der Israeliten zum Götzenkult erwähnt (Num 31,8.16) und deshalb im NT unter die Irrlehrer gerechnet (2 Petr 21,6; Offb 2,14).

Bilha („Sorglosigkeit“?) Nach Gen 30 Magd der → Rahel und Nebenfrau → Jakobs, Mutter von → Dan und → Naftali, nach Gen 35,22 durch → Ruben entehrt.

Binden Übertragen: Bindung der Ehegatten (Röm 7,2; 1 Kor 7,27.39), übernatürlich: Bindung durch → Satan (Lk 13,16) und Bindung Satans (Offb 20,2). – *Lösen* im übertragenen Sinn: Bild vom Niederreißen eines Baues (Joh 2,19; Eph 2,14f), vom Aufheben eines Gesetzes (Mt 5,19; Joh 5,18), in 1 Joh 3,8 vom Vernichten der Macht Satans. – *B. und Lösen:* bei den Rabbinen = durch Lehrentscheidung für erlaubt oder verboten erklären (auch: → Bann verhängen oder aufheben). Durch gegensätzliche Begriffe (wie z.B. gut und böse) wird im Sprachgebrauch der → Semiten ein Totalitätsanspruch verdeutlicht. Nach Mt 16,19 erhält → Petrus die „Schlüssel des Reiches der Himmel“, ausgedrückt durch das Wort vom B. und Lösen.

Bischof → Episkopos

Bithynien Gebiet im NW Kleinasiens, seit 65 v.C. röm. Provinz. Paulus konnte dort nicht wirken (Apg 16,7); 1 Petr 1,1 setzt eine Christengemeinde in B. voraus.

Lage von Bithynien

Bitte → Gebet

Blindheit Häufige Erwähnung weist auf eine zur bibl. Zeit in Palästina weit verbreitete Krankheit hin (vgl. Ex 4,41; Lev 19,14; Dtn 27,18; 2 Sam 5,6–8; Mt 20,30 par). B. wird öfters als Strafe Gottes für → Sünde dargestellt (z.B. Gen 19,11; Dtn 28,28–29; Apg 13,11). Heilung von B. ist ein außergewöhnl. Erweis göttl. Erbarmens (vgl. Tob 11,11–14) und im NT Zeichen des Anbruchs der Heilszeit (vgl. Mt 11,5 par; Mk 10,52 par; Joh 9,32). Im religiösen Sinn ist B. Bild für die Verstocktheit, die Gottes Zeichen nicht erkennen kann oder will und daher dem Gericht verfällt (vgl. Jes 6; Mk 4,10–12 par). So beklagt Paulus den Unglauben in Israel als B. (Röm 11,25), nach Mt 15,14 nennt Jesus die Pharisäer „Blinde“ und „Führer von Blinden“.

Blut Für die Israeliten war B. Träger des → Lebens (Lev 17,11), auch identisch mit Leben (Gen 9,5; Dtn 12,23); „Blut vergießen“ hieß so viel wie „Leben nehmen“ (Lev 19,16; Dtn 27,25). Neben → Fleisch wird in späterer Zeit B. zum Wort für das Vergängliche (Sir 14,18) sowie Umschreibung des Natürlichen im Menschen (Mt 16,17; 1 Kor 15,50). Da B. Eigentum Gottes ist, steht es unter seinem bes. Schutz (Gen 9,6); wer B. vergießt, greift in die Rechte Gottes ein (Gen 37,22; 2 Sam 12,5–12); Sühne ist nur möglich durch das B. des Mörders (Gen 9,5f; Ex 21,12.23; → Blutrache); das B. eines Getöteten „schreit“ zu Gott (Gen 4,10): der Mörder wird „Blutmensch“ genannt (2 Sam 16,7f), ist mit B. befleckt (Jer 2,34; Jes 1,15), seine Schuld lässt ihm keine Ruhe (Gen 4,12–16). Unschuldig vergossenes B. ist dauernde Bedrohung nicht nur für den Mörder (Ri 9,24; 1 Sam 25,26f), sondern auch für seine Familie (Dtn 22,8); unter dem → Gericht Gottes stehen bes., die an → Propheten schuldig wurden (Mt 23,30–35; Lk 11,50f). Nach Mt 27,25 beschwören die Gegner Jesu das Gericht Gottes herauf, indem sie das B. Jesu fordern. B. wurde zum Symbol des göttl. Gerichts (Ex 4,9; 7,14–21; Jes 34,3; 63,1–6; Ez 14,19). Da B. im Zusammenhang mit „Leben“ gesehen wurde, war Genuss von Tier-B. unter

Strafe des Ausschlusses aus der Gemeinschaft verboten (Gen 9,4; Dtn 12,16.23ff). Große Bedeutung kam dem B. im atl. Opfergedanken (→ Opfer zu. Nach Lev 17,11 diente B. zur Entsühnung von Schuld, nach Ex 29,15–26 hatte das B. bei der Weihe von → Priestern und → Altären heiligende Kraft; B. war Zeichen der Freundschaft und Auserwählung Gottes (Ex 12,13–27), des → Bundes (Ex 24,4–8) sowie der Reinigung und Versöhnung der Gemeinde, und es erneuerte die Gemeinschaft mit Gott (Lev 4,5). Im NT wird deutlich, dass dennoch die Macht der → Sünde blieb, der Mensch letztlich als Unerlöster leben musste (Hebr 10,3f).

Blut Christi Ntl. Ausdruck für die Heilsbedeutung des Todes Christi, zu verstehen aus der atl. Auffassung vom → Blut. Die Hingabe des → Lebens Christi (Mk 10,45) war Sühne menschl. Schuld (Röm 3,24f), Rettung vom Zorn Gottes (Röm 5,9), Versöhnung und Vergebung der → Sünden (Eph 1,7; Kol 1,20), Stiftung des neuen, in Jer 31,31ff verheißenen, vollkommenen → Bundes (1 Kor 11,25). Das B.C. war der Preis, mit dem → Christus die Menschen von Sünden losgekauft (1 Petr 1,18f; 1 Kor 7,23; Offb 5,9), sich die → Gemeinde Gottes erworben und den → Heiden die Nähe Gottes geschenkt hat (Apg 20,28; Eph 2,13).

Durch das B.C. werden die Menschen von toten → Werken gereinigt (Hebr 9,14; vgl. 1 Joh 1,7), vom Fluch des → Gesetzes befreit (Gal 3,13), geheiligt (Hebr 13,12), mit neuem → Frieden beschenkt (Kol 1,20); sie dürfen die zuversichtl. → Hoffnung haben, ins neue → Heiligtum (→ Himmel) einzugehen, in das Christus als neuer → Hoherpriester eingetreten ist (Hebr 9). Das B.C. verbindet die Menschen mit Christus und untereinander (1 Kor 10,16f; Joh 6,54ff) in der Teilnahme am eucharist. Mahl (→ Abendmahl), dadurch ist enge Gemeinschafst mit Gott möglich.

Blutacker (*Hakeldamach*) Grundstück bei Jerusalem, Begräbnisstätte für Fremde. Die Verbindung mit dem Verräter → Judas ist eine christl. → Ätiologie: In Wirklichkeit soll damit nicht der Kauf des B.s erzählt, sondern die Abscheulichkeit des Verrats berichtet werden (Mt 27,6–10, wo Sach 11,13 zitiert wird; Apg 1,19).

Blutrache Das AT betont die Verantwortlichkeit des Stammes (→ Nomaden), nicht des Individuums allein, nach der sich auch die Rechtspflege richtete (Sippenhaftung). Jahwe fordert das vergossene → Blut durch den Bluträcher aus der Hand des Mörders zurück (Gen 9,5f); um der Unantastbarkeit des Lebens willen habe Gott nach Lev 24,17 die Todesstrafe geboten. B. war nicht nur Recht, sondern sogar Pflicht, angeordnet in Ex 21,12–23; Num 35,16–33, Dtn 19,11–13; verpflichtet dazu waren die nächsten Angehörigen eines Ermordeten: Sohn, Bruder (Ri 8,18–21; 9,13f; 2 Kön 14,5; 1 Makk 9,38–42); B wurde zunächst ohne Urteil vollzogen, was zur Ausrottung ganzer Familien führen konnte (2 Sam 3,27; 14,7–11). Man unterstellte die B. der Obrigkeit (Ex 21,18–25), wonach ein Mörder erst nach Gerichtsversammlung und Verurteilung auf Grund mehrfacher Zeugenaussagen dem Bluträcher übergeben wurde (Num 35,12.30), der dann als Vollstrecker eines rechtmäßigen Urteils handelte; B. durfte nur den Schuldigen, nicht Angehörige seiner Familie treffen (Dtn 24,16); sie konnte durch den König erlassen werden (2 Sam 14,8ff). Weiterhin unterschied man zw. Mord und fahrlässiger Tötung (Ex 21,12f; Dtn 19,4ff); wer fahrlässig getötet hatte, konnte sich in einer Asylstadt (→ Asylrecht) in Sicherheit bringen. Außer Mord werden in Lev 17,4; 20,9–27; Ez 3,18.20; 33,4–8 verschiedene Vergehen genannt, die ebenfalls unter B. fielen. Nach Dtn 32,43 und 2 Kön 9,7 übenahm Gott die B., wenn kein menschl. Bluträcher existierte; B. konnte durch Sühnegeld nicht umgangen werden (Num 35,31ff). Solange es ein selbstständiges isr. Staatswesen gab, war wohl B. gebräuchlich; mit dem Verlust eigenständiger Gerichtsbarkeit in der röm. Besatzungszeit erlosch die B. (Joh 18,31).

Das atl. Gesetz der Vergeltung (*ius talionis*) ist im neuen Gottesvolk nicht mehr gültig (Mt 5,38ff; Röm 12,19ff).

Blutschande wird in Gesetzesbestimmungen (Lev 18,6–18; 20,11–21) scharf abgelehnt: geschlechtl. Umgang mit Blutsverwandten, aber auch z.B. zw. Stiefsohn und Stiefmutter (Lev 18,8; 20,11) oder zw. Stiefgeschwistern (Lev 18,9; 20,17). B. wird auch in 1 Kor 5,1–5 scharf gerügt. In der HS wurde B. als religiös-eth. Delikt angesehen und verboten; streng untersagt war dies auch in anderen alten Kulturen und Religionen, viell. auf Grund einer sexuellen Tabu-Vorstellung.

Boanerges → Donnersöhne

Boas (Person) → Rut

Boas (Säule) → Tempel

Böse

1) Dass man das B. vorfindet, ist menschl. Grunderlebnis. Die HS will nicht den Ursprung des B.n histor. erzählen, sondern der Frage nach dem B.n und dem Übel theol. näher kommen. In einer großen → Ätiologie schildert sie, wie es sich mit → Leid, → Sünde, → Krankheit, → Tod usw. verhält (Gen 3; → Paradies; → Versuchung).

2) Die Schöpfung (→ Welt) gilt nach Gen 1 nicht als schlecht, sondern als gut; der Mythos vom Urchaos klingt in der HS nur vereinzelt an (vgl. Ps 104,6). Zwar finden sich oft Vorbehalte gegen einen kosmischen Optimismus, aber ohne die Scheidung böse Welt/guter Bereich Gottes (vgl. aber z.B. Sir 33,15 und den Begriff „Welt" in Joh). Das Übel gehört zum Weltlauf (Ps 90,10).

3) Zwar wird das Übel z.B. in Gen 39,9; Jes 55,7 auf den Menschen zurückgeführt; aber im Grunde schafft es Gott (Jes 45,7; als Strafe z.B. Jer 16,10.13; im Auftrag Gottes z.B. Ex 7–11; Ijob 1f). Zahlreiche nachbibl. Versuche (z.B. von Augustinus) möchten erklären, dass Gottes Güte dadurch nicht beeinträchtigt werde; in der HS selbst stehen entspr. Aussagen unausgeglichen nebeneinander.

4) Im NT gilt das B. auch als Begleiterscheinung der Endzeit (vgl. „apokalypt. Plagen"; Eph 5,16), vor allem aber als Kennzeichen der Jesus Ablehnenden oder derjenigen, die ihn nicht kennen (vgl. Gal 1,4; Röm 7,19). In Christus ist Überwindung des B.n möglich (Röm 12,21).

5) Der B. → Teufel.

Booz → Rut

Bote Überbringer einer mündl. oder schriftl. Nachricht, vor allem zu militär. oder polit. Verhandlungen (Jos 6,25; Ri 9,31; 1 Sam 19,11; 2 Sam 12,27; 18,19–32; 2 Kön 14,8; Jes 14,32); war bevollmächtigt, Verträge zu schließen, d.h. im Namen eines anderen rechtsverbindlich zu handeln (Jos 2; 9,3–15). → Apostel; → Engel.

Bozra („unzugänglicher Ort", *buṣēra*) Hauptstadt der → Edomiter, nach Gen 36,33 Heimat des Königs Jobab, erwähnt in Gerichtssprüchen der → Propheten (Jes 34,6; 63,1; Jer 49,13; vgl. Am 1,12).

Brandopfer → Opfer

Brauchtum Viel größere Bedeutung als heute, der Übergang vom B. zur gesetzl. Regelung war fließend. → Gruß; → Handel; → Grab; → Kult.

Braut Das Heiratsalter der Mädchen war meist nicht ganz 13 Jahre; die B. stand rechtlich der Ehefrau (→ Frau) gleich, wohnte aber noch nicht beim Bräutigam, sondern in der Wohnung ihres Vaters. Untreue der B. galt als Ehebruch (Dtn 22,23–27). Die Hochzeit wurde mit bes. Prunk begangen (1 Makk 9,37). B. ist im AT oft Bild für das Volk Israel, das Gott sich auserwählt hat (vgl. Jes 62,5), entsprechend der symbolischen Bedeutung der → Ehe, die seit Hosea als Bild für den Bund Gottes mit Israel gebraucht wird (vgl. Hos 2,16), und der allegorischen Auslegung des → Hohenliedes. Im Rückblick stellt sich die Frühzeit des → Bundes als unbeschwerte B.zeit dar (Jer 2,2). Gott hat Freude an seinem Volk, er schmückt es wie der Bräutigam seine Braut (vgl. Ez 16,8–14), er weist die treulose B. zurecht (vgl. Jer 3,6–12).

B. ist ein Bild für das vollendete Gottesvolk, das neue Zion (vgl. Jes 54,5; 62,4). Jesus führt dieses Bild weiter aus (vgl. Mt 9,15; Joh 3,29; 2 Kor 11,2); die Kirche wird geschildert in der Schönheit des B.-Schmuckes als das neue Jerusalem (Offb 21,2; vgl. Offb 21,9).

Brief Im AT sind verhältnismäßig wenig B.e zu finden. Ganz oder z.T. wiedergegeben sind u.a.: der „Urija-B." (2 Sam 11,14–15), B. des Elija an König Joram

(2 Chr 21,12–15), zwei B.e des Jeremia (Jer 29,1–15; Bar 6, → Kanon), schließlich eine Reihe B.e von Juden, Syrern, Römern, Spartanern in 1/2 Makk.

Über zwei Drittel der Schriften des NT sind B.e (→ Paulus, → Katholische Briefe), ferner stehen im NT der B. des → Apostelkonzils (Apg 15,23–28) und die 7 Schreiben an Gemeinden in Asien (Offb 2; 3). Der Sitte gemäß beginnen die B.e mit Angabe des Absenders und Empfängers sowie mit einem Segenswunsch; sie schließen meist mit einem Gruß oder Segensspruch.

Brot Hauptnahrungsmittel; in der Frühzeit aus Gerstenmehl, in späterer Zeit aus Weizenmehl, das mit Sauerteig vermengt wurde; zu runden Fladen geformt, wurde der Teig entweder auf heißer Asche (= Aschenkuchen: Gen 18,6; 1 Kön 19,6), auf tönernen bzw. eisernen Backplatten (Lev 2,5) oder in Backöfen (entweder in Form eines Troges oder Zylinders oder in Grubenform) ausgebacken; vor dem Essen wurde es nicht geschnitten, sondern in Stücke gebrochen. B. betrachtete man als Gabe Gottes, Quelle menschlicher Kraft (Ps 104,14f; 1 Kön 19,6ff), Sinnbild menschl. Lebens: Mangel an B. bedeutete Mangel an Lebensmöglichkeit (Am 4,6), empfand man als Strafe (Jer 5,17; Ez 4,16f); Überfluss an B. fasste man als Segen Gottes auf (Ps 37,25; 132,14; Spr 12,11). Nicht nur das leibliche, auch seelisches Leben deutete man unter dem Bild des B.es: Leiden = B. der Tränen und Asche (Ps 80,6; 102,10; Jes 30,20), Sünde = B. des Frevels (Spr 4,17), Faulheit = B. der Trägheit (Spr 31,27), Mühsal des Lebens = B. essen im Schweiße des Angesichtes (Gen 3,19), frohe Stimmung = B. der Freude (Koh 9,7).

B. diente dem Lebensunterhalt des einzelnen, war aber auch Zeichen der Gemeinschaft: B. mit jemand essen war Zeichen der Freundschaft (Ps 41,10), B. teilen war Zeichen der Gastfreundschaft (Gen 18,5), Ausdruck brüderl. Liebe (Jes 18,7; Ez 18,7.16; Tob 4,16) und wurde als Werk der Frömmigkeit angesehen. Normalerweise aß man gesäuertes B., ungesäuertes in Eile (Gen 19,3) oder zur Erntezeit (Rut 2,14); vor allem im → Kult hatte das ungesäuerte B. bes. Bedeutung: man kannte → Schaubrote im Tempel (1 Kön 7,48; 2 Chr 13,11) und B. als → Erstlingsgabe (Lev 23,17); ungesäuertes B. im Opferritual (Ex 23,18; 34,25); nach Ex 12,8.11.39 sollte die Verwendung beim → Pascha an den Auszug aus Ägypten erinnern. Dadurch, dass Gott sein Volk in der Wüste mit → Manna speiste, zeigte er ihm seine Führung. Bei den → Propheten wird B. vielfach gleichgesetzt mit dem → Wort Gottes (Am 8,11), mit dem messianischen Festmahl (Jes 55,1ff), mit der göttl. Weisheit (Spr 9,5).

Das NT spricht vom B. als alltägl. Nahrung (Mk 6,32–44 par; 8,1–10; 6,8; 7,27), als Wort Gottes in seiner Wichtigkeit für den Menschen (Mt 4,4), in Joh wird Christus bezeichnet als das Himmelsbrot (Joh 6,32f.48ff), als lebendiges B. (Joh 6,35.48), als wahres B. (Joh 6,32f); der Genuss dieses B.es ist Zeichen des Glaubens und wirkt das neue Leben im Menschen (Joh 6,51). → Mahl, → Abendmahl.

Brotbrechen → Abendmahl

Brotvermehrung Alle 4 → Evangelien berichten von einer B. (Mk 6,32–44; Mt 14,13–21; Lk 9,10–17; Joh 6,1–15). Mk und Mt noch von einer zweiten (Mk 8,1–10; Mt 15,32–29). Trotz einiger Unterschiede (Beispiel: heidn. Gebiet in Mk 8) dürfte es sich dabei um eine Wiederholung des bereits Berichteten handeln (Dublette), die sich schon vor der Niederschrift von Mk und Mt zur selbstständigen Erzählung ausgebildet hatte. Zur Deutung → Wunder: Jesus soll als neuer Spender des → Manna dargestellt werden. In Joh folgt auf die B. die „Brotrede“ (Joh 6,26–59), in der sich Jesus als „Brot des Lebens“ bezeichnet. Die Schilderungen der B. im NT sind vom liturg. Gebrauch der ältesten Kirche geprägt (→ Abendmahl); das griffen später christl. Liturgie und Kunst auf.

Bruder Bezeichnung für Sohn der gleichen Eltern (vgl. Gen 37,27) oder für andere männl. Verwandte; übertragen wird B. genannt: der Angehörige des eigenen Volkes (Lev 19,17; Dtn 15,3.12) im Gegensatz zum Fremden (Dtn 1,16; 15,3),

Freund (2 Sam 1,26), Amts-B. (2 Chr 31,15; Esra 6,20), die Schicksalsgemeinschaft mit Vertrauten (Gen 49,5; Ijob 30,29); B.schaft der Israeliten gründet in → Abraham (Joh 8,39), ist darum Volks- und Glaubensgemeinschaft; letztere ist nach dem NT kein Privileg Israels (Mt 3,9); durch die → Wiedergeburt wird die natürliche B.schaft zur übernatürlichen, die alle Menschen umfasst. B.-Liebe ist Kennzeichen der → Gotteskindschaft (1 Joh 3,11f → Liebe), Grund dafür der Erlösungstod Christi (Eph 2,13–18); Liebe zum Glaubens-B. ist vorrangig (Gal 6,10; 2 Petr 1,7), muss aber offen sein für brüderl. Liebe dem → Nächsten gegenüber (Lk 10,30–37).

Im Anschluss an das AT sind die Glaubenden die wahren Söhne Abrahams (Gal 3,7.29) und gegenseitig Brüder (vgl. z.B. Apg 2,29.37); die den → Willen Gottes tun, sind die wahren Brüder Christi (Mk 3,31–35 par). Die Dtn 15,7–11; Lev 19,18 geforderte Nächstenliebe dem Armen gegenüber wird erweitert: Man muss die Schwachheit des B.s ertragen (Röm 15,1). Die ntl. Botschaft ist nicht identisch mit organisierter Gemeinde; auch in der → Gemeinde sind falsche Brüder (Gal 2,4; 1 Kor 5,11; 2 Kor 11,26); B.schaft besteht nicht in Bindung an Menschen, sondern an Gott (1 Thess 1,4); wer am B. unrecht tut, wird auch an Christus schuldig (1 Kor 8,12).

Brüder des Herrn Im NT ist von Brüdern und Schwestern Jesu die Rede, z.B. Mk 6,3 par: „Ist dieser nicht der Zimmermann, der Sohn der Maria und der Bruder des Jakobus und Joses und Judas und Simon? Und sind nicht seine Schwestern hier bei uns?" Nach evangelischer Auffassung handelt es sich um leibliche Geschwister Jesu. Nach kath. Auffassung handelt es sich um Verwandte (Vettern) Jesu, da nach Mk 15,40 und Joh 19,25–27 die Mutter zweier dieser Brüder (Jakobus und Joses) als gleichnamige „Schwester" der Mutter Jesu bezeichnet wird.

Die B.d.H. spielen in der Urkirche eine bedeutende Rolle. Nach 1 Kor 15,7 hat → Jakobus (er ist von Jakobus, dem Sohn des Alphäus, z.B. Mt 10,3, zu unterscheiden) eine Erscheinung des Auferstandenen. Das NT kennt ihn als ersten Leiter der Urgemeinde von Jerusalem (Gal 1,19; 2,9; Apg 12,17; 15,13). Nach der altkirchlichen Tradition starb er den Märtyrertod. Jakobus war das Haupt des gesetzestreuen Judenchristentums, erkannte aber auch die Gesetzesfreiheit der paulinischen Heidenmission an. Nach urkirchlicher Tradition ist er der Verfasser des → Jakobusbriefes; ebenso wird der → Judasbrief dem gleichnamigen B.d.H. zugeschrieben. Nach 1 Kor 9,5 haben die B.d.H. in der Mission gewirkt.

Brunnen (= Grundwasser-B.) haben neben Quellen und Zisternen (= Regenwasser-B.) große Bedeutung im wasserarmen Palästina. Darauf weisen u.a. viele mit B. (*beer*) zusammengesetzte Ortsnamen hin wie Beerscheba, Beerot. Quell-B. werden „B. lebendigen Wassers" genannt, so im Gespräch Jesu mit der Samariterin am → Jakobsbrunnen (vgl. Joh 4,5). B. wird bildlich gebraucht für Gattin (Spr 5,15) und Geliebte (Hld 4,12–15).

Buch Im außerisr. und isr. Bereich: *Schicksalsbuch* oder „Schicksalstafeln": bereits bei der Schöpfung angelegt, schreibt Nebo im Auftrag des bab. Gottes → Marduk die menschl. Schicksale (→ Vorsehung) auf; ähnliches ist auch in → Ägypten bekannt. Auf dieses Wissen spielen an: Ps 139,16 und Jud 4. Die Unerforschlichkeit der Ratschlüsse Gottes erscheint in Offb 5,1ff unter dem Bild „das Buch mit den sieben Siegeln".

Gerichtsbuch: Besonders im AT in Dan 7,10; Jes 65,6; Jer 22,30; Mal 3,16 genannt als B., in dem die Sünden aufgeschrieben sind, ebenso Kol 2,14. Nach Offb 20,12 wird der Mensch nach den Werken, nicht nur nach Sünden allein, gerichtet.

Buch des Lebens: Nur in der HS bekannt; „einschreiben" in dieses Buch bedeutet Teilnahme am göttl. Leben (Offb 21,27); es ist Unterpfand der Rettung (Dan 12,1), Grund zur Freude (Lk 10,20), Lohn für die Verkündigung des Ev (Phil 4,3). Nach Offb 13,8; 17,8 sind nicht im B. des Lebens verzeichnet, die sich dem → Götzendienst verschreiben.

Buchrolle zur Aufzeichnung von Mitteilungen aus Papyrus (einer im Nildelta wachsenden Schilfstaude), auch aus Leder (in Ägypten für oft im Kult zu verwendende Texte benutzt); daneben kannte man Tontafeln und -scherben für kurze Mitteilungen (*Ostraka*), Steintafeln für Dokumente. In Pergamon gelang es in hellenist. Zeit, Tierhäute zu fast weißem Schreibmaterial zu veredeln (*Pergament*). Nur auf einer Seite in Kolumnen beschrieben, wurde die B. aufgerollt und versiegelt, in rabbinischer Zeit auf zwei Stäbe gewickelt (das Ende der B. war links); sie konnte bis 10 m lang sein, war etwa 25 cm hoch. In Israel benutzte man ebenfalls die verschiedenen Materialien: Ex 31,1; Dtn 27,2ff (Stein), Ez 2,9ff; 3,1ff (Leder), Jer 36,23 (Papyrus). In späthellenist. Zeit entstand der *Codex*, ein in Lagen gebundenes Buch, das zweiseitig beschrieben werden konnte. Von der B. übernahm man die textl. Aufteilung in Kolumnen; wichtige Texte schrieb man in Großbuchstaben (Majuskeln), anderer in kleiner Kursivschrift (Minuskeln). → Buchstabe, → Bibelhandschriften.

Buchstabe
1) Bei Paulus → Geist
2) Der B.n-Schrift gingen mehrere Silbenschriften voraus (z. B. echte Hieroglyphen), aber erst die B.n-Schrift kam mit weniger als 30 Zeichen aus. Im syr.-palästin. Raum wurde sie um 3000 v. C. (→ Babylonien) erfunden. Es gab mehrere B.n-Schriften nebeneinander (z. B. das phön. Alphabet, das Keilschriftalphabet von → Ugarit). Da sie z. T. noch nicht völlig entziffert wurden, konnte das letzte Wort über ihre Zusammenhänge und über das Verhältnis B.n-Schriften/Silbenschriften noch nicht gesprochen werden. Außerdem hängen die B.n-Schriften z. T. zusammen mit Abb. von Gegenständen, die mit dem betr. B.n beginnen. Die ältesten Zeugen der B.n-Schrift sind → Inschriften.
3) Von den verschiedenen Alphabeten setzte sich das phön. durch; aus einer seiner Formen entstand viell. das griech. (und daraus das lat. und alle späteren europ. Alphabete); erst hier werden regelmäßig auch die Vokale dargestellt.
4) In B.n waren die relig. und zivilisator. Schriften verfasst; außerdem galt das Schreiben in der Zeit, in der es nur wenige kannten, als Kunst voll göttl. und unheiml. Bedeutung. Dem entsprach, dass man B.n oft magischen Gehalt zubilligte (z. B. Alphabete als Schutzzauber).
B.n waren auch Zeichen für die Zahlen. Daran knüpfen sich viele Anspielungen in der HS, deren zahlensymbolischen (= gematrischen) Gehalt wir heute meist nicht mehr erkennen können.

Bürgschaft → Leihen

Buhlerin → Dirne

Bund Das Fremdwort „Testament" für B. ist missverständlich. Das betr. hebr. Wort *berit* bedeutet allg. „Vertrag". Er wurde geschlossen zw. einzelnen und Gruppen (1 Sam 18,3; Gen 26,28). Der „Alte B." bestand zw. Gott und dem Volk Israel (Sinai-B. Ex 19f; 24,32–34; → Zehn Gebote, vgl. Dtn 26). Umstritten ist, mit welchen Zwischenstufen dieser Bundesschluss vor sich ging und was er genau besagte. Nachträgl. wurde er in die Zeit der Patriarchen bzw. in die → Urgeschichte zurückprojiziert (Gen 9,9–17) und mit dem Gedanken der → Erwählung verbunden. Die Bundeseigenschaft Jahwes war seine → Treue zu einmal gegebenen Zusagen. Dieser B. wurde kultisch gefeiert (→ Kult, → Propheten); mit dem → Exil schien er zerbrochen (vgl. Ez 16,1–45), aber man darf auf einen „Neuen B." hoffen (vgl. Ez 16,59–63), da Gottes Zusagen bleiben (vgl. Jes 54,4–10). Die Sekte von → Qumran hatte kultische Formeln zur Bundeserneuerung. Andere Zweige der Überlieferung verstehen den B. nicht als Vertrag Gottes mit dem Volk, sondern als Geschenk Gottes (vgl. Gen 17; Bundeszeichen, z. B. → Sabbat, → Beschneidung).
Der „Alte B." ist mit Christus abgetan (2 Kor 3,15; vgl. Gal 4,24.26), ein „Neuer B." eröffnet (Abendmahlsberichte: Mk 14,24 par; 1 Kor 11,25; vgl. 2 Kor 3,6). Vor allem in Hebr wird gezeigt, wie der „Alte B." im neuen → Hohenpriester Christus überboten ist (vgl. z. B. Hebr

3,1–6; 7,11–28; 8,6; 9,15–24; 12,24). Eine Fortsetzung bzw. Ergänzung dieses B.es im „himmlischen Jerusalem" schaut der Verfasser der → Offenbarung des Johannes (Offb 21,3.7); → Blut Christi.

Bundesbuch Eine Gesetzessammlung (Ex 20,22–23,33). Sie wird so genannt, weil sie die Gesetze vom Bundesschluss herleitet (20,22) und mit den Verheißungen des Bundes schließt (23,20–33). In Vorschriften über den gottesdienstlichen Ort (20,23–26) und die Feste (23,12–19) sind Gebote für das tägl. Leben eingeschoben (21,1–23,11). Seine einzelnen Teile stammen aus verschiedenen Zeiten und sind z.T. wesentlich älter als das ganze B., gehen aber nicht direkt auf Mose zurück. Das ganze B. wurde wohl im 10. Jh. v.C. zusammengestellt.

Bundeslade Nach bibl. Berichten schon in der Wüste Kultgegenstand; sicher aber bei den kult. Feiern der Erinnerung an den → Auszug aus Ägypten bzw. an die → Landnahme (vgl. Jos 3f; 6). Die B. wird in alten Berichten nicht auf die vorkanaanäische Zeit zurückgeführt. Umstritten ist, wie diese B. aussah, ob es urspr. mehrere Laden gab und mit welchen Geräten fremder Religionen sie verglichen werden kann. Erst im → Exil entstand die Schilderung Ex 25,10–22, 37,1–9, beeinflusst von Erinnerungen an den vergangenen Kult im Tempel Salomos. Man kann also nicht bedenkenlos die dort gegebene Beschreibung in die Wüstenzeit zurückprojizieren oder einfach nach ihr die B. rekonstruieren. Sie wird dargestellt als Kasten aus golddüberzogenem Akazienholz mit Tragstangen und Cheruben (→ Cherub). In der → deuteronomischen Überlieferung wird nicht ihr Aussehen beschrieben, sondern die B. als Aufbewahrungsort der Tafeln mit den Zehn Geboten dargestellt (Dtn 10,1–5) sowie als Mittelpunkt der Gesetzgebung des → Bundes (vgl. z.B. Dtn 10,8; 31,26). Jahwe teilte von ihrer Deckplatte aus seine Weisungen mit (Ex 25,12).
Die B. gilt als sichtbares Zeichen für Gottes Gegenwart (vgl. Num 10,35; 1 Sam 4,7; 1 Kön 8,11), vor allem für die sein Volk im Kampf begleitende Macht (vgl. z.B. Num 10,33–36), und wird mit relig. Scheu behandelt (vgl. 2 Sam 6,7; später entstand Num 4,5f.15); fraglich ist, ob die B. seit der Zeit der → Richter als Fußschemel bzw. (?) Thron Jahwes „über den Cheruben" betrachtet wurde (vgl. z.B. 2 Sam 6,2; 2 Kön 19,15; Ps 19,5; → Schilo).
Nicht nur aus Frömmigkeit, sondern auch aus polit. Geschick (Ideologie des Zentralismus!) überführt David die B. in das neueroberte → Jerusalem (2 Sam 6), wo sie 587 v.C. mit dem Tempel zerstört wird. Zwiespältig ist die Reaktion darauf: Einerseits ist davon die Rede, dass man sie nicht vermissen werde (schon Jer 3,16), andererseits gilt sie als versteckt bis zur Heilszeit (2 Makk 2,4–8, dann Offb 11,19). Erst im → Exil wurde die Überlieferung geformt, in der die *Deckplatte* („Versöhnungsplatte", „Sühnedekkel") beschrieben wird (Ex 25,17–24; 37,6–9). Sie (nicht die B.) spielt eine Rolle im Versöhnungsritual von Lev 16.

Burg → Antonia, → Machärus, → Stadt

Buße → Umkehr

Bußpsalmen heißen seit dem christl. Altertum Ps 6; 32; 38; 51 (*Miserere*); 102; 130 (*De profundis*); 143. Die Bezeichnung ‚B." besagt nicht, dass es außer diesen 7 Ps keine Bußlieder gebe (→ Psalmen).

Byblos (hebr. *Gebal*, urspr. *gublu*, heute *dschebēl*) Eine der ältesten Siedlungen an der phön. Küste, 39 km n von Beirut. Siedlungsbeginn um 5000 v.C. Im 4. Jt. v.C. wirtschaftl. und religiöser Mittelpunkt: Handelsbeziehungen (Export von Zedernholz, Öl und Kupfer; später auch Import und Verarbeitung von → Papyrus) mit Ägypten.
Götter: Baalat, Gebal („Herrin von Byblos") und Reschef (→ Baal); ihnen werden im 3. Jt. Tempel errichtet.
Um 2000 v.C. wird B. von den semit. → Amoritern erobert, zw. 1785 und 1580 v.C. von → Hyksos besetzt, danach äg. Protektorat. In der Amarnazeit (14. Jh. v.C.; → Amarna) bittet *Rib-addi* die Ägypter um Hilfe. In die Periode phön. Unabhängigkeit gehören: der Reisebericht des *Wen-Amun*, der in B. Holz für die Götterbarke des Amun kaufen will, und

1 Kön 5,15–32, wo Gebaliter bzw. Leute aus Gebal bei der Zubereitung des Baumaterials für den Tempel mithelfen. Gebaliter sind sonst nur noch Jos 13,5, die Stadt Gebal ist nur Ez 27,9 erwähnt. – Um 1000 v.C. regiert König Achiram. Sein Sarkophag trägt die älteste Inschrift in phön. → Buchstaben. Im 8. Jh. kommt B. unter assyr.-bab., 537 v.C. unter pers. Herrschaft. Im Dienste des Xerxes kämpfen phön. Schiffe in der Seeschlacht von Salamis. Die wirtschaftl. Bedeutung sinkt mit der Abnahme der Holzausfuhr; ein relig. Zentrum ist B. noch in röm. Zeit mit jährl. Feiern zu Ehren des Adonis.
Wie der griech. Name B. mit *biblion* oder *biblia* = Buch („Bibel") zusammenhängt, ist unklar.

C

Cäsarea („die Kaiserliche") Name mehrerer Städte, in der HS:
1) C. Antiochia → Antiochia
2) C. Palaestinae, C. Stratonis (*kēsārī*), etwa 30 km s von Haifa. 20–9 v.C. durch → Herodes d.Ä. beim Ort Stratonsturm zu Ehren des Kaisers Augustus erbaut. Bedeutendste Hafenstadt Palästinas. 6 n.C. Sitz der röm. Landpfleger (Bauinschrift des Pontius → Pilatus). Hier taufte → Petrus den → Kornelius (Apg 10), saß Paulus unter → Felix und → Festus zwei Jahre in Untersuchungshaft (vgl. Apg 23–25).
3) C. Philippi, am Fuß des Hermon und an den Jordanquellen, hieß urspr. *Paneion*. Von → Herodes Philippus 3 v.C. als Residenz ausgebaut, zu Ehren des Augustus und des Gründers C. Ph. genannt. Hierher verlegen die → synoptischen Evv das Messiasbekenntnis des Petrus (Mk 8,27–30; Mt 16,13–20; → Messias).

Cedron → Kidron

Chabiru (richtiger, jedoch seltener: *'apiru*) Soziale Klasse, seit Beginn des 2. Jt. v.C. in Vorderasien und Ägypten: Gruppen bzw. Horden, Schutzsuchende, Zwangsarbeiter, niedrige Söldner u.a. Die C. waren wohl kein einheitl. Volk; sie werden bezeugt z.B. durch Texte aus → Mari, durch → Amarna-Briefe, durch Tontafeln von → Nuzu. Wie man mit C. den Ausdruck → „Hebräer" verbinden kann, ist umstritten.

Chaldäer (hebr. *kasdīm*) Viell. ostaram. Stämme, die (schließl. mit Erfolg) → Babylonien bedrängten. Erst in Jdt 5,6 werden auch die „Israeliten" als Nachkommen der C. bezeichnet; vermutlich hängt diese Vorstellung damit zusammen, dass nach später Tradition → Abraham aus → Ur in Chaldäa stamme (vgl. Gen 11,28).
In Dan 2,2 u.ö. ist C. Bezeichnung für Wahrsager usw., in älterer wissenschaftl. Literatur bedeutet chaldäisch: aramäisch (vgl. Dan 2,4).

Chalzedon → Edelstein

Chanukka → Tempelweihefest

Chaos Urzustand in verschiedenen außerbibl. Berichten vor der → Schöpfung (diese z.T. als „C.-Kampf" zw. Gottheit und C-Untier vorgestellt. Der Verfasser von Gen 1,1–2,4a geht von der bestehenden Welt aus und betrachtet jeweils verschiedene Dinge als „noch nicht geschaffen". So kommt er schließlich auf eine Art von C. als Anfangszustand (Tohuwabohu, *tehom:* Gen 1,2). Man kann bei diesem Verfahren keine Antwort auf die Frage erwarten, wie der Zustand der Schöpfung „vor" dem Licht von Gen 1,3 genau gewesen sei.

Charisma („Geschenk") Art und Weise, wie Gottes → Geist zum Nutzen der Gemeinden in Einzelpersönlichkeiten wirkt. Für die messianische Zeit sind reiche Geistesgaben verheißen (z.B. Joel 3,1f). Sie werden jedem Christen durch die → Taufe zuteil, müssen also nicht außerordentliche und sensationelle Erscheinungen sein, wie das in der Urkirche z.T. der Fall zu sein schien (z.B. Apg 2,4; → Zungenreden), bauen auf natürl. Fähigkeiten des einzelnen auf, sind der Liebe untergeordnet (1 Kor 12,26–13,13) und nicht Privatoffenbarungen, sondern danach zu beurteilen, inwieweit sie der ganzen → Gemeinde dienen. Je mehr man das kirchl. Amt als *Dienst* an der Gemeinde versteht, desto weniger kann man einen Gegensatz zw. C. und Amt konstruieren.

Chasidäer (Asidäer) Relig. Gruppe des Judentums (strengste Gesetzesbeobachtung, Gegner des → Hellenismus), unterstützten den Makkabäer → Judas, wahrscheinl. Vorläufer der → Pharisäer und → Essener (→ Qumran).

Cherub → Kerub

Chiliasmus (griech. chilioi = tausend; lat. Ausdruck für C.: Millenarismus) Vorstellung von einer tausendjährigen Herrschaft Christi und seiner Getreuen auf

Erden noch vor dem Tag des Gerichts (nach Offb 20,1–6), bereits in den ersten Jh. vertreten (z.B. von Justin, Tertullian, Irenäus) und scharf bekämpft (z.B.: von Origenes, Hieronymus, Augustinus), wird heute fast nur von einigen Sekten gepredigt. Der C. wird der Tatsache nicht gerecht, dass vieles in Offb (gerade die Zahlen) symbolisch gemeint ist (1000 = 10 x 10 x 10 : Vollkommenheit) und dass Offb kein Kalender der Zukunft ist, wo ein Vorgang nach dem anderen geschildert wäre. In Offb wird unter neuen Bildern immer wieder dasselbe verkündet: Gott siegt, auch wenn sich der Trotz seiner Gegner nicht brechen lässt.

Chios Insel im Ägäischen Meer w Smyrnas. Erwähnt in Apg 20,15.

Chirbet Qumran → Qumran

Chorazin (*chirbet kerāze*) Stadt 3 km n des Sees Gennesareth. Vom Wirken Jesu in C. erfahren wir aus Mt 11,21ff par, wo die Stadt mit → Betsaida und → Kafarnaum verflucht wird. Reste der Synagoge und der Wohnhäuser sind ausgegraben.

Christen Anhänger Jesu als des → Christus. Der Ausdruck „C." stammt weder von den Juden (die in Jesus nicht den echten „Christus" sahen) noch von den C. selbst (die sich z.B. als Heilige, Brüder, Jünger bezeichnen), sondern von Heiden (Beamten?). Diese bezeichneten damit die Sekte der Christusanhänger, nach Apg 11,26 zuerst in → Antiochia. Im NT steht C. sonst nur noch Apg 26,28 und 1 Petr 4,16; in der nachbibl. Literatur ist es sehr häufig.

Christliche Zeitrechnung → Zeitrechnung

Christus war urspr. nicht Name, sondern Titel: C. = → Messias (aus aram. *meschīḥā*) = der (erwartete) Gesalbte. Daraus erklärt sich, dass im NT mehrfach von *dem* C. die Rede ist (z.B. Mt 2,4; Mk 8,29 par; 1 Joh 2,22).

Jesus C. war zunächst eine Bekenntnisformel („Jesus ist der Messias"), wurde aber schon im NT zum Eigennamen (vgl. z.B. Mt 16,21; → Jesus).

In der wissenschaftl. Literatur wird häufig die Bezeichnung C. nur für den erhöhten C. gebraucht, im Unterschied von „Jesus" für den „irdischen Jesus". Man darf allerdings nicht annehmen, dass jeder, der diesen Unterschied macht, eine Verbindung zw. „irdischem Jesus" und „Christus des Glaubens" mehr oder weniger ablehne.

In der Formel „durch C." o.Ä. (viell. durch die Liturgie mitgeprägt; vgl. 2 Kor 5,18; 1 Thess 5,9; Röm 7,25) gehen mehrere Gedankengänge ineinander: Erstens der Gedanke des Anschlusses an den C., der das Heil brachte, zweitens die Verbindung mit C., wie er heute noch fortwirkt (→ Erhöhung Jesu; vgl. Röm 5,1f), drittens der Gedanke, dass Gott schon vor der Existenz der Welt durch C. handelte (vgl. 1 Kor 8,6) und dass auch ihr Ende unter seinem Zeichen steht (vgl. Röm 2,16).

Gesondert müssen die „Mit-C.-Aussagen" der Hauptbriefe von Paulus betrachtet werden: einige betreffen die Endvollendung (z.B. die Vereinigung des Menschen mit C. nach dem → Tod; vgl. Röm 6,8; 1 Thess 4,14; 2 Kor 4,14; 13,4), andere die Angleichung an das Schicksal Jesu Christi (vgl. z.B. Röm 6,6), andere wieder betreffen die → Taufe. Ein einfaches Schema, unter das alle diese Aussagen passen, lässt sich nicht erstellen.

Chronik Name zweier atl. Bücher, die *ein* Werk darstellen und einen Überblick geben wollen über die Geschichte seit → Adam. Die Zeit bis David wird fast nur in Form v. Geschlechtsregistern behandelt (1 Chr 1–9; aber z.B. 1 Chr 4,38–43). Daran schließen sich ausführl. Berichte über David (1 Chr 10–29), Salomo (2 Chr 1–9) und die folgende Könige im → Südreich Juda (2 Chr 10–36; das → Nordreich Israel bleibt fast unerwähnt). Diese Berichte wollen hervorheben, dass Gott von kleinen Anfängen zu einem Reich führte, dessen König von Gott allein Macht, Recht und Erfolg hat, dessen Ideal das Großreich Davids ist und dessen relig. Zentrum der Tempelkult in Jerusalem sein soll. Die Katastrophe der Zerstörung dieses Tempels hat die letzte Ursache darin, dass König und Volk Gottes Ansprüchen nicht nachkamen. Dieser Tendenz entspricht, dass mit dem Kult zusammenhängende Dinge idealisiert (vgl. z.B. den Kaufpreis der Tenne des

Arauna in 2 Sam 24,24 und 1 Chr 21,25) und Könige nach ihrem Verhalten zum Jerusalemer Kult gewertet werden. Der Verfasser nennt of andere Werke, in denen noch mehr zu lesen sei (vgl. z.B. 2 Chr 26,22; 27,7), und hat sie wohl auch als Quellen benutzt; enge Beziehungen bestehen zu den Berichten in 1/2 Sam und 1/2 Kön: Der Text wurde teilweise wörtl. übernommen; nur wenige der allein in den Büchern der C. gebotenen Notizen geben histor. Erinnerungen weiter.
Vermutl. stammen vom Verfasser der C. auch die Bücher → Esra und → Nehemia (ähnl. Tendenzen). Er hätte dann in seinem „Chronistischen Geschichtswerk" den Weg von Adam zur Jerusalemer Kultgemeinde und ihrem Untergang dargestellt, bis zur Erneuerung von Kult und Gesetzesbeobachtung unter Esra und Nehemia. Die Abfassungszeit der C.-Bücher ist sehr umstritten; die Annahmen reichen von 400 – 350 v.C. bis Anfang des 3. Jh. v.C. Später wurde das Werk erneut an einigen Stellen überarbeitet.

Chronologie → Zeitrechnung, biblische

Chrysolith → Edelstein

Chrysopras → Edelstein

Cilicien → Zilizien

Claudius (voller Name: Tiberius C. Drusus Nero Germanicus) Röm. Kaiser (41–54 n.C.), unter dessen Regierung nach der Weissagung des → Agabus eine große Hungersnot eintreten sollte (Apg 11,28). Nach Apg 18,2 habe C. alle Juden wegen Unruhen („impulsore Chresto") aus Rom ausgewiesen; daher seien auch → Aquila und Priszilla nach Korinth gezogen.

Claudius

Codex Bezeichnung für das antike Buch im Gegensatz zur Schriftrolle. → Bibelhandschriften.

Codex argenteus („silbernes Buch") Hs mit Silberbuchstaben; Codex aureus = Hs mit Goldbuchstaben, Codex purpureus = Buch mit purpurgetränkten Pergamentseiten. Ohne Rücksicht auf diese Unterscheidung werden einzelne Prunkhss missverständlich schlechthin als C.a. bezeichnet, z.B. die Hs der ostgotischen → Bibelübersetzung des Wulfila (jetzt: Univ.-Bibl. Uppsala/Schweden).

Codex rescriptus → Palimpsest

Cölesyrien →Zölesyrien

Cornelius → Kornelius

Cypern → Zypern

Cyrene → Kyrene

Cyrus → Kyrus

D

Dach Allgemein gebräuchlich als flaches D., wurde hergestellt aus einer Lage Balken, die auf den Wänden oder in Wänden eingelassenen Querbalken ruhten, darüber schichtete man Hölzer und Reisig; das Ganze wurde mit Lehm verfestigt; jedes D. musste mit einer Brüstung versehen sein (Dtn 22,8).
Als bevorzugter Platz des Hauses war es der Bereich, in dem sich menschl. Leben abspielte; war Aufenthaltsort (Ri 16,27; 2 Sam 11,2), diente Gästen zur Beherbergung (1 Sam 9,25); auf dem D. errichtete man Altäre für den Götzendienst (2 Kön 23,12), betete Sterne an (Zef 1,5), baute Laubhütten zum → Laubhüttenfest (Neh 8,16), sang Klagelieder (Jer 48,38). Um auf sich aufmerksam zu machen, ging → Abschalom auf dem D. seines Hauses zu den Nebenfrauen → Davids (2 Sam 16,22). D war auch Stätte der Besinnung und des Gebetes (Apg 10,9).

Dämonen Nach griech. Auffassung Wesen mit gottähnl. Kräften, die dem Menschen teils in guter, teils in schlechter Absicht begegnen; entstanden ist diese Anschauung wohl durch die Erfahrung der Ohnmacht vor den Naturgewalten (Feuer, Erde, Luft, Wasser; auch Sonne, Mond), die personifiziert und als Götter betrachtet wurden. Durch magische Beschwörungen, kultische Feiern und peinlich genaue Erfüllung ritueller Vorschriften sowie heiliger Tage und Festzeiten suchte man die D. zu beherrschen.
Das AT kennt dämonische Vorstellungen, vermeidet aber dualistische Gleichsetzung mit Jahwe.
Das NT weiß ebenso um die D., vor allem bei den → synoptischen Evv; sie werden aber nur im Blick auf Jesu Sendung genannt: auf sie werden zurückgeführt → Besessenheit (z.B. Mk 5,1–13), Krankheit (z.B. Mt 9,32; 12,22; Mk 9,17.25), wie überhaupt die zerstörerische Macht des Bösen, dargestellt in → Teufel oder → Beelzebul (vgl. Lk 11,15). Jesus erscheint als Überwinder der D. (Mk 1,32f par); in ihm wird die Königsherrschaft Gottes aufgerichtet (Mt 12,28 par), das Reich Satans zerstört. In johanneischer Sicht erscheinen D. unter → „Welt" (Joh 12,31; 14,30; 16,11; 1 Joh 4,4), die der Welt Gottes gegenübersteht sowie → „Fleisch" (Joh 3,6; 8,15) und – „Finsternis" (Joh 1,5; 12,35); D. werden überwunden durch Christus (Joh 12,46); nach Joh 3,3; 8,12 ist das auch dem Glaubenden möglich. Paulus spricht von D. unter den Begriffen „Mächte", „Gewalten", „Weltelemente" (Kol 2,8.20ff), „Welt" (1 Kor 2,6; 2 Kor 4,4), „böse Weltzeit" (Gal 1,4), weiß um die Furcht vor dämonischen Einflüssen, weist aber darauf hin, dass der Christ den „Weltelementen" abgestorben ist; D. können ihm nicht mehr schaden, da er Teil der neuen → Schöpfung ist (1 Kor 8,6), warnt vor überängstl. Verhalten der Welt gegenüber, mahnt aber, sich nicht an die Welt zu verlieren; er betont: der Dienst Gottes befreit den Menschen von heidnischer Haltung. Jedes von magischem Denken beeinflusste Verhalten wird abgelehnt und als Unglaube verworfen (Kol 2,18–22).

Dagon Gott Vorderasiens, verehrt in Babylonien, Assyrien, Phönizien und Palästina. Im AT Gott der Philister (Ri 16,23; 1 Sam 5,1–5; 1 Chr 10,10). Der Name D. hängt nicht mit hebr. *dag* (Fisch) zusammen, obwohl D. in der Synagoge von Dura-Europos mit einem Fischschwanz dargestellt wird, sondern viell. mit *dagan* (Getreide, Korn).

Dalmanuta Unbekanntes Gebiet am See Gennesaret, wohin sich Jesus nach der zweiten → Brotvermehrung zurückzog (Mk 8,10). Die Mt.-Parallele und ein Teil der Textzeugen in Mk haben Magdala, Magadan o.Ä.

Dalmatien Röm. Provinz (seit ca. 10 n.C.) auf dem Balkan; nach 2 Tim 4,10

Damaskus, Gerade Straße (Apg 9,11)

Hof der Omaijadenmoschee, wo einst der Tempel Hadad-Rimmons stand.

reiste Titus dorthin. Umstritten ist, ob „Illyrien“ in Röm 15,19 nicht auch D. bezeichnete.

Damaskus Bedeutende Handelsstadt in fruchtbarer, wasserreicher Ebene, an wichtigen Karawanenstraßen. Kultort des → Hadad-Rimmon (2 Kön 5,18). Zur Zeit Davids Hauptstadt eines Staates der → Aramäer. Danach kommt es zu vielen kriegerischen und friedlichen Begegnungen mit Israel. – Tiglat-Pileser III. erobert die Stadt 732 v.C., die Römer 64 v.C. D. wird Glied der → Dekapolis. In ntl. Zeit besteht in D. eine starke jüdische, sehr früh auch eine christl. Gemeinde. Sie wird wichtig für → Paulus (Apg 9).

Damaskusschrift (Abkürzung meist: CD) 1896 in der Geniza (Abstellraum) einer Synagoge in Kairo gefunden, 1910 ediert. Hss-Fragmente (9.–10. und 11.–12. Jh., der Text entstand aber wohl zw. 50 v.C. und 68 n.C.). Fragmente ähnl. Inhalts wurden in → Qumran gefunden; auch die D. dürfte mit der Qumran-Bewegung zusammenhängen. Viell. bedeutet „Damaskus“ in der D.: Qumran.

Dan Kleiner isr. Stamm, der seinen Ursprung herleitet von D., dem „Sohn“ → Jakobs und der Bilha (Gen 30,6); überfällt nach Ri 18 Laijisch (Leschem) im Quellgebiet des → Jordan und nennt es D. (Jos 19,47). Die alte Kultstätte wird unter → Jerobeam I. Reichsheiligtum (Ri 18,27–29; 1 Kön 12,29; 2 Kön 10,29; Am 8,14). D. bezeichnet im Ausdruck „von D. bis Beerscheba“ den nördlichsten Punkt isr. Siedlungsgebiets.

Daniel („Gott richtet“) Personenname, vor allem: → Hauptperson in → Daniel (Buch), junger jüd. Verbannter, der unter dem Namen Beltschazzar (Dan 1,7) am bab. Hof lebt, trotz Prüfungen seinem Glauben treu bleibt, Träume auslegen, geheimnisvolle Schriften lesen kann und Visionen hat.

Daniel (Buch) Nach seiner Hauptperson benanntes atl. Buch: Dan 1–6 (in sich uneinheitlich) schildert D.s und seiner Gefährten Erlebnisse am bab. Hof, Dan 7–12 (meist in Form eines Ich-Berichtes) D.s vier Visionen, Dan 13f die Geschichten v. Susanna, Bel, dem Drachen (Dan

13f ist nur griech. überliefert, ebenso der Gesang der drei Männer im Feuerofen in Dan 3,52–90; → Kanon).

In seiner Endgestalt stammt der größte Teil des Buches wohl aus der Zeit um 165 v. C.: Der Verfasser wollte den Glauben an den herrschenden und rettenden Gott Israels stärken in einer Zeit der Zurückdrängung des Judentums (→ Hellenismus) z. Z. Antiochus IV. Epiphanes (175–163 v. C.). Mit dieser Absicht schildert er als Beispiel das Leben eines jüd. Emigranten, der treu dem Gesetz lebt und die Gegner des Judentums immer wieder überwindet. Er bietet einen Rückblick, der immer mehr Einzelheiten enthält, je näher man der Zeit des Verfassers kommt; je weiter er in die Vergangenheit zurückgreift, desto häufiger enthält sein Bericht legendenhafte Züge. Von Interesse sind u. a. die präzisen Beamtentitel Dan 3,2f. Die Frage nach der Historizität ist für sein Gesamtthema aber völlig sekundär. Im apokalypt. Teil (Dan 7–12) zeigt Dan in versch. Bildern (wichtig auch für Offb), dass trotz harter Auseinandersetzungen und Wehen doch Gott Sieger war und bleibt (→ Menschensohn; → Engel). Dan 12,2f ist die älteste deutliche Erwähnung eines Auferstehungsglaubens im AT. Zum apokalypt. Stil passt seine Zahlenspekulation (Dan 9,1–3.24–27).

Die 4 Reiche von Dan 2 bedeuten entweder das assyr. (bzw. neubab.), medische, pers., griech.-hellenistische oder das assyr. (neubab.), medisch/pers., das Reich Alexanders d. Gr. und das Seleukidenreich. Jedenfalls geht der Horizont des Verfassers nicht über die polit. Verhältnisse seiner Zeit hinaus.

Die in Dan 13f. (Zusätze zu Dan) überlieferten Geschichten (verbreitete Motive, wie: Susannageschichte – verleumdete Frau, junger weiser Richter, Bel- und Drachengeschichte – Züge aus der Habakuklegende, Fußspuren als Indizien) gehen auf semit. Vorlagen zurück, wenn sie auch nur griech. überliefert sind. Mit dem übrigen D. stehen sie nur lose in Verbindung; ihre Entstehungszeit ist unbekannt.

Dank Da das AT im Hebr. kein eigenes Wort für „danken“ kennt, wird es umschrieben mit „loben“ und „preisen“.

D. geschieht durch Opfer (vgl. Am 4,5; Jer 17,26; 22,11) und durch Danklieder (Ps 48; 66; 118; 124). In späteren Büchern der → Septuaginta erscheinen für D. die Begriffe *eucharistia* und *eucharistein* (Jdt 8,25; Est 8,12; 2 Makk 1,11; 2,27; Weish 18,2), ebenso im NT bei Lukas, Paulus und Johannes. Jesus dankt seinem Vater, indem er ihn preist (Mt 11,25; Lk 10,21); Gott preisen auch → Maria (Lk 1,46–55) und → Zacharias (Lk 1,68). Dem D. als grundlegend religiösem Akt (Lk 17,18;: Heilung eines Samariters) wird das zur Form erstarrte D.gebet gegenübergestellt (Lk 18,11; Pharisäer im Tempel), das nur zur Selbstgerechtigkeit führt.

Vorherrschend ist Gesinnung des D.s bei → Paulus; seine Briefeinleitungen sind voll des D.es an Gott für sein Wirken im Leben der Gemeinden (z. B. Röm 1,8f; 1 Kor 1,4–6). D. wird in 1 Thess 5,18 ausdrücklich als Wille Gottes bezeichnet und als Zeichen der Frömmigkeit gewertet (vgl. Röm 1,21), ist Antwort des Menschen auf Gottes → Gnade (2 Kor 4,15; 1,11), Undankbarkeit wird Kennzeichen der letzten Zeiten sein (2 Tim 3,2).

D.gebet ist Merkmal christl. Existenz; weil das Leben des Christen reich an Gnade ist (2 Kor 9,14; Phil 9,14; Eph 2,7; 3,19), soll es reich an D. sein (Kol 2,7). D. wird zum Motiv sittl. Handelns in Wohltätigkeit (2 Kor 9,11), Heiligung des alltägl. Lebens (Kol 3,17), Heiligung der Gaben Gottes im Tischgebet (1 Tim 4,3ff), führt so zur Verherrlichung Gottes (1 Kor 10,30f).

D. soll vornehmlich im → Kult geschehen (1 Kor 14,6f; Eph 5,20; Kol 1,12; 3,17; 1 Tim 2,1) durch verschiedene Formen von Lobgesängen (Eph 5,19f; Kol 3,16) und in der Bestätigung durch das → „Amen“ vonseiten der Gemeinde (1 Kor 14,16f); durch Christus als Vermittler wird unser Dank dem Vater ausgesprochen (Röm 1,8; Eph 5,20). Durch die kult. Feier des D.es wurden die eucharist. Einsetzungsberichte (Mk 14,23 par; 1 Kor 11,24) sowie die Brotvermehrungsberichte (Mk 6,41 par; 8,6f; Mt 15,36; Joh

6,11.23) geprägt. Die Feier des → Abendmahls ist diejenige Form des D.es, bei der die Gemeinden glauben, dass Gott selbst eine unmittelbare Antwort gibt.
D.gebete sind an Gott gerichtet (1 Kor 1,4; 1 Thess 1,2; 2,13), für die eigene Person (1 Tim 1,12), mehr jedoch für die Gemeinde (Phil 1,3; Eph 1,16; 1 Kor 1,4; Röm 1,8). D.gebet wird das Gebet des neuen Äons (Offb 4,9; 7,12; 11,17).

Dankopfer → Opfer

Darius Name dreier pers. Großkönige:
1) D.I. d.Gr. (522–486 v.C.) sicherte seine Herrschaft durch Überwindung aufständ. Bewegungen, organisierte das Reich (Einteilung in Satrapien), ließ Kanäle und Straßen bauen, sorge für eine straffe Verwaltung, erlaubte die Weiterführung der Bauarbeiten am → Tempel (vgl. Esra 4, 24–6,15), konnte die Niederlage seiner Armee v. Marathon (490 v.C.) nicht mehr rächen, da er vorher starb.
2) D.II. (424–405 v.C.) in Neh 12,22 erwähnt.
3) D.III. (336–330 v.C.), der letzte pers. Großkönig, von Alexander d.Gr. geschlagen (vgl. 1 Makk 1,1; Issos 333 v.C., Gaugamela 331 v.C.) und von einem seiner Satrapen ermordet.

Darstellung Jesu im Tempel → Erstgeborener

Datan → Abiram

David („der Geliebte"?) König von Israel und Juda (etwa 1012–972 v.C.), jüngster Sohn des → Isai aus → Betlehem in Juda. Über seinen Aufstieg zum Königtum überliefert 1 Sam 16 – 2 Sam 2 verschiedene Berichte. D. kommt als Zitherspieler und Waffenträger an den Hof → Sauls. Er gewinnt Ansehen beim Volk und die Freundschaft → Jonatans. Saul sieht in ihm einen Gegenspieler. D. muss fliehen. In der Wüste sammelt er eine Söldnertruppe, wird Vasall der → Philister. Nach Sauls Tod wird D. in → Hebron König über → Juda, nach einer Zeit des Bürgerkriegs auch über Israel (2 Sam 2,8–5,5). Das von ihm eroberte → Jerusalem wird politischer und religiöser Mittelpunkt des Staates. Er schafft aus dem Zwölfstämmevolk eine Nation, erweitert sein Reich und erobert Gebiete der Philister, Moabiter,

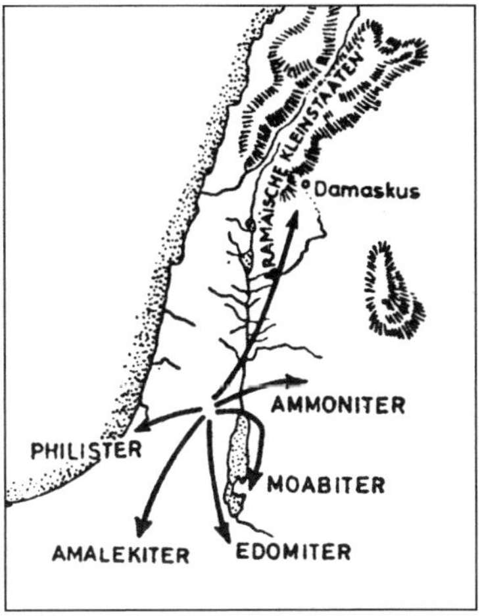

Davids Kriegszüge nach den beiden Samuelbüchern

Ammoniter und Edomiter. Noch zu seinen Lebzeiten beginnt der Kampf um seine Nachfolge (2 Sam 13; 15–19,9; 1 Kön 1–2), den → Salomo gewinnt. Die Auseinandersetzungen in seiner Familie, seine Vergehen gegen → Batseba und → Urija überschatten sein Bild. Der von ihm geschaffene einzige Großstaat in Palästina bleibt das Ideal der Israeliten. Schon die → Chronik idealisiert D. und sein Werk. Mit der Gestalt D.s wird die Hoffnung auf den → Messias verbunden. D. soll das Klagelied auf Saul und Jonatan (2 Sam 1,19–27) und etwa die Hälfte der → Psalmen gedichtet haben.

Davidsgrab Befindet sich nach 1 Kön 2,10; Neh 3,16 und Apg 2,29 in Jerusalem. Es wird mit guten Gründen auf dem Hügel im SO vermutet. Das von den Juden auf dem Westhügel verehrte Grab ist unecht.

Debir („hinten") Name, z.B.:
1) Nach Jos 10,3 Name eines Königs von Eglon.
2) Stadt im → Negeb, bei Hebron, genaue Lage nicht feststellbar. Früher: Kirjat-Sefer („Bücherstadt"): Jos 15,15; Ri 1,11. Eroberung durch Otniël. Nach Jos 2,115 und 1 Chr 6,43 Asylstadt.

3) In Jos 15,7 Grenzstadt zw. Juda u. Benjamin.

Debora („Biene")
1) Amme Rebekkas (Gen 24,59; 35,8).
2) Richterin (→ Richter) und Prophetin in Efraim. Im Namen Gottes fordert sie → Barak auf, mit Kriegern aus → Naftali und → Sebulon gegen → Sisera zu ziehen. Die Schlacht besingt eines der ältesten Siegeslieder, das Deboralied (Ri 5). Sein unbekannter Verfasser hat dieses frühe Zeugnis isr. Dichtung unter dem Eindruck des Kampfes geschrieben (um 1120 v. C.).

Dekalog → Zehn Gebote

Dekapolis („Zehnstadt-Gebiet") Verband von urspr. 10 Städten (außer Skythopolis = Bet-Schean ostjordanisch) mit vorwiegend hellenist. (→ Hellenismus) Bevölkerung, griech. Zivilisation, eigener Verwaltung unter röm. Oberhoheit, galt als heidn. Fremdkörper im Land. Die Zahl der zugehörigen Städte wechselte (Versuche der umgebenden Staatswesen, Teile der D. sich selbst einzugliedern!). Im NT wird die D. erwähnt (Mk 5,10; 7,31; Mt 4,25).

Delila („herabwallende Locke") In der volkstümlichen Erzählung Ri 16,4–22 Geliebte → Simsons.

Demas (griech. Bedeutung unsicher) Mitarbeiter des Apostels Paulus (Kol 4,14; Phlm 24); viell. identisch mit dem D., der nach 2 Tim 4,10 Paulus verließ, „weil er die Welt lieb gewann".

Demetrius („der Demeter geweiht") Personenname, z. B.:
1) D.I. *Soter* (162–150 v. C.) Seleukidenkönig, ermordete seinen Vorgänger, setzte → Alkimus gewaltsam als Hohenpriester ein, kämpfte zeitweise gegen die → Makkabäer (1 Makk 7,1–10,50; 2 Makk 14,1–10).
2) D.II. *Nikator* 149/8–146 v. C.; 130–124 in parthischer Gefangenschaft) Seleukidenkönig. Schwächling; wurde von Alexander Sabinas ermordet. Vergebl. Konzessionen gegenüber den Makkabäern (1 Makk 10,67–14,3).
3) D., Silberschmied in Ephesus. Organisiert nach Apg 19,23–40 Aufstand gegen Paulus zur Rettung seines Gewerbes.

Demut Ihr Verständnis im AT erwuchs aus dem Wissen der Befreiung des Volkes aus Niedrigkeit, Bedrückung und Elend (Dtn 26,7): das Elend (= Niedrigkeit, = D.) des Volkes ist Gott immer gegenwärtig; er hilft, wenn das Volk zu ihm ruft (1 Sam 2,1–10; 9,16; 2 Sam 16,12; 2 Kön 14,26f).
Die Armen, Bedrängten, Geringen, Schwachen und Verstoßenen erfahren die Hilfe Gottes in bes. Weise (Jdt 9,11; Ri 7,1ff; Dtn 8,17f); Hilfe haben (Ijob 5,11; Jes 66,2), muss aber erfüllt sein von unbedingtem Vertrauen zu Gott. – Gott erhöht die Niedrigen und erniedrigt die Stolzen (1 Sam 2,7; Spr 3,34; Jes 2,11; Ez 21,31) um der inneren → Umkehr willen (1 Kön 8,35; 2 Chr 6,26).
Gott hilft auch denen, deren Geist gebeugt und Sinn zerschlagen (Jes 57,15), die im Herzen zerknirscht und geknickten Geistes sind (Ps 34,19). Der Not Leidende demütigt sich um der Hilfe Gottes wegen selbst, indem er Bußwerke verrichtet (Lev 16,29; 23,27.29.32; Jdt 4,9ff), wobei nicht das sichtbare Bußwerk, sondern die Umkehr von bösen Werken entscheidend ist (Jes 58,3–7; Sir 19,25f). D. erwächst aus Erkenntnis eigener Hinfälligkeit (Sir 10,9) und führt zur Wahrhaftigkeit vor sich selbst (Sir 10,28). Bes. die Psalmen sprechen vom „Demütigen" als Ideal; er hofft nicht auf irdische Güter, vielmehr vertraut er ganz auf Gott (Ps 10,17; 22,27; 25,9; 34,3; 37,11; 69,33). Die Vorstellungen von D. werden personifiziert in der Gestalt des → Gottesknechts, in der Niedrigkeit und Demut zur Einheit geworden sind (Jes 53,7f; 42,1–3; 49,1–6; 50,4–9; 52,13–53,12).
Im NT werden die Vorstellungen des AT zunächst bes. in der → Kindheitsgeschichte nach Lukas aufgenommen (Lk 1,46–54; 2,25); werden verdeutlicht in Jesus, der sich nach Mt 11,29 als demütig bezeichnet. Seine D. erweist ihn als Gottesknecht (Apg 8,33), zeigt sich in der Erniedrigung der → Menschwerdung (Joh 1,14; Phil 2,7) und des Todes (Phil 2,8) und in seinem → Dienst (Mk 10,45 par). Die Botschaft Jesu ergeht an die Armen und Bedrängten (Lk 6,20f), die Kleinen

der Welt (Mk 9,42), die Letzten (Mk 10,31), die Unmündigen (Lk 10,21) und Kinder (Mk 10,14).
D. ist Voraussetzung für das Eintreten in das → Gottesreich (Mk 10,25; Mt 18,3; Lk 18,17), fordert Bereitschaft zum Dienst (Mk 9,35; 10,42–44; Lk 9,48), der ohne selbstgerechte Ehrsucht geleistet werden soll.
Da nach → Paulus in Christus die D. Gottes erschienen ist (Phil 2,6–11), muss sie im Leben des Christen verwirklicht werden: im Wissen um die Gnade Gottes (Röm 12,3), im Streben nach Einheit in der Gemeinde (Phil 2,1–4), im Ablegen von Selbstüberheblichkeit (Röm 12,16).
D. besteht nicht in einer gewollten Selbstverachtung, sondern in der Bejahung der eigenen Wirklichkeit vor Gott und den Menschen.

Derbe Stadt in → Lykaonien. 41 n. C. v. → Claudius der röm. Provinz Galatien angegliedert. Nach Apg kam Paulus nach D. bei der ersten (Apg 14,6.f20f) und bei der zweiten Missionsreise (Apg 16,1).

Deutero-Jesaja Seit Ende des 18. Jh. Bezeichnung für den unbek. Verfasser der Kap 40–55 des Buches → Jesaja. Einheitlichkeit und Umfang von D. sind umstritten. Gegen die Verfasserschaft des Jesaja sprechen historische, literarische und in haltliche Gründe. D. wirkte zur Endzeit des → Exils, als sich die Herrschaft der Babylonier durch den Siegeszug des → Kyrus nach 550 v. C. dem Ende zuneigte (vgl. Jes 44,28 und 45,1–4, wo Kyrus im Dienst Jahwes „Hirt“ und „Gesalbter“ genannt wird). Die Sprache ist dichterisch-lyrisch (vgl. Jes 44,23). Schließlich ist der Ein-Gott-Glaube zu letzter Konsequenz geführt, da nicht nur die *Macht* anderer Götter, sondern ihr *Dasein* bestritten wird (vgl. 44,6). Die „messianischen Weissagungen“ deuten weniger auf einen Messias-König als auf einen Propheten und sühnenden „Gottesknecht“ hin.
D. umfasst im wesentlichen 2 Teile (mit Wiederholungen), nämlich Aussagen über das im Exil lebende Israel (Kap 40–48) und über seine Heimkehr nach Jerusalem (Kap 49–55). Dazwischen eingestreut sind die Lieder vom → Gottesknecht. In der Form lassen sich u. a. Visionserzählungen, Trostsprüche, Weissagungen, Mahnreden, Satiren, Botschaften und Hymnen unterscheiden.
Die wichtigsten Themen des D. sind: Jahwe ist alleiniger Gott, Schöpfer und Herr der Geschichte (44,24–28). Israel als gläubiger Rest gilt als Träger und Vermittler des von Gott kommenden Heiles, an dem auch die Heidenvölker Anteil haben (42,5–10); der Untergang Babylons und die Befreiung Israels (46,12–47,4); der Zug des befreiten Volkes nach Jerusalm (52,7–12); schließlich der leidende und sühnende Gottesknecht (vgl. Kap 53). Weder Entstehungszeit noch -ort von D. lassen sich genau bestimmen, zumal vertreten wird, dass Jes 49–55 aus einer anderen Zeit und Umgebung stammt als Jes 40–48.

Deuterokanonisch → Kanon

Deuteronomistisches Geschichtswerk, Deuteronomistische Überlieferung Die Gedankenwelt des Buches Dtn (→ Mosebücher), war sehr einflussreich: Jos, Ri, 1 und 2 Kön (in geringerem Maße: 1 und 2 Sam, Prosastücke in Jer und Ez) wurden redigiert auf Grund des Geistes und der Tendenz des Dtn. Auch spätere atl. Bücher zeigen „deuteronomistische“ Einflüsse (z. B. 1 und 2 Chr). Ein Teil der Exegeten nimmt an, dass die „deuteronomistischen“ Stellen nicht nur auf eine Strömung in der Überlieferung hinweisen, sondern auf ein zusammenhängendes Geschichtswerk, zu dem außer Dtn vor allem Jos, Ri, 1 und 2 Sam, 1 und 2 Kön gehören. Es gehe aus von der Gesetzgebung und sehe das → Exil als göttl. Strafe für ein fortwährendes Abweichen vom Gesetz an.

Deuteronomium, das 5. Buch Mose → Mosebücher

Diakone („Diener“)
1) → Dienst
2) Träger eines bestimmten Dienstes in der → Gemeinde (z. B. Tischdienst Apg 6,2; Armenpflege). Die ersten D. wurden nach Apg 6,6 durch → Handauflegung in bes. Weise gesandt. Sie vertraten dabei (und wohl auch bald in anderen Bereichen) Interessen und Denkweise der

griech. redenden (hellenisierten) gegenüber den einheimischen Christen. Nach Apg 6,8f umfasste ihre Tätigkeit auch Zeugnis nach außen, was die Gegner der Urgemeinde aufreizte (→ Stephanus). In Apg fehlt der Ausdruck „D."; es ist fraglich, ob man hier bereits v. D.n reden darf.

Eine andere Überlieferung zeigt die D. als Amtsträger neben den „Bischöfen" (→ Episkopos) der Gemeinden (1 Tim 3,8–13; vgl. Phil 1,1). Ihr Aufgabenbereich lässt sich nicht mehr genau beschreiben, falls er überhaupt fest begrenzt war. Im NT wird nämlich nicht ihre Tätigkeit geschildert, sondern die erforderl. Haltungen und Eigenschaften (1 Tim 3,8–13); vermutl. haben sie aber irgendetwas mit der Leitung der Gemeinde zu tun, da über sie in 1 Tim unmittelbar nach den „Bischöfen" gesprochen wird.

Hinter diesen Überliefeungen steht wohl, dass sich in der jungen Kirche ein Amtsbereich für D. herausbildete, zunächst wohl noch mit sehr ungenau begrenzten Kompetenzen. Erst auf Grund dieser Entwicklung sind die genannten Überlieferungen entstanden. Viell. hat Lukas in der Apg ältere Quellen nach dieser Erfahrung gedeutet. Präzisere Ausformungen des D.n-Amtes sind nachbiblisch.

3) Diakonissen: Auch Frauen hatten die Möglichkeit, in der christlichen Gemeinde zu wirken (→ Witwe). Ob „Diakon" (viele Übersetzungen: Dienerin) in Röm 16,1 bereits ein Titel ist oder ob hier nur die Verdienste der Phöbe betont werden sollen, ist umstritten. Viell. sind 1 Tim 3,11 nicht die Ehefrauen der D. gemeint, sondern Diakonissen.

Diana → Artemis

Diaspora („Zerstreuung") Vgl. „verstoßen, vertrieben werden" in Dtn 30,4; Neh 1,9; Ps 147,2. D. wird auch verwendet zur Bezeichnung dessen, was Schrecken hervorruft (Dtn 28,25; Jer 34,17; Dan 12,2). D. bedeutet das Vorkommen jüd. Minderheiten inmitten einer heidnischen Umwelt. Bes. Bedeutung hatte die D. in Babylonien, Mesopotamien, Ägypten, Syrien, Griechenland und Rom. Wert der D.: Durch Israel wird Gott den Heiden offenbar. Universalismus der Gottesvorstellung. Große Bedeutung der → Synagoge für die jüd. Diaspora und für die Ausbreitung des Christentums (Verkündigung des Ev durch die Apostel in den Synagogen).

Diatessaron Griech. Name der Evv-Harmonie Tatians (→ Bibeltext). Auch ein in → Dura-Europos gefundenes griech. D.-Fragment legt nahe, dass sein Urtext griech. (nicht syr.) war.

Dibon Stadtname, z. B. D. in Moab, ö des Toten Meeres, n des Arnon. Nach Num 21,30 von den Amoritern erobert, nach Num 32,3.34; Jos 13,9.17 zu Ruben oder Gad gerechnet.

Bekannt wurde D. durch die → Mescha-Säule, gefunden 1868.

Dichtung → Gedicht

Didache („Lehre" des Herrn durch die 12 Apostel; oft kurz genannt: Zwölfapostellehre) Nachbibl. Schrift (wohl 1. Hälfte des 2. Jh. n. C.) → Ethik in Form der Lehre von den 2 Wegen, dem des Lebens und dem des Todes (vgl. → Barnabas; umstritten ist gegenseitige Abhängigkeit oder Existenz gemeinsamer Quelle), liturg., organisat./disziplinäre Regeln und Sätze voll eschatolog. Erwartung. Älteste nachbibl. Eucharistietexte, gemeinsames Sündenbekenntnis, Bedeutung von → Propheten; die Gemeinden werden geleitet von Bischöfen (→ Episkopos) und → Diakonen.

Didymus → Thomas

Dieb In Ex 20,15 wird → Eigentum unter den Schutz Gottes gestellt; brach ein D. nachts ein, lud er Blutschuld auf sich, konnte deshalb straffrei getötet werden; wurde er bei Tag überrascht, musste er vollen Schadenersatz leisten (Ex 21,37f), andernfalls wurde er verkauft (Ex 21,1f). Kam einem Hirten ohne sein Verschulden ein Tier abhanden, blieb er straffrei, musste jedoch einen → Eid ablegen; wurde ihm durch seine Nachlässigkeit ein Tier gestohlen, musste er es dem Eigentümer ersetzen (Ex 22,10f). Menschenraub wurde mit dem Tod bestraft (Ex 21,16). Mk 10,19; Lk 18,10; Röm 13,9; Eph 4,28 betonen Verbot des Diebstahls. Nach Mt 24,43; Lk 12,39; Offb 3,3; 16,15

wird das Kommen Christi so überraschend für den Menschen sein, wie das Einbrechen eines D.es (vgl. 1 Thess 5,2.4; 2 Petr 3,10). In Mt 6,19f und Lk 12,39 wird dem Menschen empfohlen, sich um das Leben Gottes zu bemühen, das nicht durch D.e gefährdet ist.
Da das Volk Gottes als Eigentum Gottes gilt, wird jeder zum D. erklärt, der sich am Volk Gottes verschuldet (Joh 10,1.8.10). Die Gesinnung des → Judas (4) gegenüber Christus wird mit der eines D.es gleichgesetzt (Joh 12,6).

Dienst Zunächst Sklaven-D. (Ex 21,2; Lk 17,8; Mt 20,26f), dann auch das Unterworfensein unter andere Völker (Gen 15,13; Ex 1,11; 2, 23; 13,3; Ri 3,8), ebenso Abhängigkeit von Untertanen (1 Sam 18,5.30; 19,4; 2 Sam 14,19f). D. bezeichnet im übertragenen Sinn die Abhängigkeit des Menschen von Gott in totaler Bindung, unterschiedslos gebraucht für wahren Gottes-D. und für Götzen-D. (Ex 23,33; Dtn 28,64; 1 Sam 7,3f; 12,10). Entscheidend ist der legitime D. für Jahwe (Ri 10,16), der Ausschließlichkeit (Ex 20,5; 23,24.33; Jos 24,14f.18), Abkehr von → Sünde (Ps 2,11; 100,2; 102,23) und vorbehaltlose Entscheidung für Gott fordert (1 Chr 28,9). Nach Dtn 18,5 mussten die → Leviten für ihren D. vom Volk ausgesondert werden. Im Gegensatz zur Umwelt sah das AT im D. nichts Entwürdigendes für den Menschen.
Im NT wird D. als unbedingte Forderung Gottes betrachtet (Mt 4,10; 6,24; Lk 4,8; Röm 12,11; Kol 3,24), die im D. Jesu ihren Ursprung hat (Mt 20,28; Mk 10,45; Lk 22,27). D. ist Zeichen wahrer Jüngerschaft (Mt 20,26ff; Mk 10,43ff), vollzieht sich in Hingabe des Lebens für die Menschen (Mk 9,35; 10,44; Lk 22,26; Joh 12,15f), ist Frucht selbstloser → Liebe (1 Kor 16,15; Offb 2,19). Ehemals lebten die Menschen im D. der Sünde (Röm 6,6ff); seit der → Erlösung durch Christus sind sie frei für den D. Gottes (Gal 3,13; 4,4f), für den D. in Gerechtigkeit, Friede und Freude (Röm 14,17f), für den D. in gegenseitiger Liebe (Gal 5,13; Hebr 6,10, 1 Petr 4,10). In bes. Weise bezeichnet sich → Paulus als Diener Christi (Röm 1,1; Phil 1,1), wie auch seine Mitarbeiter Diener genannt werden (Kol 4,12; 1 Thess 3,2; 1 Tim 4,6). Zum D. ergeht → Berufung durch Gott (Röm 1,1; 1 Kor 1,1; Gal 1,15); im Vordergrund steht der D. am → Wort Gottes (Apg 6,4; Röm 1,9; 15,16) und der D. des Neuen Bundes (2 Kor 3,6). Diese Sicht des D.es ist Grundlage der bibl. Auffassung vom *Amt*. Das AT kennt u. a. das Amt des → Priesters (1 Chr 24), des → Richters (Ri 2,16–19), des Königs (1 Sam 10,6; 26,16) und des → Propheten (1 Kön 11,29–39; Jes 3,2). Im NT wird jedes Amt auf Christus als Ursache zurückgeführt; Amt bedeutet Fortführung seiner Sendung und kommt aus seiner Vollmacht (Mk 3,14–18; 6,7; Mt 10,40). Durch das Amt ist der erhöhte Herr in seiner → Kirche gegenwärtig (Eph 4,10f; Röm 12,6ff; 1 Kor 12,28f); „Amt“ wird vielfach gleichbedeutend mit → Charisma gebraucht (vgl. 1 Kor 12ff).
Da das Amt als ausschließlicher D. an der → Gemeinde verstanden wurde, kannte man keine Rangunterschiede; man betrachtete es als Fortsetzung des D.es Gottes an den Menschen (Mk 10,43ff; Lk 22,27; Joh 13,12–17; Apg 1,17.25); es wurde weitergegeben durch Gebet und Handauflegung (Apg 6,6; 13,3; 1 Tim 41,4). Bezeichnungen für das Amt waren z. B.: → Apostel, → Älteste, → Propheten, → Lehrer, → Episkopen, → Diakone, → Presbyter.

Dina In stammesgeschichtl. Überlieferung (→ Stämme) Tochter Jakobs und der Lea; von Sichem entehrt, nach Gen 34,25–31; 49,5 durch Simenon und Levi, nach späterer Überlieferung durch alle Brüder gerächt (Gen 34,7–24).

Dionysius Nach Apg 17,34 Mitglied der Athener Stadtbehörde, der sich auf die Areopagrede (→ Areopag) hin dem Christentum anschloss. Seine späteren Schicksale sind legendär, ihm später zugeschriebene Schriften stammen von anderen Autoren.

Diotrephes („von Zeus ernährt“) Führende christl. Persönlichkeit. 3 Joh verurteilt dessen Anmaßungen: Ablehnung und Verdächtigungen des „Ältesten“, keine Aufnahme der Brüder.

Dodekapropheton (Zwölfprophetenbuch) → Porpheten

Doëg Edomiter; nach 1 Sam 21,8 Aufseher über die Hirten → Sauls, verriet diesem, dass die Priesterschaft von Nob David Hilfe geleistet hatte (1 Sam 22,9f); auf Sauls Befehl tötet D. die Priester (1 Sam 22,18), da die „Diener des Königs" nicht Hand an sie legen wollten.

Donner Nach bibl. Darstellung nicht nur von Gott verursacht, sondern vor allem Stimme Gottes (Ijob 37,2ff; Am 1,2; Ps 29,3). Unter D. offenbart Gott seine Macht und Herrlichkeit (Ex 19,16; 20,18; Ps 29,3), seinen → Zorn (Ijob 36,33), seine Rache und Strafe (1 Sam 2,10; 2 Sam 22,14f). Durch S. zu außergewöhnl. Zeit bestätigt er die Rede → Samuels (1 Sam 12,17f).

Auch im NT wird die Stimme Gottes mit D. verbunden (Joh 12,28f), D. ist Zeichen göttl. Majestät (Offb 1,10; 4,5) und Begleiterscheinung des göttl. Endgerichts (Offb 10,3f.11; 16,18f; vgl. Jes 29,6).

Donnersöhne (Boanerges) Beiname, den Jesus nach Mk 3,17 bei der Berufung den Zebedäus-Söhnen Jakobus und Johannes gab. Umstritten ist, ob dafür ihr Temperament (vgl. Lk 9,54) oder etwas anders ausschlaggebend war.

Doppeldrachme → Münzen

Dor („Wohnung") Kanaaniterstadt s des Karmel am Mittelmeer. Gegründet im 14. Jh. v.C., durch die Tjeker um 1190 erobert. Erwähnt Jos 11,1–9; 1 Chr 7,29. Nach 1 Kön 4,11 von David oder Salomo erobert, später durch die Assyrer, zeitweise dem Seleukidenreich eingegliedert. Nach Zugehörigkeit zu Judäa durch Pompejus befreit: Stadtstaat unter röm. Herrschaft, heute *tel dōr* bei *et-tanṭūra*.

Dorf Abgesehen von späten Verwaltungseinteilungen ist der Unterschied Stadt/Ortschaft/D. fließend. Ein D. war meist nur Außenposten einer „Stadt" (vgl. Jos 15,45) und Bereich der Großgrundbesitzer. Es hatte keine Mauern; seine Häuser waren meist aus Holz; zw. einer „Stadt" und ihren „Dörfern" herrschte meist nicht nur ein starkes ökonom., sondern auch ein starkes kulturelles Gefälle. Daneben gab es am Rand des Kulturraumes Dörfer, die umfriedet waren (Steinwall, Dornhecke, o.Ä.), vor allem zum Schutz vor wilden Tieren. In solchen Dörfern lebte man meist in Zeltlagern o.Ä.; sie gehören nicht zur sesshaften, sondern zur (halb)nomadischen Kulturperiode (→ Nomaden).

Dorkas → Tabia

Dornen Stacheliges Unkraut (erwähnt mit „Disteln"). Sie gelten als Plage (vgl. Gen 3,18; Jes 7,23ff; 34,13), werden aber auch als Brennstoff verwendet (vgl. Koh 7,6f; Jes 33,12).

Die D.-Krone Jesu war viell. nicht Marter: Man kann nicht mehr feststellen, aus welcher Pflanze sie geflochten war: der älteste Beleg für die traditionelle Auffassung der D.-Krone als Marterwerkzeug stammt vom Ende des 2 Jh. n.C. Möglicherweise handelte es sich um einen Spottkranz, als Karikatur der Kränze, mit denen Kaiser und Könige ausgezeichnet wurden (vgl. Joh 19,5 und die Bedeutung des dort genannten Purpurmantels).

Dotan (*tell dōtān*) Palästin. Ortschaft, n v. Samaria. Alte Kulturstätte (viell. genannt auf dem Siegeszeichen Thutmosis III. um 1480 v.C.). Erwähnt in den Josefs- (Gen 37,17), Elischa- (2 Kön 6,13) und Judit-Geschichten (Jdt 3,9; 4,6).

Doxologie Lobpreis der → Herrlichkeit (griech. *doxa*) Gottes. Sie ist meist Teil eines Hymnus, den man sich nicht als längeren Gesang vorstellen muss. Formeln wie „der gepriesen ist in Ewigkeit" (2 Kor 11,31) sind in diesem Sinn wohl nicht D.n, sondern formelhaft verkürzte Hymnen. Eine bes. Form von verkürzten Hymnen sind die „Denn-Sätze" im NT.

Drache Myth. Untier der Urzeit (vgl. Ps 74,13; Jes 51,9; Ijob 7,12; → Chaos), gelegentl. machte man dabei keinen Unterschied zw. D. und Riesenschlange (vgl. Jes 27,1; → Leviatan). Das Wort „D." tritt auch in Prophetensprüchen auf (vgl. Jes 14,29; 30,6; in Ez 32,2 übersetzen einige „Krokodil" statt „D."). Bereits in Dan 7,7f.19ff.23–27 erscheint ein Untier, wohl ein D., als gottfeindl. Macht. Das Unwesen in Offb 12 wird ausdrücklich als „D." bezeichnet, heißt aber in Offb 12,14f → Schlange. Es wird vorläufig (Offb 20,2f) und endgültig (Offb 20,7–10) besiegt.

Drachme → Münzen

Drangsal → Angst, → Not, → Trübsal

Dreieinigkeit Eine ausgeprägte Lehre von der D. Gottes fehlt sowohl im AT wie im NT; es finden sich jedoch im NT Aussagen, die auf den dreipersönlichen Gott hinweisen (und als Grundlagen späterer Lehrentscheidungen dienten); sie unterscheiden sich wesentlich von heidnischen Göttertriaden (= Götterfamilie: Vater–Mutter–Sohn).

D. wird erkannt aus dem sich offenbarenden Handeln Gottes in der → Gemeinde. In 2 Kor 13,13 spricht → Paulus von der Gnade Christi, der Liebe Gottes, der Gemeinschaft des Geistes; ähnliche Verbindungen: 1 Kor 12,4–6: Gnadengaben werden vom → Geist, Dienstleistungen vom → Herrn, Wunderkräfte von → Gott her in der Gemeinde gewirkt; Eph 1,3–14 und 1 Petr 1,2: Erwählung, Erlösung und Heiligung haben ihre Ursache im Wirken des Vaters, des Sohnes und des Geistes. Die „trinitarische" Formulierung des Taufbefehls in Mt 28,19 erwuchs aus der liturgischen Praxis und ist Ausdruck des Glaubensbewusstseins der → Kirche; andeutungsweise liegt ein trinitarisches Zeugnis vor in Apg 2,33 und Joh 15,26.

D. als Einheit dreier göttl. Personen zu betrachten, ist möglich durch Aussagen des → Johannes-Ev: Christus lebt in Einheit mit dem Vater (Joh 1,1; 10,30.38; 14,11; 17,11.21), ist im Vater (Joh 14,9; vgl. Phil 2,6); Sendung des → Parakleten durch Christus (Joh 14,16f.26; 16,7–11.13f). Weiterhin sagt Paulus vom Geist Gottes: er ist vom Vater durch Christus den Menschen gegeben (2 Kor 1,21f); ist Gabe des Vaters und Lebensgeist des auferweckten Sohnes (Röm 8,9ff); ihn ihm geschieht Erlösung durch Christus (Eph 4,3–6; Tit 3,4ff). Im NT gibt gibt es außer den drei- auch zweigliedrige Formeln (Röm 1,7; Phil 2,11).

Dreikönige → Magier

Dreschen → Ernte

Drohen In der HS werden → Strafe (Apg 4,21.29), → Rache (Gen 27,42), → Verfolgung (Apg 9,1) unter D. angekündigt, was der Gerechte nicht zu fürchten braucht, da er unter Gottes Schutz steht (Ps 37,12). Vor Gott ist menschl. D. nur Spott (Hos 7,16). Unter D. kündet Gott sein → Gericht an (Ps 38,4; Jer 10,10; 11,17), das möglicherweise durch Fürbitte abgewendet werden kann (Ex 32,13f).

Jesus droht bösen Geistern, ihn nicht als → Messias zu bekennen (Mk 3,12; Lk 4,41); Zeichen des neuen → Gottesreiches ist, wenn Jesus unter D. böse Geister austreibt. Im Leiden soll man – wie Christus – nicht drohen (1 Petr 2,21ff); allerdings kann D. im Namen Gottes Aufgabe der Diener Gottes werden (2 Tim 4,2).

Dualismus (von lat. *duo* = zwei) Auffassung, nach der die Welt bzw. Wirklichkeit auf zwei gegensätzl. Prinzipien beruht. Ins AT (→ Schöpfung) wurde der verbreitete Mythos vom Kampf einer Chaosmacht gegen den Schöpfergott (→ Chaos) nicht aufgenommen. Die HS kennt auch keinen Glauben an viele Götter, die sich gegenseitig bekämpfen. Wenn von → Dämonen die Rede ist, so bleibt dabei die Oberhoheit Gottes unangetastet.

Ein D. im Verständnis des Menschen (Gegensatz Seele – Leib) hat seine Wurzeln außerhalb der HS (z.B. im Neuplatonismus); nur Spuren von ihm sind in der HS zu finden (vgl. Weish 9,15; 1 Petr 2,11); trotzdem wurde er in der christl. → Ethik später oft herrschend (Ablehnung von Welt und Leib, obwohl Gott sie geschaffen hat). Das mag damit zusammenhängen, dass Äußerungen über die negativen Neigungen des Menschen z.B. bei Paulus (Gegensatz → Geist – Fleisch) dualistisch verstanden werden konnten und ein ethischer D. lange Zeit allgemein verbreitete Anschauung war. In ihm ist ein ethischer Pessimismus verborgen, dem meist ein unbibl. metaphys. D. zu Grunde liegt, wenn man ihn auch nicht erkennen oder zugeben will.

D. ist zwar abzulehnen; das hindert aber nicht, bestimmte Unterschiede wie Schöpfer/Geschöpf, Glaube/Wissen, Gnade/Freiheit, anzuerkennen.

Dunkelheit → Finsternis

Dura-Europos Stadt am Westufer des mittleren Eufrat, gegründet oder ausgebaut unter Seleukos Nikator (321–281 v.C.), der ihr den Namen seines Geburtsortes *Europos* gibt. Als *Dura* seit 100 v.C. in den Händen der Parther, 165 n.C. endgültig römisch und Ostpunkt des Reiches. 256 n.C. vom Sassaniden Schapur erobert. Die Stadt verödet. Durch Zufall 1920 entdeckt.

Fresko in der Synagoge von Dura-Europos (vor 256 n.C.): Abraham empfängt die Verheißung

Ausgegraben u.a.: Synagoge, christl. Gemeindezentrum. Sie sind gut erhalten, da sie bei der letzten Belagerung in eine Böschung einbezogen wurden. Die Synagoge, um 200 n.C. gebaut, 245 erneuert, ist trotz des jüd. Bilderverbots ausgemalt. Die Fresken – heute im syr. Nationalmuseum/Damaskus – zeigen fast ausschließl. bibl. Geschehnisse. Das christl. Gemeindezentrum ist wieder aufgebaut in der Yale-Gallery/New Haven; es entstand 232 durch den Umbau eines Hauses. Um einen Mittelhof gruppieren sich sieben Räume. Bes. wichtig ist ein als Tauf- oder Martyrerkapelle gedeuteter Raum: Inschriften nennen Gott und Christus; Malereien zeigen Szenen aus den Evv.

Durst Elementare menschl. Lebenserfahrung (2 Sam 17,29), die in der HS zur Veranschaulichung der Suche nach Gott gebraucht wird. Sorge Gottes um den Menschen: er bewahrte → Hagar (Gen 21,15–19) und → Simson (Ri 15,18f) vor dem Verdursten, gab seinem Volk Wasser in der Wüste (Ex 17,5–7); nach Neh 9,15.20f sollte das Volk an die Bewahrung vor Hunger und D. erinnert werden. In Notlagen durfte man Ähren und Trauben vom Feld eines Fremden nehmen (Dtn 23,25f; vgl. Mt 12,1). D. und Hunger zu stillen sind Werke der Barmherzigkeit (Jes 21,14.17f; 58,7.10; Ez 18,7.16). Das AT kennt auch ungestillten Hunger nach dem → Wort Gottes (Am 8,11.13) sowie Hunger und D. als Zeichen göttl. Strafgerichts (Dtn 28,48; Jes 5,3; 65,13). Die Heilszeit wird verheißen als ein Aufhören von Hunger und D. (Jes 41,17f; 49,10), indem Gott seinen → Geist mitteilt (Jes 44,3).

Nach dem NT ist es ebenfalls ein Werk der Barmherzigkeit, Hunger und D. zu stillen (Mt 25,35.37.42.44); es ist auch Maßstab für das endzeitliche → Gericht; ein Becher Wasser wird nicht unbelohnt bleiben (Mt 10,42). Paulus verlangt, auch den D. des Feindes zu lindern (Röm 12,20). Das Verlangen nach Gottes → Gerechtigkeit, das wie D. den Menschen quälen kann, wird erfüllt (Mt 5,6; Lk 6,21). Dass in Jesus die verheißene Heilszeit gekommen ist, bezeugt Joh, in dem Jesus als „lebendiges Wasser“ bezeichnet wird (Joh 4,10–15; 6,35; 7,37ff); auch wird von der erfüllten Heilszeit, in der Hunger und D. gestillt werden (Offb 7,16; 21,6; 22,17), gesprochen.

E

Ebal (*dschebel islāmīje*) Berg n von Sichem, ca. 940 m hoch. Nach Dtn 11,29 Berg des Fluches; nach Jos 8,30–35 Verlesung des mosaischen Gesetzes durch Josua.

Ebed Jahwe → Gottesknecht

Ebed-Melech („Diener des Gottes Melech“ oder: „Diener des Königs“) Nach Jer 38,7–13 äthiop. Kämmerer des Königs → Zidkija – der durch seine Fürsprache den Propheten → Jeremia rettete, und dem nach Jer 39,15–18 vom Propheten zugesagt wurde, er werde seinerseits bei der kommenden Zerstörung Jerusalems gerettet werden.

Ebenbild → Bilder

Eben-Eser („Stein der Hilfe“) Stein (Gedenkstein oder natürl. Formation?), der viell. eine kanaan. Kultstätte bezeichnete (vgl. 1 Sam 6,18), in der Nähe von → Mizpa. Nach 1 Sam 7,12 hat Samuel hier einen Stein zum Gedenken an einen Sieg über die → Philister aufgestellt. E. wird bereits in 1 Sam 4,1; 5,1 genannt; nach 1 Sam 4f geht in E. die → Bundeslade an die Philister verloren.

Ebioniten (von hebr. *'ebjōn* = arm) Judenchristl. Sekte (→ Judenchristen); ihre Anschauungen können nicht prazis erfasst werden, da der Name „E.“ auf verschiedene Formen judenchristl. Gruppierungen angewandt wurde. Man bringt mit den E. z.B. in Verbindung: Ablehnung des Tempelkultes, der Jungfrauengeburt, der Theologie des Apostels Paulus.

Das sog. E.-Evangelium wurde wohl in der 1. Hälfte des 2. Jh. n.C. (griech.) abgefasst, enthält synopt. Gut, meist aus dem Mt-Ev (→ synoptische Evangelien) übernommen; vieles ist entstellt. Umstritten ist, ob der Islam von E. bzw. ähnl. Gruppen beeinflusst wurde.

Ebjatar → Abjatar

Ecclesia → Kirche

Ecclesiastes → Prediger

Ecclesiasticus → Sirach

Eckstein → Stein

Edelsteine und Halbedelsteine werden nicht unterschieden; auch werden dieselben Namen für ähnlich aussehende Steine gebraucht, die wir unterscheiden.

E. galten als Inbegriff von Schönheit, Kraft und Unvergänglichkeit. Sie wurden als Schmuck (z.B. Ez 16,11f) und zur Zierde kult. oder königl. Gegenstände (z.B. 1 Chr 29,2f; Ez 28,12f) verwendet, im außerbibl. Bereich als Talismane oder Arzneimittel und in Beziehung zu den Planeten gebracht. In der HS werden E. als Symbole der Schönheit, Autorität und Vollkommenheit genannt, wie sie Gott (z.B. Ex 24,10), Engeln (z.B. Dan 10,6) dem neuen Jerusalem (z.B. Jes 54,11f) zukommen.

Eine bes. Stellung nehmen die Listen Ex 28,17–20 (Brusttasche → Efod (1) des Hohenpriesters), Ez 28,13 (Gewand des Menschen im Paradies), Offb 21,19f (Grundsteine des neuen Jerusalem) ein: Genannt sind dort in den Übersetzungen z.B.: Karneol, Jaspis, Smaragd, Türkis, Saphir, Chalzedon, Topas, Onyx, Amethyst, Chrysolith, Chrysopras. Durch die Zwölfzahl soll die Vollkommenheit noch unterstrichen werden.

Eden → Paradies

Edikt Schriftlich festgelegte Bekanntmachungen, nach Est 8,8 (vgl. Dan 6,8) sei ein E. des Perserkönigs unwiderruflich gewesen. E. des Augustus in Lk 2,1 → Zensus.

Edomiter Semit. Volk, das seit dem 13. Jh. v.C. s des Toten Meeres sesshaft wurde. Zu beiden Seiten der Araba (= Fortsetzung der Jordan-Senke s des Toten Meeres) entwickelte sich ein Staat (vgl. die Liste Gen 36,31–39), dessen S-Grenze sich laufend änderte; auch Ezjon-Geber bzw. → Elat (am Roten Meer) gehörte dazu. Die Zuordnung mancher Stammesgruppen schwankte zw. Edom und Israel (z.B.: Gen 36,15 gegenüber Jos 14,14;

Gen 36,13 gegenüber Num 26,13). Viell. weist Dtn 23,7f auf Kultbeziehungen zw. E.n und isr. Heiligtümern hin. Wichtigster Ort war → Bozra. Da die E. die Macht besaßen, den Zugang zum Roten Meer zu verhindern, kam es bald zu milit. Auseinandersetzungen (vgl. 1 Kön 11,14f); unsicher ist, ob diese bereits unter → Saul begannen (1 Sam 14,47). Zu Davids Regierungszeit war das Gebiet aber nach Salomos Tod bald wieder unabhängig (vgl. 1 Kön 11,25b). Angesichts der reichen Kupfervorkommen war das ein schwerer Verlust für Israel. Nach der → Reichstrennung verlor das Gebiet der E. für kurze Zeit seine Selbstständigkeit an das → Südreich Juda (→ Amazja), wurde durch → Nebukadnezzar (= Nabuchodonosor) II. unterworfen (vgl. Jer 49,7–22), was aber die E. nicht hinderte, weiter in isr./jüd. Gebiet einzudringen (vgl. Ez 25,12ff; 35,15). Man rühmte die → Weisheit der E. (vgl. Obd 8). → Esau. → Idumäer.

Efa

1) Midianiter-Stamm, dessen Stammvater in Gen 25,4 als Enkel → Abrahams bezeichnet wird; Jes 60,6 rühmt die „Kamele“ von E.

2) → Maße.

Efod

1) In Ex 28,6–14; 29,5 ist mehrfarbiges, wollenes oder leinenes, von Goldfäden durchzogenees Kleidungsstück des → Hohenpriesters, das über dem Obergewand auf der Brust getragen wurde und mit Edelsteinen geschmückt war. In einer Tasche des E. befanden sich die Orakelsteine (?) → Urim und Thummim.

2) Ein E. aus Leinen, das wohl die Form eines Schurzes hatte, trugen → Samuel bei seinem Dienst im Heiligtum von → Schilo (1 Sam 2,18) und David, als er vor der → Bundeslade tanzte (2 Sam 6,14).

3) Das E., das → Gideon aufstellen (Ri 8,26f), → Micha für sein Gotteshaus anfertigen lässt (Ri 17,5), das nach 1 Sam 2,28; 14,3 von den Priestern getragen wird, 1 Sam 21,10 im Heiligtum von → Nob steht und beim Orakel eine Rolle spielt (1 Sam 23,9; 30,7), wird als Gottesbild, Gewand der Gottheit, Kultgegenstand oder Behälter gedeutet.

Efraim Landschaftsname für den Mittelteil des westjordanischen Berglands, übertragen auf die dort siedelnden Sippen Israels und auf deren Stammvater. Sein Vorrang gegenüber dem Nachbarstamm Manasse wird von dem größeren Segen Jakobs (Gen 48,13ff) begründet. Der Stamm bekämpft die Vorherrschaft → Judas und wird nach der → Reichstrennung führend im → Nordreich Israel, das vielfach E. genannt wird. → Josua und Jerobeam I. gehören zu E.

Efrat(a) (fruchtbares Land)

1) Ortschaft bei → Rama in Benjamin (Gen 35,16–19; Jer 31,15); in späterer Zeit fälschlich mit 2) gleichgesetzt.

2) Anderer Name für → Betlehem, das von einem Clan aus E. besiedelt wurde (Gen 48,7; Rut 4,11; Mi 5,1).

Eglon Name:

1) Moabiterkönig, → Ehud.

2) Südpalästin. Stadt, nach Jos 15,39 unweit → Lachisch; genaue Lage unbekannt. Nach Jos 10,3–35 durch Josua erobert.

Ehe gilt im AT als normale Lebensform (ein hebr. Wort für „E.“ fehlt). Wer sich ihr entzieht, handelt schöpfungswidrig (vgl. Gen 2,24), da er nicht bereit ist, Nachkommen zu erzeugen; diese galten als Segensgabe (Gen 17,16; Ps 127,3), die man erflehte (Gen 25,21), in denen sich Gottes Verheißungen erfüllen werden (vgl. Gen 17,8). Kinderlosigkeit galt als Schande (vgl. Gen 16,4) oder Strafe (Jes 47,9). Die Gemeinschaft mit Jahwe sah man oft als „Ehe des Volkes mit ihm“ (vgl.: → Hosea, → Hoheslied, → Eifersucht Jahwes, Jer 2,2).

Im NT steht die E. unter folgenden Gesichtspunkten:

1) Die Messiaserwartung ist erfüllt, die Erzeugung von Nachkommen ist also weniger wichtig als im AT.

2) Die Christen leben in einer „Zwischenzeit“; das „Ende“ wird bald hereinbrechen. Eine E. könnte die Vorbereitung darauf verhindern.

3) Die E. unter Christen muss Jesu Reform (vgl. Mk 10,5ff, → Ehescheidung) und dem Bild von der E. Christi mit der Kirche (vgl. Eph 5,23–32) entsprechen.

Die Liebe der E.-Partner ist Abbild der Liebe Christi (vgl. Eph 5,25). Hier wird – wie im AT – die Gemeinschaft Gottes mit seinem Volk als E. bezeichnet, ebenso in Offb 19,7f; 21,9; 22,17.
Von diesen Grundsätzen aus sind Bemerkungen über Unauflöslichkeit der E. (vgl. Mk 10,9 par), über den Vorrang der Gottesherrschaft vor der E. (Lk 18,29), über das Ende der E. in der endgültigen Erfüllung (Mk 12,25 par) zu verstehen. In Äußerungen der Paulusbriefe sind sie noch verschärft durch die personl. Haltung des Apostels; man darf seine Bemerkungen nicht als Missachtung der E. verstehen (vgl. 1 Kor 7,1–9). E. gilt für Paulus als gottgeschenkte Gabe (1 Kor 7,7). Dass er sich eine Hingabe an Christus durch die E. nicht vorstellen kann, mag damit zusammenhängen, dass E. weithin fast als eine Art männl. Besitzverhältnisses betrachtet wurde. Die E.-Frau war so gut wie rechtlos; der Mann dagegen konnte mehrere Frauen haben oder die Ehe brechen (anders das christl. Urteil, → Ehebruch). → Leviratsehe, → Ehescheidung, → Ehelosigkeit, → Jungfrauengeburt.
Die E.-Schließung vereinbarten oft nicht die E.-Partner, sondern deren Familien; dem Brautvater musste ein Brautpreis entrichtet werden. Die Hochzeitsfeier dauerte meist mehrere Tage (Ri 14,12); Höhepunkte waren der Zug der → Braut zum Haus des Bräutigams (vgl. Ps 45,15) und das Hochzeitsmahl.

Ehebruch Im AT Geschlechtsverkehr eines Mannes mit einer Verheirateten oder Verlobten, Geschlechtsverkehr mit einer anderen Frau war nicht E. (vgl. Dtn 22,23–29). E. war verboten (Ex 20,14; Dtn 5,18); Ehebrecher wurden gesteinigt (Lev 20,20; vgl. Dtn 22,22). Das Verbot der „Begierde nach des Nächsten Weib“ (Ex 20,17; Dtn 5,21) betrifft ein Eigentumsdelikt; es darf nicht von der Bergpredigt her gedeutet werden. Da die → Ehe Symbol für Gottes Gemeinschaft mit seinem Volk war, wurde relig. Treulosigkeit als E. bezeichnet und verurteilt (Jer 3,8; Hos 2,2–13). In den Antithesen der → Bergpredigt wird das atl. Verbot verschärft: Bereits Begierde ist E. (Mt 5,28). Nach Paulus werden Ehebrecher das → Gottesreich nicht erben (1 Kor 6,9). Aber nicht nur schärfste Ablehnung des E.s ist ntl., sondern auch seine Vergebung (Joh 8,2–11).

Ehelosigkeit Im AT gilt E. der Frau als Schande (vgl. Jes 4,1), ebenso die Kinderlosigkeit (→ Ehe, → Witwen). Nach Lk und Mt wurde Jesus von einer Jungfrau geboren (→ Jungfrauengeburt). E. in Mt 19,10ff deutete man zu sehr auf *körperl.* Eheunfähigkeit, übersah jedoch, dass ein Mensch auch durch gemeinschaftsfeindl. Erziehung eheunfähig gemacht werden kann. Im NT wird E. hoch geschätzt (vgl. Apg 21,9; 1 Kor 7,8.26.38), Ehefeindlichkeit abgelehnt (1 Tim 4,3). In Offb 14,4 ist E. als Abbild ungeteilter Gefolgschaft Christi dargestellt. → Ethik

Ehernes Meer → Tempel

Eherne Schlange → Schlange

Ehescheidung Im AT hatte nur der Ehemann das Recht der E., die durch Ausstellen eines Scheidebriefes rechtskräftig wurde (vgl. Dtn 24,1ff). Z.B. in Mal 2,16 wird die E. bekämpft. Nach Mk 10,1–12 par; Lk 16,18 wendet sich Jesus gegen die E. Umstritten sind Übersetzung und Deutung der „Ehebruchsklauseln“ (Mt 5,32; 19,9: außer wegen Ehebruchs/nicht geschehe es wegen Ehebruch o.Ä.). Paulus bekämpft die E. (Röm 7,2; vgl. 1 Kor 7,10).

Ehre Anerkennung einer anderen Person (Apg 28,10). E. Gottes ist Teil seiner → Herrlichkeit. Gott die E. geben heißt: Macht und Herrlichkeit Gottes anerkennen (Jos 7,19; 1 Chr 16,28; Joh 9,24; Apg 12,23); Anspruch auf E. hat Gott allein (Röm 11,36); er sucht seine E. (Mal 1,6). Dem Menschen wird E. zuteil als Gabe Gottes (1 Kön 3,13; Ps 8,6), als Ansehen und Würde (Gen 45,13), aus seiner Gottebenbildlichkeit (→ Bilder). E. soll erwiesen werden: den Eltern (Ex 20,12), den Alten (Lev 19,32), den Königen (1 Petr 2,17), den Witwen (1 Tim 5,3), den Herren (1 Tim 6,1). Von den Christen wird Ehrerbietung im Umgang miteinander erwartet (Röm 12,10); damit verbunden ist Ablehnung jedes selbstgefälligen

Suchens eigener E. (Joh 5,44; 12,43; Gal 5,26; Phil 2,3), was jedoch Achtung der eigenen E. nicht ausschließt (Apg 13,46; 16,37).

Ehrfurcht → Gottesfurcht

Ehud Nach Ri 3,12–30 → Richter, der → Eglon (Moabiterkönig) ermordete und dadurch sein Volk aus moabit. Unterdrükkung befreite.

Eid Bekräftigung einer Wahrheit (Gen 47,31; 50,5f.25), Beschwören und Anrufen Gottes zur Bekräftigung eines Versprechens (Gen 50,5–7; Jos 2,12–14), wird kultische Handlung: „Eid schwören" und „kultische Verehrung" von Gott oder Göttern wurden zur Einheit (Jos 23,7; Jes 48,1). Bedeutsam war der E. beim Bundesschluss (Gen 21,31f; 26,28–31; Jos 9,15: Schwören = Bund schließen), in Verbindung mit Gelübde und in der offiziellen Gerichtsbarkeit als Reinigungseid (Ex 22,7–10; Lev 5,21–24), bei Vertragsschlüssen (Gen 21,23–31); weiterhin wurden E.e als Verheißungen betrachtet (Gen 24,7; Dtn 1,8.35). E.e wurden bekräftigt durch bedingte Selbstverfluchungen (1 Sam 14,44; 20,13; 2 Sam 3,35) und Verfluchungen (Jos 6,26; 1 Sam 14,24). Geschworen wurde der E. bei Jahwe (1 Kön 1,30; 2,42), beim Namen Jahwes (1 Sam 20,42), bei Jahwe Zebaoth (vgl. Jes 19,18), beim wahrhaftigen Gott (Jes 65,16), beim Leben des Herrn (Ri 8,19; 1 Sam 14,29.45), auf Gott als Zeugen und Richter (Gen 31,50.53; 1 Sam 20,23; Jer 42,5), beim Leben einer angeredeten Person (1 Sam 1,26; 20,3; 2 Sam 15,21). Das AT spricht sogar davon, dass Gott schwört: bei sich selbst (Gen 22,16; Am 6,8; Jes 45,23; Jer 51,14), bei seiner Heiligkeit (Am 4,2; Ps 89,36), bei Jakobs Herrlichkeit (Am 8,7), bei seinem großen Namen (Jer 44,26). Eideshandlungen waren: Erheben der Hände zum Himmel (Dtn 14,22; 32,40), Berühren unter der Hüfte (euphemistischer Ausdruck für „Geschlecht") (Gen 24,2.9; 47,29), Übergabe eines Geschenks (Gen 21,30), Zerteilen eines Tieres (Gen 15,17; Jer 34,18), Trinken von Fluchwasser (Num 5,22). Sünde war es, bei Götzen zu schwören (Jos 23,7; Am 8,14; Zef 1,5; Jer 5,7; 12,16); Meineide wurden streng verworfen (Ex 20,7; Lev 19,12; Dtn 5,11). Jahwe ist Bewahrer des Bundes und E.es (Dtn 7,8), der durch E. sein Urteil über Menschen bekräftigt (Num 32,10f; Dtn 1,34f; 4,21; 1 Sam 3,14; Jes 14,24f).
Grundsätzl. abgelehnt wurde der E. bei den → Essenern und in → Qumran, obwohl neue Mitglieder bei ihrer Aufnahme einen E. leisten mussten. Scharf wendet sich Jesus nach Mt 5,33-37 gegen das Schwören bzw. gegen die pharisäische Kasuistik infragen der Gültigkeit eines E.es; er verlangt unbedingte Zuverlässigkeit des menschl. Wortes; der E. aber ist stets ein Zeichen des Misstrauens und sollte daher in der christl. Gemeinde überflüssig sein (vgl. Jak 5,12).

Eifer Jahwes In der Denkweise der HS ist der E. nichts Abwertendes, sondern etwas dem Wesen Gottes Zugehöriges: Jahwes Ausschließlichkeit wird betont (vgl. 1 Kön 14,22), „fremde Götter" werden abgelehnt (Ex 20,3). Der Bundesschluss Gottes mit Israel wird als Ehe betrachtet, die Israel zum alleinigen Eigentum Gottes macht; darum erhebt Gott den Anspruch, als einziger Herr angenommen zu werden (Ex 19,5; 20,4f; 34,14). Der E. J. ist bei den → Propheten Ausdruck seiner → Heiligkeit (Jes 48,11; Ez 36,22–28; 39,25), vor allem der Heiligung seines Namens; der E. J. ist auf Rettung seines Volkes bedacht und als solcher Zeichen seiner Liebe (Jes 9,6; 26,11; Ez 36,5f); er veranlasst Jahwe, zu Gunsten seines Volkes einzugreifen (Jes 63,15; Joel 2,18; Sach 8,2) und die Gegner Israels zu bekämpfen (Jes 42,13; 59,17f; Ez 5,13; 36,5f; 38,19; Zef 3,8). Ebenso werden Erfüllung des Heilswillens Gottes (Jes 9,1–6) und die Rettung Jerusalems (Jes 37,30ff) dem E. J. zugeschrieben. Der E. J. verkörpert sich in der Gestalt des Priesters (Num 25,11), des Propheten (1 Kön 19,10) und des Frommen (2 Kön 10,16).
Das NT spricht nicht mehr von dem E. J.; nur in Joh 2,13–17 wird Jesus als Eiferer für Gottes Anspruch dargestellt. Indirekt erscheint der E. J. als Anspruch Gottes in dem zunächst ungeläuterten Eifer des →

Paulus (Apg 22,3; Gal 4,17), der sich wandelt im hingebenden Dienst an der Gemeinde (Röm 11,13f; Gal 4,17ff) und sich in eifernder Liebe für ihren Glauben zeigt (2 Kor 11,2). Das Verständnis für den E. J. verblasst, wenn er in Verkennung der Aussagen der HS als personalethische Verhaltensweise und nur als schädlicher Gemütsaffekt betrachtet wird.

Eigentum Die HS setzt Privateigentum voraus. Das AT kennt E. in Form von Viehbesitz in der Nomadenzeit (Gen 13,2; 26,14; Num 31,9; Dtn 3,19), Grundbesitz nach der → Landnahme (Num 35,2; 1 Kön 21,2f) und Geld (Gen 23,16; Jer 32,9). Grundbesitz sollte möglichst der Familie erhalten bleiben, die Ankaufs- und Vorkaufsrecht besaß (Lev 25,25; Jer 32,6ff). Das Verhältnis zum Grundbesitz ist bestimmt von dem Gedanken, dass das Land E. Jahwes ist, das er dem Volk verheißen und zu treuer Verwaltung übergeben hat (Gen 12,7; Dtn 32,49; Lev 25,29). Darum wenden sich die → Propheten gegen jede Form von Ausbeutung (Am 2,6–8; Jes 5,8; Ez 45,9; 46,18). Die Gesetzgebung in Dtn 15,1 fordert, dass am Ende des 7. Jahres Verschuldungen aufgehoben werden (Erlassjahr); Lev 25,4 verlangt, dass das 7. Sabbatjahr für den Herrn sei, in dem jede Feldarbeit ruhen solle; nur was ohne menschl. Zutun wachse, diene zur Nahrung. Nach Lev 25,8 soll das auf 7 Sabbatjahre folgende Jahr ein sog. Jobeljahr sein: Freilassung von Sklaven, Rückgabe von Besitztum, Rückkehr zur eigenen Sippe. Das E. wird geschützt durch Schadenersatzregelungen (Ex 21,33–22,3; → Dieb), Dtn 19,14 stellt Verschiebungen von Grundstücksgrenzen unter Strafe. Im Laufe der Zeit wird nicht nur das Land, sondern auch das Volk als bes. E. Jahwes angesehen (Dtn 7,6; Jer 2,7).

Im NT ist das Verhältnis zum Besitz geprägt von der Erwartung des kommenden Gottesreiches, die u.U. den Verzicht auf E. erforderlich machen kann (Mk 10,23–27; 1 Kor 7,29ff); innere Unabhängigkeit von Besitz wird durch Vertrauen auf Christus möglich (Mt 10,9). Wo Reichtum den Menschen von Gott trennt, soll die Bindung an Besitz aufgegeben werden (Mt 6,19ff.24; Lk 16,13). Die Welt ist E. Christi, in das er eintritt (Joh 1,11). Durch ihn ist das ntl. Bundesvolk E. Gottes (Eph 1,14; 1 Petr 2,9); von daher ist die Eigentumsgemeinschaft in der Urgemeinde verständlich (Apg 2,44f; 4,34f).

Einfalt meint nicht etwa geistige Beschränktheit; die HS versteht E. als Treue, mit welcher der Einzelne und die Gemeinschaft Gott verbunden ist (Weish 1,1f). E. bezeichnet die lautere Gesinnung gegenüber Christus (2 Kor 11,3), realisiert sich in herzl. Einverständnis beim gemeinsamen „Brotbrechen“ (Apg 2,46), besteht im Reichtum des Herzens sowie in Gemeinschaft aufrichtiger Liebe (2 Kor 8,2; 9,13), ist im Schenken frei von selbstsüchtiger Berechnung (Röm 12,8), äußert sich in Bereitschaft zum Dienst (Eph 6,5; Kol 3,22).

Eingebung → Inspiration

Einheit Im NT beherrschende Aussage über die Existenzweise des Christen; E. ist nicht begründet in menschl. Bemühen, sondern erwächst aus dem Wesen und Auftrag Christi.

Paulus nennt in Kol 1,16 Christus das einende Haupt der → Schöpfung; Christus ist der neue → Adam, Anfang eines neuen Geschlechts, das nicht mehr der → Sünde, dem → Tod, dem → Gesetz verfallen ist, vielmehr durch → Gnade, → Leben, → Rechtfertigung, das → Heil erhält (Röm 5,12–21, 1 Kor 15,45–49). In → Glauben und → Taufe als Teilnahme an Tod und → Auferstehung Christi (Röm 6,3–1) soll der neue Adam, Christus, „angezogen“ werden (Gal 3,27).

Joh betont die E. Christi mit seinem Vater, die sich in der E. der → Jünger mit Christus und untereinander widerspiegeln soll (Joh 10,30; 17,11). Das Gleichnis vom Weinstock (Joh 15,5) verdeutlicht, wie Christus untrennbar mit der → Kirche verbunden ist, die durch ihr Leben, Wachsen und Fruchtbringen Christus darstellt; er ist in allem der Erste, das Haupt der Kirche (Kol 1,18), die bezeichnet wird als → Volk (1 Petr 2,9), Bau (Eph 2,21), → Leib, der von Christus sein Leben empfängt (Röm 12,5; Kor 12,13).

Christus ist der *eine* Hirt der *einen* Herde (Joh 10,16), die lebt durch den *einen* → Herrn, den *einen* Glauben, die *eine* Taufe (Eph 3,17; 45; Gal 2,20), durch *einen* → Geist (1 Kor 12,4), *ein* Evangelium (Gal 1,6f), *ein* → Brot (1 Kor 10,17). Diese *eine* Kirche kennt eine Vielfalt von Gnadengaben, Diensten, Wirkkräften, die fruchtbar werden durch die Führung des hl. Geistes (1 Kor 12,4–11); sie realisiert ihre E. in der Feier der Eucharistie (1 Kor 11,23–29; → Dank), weiß sich angenommen von Gott an Kindesstatt (Röm 8,15; Gal 4,6), bezeugt Christus als Bruder aller Menschen (Röm 8,29; Hebr 2,11.17), ist geeint und geheiligt im Geist der → Wahrheit (Joh 17,17.19). Frucht der E.: der neue → Friede (Eph 2,14). E. der Kirche findet Vollendung in der Fülle des Erkennens Gottes (1 Kor 13,12) und der endgültigen Herrschaft Christi (1 Kor 15,28). Da E. wesensnotwendig für die Kirche ist, bekämpft → Paulus jede Art von Spaltung in den Gemeinden (Apg 6,1.6; 1 Kor 1,11–13), die nur überwunden wird in der Bewahrung der E. des Geistes (Phil 1,27; Eph 4,3). Trotz dieser häufigen Verwendung des Wortes „E." gibt es keine bibl. Systematik der E., da die verschiedenen Weisen, von E. zu sprechen, noch unvereint nebeneinander stehen (bes.: Paulus und Joh).

Einleitungswissenschaft heißt der Zweig der → Bibelwissenschaft, der sich mit Grundfragen der → Bibelauslegung (z. B. → Bibeltext, → Inspiration, → Kanon) der bibl. Bücher beschäftigt, ferner mit ihrer philolog. und literar. Struktur (z. B.: Fragen nach Entstehungszeit und Autorschaft). Die E. bietet nicht eine „Einführung in die Bibel", sondern sie umfasst wissenschaftl. Untersuchungen.

Eisen Bis 1200 v. C. waren in Kanaan Gebrauchsgegenstände noch aus Bronze (z. B. „eiserne Wagen wie in Ri 1,19), dagegen wurden fast nur Schmuckstücke und Amulette aus E. angefertigt. Die Israeliten lernten erst in Kanaan von den Philistern das E.-Schmieden (vgl. 1 Sam 13,19–22). Im Kult blieb E. jedoch noch lange verpönt (vgl. Jos 8,31). Nach 1 Chr 29,7 betrachtete man E. im Tempel als „Gabe" (Devisenreserve?). E. musste eingeführt werden (vgl. Jer 15,12; Ez 27,12).

Eitelkeit Dieser Ausdruck der HS hat nichts mit Selbstgefälligkeit zu tun, sondern bedeutet Nichtigkeit. Eitel = nichtig sind z. B. Götzen (1 Kön 16,13), der Mensch (vgl. Ps 39,9f), menschl. Absichten (Spr 21,6), Der Verfasser des Buches → Prediger sieht in *allem* diese E. (1,2). Röm 1,21 spricht vom „eitlen" Wahn der Heiden. Nach Röm 8,20f ist vorübergehend alles der Nichtigkeit unterworfen. Nichtig ist auch veräußerlichter Gottesdienst (Jak 1,26).

Ekbatana Hauptstadt des Meder-Reiches (→ Meder), nach Esra 6,2 Sommerresidenz der pers. Könige. Ihr Gründer war nicht erst Arphaxad (vgl. Jdt 1,1–4); in der HS wird E. nur gelegentl. erwähnt, z. B. als Ort, an dem der junge Tobias seine Braut fand (Tob 7,11ff).

Ekron (Accaron) Philisterstadt; erst endgültig jüd., als sie um 150 v. C. der → Makkabäer Jonatan von → Alexander Balas erhält (1 Makk 10,89); ob die Berichte über Eroberung von E. in der Richterzeit (Ri 1,18; 1 Sam 7,14) Gebietsansprüche, Tributforderungen oder zeitweise Eroberungen besagen, ist unsicher. Jedenfalls wird E. in Am 1,8; Jer 25,20 als Stadt der Philister bezeichnet. In E. wurde die Gottheit Baal-Sebub verehrt (2 Kön 1,2f; → Ahasja).

El → Namen Gottes

Ela (hebr. Bedeutung unbekannt) Personenname, z. B.:
König des → Nordreiches Israel (887–886 v. C.), Sohn des → Bascha, ermordet von → Simri, einem hohen Offizier (1 Kön 16,9f).

Elam, Elamiter Land bzw. Volk ö von → Babylonien; Hauptstadt → Susa, konnte sich nicht gegen Sumer und → Akkad durchsetzen. Seit dem 13. Jh. v. C. gab es schwere Auseinandersetzungen mit → Assyrien und Babylonien; die Grenzen zw. E. und diesen Staaten veränderten sich laufend. Die Kultur und Zivilisation der E. war weder semit. noch indoeurop. (sondern „asianischen") Volksgruppen eigen.
Fraglich ist, ob der Kedor-Laomer von Gen 14 etwas mit diesem E. zu tun hat;

unklar ist, was der Name „E.“ in Gen 10,22 besagt.
Spätestens seit 700 v.C. kämpft E. als Bundesgenosse Babyloniens gegen Assyrien, wird von diesem um 650 v.C. unterworfen und später medisch/pers. (→ Meder); E. wird Glied des Seleukidenreichs. Der Verfall der Stadt Susa beginnt mit der Eroberung durch die Araber. „E.“ sind in der prophet. Literatur mehrfach als Fremdvölker erwähnt (z.B. Jes 11,11; Ez 32,24). Außerdem erscheint E. in Jes 21,2 als Gegner Babyloniens, aber auch als Gegner des eigenen Staatswesens von Juda (in assyr. Diensten?) vgl. Jes 22,6; Jer 49,34–39). Nach Esra 4,9 werden auch E. in → Samaria angesiedelt. In Apg 2,9 sind Juden aus E. Zeugen des Pfingstwunders.

Elat Edomit. Hafenstadt (→ Edomiter) am Golf an Akaba (= nordöstlicher Golf des Roten Meeres). Umstritten ist die Herkunft des Namens „E.“ (vgl. auch „Ela“ in Gen 36,41) und das Alter der Gründung (ist die Erwähnung in 1 Kön 9,26 jünger als 2 Kön 14,22?). Jedenfalls war ihr Besitz sehr wichtig (Zugang zum Meer, Handel mit S-Arabien und O-Afrika), musste aber stets verteidigt werden; E. ging im letzten Drittel des 8. Jh. endgültig verloren (2 Kön 16,6), war aber noch jahrhundertelang eine blühende Hafenstadt.

Eleasar („Gott hat geholfen“) Personenname, z. B.:
1) Nach Ex 6,23 dritter Sohn des → Aaron. Stets wird ihm eine führende Bedeutung gegeben (vgl. Lev 20,26).
2) Schriftgelehrter, gesetzestreues Verhalten und Martyrium (2 Makk 6,18–31).

Elefantine Nil-Insel (gegenüber von Assuan); jüd. Garnisonsort im 5. Jh. v.C. mit eigenem Jahu (= Jahwe-)Tempel. Zahlreiche meist aram. Hss („E.-Papyri“, → Papyrus), keine Bibeltexte. Sie spiegeln das Leben einer jüd. Diaspora-Gemeinde wider.

Elemente Mit dem griech. Ausdruck für E. (*stoicheion*) wird Verschiedenes bezeichnet:
1) Anfangsgründe (Hebr 5,12).
2) Grundstoffe (Weish 7,17; 19,18).
3) Welt-E. (Naturmächte), die als Personen oder Dämonen wirken (Gal 4,3; Kol 2,8) bzw. nichtchristl. Religionen beherrschen (vgl. Gal 4,9).
4) Beim Weltbrand (stoische Lehre) werden E. verbrennen (2 Petr 3,10.12).

Elfenbein Material für Luxusgegenstände (Thron: 1 Kön 10,18 – Palastverzierung: 1 Kön 22,39; Ps 45,9; Am 3,15 – Bettgestell: Am 6,4), das von afrikan. Elefanten stammte. In der Lyrik des → Hohenliedes wird der Leib des Bräutigams und der Hals der Braut mit E. verglichen (Hld 5,1; 7,5).

Eli Jahwepriester in → Schilo, wo die → Bundeslade stand. In der Überlieferung stehen mehrere Aussagen nebeneinander: In 1 Sam 1,17.25f; 2,11; 3,1–9 ist E. sehr positiv dargestellt; nach 1 Sam 4,18 gilt er als → Richter. Daneben steht die Schilderung seiner nichtswürdigen Söhne und ihres Todes (1 Sam 2,12–17.22–25; 3,10–4,11). Gefärbt sind diese Berichte durch die Tatsache, dass in Jerusalem seit Salomo die Eliden durch die Zadokiden als Priester verdrängt worden waren (vgl. 1 Kön 2,26f). Eine weitere Schicht der Überlieferungen bilden die Samuel-Berichte, in denen E. nur wenig bedeutt (vgl. z.B. 1 Sam 3). Die verschiedenen Schichten der Überlieferung lassen sich nicht mehr trennen, daher ist es umstritten, was es mit E.s Priestertum eigentlich auf sich hatte.

Elieser („Gott ist Hilfe“) Personenname, z.B.:
1) Nach Gen 15,2 Diener Abrahams.
2) Nach Ex 18,4 Sohn des Mose; in 1 Chr 23,15.17 wird ein Geschlecht der Leviten auf E. zurückgeführt.
3) Prophet, der gegen König → Joschafat von Juda (→ Südreich) auftritt (2 Chr 20,37).

Elifas aus Teman, Erster der Freunde → Ijobs (Ijob 2,11), vertritt in drei Reden die volkstüml. Überzeugung, Ijobs Leiden seien Folgen seiner Sünden (Ijob 4–5; 15; 22). Diese falsche Auffassung wird in Ijob 42,7–8 von Gott korrigiert.

Elija („Gott ist Jahwe“) Prophet aus Tischbe im ostjordanischen → Gilead, wirkt unter → Ahab und → Isebel im →

Nordreich Israel. Die Erzählungen über ihn (1 Kön 17 – 2 Kön 2) wollen durch zahlreiche Wunderberichte seine Größe zeigen. Die Bedeutung E. liegt in seinem polit. Eingreifen zu Gunsten des Jahweglaubens und gegen den von der Königin geforderten Kult des Baal-Melkart (→ Baal). E. stellt das Volk vor die Entscheidung und fordert die Baalspriester zum Gottesurteil auf dem → Karmel (1 Kön 18). Seine Wanderung zum Horeb ist Zeichen: Die Geschichte des Volkes soll wieder mit den Anfängen, der Gottesoffenbarung am → Sinai, verbunden werden (1 Kön 19). Nach 2 Kön 2,11 in den Himmel entrückt, soll er vor dem „Tag des Herrn“ wiederkommen (Mal 3,1.23–24). Diese Hoffnung war ins spätjüd. (vgl. Sir 48,10–12) und ntl. Zeit lebendig. Sie wird Mk 9,13 u. ö. auf Johannes den → Täufer übertragen (vgl. auch Joh 1,21). E. erscheint bei der → Verklärung Jesu; wird als Nothelfer angerufen (vgl. Mk 15,35f; Mt 27,47.49) und als Vorbild für beharrl. Gebet hingestellt (Jak 5,17f).

Elimelech („Gott ist König“) Person im Buch → Rut, der von Betlehem nach Moab auswandert und dort stirbt; Mann der Noomi, Schwiegervater der Rut.

Elischa (Elisäus; „Gott hat geholfen“) Stammte aus Abel-Mehola; → Prophet in Israel (2. Hälfte des 9. Jh.). Seine Berufung ist in 1 Kön 19,16.19 verschieden berichtet. Von → Elija berufen, wird er dessen Jünger und Diener. Stärker als sein Meister greift er in die Innen- und Außenpolitik seines Landes ein: E. verkündet beim Feldzug gegen Moab ein Gotteswort (2 Kön 3,16–20), spielt eine Rolle in den Aramäerkriegen (2 Kön 6,8–23), salbt → Jehu zum König über Israel und ermuntert dadurch zum Staatsstreich gegen die Dynastie → Omris (2 Kön 9,1–10). Mit → Joasch steht E. in engem Vertrauensverhältnis (2 Kön 13,14–19). Die Erzählungen über sein Wunderwirken sind weithin der Überlieferung von Elija nachgestaltet.

Elisabet („Gott ist Vollkommenheit“) → Kindheitsgeschichte Jesu.

Elisäus → Elischa

Eljakim („Gott möge aufrichten“) Personenname, z. B.:

1) Palastvorsteher des Königs → Hiskija von Juda (→ Südreich; 2 Kön 18,18).

2) Jojakim.

Eljon → Namen Gottes

Elkosch Nach Nah 1,1 Heimatort des Propheten → Nahum; Lokalisierung des Ortes nicht möglich.

Ellasar Nach Gen 14,1 Residenzstadt des Königs Arjoch, früher gleichgesetzt mit der bab. Stadt Larsa.

Elle → Maße

Eloah → Namen Gottes

Elohim → Namen Gottes

Elohist → Mosebücher

Elon („Eiche“), Name, z. B.:

1) Nach Ri 12,11 Name eines → Richters.

2) Name einer in 1 Kön 4,9 genannten Ortschaft.

Elteke Nach Jos 19,44; 21,23 Levitenstadt im Gebiet von → Dan.

Elul → Kalender

Elymas → Barjesus

Emmanuel → Immanuel

Emmaus

1) Judäischer Ort (1 Makk 3,40.57), 24 km wnw v. Jerusalem. Dort lag *'amwas*, das 1967 völlig zerstört wurde.

2) In Lk 24,13–35 wird von zwei Jüngern berichtet, denen sich auf dem Weg nach E. der auferstandene Christus beigesellt. E. sei 60 Stadien (= etwas über 12 km) von Jerusalem entfernt gewesen (Lk 24,13). Einige Hss und viele Gelehrte setzen es mit 1) gleich.

Empörung → Staat

En → Aji

Endgericht → Gericht

En-Dor („Quelle von Dor“), sö des Tabor. Nach 1 Sam 28,7–25 Heimat der Totenbeschwörerin, die Samuel vor Saul habe erscheinen lassen.

Endzeit → Eschatologie

En Feschcha Qumran

En-Gedi („Böckchenquelle“) Oase an der W-Küste des → Toten Meeres (vgl. Ez 47,10); nach 1 Sam 24 floh David vor Sau in eine Höhle bei E.

Engel In älteren Teilen des AT steht wenig von E.n (vgl. aber Gen 28,12), anders in späteren Schriften (vgl. Ez; Sach; Dan), die viell. unter pers. Einfluss stan-

den. Für das AT ist typisch, dass im Handeln der Engel Jahwe selbst wirkt.
Die Bedeutung von „E. des Herrn" ist umstritten. In Gen 22,11f; Ex 3,2ff ist er mit Jahwe identisch. Man konnte sich Jahwe nicht ohne „Hofstaat" vorstellen (vgl. Ijob 1,6), Ein „deutender E." wird z. B. in Dan 7,16 erwähnt (vgl. Offb 21,9).
Auch im NT wird Gottes Wirken in Christus durch E. verkündet, begleitet, unterstützt und ausgeführt, z. B. in den Kindheitsberichten bei Lk und in Offb. Sie wirken meist nicht „von Fall zu Fall", sondern „allezeit" (Mt 18,10). Eine Einteilung der E. in Klassen (z. B. „Throne, Gewalten, Mächte" nach Kol 1,16) ist nachbiblisch. → Cherub; → Seraph. Intensiver E.-Kult wird abgelehnt (Kol 2,18); die E. sind nur „Mitknechte" (Offb 19,10; 22,9). Christus steht über ihnen (Hebr 1,5), er ist unser Mittler.
Traditionell bezeichnet man 7 E. als Erz-E. (vgl. Tob 12,15; Offb 8,2), deren Namen z. T. legendär sind. „Künstlerische" Darstellungen (z. B. Putten) entsprechen nicht der bibl. Wirklichkeit.

Enosch („Mensch") Nach Gen 4,26 Sohn → Sets (vgl. Gen 5,6–11); „Beginn" der Verehrung Jahwes. Erster Mensch in der Überlieferung der Keniter?

En-Rogel → Walkerquelle

Enthaltsamkeit → Verzicht

Entmannter Bezeichnet den durch medizin. Eingriff (Weish 3,14; Mt 19,12), Vertrauten eines Königs (Gen 37,36; 39,1; 1 Kön 22,9; 2 Kön 8,6; 23,11), Beamten in der Armee (2 Kön 25,19) und Hofbeamten (Est 1,10; 2,3.14; 4,4; Apg 8,27ff); einem E. war z. B. auch die Erziehung der Kinder anvertraut. E. „um des Himmelreiches willen" → Ehelosigkeit.

Entmythologisierung → Bibelwissenschaft

Entsagung → Verzicht

Entschlafen → Tod

Entweihen → Reinheit

Enuma elisch → Schöpfung

Epaphras („begehrenswert") Mitarbeiter des Paulus aus Kolossä (Kol 1,7; 4,12; 23).

Epaphroditus („begehrenswert") Mitarbeiter des Paulus aus Philipp (Phil 2,25–30).

Epheserbrief wird als einer der → Gefangenschaftsbriefe des Paulus seit dem 2. Jh. bezeugt. In einigen Hss fehlt die Ortsangabe „in Ephesus" (Eph 1,1), der Brief entbehrt einer persönl. Notiz, obwohl nach Apg 19,1 – 20,1 Paulus drei Jahre in Ephesus lebte; der Verfasser des E.es scheint die Epheser jedoch nur vom Hörensagen zu kennen (vgl. Eph 1,15). Schon in alter Zeit wurde daher vermutet, es handle sich beim E. um den (nicht erhalten gebliebenen) Paulusbrief an die Christen von → Laodizea (vgl. Kol 4,16). Andere wollen das Fehlen der Ortsangabe in einem Teil der Hss so erklären, dass der E. ein an mehrere Gemeinden gerichtetes Rundschreiben gewesen und nur das an die Epheser gesandte Exemplar bewahrt geblieben sei.
Der Grundgedanke des E.es ist die Verbundenheit aller Erlösten in der Kirche, dem Leib Christi. Im ersten, lehrhaften Teil (1,3 – 3,21) ist als göttl. Heilsplan dargestellt: Christus als Mitte und Ziel der erlösten Schöpfung, als Haupt der Kirche, die sein Leib ist; Friede und Einheit durch ihn in der Kirche, bes. zw. Juden und Heiden. Der zweite, ermahnende Teil (4,1 – 6,20) zieht daraus Folgerungen für den Frieden untereinander, für das Zusammenwirken in der Kirche, für das christl. Leben in Ehe und Familie und den Kampf gegen alles Böse.
Es ist umstritten, ob Paulus der Verfasser des E. ist. In Sprache und Stil weicht E. von den älteren Paulusbriefen ab, fast die Hälfte des Briefes stimmt mit Kol überein. Es ist möglich, dass der E. im Anschluss an Kol durch einen Paulusschüler verfasst wurde. Die Abfassung erfolgte vermutl. 61–63 n. C., falls man daran festhalten will, dass ihn Paulus selbst während seiner röm. Gefangenschaft schrieb.

Ephesus Griech. Stadt an der W-Küste Kleinasiens (heute: *selçuk*) in fruchtbarem Tal, Berührungspunkt von Ost und West für Handel, Zivilisationen, Religionen (z. B.: Kaiserkult, Zauberwesen, Judentum). In ntl. Zeit Weltstadt, polit. und wirtschaftl. Zentrum. Der Tempel der → Artemis in E. galt als Weltwunder; → Paulus wirkte in E. auf seiner 3. und 4.

Missionsreise, bis ihn der Aufstand der Silberschmiede (→ Demetrius) vertrieb. In E. gab es bald eine große Christengemeinde (vgl. Offb 2,1–7). → Epheserbrief. → Johannes. Der Tod → Marias in E. ist legendär.

Artemis-Tempel in Ephesus; Abbildung auf einer röm. Münze des 2. Jh. n. C.

Epikureer → Philosophen

Epiphanie Das „Erscheinen" Gottes in der Welt, verursacht eine Wende in der Geschichte, geschieht bei Berufungen (Ex 3; Jes 6,1–13; Jer 1,2–10), Verheißungen (Gen 18; Ri 13,3ff), vor allem bei Bundesschlüssen (Gen 17,1–4; Ex 19,18–20,19); als geschichtl. Ereignis wird E. datiert, lokalisiert (Ex 19,18; Jes 6,1; Mk 16,2–8; Lk 24,1; Joh 20,12) und erfahren an bes. Orten: Berge (Ex 3; 19; Mk 9,2) Seen (Mk 6,48), Offenbarungszelt (Ex 40,34), Tempel (Jes 6). E. hat Charakter eines Rufes, der den Menschen überwältigt (Jes 6,5; Jer 20,7), in ihm Furcht hervorruft (Gen 28,17; Mk 6,50; 9,6; Lk 2,9; 24,38; Joh 6,20), von ihm Entscheidung fordert; der Mensch kann dabei nur in Distanz Gott begegnen (Ex 3,6; 33,22f; Ri 6,11ff).

Durch Christus ereignet sich E. Gottes in neuer Weise, wird durch Engelserscheinungen vorbereitet (Lk 1,10ff.28ff; 2,9ff) oder bestätigt (Mk 1,65 par; Joh 20,12); Menschwerdung Christi ist verhülltes Erscheinen der → Herrlichkeit Gottes (Mk 9,2f; Joh 1,14), die sich am Ende der Zeiten unverhüllt zeigen wird (Mk 13,26 par); durch Verbundenheit mit Christus ist E. bes. gemeinschaftsbezogen (Lk 24,3042ff; Joh 20,24–29; 1 Kor 15,5ff).

E. Gottes ereignet sich durch die Verkündigung seines Wortes und ist gleichbedeutend mit → Wiederkunft Christi (1 Tim 6,14; 2 Tim 4,1.8; Tit 2,13). → Offenbarung

Episkopos („Aufseher"; von „E." stammt das Lehnwort „Bischof") In 1 Petr 2,25 wird Christus E. genannt; sonst werden in der HS Menschen mit leitenden Funktionen in christl. Urgemeinden als „E." bezeichnet, die zum Kollegium der → Presbyter gehören. Mit E. wird dabei kein Amtsbereich umschrieben; es konnte auch mehrere Episkopen (vgl. Apg 20,28) in derselben Gemeinde geben. Die Ausdrücke „E." und „Presbyter" (= Älteste) konnten ohne Unterschied gebraucht werden (Tit 1,5.7). Die Stellung des E. ist eine bes. Form des → Dienstes. Gegen Ende des 2. Jh. n. C. war fast überall der „monarchische Episkopat" ausgebildet: Für jede Gemeinde handelte ein Bischof fast unbeschränkt.

Erastus („liebenswert") Mitarbeiter des Paulus (Apg 19,22); Schatzmeister der Stadt Korinth (Röm 16,23); nach 2 Tim 4,20 ist ein E. in Korinth zurückgeblieben. Umstritten ist, ob es sich jeweils um dieselbe Persönlichkeit handelte.

Erbarmen Gottes → Barmherzigkeit

Erbauung Das NT spricht nicht von der E. eines Einzelnen, sondern jeweils von der E. der *Gemeinde*, die mit einem Bauwerk verglichen wird (1 Kor 3,10ff.16). Alles muss diesem Aufbau der Gemeinde dienen, z. B. Geistesgaben (1 Kor 14,3ff.26) und gegenseitige Ermahnung (1 Thess 5,11). In Eph 4,12.16 wird von der „Auferbauung" des → Leibes Christi gesprochen.

Erbe hat im bibl. Sprachgebrauch eine weitere Bedeutung als heute. Im AT bezeichnet es jeden Besitz, der durch Rechtsanspruch (außer Arbeit) oder Verheißung zuteil wird. Alles ist *Gottes* Eigentum und wird daher von ihm dem Menschen anvertraut: „E." Gottes ist das Volk Israel (Ps 32,12), das Land Kanaan (Ex 15,17), das Gesetz (Ps 119,111), Kinder (vgl. Ps 127,3); sogar Jahwe selber ist

„Erbbesitz“ (Dtn 10,9; Ez 44,28). Durch Eroberung (Neh 9,25–26) oder durch Los (Num 26,52–56) „erben“ die Israeliten Grundbesitz, Äcker und Häuser. Die Weisen „erben“ Ehre, die Toren Schande (Spr 3,35).
Über E. im heutigen Sinn finden wir nur Bestimmungen zum Recht der Erstgeborenen (Dtn 21,15–17) und der Töchter (Num 27,1-11). Testamentarische Erbfolge wird nicht erwähnt, war aber wohl bekannt (vgl. Gal 3,17).
Im NT ist das atl. Verständnis von E. im Vater-Sohn-Verhältnis Gottes zum Menschen weitergeführt. Der eigentliche E. Gottes ist Christus, der Sohn (Hebr 1,2); die Christen sind seine Miterben (Röm 8,17). Sie erben das Reich Gottes (Mt 21,43; Eph 1,13f; 1 Petr 1,3ff) als endzeitl. Gabe

Erbsünde → Sünde

Erde Sie wurde von Gott geschaffen (Gen 1,1). Man stellte sie sich vor als Scheibe, die auf Säulen im Wasser ruht (vgl.: 1 Sam 2,8; Spr 8,29); über ihr erhebe sich die Himmelskuppel, welche die Berge tragen (vgl. 2 Sam 22,8). Man dachte sich diese Scheibe manchmal viereckig (vgl.: 4 Enden der Erde“ o. Ä. Jes 11,52; Offb 7,1).
Die E. galt als geheimnisvolle Urkraft von Leben (vgl. Gen 2,7.19) und Fruchtbarkeit. Zwar mindert nach Gen 3,17ff die → Sünde diese Kraft, aber sie wird sich in der Endzeit neu zeigen (Jes 30,23). Dann wird es eine ganz neue E. geben (Offb 21,1); die frühere E. wird vernichtet werden (2 Petr 3,10).
Die E. ist Gottes → Eigentum, sein „Schemel“ (Mt 5,25), seinem Gericht unterstellt (→ Sintflut). Einem Teil der E. versprach und schenkte er seinem Volk (→ Landnahme).
Die Christen sind das „Salz der E.“ (Mt 5,13), die das Leben des Mitmenschen prägen sollen. Sie bleiben aber Fremdlinge auf E.n (Hebr 11,13).
„Himmel und E.“ (Jes 1,2) oder „Himmel, E. und Meer“ (Ps 146,6) o. Ä. bedeuten: Weltall.

Erech (Uruk) am → Eufrat gelegen, war polit. Zentrum des frühen Reichs von → Sumer; in Gen 10,10 Stadt des → Nimrod. In E. wurden bes. der Himmelsgott Anu und die Muttergottheit Inanna-Ischtar verehrt, deren kult. Hochzeit mit → Tammus gefeiert wurde.

Erhöhung Im AT versteht man E. als Ansehen des Menschen (1 Sam 2,7), Zuwachs an Macht (1 Sam 2,10; Ijob 5,11). E. wird dem zuteil, der Gottes Wege beachtet (Ps 37,34); sie wird Gottes Willen zugeschrieben (Dan 5,19) und ist Folge von Gottes Urteil (Ps 75,8). Die E. sowohl des einzelnen als auch des Volkes (Jes 1,2) wird angedeutet in der E. des → Gottesknechtes (Jes 52,13).
Das NT spricht von E. des Menschen im atl. Sinn in Lk 1,52; 14,11; 18,14; Mt 23,12 und bezeichnet E. auch als Frucht der → Demut (Jak 4,10; 1 Petr 5,6). Im Vordergrund steht aber die E. Christi, die als Sitzen des Menschensohnes zur Rechten Gottes und als sein Kommen auf den Wolken des Himmels verstanden wird (Apg 2,33; 5,31; 1,9ff); damit ist E. zugleich Inthronisation Christi (Mk 16,19; Himmelfahrt; Röm 8,34; Eph 1,20), in der er mit → Herrlichkeit gekrönt wurde (Hebr 2,9). Die E. Christi ist Erfüllung atl. Vorbilds und zugleich Zusage für die E. der Menschen (Joh 3,14; 8,28; 12,32.34). Christus ist erhöht über alle Schöpfung (wie auch die → Auferstehung Jesu Anfang der neuen Schöpfung ist); sein Name ist über allen Namen, in ihm geschehen Zeichen und → Wunder (Phil 2,9f; Apg 4,30); als Erhöhter ist er in der → Kirche gegenwärtig (Röm 1,3f). Die E. ist Ursache der Geistsendung (Apg 2,38) der Sündenvergebung (Apg 10,43) und des Heils (Apg 4,12).

Erkennen
1) E. Gottes bedeutet meist nicht theoret. Erkenntnis, sondern Erfahrung aus der → Geschichte (vgl. Jes 41,20; Ps 9,11; aber Dan 12,4) oder Anerkennen Gottes (Röm 1,19), im NT in Christus (vgl. 1 Kor 4,6).
2) „Erkennen v. Gut und Böse“ → Paradies.
3) Ein Bereich der Erkenntnis ist Gott vorbehalten und liegt jetzt offen vor dem Gläubigen (vgl. 1 Kor 2,10). Auch dieser umfasst nicht theoret. Wissen (vgl. 1 Joh

1,5f), das zum Heil führe, wie man in der „Gnosis“ annahm (→ Philosophen).
4) Eine bes. Stellung nimmt das Wort „E.“ im → Johannes-Evangelium ein.
5) Da „E.“ die enge Verbundenheit zweier Persönlichkeiten bedeutet und die HS keine Trennung Leib/Seele macht, wird mit „E.“ auch die intime Gemeinschaft von Mann und Frau ausgedrückt (Gen 4,1.17; einige Übersetzer: „beiwohnen“ o. Ä.)

Erlassjahr → Eigentum

Erleuchtung → Licht

Erlösung Das AT kennt E. als: Errettung aus zeitl. Nöten (Ri 15,18f; 1 Sam 10,19), Rettung des Volkes aus der Knechtschaft Ägyptens (Ex 14,13f; 15,2) und aus dem → Exil (Jes 45,17; 46,13) sowie Befreiung von Sünden (Jes 38,17; Jer 31,34; Ez 18,21f). E. wird verdeutlicht durch den Gedanken, dass Gott sein Volk aus Knechtschaft loskauft (Dtn 15,15) und es sich so zum Eigentum erwirbt (Ex 19,5).
Das NT spricht in ähnl. Weise von der E., betont aber, dass sie durch Christus in → Tod und → Auferstehung (Röm 4,25; 5,10; 1 Kor 15,17; → Taufe) vollendet wurde. E. bedeutet Loskauf von Schuld durch Christi Blut (Röm 3,24f; Eph 1,14; 1 Petr 1,18ff), wodurch der Erlöste Eigentum Christi wird (Tit 2,14; Hebr 9,12.15) und der -→ Bund in einer neuen Weise geschlossen wird (Hebr 12,24; 13,20f). Christus wirkte die E. von der → Welt (Gal 1,4), vom Fluch des → Gesetzes (Gal 4,5), vom → Zorn Gottes (1 Thess 1,10), von jeder Ungerechtigkeit (Tit 2,14) vom → Dienst der Sünde (Röm 6,16f). E. betrifft den Menschen nicht nur in seiner Seele, sie vollzieht sich ebenso in seinem Leib (Röm 8,23).

Erneuerung → Neu

Ernte Getreide erntete man im April/Mai/Juni, je nach Gegend und Wetter. Man schnitt die Garbe mit der Sichel (Dtn 16,9) so hoch über dem Boden ab, dass ein großer Teil des Halmes auf dem Acker stehen blieb. Die Garben breitete man auf einem festen Platz aus, über den Ochsen (Dtn 25,4) oder Esel, Dreschschlitten (vgl. Jes 41,15) oder -wagen zogen (vgl. aber auch Jes 28,27). Dadurch wurden die Körner aus den Ähren herausgepresst. Beim Abendwind wurde „geworfelt“: Man warf das E.-Gut mit der „Wurfschaufel“ in die Luft, wobei die Spreu vom Wind weggeweht wurde (vgl. Ps 1,4) und die Körner zu Boden fielen. Mit der E. verglich man z. B. das → Gericht (Mt 3,12 par; Offb 14,15f). Zum Dank für die E. musste der Bauer die → Erstlingsgabe entrichten.

Erstgeborener Ein Vater sah in seinem ältesten Sohn sein Abbild; er bevorzugte ihn (vgl. Gen 27,34ff) und gab ihm bes. Vollmachten (vgl. Gen 27,29), auch über jüngere Geschwister (Gen 49,8). Nach Gen 25,31ff; 27,36; 49,4 konnte das Erstgeburtsrecht auch verloren gehen (vgl. Dtn 21,17). Der Älteste erbte meist die Führung des Stammes (→ Nomaden). Gott konnte von Israel sagen: „Es ist mein E.“ (Ex 4,22). Christus überragt alles; daher wird er E. genannt (Röm 8,29; Kol 1,15). Man musste einen E. von der Gottheit loskaufen, falls man ihn nicht als Menschenopfer (vgl. Gen 22; 2 Kön 16,3) darbrachte; denn er wurde als Werk einer lebenschaffenden, übermenschl. Kraft betrachtet. In Israel ging die Loskauf-Summe nach Num 18,15–19 an die → Leviten. Später erklärte man die Sitte des Loskaufs aus der Verschonung der isr. Erstgeburt in Ägypten (Ex 13,1f.14ff); ein E. galt also als lebendes Zeichen für Gottes Hilfe. Auch der einzige Sohn wurde als „E.“ bezeichnet (vgl. Sach 12,10).
Die Mutter galt nach *jeder* Geburt als „unrein“ (Lev 12,2.5) und musste sich durch ein Reinigungsopfer von diesem Makel befreien. Gründe für diese Auffassung waren z. B.: das Tabu, mit dem das Geschlechtsleben des Menschen umgeben war; hygien./medizin. Anschauungen; Befürchtungen, böse Geister könnten sich in die Frau drängen. In der Geschichte von der „Darstellung Jesu im Tempel“ (Lk 2,22–39) wird über den Loskauf Jesu *und* über das Reinigungsopfer seiner Mutter gesprochen. Höhepunkt der Erzählung ist aber: die Ankunft des Messias Jesus im Tempel (vgl. Mal 3,1).

Erstlingsgabe Opfer, bei dem die ersten Früchte der → Ernte (Ex 34,26), die Erstgeburt des Viehs usw. dargebracht wurde.

In Dtn 26,5–10 ist ein Gebet überliefert, das dabei gesprochen werden musste. Hier ist die E. gedeutet als Bezeugung des Segens und der Fruchtbarkeit, die Gott den einst Unterdrückten geschenkt hat, welche er aus Ägypten führte (→ Auszug aus Ägypten). Nach Lev 23,10–20 war die E. eine Art Steuer für Gott, die den Priestern gehörte (Lev 23,20). → Erstgeburt. Mit Christus beginnt eine neue Zeit der Fruchtbarkeit, er ist „Erstling der Entschlafenen" (1 Kor 15,20.23).

Erwählung Das Volk Israel wusste sich von Gott zu seinem Eigentum erwählt (Dtn 14,2) und darum in seiner religiösen und polit. Existenz gesichert (Mi 4,5). Dies wurde erfahren durch das Eingreifen Gottes in die Geschichte des Volkes: E. der Patriarchen (Gen 12,1–3; Jer 11,5; Ez 28,25), → Auszug aus Ägypten (Ez 20,5f; Am 9,7), → Bund (Ex 19,5f; Dtn 5,2). E. ist nicht nur dem Volk als ganzem zugesprochen, gilt ebenso für einzelne Auserwählte wie → Mose und Aaron (Num 17,20–23; Sir 45,1–4), den König (1 Sam 10,20–24; → Königtum); weist auf die absolute → Freiheit Gottes hin.

Im NT wird E. gesehen als Ausdruck des Willens Gottes (Mt 20,23; Röm 9,11.15), ist Zeichen seines Erbarmens (Röm 9,16), seiner Gnade (Röm 11,29). E. wird einzelnen Menschen sowie der → Kirche zuteil (→ Berufung) und hat eschatologischen Charakter (Mt 22,14; Röm 8,33–37), fordert glaubwürdige Darstellung durch das Leben des Christen (2 Petr 1,10; Kol 3,12).

Erzengel → Engel

Erzväter In Gen (→ Mosebücher) werden „E." (= Patriarchen) als tragende Persönlichkeiten dargestellt. Diese Erzählungen stammen aus *verschiedenen* Zeiten, Kreisen, Stammesgruppen, Gegenden usw. Die vielfältigen Traditionsstücke wurden gesammelt, mehrfach überarbeitet (z. B. nach theol. Grundsätzen) und beeinflussten einander. Die Erzählungen von den E.n sind also nicht eine geschlossene Ganzheit, sondern ein Vielerlei. Das bedeutet nicht, dass man sie als wertlos missachtet. → Abraham, → Esau, → Isaak, → Jakob, → Lot (→ Nomaden). Häufig erkannte man einen bestimmten Stamm als verwandt, feindlich usw. Das wurde so dargestellt, dass man eigene Urväter und solche dieses Stammes verband oder gegeneinander stellte (vgl. z. B. Gen 19,30–38).

Esarhaddon Schreibweise für → Asarhaddon

Esau („rau, behaart"?) nach bibl. Überlieferung Sohn von → Isaak und → Rebekka, Zwillingsbruder → Jakobs). Typ des Jägers (Gen 25,27–34), später als Stammvater der Edomiter gedeutet und auch Edom genannt (Gen 36,1–19). In Gen 25,21ff; Gen 27 verkörpert er das Volk Edom, das dem Haus Jakob (= Israel) unterlegen ist. Die entsprechenden Erzählungen schildern das Verhältnis zweier Nachbarstaaten als Familiengeschichte.

Esch-Baal → Isch-Boschet

Eschatologie beschäftigt sich mit dem Ende der → Zeit, mit der → Wiederkunft Christi, mit dem → Gericht (→ Apokalyptik) und mit den vorangehenden Drangsalen, mit dem → Leben nach dem Tod. Christl. E. geht davon aus, das alle Erfüllung im Zeichen Christi steht.

Eschkol Name:

1) Bundesgenosse → Abrahams (nach Gen 14,13).

2) Tal, wohl bei → Hebron, aus dem die Kundschafter eine Weintraube mitbrachten (nach Num 13,23f; 32,9; Dtn 1,24).

Eschtaol → Zora

Esdras → Esra

Esel war Karawanen- (Gen 42,26), Arbeits- (Dtn 22,10), Last- (Gen 22,3) und Reittier (Ri 1,14), in Israel kein Opfertier (vgl. Ex 34,20). In Mk 11,2–7 par; Joh 12,14f ist Jesu Einzug auf einem E. Zeichen seiner Messiaswürde (vgl. Sach 9,9).

Esra Das Buch E. bildete mit dem Buch → Nehemia urspr. *eine* Schrift als Weiterführung der → Chronik. Die Trennung der Bücher erfolgte zunächst in den griech. Hss und wurde erst im 15. Jh. n. C. in die hebr. Bibel übernommen. Das Buch E. schildert die Heimkehr der Juden aus dem → Exil nach Jerusalem auf Grund des Edikts des → Kyrus (538 v. C.; Esra 1–2), den Wiederaufbau des Tempels

(3–6), die Rückkehr einer zweiten Gruppe Verbannter unter Führung des E., der für die Einhaltung der mosaischen Gesetze eintritt, vor allem beim Kult, und Maßnahmen gegen Mischehen ergreift (7–10). Zweck der Schrift ist, die Wiederherstellung der jüd. Gemeinde, ihres Tempels und ihrer Stadt als Erfüllung der alten Verheißungen Gottes darzulegen; jetzt beginnt eine neue Zeit für das Volk Gottes. Die Abfassungszeit ist um 300 v. C. anzusetzen. Der Ausgleich chronolog. Angaben in Esra und Neh bereitet Schwierigkeiten, die bisher nicht gelöst sind. Umstritten ist, was man unter „Gesetz" bei E. verstehen soll. Auch die Zeit der Heimkehr des E. nach Jerusalem wird verschieden festgelegt, erfolgte aber mindestens ca. ein Jh. vor Abfassung des Buches E.

Essen → Mahl

Essener Jüd. Sekte, viell. Weiterentwicklung der → Chasidäer. Unsere Quellen über die Kenntnis v. den E.n sind außerbibl. Die E. hielten sich streng ans Gesetz (viele Reinheitsforderungen, daher häufige Waschungen), lebten in Armut und blieben meist ehelos in klosterähnl. Gemeinschaften; verheiratete E. lebten außerhalb dieser Gemeinschaft, waren jedoch durch einen Bund vereint. Die E. sind viell. auch eine Protestbewegung gegen das verweltlichte Jerusalemer Tempelpriestertum. Umstritten ist, ob die kultreformer. Sicht von Ez 40–48 zu einem Ideal der E. wurde. Einige ihrer Lehren waren nicht jüd., sondern stammten viell. aus Parsismus oder Neupythagoräismus. Meist werden auch die Leute von → Qumran als Gruppe von E.n angesehen.

Essig Saurer Wein, meist mit Wasser verdünnt, Getränk bei der Feldarbeit (Rut 2,14). E. in Mk 15,36 par (Kreuzigung) war wohl keine Marter, sondern eine Erfrischung (daher: „halt", „lass es" in Mt 27,49; vgl. aber Spr 25,20). → Nasiräern war E.-Genuss verboten (Num 6,3).

Ester (Buch) Kunstvoller Bericht über drohende Verfolgung und Rettung der Juden im Perserreich des Ahasveros (Xerxes I. 486–465 v. C.), da diese (dargestellt am gesetzestreuen Mordechai) die Staatsreligion ablehne. Das jüd. Mädchen E. wird von Ahasveros zu seiner Frau und zur Königin gemacht. Ihrer Schönheit, Klugheit und Fürsprache gelingt es, das Unheil von ihrem Volk abzuwenden. Die Feinde der Juden dagegen werden vernichtet, voran der Judengegner Haman. Mit der Schilderung dieser Rettung wird das Purimfest begründet, an dem es auch verlesen wird. Die Zeit der Abfassung des Buches E. ist umstritten; jüdische Überlieferung spricht von ca. 400 v. C., andere Auffassungen gehen von einem Zeitraum von 300 v. C. – 80 v. C. aus.

Etan („der Beständige") Weiser, nach 1 Kön 5,11 „Esrachite", der allerdings nach dem Verfasser von 1 Chr 2,6 Sohn eines *Serach* gewesen sein soll. Der Name E. findet sich z. B. auch in 1 Chr 15,17–19 (Tempelsänger), Ps 89,1 (Ps-Dichter).

Etbaal König von → Sidon, Vater der → Isebel (1 Kön 16,31).

Ethik In der HS gibt es kein eth. System oder *eine* E., sondern mehrere Grundformen eth. Verhaltens. Nicht biblisch ist ein eth. Dualismus Geist/Leib o. Ä., nach dem Leib und alles Leibliche schlecht wären (→ Leib).

E. nur als Askese (Tugendübung) um ihrer selbst willen betrieben, ist wertlos. Askese muss jeweils nach ihrer Begründung und ihrem Ziel beurteilt werden.

Einige Grundformen:

1) E. der → Nomaden.

2) Bundes-E.; Norm: Bund mit Jahwe, oft dargestellt unter dem Bild der → Ehe. Vor allem die → Propheten betonen die Treueverpflichtung Jahwe gegenüber.

3) Gesetzes-E.; Norm: Gesetzesbestimmungen (→ Deutoronomistische Überlieferung). Diese Form der E. ist vor allem nachexilisch (vgl. Neh 8ff), aber nicht ntl., da Christus die Erfüllung des → Gesetzes ist (Röm 10,4). Ein System christl. E. kann also aus den Vorschriften des AT nicht konstruiert werden.

4) E. der Erwartung; Norm: Hoffnung des kommenden Messias. Sie konnte zum Ausdruck kommen durch geduldiges Ausharren, aber auch durch gewaltsame polit. Erhebung (→ Zeloten).

5) E. als weise Lebenskunst (→ Weisheit).

6) E. Jesu nach den drei ersten Evv; Norm: „Das → Gottesreich ist nahe" (Mk 1,15). Jesus betont, *er* sei der Messias, mit dem es beginne; diese Behauptung war ein Grund für die Gegensätze zw. Jesus und den Autoritäten (→ Pharisäer, → Schriftgelehrte).
7) E. der „Seligpreisungen" der → Bergpredigt.
8) E. der „Antithesen" der → Bergpredigt.
9) E. des Hauptgebots (= Liebe zu Gott und zum Nächsten: Mk 12,28–31 par; Liebe zu den Feinden: Lk 6,27.35; Mt 5,44).
10) E. der → „goldenen Regel" (Mt 7,12: „Alles nun, was ihr wollt, dass es euch die Menschen tun, das sollt auch ihr ihnen tun"; vgl. Lk 6,31).
11) E. der → Nachfolge und Jüngerschaft.
12) E. der → Urgemeinde.
13) E. des Apostels → Paulus.
14) E. der → Pastoralbriefe; damit verwandt ist die E. der „Zwei-Wege-Lehre" (Tod/Leben; → Barnabas, → Didache).

Eucharistie Feier des → Abendmahls. → Dank.

Eufrat (längster Fluss des westl. Asien, ca. 2700 km lang). Häufig als der „große Strom" oder einfach als „der Strom", Gen 2,14 als einer der Paradiesesflüsse erwähnt. Nebenflüsse sind Balich und Chabor. Flussbett und Mündungsgebiet haben sich im Laufe der Geschichte verändert: Die Ruinenhügel einstiger Uferstädte liegen vom E. entfernt; in biblischer Zeit mündeten E. und → Tigris getrennt.

Eunike („die Siegerin") Nach 2 Tim 1,5 gläubige Mutter des → Timotheus (vgl. Apg 16,1).

Eutychus („der Glückliche") Nach Apg 20,9f junger Mann aus → Troas, der während der langen nächtl. Rede des Paulus einschläft und von der Fensterbank des 3. Stockwerkes hinabfällt; Paulus erweckt ihn wieder zum Leben (→ Totenerweckung).

Eva (hebr. *ḥawwāh*) verschieden gedeuteter Name, den der erste Mensch nach Gen 3,20 seiner Lebensgefährtin gibt, nachdem er sie zuvor „Frau" genannt hat (Gen 2,23). Die Bibel erklärt beide Namen volkstümlich. E. wird von „lebendig" oder „Leben weckend" abgeleitet. Der Name „Frau" (*'ischschāh*) wird aufgefasst als weibliche Form von *'īsch* = Mann. Die Deutung der Frau als „Männin" weist auf eine Wesensverbindung: Die Frau bildet durch Ursprung und Bestimmung eine Einheit mit dem Mann. Darauf weist auch die Erzählung Gen 2,18–22, wonach die Frau aus einer Rippe des ersten Menschen gebildet ist. Nach Gen 4,1f.25 ist sie Mutter von → Kain, → Abel, → Set. Wie → Adam wird E. im übrigen AT kaum erwähnt, namentlich Tob 8,8, sinngemäß Sir 25,24. 2 Kor 11,3 spricht von der Verführung E.vs durch die → Schlange. 1 Tim 2,13f werden die Tatsachen, dass E. erst an zweiter Stelle erschaffen wurde und sich verführen ließ, als Argument für die Unterordnung der → Frau angeführt.

Evangelien Evangelium (= Botschaft, die froh macht) meint im NT die Verkündigung von und über Jesus durch das gesprochene Wort (vgl. Mt 11,5; Mk 1,1), in erster Linie über sein Leiden und seine Auferstehung. Jesus hat nichts aufgeschrieben und seine Jünger nirgends dazu aufgefordert. Diese sollten vielmehr in aller Welt seine Botschaft verkünden (vgl. Mk 16,15). Erst später wurde dieses eine Evangelium in vier verschiedenen Ausprägungen niedergeschrieben. Seit der Mitte des 2. Jh. nannte man diese Schriften „Evangelium nach" Matthäus, Markus, Lukas und Johannes.

Der Weg von der urkirchl. Verkündigung bis zum schriftl. Evangelium ist schwer zu erhellen. Anstöße zur Niederschrift des apostol. Zeugnisses über Jesus waren wohl: Gesicherte Weitergabe an Jünger der zweiten Generation und Übersetzung urspr. hebr.-aram. Formulierungen ins Griech. (damals Weltsprache). Unseren „Großevangelien" gingen zweifellos Versuche voraus, Teile der Jesus-Überlieferung niederzuschreiben, die jedoch verloren gegangen sind. Als Verkündigung des Wirkens Jesu sind die E. nach der Absicht ihrer Verfasser Glaubenszeugnisse (vgl. Joh 20,31). Sie beruhen auf geschichtl. Tatsachen, sind aber nicht in ihren Einzel-

heiten historisch getreue Wiedergaben eines „Lebens Jesu“.
Bei der Gestaltung der E. von den Ereignissen im Leben Jesu bis zu ihrer schriftl. Darstellung kann man drei Schritte unterscheiden:
1) Worte und Taten Jesu, zumal Passion und Auferstehung.
2) Das Zeugnis von Jesus in der kirchl. Predigt (Missionstätigkeit, Unterricht, Gottesdienst). Dabei sind einzelne Worte und Handlungen Jesu in bestimmte mündl. und dann schriftl. Form gebracht worden. Diese wurde beeinflusst vom „Sitz im Leben“ (= jeweilige Situation und Art oder Erfordernisse der Zuhörerschaft).
3) Die Zusammenstellung der vorgeprägten Berichte durch die Evangelisten. Diese formen ihrerseit das Ganze des Evangeliums jeweils in verschiedener Weise durch Reihenfolge, Auswahl, Umstellung, Anmerkungen der überlieferten Einzelheiten. Die → Formgeschichtl. Methode versucht, solche Einzelstücke herauszustellen. Die Evangelisten sind dabei weder freie Schriftsteller, noch blosse Sammler des ihnen bekannten Materials (→ Redaktionsgeschichtl. Methode). Am stärksten an den histor. Ablauf der Ereignisse und die vorgegebene Überlieferung gebunden sind die E. im Bericht über das Leiden und Sterben Jesu. Die Bezeugung von Tod und Auferstehung ist Mitte und Höhepunkt aller E.
Beim Vergleich der 4 Bücher fällt auf, dass die 3 ersten E. weitaus mehr Ähnlichkeit miteinander haben als mit dem Joh.-Evangelium. Man hat daher die E. des Mt, Mk und Lk seit 1776 oft in nebeneinander stehenden Textspalten abgedruckt und ihnen von dieser Zusammenschau („Synopse“) die Bezeichnung „Synoptiker“ gegeben. Das Problem der gegenseitigen Abhängigkeit und Verschiedenheit voneinander, die sog. synoptische Frage, hat zu der fast allgemein vertretenen Auffassung geführt, dass Mk und eine (nicht erhalten gebliebene) Redesammlung Q die beiden Hauptquellen der → synoptischen Evangelien darstellen. Mt und Lk haben wahrscheinl. unabhängig voneinander Mk und Q benutzt, dazu überliefern beide unterschiedl. Sondergut. Das wohl um 100 n.C. entstandene → Johannes-Evangelium enthält gegenüber den synopt. E. mehr Unterschiede als Übereinstimmung. Während die Synoptiker den einfachen Grundriss des Mk vom öffentl. Wirken Jesu in Galilä, auf dem Weg nach Judäa und in Jerusalem (mit der Passion) und nur ein Osterfest aufweisen, kennt Joh vier Reisen Jesu zw. Galiläa und Jerusalem bei 3 Osterfesten. Es ist anzunehmen, dass die Synoptiker die Botschaft über Jesus in ein einfaches Schema brachten, Joh dagegen hier mehr dem tatsächl. Ablauf der Ereignisse folgte. In vertiefter Erkenntnis spricht Joh von Christus als dem sich von Anfang an Offenbarenden, Geisterfüllten, der in enger Verbundenheit mit dem Vater wirkt. Sein Evangelium geht vom vollzogenen Bruch mit dem Judentum aus und sieht das → Gottesreich stärker als die Synoptiker schon gegenwärtig in dieser Welt.
Da die E. in erster Linie Glaubenszeugnisse sind, ist die Frage ihrer histor. Zuverlässigkeit nicht einfach nach dem Modell heutiger Geschichtsschreibung zu beantworten. Genaue und zuverlässige Angaben für Ort und Zeit der Ereignisse werden kaum geboten. Parallele Daten zur profanen Geschichte finden sich bei Lk (z.B. 3,1) in wenigen – allerdings unsicheren – Andeutungen (→ Zensus). Die Übereinstimmung der 4 E. in den Hauptpunkten der Wirksamkeit Jesu, vor allem hinsichtl. seines Todes. macht diese historisch zuverlässig. Angesichts der in Einzelheiten oft voneinander abweichenden Darstellung kommt dieser Übereinstimmung umso größeres Gewicht zu. Zudem geschah die mündl. Weitergabe eines Berichtes im Altertum mit großer Zuverlässigkeit. Im Vergleich mit antiker Geschichtsschreibung und mit den unechten (apokryphen) E. fällt das Bemühen der Evangelisten um sachlich-nüchterne Wiedergabe der Ereignisse und um treues Festhalten an überlieferten Formulierungen auf.

Evangelistensymbole Symbole für die Verfasser der 4 Evv (vgl.: Offb 4,6ff; Ez 1,10); seit dem 4 Jh. festgelegt: Joh = Adler, Mk = Löwe, Lk = Rind (bzw. Stier), Mt = Engel (bzw. Mensch). Bedeutung in der christl. Kunst.

Evodia → Syntyche

Ewil-Merodach Hebr. Name des bab. Königs Amel-Marduk (562–560 v.C.), der → Jojachin begnadigte (2 Kön 25,27).

Exegese Bibelwissenschaft

Exil Die Deportation der wirtschaftl., polit. und geistigen Führungsschichten war im AO verbreitet, z.B. um v. vornherein Aufstände unmöglich zu machen.

Für Israel war *das* E. ein tiefer Einschnitt. Vorher glaubte man, dass der „Weg Jahwes mit seinem Volk", der → Bund, bis hin zu den Staatswesen führe; man verehrte Jahwe konkret als Gott, dem das Land gehört (→ Eigentum); man sah im König den Statthalter Jahwes (→ Königtum).

Zwar geißelte man Verstöße des Volkes gegen die Treue zu Jahwe mit scharfen Worten (→ Propheten), stellte aber nur selten die Richtigkeit des Systems infrage. Desto schwerer trug man an der Katastrophe.

Auf die Eroberung von → Samaria (722 v.C.) folgt eine Deportation (2 Kön 17,6); fremde Völker werden im früheren → Nordreich Israel angesiedelt; von den Verschleppten erfahren wir nichts mehr; in der Gegend um Samaria bildet sich ein Mischvolk (→ Samariter).

Die sog. „bab. Gefangenschaft" besteht in mehreren Deportationen; den maßgebenden Einfluss übt das Erlebnis aus, Jerusalem und den Tempel erobert und zerstört (586/587 v.C.) gesehen zu haben. Die Zahl der Deportierten wird verschieden angegeben (Jer 52,28ff; 2 Kön 24,14ff; → Zidkija). Ein Aufstandsversuch gegen die neubab. Übermacht (gegen → Nebukadnezzar II.) misslingt, die Restbevölkerung flieht nach Ägypten (Jer 40,7 – 43,7). Das Staatswesen ist vernichtet, der König geblendet, seine Söhne hingerichtet, die → Bundeslade verschwunden.

Die Katastrophe suchte man sich zu erklären (→ Deutoronomistisches Geschichtswerk); man hoffte auf Heimkehr und Erneuerung des Tempelkultes (→ Ezechiel, → Kebar, → Deutero-Jesaja); man entwickelte Gottesdienst-Formen, die nicht an den Tempelkult gebunden waren (eindrucksvolle Bundeszeichen: Forderung von Beschneidung, kultischer Reinheit, Gesetzesfrömmigkeit, → Synagoge, → Sabbat). In Frömmigkeit und Theologie finden sich so tief greifende Neugestaltungen, dass man zu Recht den Unterschied vorexilisch/nachexilisch macht (vgl. z.B. → Armut, → Hoffnung, → Messias).

Die *Heimkehr* aus dem E. (seit 536 v.C., → Kyrus) schildert das Buch→ Esra. Der Tempelkult wurde erneuert; dabei führte man aber zahlreiche Reformen ein, die Außenstehende nicht verstanden (z.B. strenge Kultzentralisation, Reinrassigkeit; Neh 12,44 – 13,31).

Existentiale Interpretation → Bibelwissenschaft

Exodus, das 2. Buch Mose → Mosebücher

Ewigkeit → Zeit

Ezechias → Hiskija

Ezechiel Gott ist (oder macht) stark") Prophet, Sohn des Priesters Busi und selbst Priester, 597 v.C. unter Nebukadnezzar II. mit vielen vornehmen Judäern nach Babylonien deportiert. Im 5. Jahr der → Exils berief ihn Gott durch eine Vision zum Propheten (wie das Buch E. schildert), um seinen Mitgefangenen mahnend und tröstend zur Seite zu stehen. Vor allem kündete er den endgültigen Fall Jerusalems als Gottes Strafgericht an sowie die Heimkehr aus dem Exil und den Anbruch der Heilszeit. Er wirkte mehr als 20 Jahre.

Das *Buch*, das seinen Namen trägt, ist das visionärste unter den prophetischen Büchern: In verschiedenen Gesichten enthält es E.s Berufung (1–3), Straf- und Gerichtsreden gegen Juda (4–24), gegen die Völker (25–32), Mahnung zur Umkehr und Verheißung künftigen Heils für das Volk (33–37; Vision vom Feld mit den Totengebeinen; 37), den Untergang → Gogs (38f) und das endzeitliche Gottesreich (40–48). E. ist wie der Verfasser der Priesterschrift (→ Mosebücher, → Heiligkeitsgesetz) ein Künder v. Gottes Heiligkeit. Sie offenbart sich in der unbeirrbaren

Zuwendung zum Volk Israel (vgl. 11,20), dessen Heil trotz aller Sünde durch die Heimkehr in sein Land verwirklicht wird (vgl. 16,55). Ein Bild dafür ist der neue Tempel (40ff) und der neue Kult, durch den Jahwes Heiligkeit in der Mitte seines Volkes (37,25) in rechter Weise geehrt wird. Auch wenn E. über das Erreichbare hinaus hofft, sind seine Bilder nicht einfach als „messianisch" zu bezeichnen (vgl.: 17,22ff; 34,23f; 37,24f). Umstritten ist, ob das Buch E. ein einheitliches Werk (mit Überarbeitungen) ist oder ob es eine Sammlung mehrerer E.-Sprüche und anderer Prophetensprüche darstellt oder ob gar E. überhaupt nicht Autor gewesen sei. Manche dachten auch schon an eine Jerusalemer Wirksamkeit für einige Zeit, also nicht im Exil. Die → Septuaginta bietet einen wesentlich kürzeren H.-Text als die hebr. Überlieferung.

Ezjon-Geber Hafenstadt bei → Elat; umstritten ist, ob Salomo E. gründete oder ob E. mit Elat identisch war. Nach 1 Kön 9,26 baute Salomo Schiffe in E. Die Hafenanlagen sind heute zugeweht.

F

Fabel In einer F. wird durch Reden und Tun von Tieren oder Pflanzen eine Wahrheit dargestellt (Beispiele: Ri 9,8–15; 2 Kön 14,9; vgl. 1 Kor 12,12–30).
Außerdem bedeutet „F.“: Spottvers., sinnlose Spekulation, Lüge (vgl. einige Übersetzer in Jer 24,9; 1 Tim 1,4; 4,7; 2 Petr 1,16).

Familie (= „Haus“, „Vaterhaus“) Sie war die kleinste Gemeinschaft in Kult, Recht und Wirtschaft. Auch verheiratete Söhne und deren Kinder gehören zur F., solange der F.-Vater lebte. Das F.-Oberhaupt (meist der Vater) prägte die Gottesverehrung (Ri 17,5), besaß Rechtsgewalt (Gen 42,37) und musste das Auskommen der F. Gewähr leisten, zu der auch die → Sklaven und das F.-Gut gehörte (vgl. Ex 20,17). Diese „starke“ Stellung der F. entspricht den Gebräuchen einer Zeit, in der eine wirksame Obermacht kaum erreichbar war (→ Nomaden). Da man bei jeder Störung der F.n.-Solidarität das Zusammenbrechen der äußeren Lebensumstände befürchtete, legte man Gehorsam gegen die Eltern eindrücklich nahe (vgl.: Ex 20,12; 21,15; Dtn 5,16; Lev 19,3). → Blutrache. → Leviratsehe. Der F. gingen nach der → Landnahme nach und nach die meisten ihrer Rechte verloren bzw. sie wurden von der Zentralgewalt übernommen (→ Königtum). In der F. wurden die Kinder in den Kult und das Berufsleben eingeführt und erzogen (Dtn 6,10f; Sir 7,23ff; 30,1–30). Eine F. hatte für ihre alten kranken Mitglieder zu sorgen. Das Ansehen der F.-Mutter stieg mit der Zahl ihrer Söhne (→ Frau).
Die wichtigsten Zentren urchristl. Gemeindelebens waren „Häuser“, deren Oberhäupter Christen geworden waren (Apg 11,24; 16,15.31–34; Phlm 2). Christen dürfen sich als Hausgenossen Gottes bezeichnen, gehören also zu seiner F. (Eph 2,19). Das → Gottesreich hat den Vorrang vor der F. (Mk 6,4 par: 10,29 par; Mt 10,37; Lk 14,26).

Fasten Teilweiser oder völliger Verzicht auf Essen, Trinken, z. T. auch auf Geschlechtsverkehr (vgl. Ex 19,15), wegen Leid und Unglück (z. B. 2 Sam 1,11f; Joel 2,12), aus Trauer (z. B. 1 Sam 13,31), als Vorbereitung auf eine Offenbarung (vgl. Ex 34,28), als Zeichen der → Umkehr zu Jahwe (Joel 2,12; vgl. Jona 3,7ff). Später gab es bestimmte F.-Zeiten (Sach 7,5). Ein F. um die F.s willen bekämpfen die Propheten (Jes 58,3–7) und Jesus (Mt 6,16ff), der aber das F. nicht ablehnt, sondern sich selbst durch F. auf sein Wirken vorbereitet (Mt 4,2; Lk 4,2) und für seine Gemeinde ankündigt (Mt 9,14f; vgl. Apg 13,2f).

Fastenrolle → Qumran

Feigenbaum Er hat große Blätter, wurde auch in Weinbergen gepflanzt („unter seinem Weinstock und F. sitzen“ = glücklich leben: 1 Kön 5,5; vgl. Sach 3,10), war Zeichen für den Überfluss im verheißenen Land (vgl. Num 13,23), da man ihn zweimal jährl. erntete. Oft wird in Vergleichen vom F. gesprochen (z. B.: Hos 9,10; Lk 13,6–9; Offb 6,13). Die Zerstörung des F.s gilt als Zeichen des Gerichts (Jer 5,17; Hos 2,14). Die Verfluchung des F.s (Mk 11,12ff par. 20–25) deutete man auch schon als Tat, die Israels Unfruchtbarkeit zeigen sollte (vgl. die symbol. Handlungen der → Propheten).

Feind → Liebe

Feld – Fleisch

Feld → Ackerbau

Felix (= Antonius F.) Emporkömmling, Freigelassener des Kaisers → Claudius, dessen einflussreicher Günstling ein Bruder des F. war. 52–60 n. C. war F. röm. Statthalter (Prokurator) in Judäa; in zweiter Ehe lebte er mit Drusilla I., der jüngsten Tochter des Königs Agrippa (→ Herodes (7). F. ließ den → Hohenpriester beseitigen; die Unruhe steigerte sich aber trotz scharfer Gegenmaßnahmen während seiner korrupten und zynischen Amtsführung beträchtlich.

→ Paulus wurde ihm vorgeführt; F. zögerte einen Prozess hinaus. Eine Bestechungssumme für Paulus erhielt er nicht (Apg 24).

Feste feiern die Familien (z. B. Hochzeit Gen 29,22) und das Volk, teils in Verbindung mit dem Ackerbau (z. B. Laubhüttenfest, Wochenfest), teils zur Feier des → Bundes, in Umdeutung kanaan. Bräuche (z. B. Neujahr), teils in kultischer Erwartung des göttl. Heils (scharfe Kritik der → Propheten, z. B. Jes 1,13f). Weitere F. sucht man zu erschließen (z. B. ein Thronbesteigungsfest Jahwes). Nachexilisch sind z. B. Purim- und Tempelweihefest sowie die Sitte, an 5 Hauptfesten 5 atl. Bücher (= Fest-Rollen, Megilloth) vorzulesen. → Sabbat. → Pascha. → Wallfahrt. Für Christen sind die alten F. überholt (vgl. Gal 4,10f).

Feste (Himmels-) → Himmel

Festus (= Porzius F.) 60–62 n. C. röm. Statthalter (Prokurator), der Recht und Pflichttreue anstrebte, im Unterschied zu seinem Vorgänger → Felix. → Paulus ließ er vorführen; da dieser an den Kaiser appellierte, musste er ihn nach Rom schikken und konnte ihn nicht selbst in → Cäsarea freisprechen.

Feuersäule → Wolke

Finsternis Die F. war Schreckbild (z. B. Am 5,18; Ps 23,4; vgl. Mt 6,22f). Starke und dauernde Beleuchtung gab es nicht. F. galt als Ort der → Dämonen (vgl. Eph 6,12). Zwar hatte sie Gott erschaffen (Ps 104, 20; Jes 45,7). Aber meist (anders: Ex 20,21) bezeichnet der Ausdruck „F." tödliche Gottferne (Joh 1,4f; Röm 13,12ff; Eph 4,18), die Christus, das „Licht der Welt" (Joh 8,12), überwindet.

Firmament → Himmel

Flehen → Gebet

Fleisch bedeutet das Äußere des Menschen (Gen 2,21; Ex 4,7; Lk 24,39; 1 Kor 15,39), steht für → Leib, Lebendigkeit (1 Kor 5,5; 7,28; 2 Kor 12,7; auch in Bezug auf die Erlösung: Kol 1,22; Röm 2,28f; Gal 6,12f; Joh 6,51–56) bezeichnet die menschliche Person (Joh 1,14; 1 Tim 3,16; 1 Joh 4,2). F. bedeutet die *Gemeinschaft* (Einzelpersonen: Gen 2,23f; Mk 10,8; 1 Kor 6,16; Verwandtschaft: Gen 29,14; Ri 9,2; Volk: 2 Sam 5,1) und die *Einheit* der Menschen (Jes 40,5; Jer 25,31; Joh 17,2; Gal 2,16). Oft tritt der Ausdruck „F." auf, wenn vom Leben des Menschen und von seinem Verhalten zu Gott gesprochen wird: Das F. ist kurzlebig (Jes 40,6), schwach (Jes 31,3), nicht vertrauenswürdig (Jer 17,5), dem Tod verfallen (Sir 14,17), kann aus sich die Geheimnisse Gottes nicht erkennen (Mt 16,17), versagt in Versuchungen (Mt 26,41), ist der Bereich des Irdischen/Nur-Menschlichen, was Denken (2 Kor 5,16; 1 Kor 2,1–16) und Leben (Phil 1,22.24) betrifft.
Bes. ausgeprägt erscheint F. als Zeichen des Widerspruchs gegen Gott; „F." ist die Bezeichnung für einen, der sein Heil wirken will – allein auf sich gestellt, ohne Gott, auch wenn er viel von ihm spricht. Er hofft auf irdische Weise (2 Kor 11,18), seine eigene Askese (Kol 2, 18.23); gerät unversehens in → Sünde (Röm 7,14) in Feindschaft mit Gott (Röm 8,7), in jede mögl. Form des Versagens (Gal 5,19ff). Falsch und gefährlich ist es, unter „F." nur „Unzucht" zu verstehen; vielmehr wird mit F. *jedes* Trachten des Menschen bezeichnet, bei dem er glaubt, sich selbst ohne Gott endgültig zu retten.
F. und Geist werden gegenübergestellt (Joh 3,6; 1 Petr 3,18), bes. deutlich bei Paulus (→ Geist); er stellt „F." dar wie eine persönliche Macht mit eigenem Sinnen und Trachten (Röm 8,5ff; Kol 2,18), die aufbegehrt gegen Gottes Geist (Gal 5,17.24), eigenmächtig handelt (Gal 5,19), die eigene Ansprüche stellt (Röm 8,12). Aber auch für Paulus bedeutete F. nicht dasselbe wie „Sünde", denn Christus selbst lebte im F. (Röm 8,3; 2 Kor 5,16).

Fleischwerdung → Menschwerdung

Fluch → Segen

Fluchpsalmen Psalmen

Formgeschichtl. Methode Arbeitsweise jeder → Bibelauslegung, den Einzelvers aus dem literar. Aufbau des Zusammenhangs zu verstehen. Dabei stößt man auf Einheiten (z. B.: Herrenworte, Streitgespräche, Gleichnisse, Hymnen), versucht deren „Sitz im Leben" bei einer Entstehung zu ergründen sowie den Weg, den sie vor ihrer schriftl. Fixierung durchliefen. Erst, wenn die literar. Form erkannt ist, kann man der Frage nachgehen, *was* nun wirklich ausgesagt werden soll. Dabei ist zu beachten, dass die bibl. Literatur andere Formen benutzt als die heutige. Viele Ergebnisse der F.M. sind wertvoll, vor allem für die Auslegung der → Psalmen und der → Evangelien. Abzulehnen ist die Übertreibung, nach der feste Formen (Gattungen) und Historizität sich ausschließen. Immer deutlicher tritt hervor, wie viel Eigenständiges die Evangelisten bei aller Treue zu überkommenen Formen leisteten. Schon die HS selbst stelle gern literar. ähnlich aufgebaute Stücke („Formen") zusammen.

Frau Eine bibl. „Lehre über die F." gibt es nicht; vielmehr stehen mehrere Auffassungen nebeneinander.

1) Viele Aussagen stammen aus einem Kulturkreis, in dem die F. dem Mann völlig unterworfen ist (Gen 3,16), so auch der Bericht von der Erschaffung der F. in Gen 2,18–24: der Gehilfin „vom Mann genommen" (dagegen anders Gen 1,27). Ein Gelübde der F. gegen den Willen des Vaters bzw. des Ehemanns ist nichtig (Num 30,4–17). Die Rechtsstellung der F. war niedrig (→ Ehe; vgl. Dtn 21,14). Weder Ehe-F. noch Töchter waren erbberechtigt, wenn der Verstorbenen einen Sohn hatte (Num 27,8; vgl. aber Ijob 42,15).

2) Einige F.en werden als bedeutende Persönlichkeiten geschildert, so die Stammmütter (→ Eva, → Sara, → Rebekka, → Rahel), so → Mirjam, → Debora, → Rut, → Ester, → Judit, aber auch → Atalja und → Isebel. Das waren Einzelfälle: normalerweise gewann eine F. Ansehen als *Mutter* von Söhnen (Batseba): 1 Kön 1,15–21.28–31; 2,13–21; Segenswunsch Gen 14,60; vgl. Gen 16,5f; 1 Tim 2,15). In Jes 66,13 wird die Liebe Gottes mit der Mutterliebe verglichen; in Sir 24,18 wird die → Weisheit als „Mutter" der Tugenden gepriesen.

3) Liebe eines Mannes zu → Braut bzw. Ehe-F. wird in der HS erwähnt, ist aber für das Zustandekommen der Ehe nicht maßgebend (vgl. Gen 29; aber 1 Sam 1,8).

4) In der Weisheitsliteratur wird die gute F. öfters gelobt („das ABC der guten Hausfrau": Spr 31,10–31).

5) Z.B. nach Ex 15,20f hatten F.en aktiv am Kult Anteil; ihre Teilnahme wurde mehr und mehr beschnitten (vgl.: Num 3,40f; 2 Chr 8,11). Von den Emanzipationsbewegungen einiger heidn. Kulte hielt sich das Judentum fern. Keinen Einfluss hatten auch philosoph. Auffassungen, nach denen die Bedeutung der F. höher geachtet wurde.

6) Jesus hatte „Jüngerinnen" (Lk 8,2f), verbesserte die Stellung der F. in der → Ehe; F.en verkündeten die → Auferstehung Christi (z.B. Mk 16,1–8). Jesus verzieh der Ehebrecherin (Joh 8,11), versprach „Zöllnern und Huren" das → Gottesreich (Mt 21,31f). In Joh 4,1–26 wird ein Gespräch mit einer Samariterin am Jakobsbrunnen erzählt; *was* dort gesprochen wird, betrifft nicht nur die F.en, aber *dass* Jesus mit einer F. spricht, erregt Aufsehen (Joh 4,27).

7) F.en hatten eine große Bedeutung in den Urgemeinden, empfingen Geistesgaben (Apg 21,9) und spielten eine Rolle bei der karitativen Arbeit (Apg 9,36; → Witwen). Nie hören wir von F.en, die Gemeindeleiter waren.

8) → Kirche und Gemeinden werden mehrfach al „F." dargestellt (vgl.: Gal 4,26; 2 Joh 1,13; Offb 12,1).

9) Der christl. Grundsatz ist formuliert z.B. in Gal 3,28: „hier ist nicht Mann noch Frau, denn ihr allesamt seid *einer* in Christus Jesus".

10) Die Aussagen der älteren Paulusbriefe (z.B. 1 Kor 7; 11,3–15; 14,34f) sind mehr disziplinäre Regeln als metaphysische Feststellungen. Die Begründungen, die Paulus gibt, zeigen, wie gut er die rabbin. Methoden der Schriftauslegung beherrscht.

11) → Ehelosigkeit

12) Spätere ntl. Briefe (vgl. 1 Tim 2,11–15; 1 Petr 3,1–7) setzen die Tendenz von (10) fort; sie wurde in der nachbibl. Zeit oft gesteigert bis zur F.en-Feindlichkeit. Außerchristl. Entwicklungen (z.B. Neuplatonismus) förderten sie.

Freigelassener Früherer → Sklave, F. oft gegen Lösegeld oder als Opfer an eine Gottheit (daher bildlich in 1 Kor 7,22; F. des Herrn). Umstritten ist, ob die „Libertiner" (Apg 6,9) frühere Sklaven oder heimgekehrte Kriegsgefangene waren.

Freiheit wird in Gen 2–3 als grundsätzl. Möglichkeit des Menschen vorausgesetzt; F. ist ihm von Gott gegeben; erfährt ihre Darstellung in der → Geschichte des Volkes Israel: Befreiung aus der → Knechtschaft Ägyptens (Ex 3,7–22; 5,1f; 6,6; Dtn 7,8), Rückkehr aus dem → Exil (2 Chr 36,17–21), Freiheitskämpfe der → Makkabäer (1 Makk 2,19–22; 14,29); gefährdet ist die F. durch Streben nach äußerer Gesichertheit (Ex 16,3) und durch Verletzung des → Bundes (2 Kön 21,12–15). Im NT findet sich kein Gedanke an politische F.; F. wird vielmehr gesehen als Verantwortlichkeit gegenüber der Botschaft Christi (etwa Mt 25,34–46; 2 Kor 5,10); F. ist gebunden an Erkenntnis der → Wahrheit (Joh 8,31), Ablehnung der Wahrheit führt zur → Knechtschaft: F. bedeutet: Leben aus dem Geist des Herrn (2 Kor 3,17). Frei sein vom atl. → Gesetz (Röm 6,14; 7,6; Gal 2,4), Überwindung der Herrschaft des → Fleisches (Röm 8,5–9), Herrschaft des → Geistes (Röm 8,13), Befreiung von Weltangst (Kol 2,20) und Weltelementen (→ Sünde) (Gal 4,3.9), Distanz von der Welt (1 Kor 7,29–32). Der Christ ist berufen zur F. (Gal 5,13) als Dienst (Kol 3,12ff; 1 Kor 8,9; 9,19); sie darf aber nicht zum Deckmantel der Schlechtigkeit degradiert werden (1 Petr 2,16). Wenn auch die F. durch → Sünde gefährdet wird, so ist doch der Christ zur Herrlichkeit der F. der Kinder Gottes berufen (Röm 8,19–22). → Staat.

Freistadt → Asylrecht

Fremd → Gastfreundschaft

Freude Echte F. kommt letztlich von Gott (vgl. Ps 65,9; Lk 1,47), mag sie veranlasst sein vom Erwerb (Dtn 12,7), vom Auffinden verlorener Sachen (Lk 15,5ff.9f), vom Kult (Ps 43,4), von anderen Dingen bzw. Personen (1 Kön 4,20; Spr 5,18), vom Gesetz (Ps 119,162). *Solche* Freude ist nicht vorübergehend (Lk 16,19); sie soll nichts gemütvoll überdecken (vgl. 1 Kor 7,30), sondern aus der → Liebe kommen (1 Kor 13,6). Oft wir zur F. aufgefordert (Phil 4,4); von äußeren Umständen ist sie unabhängig (2 Kor 7,4).

Frieden In der HS bedeutet „F. haben": „gut, ohne Schaden, vollkommen leben". Der Gegensatz zu F. ist daher nicht → Krieg (vgl. Urtext in 2 Sam11,7), sondern Unheil, Unvollkommenheit. Noch heute versteht man das Wort für F. im Orient meist so; häufig wird daher dort der F.s-Wunsch als Gruß gebraucht (vgl. 2 Sam 18,28; einige Übersetzer: Heil).

Formen des F.s sind Nicht-Krieg (1 Sam 7,14; Lk 14,32; Offb 6,4), Schlaf (Ps 4,9) und Tod (Gen 15,15). F. fehlt in der Zwietracht (Mt 10,34) und in der Krankheit (vgl. Mk 5,34). Er kommt von Gott (Num 6,26), mit dem der → Bund geschlossen ist. Daher ist die Hoffnung auf Gott auch Hoffnung auf F. (Lev 26,6; Jes 52,7). Der → Messias heißt „F.-Fürst" (Jes 9,6).

In *Christus* ist der F. angebrochen (Lk 2,14; Joh 14,27; 16,33; Apg 10,36ff), da Gott und Menschheit neu miteinander verbunden sind (Eph 2,17; durch das Kreuzesblut: Kol 1,20).

Die Botschaft von Christus ist F.s-Botschaft (Eph 2,17; 6,15) mit der Verpflichtung, alles für den F. zu tun (Mt 5,9; Röm 12,18; 1 Petr 3,11), nicht nur Worte zu machen (Jak 2,15f; vgl. Jes 6,14). Innerer Seelen-F. ist in der HS mit F. meist nicht gemeint.

Fruchtbarer Halbmond Ausdruck für die fruchtbaren Gebiete → Ägyptens und → Mesopotamiens, verbunden durch die fruchtbaren Gebiete an der Mittelmeerküste.

Frühregen → Regen

Fürbitte → Gebet

Fürsprecher → Paraklet

Furcht → Angst

Fußwaschung Im Orient war F. nach der Heimkehr nötig, da man barfuß oder in Sandalen ging. Ein Gastgeber hatte für die F. der Gäste zu sorgen (vgl. Lk 7,44). Sie galt als niedrigster Sklavendienst. Wenn in Joh 13,1–17 von einer F. durch Jesus berichtet wird, soll sein demütiges Dienen und seine Hingabe gezeigt werden. Umstritten ist, aus welchen Traditionen der jetzige Bericht entstand und inwiefern diese ethisch oder kultisch bereits vor der Niederschrift geprägt waren.

G

Gabaël („erhaben ist Gott") Wohl Verwandter → Tobits, bei dem dieser nach Tob 1,1–7 ein Barvermögen hinterlegt hatte. Tobit beauftragt seinen Sohn, es zurückzuholen. Dadurch wird dessen Reise veranlasst.

Gabbata („Anhöhe") Stadtteil Jerusalems, von Flavius Josephus Oberstadt genannt, mit großem gepflasterten Platz (daher griech. *lithostrotos* = Steinpflaster": Joh 19,13) und dem ehemaligen Palast des Herodes, der dem → Pilatus als Amtssitz in Jerusalem, als → Prätorium (Mk 15,16) diente.

Gaben des Geistes → Charisma

Gabriel („Gott ist stark" oder „Mann Gottes") Engel, legt nach Dan 8,16; 9,21–27 dem Propheten das Gesicht vom Widder und Ziegenbock und den Sinn der siebzig Jahre aus, verkündet nach Lk 1,11–20 → Zacharius die Geburt → Johannes' des Täufers und nach Lk 1,26–38 → Maria die Geburt Jesu.

Gad Name:

1) Isr. Stamm, in Gen 30,9ff auf einen Sohn Jakobs zurückgeführt, hatte sich militär. Bedrängnis zu erwehren (vgl. Gen 49,19; Dtn 33,20f: 1 Chr 12,8), sein Siedlungsraum lag ö des Jordan. G. wurde um 840 v.C. von Hasaël von Damaskus (→ Jehu) geschlagen (2 Kön 10,33), war später wohl ammonitisch (Jer 49,1). Für die Endzeit ist ihm erneut Besitz unter den → Stämmen Israels verheißen (Ez 48,27; vgl. Offb 7,5).

2) Glücksgott; um seine Gunst zu sichern, sind viele Ortsnamen mit „G." zusammengesetzt, z.B. Baal-Gad (Jos 11,17).

3) Ratgeber und Seher Davids nach 2 Sam 24,11–15; in 1 Chr 29,29 Verfasser einer „Geschichte König Davids", nach 2 Chr 29,25 ein Organisator des Kultes.

Gadara (*chirbet umkēs* oder *mukes*) hieß eine Stadt im Ostjordanland (sö des Sees Gennesaret), die zur → Dekapolis gehörte. Die Erzählung v. der Heilung (→ Wunder) zweier Besessener durch Jesus ist in Mt 8,28–34 in diese Gegend verlegt. → Gerasa.

Galater sind die Empfänger des → Galaterbriefs. Sie waren die christl. Bewohner der *Landschaft* Galatien, meist Kelten, die sich seit 278 v.C. in Kleinasien niedergelassen hatten. Gegenüber dieser „nordgalatischen Theorie" wird nur noch selten die „südgalatische Theorie" vertreten, nach der sie die christl. Bewohner der röm. *Provinz* Galatien gewesen seien, zu der z.B. auch Lykaonien und Pisidien gehörten (s. Abb.).

Die Lage von Galatien

Galaterbrief Brief des Apostels → Paulus an die → Galater. Er hatte dort das Ev verkündet (Gal 4,13). Nun forderten einige die Beachtung des mosaischen → Gesetzes, vor allem der Vorschrift der → Beschneidung für alle Christen (Gal 5,2; 6,12). Paulus schreibt, Christus wäre umsonst gestorben (2,21), wenn die → Gerechtigkeit nicht aus dem → Glauben käme, sondern noch immer aus der Befolgung des Gesetzes, aus dessen Knechtschaft Christus befreite (3,1 – 5,12). Kein Brief des NT ist so polemisch wie der G., daher wird diese These auch nicht so ausgewogen vorgetragen wie später im → Römerbrief. Paulus verteidigt auch seinen Anspruch, → „Apostel" zu heißen (1,11–

24) und das wahre Ev zu verkünden (2). Der G. wurde wohl um 56 n.C. geschrieben.

Galiläa (vom hebr. *galil* = Kreis?) Landschaft w des Sees → Gennesaret und des → Jordan; eien guten Überblick über die Lage von G. gibt die Karte zum Stichwort → Palästina (jedoch ist in atl. und ntl. Texten mit „G." nicht genau dasselbe Gebiet bezeichnet). Vermutlich musste schon Salomo einen Teil G.s abtreten (1 Kön 9,11); die jüd. Bevölkerung, die nach dem → Exil noch in G. übiggeblieben war, verschmolz so sehr mit Nichtjuden, dass man die restlichen Juden in der Zeit der → Makkabäer nach Judäa überführte (1 Makk 5,23) und dass man vom „G. der Heiden" sprechen konnte (Mt 4,15). Schließlich wurde G. ein Teil des Königsreiches → Herodes (1) (40–4 v.C.) und fiel dann an seinen Sohn Herodes Antipas (4 v.C.–39 n.C.), unter dem Johannes der Täufer (Lk 3,1) und Jesus (vgl. Mk 1,14 par) auftraten. Dieser kam aus → Nazaret in G. Dort sprach man einen eigenen Dialekt (Mk 26,73); von den gesetzestreuen Kreisen Jerusalems wurden die Einwohner G.s gering geachtet (vgl. Joh 7,41). G. war ein Zentrum der Bewegung der → Zeloten. Nach der endgültigen Zerstörung → Jerusalems wurde G. ein Mittelpunkt rabbinischer Gelehrsamkeit (→ Tiberias).

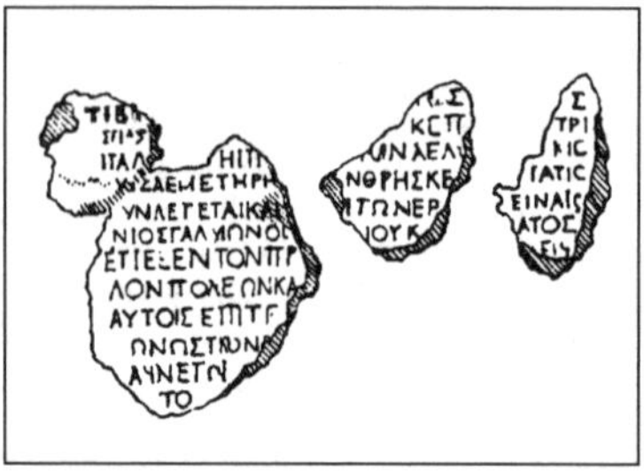

Diese Inschrift wurde in Delphi gefunden und enthält den Namen „Gallio".

Galiläischer See/Galiläisches Meer → Gennesaret

Gallio Röm. Politiker, Bruder des Philosophen Seneca, der den Kaiser Nero erzogen hatte. Nero zwang beide zum Selbstmord (66 n.C.). Nach Apg 18,12–17 wollten die Juden Paulus anklagen vor dem röm. Statthalter (Prokonsul) von Achaia, der sie aber abwies und duldete, dass der Synagogenvorsteher verprügelt wurde. Dieser Statthalter war G.
In einer Inschrift in Delphi wird G. als Prokonsul von Achaia genannt. Je nachdem, ob man sie auf 51/52 n.C. oder 52/53 n.C. datiert, bestimmt man auch die Jahreszahl der genannten Episode und anderer berichteter Vorgänge im Leben des Apostels Paulus.

Gamaliel („Gutes getan hat mir Gott") Name mehrerer Schriftgelehrte, vor allem: G.d.Ä., nach Apg 22,3 Lehrer des Apostels → Paulus; nach Apg 5,34–39 hält er ein Vorgehen gegen die Christen für unnötig, daraufhin werden Petrus und Johannes freigelassen. In der jüd. Tradition gilt er als berühmter Schriftgelehrter. Es gibt christl. Legenden über G.; ihm wurde ein apokryphes Ev zugeschrieben.

Ganzopfer → Opfer

Garizim (*dschebel eṭ-ṭōr*) Berg (868 m) sw von → Sichem. Nach Dtn 11,29; 27,12 (vgl. Jos 8,33) ein Berg des Segens. Auf ihm stand der Tempel der → Samariter, den der → Makkabäer Johannes Hyrkanus 107 v.C. zerstörte. Er hielt nur den Jerusalemer Tempelkult für legitim. Wie relativ diese Frage für Christen ist, zeigt Joh 4,19–24. Noch heute feiert die kleine samarit. Gemeinde jährlich auf dem G. das Paschafest.

Garten Einen G. besaßen fast nur Wohlhabende (z.B. der König; 2 Kön 25,4); er war umfriedet (vgl. Hld 4,12) und gut bewässert (Jes 1,30). Angebaut wurden z.B.: Gemüse (Dtn 11,10), Obst, Nüsse (Hld 6,11). Außerdem gab es parkähnliche Gärten (vgl. Dan 13). Der Besitzer wurde oft in seinem G. beerdigt (2 Kön 21,26; vgl. Joh 19,41). Man stellte sich das kommende Heil auch unter dem Bild eines fruchtbaren G.s vor (Ez 36,35; Offb 22,1), ebenso wie die Urzeit (→ Paradies). → Getsemani.

Gastfreundschaft üben bes. → Nomaden, die auf gegenseitige Hilfeleistung angewiesen sind. Die Hochschätzung der G. wurde beibehalten (vgl. Gen 18,1–8;

19,1–8; Jes 58,7; Röm 12,13). Wer reiste, war auch später auf G. angewiesen, da es kaum Ansätze eines Beherbergungsgewerbes gab. Der Gast genießt Asyl (Gen 19,8). Als Vorbilder der G. gelten Abraham und Ijob (Ijob 31,32). Gott selbst übt G. (Ps 15,1); im verheißenen Land ist das Volk Israel sein Gast (Lev 25,23), darum soll es selber Fremden G. erweisen (Lev 19,34). Der Mensch ist nur Gast auf Erden (Ps 119,10; vgl. 1 Petr 1,1): Er darf sich auf ihr nicht einrichten, als wäre sie sein Eigentum – an die knappe Lebenszeit ist weniger gedacht. Auch Jesus genießt G. (z.B. Lk 10,38) und empfiehlt sie (z.B. Lk 14,13; Gleichnis vom großen Gastmahl Mt 22,1–14). Die G. ist Maßstab beim Gericht (Mt 25,35.43). Große Bedeutung hatte sie in den Urgemeinden (vgl. 3 Joh 8) und war eine Form der Wohltätigkeit.

Fremde, nicht Gäste, waren Angehörige fremder Völker und Religionen (Ex 20,10; 1 Chr 22,2; 1 Kön 8,41f; Neh 9,2; Lk 17,18). Christen sind im Grunde keine Fremden mehr (Eph 2,19).

Gat („Kelter“) Name einer alten kanaan. Stadt, die bereits die Amarnabriefe (→ Amarna) nennen. Ihre geograf. Lage ist umstritten. Nach Jos 11,22 bewohnten sie Anakiter (vgl. 1 Sam 17,4; G. war Heimat → Goliats); nach Jos 13,3 war sie Zentrum eines Bundes von 5 Philisterstädten; nach 1 Sam 21,11 war der König v. G. Herr → Davids, als dieser noch Führer einer Söldnerschar war. Wohl schon von David wurde G. in sein eigenes Staatsgebiet eingegliedert (1 Chr 18,1). Später gehörte G. zu Aschdod (vgl. 2 Chr 26,6); 711 v.C. eroberte es → Sargon II.

Gattung → Formgeschichtliche Methode

Gaza („die Starke“?) Alte kanaan. Stadt, wichtiger Handelsplatz und umkämpfter Grenzort auf dem Weg zw. Ägypten und Syrien. Für den Pharao Thutmosis III. (1504–1450 v.C.) ist G. Ausgangspunkt seiner Feldzüge in Palästina/Syrien, in den Amarnabriefen (→ Amarna) wird G. erwähnt, im 13. Jh. v.C. wird G. philistäisch. Salomo und → Hiskija kämpfen um den Besitz von G. (1 Kön 5,4; 2 Kön 18,8). Durch → Tiglat-Pileser III. (745–727 v.C.) wird G. assyr., unter dem Pharao Necho II. (609–593 v.C.) äg. (Jer 47,1.5). 539 v.C. wird es von Kambyses belagert, erobert und ins pers. Weltreich eingegliedert; ca. 332 v.C. von Alexander d.Gr. belagert und eingenommen (vgl. Sach 9,5), wird G. hellenistisch (→ Hellenismus). Pompejus erhebt G. zur freien Stadt. Nach Apg 8,62 liegt sie am Reiseweg des äthiop. Kämmerers. Strategische Bedeutung hat sie auch heute noch.

Geba („Hügel“, *dscheba*‘) Ort ca. 10 km n v. Jerusalem, nach 1 Sam 14 führt → Jonatan von hier aus seinen Handstreich durch und leitet dadurch die Niederlage der → Philister ein. Nach der → Reichstrennung v. König des → Südreiches Juda befestigt (Stadt an der N-Grenze; vgl. 2 Kön 23,8).

Gebal → Byblos

Gebenedeit Traditioneller Ausdruck für „gesegnet“, „gepriesen“ (Lk 1,42).

Gebet Wie in allen Religionen, ist auch in der isr. das G. die Weise, in der sich der Mensch an → Gott wendet. Es umfasst alle Lebensbereiche, ist z.B. Bitte (auch um Materielles, vgl. Ps 128), flehende Fürbitte (Ex 32,11–14), Buß-G. (Esra 9,6–37), Dank, Lob (Ps 7,18; 136). Auch Bitt- und Buß-G.e enthalten lobende Hinweise auf Gottes Taten. Gebetet wird im → Kult (→ Psalmen; Kritik durch → Propheten: Jes 1,15) und an beliebigen anderen Stellen (vgl. 2 Kön 20,2f). Jesus betete oft (vgl. z.B. Lk 5,16; „Hohepriesterliches Gebet“ → Johannesevangelium) und lehrte seine Jünger beten (→ Vaterunser). In Christus ist ein neuer Zugang zu Gott eröffnet (Hebr 4,16); Bitten werden erhört werden. Das Gebet der Christen muss jedoch aus der richtigen Haltung kommen: Redlichkeit (Mt 6,5f), Vertrauen (Mk 11,24), Beharrlichkeit (Lk 11,5–13), Demut (Lk 18,9–14), Aussöhnung mit anderen (Mt 6,14f), → Gerechtigkeit (1 Petr 3,12).

Gebet des Herrn → Vaterunser

Gebet, Hohepriesterliches → Johannesevangelium

Gebetsriemen (Luther: „Merkzeichen“) Man fasste Ex 13,9.16; Dtn 6,8; 11,18 wörtlich auf, schrieb einige Vorschriften des → Gesetzes auf Pergamentstreifen, legte diese in Kästchen und band diese Kästchen mit G. an den linken Arm und an die Stirn. Jesus rügte, dass die Pharisäer die G. auffallend breit machten (Mt 23,5). Viele Fromme seiner Zeit trugen die G. nicht nur zum Gebet, sondern den ganzen Tag.

Gebetszeiten Der Tempelkult kannte zwei tägliche Opfer, morgens und abends. Sie waren von Gebeten begleitet. Für das Privatgebet gab es wohl drei G.: am Abend, am Morgen und am Mittag (Dan 6,11; Ps 55,18). Im NT sind die G. die sechste und neunte Stunde genannt (Apg 2,1; 10,3.9).

Gebote, Zehn → Zehn Gebote

Gedächtnisopfer → Opfer

Gedalja („Groß erwiesen hat sich Jahwe") 1) G. stammte aus einer Beamtenfamilie, wurde 586 v.C. nach der Eroberung Jerusalems (→ Exil) durch Nebukadnezzar II. als Statthalter eingesetzt, aber nach 2 Monaten ermordet. Er stand → Jeremia nahe (vgl. Jer 40,5f).

Siegel des „Gedalja, der über dem Haus ist" (vgl. → Hofmeister), gefunden in Lachisch

2) Ein anderer G., Sohn Paschurs, war entschiedener Gegner Jeremias (Jer 38,1–6).

Gedenkfeier Kein nach innen gekehrtes Denken oder unverbindliches Träumen, sondern etwas Vergangenes wirkt durch die G. aktiv in der Gegenwart.

In dieser Weise vergegenwärtigt z.B. das → Abendmahl Jesu Tod (1 Kor 11,26).

Gedicht Aus der HS kennen wir nur kleine Bruchstücke der hebr. Poesie. Sie muss aber weit entfaltet gewesen sein (→ Hoheslied, → Propheten, → Psalmen, → Weisheit; „Brunnenlied" Num 21,17f; kultische Akklamationen wie Offb 19,1ff). Stilmittel waren z.B.: „Parallelismus membrorum" = Wiederholung bzw. Steigerung des Gedankens mit anderen Worten (vgl. z.B.: Ps 2,3; 20,9; 27,1); „Akrophonie" = Beginn jedes Verses mit einem anderen Buchstaben des Alphabets (vgl. z.B. Spr 31,10–31), Aufnahme bestimmter, traditioneller Ausdrücke, Bilderreichtum. Viele G.e waren für den Gesang bestimmt und sind streng metrisch: Versuche, diese Metren zu rekonstruieren, blieben bisher umstritten.

Geduld ist in der HS nicht das passive Hinnehmen von Schwierigkeiten, sondern der aktive Versuch, sie durchzustehen und dadurch zu besiegen. „Gott ist geduldig" bedeutet: Er ist langmütig und gütig (Ps 103,8; Röm 2,4). Aber er kann auch seinen Willen erzwingen (→ Exil).

Auch wenn Menschen geduldig sind, nehmen sie nicht nur Schicksalsschläge usw. hin (vgl. Spr 16,32; Klgl 7,26), sondern wissen, dass Gott Wandel schaffen kann (vgl. Mi 7,7). Der Christ weiß dabei, dass das Verhältnis zw. Gott und Mensch neu geordnet ist (vgl. Röm 5,3ff; → Gottesreich). Nach dem NT sind Vorbilder der G.: Abraham (Hebr 6,12–15), die → Propheten, Ijob (Jak 5,7f), Christus (1 Petr 2,20ff).

Gefallen → Wohlgefallen

Gefangenschaftsbriefe In 5 Paulusbriefen spricht der Verfasser von seiner Gefangenschaft: in Eph, Kol, Phil, Philemon und 2 Tim. Letzterer zählt zu den → Pastoralbriefen. Die übrigen 4 Briefe fasst man zusammen als „G.", die nach traditioneller Auffassung aus der ersten röm. Gefangenschaft des Apostels (61–63 n.C.) stammen. Man dachte auch schon an Gefangenschaften in Ephesus um 55 v.C. (schlecht bezeugt) oder (seltener) Cäsarea, vor allem für den Entstehungsort des persönlicher gehaltenen Phil. Die Vorschläge haben die Mehrzahl der Gelehrten bisher nicht überzeugt.

Da die G. zu verschieden sind, kann man

nicht von einer einheitlichen Theologie der G. sprechen, sondern muss die genannten Briefe getrennt betrachten. Dabei ist zu beachten, dass manche die Echtheit des → Epheserbriefes bestreiten.

Gegenwart Gottes Man dachte im AT noch nicht an einen allgegenwärtigen Geist, wenn man v. „Gott" sprach. Daher konnte man v. seinem „Wohnen" sprechen: Jahwe „wohnte" im Stammesgebiet Israels (vgl. Ri 11,24 – außerhalb Israels seien andere Gottheiten zu verehren), auf Bergen (→ Sinai, → Horeb, Gebirge Seir: Ri 5,4, → Karmel, → Zion). „Wohnstätten Jahwes" sind die alten Heiligtümer → Bet-El (Gen 28,16–19) und → Beerscheba (Gen 21,32) sowie der → Tempel in Jerusalem (2 Chr 7,1ff), aber auch die → Bundeslade (vgl. 2 Sam 6,2). Jedoch fasste man diese Stätten meist nicht als „Ort" für Gott selbst auf, sondern als Ort seines Wirkens und Erscheinens. Vor Gott kann nichts verborgen werden (Jer 23,34; Ps 139,7–12); er ist gegenwärtig in Boten (→ Engel), durch seine Hand (Jes 8,11), seinen → Geist, sein Angesicht (Ex 34,14ff) und durch sein Wort (Jes 15,16). Daneben bestand die Anschauung, nach der Gott im → Himmel wohne und von dort zu den Menschen komme (Gen 11,5; 28,12f; 19,18).

Geheime Offenbarung → Offenbarung des Johannes

Geheimnis (Mysterium) der griech. Ausdruck für G. (*mysterion*) bedeutet:

1) Was wir heute unter „G." verstehen (Tob 12,7).

2) Gottes Taten und Werke (Weish 2,22), die in Christus ihren Höhepunkt erreichen. Sie heißen nicht „G.", weil niemand v. ihnen erfahren dürfe. Vielmehr erfahren sie nur diejenigen wirklich an sich, die sich ihnen aufschließen (Mk 4,11; Kol 2,2; 1 Kor 2,7ff).

3) Göttl. Geheimoffenbarungen (Dan 2,18). Schriften von → Gnosis und → Apokalyptik geben sich oft als geheime Visionen u. Ä. aus (vgl. Offb 1,20; 17,7).

4) „G." bezeichnet die tiefere Bedeutung der → Ehe (Eph 5,32), aber auch das „G. der Gesetzesfeindschaft" (2 Thess 2,7).

5) Geheime Kultfeiern (Weish 14,23). „Mysterienreligionen" = Religionen, bei denen der feierlich Eingeweihte Heil, Leben, Licht zu erlangen hofft. Ihr Einfluss auf ntl. Autoren ist nur gering.

Gehenna (aram. *ge-hinnam*, hebr. *gehinnom*) urspr. Name für das → Hinnomtal, sw Jerusalems, dann für den Ort der Vergeltung und Strafe. Nach 2 Kön 16,3; 21,6; 23,10 ist das Hinnomtal Stätte des Molochkultes (→ Moloch). Seinetwegen wird Gott das Volk strafen und das Hinnomtal wird Mordtal heißen (Jer 7,31–34). An dieses Tal denkt wohl auch Jes 66,22–24: Es wird zum Ort endgültigen Unheils. Der Begriff G. löst sich schließlich von der Vorstellung des Hinnomtals, teilweise wird er mit → Scheol gleichgesetzt. Nach jüd. Texten des 1. Jh. n.C. kommt der Sünder nach dem Tod in die G. Im NT erscheint G. (in deutschen Übersetzungen: Hölle) ebenfalls als Ort der endzeitlichen Strafe (Mk 9,43.45.47 u.ö.). Das letzte Gericht wird nach Mt 23,33 als Gericht der G. bezeichnet.

Gehorsam Im Hebr. gibt es keinen Ausdruck für „gehorchen". Man sagte „hören" (Jer 7,24), „antworten" (vgl. Jes 66,4), „tun" (Ex 7,6). G. wird also nicht als blind-materieller Bezug verstanden, sondern als Verhältnis zw. *Personen.* Schließlich sah man den G. gegen das → Gesetz (Ps 199) als Inbegriff allen G.s an. G. folgt aus dem → Bund und aus Gottes Zuneigung (vgl. Dtn 10,12f). G. gegen Gott ist auch für den Christen eine Grundhaltung (Mt 7,24). G. erwächst aus dem Glauben und ist oft bereit, auch hinter anderen Autoritäten den Willen Gottes zu sehen (Lk 10,16; Kol 3,20f; → Sklaven, → Staat). Der G. Christi ist nicht nur Vorbild (Phil 2,5), sondern auch Grund seiner Erhöhung (Phil 2,8f).

Geißelung Aus dem AT ist die Verurteilung zu Stockschlägen bekannt (Dtn 25,2f; vgl. 2 Kor 11,24). Eine röm. Strafe war die Auspeitschung mit Riemen, in die man oft Metallkugeln oder Knochenstücke eingeflochten hatte. Ein röm. Bürger durfte dazu nicht verurteilt werden (Apg 22,25). Nach Mk 15,15 par wurde auch Jesus gegeißelt.

Geist Das hebr. Wort für G. bedeutet

urspr. Windhauch (Ex 10,13) bzw. Lebensodem (Gen 7,15; Mt 27,50), ein Zeichen dafür, dass der betr. Mensch Durst oder Hunger gestillt oder wieder Mut gefasst hat (Ri 15,19; Urtext v. Gen 45,27). Jahwe ist Herr dieses Lebensodems (Gen 2,7) und macht lebendig (Ez 37,1–14). Er kann ihn jedoch auch wieder zurücknehmen (Ijob 34,14f). Später überlegt man, was mit diesem „G." nach dem Tod eines Menschen geschehe (vgl. Lk 23,46). Der Ausdruck „G." kann auch eine Verhaltensweise ausdrücken (z.B.: „G. des Schwindels" Jes 19,14). Der G. *Gottes* verleiht bes. Kraft und Haltung (Num 11,25; Ri 14,6; Lk 1,15; 4,14). Die → Propheten wissen sich von ihm geführt; er wird auf dem → Messias ruhen (Jes 11,2f; Lk, 4,18.21; vgl. Ez 36,25ff; Ps 51,12–15) und auf dem → Gottesknecht (Jes 42,1). Man sah ihn bereits bei der Schöpfung am Werk (Gen 1,2). Das AT versteht „G." meist nicht als „Gespenst" u.Ä. (wie 1 Kön 22,21) oder sonst als außermenschl. Wesen. Später spricht man von „bösen G.ern" (→ Dämonen). Dass ihre Macht gebrochen ist, bezeugt Jesus als Messias (vgl. Mt 12,28).

Der Ausdruck „Gott ist G." war dem AT noch nicht möglich (vgl. aber Jes 31,3), da G. nicht das Wesen Gottes bezeichnete, sondern seine Tätigkeit. Zu dieser Begriffsbildung konnte es erst später kommen (Joh 4,24).

G.-Fleisch: G. kann den ganzen Menschen bedeuten, nicht nur einen menschl. Bereich. So bedeuten die Grußformeln „mit deinem Geist" u.Ä. (Gal 6,18) etwa: „mit dir". Doch kennt auch das NT die Trennung von G. und → Fleisch (Mk 14,38). Das bedeutet nicht, dass der Mensch in 2 Seinsbereiche geteilt wäre. Diesen Dualismus kennt erst die griech. Philosophie. Vielmehr soll gesagt werden, dass der *eine* Mensch auf zweierlei Weise reagieren kann.

G.-Buchstabe: Dieser paulinische Gegensatz (2 Kor 3,6ff) entspricht dem Gegensatz des Apostels gegen das → Gesetz (vgl. Röm 7,6).

Der *Heilige Geist:* → Dreieinigkeit. Auch bei Formulierungen, die man auf eine dritte göttl. Person deuten möchte, sollte man nie vergessen, dass der Gedanke „G. Gottes" = Kraft bei der Formulierung mitwirkte („Sünde wider den G." in Mk 3,29: Ablehnung des göttl. Kraftwirkens).

Die *Urgemeinden* wissen sich als G.-Beschenkte → Charisma.

Geistesgaben → Charisma

Geiz → Habgier

Geld An die Stelle der Tauschwirtschaft (vgl. 1 Kön 5,25) tritt früh die G.-Wirtschaft: Man wog den Kaufpreis auf der Waage (Gen 23,16; Jer 32,9f); die Gewichtseinheit „Schekel" war auch eine Einheit für den G.-Wert. Man gebrauchte dabei Edelmetall (meist Silber), das z.B. in Barren oder Ringe gegossen war. Es wurde in Beuteln getragen (2 Kön 5,23) bzw. in Schatzkammern gelegt (vgl. 2 Kön 12,19). Erst geprägte → Münzen machten das Abwiegen überflüssig; umfangreichere Münzsysteme gab es erst in nachexilischer Zeit → Armut.

Gelobtes Land Das Kulturland → Palästina, das den → Erzvätern bei verschiedenen Gotteserscheinungen verheißen wurde (etwa Gen 12,6f). Der Glaube Israels sieht diese Verheißungen in der → Landnahme erfüllt. Das Land ist Erbteil und Geschenk Gottes. Es gehört nur den Reinen (Jos 7; 2 Kön 17,7–23), den Glaubenden (Jes 7,9). Das gesicherte, ruhige Wohnen im Land ist Gnade (vgl. 2 Sam 7,1). Die Landverheißung des AT wird von Jesus überhöht. Er verheißt das Reich des Vaters (→ Gottesreich), das Gottes Kinder erben (Röm 8,17; Eph 5,5), in dem sie eingehen in die → Ruhe Gottes (Hebr 4,1–11).

Gemeinde Das Volk Gottes, das sich versammelt. Im AT wird man Glied dieses Volkes durch Abstammung (→ Stämme). Aus dieser Zeit stammen die bibl. Texte. Was in der Zeit davon unter „G." verstanden wurde, ist umstritten („Amphiktyonie" um das Heiligtum von Sichem?). Religiös wichtig war die Versammlung zum → Kult (1 Kön 8,55; Ps 111,1). In Übersetzungen des NT werden die Ausdrücke „G." und → „Kirche" nebeneinander gebraucht. Der griech. Urtext hat für beides nur *ein* Wort (*ecclesia*). Es bezeichnet die

Haus-G. (Röm 16,5), die Orts-G. (1 Kor 1,2) bzw. den G.-Verband (2 Kor 8,1) sowie die Gesamtheit der vielen G.n (Kol 1,18; Eph 1,22). Diese wussten sich nicht nur als Einheit (Leib Christi), sondern lebten auch nach dieser (z. B. → Almosen anderer G.en für die arme Urg. in Jerusalem). Jedes Glied einer G. ist Bruder oder Schwester in Christus, auch in einer anderen G. (vgl. Röm 16,1). Der Dienst für die G.n wird vor allem durch Episkopen (→ Episkopos), → Presbyter, → Diakone, Charismatiker (→ Charisma) und → Witwen geleistet. Wenn man das Wort „Kirche" gebraucht, sollte man immer daran denken, dass sie von vielen verschiedenen G.n gebildet wird.

Genealogie → Geschlechtsregister

Genesis, das 1. Buch Mose → Mosebücher

Geniza Kammer bei der Synagoge, wo die Juden Schriftrollen und andere geweihte Gegenstände aufbewahrten, die für den Gottesdienst unbrauchbar geworden waren. Nach einiger Zeit wurde das angesammelte Material auf einem Friedhof begraben.

Erhalten blieb der Inhalt der G. von Alt-Kairo, der 1896 erforscht wurde; dabei entdeckte man viele Hss bibl. und außerbibl. Bücher, u. a. Fragmente des hebr. Textes des Buches → Sirach.

Gennesaret

1) Der See G. (= Galiläischer See wie Mk 1,16 par, See v. → Tiberias wie Joh 6,1; Lage vgl. Karte beim Stichwort → Palästina) ist ca. 150 km^2 groß, seine größte Länge beträgt 21 km, seine größte Breite 12 km, seine Tiefe in der Seemitte 42–48 m. Er liegt 208 m ü. d. M., wird v. → Jordan durchflossen, hat klares, süßes und fischreiches Wasser. Das Klima ist heiß, Seestürme sind nicht selten (vgl. Mk 4,37 par). Am See G. lagen Zentren von Jesu Wirksamkeit. → Kafarnaum.

2) Den See G. umgeben schmale Streifen Kulturlandes; nur die Landschaft G. (*el-ghuwēr*) sw des Sees ist sehr fruchtbar (Schwemmland) und war dicht bewohnt.

Umstritten ist, was die Verwendung des Namens „See Kinneret" (z. B. Jos 13,27) besagt.

Gerar Stadt im S Palästinas. Ihr König Abimelech soll Zeitgenosse Abrahams und Isaaks gewesen sein, wird aber Gen 26,21–31 Philister genannt. G. kommt wohl erst unter → Hiskija zu Juda (1 Chr 4,39f.). Die Ortslage ist umstritten.

Gerasa (*dscherasch*) hieß eine Stadt im Ostjordanland, die zur → Dekapolis gehörte, ca. 40 km (Luftlinie) s v. → Gadara; sie wurde wohl v. Alexander d. Gr. gegründet. Die meisten der bedeutenden röm. Ruinen (Mauer, Tempel, Bäder u. a.) stammen aus dem 1. und 2. Jh. n. C. Mit den „Gerasenern" von Mk 5,1 sind wohl „Gadarener" gemeint oder „Gergesener".

Gerechtigkeit Gott ist „gerecht" (Gen 18,25) bedeutet etwa: Gott ist „zuverlässig" (vgl. Jes 26,4), hält sich an den → Bund, schenkt Gnade (vgl. Ps 103,17; Jer 9,24), bekämpft für die Gegner des Heils, das er heraufführen möchte (Jes 10,22; 41,1f; vgl. Röm 10,3). Wer Gottes Plan entspricht, ist selbst „gerecht" (Ijob 17,9), vor allem der → Messias (Jes 11,4f). Das Volk richtete sich nicht nach diesem Plan und hat daher die G. verlassen (Am 5,7). „G." im bibl. Sinn ist also *weniger juridisch* zu verstehen (vgl. aber Jes 41,1); es ist vielmehr Ausdruck für das „richtige" Verhalten zw. Gott und Menschen.

Z. Z. Jesu war eine einseitige Auffassung weit verbreitet: G. sei getreue Erfüllung der Gesetzesbestimmungen. Gott brauche nur nachträglich die Bilanz der Erfüllungen und Übertretungen aufzustellen. Dass es auch andere Auffassungen gab, zeigt z. B. der Gebrauch des Wortes „gerecht" in den Kindheitsgeschichten bei Lk (1,6; 2,25).

Gott bewirkt G. „durch Jesus Christus" (Phil 1,11). Die Christen werden also nicht durch das → Gesetz gerecht, sondern durch die volle Hinwendung zu Christus, den → Glauben („Rechtfertigung durch den Glauben" Röm 3,28) und durch die Gnade und Barmherzigkeit Gottes (Tit 3,7). Aus dieser Gabe ergibt sich für den gerecht Gewordenen „ein neues Leben" (Röm 6,4.12f) in der → Liebe. Jesus selbst „erfüllte alle G." (Mt 3,15) und forderte sie (Mt 5,6; Hunger und

See Gennesaret. *Der vom Jordan gespeiste, 212 m u. d. M. liegende, fischreiche Binnensee spielt eine bes. Rolle in den Evangelienberichten vom Wirken Jesu.*

Durst nach G.). Zwar sollen die Christen „die G. tun“ (1 Joh 2,29); aber die volle G. ist der Welt noch nicht geschenkt (2 Petr 3,13).

Gericht Gott ist Schöpfer und Hüter des Rechts, daher auch oberster Richter, in der isr. wie in anderen Religionen. In der HS wird Gott auch geschildert als zerstörender Richter, der eingreift, wenn das Recht gebrochen ist (z. B. Gen 6,5ff; Gen 19; Dan 7,26). Man erhoffte sein Eingreifen vor allem am „Tag Jahwes“ (Jes 13,6; 1 Thess 5,2), der G. *und* Triumph für seine Anhänger sein wird (Am 5,18ff). Man wusste zwar nicht, wie man ihn sich ausmalen sollte; aber das war nicht wichtig für die Feststellung, Gott werde „irgendwie“ eingreifen. Vor allem die apokalyptische Literatur verband die Vorstellung des Gerichts mit den Bildern von Feuerplagen und Drangsalen (vgl. Dan 7,11; Offb 20,9f; 2 Thess 1,8). Man war sich gewiss, dass Gott der „Endsieg“ gebühre, dass er seine Ernte einheimse (vgl: Mt 3,7 par; Offb 14,15f). Die Christen verlassen sich auf „Jesus, der uns von dem zukünftigen Zorn“ errettet (1 Thess 1,10; → Wiederkunft Christi). In Mt 25,31–46 wird Christus selbst als Richter geschildert: Maßstab sind nicht religiöse Werke, sondern Taten der Nächstenliebe (Hilfe bei Hunger, Durst sowie bei Mangel an Unterkunft und Kleidung, Besuch in Krankenhaus und Gefängnis).

Gott setzt nicht nur allgemein sein Recht durch, sondern er vergilt auch den Einzelnen (Ps 33,13ff; Spr 24,12). Man dachte zunächst, diese Vergeltung geschehe in diesem Leben (vgl. Ijob 42,7–17). Je mehr man an ein → Leben nach dem Tod glaubte, desto mehr dachte man auch an ein G. über den Einzelnen nach dem Tod (vgl. Lk 16,19–31).

Nach Joh wird das G. bereits jetzt vollzogen (vgl. 3,18; 12,31). Solche Sätze stehen mit der Theologie des → Johannesevangeliums in Zusammenhang. Unverbunden daneben steht die Erwartung des G.s am „Jüngsten (= letzten) Tag“ (Joh 12,48).

Gerschom („Schelle, Klingel“) Nach Ex 2,22; 18,3 Sohn des → Mose. Sein Name wird volkstümlich gedeutet: „Ich bin Gast (*ger*) geworden in fremdem Lande“.

Gesalbter → Christus

Geschichte Die HS schildert Gottes Offenbarung als Vorgang in der G., nicht im Bereich der Spekulation. Auch die Offenbarung im Bereich der *Natur* (Ps 104) ist nicht maßgebend.

Die HS bietet nicht Geschichtsschreibung im heutigen Sinn, sondern will Verkündigung, Bekenntnis der Taten Gottes sein. Das bedeutet nicht, dass ihre Berichte deswegen unhistorisch sind. Vielmehr steht das histor. Interesse an zweiter Stelle. Es ist also ein Missverständnis, die bibl. Erzählungen eben als Erzählungen (viell. mit erbaulichem Zweck) zu verstehen. Vielmehr soll von Gottes Wirken gesprochen werden. Dabei greift die HS auf vielerlei zurück, z. B. auf Listen (vgl. 1 Kön 4), → Geschlechtsregister, Berichte, Novellen, Fabeln, Sagen u. a. Jede dieser literar. Gattungen gehorcht eigenen Gesetzen (→ Formgeschichtl. Methode), z. T. liegt viel histor. Material hinter der theol. Aussageabsicht. Bes. im → Kult erinnert sich das Volk an seine G. (Dtn 26,5–9; → Ätiologie).

Von den ntl. Autoren hat vor allem Lk histor. Interessen (vgl. Lk 1,5; 2,1; 3,1); das bedeutet aber nicht, Lk werfe keine histor. Probleme auf (→ Zensus) oder die anderen Evv seien unhistorisch.

Häufig unterscheiden theol. Autoren zw. „historisch“ und „geschichtl.“. „Historisch“ meint dabei eher das rein Faktische, „geschichtlich“ eher die Wirkung und Deutung des Historischen.

Geschlechtsregister bilden das Gerüst der bibl. → Urgeschichte. Sie führen in einer Geschlechterfolge von → Adam zu → Abraham. G. begegnen in den Erzählungen von den → Erzvätern (Gen 12–50), bei den Königen, Priestern und Priestergruppen, in der → Chronik und in den → Stammbäumen Jesu (Mt 1,1–16; Lk 3,23–38). Ihren Ursprung haben die G. bei den Nomadenstämmen. Diese stellen noch heute die gesamte gesellschaftliche Gliederung der Wüstenbewohner in einem Stammbaum dar. G. sind Geschichtsdarstellungen einer Gemeinschaftsform, in der sich die zeitl. Folge und das Miteinander der Gruppen aus den Banden des Blutes, aus dem Herkommen von einem Vater und aus dem gegenseitigen Verhältnis der Brüder ergeben. Das Volk Israel hat sich aus Nomadenstämmen gebildet. Die Stellung des einzelnen war darum durch seine Zugehörigkeit zu Familie und Geschlecht bestimmt. Die Vorgeschichte wurde in Stammbäumen überliefert. Das Stammes- und Geschlechtsbewusstsein überdauerte die sozialen Änderungen der Königszeit. Nach 1 Tim 1,4 solen sich „gewisse Leute" nicht mit endlosen G. beschäftigen. Titus erhält (3,9) den Rat, Streitfragen über G. zu meiden. Wahrscheinlich werden hier fantastische Erzählungen und Spekulationen über atl. G. verworfen.

Geser („abgestecktes Gebiet") Stadt in Südpalästina, an der Karawanenstraße von Ägypten nach N, von Thutmosis III. (1504–1450 v.C.) erobert und befestigt, in der Amarnazeit (→ Amarna) unabhängig. Trotz Jos 10,33; 16,3; 21,21 von den Israeliten nie erobert, wird G. als Morgengabe eines äg. Pharao → Salomo zugesprochen, der es befestigt (1 Kön 9,15–17). Nach der Reichstrennung zerstört, 734 v.C. assyr., in den Makkabäerkriegen heiß umkämpft (1 Makk 9,52; 13,43); bei verschiedenen Ausgrabungen seit 1902 fand man eine kanaan. Kultstätte, die königl. Totenstadt, bronzezeitl. Befestigungen, Stadttor und Mauern Salomos, den „Bauernkalender" (10. Jh. v.C.) und eine Tonschere, deren Schrift auf die Frühzeit des Alphabets hinweist (→ Buchstabe).

Gesetz Gewiesene Richtung, z.B. durch Priester (Jer 18,18), schließlich die Vielzahl der Einzelbestimmungen, die aus verschiedenen Zeiten und Gegenden stammen und von unterschiedlichen Anschauungen und Absichten geprägt sind, wie sie in den → Mosebüchern stehen (→ Zehn Gebote, → Bundesbuch, → Heiligkeitsgesetz). Da sie Zeichen der Treue zum → Bund sein wollen, führte man sie auf → Mose zurück, dem man die Begründung des Bundes zuschrieb. Dass solche Weisungen vorhanden waren, begrüßte man (Ps 119). Die jüd. Heimkehrer aus dem → Exil betonten die Geltung des G.es (Neh 8). Als man alle Einzelbestimmungen nicht nur erfüllen, sondern möglichst streng wörtlich nehmen wollte und noch kommentierte, konnten nur „Fachleute" das G. halten. An die Stelle des Priesters trat der → Schriftgelehrte als Ausleger. Man sah das Wesen der Religiosität weithin als genauester G.es-Erfüllung, obwohl es nur noch wenige beherrschten. → Tora.

Christus ist das Ende des G.es (Röm 10,4): Das G. ist ein für alle Mal erfüllt (Mt 5,17) und verpflichtet Christen nicht mehr, da Gott selbst den Bund überboten (→ Apostelkonzil) und Christus in seinem Blut einen neuen Bund begründet hat (1 Kor 11,25). Die Gläubigen sind an das „G. Christi" (1 Kor 9,21) gebunden. → Galaterbrief. Es ist unbibl., ohne weiteres atl. Bestimmungen auf Christen zu übertragen.

Gesicht → Angesicht, → Vision.

Gesundheit wird gepriesen (Sir 30,14–17; vgl. Sir 31,1–4.19ff.29; 30,24f). Dass sie in vielen → Wundern geschenkt wird, ist Zeichen dafür, dass nun das Heil angebrochen ist. → Krankheiten

Geschur Kleines aram. Königreich, ö vom See Gennesaret. Von hier stammt Maacha, Tochter des Königs Talmai, Frau Davids und Mutter Abschaloms (2 Sam 3,3). Daher flüchtet Abschalom nach dem Mord an seinem Halbbruder Amnon nach G. (2 Sam 13,37).

Getsemani („Ölkelter") Ort (nach Mk 14,32; Mt 26,36; Joh 18,1 Garten/Landgut) am → Ölberg, am Weg nach → Betanien, wo Jesus in Todesangst betete und verhaftet wurde (Mk 14,32–50 par).

Gewalten → Engel

Gewichte Man arbeitete mit geschätzten G.n und konnte dabei auch von absichtlichen Fehlern, „falschen Gewichten" sprechen (Mi 6,11). G. waren meist aus Stein, später z.T. auch aus Blei. Abgewogen wurden Metalle und Wertgegenstände. Es gab wohl nie allgemein verbindliche G. Noch heute kann man im Orient das Abwiegen mit Steinen oder Hufeisen sehen. Die G. wechselten mehrfach nach Zeit und Gegend. Auch die ausgegrabenen Gewichtssteine passen nicht in ein

Oben: **Getsemani** *am Fuß des Ölbergs. Unten links: Römische Treppe am Westhügel Jerusalems. Weg Jesu nach G.? Unten rechts:* **Grab** *mit Rollstein.*

System der G. Man kann daher nicht zu jedem Gewicht, das in der HS vorkommt, einen Gegenwert genau angeben, sondern *nur* die Größenordnung, in der man es sich vorstellen muss.
Diesem begrenzten Ziel dient folgende Liste:
Grundeinheit: 1 Schekel (Lot; vgl. hebr. *schaqal* = wiegen) = 11–17g. Es gab verschieden schwere Schekel, z. B. solche „nach königlichem Gewicht" (2 Sam 14,26), „nach dem Münzgewicht des Heiligtums" (Ex 30,13; Stelle nach dem → Exil geschrieben).
Geläufige Unterteilungen: Halbschekel (Ex 30,13), Drittschekel (Neh 10,33), Viertelschekel (1 Sam 9,8), ca. $^1/_{20}$ Schekel (*gērāh*; Ex 30,13).
Große Gewichte: 1 Talent (Zentner; 1 Kön 10,10; 2 Sam 12,30) = 3600 Schekel (41–59 kg) oder = 3000 Schekel (34–50 kg); 1 Mine (Pfund; Esra 2,69) = 60 Schekel (660–1000 g) oder (später?) = 50 Schekel (550–840 g).
Umstritten ist die Deutung von Ez 45,12; für einige Angaben können wir keine Vergleichswerte mehr nennen (z. B. Gen 33,19, keine Münz-, sondern eine Gewichtseinheit); „Pfund" im Joh 12,3; 19,39 bedeutet: röm. Pfund (etwa unter $^1/_3$ kg); → Münzen, → Maße. Auch → Geld wurde urspr. abgewogen.

Gewissen Einen hebr. Ausdruck für G. gibt es nicht; viele Übersetzer geben z. B. in Ijob 27,6 „Herz" o. Ä. mit „G." wieder. Das bedeutet aber nicht, dass von der *Sache* keine Rede wäre (z. B. Gen 3,8–13).
Im NT kommt G. vor allem bei Paulus vor (Anregung, nicht Beeinflussung, durch populärphilosoph. Strömungen). Das G. ersetzt das → Gesetz bei den Heiden (Röm 2,14f), ist Zeuge für Paulus' Worte (Röm 9,1; vgl. 2 Kor 1,12) und der inneren Haltung von Christen (2 Kor 5,11). In 2 Kor 8,7–13 stellt Paulus zwei Auffassungen dar, von denen er eine zwar als falsch bezeichnet, auf die man aber Rücksicht nehmen soll (vgl. auch 1 Kor 10,25–31).

Gibbeton (*tell el-melāt* oder *'ākir*) in Jos 19,44 (vgl. Jos 21,23) für den Stamm Dan beanspruchte Philisterstadt. Doch noch unter Simri (886 v. C.) wurde G. erfolglos belagert (vgl. 1 Kön 16,15.17).

Gibea („Anhöhe") Name mehrerer hochgelegener palästin. Städte und Dörfer; der wichtigste Ort: G. in Benjamin (auch: G. Sauls), spätestens z. Z. der → Landnahme besiedelt, in der Richterzeit zerstört (Ri 20,29–48), später Sitz eines Vogtes der Philister (1 Sam 10,5; 13,3), Geburtsort → Sauls, von → Jonatan erobert (1 Sam 14); der Ort wird Residenz Sauls, der hier eine Burg errichtet. Als Jerusalem Hauptstadt wird, verliert G. seine Bedeutung. Im 8.–6. Jh. v. C. ist es militär. Außenposten und Wachtturm Jerusalems gegen die assyr. Provinz Samerena (→ Samaria). Obwohl 597 v. C. von → Nebukadnezzar II. viell. zerstört, erreicht G. im 6. Jh. v. C. seine größte Ausdehnung. Diese Besiedlung endet um 500 v. C.

Gibeon („Hügelort", *ed-dschīb?*) Alte kanaan. Stadt, urspr. v. Hiwitern bewohnt (Jos 11,19), die nach Jos 9 mit Israel listig bei der Eroberung des Landes einen Vertrag geschlossen und zur Strafe zu Holzhackern und Wasserschöpfern gemacht wurden. Bis zur Zeit Salomos war G. Kultstätte und königl. Heiligtum (1 Kön 3,4–15). Ausgrabungen seit 1956 förderten neben einer Stadtmauer 27 Krughenkel mit Stempel „G." zu Tage.

Gideon („an der Hand verletzt"?) In Ri 6,11 – 8,35 werden G.s Berufung und Taten erzählt; danach ist er → Richter und rettet die Israeliten aus der Bedrängnis durch die Midianiter; er stammt aus Ofra in Manasse. Einige G.-Geschichten sind *auch* Kult-Ätiologien für den Altar v. Ofra, dessen → Efod G. aufgestellt habe (Ri 8,27). Nach Ri 6,25–32 besiegt G. den Baals-Kult in Ofra, daher heiße er auch Jerubbaal. Nach Ri 8,23 schlug er das → Königtum aus; nach Ri 9,1 hat sein Sohn → Abimelech geheißen.

Gihon

1) Einer der vier Paradiesströme, der um das ganze Land Äthiopien fließt (Gen 2,13), bereits im Altertum mit dem Nil identifiziert.

2) Immer fließende Quelle Jerusalems im Kidrontal, der heutige Marienbrunnen sö der Stadt.

Gilboa (*dschebel fuqu'a*) nö Ausläufer des Gebirges Efraim, zw. der Ebene → Jesreel und dem Becken von → Bet-Schean. Hier siegte → Gideon (Ri 7,1–22), verloren im Philisterkrieg → Saul und seine Söhne Schlacht und Leben (1 Sam 31; 2 Sam 1,21).

Gilead Gebirgslandschaft im Ostjordanland. Der Name wird in Gen 31,45–53 volkstümlich erklärt mit *gal'ed* („Steinhaufen des Zeugnisses"); er geht wohl zurück auf ein Wort, das „rau sein" bedeutet und eine Bergwüste bezeichnen kann. G. hieß urspr. ein Berg s des → Jabbok, später auch seine Umgebung (Ri 10f), schließlich das isr. Siedlungsgebiet ö des → Jordan. Die Landnahme der Stämme in G. erwähnt Num 26,29; Jos 17,1; wo G. als Sohn des → Machir und Enkel des → Manasse erscheint. Die Rückkehr nach G. ist in Mi 7,14 20 Heilszeichen. G. ist Heimat → Jiftachs (Ri 11,1) und → Elijas. In einem Grenzposten G.s wird → Jehu zum König ausgerufen.

Gilgal („Kreis") Ortsname, z.B._
1) G. ö Jerichs (Jos 4,19), z.Z. der → Landnahme wichtige Kultstätte mit jährl. (?) Feier des Jordandurchzugs und Prozession (Jos 3–4); abgelehnt von den Propheten (Mi 6,5).
2) G., nach 2 Kön 2,1; 4,38 Sitz einer Prophetenschule, lag wohl im Gebirge Efraim.

Gilgamesch → Schöpfungsberichte

Glaube Im AT ist G. die Haltung des Gehorsams und Vertrauens zu Gott, nicht nur „Verstandes-Angelegenheit". Das Vorbild ist Abraham, der „Vater des Glaubens" (Gen 15,6). „Glaubt ihr nicht, so bleibt ihr nicht" (Jes 7,9).
Im NT fordert Jesus den G.n an seine Sendung (Mk 9,23f; Zweifel verhindert → Wunder: Mt 17,20; 10,32f). Dieser G. konstituiert die Urgemeinden (Apg 2,44; 16,30f; Röm 10,17; 1 Kor 15,1f) und umfasst alle Lebensbereiche, da er eine neue Einstellung zu allem bedeutet.
Verstandeshaltung (2 Kor 5,7) ist verbunden mit Vertrauen (Röm 6,8), das sich durch → Liebe wirksam erweist" (Gal 5,6). G. ist also viel mehr als nur eine zusätzl. Information. Nicht die Werke des → Gesetzes bewirken → Gerechtigkeit, sondern diese grundsätzl. Einstellung, der G. (Röm 3,28; vgl. Gal 2,16; Röm 1,17 nach Hab 2,4). Nach Joh 3,21 muss man die Wahrheit *tun*, nicht nur kennen, wenn man zum → Licht kommen will. Gerade Joh und 1 Joh verstehen G.n als Erkenntnis (vgl. z.B. Joh 16,30; 8,28), die den G.nden zum → Leben führt.

Gleichnis In einem G. wird ein Gedanke nicht durch einen Begriff ausgedrückt, sondern durch ein Bild dargestellt (z.B.: barmherzige Aufnahme ins → Gottesreich durch das Bild von der Haltung des Vaters in der Geschichte vom „Verlorenen Sohn"). Neben diesem allg. Gebrauch des Wortes „G." (Mt 15,15) steht die Anwendung dieses Ausdrucks auf die G.se Jesu über das Gottesreich (Mk 2; 4; 7; 9f; 12f; Mt 5ff; 11ff; 15; 18–21; 24f; Lk 7f; 10–20).
Dort ist dargestellt, wie das Gottesreich kommt: Es beginnt mit kleinen Anfängen („Senfkorn", „Sauerteig", Mt 13,31–33 par), bringt trotz vieler Vergeblichkeiten überreiche Frucht („vierfacher Ackerboden", „Sämann", Mk 4,1–8 par), wird von Gott als Gabe geschenkt („Verlorener Sohn", Lk 15,11–32; „Arbeiter im Weinberg", Mt 20,1–16), ist froher Fund („Verlorenes Schaf", „Verlorene Drachme", Lk 15,1–10; vgl. Lk 15,32; „Schatz im Akker", „Perle", „Fischnetz", Mt 13,44–50), kommt trotz aller Widerstände („Böse Weingärtner", Mk 12,1–12 par; „Königliches Hochzeitsmahl", Mt 22,1-14 par), fordert Entscheidung und Wachsamkeit („Reicher Mann/Armer Lazarus", Lk 16,19–36; „Die zehn Jungfrauen", Mt 25,1–13). Einige G.se sollen auch zeigen, wie man sich vor Gott („Pharisäer und Zöllner", Lk 18,9–14) und zu den Mitmenschen („Barmherziger Samariter", Lk 10,29–37) verhalten muss.
Meist soll nur *ein* Grundgedanke illustriert werden. Es ist daher oft falsch, hinter allerlei Einzelheiten (z.B. dem „Mastkalb" in der Erzählung vom „Verlorenen Sohn", Lk 15,23) einen „tieferen Sinn" zu vermuten.
Die G.se bzw. Parabeln richteten sich an alle Zuhörer, nicht nur an die Jünger. Sie

sollten gerade das allgemeine Verständnis erleichtern (Mk 4,33) und brauchten keine Auslegung. Wenn sie uns heute z. T. nicht mehr sofort einleuchten, so daher, weil sie aus einer Ackerbaukultur und längst vergangenen Zivilisationsverhältnissen stammen. Die Deutungen von G.sen (z. B. nach Mk 4,10ff), enstammen eher der Verkündigung der Urgemeinden unter der Erfahrung der urchristl. → Mission. Das → Johannesevangelium bringt kaum G.se („Guter Hirt" Joh 10,1–16). → Lukasevangelium. → Markusevangelium. → Matthäusevangelium.

Glück → Heil

Gnade Übersetzer geben verschiedene hebr. Wörter mit „G." wieder (z. B. „Anmut, Gunst" in Gen 19,11; „treue Hilfsbereitschaft" in Jes 55,3). nach Ps 89,29 ist Gottes G. gegründet auf den → Bund. In Christus hat Gott endgültig seine Hilfe geschenkt und zugesagt: Dieses neue Verhältnis Gottes zu den Menschen heißt G. (Gal 2,21; Röm 3,24 → Gerechtigkeit; 6,14). In den ntl. Grußformeln (z. B. 1 Kor 1,3) bezeichnet „G." etwa: „Gunst". An einigen anderen ntl. Stellen bedeutet G. ungefähr: „frohe Botschaft des Evangeliums" (z. B. Apg 13,43). G. bedeutet im NT selten (wie Röm 1,5) eine einzelne Gabe, sondern meist das Wohlwollen Gottes. Große Bedeutung hatten in den Urgemeinden die G.en-Gaben (→ Charisma).

Gnosis („Erkenntnis") Eine Bewegung, welche die relig. Erkenntnis für entscheidend hält; sie werde erworben durch Intuition, Prophetismus, Vision, Magie. Die Welt betrachtete man pessimistisch und trennte sie streng von Gott (bis hin zur Lehre vom guten Gott einerseits, vom bösen Schöpfer andererseits). Der Mensch geriet in diese Welt, werde aber aus ihr und aus dem Gefängnis seines Körpers befreit und unsterblich durch rechte Erkenntnis. In dieser Bewegung findet man pers., äg., griech. (Platonismus), jüd. u. a. Gedanken, später auch christliche. Nicht gegen die meist sehr fantastischen Systeme wenden sich Stellen in ntl. Schriften, sondern gegen die Grundhaltung, die ein Eingreifen Gottes in diese Welt oder eine wirkliche → Menschwerdung nicht annehmen konnte (z. B.: Apg 8,9ff; Simon der Zauberer? Kol 2,8? Joh 1,14? → Johannesevangelium, → Judasbrief, → Leben, → Licht). Dabei wurden berechtigte Anliegen der G. übernommen. Mehrere Apokryphen des NT sind im Geist der G. verfasst.

Gog Anführer der Feinde Israels (Ez 38–39), König von Meschech und Tubal (Ez 38,2). Diese Gebiete – auch Land Magog genannt – lagen wohl in Kleinasien. G. könnte dem lydischen König Gyges (um 650 v. C.) entsprechen. Doch Ezechiel denkt nicht an eine geschichtl. Gestalt, G. ist Typus der Feinde Gottes und Israels. „Nach vielen Tagen, am Ende der Jahre" wird er in die Geschichte eingreifen. Zusammen mit Magog, der hier personifiziert ist, führt G. das von Satan (→ Teufel) gesammelte Heer an (Offb 20,8).

Golan Stadt ö des Sees Gennesaret; ihre Lage kann nicht mehr bestimmt werden; von G. ist der Name der Umgebung, Gaulanitis (*dschōlān*), abgeleitet.

Goldene Regel heißt die Verhaltensregel Mt 7,12 („Alles nun, was ihr wollt, dass euch die Leute tun, das tut ihnen auch"; vgl. Lk 6,31), die man egoistisch („Mir schenkt man auch nichts") oder nur für *ein* Volk oder auch unverbindlich/allgemein („alle Menschen werden Brüder") auslegen kann. Für Christen steht sie im Rahmen der → Liebe und ist in diesem Zusammenhang zu deuten.

Goldenes Kalb → Stier

Golgota Ort der Kreuzigung Jesu, damals außerhalb der Stadtmauer (vgl. Joh 19,20). G. ist nur aus dem NT bekannt; der Ort hat seinen Namen („Schädel") wohl von der Form der hügeligen Erhebung (nicht von der Deutung „Schädelstätte = Richtstätte" oder von dem dort angeblich begrabenen Schädel Adams (Origenes). Bei der Erbauung der Grabeskirche stieß man auf viele Gräber.

Goliat Philistäischer „Riese" und Einzelkämpfer aus → Gat, nach 1 Sam 17 von → David, nach 2 Sam 21,19 von → Elhanan besiegt und getötet. 1 Chr 20,5 sucht beide Überlieferungen auszugleichen: Elhanan soll den Bruder Goliats erschlagen haben.

Gomorra → Sodom, gehörte zu den fünf Städten im Tal Siddim (Gen 14,2), wurde nach Gen 19,24ff wegen der Gottlosigkeit seiner Einwohner durch Feuer und Schwefel vernichtet. Die Erzählung will die trostlose Landschaft am → Toten Meer erklären und zugleich die Folgen der Sünde bildhaft zeigen. Die Ortslage wird sowohl n (etwa in *telēlāt ghassūl*) als auch s des Toten Meeres gesucht.

Gorgias Feldherr des Königs → Antiochus IV. Epiphanes (1 Makk 3,38).

Goschen Ortsname

1) Äg. Landschaft, die nach Gen 45,10; 47,11.27 von Israeliten bewohnt wurde. Wohl der schmale, fruchtbare Landstreifen im *wadi tumilāt*, s der Residenz → Ramses II.

2) Kanaan. Stadt in Juda (Jos 10,41; 11,16; 15,51).

Gott In der HS ist G. kein abstrakter Begriff, sondern eine Persönlichkeit, die sich erschließt, z.B. in → Bund und → Gottesreich. Philosoph. geprägte Versuche, v. G. zu reden, sind nicht bibelwidrig (vgl. Röm 1,20), aber sie liefen immer wieder Gefahr, zu übersehen: Wenn in der HS von G. gesprochen wird, dann ist zugleich die Rede von einer Geschichte (z.B. „Monotheismus" nicht urspr. Begriff, sondern Ergebnis, vgl. etwa Ps 97,7 mit Jes 43,10) und von Erlebnissen wie dem → Auszug aus Ägypten, der → Landnahme, der Errichtung von → Königtum und → Kult, dem → Exil und der Rückkehr aus ihm, der Hoffnung auf den → Messias, Bekenntnis, in → Jesus sei er gekommen, dem Weg der Urgemeinden. Dieser welthaft erlebte G. der → Gerechtigkeit wird aber nicht als ein übermächtiger Teil der Welt vorgestellt. Immer mehr Nachdruck legte man darauf, G. nicht in → Bildern darzustellen (Ex 20,4; vgl. aber → Dura-Europos).

Im NT hat sich G. geoffenbart durch seinen Erben (Hebr 1,2f). Christen dürfen zu G. „Vater" sagen, da sie „Brüder" Christi sind (Gal 3,26; → Vaterunser). G. allein ist „gut" (Mk 10,18), ist Schöpfer (Mk 13,19) und Lenker (vgl. Lk 12,24); mit G verbunden sind → Frieden (Röm 15,33), → Hoffnung (Röm 15,13), → Geduld (vgl. Röm 15,5), → Treue (vgl. Röm 11,29), Wahrhaftigkeit (Joh 3,33). Er gibt den Bittenden (Mt 7,11; → Gebet). Auch Christen „durchschauen" G. nicht (1 Kor 2,11). Sie sollen ihn lieben (Mk 12,30 par; 1 Joh 4,19; → Liebe). → Dreieinigkeit; → Gegenwart Gottes; → Namen Gottes.

Gottesfürchtige heißen Heiden, die zwar nicht völlig zum Judentum übertraten (→ Proselyten), aber den jüd. Eingott-Glauben annahmen und einen Teil der jud. Gesetzesverpflichtungen beachteten (z.B. Sabbat, Speisegesetze). Die christl. → Mission hatte unter ihnen große Erfolge (vgl. Apg 17,4).

Gottesfurcht heißt eine Haltung, bei der man nicht in panischem Schrecken vor einem Übermächtigen steht, sondern in realistischer Einschätzung der Tatsachen. G. ist eine Form der Ehre, die man Gott gibt; sie lässt sich mit Jubel verbinden (Ps 47,3). Dazu kommt das Bewusstsein, Gott als den „Heiligen" zu erleben (Ex 15,11) – dabei muss man sich klarmachen, dass → „heilig" nicht in erster Linie eine moralische Eigenschaft ist. Je mehr im Verlauf der isr. Religiosität das → Gesetz in den Vordergrund rückt, desto mehr wird G. zur Furcht, bestimmte Satzungen getreu einzuhalten (vgl. Ijob 28,28). Von *dieser* Form der G. befreit die → Gotteskindschaft.

Gottesherrschaft → Gottesreich

Gotteskindschaft Nach Hos 11,1 ist das ganze Volk Sohn Gottes (vgl. Röm 9,4). Die Christen sind Kinder Gottes, Miterben Christi (Röm 8,16f) und Brüder (vgl. 1 Joh 3,10). Von einer „Geburt von oben her" spricht Joh 3,3. Gottes Kinder dürfen Gott „Vater" nennen, ja sogar „Abba" (= Kosewort) (Gal 4,6; → Vaterunser).

Gottesknecht (*'ebed jahweh*) Wer einen Gott über sich anerkennt, könnte als G. bezeichnet werden. Seit 1892 wird der Ausdruck aber fast nur für die Hauptperson einiger Stücke des → Deuterojesaja verwendet (Jes 42,1–4; 49,1–6; 50,4–9; 52,13 – 53,12; oft nimmt man 42,5ff; 49,7ff; 50,10f dazu). Diese Lieder sind literar. verwandt; wenigstens die 3 ersten stammen von Deuterojesaja selbst.

Wer ist dieser G.? Einige wollen ihn als Bild für das Volk Israel (oder seinen idealen Teil) verstehen, andere glauben, dass mit G. eine Einzelperson gemeint sei, z.B. Deuterojesaja, ein anderer der → Propheten, der König (→ Königtum). Es gibt Erklärungsversuche, die allen Vorschlägen gerecht werden. Umstritten ist außerdem, ob der Verfasser auf den G. zurückblickt, ihn erwartet oder als Zeitgenossen versteht. Die G.-Lieder sagen aus, wie sich der Verfasser die Hilfe Gottes zum Heil vorstellt, welche die Demut eines Knechtes voraussetzt.
Die apostol. Verkündigung sieht den G. in Christus gekommen (Mt 12,18; Apg 3,26; 8,30–36; Phil 2,7). Mit ihm und durch ihn kommt Gottes Heil. Dieser G. ist erhöht worden (→ Erhöhung).

Gottesreich (Gottesherrschaft, Reich Gottes, Königreich Gottes, Himmelreich) ist kein Gebiet, sondern das Wort für ein neues Verhältnis zu Gott und Mensch. „In das Reich eingehen" bedeutet aber nicht, irgendwohin zu gehen. Gottes → Königtum im AT war vorläufig; endgültig errichtet ist es in Christus. Daher ist die Verkündigung des G.es der Mittelpunkt der Verkündigung Jesu, wie sie die ersten drei Evv schildern. „G." umfasst auch die Erfüllung solcher menschl. Wünsche, die außerchristl. Bewegungen vortragen. Dem G. widersprechen z.B. Krankheit, Tod, drückende Armut, Mühe, polit. und gesellschaftl. Unterdrückung, Krieg. Weil G. ganz allgemein ist, lässt sich das Wort schwer durch andere Begriffe erläutern. Das „typisch Christliche" an dem G. ist: Man erhofft das Idealziel nicht als menschl. Leistung, sondern als Gabe, die Gott durch Christus endgültig zugesagt hat, dem aber die Christen die Voraussetzungen schaffen und den Weg durch ein Leben und Handeln im Sinn des G.es bereiten müssen. Einige Stellen über das G. sprechen von einer kommenden (Mk 1,15), andere von einer gegenwärtigen Größe (Lk 17,21; Mt 12,28). In dieser Spannung befindet sich das Christentum heute noch: Der Anfang ist gesetzt; das Ziel noch nicht erreicht. Im → Vaterunser beten die Christen: „Dein Reich komme" (Mt 6,10). Versuche, die Spannung zw. Anfang und Ziel wegzudiskutieren (z.B. durch die These G. = Kirche), scheiterten. Aufgabe der Kirche ist es, für das G. in der Welt eine Bahn zu schaffen (vgl. Kol 4,11).
„Himmelreich" statt G. entstand dadurch, dass man das Wort „Gott" aus Ehrfurcht vermied. Himmelreich bedeutet also nicht ein außerweltl. Reich, sondern das Verhältnis *dieser* Welt zu Gott. Daher ist in Mt 5,3.10 geistlich Armen und um der Gerechtigkeit willen Verfolgten nicht nur „ewige Seligkeit" versprochen, sondern vielmehr ausgesagt, dass ihr Verhältnis, jetzt *und* später, zu Gott in bes. Weise geprägt ist. Das Kommen des G.es, seine Eigenschaften und Anforderungen schildern die → Gleichnisse.

Gottesvolk → Volk

Grab Meist wurde die Bestattung wenige Stunden nach dem Tod vorgenommen (Einbalsamierung war in Israel sehr selten, vgl. Gen 50,2f), meist durch Söhne (Mt 8,21; vgl. aber 1 Kön 13,29; 2 Kön 23,30). Als G. diente eine natürl. Höhle (Gen 23,19; manchmal künstl. erweitert) oder eine künstl. Erdgrube (vgl. 2 Kön 21,18) oder eine aus dem Felsen gehauene Kammer (Jes 22,16; Mt 27,60) oder die Gräber des „niederen Volkes" (Jer 26,23; vgl. 2 Kön 23,6; Massen-G.?) Die G.-Formen wechselten. Kammer-G. z.Z. Jesu vgl. Abb., daneben kannte man damals auch die Bestattung in senkrechten Nischen bzw. das Bogen-G., sowie das Schiebe-G. (*kok*); bei diesem wurde die Leiche in einen der 9–18 waagrechten Stollen eingeschoben, die von der G.-Kammer ausgingen. G.-Höhlen, -Kammern usw. dienten oft der ganzen Familie über Generationen hinweg (vgl. Gen 49,29–31). Erfolgte die Beisetzung nicht im „G. der Väter", sah man darin eine göttl. Strafe (1 Kön 13,22). Vor allem später begrub man möglichst außerhalb der Stadtgrenze. G.-Beigaben waren in ältester Zeit häufiger als später (→ Leben nach dem Tod). Einäscherung war in Israel nicht Sitte, im Gegensatz zu anderen Völkern (vgl. Am 2,1; 1 Sam 31,12 ist wohl nicht mehr richtig erhalten). Mit-

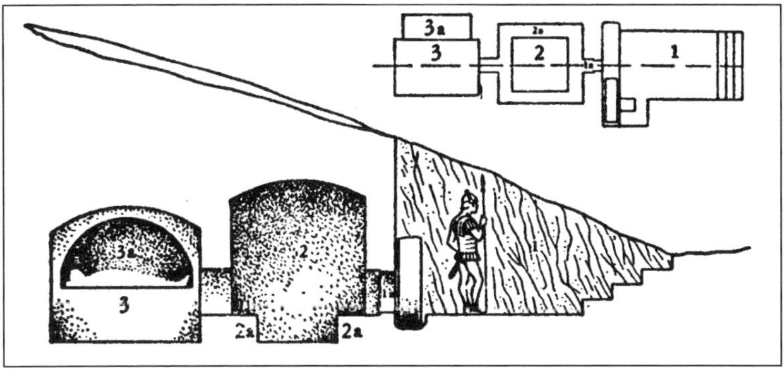

Schnitt durch ein jüd. Kammer-Grab zur Zeit Jesu. In den Abhang eines Hügels trieb man einen Gang, in den oft einige Treppen hinabführten. Hinter einer niedrigen Öffnung (1a), die durch eine schwere Felsplatte verschlossen werden konnte, grub man eine Kammer (2) mit Sitzbänken an den Wänden (2a) und dann eine zweite Kammer (3) mit der Abbildung eines oder mehrerer Fische. In die Kammer wurde dann der Tote gelegt. Wenn man das Grab für einen anderen Toten gebrauchen wollte, dann sammelte man die Gebeine, die man in einer kleinen Öffnung im Flur oder in einer Beinkiste (Ossuarium) beisetzte.

spielen mag dabei, dass man sich ein Weiterleben eines Verbrannten in der → Unterwelt nicht vorstellen konnte und Verbrennen als endgültige Zerstörung ansah.

Grab, das Heilige Das → Grab, in dem nach Mk 15,42–47 par Josef aus Arimathäa Jesus bestattete; es gehörte ihm selbst. Dass Kaiser Konstantin 325 v.C. das „richtige" Grab Jesu aus einer Vielzahl von Gräbern herausfand, ist anzunehmen.

Griechen (Hellenen) bezeichnet schon seit mehreren Jh. v.C. nicht mehr nur Einwohner Griechenlands, sondern Menschen einer bestimmten Kultur und Zivilisation (vgl. 1 Kor 1,22; → Hellenismus, Gegensätze: Barbar Apg 28,2 (Lutherübersetzung: „Leute"), Jude Joh 7,35). In einer christl. Gemeinde gibt es keinen Unterschied zw. G. und Juden (Gal 3,28).

Groschen → Münzen

Grundbesitz in Israel gab es seit der → Landnahme und der Landverteilung (vgl. Jos 13–21; Num 26,52–56). Jahwe ist der eigentliche Herr über Grund und Boden (Jos 22,19); das den Vätern verheißene Land hat er dem Volk übergeben (Jos 23,4). → Eigentum. Gegen Groß.-G. kämpften die → Propheten (Jes 5,8; vgl. Mi 2,2).

H

Habakuk Einer der „kleinen" → Propheten, wohl ein Kultprophet vom Ende des 7. Jh. v.C. Im *Buch* H. beklagt er die syr. Gewaltherrschaft, die Gottes Gerechtigkeit zu widersprechen scheint (vgl. 1,2ff.12–17). Jahwe antwortet, dass er den Gerechten schätzt und dass die Tage der Gewaltherrn gezählt seien (1,5–11; 2,1–5). Darauf folgen Wehrufe gegen die Gottlosen (2,6–20) und die Beschreibung einer Vision über die Vernichtung der Feinde (3; Echtheit umstritten). Viell. waren Teile des Buches in liturgischem Gebrauch.
Der Gerechte soll auf Gottes Hilfe vertrauen, die trotz gegenteiligem Anschein nicht ausbleibt. „Der Gerechte aber wird durch seinen Glauben leben" (2,4). Diesen Satz führt später Paulus weiter (Röm 1,17; → Glaube).

Habakukrolle → Qumran

Habgier (kein entspr. hebr. Wort) Die Gier nach fremdem Eigentum wird in den → Zehn Geboten verurteilt (Ex 20,17; Dtn 5,21), von den Propheten bekämpft (Jer 22,17); sie zehrt am Leben (Spr 1,19). Eigentum schafft keine Sicherheit (Lk 12,15) und bringt Sorge; das Streben danach ist unersättlich, Geiz kurzsichtig (Koh 5,9–16); der Kult des Besitzes ist Ersatzreligion, daher Götzendienst (Kol 3,5).

Hadad hieß eine akkad. Vegetationsgottheit, deren Verehrung schon im 2. Jt. v.C. weit verbreitet war; H. wurde oft mit dreistrahligem Blitz dargestellt; H. ist oft Teil v. Namen (z.B. Ben-Hadad). In der Liste Gen 36,31–39 heißen zwei Edomiterkönige H. („Hadar" in Gen 36,39 ist Verschreibung). Denselben Namen trägt ein edomitischer Prinz, der vor David nach Ägypten flieht, dort gerne aufgenommen wird und nach Davids Tod das Gebiet von Edom erneut unabhängig v. Israel macht (1 Kön 11,14–22.25b).

Hadad-Eser („Hadad ist Hilfe") Nach 2 Sam 8,3–10 v. David besiegter Aramäerkönig.

Hadad-Rimmon (Sach 12,11) galt schon im 4. Jh. n.C. als Ortsname; H. war wohl urspr. Name einer Vegetationsgottheit (→ Hadad). Die „Klage" um H. war möglicherweise die jährl. kultische Totenklage um den für einige Monate „gestorbenen" Vegetationsgott.

Haderwasser → Massa

Hades → Unterwelt

Hagar hieß nach Gen 16,1 die äg. Magd der Frau Abrahams. H.s und Abrahams Sohn war → Ismael. Die beiden Berichte über ihre Vertreibung zeichnen sie teils unsympathisch (Gen 16), teils mitleiderweckend (Gen 21,9–33). Gott rettet H. und Ismael vor dem Verdursten (Gen 21,19). In Gal 4,24–31 deutet Paulus H. als Typ des gesetzestreuen Jerusalem, das stolz war, von Sara, H.s Herrin, abzustammen. Sara aber sei Mutter der gesetzesfreien Christen.

Haggada („Darstellung") Jüd. Bibelauslegung (soweit nicht Vorschriften betroffen sind: → Halacha), einschließl. der Predigten. Die H. verwendet Erzählungen, Gleichnisse, Sagen usw. Bereits in den ausgelegten Texten stehen verschiedenartige literarische Gattungen (→ Formgeschichtl. Methode) und Traditionen verschiedener Herkunft nebeneinander. → Midrasch.

Haggai (Aggäus; „am Fest geboren") hieß einer der → Propheten. Nach Hag 1,1 wirkte er 520 v.C. in Jerusalem, wo er mit → Sacharja die Heimkehrer aus dem → Exil aufforderte, den Tempel wieder aufzubauen (vgl.: Esra 5,1; 6,14; Hag 1,1–15); H. verhieß größte Schönheit des Neubaus (Hag 1,15b–2,9), sprach v. der Ansteckung durch Unreinheit (2,10–14), vom kommenden Segen (1,15a; 2,15–19) und v. der Erhöhung des Gouverneurs Serubbabel in den Enddrangsalen (2,20-23). H. hat das Bauen am Tempel weiter vorangetrieben, das bereits stagnierte. Seine Worte sind gesammelt im Buch H., das wenig später entstand.

Hagiographen („hl. Schriften") Fremdwort nach dem griech./lat. Ausdruck, mit dem die dritte Gruppe der Bücher des jüd. → Kanons bezeichnet wurde: Ps, Spr, Ijob, Hld, Rut, Klgl, Koh, Est, Dan, Esra, Neh, 1 Chr, 2 Chr.

Hakeldamach → Blutacker

Halacha („Norm") Bezeichnung für jüd. Vorschriften, die man aus der HS ableitete oder aus der (angebl. auf Mose zurückgehenden) Tradition schöpfte. Die H. fügt dem bibl. → Gesetz noch viele „Auslegungen" und jurist. Unterscheidungen hinzu. Urspr. war die Niederschrift der H. verboten. Aber bereits die → Damaskusschrift v. Qumran enthält H.-Texte. Andere Sammlungen v. H.-Texten sind → Mischna (rabbin. „amtlich") und Tosefta. → Haggada

Halbschekel → Gewichte, → Münzen

Halle Salomos → Tempel

Hallel („Lobsingen") Jüd. Bezeichnung für Ps 113-118, die man an den Hauptfesten als Gotteslob sang. Der „Lobgesang", den in Mk 14,26 par Jesus und die Zwölf am Ende des Paschamahles sangen, war wohl dieses H. (nicht das „große H." = Ps 120–136 oder Ps 135f oder Ps 136).

Halleluja (Alleluja; „Preiset Jah(we)" Alter liturgischer Lobpreis, z.B. am Anfang v. Ps 111,f; am Ende v. Ps 104f; 115f; am Anfang und Ende v. Ps 106; 113; 135; 147–150 (vgl. Offb 19,1.3ff).

Ham (hebr. Bedeutung unsicher) Nach Gen 5,32; 6,10 u.ö. Sohn des → Noach, nach Gen 10,6–20 Gesamtbezeichnung der N-afrikanischen, arab. und kanaan. Völker. Später nannte man vor allem Ägypten „Land H.s" (vgl.: Ps 105,23; 106,22). Die Verfluchung v. Gegnern Israels wurde zurückgeführt auf Noachs Fluch über H. (Gen 9,25ff).

Haman Gegenspieler → Mordechais in der Erzählung über → Ester: Der v. H. geplante Judenpogrom wurde abgewandt und dieser selbst hingerichtet. Est 3,1 nennt H. „Agagiter" (→ Agag), viell. um seine Gegnerschaft gegen den Benjaminiten Mordechai noch mehr zu betonen: H. wäre danach Amalekiter gewesen (vgl. 1 Sam 15).

Hamat (*hama*) hieß ein Stadtstaat in Mittelsyrien. Er suchte Davids Freundschaft (2 Sam 8,9f), hatte ebenso wie das → Nordreich Israel gegen den Aramäerstaat v. Damaskus zu kämpfen, später gegen Assyrien (854 v.C. Sieg über Assyrien bei Karkar, nochmals Blüte v. H., seit 738 v.C. schwerer Tribut und Gebietsabtretungen an Assyrien). Auch Leute aus H. wurden im eroberten Nordreich (→ Exil) angesiedelt (2 Kön 17,24).

Hammurapi König v. → Babylonien (1728–1686 v.C., häufig früher datiert). H. konnte ein kleines Gebiet zu einem Großreich ausweiten, das er hervorragend verwaltete (z.B. Sorge für Kanalbauten). Bekannt ist er vor allem dadurch geworden, dass er das geltende Recht aufzeichnen ließ (2 ½ m hoher Dioritblock, auf dem oben dargestellt wird, wie H. das Gesetz v. Sonnengott erhält. Darauf folgt dieses selbst in Keilschrift; die Forschung unterteilt es in 282 Paragrafen). Viele Rechtsgebräuche waren auch außerhalb Babyloniens üblich, z.B. in den Gebieten, in welchen sich nach Gen die Erzväter aufhielten.

H. ist wohl nicht der „Amrafel" v. Gen 14; jedoch ist nicht unmöglich, dass der Verfasser v. Gen 14 H. meinte und den richtigen Namen nicht mehr kannte.

Hananel („Gnädig ist Gott") Turm in der Stadtmauer Jerusalems (Neh 12,39).

Hananias (griech. Form des hebr. Hananja, „barmherzig ist Jahwe") Name mehrerer Personen, vor allem:

1) Mitglied der Urgemeinde in Jerusalem. Mit seiner Frau Saphira plötzlich gestorben, da beide einen Teil des Erlöses für ein Grundstück nicht ablieferten (Apg 5,1–10).

2) Christ in Damaskus, der den erblindeten → Paulus heilt und tauft (Apg 9,10–19; 22,12–16).

3) → Hoherpriester (ca. 47–59 n.C.), führt das Verhör gegen Paulus in Jerusalem (Apg 22,30–23,10), klagt ihn bei dem Statthalter → Felix an (Apg 24,1–9), 66

n. C. bei Ausbruch des röm. Krieges durch Romfeinde ermordet.

Hananja („Gnädig ist Jahwe") Personenname:
1) Nach Jer 28 wandte sich ein Prophet namens H. gegen den → Propheten Jer, kündigte fälschlich das Ende der neubab. Herrschaft an und starb kurz danach.
2) Gefährte → Daniels, v. den Babyloniern Schadrach genannt (Dan 1,7).

Handauflegung Durch diese Geste wurde übertragen: Segen (Gen 48, 14; Mk 10,13–16 par), Vollmacht (Num 27,18) und der → Geist (Dtn 34,9; im NT wichtig: Apg 8,17f). Vor allem wird durch H. die Bevollmächtigung zum Dienst an der Kirche erteilt (Ordinationsritus: Apg 7,6; 1 Tim 4,14; 5,22). Durch H. wird Heilung gewirkt (Lk 4,40).
Andererseits war die H. eine Vorbereitung des Opfertieres (Lev 1,4; 3,2), die Geste der Schuldübertragung auf den Sündenbock (Lev 16,21), das Zeichen der Zeugen gegen einen Schuldigen (Lev 24,14).

Handbreite → Maße

Handel Da der H. bereits in den Händen anderer lag und da sie nur schwer Zugang zum Meer hatten, trieben die Israeliten v. dem → Exil wenig H. Groß-H. mit dem Ausland war Sache der Könige (Salomo: 1 Kön 9,26; 10,11; Ahab: 1 Kön 20,34). Im Inland herrschte fast nur Tausch-H. zw. Stadt und Land auf dem Markt; der eigentliche H. wurde v. Fremden ausgeübt, zumal v. Phöniziern (Kanaanitern) (vgl. Jes 23,2.8). Erst im Exil und in der → Diaspora wurden die Juden zu Kaufleuten (vgl. aber Sir 26.29). Ausfuhrgüter Israels waren z. B.: Getreide, Wein, Öl, Wachs und Honig (Ez 27,17); eingeführt wurden z. B.: Edelmetalle, Elfenbein (1 Kön 10,2), Holz, Fische (Neh 13,16), Schmuck, Geräte und Textilien (Ez 27,7). Das NT nahm das Faktum „H." hin und beschäftigte sich kaum damit, abgesehen v. den Vorbehalten Jak 4,13f und v. den Ausführungen in Offb 18,11–23, die den H. nur mittelbar betreffen. In Mt 13,45f wählte Jesus die Bilder eines Gleichnisses (v. der kostbaren Perle) aus dem Bereich des Handels und konnte allgemeines Verständnis voraussetzen.

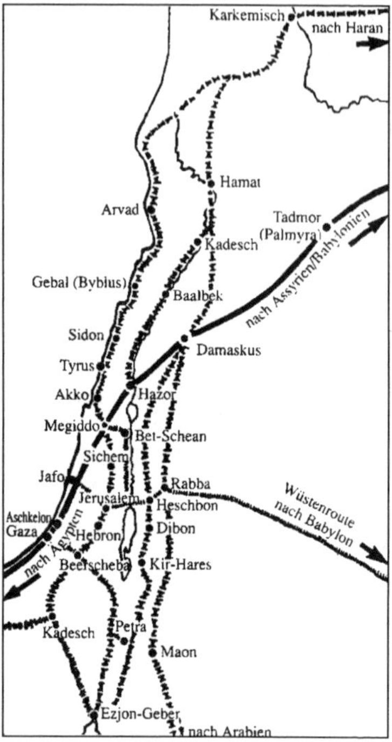

Handelswege in Palästina

Handschriften → Bibelhandschriften, → Qumran

Handwerker Bereits in der Nomadenzeit waren handwerkliche Fähigkeiten gefördert worden. Vor allem seit der Königszeit nimmt die Entstehung v. H.-Berufen einen großen Aufschwung (vgl. 1 Kön 5,20.32). Wir lesen z. B. v. Steinmetzen, Maurern, Zimmerleuten, Ziegelbrennern, Schmieden, Töpfern, Webern, Walkern, Bäckern. Sie arbeiteten in Familienbetrieben oder königl. Werkstätten (vgl. 1 Chr 4,21ff), schlossen sich zu Zünften zusammen und wohnten beieinander (vgl. 1 Chr 4,14; Jer 37,21). Die Wichtigkeit der H. in einer Zeit ohne Industrie können wir nicht zu hoch einschätzen. Josef und Jesus waren Zimmerleute (bzw. Bauhandwerker) (Mt 13,55; Mk 6,3). Paulus war Zeltmacher (= Zeltweber oder Zelthersteller; Apg 18,3).

Ägypt. Steinmetzen mit Meißel und Messschnur beim Behauen eines Quaders

Brennöfen für Tongefäße (ägypt. Darstellung)

Holzbearbeitung: Sägen und Bohren. Das zu sägende Holz ist an einem in die Erde gerammten Pfahl festgebunden (ägypt. Darstellung).

Hanna (Anna; „erbarmt hat sich Jahwe“?) Personenname, z. B.:
1) Nach 1 Sam 1,1 eine der Frauen des Elkana, die lange unfruchtbar war, was als Schande galt. 1 Sam 1 erzählt, wie ihr Gebet erhört und sie Mutter → Samuels wurde. Ihr Lobgesang (1 Sam 2,1–10) war Vorbild für den Lobgesasng Marias in Lk 1,46–55.
2) Hochbetagte Prophetin bei der Darstellung Jesu im Tempel (Lk 2,36ff).
3) Einige ntl. Apokryphen nennen auch → Marias Mutter „Anna“. Diese Angabe ist historisch wohl nicht zuverlässig; sie war aber von großer Bedeutung in der Geschichte der Frömmigkeit und der Kunst.

Hannas (griech. Form einer hebr. Kurzform; „erbarmt hat sich Jahwe“) Jüd. → Hoherpriester (6–15 n.C.); zwar wurde er 15 n.C. v. röm. Prokurator abgesetzt, blieb aber weiterhin der einflussreichste Mann im → Hohen Rat, obwohl das Hohepriesteramt seine Söhne bzw. sein Schwiegersohn → Kajafas innehatten. H. war maßgebend beim Prozess Jesu (nach Joh) sowie dem des Petrus und Johannes (Apg 4,6).

Hanun („Begnadeter“?) Personenname, z. B. der des Sohnes und Nachfolgers des Ammoniterkönigs Nahasch. Eine schwere Beleidigung der Gesandten Davids durch H. verursachte einen Krieg (1 Sam 10,1–14). → Rabba.

Haran
1) Stadt in NW-Mesopotamien, bedeutsamer Knotenpunkt v. Verkehr und Karawanenhandel (Hochblüte nach den Briefen aus → Mari im 19. und 18. Jh. v. C.), Kultzentrum des Mondgottes Sin, der später wohl auch → Abraham für einige Zeit verehrte (vgl. Jos 24,2). Nach einem Teil der atl. Überlieferung war H. der Ausgangspunkt v. Abrahams Wanderungen. Später wurde H. assyr., bei H. = Carrhae fiel 53 v. C. der Konsul Crassus.
2) Nach Gen 11,26 hieß Abrahams Bruder H. Umstritten ist, ob dieser Name mit (1) zusammenhängt; mehrere Städte der Umgebung tragen dieselben Namen wie Abrahams Verwandte. Abrahams Zeit lag ca. ein halbes Jt. nach der Blütezeit H.s.

Harmagedon Nach Offb 16,16 versammeln drei Dämonengeister die Könige der Erde am Ort H. zum Kampf gegen Gott. Einige deuten den Namen „H.“ als „Berg (= *har*) v. Megiddo“. Aber sonst ist in der HS nur v. der *Ebene* v. Megiddo die Rede. Andere denken an *„har mo‘ed“* (= Berg der Versammlung, Anspielung auf Jes 14,13). Andere denken an die Verbindung mehrerer Vorstellungen (z. B.: Megiddo als Schlachtfeld: Ri 5,19; die „Berge Israels" als Ort der Niederlage Gogs: Ez 39,4).

Harod Nach Ri 7,1 lagert Gideon mit dem Heer an einer Quelle H. (wohl *'en dschālūd*) am Fuß des Gebirges → Gilboa. Der *Ort* H. (2 Sam 23,25) lag wohl ca. 100 km (Luftlinie) weiter s.

Haroschet-Gojim (= H. der Heiden, wohl *tell 'amr*) Nach der Geschichte v. Ri 4 Residenz des → Sisera, der durch Debora und Barak besiegt wurde, im NW der Ebene → Jesreel.

Harz heißen verschiedene Produkte v. Bäumen und Sträuchern. H.e dienten als Räucherwerk, Parfum und Medizin. Der H.-Handel war bedeutend (Gen 37,25; Ez 27,17). H.-Arten werden in der HS nicht so klar beschrieben, dass wir sie heute genau identifizieren könnten.

Hasaël („gesehen hat Gott") ermordet (zw. 846 und 842 v. C.) den König Ben-Hadad II. v. Damaskus und wird dessen Nachfolger. Die Tradition verbindet sowohl → Elija als auch → Elischa mit ihm (1 Kön 19,15ff; 2 Kön 8,7–15). H.s Politik richtet sich gegen Israel und Juda (2 Kön 8,28; vgl. 2 Kön 12,18). Der König v. Assyrien, Salmanassar III., erringt zwar angeblich 841 v. C. einen Sieg über H., beeinträchtigt aber nicht dessen Vormachtstellung in Palästina/Syrien, da große innere Schwierigkeiten Assyrien schwächen.

Hasmonäer Bezeichnung des Schriftstellers Flavius Josephus für die Dynastie der → Makkabäer. Die Bedeutung des Namens „H." ist umstritten.

Hauran bezeichnet in Ez 47,16.18 eine assyr. Provinz in Ostjordanien.

Haus Ein H. diente *nicht* zum Wohnen, sondern zum Schutz v. stechender Sonne und Regen sowie zum Schlafen, sofern man nicht auf dem flachen → Dach schlief. Das meist einstöckige H. bestand aus *einem* breiten Raum und war gebaut aus Steinen und ungebrannten Lehmziegeln (Holz war teure Importware). Bewurf und Fußboden waren meist Lehm; statt Fenster gab es wenige (unverglaste) Luken. Mehrräumige Häuser sind selten; meist sind die Räume dann um einen Hof gruppiert, ebenso Stallungen und Vorratsräume. Hier lagen auch der Backofen und Zisternen. In der hellenistisch-röm. Zeit gab es einen H.-Typ, der im oberen Stockwerk einen Saal haben konnte (vgl. Apg 20,8f).

H. bedeutet im übertragenen Sinn „Familie, Geschlecht" (vgl. Gen 7,1). Eine bes. Bedeutung hatte im Urchristentum die H.-Gemeinde (Apg 11,14; 16,15; 1 Kor 1,16; Kol 4,15), zu der in erster Linie wohl die H.-Genossen (einschl. der Sklaven) gehörten. In einzelnen Häusern fanden jeweils die Zusammenkünfte der Gemeinde statt (Apg 2,46). Die ganze Gemeinde ist „Gottes Bau" (1 Kor 3,9; vgl. 1 Tim 3,15); die Christen sind „H.-Genossen Gottes" (Eph 2,19). H.-Tafeln werden die Anweisungen für Christen verschiedener Stände genannt (z. B. Kol 3,18–25).

Hausgott → Terafim

Hazar bedeutet in vielen Ortsnamen „Hof", „Gehöft", z. B. Hazar-Schual = Fuchshofen (Jos 15,28).

Hazarmawet (*hadramaut*) südarab. Landschaft, vor allem bekannt als Anbaugebiet des Weihrauch-Strauches; in Gen 10,26 (Völkertafel) tritt H. als Personenname auf (Nachkomme Sems).

Hazezon–Tamar Ortschaft s des Toten Meeres, nach Gen 4,17 Wohnstätte v. Amoritern. Die Gleichsetzung mit → En-Gedi (2 Chr 20,2) ist unrichtig, da dieses weiter n als H. liegt.

Hazor Ortsname, vor allem: Stadt n des Sees Gennesaret (*tell el-qedah*), erwähnt in äg. Texten, in Briefen v. → Mari und v. → Amarna, nach Jos 11,1ff Sitz eines Königs mit zahlreichen Beziehungen. Nach Jos 11,11 wurde H. erobert und eingeäschert, nach 1 Kön 9,15 von Salomo befestigt (strategische Bedeutung).

Heber („jenseitig"?) wird z. B. in Gen 20,21.24f (Völkertafel) als Personenname, in Num 24,24 als Landschaftsname (viell.: Gebiet „jenseits" des Eufrat, Stammgebiet der → Hebräer) erwähnt.

Hebopfer (Hebe) Kultische Abgabe; ihr Umfang wird z. B. in Ex 29,27f; Num 18,8–19 bestimmt.

Hebräer In Gen 10,21 werden die H. mit → Heber bzw. → Sem in Verbindung gebracht; in Gen 19,13 wird Abra(ha)m als H. bezeichnet. Umstritten ist, welche Beziehung zu den „Chabiru (‘apiru)“ besteht, der Bezeichnung für eine meist abhängige Schicht des 19.–12. Jh. v.C. (Söldner, Sklaven, Gefangene, Zwangsarbeiter u.a.). Sie wird vor allem in Texten in Palästina/Syrien, Kleinasien und Ägypten genannt. Waren die Chabiru Beduinen? Waren die H. eine Gruppe der Chabiru? Der Name „H.“ drückt an einigen Stellen Abhängigkeit aus (z.B. 1 Sam 14,21). Meist ist „H.“ aber ehrenvoller Volksname (2 Kor 11,22) oder Name für aram. sprechende Juden aus Palästina (Apg 6,1). → Chabiru.

Hebräerbrief Der H. ist ein „Mahnwort“ (13,22) zur Glaubenstreue, er stellt die Überlegenheit des Neuen über den Alten → Bund dar und betont das Hohepriestertum Christi und des pilgernden Gottesvolkes. Typisch für den H. ist, dass er dabei atl. Texte und jüd. Kultgebräuche christl. deutet. Christus ist Sohn Gottes (1,2ff), ganz Mensch (2,11–18), Mittler des Neuen Bundes zw. Gott und Mensch (8,6). Als → Hoherpriester hat er sein Blut vergossen, ist so in das himml. Heiligtum eingetreten und hat ein für alle Mal die Menschen von ihren Sünden befreit (9,11-15). Er ist erhaben über die Engel (1,4), über Mose (3,3–6) und über das atl. Priestertum (7,11–28). Der Alte Bund war nur Schatten des Neuen Bundes (8,4f). Das neue Gottesvolk kann durch Christi Blut in das himml. Heiligtum (10,19) und in die Stadt Gottes eintreten (12,22); es ist dahin *unterwegs* (13,14). Auf diesem Weg droht die Gefahr, abzufallen und verloren zu gehen (6,4ff; 10,28ff). Daher gilt es, im Neuen Bund treu an Christus festzuhalten durch aufmerksames Hören der Heilsbotschaft (2,1–4; 3,7), durch lebendigen Glauben (4,3), im Ertragen leidvoller Prüfungen (12,5–11). Christus ist Urheber und Vollender des Glaubens (12,2) und tritt bei Gott als „Vorläufer“ (6,20) für seine Brüder ein (9,24). Der H. bietet im Text keinen Hinweis auf Empfänger oder Verfasser. Auch die Überlieferung gibt keine sicheren Auskünfte: Der Titel „An die Hebräer“ wurde wohl später hinzugefügt (im O seit dem 2 Jh., im W seit dem 3. Jh.). Wegen der starken Bezugnahme auf das AT erschließt man eine judenchristl. Gemeinde als *Empfänger* (z.B. in Kleinasien oder in Rom). Obwohl das bezweifelt wird, bleibt es die wahrscheinlichere Annahme. Der *Verfasser* war nicht Paulus, was jedoch im O allgemein, im W seit dem 4. Jh. angenommen wurde (→ Kanon). Trotz vieler Übereinstimmungen mit den Paulusbriefen ist der H. in Form und Inhalt eigenständig. So findet sich bei Paulus nicht der Kerngedanke des H.s von „Christus, dem Hohenpriester“; viele paulinische Kerngedanken sind andererseits nicht im H. ausgesprochen. Er ist im besten Griech. des NT abgefasst, sprachlich vollendeter als die Paulusbriefe. Man nimmt weiterhin an, ein gebildeter judenchristl. Schriftgelehrter (wohl aus dem Schülerkreis des Paulus, etwa → Apollos oder → Barnabas) habe ihn verfasst. Zur Abfassungszeit lässt sich nur sagen, dass der H. um 95 n.C. in Rom bekannt war.

Hebräisch heißt die westsemit. Sprache, in welcher der größte Teil des AT geschrieben ist. Außerbibl. Zeugen dieser Sprache: Texte v. → Qumran, „Bauernkalender“ v. → Geser, Ostraka (= beschriebene Tonscherben) v. → Samaria und → Lachisch, Inschriften (→ Schiloach) u.a. Die „Sprache Kanaans“ wird erst seit Ende des 3. Jh. v.C. als „H.“ bezeichnet (Jes 19,18). H. entstand, als bei der → Landnahme die Sprache der neuen Heimat z.T. übernommen wurde, ist also eine Mischung aus vorhandenem und mitgebrachtem (aram.) Sprachgut. Es gab Dialektunterschiede (vgl. Ri 12,6). Spuren der Sprachentwicklung können wir in den erhaltenen Texten noch erkennen. Diese zeigen uns jedoch nur einen kleinen Ausschnitt; außerdem wurde die Sprache der Bibeltexte durch rabbinische Gelehrte (bis zum 10. Jh. n.C.) normiert und dabei die Anzeichen einer Sprachentwicklung zu Gunsten *einer* endgültigen Sprachform (→ Masora) beseitigt. Nach dem → Exil wurde H. mehr und mehr Literatur-, Kult- und Gelehrtensprache. Die Umgangssprache war aram.; sie beeinflusste bereits Est, Koh, noch mehr das Mittel-H. des

Talmud usw. (Neu-H. = Sprache des Staates Israel). Beim Hören des H.en fallen uns auf (die folgenden Kennzeichen sind nicht *nur* dem H.en eigen): viele Gaumen- und Kehllaute, „emphatische" Laute (= stark hervorgestoßenes k, s, t), Unterscheidung des starken und schwachen Stimmeinsatzes, umfangreiches System der Zeitwortformen (weniger nach Zeit-, mehr nach Aktionsstufen unterschieden); verwandte Wörter haben (in der erhaltenen Sprachform) meist *drei* gemeinsame Konsonanten; einfacher Satzbau (Nebenordnung).

Geschrieben wurde H. urspr. mit Weiterentwicklungen des phönizischen Alphabets (Beispiel s. Abb. beim Stichwort „Schiloach"), seit dem 4. Jh. v. C. fast nur in der stilisierten (aram.?) „Quadratschrift" (so auch alle Bibelhss; Beispiel s. Abb. beim Stichwort „Masora"). Zunächst schrieb man nur die Konsonanten (Systeme v. Punkten usw. als Zeichen für Vokale, → Masora).

Hebron (bei *el-schalīl*), früher Kirjat-Arba (Jos 15,54), alter Stadtstaat, hochgelegen, ca. 36 km s von Jerusalem, von Kalebitern besiedelt (Ri 1,20; Jos 11,21). H. war Davids Residenz vor der Eroberung Jerusalems (2 Sam 5,5). Hier ließ sich → Abschalom zum König ausrufen. Wegen seiner beherrschenden Lage wurde H. von → Rehabeam befestigt (932–927 v. C.). → Judas Makkabäus zerstörte H. (nach 164 v. C.). Das „Patriarchengrab" in *el-chalīl* ist z. T. mittelalterlich, z. T. herodianisch.

Heerscharen (hebr. *ṣebāʻōth*) Häufig: Jahwe (oder: Herr) der H. Umstritten ist, ob Jahwe dabei als siegreicher Kriegsgott gefeiert wird (vgl. Ex 15,3) oder als Herr über himml. Mächte (vgl. Ps 103,21) oder über die unterlegenen Götter Kanaans.

Heiden werden Völker genannt, die nicht zum Volk Jahwes gehören (vgl. Jer 10,25; 1 Thess 4,5) und nicht in den → Bund aufgenommen sind. Vor allem die → Propheten bekämpfen fremdes Gotteswesen und überhaupt alles Fremde (Zef 1,8), da Jahwe *allein* Gott ist (2 Kön 19,15; 1 Kor 8,4). Doch der Rest aus den H. wird einst zum Volk Gottes gehören (vgl. Jes 45,20). Wo nur „Volk" steht, wählen die griech. Übersetzer des AT verschiedene Wörter, je nachdem, ob H. oder das „auserwählte Volk" gemeint sind.

Durch das „Kreuzesblut" Christi (Kol 1,20) ist eine neue Situation geschaffen: Es gibt keinen Unterschied mehr zw. Juden, Griechen und Barbaren (Kol 3,11), wenn sie im Glauben mit Christus verbunden sind (Kol 1,21ff).

Heidenchristen nennt die HS diejenigen, welche aus dem Heidentum zum Glauben an Christus fanden. Nach Apg 11,20 gab es in → Antiochia viele H. Paulus betrachtete sich in erster Linie als Heidenapostel (Röm 11,13; → Galaterbrief) und versuchte (z. T. mit → Barnabas) H. zu gewinnen (vgl. Apg 13,48). Den H. waren verschiedene jüd. Anschauungen und Gebräuche fremd (→ Proselyten). Es ist unklar, ob sie verpflichtet waren, jüd. Vorschriften, z. B. die Beschneidung, ein-

zuhalten. Das Apostelkonzil befreite die H. davon, dennoch gab es auch nachher noch Schwierigkeiten (vgl. Gal 2,11; Paulus widerstand Petrus „ins Angesicht"). Diese Unsicherheit war kein Problem mehr, seit nur noch H. der Kirche angehörten.

Heil besagt, dass trotz des bereits angebrochenen Gottesreiches alles Unheil (z.B. Krankheit, Entbehrung, Tod, Leid, Unfreiheit, Unvollkommenheit, Kampf, Unfriede zw. Menschen, Völkern, Konfessionen und Klassen) noch besteht, dass aber das Ende allen Unheils zugesagt ist. Es geht darum, dem H. den Weg zu bereiten, weil der Mensch es nicht aus eigener Kraft erlangen kann, jedoch in der → Hoffnung und im Vertrauen auf Gott anstreben darf. Die H.s-Geschichte ist keine spezielle Geschichte neben der übrigen, sondern sie besteht in Einzelereignissen der „normalen" Menschheitsgeschichte, durch die erkannt wurde, dass sie zum H. führen. Aufgabe der Christen ist es, selbst derartige Ereignisse einzuleiten (→ Liebe).

Heiland Bezeichnung für Christus, da durch ihn das → Heil verbürgt ist. Das griech. Wort *sotēr* wird nicht nur mit H., sondern in verdeutlichender Weise auch mit „Retter" wiedergegeben (vgl. Mt 1,21; Lk 2,11; Apg 5,31; Phil 3,20). H. hatte auch polit. Bedeutung (Kaisertitel).

Heilig, Heiligkeit ist kein menschlich-moralischer Begriff, sondern bezeichnet die Einzigartigkeit Gottes und die Zuordnung zu ihm:

1) Gott ist h., d.h. die Menschen loben, preisen und fürchten ihn (vgl.: Ex 15,11; Offb 4,8); → Vaterunser.

2) Wer (oder was) für den *Kult* ausgesondert ist, gilt als h. (z.B.: Priester, Lev 21,8; Opfer, Ex 28,33), ebenso, was außerdem Gott zugeordnet ist (vgl. Ex 3,5).

3) Jahwe heißt als Gott des → Bundes auch der „der H.e Israels" (z.B. Jes 1,4). Das Volk bzw. die Christen sind ein „h.es Volk" (Ex 19,6; 1 Petr 2,9). Die Christen nennen sich oft „die H.en" (z.B. 1 Kor 1,2).

4) Gottes H. bedeutet auch, dass er nicht anderen Gottheiten gleichgestellt werden kann.

5) Die H. Gottes ist Ursprung und Vorbild auch der *menschl.* Heiligkeit (Lev 11,14; 19,2).

6) Im NT wird auch *Christus* als h. bezeichnet (vgl. Lk 1,35).

Heilige Schrift → Bibel

Heilig(st)es im Tempel → Tempel

Heiligkeitsgesetz Seit 1877 wird Lev 17–26 öfters H. genannt (vgl. Lev 19,2). Umstritten ist sein Umfang (gehört Lev 17 dazu?) und ob das H. bereits vor Sammlung existierte, bevor es an seiner jetzigen Stelle eingefügt wurde; einige Bestandteile sind sicherlich sehr alt. Da das H. eine lange literar. Entwicklung hinter sich hat, umfasst es auch jüngeres Gut bzw. Umprägungen alter Überlieferungen. Oft wird auch das Problem erörtert, wie die Beziehungen zw. dem H. und Ez zu erklären sind.

Heiligtümer, hl. Stätten In H.n verehrte man den Ort, an dem die Gottheit wohnte oder bes. wirkte. Den → Nomaden erschienen als H. z.B. hl. Berge (→ Sinai), hl. Quellen (→ Kadesch), tragbare H. (→ Bundeslade) und das hl. → Zelt. Mit der → Landnahme erhob sich die Frage, ob es erlaubt sei, die H. der angetroffenen Religionen in den Dienst der Jahwe-Verehrung zu stellen. Erst im Laufe der Zeit wurde sie verneint (→ Höhen). Seit dem 7. Jh. v.C. wurde der legitime Kult auf Jerusalem eingeschränkt (→ Tempel). Auch im NT galt der Jerusalemer Tempel als Heiligtum (vgl.: 5,35; Apg 3,1). Aber maßgebende christl. H. gibt es nicht mehr (Apg 7,49f) neben der Gemeinde und ihrer Versammlung.

Heliodor („Geschenk der (göttl.) Sonne") Maßgebender Minister des Seleukus IV. Philopator (→ Seleukiden). 176 v.C. versuchte er, auf dessen Befehl den Jerusalemer Tempelschatz zu rauben. Nach 2 Makk 3,7–40 hinderte ihn göttliches Eingreifen daran.

Heliopolis → On

Hellenismus bezeichnet die Zivilisation des Vorderen Orients v. 3.–1. Jh. v.C.: Eroberungen und Weltreich Alexander d.Gr. und seiner Nachfolger (Diadochen); Gründung vieler Städte mit griech. Oberschicht; griech. Recht; griech. Einrichtungen; reicher Kulturaustausch; Form der griech. Sprache als Handels-, Verkehrs-, Diplomaten- und Bildungssprache; Verbindung religiöser Traditionen (z.B. Zusammenfassung, Angleichung und Verbindung v. Gottheiten), populäre Philosophie mit Weltanspruch, Kult des Herrschers, Blüte v. Naturwissenschaft und Philologie.

Ein Zentrum des H. war → Alexandria; auch die Städte der → Dekapolis waren stark hellenisiert. Neben Versuchen, die jüd. Glaubenswelt neu zu durchdenken (z.B.: Aristobul, Philo v. Alexandria) standen oberflächliche administrative Maßnahmen zu Gunsten des H. (→ Antiochus (1), gegen die sich eine scharfe jüd. Aufstandsbewegung richtete (→ Makkabäer). Obwohl deren Schärfe bald nachließ, gab es doch weiterhin eine ablehnende Reaktion gegenüber dem Neuen (→ Pharisäer). Bes. beim *griech.* sprechenden Judentum (→ Septuaginta) findet das Christentum Aufnahme, da es abgeht v. einer auf das Judentum beschränkten Haltung (vgl. Apg 11,20; → Apostelkonzil, → Gesetz). Auch die kulturelle und sprachliche Einheit, die der H. verursachte, war später ein wertvolles Hilfsmittel für die älteste christl. Mission. Alle Schriften des NT sind im Griech. des H. geschrieben; auch aus seiner Gedankenwelt bzw. Darstellungsweise haben ntl. Autoren einiges übernommen (z.B.: Paulus die Form der Diatribe, eines fingierten Gesprächs voller Selbsteinwürfe, rhetor. Fragen, Gegenüberstellungen, Beispiele usw.; vgl.: Röm 4,1ff; 1 Kor 7,18–22; das → Johannesevangelium, die Neigung zu Abstraktbegriffen und den scharfen Dualismus: „das" Leben usw., Licht/Finsternis usw.).

Heller → Münzen

Henoch Personenname, vor allem: Nach Gen 5,18–24 (Setitenliste) Nachkomme → Sets, seine Lebenszeit betrug danach 365 Jahre. Von H. wird kein Tod berichtet, sondern dass er „hinweggenommen" worden sei. Viele Legenden beschäftigen sich damit.

Das *H.-Buch* (nicht Teil des → Kanons), urspr. hebr. geschrieben (2. Jh. v.C.), ist *fast* nur in äthiopischer Übersetzung erhalten. Es ist ein Werk der → Apokalyptik und behandelt Engel, Sintflut, messianische Visionen, astronom. Anschauungen, Visionen über das → Heil der Menschheit, Ermahnungen. In Jud 14f wird es zitiert. Eine andere Form der H.-Überlieferung bietet das slawische H.-Buch, 2 altslawische Übersetzungen griech. Vorlagen.

Heptateuch („siebenteilige Buchrolle") Sammelbezeichnung für die 5 → Mosebücher, das Buch → Josua und das Buch → Richter.

Hermeneutik → Bibelauslegung

Hermeneutische Frage → Bibelwissenschaft

Hermon (*dschebel el-teldsch* = Schneeberg, (*dschebel esch-schech* = Berg des Greises) Südlichstes Bergmassiv des → Antilibanon, ca. 2760 m hoch, stets schneebedeckt. H. gilt als N-Grenze (z.B. Dtn 3,8) und wird in der symbol. Rede genannt („H.-Tau" Ps 133,3).

Herodes („heldenhaft") Unter diesem Stichwort ist die ganze Dynastie H. behandelt, also auch Archelaus (siehe 3), Antipas (siehe 4), Philippus (siehe 2 bzw. 5), Agrippa I. und II. (siehe 6 und 7). Wo in der HS nur „H." steht, ist in Mt 2 und Lk 1,5 H. I. gemeint (siehe 1), sonst wohl immer Antipas (siehe 4). Vgl. die abgedruckte Genealogie.

1) H. I. d.Ä. (ein Teil der Literatur: H. *d.Gr.*, König 37–4 v.C.), stammte v. einem Cäsar-freundlichen Idumäer, war also nicht Jude. Wegen dieser Abkunft haben viele rechtgläubige Juden die Dynastie nie ganz anerkannt. Die Lebensdaten des H.: 47 v.C. Militärgouverneur v. → Galiläa, bald darauf auch v. → Zölesyrien, zum (Unter)könig ernannt auf seiner Flucht v. den Parthern, erkämpfte sich 37 v.C. gegen sie das Reich; durch diplomat. Geschick, brutalste Grausamkeit und Morde brachte er schließlich ein Reich zusammen, das etwa die Größe des Großreiches Davids hatte (abgesehen v. der → Dekapolis). Wie viele Despoten war H. I. ein großer Bauherr (z.B.: → Tempel, Palast, Festung Masada). H. war außenpolit. v. Rom abhängig, innenpolit. weithin

GESCHLECHTSTAFEL HERODES
(Die kursiv geschriebenen Namen sind im NT erwähnt)

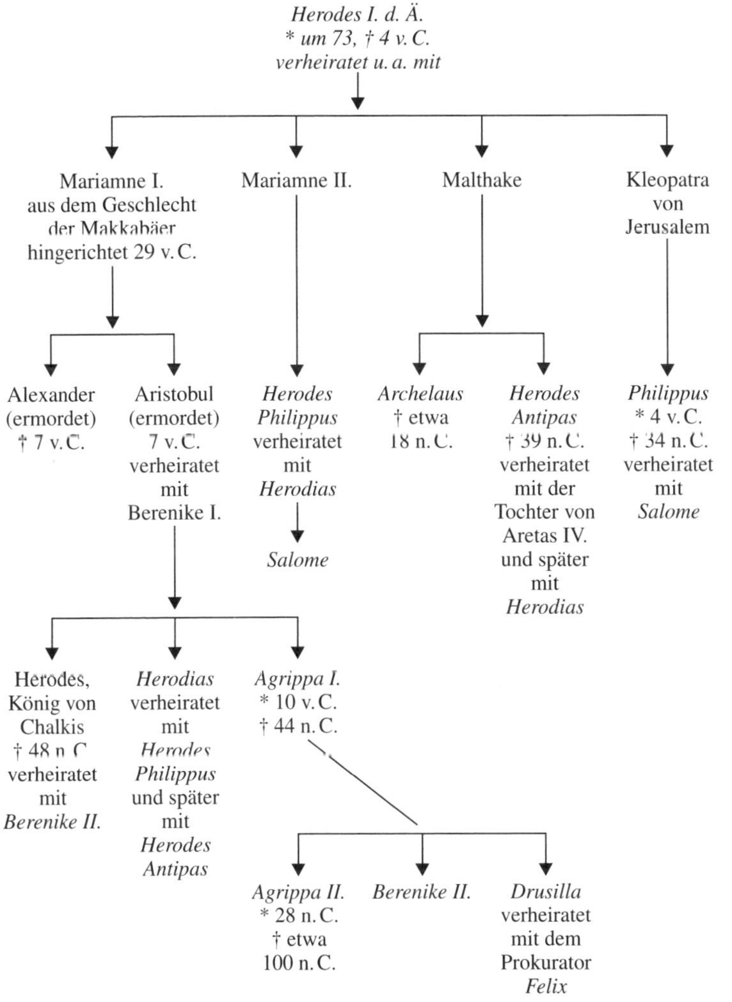

selbstständig. → Magier → Kindermord. Mehrere Söhne ließ er hinrichten.
2) H. Philippus (Boethos), mit „Philippus“ in Mk 6,17; Mt 14,3 gemeint, lebte als Privatmann ohne polit. Ambitionen in Rom. Seine Frau → Herodias verließ ihn, um mit ihrem Schwager H. Antipas (s. u. 4) zusammenzuleben.
3) Archelaus, 4 v. C.–6 n. C. Ethnarch (nicht König wie (1) wünschte) v. Judäa, Samaria und Idumäa, erbaute einen prunkvollen Palast in Jericho, war sehr

berüchtigt (vgl. Mt 2,22), wurde schließlich abgesetzt und nach Vienna (Gallien; heute: Vienne/Südfrankreich) verbannt.
4) H. Antipas, 4 v.C.–39 n.C. Tetrarch v. → Galiläa und → Peräa („König" in Mk 6,14 ist populäre Ausdrucksweise, vgl. dagegen Mt 14,1; Lk 9,7). Verstieß seine Frau, um mit → Herodias zu leben; 39 n.C. wurde er nach Lugdunum (Gallien; heute: Lyon) verbannt.
Er ließ Johannes den → Täufer verhaften und auf Verlangen der Herodias hinrichten.
5) Philippus, Tetrarch (4 v.C.–36 n.C. eines fast nur v. Heiden bewohnten Gebietes (Ituräa, Trachonitis, Gaulanitis u.a.), wird erwähnt in Lk 3,1. Er heiratete die viel jüngere → Salome, erbaute Betsaida und Cäsarea Philippi.
6) Agrippa I. (im NT: „H."), 37 n.C. in Rom zum König und Nachfolger v. Philippus (siehe 5) ernannt, durch weitere Ernennungen v. Rom schließlich 41–44 n.C. König über ganz Palästina. Im Gegensatz zu seinem Vorleben hielt er sich äußerlich peinlich genau ans jüd. Gesetz, suchte die Volksgunst (Hinrichtung des Jakobus und Verhaftung des Petrus: Apg 12,1ff.19), versuchte die Bindung an Rom etwas zu lockern (Mauerbau, den er nicht vollenden durfte). Er starb plötzlich an einer Darmkrankheit (Apg 12,20–23).
7) Agrippa II., Sohn v. (6); verschiedene röm. Ernennungen machten ihn zum Herrscher über ein großes Gebiet n und nö des Kernlandes Judäa. Außerdem hatte er das Recht, den Posten des → Hohenpriesters zu besetzen. Er hatte ein Verhältnis mit seiner Schwester Berenike. Unter ihm wurde der Tempelbau vollendet, den sein Urgroßvater, H. I (siehe 1) begonnen hatte. Aber etwa 7 Jahre später wurde er zerstört (jüd. Krieg). Agrippa II. hielt Rom die Treue und beschloss dort sein Leben. In Apg 25,13–26.32 (Verhör des Paulus) ist Agrippa II. gemeint, nicht sein Vater.

Herodias Gattin ihres Onkels → Herodes (2) Philippus (Boethos) und Mutter der → Salome. H. verließ ihren unpolit. Mann und lebte mit dessen Halbbruder Antipas zusammen, dem sie Unglück brachte: Wegen H. hatte er seine Frau verstoßen, was einen Krieg mit deren Vater (König v. Nabatäa) verursachte; H. setzte durch, dass Johannes der → Täufer enthauptet wurde (Mk 6,19–24 par); sie bewog Antipas, sich in Rom um die Königswürde zu bemühen; er wurde aber nach Lugdunum (Gallien, heute: Lyon) verbannt. H. folgte ihm dorthin.

Herr (griech.: *kyrios*) Wer über etwas verfügte, war H. (z.B. Gen 24,9): der H. des Landes, der König (vgl. 2 Kön 18,27; → Königtum) und der *oberste* H. des Landes: Gott (1 Tim 6,15). Gott hat Israel erschaffen (Jes 43,1) und ist H. der *ganzen* Erde (Jos 3,13; vgl. Mt 11,25). H. ist also Titel, in der Zeit des NT aber oft auch blosse Höflichkeitsformel (jedoch seltener als im Deutschen). Für Christen gibt es im Grunde nur „*einen* H.n, Jesus Christus" (1 Kor 8,6). Zweifellos wurde Jesus bereits zu Lebzeiten bei bestimmten Gelegenheiten als „H." angeredet (vgl. Joh 13,13), bes. von seinen Jüngern. Die ntl. Texte sind unter dem Eindruck des Ostererlebnisses geschrieben: „H." bezeichnet hier also den bereits Erhöhten (vgl.: Apg 2,36; Röm 14,9). „H.", → „Messias", „Richter" (→ Wiederkunft) werden meist gleichbedeutend gebraucht.

Herrenbrüder → Brüder des Herrn

Herrentag → Tag des Herrn

Herrenworte (= Logien; Einzahl: Logion) nennt man kurze Aussprüche Jesu, die – evtl. überarbeitet – in den Evv vorkommen, vor allem in Mt und Lk (Beispiel für hunderte: Mt 5,44f/Lk 6,27f). Die Evv bauen die H. frei in ihren Gesamtrahmen ein, sodass z.B. dieselben H. bei Mt und Lk in verschiedenen Zusammenhängen stehen. Die → Bergpredigt ist eine Sammlung von H.n.
Mt und Lk schöpfen unabhängig voneinander aus einer Quelle Q, die fast nur H. enthielt („Logienquelle"). Außerdem benutzen beide unabhängig voneinander eine Vorform von Mk.
Sicherlich hat Jesus auch Worte gesprochen, die nicht in einem der Evv überliefert sind (→ Kanon). Von den sog. Agrapha („Nichtgeschriebene" Worte), die uns außerbibl. überliefert sind, wurde nur bei wenigen die Echtheit vermutet. *Sichere* außerbibl. Jesusworte sind nicht erhalten.

Herrlichkeit bedeutet Ehre, Reichtum, Macht, Einfluss (Gen 31,1–45,13; Ps 49,17), Achtung vor anderen Völkern (Jes 16,14; 17,4). Die H. *Gottes* offenbart sich in Naturerscheinungen (z.B. Wolke, Gewitter, Feuer, Licht: Ex 24,15–18; 33,18ff; Ez 1,4) und an bes. Orten (→ Epiphanie). H. ist Bezeichnung für Gott, wenn er sich bei einer neuen Heilstat zu erkennen gibt; er teilt mit niemandem seine H. (Jes 42,8; 48,11), da sie eng mit seiner → Heiligkeit verbunden ist. In Ps 66,2; 79,9 bedeuten „H.“ und „Name Gottes“ dasselbe.
Auch im NT bedeutet H. Ruhm, Macht, Ehre (Lk 2,9; 9,31f; Apg 22,11; 2 Petr 1,17; Offb 15,8f), bes. in den → Doxologien. „Gott die H. (Ehre) geben“ heißt: die göttl. Majestät anerkennen (Apg 12,23; Röm 4,20). Nach Joh ist die H. Gottes verhüllt in Christus unter den Menschen erschienen (Joh 1,14; 11,4.40) und nur im → Glauben erkennbar (Joh 2,11). Die Gläubigen werden die H. Gottes nicht nur schauen (1 Kor 1,312), sondern an ihr teilhaben (Joh 17,22; Röm 8,17ff; Phil 3,21), weil sie dem Bild der H. gleichgestaltet werden (2 Kor 3,18). Alle → Not wird einmünden in Gottes H. (2 Kor 4,17), da *Christus* die Hoffnung auf H. ist (Kol 1,27) und da die Menschen zur H. berufen und vorherbestimmt sind (1 Kor 2,7; 1 Thess 2,12ff; 2 Thess 2,14; 1 Petr 5,1.10). Mit Christus werden auch die Gläubigen in H. erscheinen (Kol 3,4). Im NT ist also wie im AT H. die Bezeichnung für Gott, wenn er sich bei einer neuen Heilstat zu erkennen gibt.
Die H. *Christi* selbst offenbart sich in der → Verklärung, in Leiden, Kreuz und Auferstehung. Die „Himmelfahrt“ Christi ist „Eingehen in seine H.“ (Apg 1,9; Phil 2,9; 1 Tim 31,6); mit Macht und H. wird er bei seiner → Wiederkunft erscheinen.

Herrschaften → Engel

Herz In der HS ist H. weder ein biologisches Organ, noch der Ort oberflächlicher Sentimentalität, sondern das verborgene „Ich“, die Person (1 Petr 3,4), das Innere des Menschen (1 Sam 16,7) mit Gefühlen wie: Mut (2 Chr 17,6), → Freude (Dtn 28,47; Ijob 19,13), Zuneigung (2 Sam 15,13; Esra 6,22), Sorge (1 Sam 9,20), Kummer (Jes 65,14; Jer 4,19). Das H. ist Antrieb des Handelns (Ex 36,2), Planens und Wollens (1 Chr 22,19; Jes 10,7; Jer 23,20). Der → Bund Gottes ist ins H. gelegt (Jer 31,33); das H. weckt Sehnsucht nach Gottes Haus (Ps 42,5); im H.z erfährt der Mensch Schuldlosigkeit (Ps 24,4). Es ist der „Ort“ persönl. Geheimnisse (Ri 16,15.17f; 1 Sam 9,19). Abwendung v. Gott und → Verstockung (Ex 4,21; 9,7; Jes 29,13; Ez 6,9) werden durch → Umkehr und Erneuerung im Geiste Gottes überwunden (Ez 11,19; 18,31; 36,26f); im H.en wird der Mensch v. Gott gerichtet und geprüft (1 Chr 29,17; Jer 11,20); darum wendet sich die Forderung nach wahrer, nicht äußerlicher Umkehr ans H. des Menschen (Joel 2,12f).
Das NT spricht von H.en, v. Freude (Joh 16,22; Apg 2,26), → Liebe (Phil 1,7), Verlangen (Lk 24,32; Röm 10,1), aber auch v. Angst (Joh 14,1), Leid (Joh 16,6; Röm 9,2; 2 Kor 2,4) und falscher Begierde (Mt 5,28; Röm 1,24; Jak 3,14). Bereits im H.en, nicht erst durch die Tat, handelt der Mensch gut oder böse (Mt 15,18ff). Gott durchschaut das H. (Lk 16,15; Röm 8,27; 1 Thess 2,4) gibt ihm sein Gesetz (Röm 2,15; 2 Kor 3,2), das im Glauben angenommen (Mk 11,23; Apg 8,37) oder in Zweifel bzw. Verstockung abgelehnt werden kann (Mt 13,15; Röm 1,21). Gott kann das H. für seine Botschaft öffnen (Lk 24,4, Apg 16,14) und zur Erkenntnis seiner → Herrlichkeit führen (2 Kor 4,6). Gottes Geist erfüllt das H. (Röm 5,5; 2 Kor 1,22) und schenkt ihm → Frieden (Phil 4,7). → Liebe kommt aus einem gereinigten (Apg 15,9), v. Gott gestärkten H.en (1 Thess 3,13).

Heschbon (*ḥesban*) Stadt (ca. 25 km ö v. N-Ufer des Toten Meeres). Nach Num 21,26 und dem darauf folgenden Spottlied Stadt des → Sihon, Königs der Amoriter. Nach Jes 1,54; Jer 49,3 u.ö. ist H. ein Zentrum v. Moab. Ruben und Gad beanspruchen H. (vgl. Num 32,23).

Hesekiel → Ezechiel

Hetiter hießen die Bewohner eines Großreichs, das neben Ägypten, Assyrien und Babylonien die Politik des AO bestimmte (vor allem am Ende des 16. und zw. dem 14. und 12. Jh. v.C.). Die Hauptstadt war Chattusa (heute: Boghazköj; ö v. Ankara), die Südgrenze erreichte zeitweilig die N-Grenze des heutigen Staates Libanon. Das Reich ging unter dem Ansturm der → Seevölker zu Grunde. Die H. wurden kulturell und religiös stark v. den → Hurritern und unterworfenen Völkern beeinflusst; vor allem die *Keilschrift* übernahmen sie (neben einer eigenen Bilderschrift). Ihre Sprache war nicht semit., sondern indoeuropäisch. Eigenständige Leistungen der H. waren ihr Gefühl für Politik, Geschichte und Recht (z.B.: Verhandlungen, Verträge, Chroniken). Nach 1200 v.C. hielten sich hetitische Fürstentümer noch fast $^1/_2$ Jt. lang. Sie sind gemeint, wenn die HS v. H.n. spricht (z.B. Gen 23,10).

Das Reich der Hetiter und die angrenzenden Reiche im 2. Jt. v.C.

Heuchelei Im AT nicht genannt, im NT wird ausdrücklich davor gewarnt (1 Petr 2,1). In den → synoptischen Evv wird als H. genannt: Suche nach menschl. Anerkennung durch Wohltaten, Gebet und Fasten (Mt 6,2.5.16), Verurteilung anderer Menschen (Mt 7,5), Überbetonung menschl. Satzungen gegenüber Gottes Gebot (Mt 1,53), blosses Lippenbekenntnis des Glaubens ohne entsprechendes Handeln (Mt 15,7f). H. macht blind gegen Gottes Heilsangebot durch Christus (Lk 12,56), versperrt den Weg zum Verständnis der Wunder Jesu in ihrer Zeichenhaftigkeit und beschränkt sich auf legalistische Auslegung der Gebote Gottes (Lk 13,15f). H. ist wie ein „Sauerteig", der das Leben durchdringt (Lk 12,1) und den Menschen zur Rechtfertigung vor sich selbst verführt (Lk 18,9–14). In Mt 23,1–35 wird zwar positives Verhalten der → Pharisäer anerkannt, jedoch auch deren heuchlerisches Verhalten entlarvt. H. ist Wahrung äußeren Scheins, wird dadurch am Geist des Evangeliums schuldig (Gal 2,13, lässt den Menschen gegen sein Gewissen handeln (1 Tim 4,1f).

Hexaëmeron nennt man das in Gen 1,1–2,4a erzählte Sechstagewerk der Schöpfung.

Hexapla („sechsfähig") heißt eine Ausgabe des AT von → Origenes. Er stellte in 6 Spalten nebeneinander: hebr. Text, dessen griech. Umschrift, die griech. Übersetzung des Aquila (2. Jh. n.C.), die des Symmachus (sehr frei, Ende des 2. Jh. n.C.) die → Septuaginta (LXX), die griech. Übersetzung des Theodotion (tiefgreifende Revision der LXX im 2 Jh. n.C.). Einigen atl. Büchern sind noch weitere griech. Übersetzungen beigefügt. Das Werk wurde wahrscheinlich nicht abgeschrieben und ist nur in Fragmenten oder Übersetzungen erhalten geblieben.
Die H. hatte einen großen Einfluss auf die Überlieferung der LXX: In Buch Dan verdrängte der Text des Theodotion fast ganz den LXX-Text. Origenes merkte an, wenn die LXX mehr als das Hebr. aufwies, setzte er das Stück aus einer anderen griech. Übersetzung in die LXX-Spalte ein. Das berücksichtigten zwar spätere Revisoren und Abschreiber, verwechselten aber trotzdem sowohl die Übersetzungen als auch die Zeichen des Origenes, die z.T. auch falsch gesetzt oder ausgelassen wurden.

Hexateuch („sechsteilige Buchrolle") Sammelausdruck für die 5 → Mosebücher und Jos.

Hiël („mein Bruder ist Gott") Aus → Bet-El, baut um 870 v.C. wichtige Bauwerke und die Stadtbefestigung des wiederbesiedelten → Jericho. Dabei gibt er wohl zwei seiner Söhne als Bauopfer hin. Die Notiz 1 Kön 16,24 hat zumindest die

Formulierung des Fluches Jos 6,26 beeinflusst.

Hierapolis („hl. Stadt") Ortsname, z. B.: H. in → Phrygien, unweit → Laodizea, etwa 170 km ö v. → Smyrna (= heute Izmir). Die Stadt (Wollspinnereien, heiße Quellen, Kult der → Kybele) hatte eine starke jüd. und nach Kol 4,13 bald eine christl. Gemeinde.

Hilkija („mein Anteil ist Jahwe") Personenname, z. B.: Name des Hohenpriesters, der nach 2 Kön 22,3–20 unter König → Joschija 621 v. C. bei der Tempelrestauration ein Gesetzeswerk findet, auf Grund dessen Joschija seine Kultreform durchführt und das wohl der Kern des Buches Dtn ist (→ Mosebücher).

Himmel In der HS als Teil des Weltalls verstanden, als Firmament bezeichnet (Gen 1,1; 14,19.22; Joel 3,3), nach antiker Auffassung in mehrere Schichten eingeteilt (Dtn 10,14; 1 Kön 8,27); man dachte sich den H. wie ein Tuch ausgespannt (Jes 40,22; 44,24; Jer 10,12), mit Schleusen versehen (Gen 7,11; 2 Kön 7,2.19), auf Säulen ruhend (Ijob 26,11) oder auf Grundfesten errichtet (2 Sam 22,8); am H. sind die Gestirne befestigt (Gen 1,14); für den Menschen ist er unerreichbar (Dtn 30,12; Joh 3,13). H. bezeichnete den Luftraum zw. H. und Erde (Gen 1,26), den man sich auch von bösen Geistern bevölkert vorstellte (Eph 2,2; 6,12). H. ist Wohnung Gottes (1 Kön 8,30.32.34.36; Mk 11,25; Mt 5,16.45; 6,1.9; Eph 6,9; Kol 4,1), Thron Gottes (Jes 66,1). Nach Weish 18,15, Hebr 8,1 und Offb 4,2; 5,1; 21,5 ist Gottes Thron im H., weshalb vom „Gott des H.s" gesprochen wird (Gen 24,7; 2 Chr 36,23; Offb 11,13; 16,11), was dann zum gleichbedeutenden Gebrauch von „Gott" und „H." führte (Dan 4,23; 1 Makk 3,18; 2 Makk 7,11); die Redeweise „im Himmel" = „bei Gott" (Mt 1,619; 18,18), „vom Himmel" = „von Gott" (Mk 1,11 par; 8,11 par), „offener Himmel" = „Nähe Gottes" (Jes 63,19; Mk 1,10 par; Apg 7,55f; Offb 4,1; 19,11) schließt jede *räumliche* Vorstellung von H. aus und ist zugleich bildhafte Darstellung der → Gegenwart Gottes.

Nach bibl. Vorstellung ist der H. „Wohnung" der → Engel, d. h.: sie schauen Gott (Mt 18,10), bilden den Hofstaat Gottes, zu dem auch der → Teufel Zutritt hat (Ijob 1,6–12), verkünden Gottes Botschaft an einzelne Menschen (Lk 1,19.26; Offb 10,1f; 18,1). Christus lebt „im H.", d. h. bei seinem Vater (Joh 1,1; 17,5). Er verlässt die Gemeinschaft mit dem Vater durch seine → Menschwerdung (Joh 1,9.11; 3,13.31; 6,38; Eph 4,9) und kehrt wieder in diese Gemeinschaft zurück (→ Erhöhung: Mk 16,19; Apg 1,9ff; Eph 4,9f), herrscht mit Gott (Apg 2,33f; 5,31; Röm 8,34; Eph 1,20). H. ist Stätte des → Heils (Kol 1,5; 1 Petr 1,4), umschrieben mit: → Paradies (2 Kor 12,4), Tempel Gottes (Offb 3,12; 11,19; 14,15), Rauchopferaltar (Offb 8,3.5; 14,18), neues Jerusalem (Gal 4,26; Hebr 12,22; Offb 3,12). So wird H. zum Wort für das Jenseits, das für den Menschen Ziel seines Lebens sein soll, und der Fromme sammelt Schätze im H. (Mk 10,21 par), hat dort seine Heimat (Phil 3,20; Hebr 1,22f); dort wird den Jüngern von Christus die Wohnstätte bereitet (Joh 14,2f; 2 Kor 5,1), wo sie frei von irdischen Beschwerden (Offb 7,16; 21,4) vor dem Thron Gottes stehen (Offb 7,9).

Himmelfahrt Christi nennt man die in Apg 1 beschriebene → Erhöhung Christi, die nach Apg die Voraussetzung bildet für den Weg der Kirche „bis an das Ende der Erde" (Apg 1,8).

Himmelreich → Gottesreich

Himmelsleiter → Jakob

Hinnom-Tal (Ben-Hinnom) Nach einem unbekannten H. genanntes Tal s von Jerusalem. Umstritten ist seine genaue Lokalisierung. Jer 7,31f; 32,35 bekämpft scharf den dortigen Kult des → Moloch (Opferung von Kindern).

Hiob → Ijob

Hiram („Bruder (= Gottheit) ist erhaben")
1) König v. Tyrus, Salomos Zeitgenosse (Handelsvertrag 1 Kön 5,15–26; vgl. 1 Kön 9,26ff; Goldanleihe Salomos bei H., 1 Kön 9,14; Landabtretung Salomos an H., 1 Kön 9,11ff). Die histor. Bedeutung der Notiz in 2 Sam 5,11 (Beziehungen H.s zu David) ist umstritten.
2) Tyrischer Künstler, der nach 1 Kön 7,13–46 vielerlei Geräte für den Tempel Salomos anfertigte.

Hirte Ein Viehzüchter (z. B. die Erzväter) war um seine Herden besorgt (vgl. Gen 31,38–40) und stellte notfalls H.n ein (vor allem für Herden v. Ziegen und Fettschwanzschafen).
H. war ein Bild für *Gott* (Ps 23; vgl. Joh 10: Jesus als „guter H."), dem das Bild vom schlechten Hirten gegenübergestellt wird (Ez 34). Auch die Führer der christl. Gemeinden wurden „H.n" genannt; über ihnen steht der Oberhirt Christus (1 Petr 5,1–4). In Mt 25,32f ist das Gericht dargestellt unter dem Bild der Scheidung einer Herde durch den H.n.
Eine andere Auffassung v. der Stellung des H.n steht hinter der Weihnachtsgeschichte (Lk 2,8): H.n galten als unehrlich, da sie ab und zu ein Tier der anvertrauten Herde verschwinden ließen. Wegen ihres Berufs konnten sie die pharisäischen Vorschriften nicht erfüllen. Bei Gericht konnten sie nicht als Zeugen auftreten. Diesen Armen und Ausgestoßenen wird nach Lk die weihnachtliche Botschaft zuteil.

Hiskija (Ezechias; „meine Stärke ist Jahwe") König des → Südreiches Juda (721–693 v. C.). Zunächst neutral gegen Assyrien, zog er sich aus einer Koalition gegen Assyrien (711 v. C.) bald zurück. Einige Jahre später wandte er sich dennoch gegen diese Macht; Jerusalem wurde belagert. Aber H. ergab sich nicht, bestärkt durch Jes (vgl. Jes 36f), und der assyr. König musste übereilt (Epidemie im Heer?) abziehen (Tribut des H., Beschränkung seiner Herrschaft auf Jerusalem). Unter H. wurde wohl der Teich → Schiloach gebaut. Auch kultische Reformen führte H. durch: Die „Eherne → Schlange" schaffte er ab und die → „Höhen" beseitigte er, nicht nur im Kampf gegen Götzendienst, sondern auch, um die Zentralisation des Kultes in Jerusalem zu sichern. Die Überlieferung lobt ihn (2 Kön 18,3).

Historisch → Geschichte

Hobab → Jitro

Höhen Opferhöhen für die Gottheit, nicht unbedingt identisch mit Hügeln oder Bergen (vgl. Jer 7,31), wurden aber meist auf solchen errichtet. Diese Sitte bestand in Kanaan schon vor der → Landnahme. Später wurde auch Jahwe legitim auf H. verehrt (1 Kön 3,4) und heidnische H. in Jahwe-Kultstätten umgewandelt (vgl. 1 Kön 18). Daneben konnte sich der heidnische H.-Kult dennoch halten (z. T. in Vermischungen mit dem Jahwe-Kult). Außerdem wurde (spätestens seit dem 7. Jh. v. C.) mehr und mehr Jerusalem als einziger Ort eines legitimen → Kultes angesehen. Nach dem → Exil gab es keine H. mehr. Es gibt viele atl. Stellen, die sich gegen die „H." aussprechen (z. B. 2 Kön 3,8). Die H.-Kulte werden abgelehnt aus dem Wissen um die Gefahr für die reine Jahwe-Verehrung; manche Texte wurden verfasst oder überarbeitet, um die Zentralisation des Kultes in Jerusalem zu unterstützen.

Hölle → Unterwelt

Höllenfahrt Jesu (Niederfahrt Jesu; vgl. das Apostolische Glaubensbekenntnis) „Hölle" bedeutet hier nicht „Ort der Verdammnis", sondern „Totenreich", „Aufenthaltsort *aller* Verstorbenen". „H.J." besagt daher, dass Jesus wirklich gestorben ist und ins Totenreich hinabging. Weil er es wieder verließ (→ Auferstehung Jesu), hat er die „Schlüssel des Todes und der Hölle" (Offb 1,18). Da man sich im Totenreich getrennte Abteilungen für Gerechte und Sünder dachte (→ Unterwelt), nahm man an, Jesus habe bei den Gerechten seinen Sieg verkündet.

Hören ist in der HS meist mehr als zuhören: Wenn *Gott* hört, bedeutet das, dass er er-hört (Jos 10,14). Wenn ein *Mensch* hört, heißt das, dass er auch die Folgerungen daraus zieht (Jer 26,3ff; Lk 6,47). H. ist der Weg, auf dem man zum Glauben kommt (Röm 10,14).

Hoffnung ist in der HS stets die Erwartung eines kommenden → Heils. Dass diese H. keine Utopie oder gar Illusion ist, verbürgt das mit → Christus angebrochene → Gottesreich. Diese H. ist in der Treue Gottes fest begründet (Ps 71; 1 Kor 1,9) und nicht blosse → Geduld. Sie erfüllt sich durch die → Wiederkunft Christi, ist aber schon jetzt dieser → Welt verheißen (vgl: Röm 8,19; Tit 3,7). Sie macht die Christen zu frohen und freimütigen Menschen (Röm 12,12; 2 Kor 3,12), im Unterschied zu denen, die keine H. haben (Eph 2,12) und die Welt für absurd halten.

Hofra Äg. Pharao (588–569 v.C.), in Jer 44,30 genannt.

Hohepriesterliches Gebet → Johannesevangelium

Hoherpriester Wie bei anderen Völkern gab es auch in Juda und Israel einen Oberpriester (2 Kön 25,18; → Königtum). Die atl. Berichte vom H. sind meist *nach* dem → Exil verfasst und von sehnsüchtigem Rückblick, prinzipiellen Erwägungen und nachexil. Praxis geprägt. Die Aaroniden hielten sich für die maßgebende Priesterklasse; tatsächlich waren sie es nicht immer (vgl. Ri 18,30). Die nachexil. Verhältnisse beeinflussten die Überlieferung über den H.: → Aaron wurde stark herausgestellt, seine Kleidung ausführlich beschrieben (Ex 28f).

Der H. bringt das tägl. Opfer dar (Ex 29,42), darf das Allerheiligste des → Tempels betreten (Lev 16,2: Versöhnungstag), war also Mittler zw. Jahwe und Volk. Zugleich hatte er großen polit. Einfluss als Vorsitzender des → Hohen Rates. Sein Amt, ursprüngl. erblich (Num 20,26ff) und auf Lebenszeit verliehen, wurde vor der Zeit Jesu nur für wenige Jahre vergeben, je nachdem, ob der Kandidat polit. „richtig lag" oder entspr. Gegengaben leistete.

Im NT werden die H. → Hannas, → Kajafas, Hananias genannt. Umstrittenist, wie sich das Gremium zusammensetzte, das man „die H." nannte (z.B. Mk 8,31), ob aus dem amtierenden H., dessen Vorgängern oder anderen. Durch Christus ist der Alte Bund und damit auch das atl. Priestertum überholt (→ Hebräerbrief).

Hoher Rat (Synedrium, Sanhedrin = Versammlung) ist das höchste jüd. Regierungsgremium z.Z. Jesu. Seit → Herodes (1) (37–4 v.C.) erhielt der aus dem nachexilischen Ältestenrat (Esra 6,7) entstandene Senat (1 Makk 12,35) die Bezeichnung H.R. Er zählte 71 Mitglieder unter dem Vorsitz des → Hohenpriesters, nämlich → Älteste (= Vertreter der angesehensten nichtpriesterlichen Familien), → Priester (= Priesteradel) und → Schriftgelehrte. Der Einfluss des H.R. hing ab v. der herrschenden polit. Macht. Unter den röm. Statthaltern konnte er religiöse Entscheidungen treffen und hatte bürgerliche Polizeigewalt (mit Ausnahmen). Umstritten ist, ob er Vollmacht besaß, ein Todesurteil auszusprechen oder zu vollziehen ohne Bestätigung durch röm. Behörden. Unsicher ist, ob der Versammlungsort des H.R. das „Haus der Quadersteine" im Tempelvorhof war. Die Zusammenkunft im Haus des Hohenpriesters zur Verurteilung Jesu war ungewöhnlich.

Hoheslied („Lied der Lieder") Buch des AT, Sammlung von Liebes- und Hochzeitsliedern. Eine Gruppe von Auslegern sieht darin eine urspr. profane Dichtung, welche die bräutliche Liebe besingt und durch Aufnahme in den → Kanon der Bibel eine neue, tiefere Bedeutung erhält, indem sie die Liebe Gottes zu den Menschen (Volk Israel, Kirche, Einzelmensch) im Bild der Braut-Liebe und → Ehe darstellt; dieses Bild ist seit → Hosea dem isr. Denken vertraut. Nach anderen Auslegern war schon urspr. ein übertragener Sinn beabsichtigt (allegorische Bibelauslegung), der den Ehebund Jahwes mit seinem Volk besingt.

Die dem heutigen Menschen oft befremdlich erscheinende Offenheit der Sprache und ihrer Bilder ist aus der Mentalität der Orientalen, anderer Sitten und Lebensgewohnheiten zu verstehen.

Für die Entstehungszeit wird auf die Mitte des 5. Jh. v.C. verwiesen. Entgegen der Aussage des Titels (1,1) ist Salomo wohl nicht der Verfasser.

Holofernes → Judit

Homer → Maße

Homologumena → Kanon

Horeb → Sinai

Horiter → Nach Gen 14,6; 36,20f.29f; Dtn 2,12.22 Bewohner Kanaans, auf dem Gebirge Seïr wohnend, dort von den Edomitern vertrieben. Zum Teil werden die H. auch mit den → Hurritern identifiziert.

Hosanna (Hosianna: „hilf doch!") Die Anrufung H. wurde Jubelruf und liturgische Formel, bes. am Laubhüttenfest. An dessen 7. Tag trug man Weiden- und Palmzweige und sang eine Litanei mit dem Refrain „H." An diesem Tag wurde nach Mk 11,9 par auch Jesus so begrüßt. Auch in der christl. Liturgie wurde das Wort Jubelruf und liturgische Formel.

Hoschea → letzter König des Nordreiches (733–725 v.C.), tötete seinen Vorgänger → Peka und folgte ihm (2 Kön 15,30) mit Billigung des assyr. Königs. Nach dessen Tod fiel er aber v. Assyrien ab, dessen neuer König → Samaria belagerte und 722 v.C. einnahm (→ Exil). Das war das Ende des Nordreichs. H. war viell. schon einige Jahre vorher gefangen genommen worden.

Hosea (Osee; „gerettet hat Jahwe") Prophet, der im → Nordreich Israel kurz vor dessen Ende wirkte (ca. 750–730 v.C.); → Hosea (Buch).

Hosea (Buch) Das Buch → Hosea trägt den Namen des einzigen Propheten, der aus dem → Nordreich Israel stammte. Im 1. Teil (1ff) schildert das Buch die Geschichte der Ehe H.s: Seine Frau ist eine → Hure (Kultprostituierte oder Rückblick auf erlebte Untreue der Frau?), seine Kinder erhalten symbolische Namen. Nach Hos 3 nahm H. eine Ehebrecherin auf, ohne mit ihr zu verkehren (eine zweite Ehe, Aufnahme seiner früheren Gattin, Schilderung derselben Ehe aus anderer Sicht?). Die symbolische Handlung soll zeigen: Jahwe liebt sein Volk wie eine Braut, obwohl es anderen Götter nachgelaufen ist. Diese Liebe ist unbegreiflich.
Der 2. Teil des Buches (4–14) ist eine Spruchsammlung mit Vorwürfen gegen das Volk und seine Führung (Kritik am Kult Hos 6,6).
Das Buch, vor allem der 2. Teil, ist sehr schlecht überliefert (nachträgliche Zusammenstellung v. alten H.-Sprüchen im → Südreich Juda?).

Hufe → Maße

Hulda („Maulwurf"?) Prophetin, im Auftrag des → Joschija 621 v.C. über das aufgefundene Gesetzbuch befragt (→ Mosebücher) (2 Kön 22,14–20).

Hunger → Durst

Hur („Kind"?) Name z.B. des Israeliten, der nach Ex 17,10.12 mit Aaron dem Mose gegen die Amalekiter beistand.

Hure Kultische und profane Prostitution sind im Altertum oft nicht zu trennen.
1) H.n-Wesen galt als üblich und bekannt (vgl.: Gen 38,15–23; Jos 2,1; 1 Kön 3,16).
2) Eine bes. Form der Prostitution war die Tätigkeit der Hierodulen (= männl., jedoch vor allem weibl. Tempel-Prostituierte); man glaubte durch den Verkehr mit ihnen ein Werk der Frömmigkeit zu tun (z.B.: Nachahmung einer Gottheit, die das Leben hervorruft). Mit anderen kultischen Vorstellungen (Agrarkultur) kam auch das Hierodulen-Wesen in den Bereich isr. Religiosität; es wurde bekämpft (z.B.: 2 Kön 23,7) wegen des Gegensatzes zur Jahwe-Religion (vgl. → Nomaden, → Hosea: Bild der Ehe Israels mit Gott), nicht aus ethischen Gründen.
3) Prostitution versinnbildlicht → Unzucht (Offb 17,1–6; 19,2; vgl. Ex 34,15f) und wird in 1 Kor 6,15f den Empfängern des Briefes (= „Gliedern Christi") ausdrücklich verboten.

Hurriter Volk, das seit Begin des 2. Jt. v.C.in die Städte am Oberlauf v. Eufrat und Tigris drängte. Es bildete dort zw. dem 16. und 14. Jh. v.C. das Reich Mitanni und bekam auch in Palästina Einfluss. Umstritten ist, ob die H. einen maßgebenden Teil der → Hyksos bildete. Sie führten die systematische Zucht v. Rennpferden ein.

Huschai („angerechnet hat Jahwe"?) Personenname, z.B. Name des Agenten Davids unter den Beratern des → Abschalom bei dessen Aufstand. H. konnte den klugen Rat → Ahitofels vereiteln und David informieren lassen (2 Sam 15,32–37; 16,16–19; 17,5–23).

Hyksos Gemischte Völkergruppe, die bereits die Herrschaft in Palästina errungen hatte, bevor sie seit ca. 1670 v.C. auch Ägypten beherrschte (zeitweise nur Teile davon). Die H. übernahmen viele Bestandteile der äg. Kultur und brachten den Ägyptern Pferd und Streitwagen. Die Zeit, in der die H. nur noch über N-Ägypten herrschten, bezeichnet man als Beginn des „Neuen Reiches" von → Ägypten.

Hyrkan(us) →Makkabäer

I

Ibzan „Kleiner" → Richter (Ri 12,8ff).

Idumäer = → Edomiter; jedoch ist I. der nachexilische Ausdruck für dieses Volk. Die Landschaft Idumäa war nicht genau mit dem früheren Edom identisch. Die Dynastie des → Herodes stammt von dort.

Ijob heißt die Hauptperson des Buches I. Der Name ist nicht isr. Man zählte I. zu den alten Gerechten (vgl. Ez 14,14.20). Die Rahmenerzählung des Buches I. ist wohl sehr alt.

Das Buch geht v. zwei Voraussetzungen aus.

1) Leid gilt als Strafe für Sünden.

2) Auch Gerechte wie I. werden in tiefes Leid gestürzt.

Das Buch schildert die Gedanken des Verfassers angesichts dieser Tatbestände. Er zeigt, dass die These „Leid = Sündenstrafe" falsch ist; er zeigt ferner, wie sich I. mit der Situation auseinandersetzt (nicht als „frommer Dulder", sondern als Kämpfer mit Gott; vgl. Ijob 32,2), sich schließlich unterwirft, Gott ihn rechtfertigt und erneut mit reichen Gaben ausstattet. Von einer Belohnung im Jenseits ist nicht die Rede. I. wird nicht nur durch Gottes Macht und Größe zur Unterwerfung gezwungen, sondern auch durch persönliche Erkenntnis überzeugt (vgl. Ijob 42,5). Die Frage, wie sich Leid und Gottes Gerechtigkeit vertragen, trifft nicht die Aussage des Buches, die vom Durchstehen des Leides (vgl. Jak 5,11) durch einen Gerechten reden will, ohne die theol. Grundsatzfrage nach Sinn und Anlass des Leides zu stellen. Daher ist es nicht ein Trostbuch für einige, sondern eine Botschaft für alle.

Das Buch I. ist so aufgebaut, dass in eine ältere *Rahmenerzählung* (Leid und Glück für I.: 1f; 42,7–17) eine Vielfalt von literarischen Einzelelementen eingebaut sind: Klage (3), Versuch der Freunde Elifas, Bildad und Zofar, die Schuld für das Leid bei I. selbst zu suchen, was dieser ablehnt (4–14; 15–21; 22–27), erneute Klage I.s (29ff). Noch ein 5. Gesprächspartner, Elihu, versucht, I. zu überzeugen (32–37: Leid als Züchtigungsmittel Gottes; evtl. später eingefügt). Schließlich spricht Gott selbst (38–42,6) und zeigt seine Weisheit im Unterschied zu H.s Begrenztheit. Da zahlreiche poetische Formen (z.B. Weisheitsrede, Streitgespräch, Hymnus, Klagelied) in reicher Fülle vorliegen und miteinander abwechseln, ist das Buch I. nicht leicht zu lesen, zumal man nicht eine Äußerung der Freunde I.s herausgreifen darf, bevor man die Rede Gottes gelesen hat. Außerdem ist es sprachlich schwierig. Dennoch ist es eines der bedeutendsten Werke der Weltliteratur, das immer wieder spätere Autoren beeinflusste, und sei es auch nur in Randfragen (z.B.: Gottes Dialog mit Satan 1,7–12; 2,1–7: der „Dialog im Himmel" in Goethes „Faust").

Der Verfasser des Buches ist unbekannt und vollendete sein Werk wohl spätestens 200 v. C.

Ikabod (hebr. Bedeutung unbekannt) Nach 1 Sam 4,17–22 Sohn des Pinhas und Enkel des → Eli; der Name I. wird volkstümlich gedeutet als „Verlust der Herrlichkeit (= *kabod*)", da er geboren wurde, als die → Bundeslade in feindl. Hände gefallen, Pinhas und Eli umgekommen waren.

Ikonion (*konya*) Wichtige Handelsstadt in → Lykaonien. Die jüd. Gemeinde v. I. war klein, hatte aber wohl streng judentreue Mitglieder; viell. erregten diese den Widerstand gegen Paulus und Barnabas, als sie → Heidenchristen gewannen (Apg 14,1–6). Die christl. Gemeinde v. I. entwickelte sich dennoch (Apg 16,2); aus ihr stammte → Timotheus.

Illyrien ist der frühere Name der röm. Provinz Dalmatien (2 Tim 4,10) oder allg. Ausdruck für entfernte Balkanländer (Röm 15,19).

Immanuel (griech./lat. Emmanuel; „Gott mit uns") Ahas (736–721 v.C.), König des → Südreiches Juda, fürchtet nicht nur die Großmacht → Assyrien, sondern soll auch vom → Nordreich Israel und vom Aramäerstaat Damaskus gezwungen werden, einem gegen Assyrien gerichteten Bündnis beizutreten. Nach Jes 7,6 scheint auch seine Dynastie gefährdet zu sein. Da gibt ihm → Jesaja ein Zeichen: Die junge Frau ist schwanger, wird einen Sohn gebären und ihn I. nennen (Jes 7,14).

Das für „junge Frau" gebrauchte hebr. Wort kann auch eine Jungfrau bezeichnen. Da die griech. Übersetzung (→ Septuaginta) ein griech. Wort wählte, das fast nur diese Bedeutung hat, und da Mt 1,22f die Stelle danach deutet, hat man in der Jes-Stelle oft einen Hinweis auf die Jungfrauengeburt Jesu gesehen. Andere nahmen z.B. an, I. sei ein Sohn des Ahas oder des Jesaja selbst. Dass dieser zunächst Ahas' Errettung widerspricht, braucht nicht der Deutung des Spruches auf einen endgültigen Retter zu widersprechen. Ahas verließ sich nicht auf das Zeichen, sondern auf die assyr. Macht, an die er sich wandte. Diese unterwarf Israel und Damaskus und bürdete auch ihm schwere Lasten auf. In Jes 8,8 ist I. ein Zeitgenosse des Propheten.

Inkarnation → Menschwerdung

Inschriften sind Texte auf Hartmaterial (z.B. Stein, gebrannter Ton). Die I. sind die wichtigsten Quellen für unsere Kenntnis von Zeit- und Schriftgeschichte vieler Jh. → Buchstabe, → Schiloach.

Inspiration (von lat. *inspirare* = einflößen; dieses lat. Wort benutzt die → Vulgata in 2 Tim 3,15; 2 Petr 1,21) I. ist hier nicht als *künstlerische* Eingebung zu verstehen, sondern als Bezeichnung des göttl. Einflusses auf die Autoren der Bücher des AT und des NT (→ Kanon).

Der Autor war nicht mechanisches Werkzeug, dem Gott bzw. der Hl. Geist diktierte, sondern seine Persönlichkeit wurde von Gott in den Dienst genommen (mit ihren zeit-, umwelt- und situationsgebundenen Denkweisen sowie mit ihren psychologischen und tiefenpsychologischen Strukturen). So wurde das Werk *einerseits* ganz Werk des betr. Autors, der sich der I. oft gar nicht bewusst war und der auch Texte aus Quellen verarbeiten konnte, die ihm vorlagen (z.B. Text aus Listen, Berichten, Hymnen, Briefen, Volkserzählungen, Sagen), *andererseits* wurde das Werk „Wort Gottes" (vgl. 1 Thess 2,13), insofern ein Teil von Gottes Wirken darin besteht, nicht nur zu handeln (→ Menschwerdung), sondern auch sein Wort mitzuteilen. Diese Mitteilung ist nicht in erster Linie als Information gedacht, sondern als Gabe.

Im Einzelfall lauten unsere Fragen: Wie ist der Text durch Zeit, Umwelt (einschl. der kultischen Situation), Psyche, verwendete Quellen, durch die Eigenart des anzusprechenden Publikums usw. geprägt; was sagt er von Gottes Weg zu den Menschen damals und heute; in welcher Weise kann man Gott als irrtumslosen Autor bezeichnen? Die HS des AT und NT glaubt an eine I. durch Gott (vgl. Ex 24,12; Jer 36,8; Sach 7,12; Joh 10,35; 2 Tim 3,16; 1 Petr 1,12; 2 Petr 1,19ff; 2 Petr 3,15f; vgl. 1 Tim 5,18).

Interpretation, existentiale → Bibelwissenschaft

Iran → Meder, → Perser

Isaak → („lächeln möge die Gottheit") war nach der Erzählung in Gen Sohn → Abrahams und der → Sara, die lange unfruchtbar war (volkstümliche Erklärungen des Namens I.: Gen 17,17; 21,6). Einige Erzählungen über I. gehören urspr. viell. zu Berichten über andere → Erzväter. Meist steht nicht I. im Vordergrund, sondern z.B. sein Vater Abraham (wie bei der Erzählung von I.s Opferung in Gen 22,1–14), seine Söhne → Esau und → Jakob oder seine Frau → Rebekka (wie in der Erzählung von der Brautwerbung für I. in Gen 24). I. gilt im NT als Kind der Verheißung und als Stammvater der „Kinder der Verheißung" (Röm 9,7–10).

Die Erzählung von der „Opferung Isaaks" (Gen 22,1–14) soll wohl urspr. rechtfertigen, dass Tieropfer an die Stelle v. Menschenopfern treten können. Außerdem sollte möglicherweise der Kult auf dem Berg Morija begründet werden.

Isai (lat. Jesse; „Mann Gottes") Vater Davids aus Behlehem. Die These, I. sei Enkel des Boas und der → Rut gewesen (Rut 4,22), ist erst später entstanden. Die Erwartung des → Messias spricht Jes 11,1 aus („Reis aus dem Stamm I.s"; vgl. Röm 15,12).

Isaias → Jesaja

Isch-Boschet („Mann der Schande", absichtl. entstellt aus Eschbaal = Ischbaal: „Mann des Baal", Baal = Jahwe) war Sohn des → Saul. → Abner nahm ihn mit nach Mahanajim (= ostjordanische Stadt des Stammes Efraim, dem I. angehörte) und rief ihn zum König aus. David konnte aber nicht völlig verdrängt werden. I. hielt sich nur, solange Abner lebte. Als zwei Söldnerführer I. ermordeten (um 1005 v. C.) und hofften, dafür von David belohnt zu werden, ließ dieser sie hinrichten.

Ischtar Akkad. Göttin des Krieges und der Liebe; sie entspricht der von Westsemiten verehrten → Astarte.

Isebel Nach 1 Kön 16,31 ist I. Tochter des → Ahab, des Königs im → Nordreich Israel (875–854 v. C.). Dieser duldet den Baals-Kult, den seine Frau intensiv fördert, getreu den Anschauungen ihrer Heimat. In 1 Kön 18 ist → Elija Gegenspieler der I., der die Baals-Propheten auf dem Karmel einem Gottesurteil unterwirft. Auch in nichtreligiösen Dingen wird ihr schlechter Einfluss auf Ahab dargestellt (Weinberg des Nabot 1 Kön 21,1–16). Ihr Schicksal ist besiegelt, als → Jehu 842 v. C. König wird und in die Stadt → Jesreel einzieht. Sie wird zum Palastfenster hinausgeworfen, zerstampft und von Hunden gefressen (2 Kön 9,30–37). (I.s Tochter: Atalja). Symbolisch wird in Offb 2,20 eine falsche Prophetin I. genannt.

Iskariot → Judas (5)

Ismael („Hören möge Gott") Nach Gen 16 Sohn des Abraham und der äg. Sklavin → Hagar; I. und seine Mutter werden von Sara verstoßen und von Gott gerettet. Die Erzählung v. I.s → Beschneidung (Gen 17,23–27) entstand erst später. Nach traditioneller Lehre des Islam sei er der Stammvater der Araber und liege mit seiner Mutter begraben in der Kaaba in Mekka.

Ismaeliter heißen einige Nomadenstämme in N-Arabien und in der Wüste Sinai, die vor allem von Kleinviehzucht, Kamelhandel und gelegentl. Raubüberfällen lebten.

Israel (hebr. Bedeutung umstritten) Alle bibl. Berichte gehen von einem völkischen Bereich „I." aus. Dieser wird theologisch und genealogisch vertieft: Nach Gen 32,28 bekommt → Jakob den Namen I. am Ende eines nächtl. Kampfes mit einem unbekannten Wesen, nach Gen 35,10 erhält er ihn von Gott bei einer Erscheinung in → Bet-El, alle „Söhne I.s" sehen in Jakob ihren gemeinsamen Stammvater. Viell. bildeten sie einen Kultverband.

Die älteste außerbibl. Erwähnung von „I." ist eine Nachricht auf einer Säule, auf welcher der Pharao Merenptah (letztes Drittel des 12. Jh. v. C.) besiegte Völkerschaften aufführt. Was „I." dort genau besagt, wissen wir nicht, da in der HS eine entspr. Niederlage nicht erwähnt ist. Auch das → Nordreich nannte sich I. (1 Kön 14,19).

I. ist Name für das → Volk Gottes (Ps 53,7; Jes 40,27), das in den → Bund hineingenommen ist.

Issachar („Gott gibt Lohn"?) Nach Gen 30,18 Sohn Jakobs (volkstüml. Erklärung des Namens I.). Der Stamm I. wird charakterisiert in Gen 49,14f („knochiger Esel, fronpflichtiger Knecht"). Das Gebiet, das ihm in Jos 19,17–23 zugewiesen wird, lässt sich heute nicht mehr genau bestimmen; es lag sw des Sees Gennesaret und umfasste die Ebene → Jesreel. Nach 1 Kön 15,27 gehörte der König → Bascha dem Stamm I. an.

Itai aus Gat, Söldnerführer Davids, der ihm während des Aufstands → Abschaloms die Treue hielt (2 Sam 14,19–22).

Itala → Vetus Latina

Itamar Priestergeschlecht, das sich vom Stammvater I. ableitete, der nach Ex 6,23 u. ö. ein Sohn → Aarons war. Die Mitglieder dieses Geschlechtes übten die Aufsicht über einige Levitenordnungen aus (Num 4,28.33), waren aber dem Priestergeschlecht Pinhas nachgeordnet (Esra 8,2). Nach 1 Chr 24,3 gehörte zu ihm auch → Abimelech (und Abjatar: 1 Sam 22,20).

Ituräa Landschaft nö v. → Galiläa; ihre

Bewohner sind wohl aramäisierte arab. Stämme. Unter Aristobul I. (104–103 v. C.; → Makkabäer) werden sie zwangsweise judaisiert, ca. 2 Jahrzehnte danach wieder selbstständig. Das röm. Weltreich zerstückelt I., ein Teil davon wird schließlich → Herodes Philippus zugesprochen (Lk 3,1). Die spätere Geschichte v. I. ist unbekannt.

Iwa → Awa

J

Jaasanja („Erhören möge Jahwe") Personenname, z. B.
1) J., Sohn eines Jirmeja, z. Z. des Propheten Jeremia (um 600 v. C.), Haupt der → Rechabiter (Jer 35,3).
2) J., Sohn des „Maachatiters", Heerführer unter → Gedalja (2 Kön 25,23; Jer 40,8).

Jabal Nach Gen 4,20 Sohn → Lamechs, Vater der Viehzüchter bzw. Nomaden; → Jubal, → Tubal.

Jabbok (*nahr ez-zerqā* = „der blaue Fluss") Nebenfluss an der O-Seite des → Jordan, Mündung in diesen ca. 40 km n des Toten Meeres. Nach Gen 32,22–28 überschreitet ihn → Jakob und erhält dort nach nächtlichem Kampf den Namen „Israel". Der J. teilt die Landschaft → Gilead, und sein Oberlauf trennt die → Ammoniter v. den → Amoritern. „Arnon bis J." (Num 21,24) = S des Ostjordanlandes. Eine spätere Überlieferung berichtet v. → Og; die S-Grenze seines Gebietes gegen das des Amoriterfürsten → Sihon sah man ebenfalls im J. (vgl. Jes 12,2)
Nach Dtn 3,16.13 beanspruchten das Gebiet um den J. die Stämme Ruben, Gad und Manasse.

Jabesch (*tell el-maqlūb?*) Stadt in → Gilead. Umstritten ist, ob sich hinter Ri 21,12 (Raub der Mädchen v. J.) verwandtschaftliche Beziehungen zum Stamm Benjamin verbergen. Als J. von Ammonitern belagert wurde, setzte Saul (aus dem Stamm Benjamin) seinen Entsatz durch (1 Sam 11,5–11); die Bewohner v. J. waren ihm stets ergeben und bestatteten ihn und seinen Sohn (1 Sam 31,12f; 2 Sam 2,4f).

Jabneel (späterer Name: Jamnia) Philisterstadt am Mittelmeer (weniger als 50 km Luftlinie w v. Jerusalem), erst seit dem König Usija = → Asarja (779–738 v. C.) Teil des → Südreiches Juda (2 Chr 26,6); die meisten Bewohner waren Nichtjuden (vgl. 2 Makk 12,8). J. war Stützpunkt der Gegner der → Makkabäer (1 Makk 5,58), nach der Zerstörung Jerusalems (70 n. C.) Mittelpunkt jüd. Gelehrsamkeit und Rechtsprechung („Synode v. Jamnia" → Kanon).

Jachin („Jahwe möge fest machen") Name, z. B.:
1) nach Gen 46,10 eines Sohnes → Simeons, nach Num 26,12 Stammvater der Jachiniter.
2) einer Säule im → Tempel.

Jaël („Steinbock") heißt in Ri 4f die Frau des Keniters Heber, die → Sisera, der vor Israel flieht, dadurch tötet, dass sie ihm einen Zeltpflock durch die Stirn treibt (Ri 4,17–22). Daher wird sie v. → Debora gefeiert (Ri 5,24–27).

Jafet heißt in Gen 5,32 ein Sohn des → Noach. Dessen Segen verknüpft den Namen „J." mit „Raum schaffen" (*pātāh*; Gen 9,27); in der Völkertafel (Gen 10) ist J. Stammvater indoeurop. Völker. Umstritten ist, ob der Name „J." mit der griech. Sagengestalt „Japetos" in Verbindung steht.

Jafo (spätere Namen: Joppe, Jaffa = Vorort v. Tel Aviv) Sehr alte Stadt am Mittelmeer, z. B. in den Briefen v. → Amarna erwähnt. J. wurde nach Jos 19,46 für den Stamm Dan beansprucht, aber nicht erobert; erst seit der Zeit der → Makkabäer wurde J. jüd. Besitz (1 Makk 14,5). Jedoch wird erzählt, dass der *Hafen* v. J., der einzige am Mittelmeer, schon früher v. Israeliten benutzt wurde (vgl.: 2 Chr 2,15; Esra 3,7; Jona 1,3).
Nach Apg. 9,43 wohnte Petrus längere Zeit in J. Nach Apg 9,36–41 erweckte Petrus dort die Tabita vom Tod. Apg 10,9–23 berichtet die Vision des Petrus v. den reinen und unreinen Tieren: Das Ev solle nicht nur den „reinen" Juden, sondern auch den „unreinen" *Heiden* verkündet werden (vgl. Apg 10f).

Jahr Für das Leben der Israeliten als größte naturgegebene Zeiteinheit maßgebend (meist als Mondjahr mit evtl. einem Schaltmonat, obwohl das Sonnenjahr nicht unbekannt war). Hauptzeiten des J.es waren Sommer und Winter (vgl. Gen 8,22; Jes 18,6); bei den klimatischen Verhältnissen Palästinas treten Frühjahr und Herbst nicht deutlich hervor. → Kalender.

Jahrwoche In Dan 9,24–27 sind mit „Woche" nicht 7 Tage gemeint, sondern 7 Jahre. Daher steht hier in einigen Übersetzungen nicht „Woche", sondern „J.".

Dan möchte zeigen, dass die Vollendung nicht in 70 Jahren zu erwarten sei (vgl.: Dan 2,9; Jer 29,10), sondern in 7 x 70 Jahren = 70 J.n, eine symbolische Zahl für eine lange Zeit.

Jahwe (Kurz- und Nebenformen, z. B. als Teile v. → Eigennamen: Jahu, Jo, Jeho, Ja(h), Jao) ist der häufigste der → Namen Gottes in der hebr. Bibel.

Die *Aussprache* „J." ist gesichert durch zahlreiche außerbibl. Zeugnisse. Dass in den erhaltenen hebr. Bibel-Hss meist „Jehova" steht, bedeutet nicht, dass damit die richtige Aussprache überliefert sei. Diese Schreibweise kam folgendermaßen zu Stande: Bei allen Wörtern schrieb man urspr. nur die Mitlaute (Konsonanten; bei J.: *jhwh*). Als man später auch die Aussprache der Selbstlaute (Vokale) durch Pünktchen usw. andeutete (→ Masora), setzte man zu *jhwh* nicht die Selbstlaut-Pünktchen dieses Wortes, sondern diejenigen des hebr. Wortes für „Herr", das man meist an den betr. Stellen statt *jhwh* aus Ehrfurcht gebrauchte. Diese dazu gesetzten Pünktchen sollten nicht die Aussprache v. *jhwh* erleichtern, sondern daran erinnern, dass man jetzt das hebr. Wort für „Herr" einsetzen müsse. Wenn nun *„j(e)h(o)w(a)h"* entstand, gehörten die eingeklammerten Buchstaben zum hebr. Wort für „Herr". Der Gottesname J. wurde im Altertum nie „Jehova" o. Ä. ausgesprochen.

In Ex 3,14f (Erzählung vom „Brennenden Dornbusch", → Dornen) ist der Name J. gedeutet als „ich bin" (vgl. Offb 1,8; = ich wirke; irrig sind metaphysische Deutungen, die etwa zu folgender Übertragung neigen: „Ich bin der Seinsgrund").

Sehr umstritten ist Alter, Herkunft und urspr. Sinn des Namens J. Er wurde wohl nicht erst durch → Mose bekannt (Ex 6,3); auch kannten ihn nicht nur isr. Stämme. Viell. lernte ihn Mose bei den Kenitern kennen; jedenfalls hat er ihm für die Zukunft eine bes. Bedeutung unter den isr. Stämmen gesichert.

Jahwist → Mosebücher

Jaïr („Die Gottheit möge erstrahlen") Name, z. B.:

1) eines „kleinen" → Richters (Ri 10,3ff).
2) der „Zeltdörfer (?) J.s", einer in Num 32,41 nach J. aus dem Stamm Manasse benannten Niederlassung ö des Jordan; die Verbindung mit (1) in Ri 10,4 ist spät.

Jaïrus Nach Mk 5,22 par (Synagogen-)Vorsteher in Kafarnaum, dessen Tochter Jesus auferweckte.

Jakob („die Gottheit schützt"?) hieß nach Gen 25,26 der Sohn → Isaaks und → Rebekkas. Von J. leiten sich die 12 Stämme Israels her. Die J.s-Geschichten in Gen bilden keine zusammenhängende Biografie, sondern eine Sammlung v. vielerlei Erzählungen, die mit J. in Verbindung gebracht wurden. Sein Name wird volkstümlich gedeutet mit dem hebr. Wort für „betrügen" (*'āqōb*) (Gen 27,36; vgl. aber Gen 25,26). An diese Deutung knüpfen sich breit ausgemalte Geschichten v. Js. Betrug an seinem Bruder → Esau (Erschleichung von Erstgeburts-Recht und → Segen, Gen 25,29–34; 27). Auf diesen erschlichenen Segen berufen sich J.s Nachkommen. Eine andere Gruppe v. Erzählungen verbindet J. mit Kultorten und zeigt deren Würde (z. B.: Gen 28,10–22: → Bet-El, Traum v. der Himmelsleiter). Eine andere alte Tradition kommt in der Erzählung v. J.s-Grab in Machpela zum Ausdruck (Gen 50,12ff). Andere J.s-Erzählungen spielen in Haran bei → Laban (Gen 20ff); ferner stehen Erzählungen in Verbindung mit Mahanajim (Gen 32,2–22; 33,1–16), mit Penuël (nächtlicher Kampf; Gen 32,23–31; → Israel), mit Sichem (33,18–34,11), mit den Josefsgeschichten (→ Josef).

In der späteren bibl. Literatur ist J. selten erwähnt (negativ z. B. Hos 12,3.f.7; positiv z. B. Weish 10,10ff).

Jakobsbrunnen (*bīr 'jaqūb*) Im Gespräch Jesu mit der Samariterin (Joh 4) wird der J. als Schauplatz erwähnt. Das AT nennt ihn nicht. Seit dem 4. Jh. n.C. gibt man seine Stelle an. Heute ist der Platz v. den Resten einer Kreuzfahrerkirche überbaut.

Jakobsleiter Name für die Himmelsleiter, v. der nach Gen 28,12 → Jakob träumt.

Jakobssegen heißen die in Gen 49,3–27 gesammelten Sprüche. Sie werden → Jakob in den Mund gelegt. Vor der Niederschrift haben sie eine lange literar. Geschichte durchlaufen und sind geprägt v. der tatsächlichen Situation der Einzelstämme, wie sie mehrere Jh. später war.

Jakobus Eigenname:

1) J. d. Ä., Sohn des Zebedäus, Bruder des → Johannes, mit ihm zum → Apostel berufen (Mk 1,19 par; 3,17 par; Agp 1,13); nach Mk 3,17 hatten J. und Johannes den Beinamen *Boanerges* (Donnersöhne); J. gehörte mit → Petrus und Johannes zu den Bevorzugten (Mk 5,37 par: 9,2 par; 13,3; 14,33 par); 44 n.C. unter → Herodes (6) enthauptet (Apg 12,2).

2) J. d.J., Sohn des Alphäus, einer der „Zwölf" (→ Apostel); nur in Apostellisten genannt (Mk 3,18 par; Apg 1,13); Beiname „d.J." üblich, seit Hieronymus ihn mit (3) identifiziert.

3) J., nach Mk 6,3 par einer der Herrenbrüder, Haupt der → Gemeinde zu → Jerusalem (Gal 1,19), spielte eine führende Rolle beim → Apostelkonzil (Apg 15,13–29), v. ihm stammt viell. der → Jakobusbrief. Er wurde wohl 62 n.C. gesteinigt.

Jakobusbrief Trotz briefähnlicher Einleitung ist der J. eher eine predigthafte Spruchsammlung als ein Brief. Seine Mahnungen betreffen den christl. Alltag, die Versuchung (1,2–16), den tätigen Glauben (1,9–27; 2,14–26), das Verhalten zu Reichen und Armen (2,1–9), die Beherrschung der Zunge, Hader und Streit (3,1–4,12), Gottes Vorsehung und Gericht (4,13–5,11) sowie das Gebet (5,13–18). → Salbung. Der *Verfasser* → Jakobus (1,1) ist wohl der Herrenbruder dieses Namens, nicht einer der Apostel. Zu ihm passt auch der stark moralische Akzent des J.es und die Hervorhebung der guten Werke (2,24; vgl. dazu Röm 3,28!). Möglich ist auch die Herkunft des J.es v. einem späteren gebildeten → Judenchristen, der sein Schreiben mit der Autorität des Herrenbruders ausstattete. Das wird zumal auf Grund des gepflegten Griech. im J. vertreten. Möglicherweise ist der erhaltene J. auch das Ergebnis einer späteren Überarbeitung eines Briefes des Herrenbruders; der Bearbeiter war ein gebildeter Judenchrist.

Falls der J. vom Herrenbruder stammt, wurde er vor 62 n.C. geschrieben (= vor dem Jahr des Jakobus-Martyriums in Jerusalem). Andernfalls kann er bis zum beginnenden 2. Jh. n.C. geschrieben worden sein.

Der Brief erlangte (vor allem im W) erst im 4. Jh. volles Ansehen als Schrift des NT.

Jamnia → Jabneel

Jarmuk Ö Nebenfluss des Jordan, mündet in ihn wenig s des Sees Gennesaret. In der HS ist der J. nicht erwähnt.

Jason Griech. Name, z.B.:

1) J., Bruder des Hohenpriesters Onias III., erkaufte sich das Hohepriester-Amt (175 v.C.) und versuchte, die Juden zu hellenisieren (2 Makk 4; → Hellenismus).

2) J. aus Kyrene, beschrieb den Aufstand der → Makkabäer; erhalten ist nur ein Auszug in 2 Makk (vgl. 2 Makk 1,23).

Jawan nennt die Völkertafel einen Sohn Jafets (Gen 10,2.4). Gedacht ist wohl an ionische Stadtstaaten (vgl. Ez 27,13).

Jebusiter Volksstamm, dem die (kanaan. oder amorit.) Oberschicht → Jerusalems vor dessen Eroberung durch die Israeliten angehörte. Die J. werden erwähnt in Völkerlisten (z.B. Dtn 7,1) und viell. nach der Eroberung (vor 1000 v.C.) Jerusalems (= Jebus; Ri 19,10f) aufgenommen in das Volk Israel (vgl. Sach 9,7). Der Name des J.s → Arauna ist hetitisch.

Jehova → Jahwe

Jehu („Jahwe ist es"), Personenname, z.B.: König des → Nordreiches Israel (842–825 v.C.). Noch Heerführer, ließ er sich selbst zum König ausrufen; als sein König → Joram verwundet wurde, tötete er diesen und den König des Südreiches

Jehu: *Ausschnitt aus einem Bild auf dem „schwarzen Obelisk" Salmanassars III., der vom „Tribut Jehus, des Sohnes Omris" handelt. Der König Jehu von Israel liegt tief gebeugt vor Salmanassar.*

→ Ahasja, ließ → Isebel und das ganze „Haus Ahab" umbringen (2 Kön 9,12f.24.27.30–33; vgl. Hos 1,4). Seine Religionspolitik war entgegen der seiner Vorgänger scharf gegen den Baalskult gerichtet (vgl. 2 Kön 10,18–28; angeregt viell. durch → Elischa und durch die → Rechabiter, 2 Kön 10,14f). J. musste → Salmanassar III. Tribut zahlen; er wurde v. → Hasaël v. Damaskus besiegt (2 Kön 10,32).

Jenseits → Tod, → Himmel

Jeremia (Jeremias; Bedeutung des Namens umstritten, viell: „Jahwe richte auf"?) Einer der großen Propheten, Sohn des Priesters Hilkija (geboren ca. 650 v. C. in Anatot, ca. 5 km nö v. Jerusalem). Schon in jungen Jahren zum Prophetenamt berufen (vgl. Jer 1,4–7), musste J. auf Ehe und Familie verzichten (16,2). Ca. 40 Jahre lang (626–586 v. C.) wirkte er als Prophet, besorgt um die Rettung seines Volkes, das damals eine der schwersten Erschütterungen seiner Geschichte erlebte. Außer in den Jahren religiöser Erneuerung unter König → Joschija (Kultreform 621 v. C., Tod Joschijas 609 v. C.) wies J. in Wort, Schrift (vgl. 29,1) und sinnbildlichem Handeln (vgl. 27,2) auf das kommende Strafgericht Gottes hin. Er zog sich viele Feinde in Volk und Führung zu, da er unablässig den Untergang des Landes und die Unterwerfung durch Babylonien weissagte und dem Volk Sünde und Gottlosigkeit vorhielt. Nach J. bildeten sie den Grund der Heimsuchung Gottes und schließlich der Zerstörung Jerusalems. Man versuchte ihn zu töten (11,21), verfolgte und verhaftete ihn (26,7ff), schlug und folterte ihn (20,2) und warf ihn während der Belagerung Jerusalems in eine Schlammgrube, in der er umkommen sollte (37,11–38,13). Selbst als seine Warnungen durch die furchtbaren Ereignisse der zweimaligen Eroberung Jerusalems (597 und 586 v. C.) mit Deportation der meisten Israeliten nach Babylonien (→ Exil) bestätigt wurden, war er für den mit J. zurückgebliebenen Rest des Volkes noch immer nicht glaubwürdig. Entgegen J.s Rat flohen die letzten Judäer nach der Ermordung des bab. Statthalters nach Ägypten und zwangen J. mitzugehen. Nach legendärer Überlieferung wurde J. dort von seinen Landsleuten gesteinigt. Von keinem Propheten erfahren wir so viel über seine inneren und äußeren Auseinandersetzungen wie v. J. Menschlich gesehen, war sein Wirken ein tragischer Misserfolg (vgl. Jer 2,53), wenn man nach seiner unmittelbaren Auswirkung fragt. Nach Mt 16,14 wurde Jesus v. einigen für den auferstandenen J. gehalten.

Jeremia (Buch) enthält in Kap 1–25 Reden gegen Volk, Könige und „Propheten" wegen Treulosigkeit zum Bundesgott sowie die Ankündigung des Gerichts bis zur Katastrophe v. 587 v.C. (2. Eroberung Jerusalems). In Kap 26–45 stehen Zukunftsverheißungen und Schilderungen aus dem Leben des J., in Kap 46–51 Gerichtsworte über Ägypten, Babylonien und kleinere Völker. Im Anhang (Kap 52) wird der Untergang Jerusalems geschildert (vgl. 2 Kön 24f).

Teils spricht J. selbst, teils sein Gefährte → Baruch (vgl. 19; 26–29; 36–45), teils sprechen andere. Die Sammlung der Sprüche stammt aus verschiedenen Zeiten; sie wurde z.T. mehrfach überarbeitet. Die auffallenden Unterschiede zw. der erhaltenen hebr. und der griech. Fassung deuten auf weitere spätere Bearbeitungen hin. Die Vorstellung des J. vom Bundesgott ist weithin dieselbe wie bei → Hosea: Jahwe ist der Bräutigam-Gatte im Ehe-Bund mit dem Volk Israel (Jer 2,2), das als ungetreue Braut immer wieder zur Rückkehr aufgefordert wird und die innige Liebe Jahwes erfährt. Die Erfüllung der alten Verheißungen wird angesichts des polit. Zusammenbruchs prophetisch in einem „Neuen → Bund" (Jer 31,31ff) erhofft. Sünde, eine eingewurzelte Krankheit (vgl. Jer 1,323), kann nicht durch kultische Gebräuche beseitigt werden (scharfe Kritik am amtlichen Tempelkult, vgl. Jer 6,20; 7,10f). J. kämpft gegen „Propheten", die nur in wohlgesetzten Worten von → „Frieden" reden (Jer 6,14) und die Zuhörer in Sicherheit wiegen (14,13; 23,17; 28).

Jeremiabrief heißt eine nur griech. erhaltene (viell. urspr. hebr. abgefasste) Schrift (Sinnlosigkeit des Götzendienstes), die in der → Septuaginta als eigenes Werk, in der → Vulgata als Teil des Buches → Baruch gezählt wird. Sie stammt weder v. Jer noch v. Bar., sondern ist mehrere Jh. jünger.

Jericho („Mondstadt"?) Name dreier benachbarter, zeitlich aufeinander folgender Siedlungen:

1) atl. Jericho (Dtn 34,3 u.ö.: Palmenstadt, heute? *tell es-sulṭān*) auf einer Mergelterrasse im Jordantal 8 km w des → Jordan, 10 km n vom → Toten Meer. Um 7800 v.C. errichteten Jäger ein Heiligtum an der Quelle (Elischaquelle; *en es-sulṭān*), im folgenden Jt. Übergang zur sesshaften Lebensform, Gründung eines der ältesten heute bekannten städtischen Gemeinwesen, das eine Fläche von 4 ha bedeckt und v. mächtigen Befestigungsanlagen umgeben ist. Im 5. Jt. kultureller Rückgang, vom späten 4. Jt. bis zur Zerstörung um 1580 dauernd besiedelt. Immer wieder wird an den Befestigungen gebaut. Für die Zeit der → Landnahme (um 1250 v.C.) lässt sich zwar Leben in der Siedlung, aber keine Mauer nachweisen. Nach Jos 6 wird Jericho als erste Stadt Kanaans erobert. Der bibl. Bericht schildert wohl eine Kultprozession, die jährlich vom Heiligtum in → Gilgal nach J. zog, um die Landnahme zu feiern.

Die Erzählung von → Rahab (Jos 2) sucht zu erklären, warum ein Geschlecht dieses Namens „in Israel wohnen blieb bis auf diesen Tag" (Jos 6,25). Im 9. Jh. wird J. wieder befestigt (1 Kön 16,34). → Elija und → Elischa besuchen die Stadt (2 Kön 2,4f.18); Elischa soll das Wasser der Quelle trinkbar gemacht haben (2 Kön 2,19–22).

2) ntl. Jericho *tell abu el-alājik*) am Austritt des *wadi el-qelṭ* ins Jordantal, Winterresidenz Herodes d.Ä., Grenzort mit Zollamt. Im NT erwähnt: Heilung des blinden Bartimäus (Mk 10,46–52); Gastmahl bei Zachäus (Lk 19,1–10).

3) *erīha* nennen die Araber die heutige Siedlung an der Stelle einer Kreuzfahrerstadt ö v. (1) und (2).

Jerobeam („es mehre sich das Volk"?) Könige des → Nordreiches Israel:

1) J. I. (932–911 v.C.) war bereits unter → Salomo hoher Beamter (1 Kön 11,28), wurde später v. diesem verfolgt (1 Kön 11,40); erster König des Nordreiches (→ Reichstrennung), musste sich ständig gegen Versuche der Könige des → Südreiches wehren, durch die Eroberung des Nordreiches das Großreich Davids und die Reichseinheit wiederherzustellen (→ Rehabeam, → Abija). Um die beiden Reiche nicht nur polit., sondern auch ideolog. zu trennen, führte er in → Dan und → Bet-El Reichsheiligtümer ein (→ Stier),

Jericho. *Die uralte Siedlung wurde bei einer immerfließenden Quelle angelegt.*

Jericho. *Der Weg von J. nach Jerusalem führte durch das wadi qelt.*

Jerusalem *von Norden: Über dem Damaskustor die Grabeskirche auf Golgota.*

Jerusalem. *Die Ortslage der Davidsstadt, s vom Tempelplatz.*

um der kultischen Vorherrschaft des Jerusalemer → Tempels entgegenzuwirken. Im → deuteronomistischen Geschichtswerk wird das sehr negativ beurteilt (vgl. z. B. 1 Kön 12,26–30).
2) J. II. (784–744 v. C.): Höhepunkt der Macht des Nordreiches und wirtschaftl. Blüte (Ostjordan-Gebiete zurückerobert, vgl. Am 6,13), aber starke soziale Gegensätze, gegen die sich vor allem → Amos wendet.

Jerubbaal → Gideon

Jerusalem (Gründung des Gottes Salem, arab. *el quds* = die Heilige) Stadt auf einem Kalkplateau des Gebirges Juda, ca. 800 m über dem Mittelmeer. Urspr. Ortslage auf schmalem Felssporn (= Ofel) zwischen → Kidron-, Tyropöon- und Hinnomtal, verdankt ihre Besiedlung – wohl seit dem 4. Jt. v. C. – der Gihonquelle. Um 1900 v. C. auf einem äg. Ächtungstext, im 14. Jh. durch Briefe seines Fürsten Abdi-Chipa an Amenophis IV. (→ Amarna) bezeugt. Das kanaanäische J. wird von den Söldern → Davids erobert, daher Privatbesitz des Königs („Stadt Davids"). Seine Lage zwischen den Stämmen, aber außerhalb der Stammesgebiete, bestimmt J. zur Residenz. Durch die Überführung der → Bundeslade erlangt sie religiöse Bedeutung für Israels Stämme. → Salomo errichtet in der Stadt Palast und → Tempel. In der Folgezeit wächst die Stadt nach W und N. Sie behält ihre religiöse Bedeutung auch nach der → Reichstrennung und der Zerstörung J.s (587/6 v. C.): Für den Glaubenden ist sie die von Gott erwählte Stadt (Jes 40–55; Ps 137; 122; 87). Botschaft und Wirken der Propheten → Jesaja, → Jeremia, → Ezechiel sind eng mit J. verbunden.
Nach Joh kommt → Jesus an den großen Wallfahrtsfesten nach J. Im Werk v. → Lukas spielt die Stadt eine bes. Rolle. Die Passionsgeschichten verkünden Jesu letztes Wirken, Leiden und Sterben in J. Nach Ostern bildet sich in J. die Urgemeinde. Für den Verfasser der Offb ist die Stadt Urbild eines himmlischen J., das Gott am Ende der Zeit schenken wird.
70 n. C. wird der Tempel zerstört, 125 die Stadt im röm.-hellenistischen Stil neu angelegt (Aelia Capitolina), 637 v. den Arabern erobert. Über dem hl. Felsen auf dem Tempelplatz wird der Felsendom er-

Jerusalem *aus der Vogelschau.*
Rechts der Tempelplatz und Steilabfall zum Kidrontal.

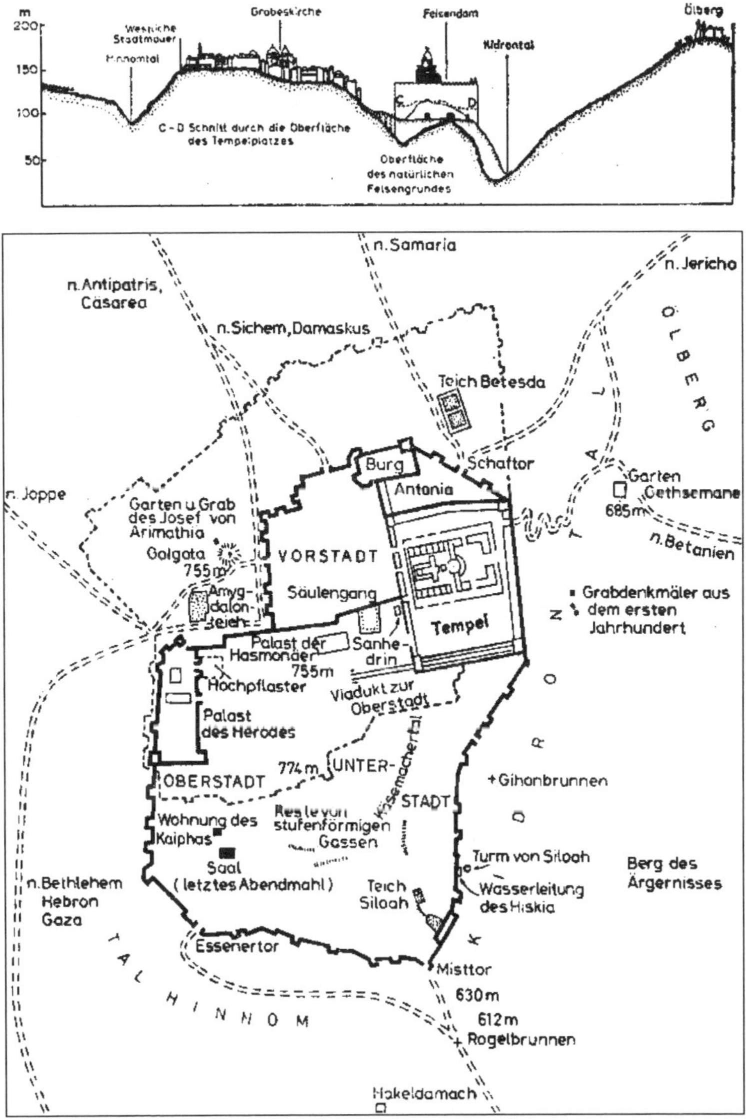

Jerusalem. *Oben: Schnitt durch die Stadt, von S gesehen (Neuzeit). Unten: Grundriss der Stadt z. Z. der Evangelisten (nach vielen Rekonstruktionen; —— vermutl. Lage nicht mehr vorhandener Mauern und Gebäude, - - - heutige Mauer der alten Stadt, = = = vermutl. Verlauf der wichtigsten Zugangsstraßen)*

richtet. J. wird hl. Stadt und Wallfahrtsort des Islam. Von 1517 bis zum 1. Weltkrieg türkisch, erhält die Stadt (heute „Altstadt" genannt) im 16. Jh. eine neue Mauer. Z.T. steht diese wohl auf der von Herodes Agrippa (41–44 n.C.) errichteten N-Mauer, durch die die Bezirke von → Golgota und Bazata in die befestigte Stadt einbezogen wurden. Das J. zur Zeit Jesu lag s, nur sein N-Teil deckt sich mit der heutigen Altstadt. → Betesda, → Gihon, → Grab, das Heilige, → Ölberg.

Jesaja (Isaias; „Hilfe ist Jahwe") Personenname, z.B. des ersten der atl. → Propheten. J., Sohn des Amoz, wurde ca. 770 v.C. geboren; im Todesjahr des Königs Usija (739 v.C.) wurde er durch eine Vision berufen (Jes 6,1–7). Er entstammte wohl einer angesehenen Familie v. Jerusalem, war verheiratet und hatte mindestens 2 Söhne. Auf → Amos und → Hosea folgend, überragte er diese Propheten und seinen Zeitgenossen → Micha durch literar. und theol. Aussagekraft. Nach Jes 7,3; 8,3 gab er 2 Söhnen symbolische Namen. J. wirkte in einer Zeit wachsender Bedrohung für das → Südreich Juda und für Jerusalem; das → Nordreich Israel ging mit der Zerstörung Samarias 722 v.C. unter. Als Jerusalem 735 v.C. durch Rezin v. Damaskus, 701 v.C. durch Sanherib v. Assyrien belagert wurde, ermahnte er König und Volk, nicht auf irdische Bündnisse, sondern auf den Beistand Gottes (Jes 7; → Immanuel; Jes 30; 36f) zu vertrauen. Soziale Missstände hatte er schon vorher angeprangert (vgl. Jes 1,21ff; 3,16f; 5,1–24; 10,1f). Nach dem bab. Talmud und legendärer christl. Überlieferung hat J. unter König → Manasse (693–639 v.C.) den Märtyrertod erlitten; danach ist er zersägt worden (vgl. Hebr 11,37).

Jesaja (Buch) heißt das erste der prophetischen Bücher. Es gliedert sich in 3 Teile: Kap 1–39; 40–55; 56–66. Seit dem Ende des 18. Jh. setzte sich langsam die Auffassung durch, dass nur Kap 1–39 auf J. selbst zurückgehen, die beiden anderen Teile dagegen aus späterer Zeit v. verschiedenen Verfassern stammen (starke sprachliche, inhaltliche, zeitgeschichtliche Unterschiede). Diese nannte man → Deuterojesaja (Kap 40–55) und → Tritojesaja (Kap 56–66). Bei der Endfassung wurden die verschiedenen Stücke wohl deshalb in *einem* Buch verbunden, weil gewisse Grundgedanken in jeden von ihnen vertreten werden, z.B. die Benennung Jahwes als den „Heiligen Israels", seine Überlegenheit über alle anderen Mächte, der Glaube an seine rettende Hilfe ohne menschl. Machtmittel, die Rettung des Restes in Israel, der kommende → Messias als Heilsbringer.

In Jes 1–39 stehen: Worte über das → Südreich Juda (1–12), darunter das Weinberglied (5,1–7), der Bericht über die Berufungsvision und Mitteilungen über J. (6,1–9,7); Drohworte über Fremdvölker (13–23); eine apokalyptische Vision endzeitlicher Verwüstung (24–27); Wehrufe und Verheißungen für das Südreich Juda (28–35); ein histor. Anhang (36–39; vgl. 2 Kön 18ff). Im ganzen urspr. Text finden sich Zusätze späterer Hand; die Sammlung der Sprüche war nicht einheitlich, sodass viele verwandte Stücke jetzt getrennt sind und an verschiedener Stelle stehen. Das Buch J. lag in seiner *heutigen* Form (Kap 1–66) bereits im 2. Jh. v.C. vor; bei → Qumran wurde 1947 eine hebr. J.-Rolle gefunden (geschrieben: 2. Jh. v.C. bis 68 n.C.).

Jesreel („Gott sät") Ortsname, z.B.:
1) Die Stadt J. (*zer'īn*) war Residenz des → Ahab (vgl. 1 Kön 18,45; Justizmord an Nabot, 1 Kön 21; Sturz Ahabs durch Jehu, 2 Kön 9,14–37; 10,6–11), viell. wegen der günstigen Verkehrslage.
2) Nach (1) benannt ist die *Ebene* J. (*merdsch ibn 'amir*) in der Form eines Dreiecks, w des Jordan, im N begrenzt v. galiläischen Bergland, im S v. → Samaria. Die fruchtbare Ebene (auch: „Ebene v. Megiddo", 2 Chr 35,22) war oft Schlachtfeld (z.B. Ri 6,33; 1 Makk 12,49).

Jesse → Isai

Jesus (griech. Form v. hebr. *je(ho)-schūa* = „Jahwe ist Hilfe") ist ein häufiger Personenname (z.B. Sir 50,27; Kol 4,11). Sein wichtigster Träger ist J. v. Nazaret. Außerbibl. Quellen über J. v. Nazaret sind spärlich, soweit nicht nachträglich ein Zusatz bei einem alten Schriftsteller gemacht wurde. Doch sie sind vorhanden (z. B. in Schriften v. Tacitus, Sueton und Flavius Josephus). Vor allem unter dem Eindruck der vielen unerfindbaren Mitteilungen über histor. unwichtige Nebendinge in den ntl. Schriften behaupten heute auch radikalste Kritiker nicht mehr, J. habe nie gelebt und sei nur Verkörperung einer Idee. Die Absicht der ntl. Schriften (auch der Evv) ist aber nicht, ein „Leben Jesu" zu erzählen. Sie sprechen vielmehr v. dem, was sich in J. ereignete, und v. den Folgerungen daraus. Nicht erzählt werden Züge, die in einen Bericht über das „Leben Jesu" gehören würden, die aber für das Ereignis unwichtig sind, auf das diese Schriften zurückblicken (z. B.: kein Bericht über Jesu Leben in Nazaret vor seinem Auftreten). „J. → Christus" ist die älteste Form des Bekenntnisses zu J. und bedeutet: J. (kein anderer) ist der Christus (= Messias). „J. Christus" wurde schon sehr früh Doppelname, ohne dass man die urspr. Bedeutung weiter beachtete. Die ältesten *christl.* Texte über J. sind die Paulusbriefe (ab 51/52 n. C.) – Jedoch kannte Paulus wohl J. nicht persönlich; er betont aber nachdrücklich sein irdisches Leben (Phil 2,7). Die → Evangelien sind um Jahrzehnte jünger, enthalten aber viel älteres Material. Sie sind nicht nur Zeugnisse des Glaubens, sondern auch Sammlungen v. Verkündigungsstücken über J., wie man sie z. B. in der urchristl. Mission benötigte.

Vermutlich wurde J. um 4 v. C. geboren (unsere Zeitrechnung ist falsch angesetzt) und ist im April 30 oder 33 gestorben. Die Untersuchungen über Jesu Lebenszeit sind verwickelt und haben mit mehreren Sonderproblemen zu rechnen (z. B.: → Zensus; die „öffentliche Wirksamkeit" Jesu wird v. 3 Evv auf 1 Jahr, v. Joh auf ca. 3 Jahre angesetzt; als Todesdatum Jesu nennt Joh den 14. Nisan, die anderen Evv den folgenden Tag; rabbinische Vorschriften und Gebräuche z. Z. Jesu; usw.).

J. wächst in Nazaret auf (→ Kindheitsgeschichte Jesu), als Sohn → Josefs und → Marias. Er wurde Zimmermann wie Josef (Mk 6,3). Ferner wird berichtet, dass J. nach der Taufe durch Johannes den → Täufer (bzw. nach dessen Verhaftung) verkündete, das → Gottesreich sei (durch ihn) herangekommen (vgl. Mk 1,15). Dieser Verkündigung dient fast alles, was in den Evv berichtet wird, seien es die → Wunder, die Erwählung der „Zwölf" (→ Apostel) oder die → Bergpredigt.

Die ntl. Schriften kann man nicht verstehen, wenn man nicht voraussetzt: Jesu Anhänger haben das feste Bewusstsein, J. ist der wirkliche → Messias, den Gott erhöhte (→ Auferstehung).

Der Titel „Sohn Gottes" wird erst langsam entfaltet: Die 3 ersten Evv verwenden ihn kaum; in Joh erscheint J. als Macht, die v. Gott stammen muss. Das *Osterereignis* prägt den Glauben der ntl. Schriftsteller (vgl. Röm 1,4); man versteht: J. ist der → Herr (Röm 10,9) und „Sohn Gottes" v. Ewigkeit her (Joh 1,14.18). Metaphysische Überlegungen über das Verhältnis zw. Gott (Vater) und J. sowie zw. göttlicher und menschlicher Natur dieser einen Person J. sind nachbibl. Den ntl. Autoren ist wichtiger, die Folgerungen aus dem Christusereignis zu ziehen und zu verkünden (→ Heil).

Jesus Sirach → Sirach

Jezabel → Isebel

Jibleam (beim *bīr bel 'ame*) Alte Stadt ca. 30 km n v. Sichem (Luftlinie), in Jos 17,11 zu Manasse gerechnet, aber nicht sofort erobert (Ri 1,27).

Jiftach („Jahwe möge öffnen, befreien") → Richter aus → Gilead. Berichtet werden v. J. Kämpfe gegen → Ammoniter und Moabiter. Wegen eines Gelübdes musste er seine Tochter opfern (Ri 10,17–12,7). Das hängt wohl nicht zusammen mit Erinnerungen an ein Menschenopfer, sondern viell. mit einer Kultsitte (Fest der Mädchen auf den Bergen). Aus dem Bericht über den Zusammenstoß zw. Gilead und Efraim wird klar: Erstens bildeten die verschiedenen Stammesgruppe noch keine Einheit. Zweitens gab es Dialektunterschiede. In Hebr 11,32ff wird J. als Vorbild bezeichnet.

Jitro („Überfluss hat die Gottheit gegeben"?) heißt in Ex 3,1; 4,18; 18,1f.5f.12

Moses Schwiegervater, ein midianitischer Priester. Umstritten ist, warum er in anderen Überlieferungszweigen Reguel (Ex 2,18; „Freund ist die Gottheit") oder Hobab (Ri 1,16 – 4,11; vgl. Num 10,29) heißt, und ob hinter der Erzählung in Ex 18,1–12 (Besuch J.s bei Mose nach dem Auszug aus Ägypten) eine Einführung in einen aus Midian stammenden Kult → Jahwes steht. Nach Ex 18,13–27 bestellte Mose Richter auf den Rat des J. hin.

Joab („Jahwe ist Vater") Neffe und Heerführer Davids. Er tötete seinen Konkurrenten → Abner (2 Sam 3,27) und errang viele Siege (vgl. z. B. 2 Sam 12,27). J. tötete → Abschalom (2 Sam 18,14) und seinen Rivalen → Amasa (2 Sam 20,10). Da er sich aber auf die Seite des → Adonija (gegen Salomo) stellte, ließ ihn Salomo töten, obwohl J. Asyl beim Altar gesucht hatte (1 Kön 2,28–35). Sein Nachfolger wurde → Benaja.

Joachaz → Joahas

Joachim soll nach dem apokryphen „Ev des Jakobus" der Vater → Marias geheißen haben.

Joahas („Jahwe ergreift"), Personenname, z. B.:

1) König des → Nordreiches Israel (815–799 v. C.), hart bedrängt v. → Hasaël v. Damaskus (2 Kön 13,22), der Israels Rüstung weitgehend einschränkt (vgl. 2 Kön 13,7). 2 Kön 13,6 bemerkt tadelnd, dass die → Aschera in → Samaria stehen bleibt.

2) König des → Südreiches Juda (608 v. C.): Bei seiner Thronbesteigung erst 23 Jahre alt, wird er bereits nach 3 Monaten vom äg. Pharao Necho abgesetzt, nach Ägypten verschleppt, stirbt dort (2 Kön 23,31–34). An seine Stelle tritt sein älterer Bruder → Jojakim.

3) Statt → Ahasja in 2 Chr 21,17.

Joasch („Jahwe hat gegeben") Personenname, z. B.:

1) König des → Südreiches Juda (836–797 v. C.). Als → Atalja alle Davididen beseitigte, wurde er versteckt und entkam allein. Noch als Kind wurde er vom Priester Jojada zum König ausgerufen (2 Kön 11,1–22). Nach 2 Chr 24,2 habe in der Religionspolitik sein anfängl. Eifer für die Jahwereligion nach dem Tod Jojadas nachgelassen. J. ließ den Tempel Salomos ausbessern, musste an → Hasaël v. Damaskus schweren Tribut zahlen, fiel einer Verschwörung zum Opfer (2 Kön 12).

2) König des → Nordreiches Israel (799–784 v. C.), festigte das Reich wieder (Siege gegen → Ben-Hadad III. v. Damaskus, 2 Kön 13,25; vgl. die Erzählung 2 Kön 13,14–19). Als der König des → Südreiches (→ Amazja) für seinen Sohn die Tochter J.' zur Frau begehrte, eroberte und plünderte J. Jerusalem (Mauerbresche, Geiseln).

Job → Ijob

Joël („Jahwe ist Gott") Einer der 12 „kleinen" → Propheten. Nur aus seinem Buch können wir etwas über ihn erschließen. Die Tradition sah als Zeit seines Auftretens das 8. Jh. v. C. an; das Buch weist aber auf das 4./3. Jh. v. C.; es ist die älteste Apokalypse (→ Apokalyptik). In Kap 1f spricht J. von einer Heuschreckenplage (Anlass zum Buß-Ruf), in Kap 3f vom „Tag-Jahwes", dem Tag des Gerichts. Der Verfasser schildert nicht nur die Naturkatastrophe, sondern das eigentliche Ziel Gottes, nämlich die *Segnungen* des „Tages Jahwes" für das Gottesvolk (fruchtbares Land, Ausgießen des Gottesgeistes) sowie die Vernichtung der Feinde.

Johannes (griech. Form eines hebr. Namens: „Jahwe ist gnädig") Häufiger Personenname, z. B.: J. des → Täufers, → Johannes des Apostels.

Johannesbriefe 1 Joh ist kein Brief, eher jedoch eine Abhandlung; Absender, Empfänger und Grußworte fehlen; der Stil ist predigthaft und belehrend. Ohne klare Gliederung kreisen seine Ausführungen um Grundgedanken der Heilsbotschaft. Im Mittelpunkt steht die Gemeinschaft mit Gott durch Jesus Christus und die der Christen untereinander (1,3–7); in ihr ist → Liebe (2,5), → Licht (2,10), Sündenvergebung (2,12), → Leben (2,25) und → Wahrheit (3,18). Diese Gemeinschaft verwirklicht sich im Glauben an Christus (5,1) und in der gegenseitigen Liebe (3,23f). Ursprung und Maß der Liebe ist Gott-Vater und Sohn im Geist

(4,13–16). Ohne diese Gemeinschaft ist der Mensch in der Finsternis (2,9), im Tod (3,14), in der Lüge (2,21f). Der *Anlass* des Schreibens war wohl die Auseinandersetzung mit Irrlehren der → Gnosis, die sich berief auf eine bes. Erkenntnis v. Gott her ohne Christus, die eine sichtbare Welt als böse ablehnte und die infolge ihrer Leibfeindlichkeit die leibliche Seite der Menschwerdung sowie der Auferstehung Christi verwarf. 1 Joh erklärt dagegen, dass wirkliche Erkenntnis v.Gott nur im Glauben an Jesus Christus geschenkt wird (1,1–4; 5,4f), bekräftigt die leibliche Existenz Jesu Christi (4,2f) und nennt als Kennzeichen echter Gemeinschaft mit Gott das Eingeständnis der Sünden (1,8ff) und die Liebe (4,7ff). Beides fehle den Irrlehrern, wie sie den Glauben an Jesus als den → Christus (= Messias) leugnen (1,10; 2,9; 2,22).

1 Joh übernimmt oft die Redeweise der Gnosis, enthüllt ihre Begriffe als falsch und sieht ihre positiven Ansätze in der christl. Heilsbotschaft erfüllt. Dabei werden Kernpunkte christl. Lebens herausgestellt, vor allem die innere Verknüpfung v. Gottes- u. Nächstenliebe, die Erfüllung aller Gebote durch Glaube und Liebe, die Verbindung tief gehender Schau mit praktischer Anleitung.

1 Joh zeigt viel Ähnlichkeit mit dem → Johannesevangelium und wurde wohl kurz vor oder nach diesem geschrieben (um 100 n.C.), wohl nicht vom Apostel Johannes, sondern v. jemandem aus seinem Schülerkreis; der Verfasser v. Joh und 1 Joh war wohl derselbe; er wandte sich offenbar an heidenchristl. Leser und schrieb in Kleinasien (Ephesus?).

Während 1 Joh eine Abhandlung darstellt, sind 2/3 Joh Briefe und haben einen „Presbyter" (= Ältesten; → Johannes, der Apostel) zum Verfasser, dessen Name nicht genannt wird. 2 Joh ist an eine kleinasiat. Gemeinde, 3 Joh an einen Christen namens Gajus gerichtet. Beide Briefe sind mit 1 Joh verwandt. Sie mahnen zur Bruderliebe und warnen vor Irrlehren. Sehr fraglich ist, ob der mit Autorität sprechende Verfasser der Apostel Johannes selbst war oder ob nicht vielmehr einer seiner Schüler schrieb. 2/3 Joh sind wohl um 100 n.C. in Ephesus entstanden; sie wurden erst seit dem 5. Jh. als ntl. Schriften allgemein anerkannt.

Johannes, der Apostel, wird als „Säule" der Urgemeinde geschildert (Gal 2,9) und mehrfach gleich nach → Petrus genannt. Nach den ersten 3 Evv wurde J. als einer der ersten Jünger v. Jesus berufen (Mk 1,19f par), war wie → Jakobus d. Ä. ein Sohn des Zebedäus und Fischer wie sein Vater. Im → Johannesevangelium wird J. nie mit Namen genannt; umstritten ist, ob J. mit dem Jünger gemeint ist, den „Jesus liebte" und der im 2. Teil dieses Ev mehrfach genannt wird: Er stand unter dem Kreuz und war schon vor Petrus am leeren Grab. Nach urchristl. Überlieferung starb J. in → Ephesus im 1. Viertel des 2. Jh. n. C.

In der Frage, ob der Verfasser der → Offenbarung des J. (1,1) identisch ist mit dem Apostel J., gibt es keine einheitliche Auffassung.

Die Tradition berichtet ferner v. einem „Presbyter J.", einem einflussreichen Mitglied der Gemeindeführung v. Ephesus. Außer dem Namen wissen wir wenig v. ihm. Selbst wenn man ihn mit einem Teil der Überlieferung als Herrenjünger bezeichnen darf, berechtigt das nicht dazu, 2 Joh, 3 Joh und Offb auf ihn zurückzuführen, weil sich der Verfasser v. 2 Joh und 3 Joh als „Presbyter" (Ältester, ohne Namen) bezeichnet. → Johannesbriefe.

Johannes der Täufer → Täufer

Johannesevangelium Das J. will wie die anderen 3 (→ synoptischen) Evv durch sein Zeugnis v. Jesus dem Glauben dienen (vgl. Joh 20,31); es unterscheidet sich jedoch erheblich v. ihnen durch seine Eigenart in Darstellung, Inhalt und Aussage. Auch im J. beginnt Jesu Wirken nach der Begegnung mit Johannes dem → Täufer; es vollzieht sich in Galiläa und Jerusalem, es endet mit seinem Tod und mit seiner Auferstehung. Das ganze Buch ist nach einheitlichem Plan gestaltet, so verschieden die Grundlage für ihn auch beurteilt wird. Folgende Abschnitte lassen sich unterscheiden: Prolog (1,1–18), Offenbarung Jesu durch Wunderzeichen und

Reden (1,19–12,50), Offenbarung Jesu durch Passion und Auferstehung (13,1–21,23), Schlusswort (21,24f). Sehr umstritten ist die Gliederung im Detail.
Im Unterschied zu den anderen Evv nennt das J. 3 Osterfeste Jesu, 4 Reisen Jesu zw. Galiläa und Jerusalem sowie Jerusalem als Hauptort der Ereignisse (anders die anderen Evv: 1 Osterfest, 1 Reise, Haupttätigkeit in Galiläa). Wunderberichte und Reden sind im J. z. T. breit dargelegt und miteinander verknüpft (z. B. Brotvermehrung 6,5–13, Rede vom Lebensbrot 7,26–59). Statt der → Kindheitsgeschichte (Lk bzw. Mt) hat das J. den tiefgründigen Prolog.
Kennzeichnend für das J. ist auch die Dynamik zw. der Offenbarung und der menschlichen Reaktion darauf: Christentum und jüd. Religiosität waren bereits nicht mehr feindliche Geschwister, sondern prinzipielle Gegner. Dem entspricht, dass das J. von Anfang an Jesus als den Messias verkündet und als den Bringer des Heils (vgl. 1,29: „Siehe das Lamm Gottes ...") sowie seine Ablehnung durch die → „Juden" (1,11; 5,16). Die Offenbarung weitet sich, die Feindschaft der „Juden" wächst: Höhepunkt und Überwindung dieses Konflikts ist das Kreuz. Im J. geht die Entwicklung auf die „Stunde" zu: in ihr offenbart sich Jesu letzte Verherrlichung und Erhöhung durch Tod und Auferstehung (vgl. 12,23; 17,1). Zu Beginn der geoffenbarten Heilsmacht ist sie noch nicht da (vgl. 2,4; 8,20); sie ist vielmehr der Zielpunkt v. Jesu Weg zum Vater (13,1). In den anderen Evv wird Jesus vor allem als Künder und Mittler des → Gottesreiches dargestellt, im J. als Offenbarer seiner selbst. Dabei wird Jesu Menschlichkeit betont (vgl. 4,6; 11,5.35). Aber im Mittelpunkt des J. steht nicht sie, sondern Jesu einzigartiges Verhältnis zum Vater, das sich in den → Wundern und Reden zeigt (vgl. 5,17f; 8,42.54; 10,30.37f). Große Offenbarungsreden sind auch die Abschiedsreden (14ff) und das Hohepriesterliche Gebet (17). Dem J. sind die „Ich bin"-Aussagen eigentümlich („Ich bin": Weg, Wahrheit, Leben, Licht, Messias, Hirte, Weinstock, Freund, Lebensbrot, 14,6; 9,5; 4,25f; 10,11; 15,1.15; 6,35). Außerdem fällt bei den Reden im J. auf, dass die Gesprächspartner (z. B. Nikodemus, 3,1–21; die Samariterin, 4,1–26) das v. Jesus Gemeinte in einer ganz bestimmten Richtung missverstehen.
Bereits *jetzt* vollzieht sich das Gericht (3,18), die Welt ist endgültig überwunden (16,33; vgl. 13,31), nicht „irgendwann einmal" in ferner Zukunft.
Das Christusereignis wird nicht nur (wie bei den anderen Evv) von seinem Abschluss her gesehen, sondern neu gedeutet aus der Erfahrung heraus, die aus Verkündigung, Liturgie und Meditation unter der Leitung des *erhöhten* Herrn gemacht wurde, dessen Offenbarung auch in der Zeit nach seinem Tod lebendig fortwirkt.
Das J. scheint in Auseinandersetzung mit Spaltungstendenzen zu stehen, vor allem mit der → Gnosis, die weniger eine Gruppe als vielmehr eine (auch im Judentum verbreitete) geistige Bewegung war. Das J. lehnt die gnostischen Grundauffassungen ab (vgl. → Johannesbriefe) und verwirft deren Dualismus (böser Schöpfer – guter Gott, schlechte Körperlichkeit – gute Körperlosigkeit); es betont Menschlichkeit und Körperlichkeit Jesu. Zugleich benutzt es in der Gnosis übliche Begriffe und Gegenüberstellungen wie: Tod – Leben, Finsternis – Licht, Lüge - Wahrheit.
Das J. ist in einem anspruchslosen Griech. verfasst; bestimmte „Schlüsselwörter" kehren immer wieder. Der Stil des J. ist unverkennbar.
Seit dem 2. Jh. betrachtete die Überlieferung fast unumstritten den *Apostel* → Johannes als Verfasser des J. Dass dieses zu dessen Lebzeiten um oder wenig nach 100 n. C. entstanden ist, haben Papyrus-Funde eindeutig sichergestellt.
Unsere Frage lautet heute nicht mehr: Apostel oder nicht? Denn wir erkennen immer mehr die starke Verbundenheit bzw. urapostolischer Abfassung bei allen → Evangelien, wobei für die eigenständige Prägung der überlieferten Tradition ein Spielraum bleibt.
Ob in das uns erhaltene J. bereits schriftlich abgefasste Quellen eingearbeitet wur-

den und wie diese aussahen, ist noch sehr umstritten.

Jojachin („Jahwe möge fest machen") war Sohn → Jojakims und bereits 18-jährig König des → Südreiches Juda (597 v.C.). Aber schon nach 3 Monaten setzte ihn Nebukadnezzar II. ab und verschleppte ihn sowie viele andere maßgebende Persönlichkeiten nach Babylonien, darunter den Propheten → Ezechiel (vgl. 2 Kön 24,8.15; → Exil). Erst Ewil-Merodach (Awil-Marduk; 562–560 v.C.) begnadigte ihn.

Jojakim („Jahwe möge aufrichten") König des → Südreiches Juda (608–597 v.C.), Sohn des → Joschija. Der Pharao Necho setzt J.s Bruder → Joahas ab und ernennt J. zu dessen Nachfolger; dabei ändert er den urspr. Namen J.s (Eljakim = „Gott möge aufrichten"), um dadurch noch deutlicher zu machen, J. sei äg. Vasall. Später muss sich J. → Babylonien (Nebukadnezzar II.) unterwerfen, wendet sich aber bald gegen die neubab. Politik (gegen den Rat des → Jeremia, den er verfolgt). Bevor Nebukadnezzar II. Jerusalem erobert, stirbt J., sodass jener J.s Sohn → Jojachin zur Rechenschaft zieht.

Jona („Taufe") Personenname, z.B.: J., Sohn des Amittai aus Gat-Hefer (bei Nazaret), → Prophet im → Nordreich Israel, der dem König Jerobeam II. (784–744 v.C.) die Ausdehnung seines Reiches angekündigt hatte (2 Kön 14,25).

Das *Buch* J. wurde wohl mit dieser Persönlichkeit verknüpft, ist aber mehrere Jh. jünger. Es bringt im Unterschied zu den übrigen prophetischen Schriften des AT nicht Worte des J., sondern eine Erzählung *über* ihn. Danach wird J. v. Gott berufen, der Stadt → Ninive Buße zu predigen. J. will sich diesem Auftrag entziehen und gerät dabei in die Gewalt eines großen Fisches, aus der ihn Gott rettet (1f). Darauf gehorcht J., die Niniviten bekehren sich und Gott verschont sie (3). J. ist verdrossen über die Rettung der Heidenstadt und wird durch ein Zeichen belehrt, dass Gott auch mit den Heiden Mitleid hat. Das Buch entstand wohl zw. 400 und 200 v.C., seine Absicht ist es, den exklusiven Auserwählungs-Gedanken im jüd. Volk zu überwinden zu Gunsten der Erkenntnis vom *allgemeinen* Heilswillen Gottes. Da die Geschichte kein histor. Bericht ist, sondern eine lehrhafte Erzählung, kann der Verfasser zeitgenössische Anschauungen verwenden (J. im „Bauch des Fisches"), ohne Falsches mitzuteilen. Jesus wendet auf sich das „Zeichen des J." an (Mt 12,39ff; 16,4; Lk 11,29f). Ob die Deutung v. Mt 12,40 der urspr. Bedeutung dieses Jesuswortes entspricht, ist umstritten.

Jonadab („Jahwe hat sich freigebig gezeigt") Personenname, z.B.:
1) Neffe Davids und Ratgeber → Amnons (2 Sam 13,3.5).
2) Begründer der → Rechabiter (Jer 35,8ff), Parteigänger des → Jehu (2 Kön 10,15.23).

Jonatan („Jahwe hat gegeben") Häufiger Personenname, z.B.:
1) Sohn Gerschoms und Enkel Moses (Ri 18,30). Umstritten ist, ob er mit dem in Ri 17,7ff genannten Leviten identisch ist.
2) Sohn Sauls und Freund Davids (1 Sam 18ff), fällt mit Saul auf dem Gebirge Gilboa (1 Sam 31).
3) Sohn des Priesters → Abjatar; während → Abschaloms Aufstand ist er als geheimer Bote für David tätig.
4) J., einer der → Makkabäer.

Joppe → Jafo

Joram („Jahwe ist erhaben") Personenname, z.B.:
1) König des → Nordreiches Israel (853–842 v.C.), Sohn des → Ahab, beseitigte nach 2 Kön 3,2 die Baalssäulen seines Vaters. Mit dem König des → Südreiches und dem König von Edom führte er einen Zug gegen die Moabiter (2 Kön 3), der nicht erfolgreich beendet werden konnte (Geschichtlichkeit umstritten). Später wurde er im Kampf gegen → Hasaël verwundet und v. → Jehu getötet (2 Kön 8,28f; 9,24).
2) König des → Südreiches Juda (849–842 v.C.), Schwager v. (1), mit → Atalja verheiratet, die seine Religionspolitik bestimmte; daher lehnt ihn 2 Kön 8,18 ab. Ein Feldzug gegen das abgefallene Edom war erfolglos (2 Kön 8,22), die Zugänge zum Seeverkehr blieben also verloren;

auch Libna fiel ab (2 Kön 8,22). Nach 2 Chr 21,4 habe er seine Brüder töten lassen; nach 2 Chr 21,18f sei er an einer Eingeweidekrankheit gestorben.

Jordan (*esch-scheri'āt el-kebire* = der große Fluss) heißt der Fluss, der W- und O-J.-Land trennt. Er fließt in einem geologischen Grabenbruch, der viel länger ist als der Lauf des J. selbst: Er beginnt in N-Syrien und endet in N-Afrika; auch das → Tote Meer und der Golf von Akaba gehören zu ihm. Ca. 220 km dieses Grabens durchfließt der J. mit sehr großem Gefälle und in vielen tief eingeschnittenen Windungen; er ist nicht schiffbar und kann nur an einigen Stellen überschritten werden (O-Grenze des → Gelobten Landes, vgl. Ez 47,18). Er fließt durch den See → Gennesaret; das folgende Tal ist fast nur direkt am J. bzw. in Oasen fruchtbar; schließlich mündet er ins Tote Meer (392 m unter d.M.). Ständige Nebenflüsse sind z.B.: → Jabbok, → Jarmuk.

Joschafat („Jahwe hat gerichtet") König des → Südreiches Juda (874–849 v.C.), der Frieden mit dem → Nordreich Israel schloss: Heirat v. J.s Sohn → Joram und → Atalja, Prinzessin des Nordreiches. Von J. werden mehrere Reformen in Innen- und Religionspolitik berichtet; vor allem 2 Chr 17–20 beurteilt J. sehr positiv. Wie weit alle in 2 Chr berichteten kriegerischen Auseinandersetzungen des J. eine wirkliche Beteiligung bezeugen, ist umstritten.

Joschafat, Tal heißt in Joël 4,2.12 die Ebene, wo das Endgericht über die Gottesfeinde stattfinden wird. Seit dem 4. Jh. n.C. verstehen Juden, Christen und Moslems darunter das Kidron-Tal und bevorzugen dieses als Begräbnisstätte. Viell. ist der Name symbolisch (Joschafat = „Jahwe hat gerichtet").

Joschija („Jahwe möge heilen"), König des → Südreiches Juda (638–608 v.C.). Urspr. wohl Vasall Assyriens, gewinnt J. durch dessen polit. Zerfall zusätzliche Gebiete im N und mehr polit. Selbstständigkeit, da er → Ägypten keinen Einfluss auf seine Politik gestattet. Kennzeichnend für J.s Regierungszeit sind religionspolit. Maßnahmen: Jahwefremde Kulte werden beseitigt und die Renovation des → Tempels vorangetrieben. Dabei wird 621 v.C.

Jordan *in der Nähe von Jericho. An einer Furt über den Fluss predigte und taufte Johannes.*

ein Gesetzbuch gefunden, das man J. vorlegt (→ Hilkija). Ob man den Fund vorher noch überarbeitete, ist umstritten. Es enthält wohl den Kern des Dtn (→ Mosebücher), bestärkt J. in seinen Reformen und veranlasst weitere Bemühungen; der Jahwe-Kult wird zentralisiert: Als legitimer Kultort gilt *nur* Jerusalem; andere Stätten des Jahwe-Kultes werden beseitigt (z.B. → Bet-El, 1 Kön 23,15). 608 v.C. fällt J. in der Schlacht v. Megiddo gegen den Pharao → Necho. Für 2 Kön; 2 Chr gilt J. als letzter großer religiöser König.

Josef („Jahwe möge (noch weitere Kinder zu den geborenen) hinzufügen") Personenname, vor allem:

1) Der Patriarch J.: Die Geschichten von „J. und seinen Brüdern" (Gen 37; 39–47; 50) ist anders gestaltet als die anderen Erzvätergeschichten, nämlich als novellistisch aufgebaute Lehrerzählung (Weisheitsliteratur der salomonischen Zeit?). Das bedeutet nicht, dass keine histor. Traditionen verarbeitet worden wären; vor allem ist das Kolorit nicht nur psychologisch verständlich, sondern es enthält viele zeitgeschichtlichen (auch äg.) Einzelangaben, die z.B. in die Zeit der → Hyksos passen könnten. Im jetzigen Text ist J. ein Sohn → Jakobs, der nach Ägypten verkauft wird, sich dort bewährt und seine Familie nicht vergisst, sondern ihr in der Not hilft. Er gilt als Stammvater eines Stammes (vgl. Jos 17,17), der später in Efraim und Manasse geteilt wurde (vgl. Gen 48,14–19). Später war J. eine Bezeichnung für das → Nordreich Israel (vgl. Am 5,15), aber auch für das ganze Volk (vgl. Ps 81,6).

2) J., der Gatte Marias: Sein Vater wird Jakob oder Eli genannt (Mt 1,16; Lk 3,23; → Stammbäume Jesu). J. selbst ist Bauhandwerker (Mt 13,55). Er tritt sehr oft auf in den Berichten der → Kindheitsgeschichte Jesu; später wird er kaum mehr genannt (war er gestorben?). Es gibt keinen bibl. Anhaltspunkt dafür, J. in der Kunst als alten Mann darzustellen.

3) J. v. Arimatäa war nach Mk 15,42–45 par ein angesehener Ratsherr, der Jesus bestattete (→ Grab).

Josephus (Flavius Josephus) war ein jüd. Historiker (geb. 37 n.C.); jüd. Offizier im 1. jüd. Krieg gegen Rom (→ Juden), lief er 67 n.C. zum Gegner über bzw. kam in ehrenvolle Gefangenschaft. In seinen Werken (griech. geschrieben) berichtet er v. diesem Krieg, v. jüd. Gebräuchen, Gruppen, Einrichtungen u.a. Wo er aus eigener Anschauung erzählt oder Dokumente sorgfältig abschreibt, sind seine Berichte sehr wertvoll. Wo er aber andere Quelle verwendet, geschieht das meist ohne Sorgfalt und tendenziös (z.B. zur Verherrlichung des Volkes Israel, seiner röm. Schutzherren oder seiner selbst). Von einer so bedeutenden Bewegung wie der v. → Qumran erfährt man nichts. Der Bericht des J. über Jesus ist → wenn nicht Zusatz – christl. überarbeitet.

Josua (Josue; „Jahwe ist Hilfe") heißt nach Dtn 31,14.23 Moses Nachfolger als Führer des Volkes. Schon an früheren Stellen der atl. Berichte wird J. als Helfer Moses erwähnt (z.B. Ex 17,9–14).

Wie man die histor. Grundlage der Berichte über J. beurteilt, hängt v. dem Bild ab, das man sich v. der → Landnahme macht. Das *Buch* J. umfasst eine Einleitung (1), Berichte v. der Eroberung des W-Jordanlandes (2–12; zahlreiche dieser Berichte sind v. der Art einer → Ätiologie, z.B. diejenigen über die Eroberung v. → Jericho oder → Ai); Beschreibung der Stammesgebiete u.Ä., Mahnrede J.s, Bundeserneuerung v. Sichem, Notiz über J.s Tod (13,24). Das Buch trägt den Namen J. nach seiner Hauptperson, nicht nach seinem Verfasser (Entstehung: → Mosebücher).

Jotam („Jahwe hat sich redlich gezeigt") Personenname, z.B.:

1) Sohn Gideons, der dem Blutbad des → Abimelech entkam; zu dessen Spott erzählte er die Fabel v. den Bäumen, die den Dornbusch zum König wählten (Ri 9,7–20).

2) König des → Südreiches Juda (738–736 v.C.), vorher lange Mitregent seines aussätzigen Vaters → Asarja: 2 Kön 15,5). Da er dem antiassyr. Bündnis des Rezin v. Damaskus, des → Nordreichs Israel u.a. nicht beitrat, wandten sich

diese gegen das Südreich. J. starb jedoch; sein Sohn und Nachfolger → Ahas hatte diesen Angriff auszustehen.

Jubal Nach Gen 4,21 Sohn → Lamechs, Vater der Zither- und Flötenspieler; → Jabal, → Tubal.

Jubeljahr (von hebr. *jobel* = Lärmhorn) bedeutet dasselbe wie „Jobeljahr“ → Eigentum.

Juda (hebr. Bedeutung unbekannt) ist der Name eines → Stammes, den man auf einen Sohn Jakobs zurückführt. Er spielt am Beginn der isr. Geschichte in Kanaan keine Rolle. Viell. gehört er zunächst nicht einmal zum Zwölfstämmeverband. Aber dadurch, dass der Judäer → David sich um 1005 v.C. zum König über Gesamtisrael aufschwingen und schließlich → Jerusalem als Hauptstadt erobern kann, wird der Stamm J. und sein Gebiet zum Mittelpunkt des Reiches. Doch bereits nach dem Tod v. Davids Sohn Salomo (932 v.C.) zerbricht diese Konstruktion (→ Reichstrennung): J. wird zur Bezeichnung für das → Südreich. Nach dem Exil: → Juden.

Judäa ist der hellenistisch-röm. Name des v. Juden bewohnten Teils v. S-Palästina. Die genaue Bedeutung des Wortes J. wechselt: „J.“ heißt der Bereich der betr. pers. Provinz (→ Nehemia), der Regierungsbereich der → Hasmonäer, Herodes d.Ä. usw. 6–41 n.C. und 44–66 n.C. war J. ein *Teil* einer röm. Provinz und wurde von Prokuratoren (Landpflegern) verwaltet, 70–135 n.C. eine eigene röm. Provinz.

Judaïsten → Judenchristen

Judas (Bedeutung unbekannt), Personenname, z.B.:

1) J. der Galiläer, aus Gamala; erwähnt Apg 5,37; entfesselt jüd. Aufstand gegen die Römerherrschaft, erobert 4 v.C. die Festung Sepphoris; nach seinem Tod lebt sein Fanatismus weiter: → Zeloten.

2) J. der Makkabäer („Hammer“); dritter Sohn des Mattatias, leitet nach des Vaters Tod den Aufstand gegen → Antiochus IV. v. Syrien, um die religiöse Freiheit wiederzuerlangen (166–160 v.C.): → Jerusalem wird befreit, der Dienst im Tempel eingerichtet (1 Makk 3,1–4,60). In siegreichen Feldzügen festigt J. seine Macht, kann sie jedoch nicht halten, schließt deshalb einen Freundschaftsvertrag mit Rom, der nicht mehr wirksam werden kann, da J. im Kampf fällt (1 Makk 5,–9). → Makkabäer.

3) J., nur nach Lk 6,16; Joh 14,22; Apg 1,13 einer der „Zwölf“ (→ Apostel), Bruder des Jakobus. Äußerst fraglich ist seine Wirksamkeit in Arabien, Syrien und Persien sowie sein Tod durch Enthauptung. Sehr umstritten ist seine Autorschaft des → Judasbriefes. → Thaddäus.

4) Nach Mk 6,3 hieß einer der → Brüder des Herrn „J.“

5) J. Ikariot, Sohn des Simon, einer der „Zwölf“ (→ Apostel), in den Apostellisten (Mk 3,19 par) als letzter aufgeführt; die synoptischen Evv berichten seine Verhandlungen mit dem → Hohen Rat (Mk 14,10f par) seine Haltung beim Abendmahl (Mt 26,25) und den Kuss, durch den er Jesus verriet (Mk 14,44f par).

Nach Mt 26,1–16 hat J. den Glauben an Jesus als → Messias verloren; das → Johannesevangelium setzt den Unglauben des J. als gegeben voraus (Joh 6,67–72). Neben Unglauben wird bes. Habsucht des J. als Ursache des Verrats betont (Joh 12,4–6). J. erfüllt das Verlangen der → Hohenpriester und → Schriftgelehrten, verrät den Aufenthaltsort Jesu (Joh 11,56; Mt 26,15f) um 30 Silberlinge; beim Abendmahl wird er v. Jesus als Verräter bezeichnet (Mt 26,21–25 par; Joh 13,21–26); nach seinem Verrat (Mk 14,43ff par; Joh 18,2–9) erhängt er sich, v. Gewissensqualen verfolgt (Mt 27,3–5); → Blutacker.

Judasbrief Der kurze J. will verschiedene (wohl heidenchristl.) Gemeinden vor eingedrungenen Irrlehrern und ihrem Lebenswandel (4.8.12) warnen. Diesen wird hartes Gericht Gottes angekündigt; die Gläubigen werden zum Gebet, zu Liebe und Erbarmen ermuntert (14f.20ff). Mit dem *Verfasser* → „Judas“ (1) ist wohl nicht der Apostel dieses Namens gemeint, sondern ein anderer Judenchrist oder auch der Bruder des Herrn dieses Namens. Die Zeit der Apostel liegt schon länger zurück (17); durch Überlieferung geprägtes Glaubensgut scheint vorausgesetzt zu sein (3). Der J. entstand gegen Ende des 1. Jh. n. C. Ein größerer Teil des J.es wurde v. 2. Petr (→ Petrusbriefe) übernommen.

Juden ist urspr. der Name für Bewohner des → Südreiches Juda (2 Kön 25,25) oder → Judäas (Neh 3,33). Vor allem *nach* dem → Exil wird der Ausdruck J. (statt: „Israeliten“) oft gebraucht. Meist drückt man damit nicht nur eine völkische Zugehörigkeit aus, sondern auch eine Haltung in Kultur und Zivilisation. Die jüd. Rückkehrer aus dem Exil bevorzugen aber „Israeliten“ u. Ä., da dieser Ausdruck mehr als J. an das auserwählte Volk erinnert. So scheint J. zunächst ein Ausdruck im Mund v. Nicht-J. zu sein. Diese Zurückhaltung der J. diesem Ausdruck gegenüber hält in Palästina noch jahrhundertelang an (vgl. Mk 15,32 gegenüber Mk 15,2).

In *Joh* hat J. neben dieser Bedeutung (z. B.: Joh 2,6; 7,1) auch eine andere, nämlich die der ungläubigen Gegner Jesu aus dem J.tum (z. B.: Joh 5,16; 18,36), das Jesus nicht als den → Messias ansah. Zweifellos hat zu dieser negativen Färbung des Ausdrucks J. auch die Erfahrung des Urchristentums beigetragen. Diesen Ausdruck J. finden wir auch sonst im NT (z. B. Apg 23,12); er hat mit einer Gegnerschaft gegen das J.tum als Rasse nichts zu tun, da es nur um den Gegensatz zur jüd. Religionsgruppe geht. Die *echten* J. sind die Christen (Röm 2,28f).

Die Heimkehrer aus dem Exil (seit 536 v. C.) richten sich in Jerusalem nach dem Ideal eines gesetzestreuen J.tums (→ Nehemia). Die Leitung der Angelegenheiten hat der → Hohepriester. Der → Hellenismus wird in Jerusalem erst ab ca. 175 v. C. zur Gefahr für das J.tum; in der Diaspora hatte er schon vorher große Bedeutung errungen. Gegen zu starke Hellenisierungsbestrebungen in Jerusalem erhebt sich der Aufstand der → Makkabäer. Nach deren Ausrottung (37 v. C.) ist die Dynastie → „Herodes“ maßgebend (in Abhängigkeit v. Rom). 6–41 n. C. wird Judäa, 44–66 n. C. außerdem auch Peräa, → Galiläa, → Samaria v. einem röm. Prokurator (Landpfleger) verwaltet. Seit der Makkabäerzeit gibt es Bewegungen, die mit den entscheidenen jüd. Körperschaften kaum oder gar nicht zusammenarbeiten (→ Essener, → Pharisäer). Gegen eine antiröm. Aufstandsbewegung richtet sich der „1. jüd. Krieg“ (66–70 n. C.): Jerusalem wird erobert; der Tempel geht in Flammen auf. Nach einem „2. jüd. Krieg“ (115–117 n. C.) kommt es zu einem „3. jüd. Krieg“ (132–135 n. C.; die Juden werden geführt v. Simon ben Kosiba = Simon Bar-Kochba). Die siegreichen Römer lassen das zerstörte Jerusalem als „Aelia Capitolina“ aufbauen und untersagen den J. den Zutritt in die Stadt. Das Zentrum jüd. Gelehrsamkeit und Tradition wird für die Folgezeit Tiberias (→ Masora). → Diaspora.

Judenchristen heißen Mitglieder der ältesten christl. Gemeinden, die vorher Juden oder → Proselyten waren. Es gab unter ihnen verschiedene Richtungen:

1) Gesetzesfreie J., „Hellenisten“: Sie geben das Leben nach den jüd. Vorschriften auf, das sie bisher führen (→ Stephanus, → Paulus).

2) Gesetzestreue J., vor allem in Palästina, halten am → Gesetz fest (z. B. Reinheits-, Speisegesetze). Sie halten das aber nicht für heilsnotwendig (Gal 2,16) und fordern es nicht v. den → Heidenchristen.

3) Gesetzesstrenge J., ‚Judaësten“: Sie wollen auch die aus dem Heidentum bekehrten Christen zwingen, jüd. Vorschriften und Gebräuche zu übernehmen. Gegen sie wendet sich z. B. das → Apostelkonzil und der Apostel Paulus (→ Galaterbrief). Wenn sich die Auffassung solcher J. durchgesetzt hätte, wäre das Christentum eine jüd. Sekte geworden und wohl wenige Jahrhunderte nach Jesu Tod untergegangen.

Der Einfluss der J. war groß, solange das Zentrum des Christentums in Palästina lag. Schon im 1. Jh. n. C. verloren sie ihre Bedeutung für das Christentum, hielten sich aber noch lange, z. T. verbunden mit anderen Bewegungen, am Rande des Christentums; → Ebioniten.

Judit Nur in griech. Übersetzung erhalten, erzählt das Buch J. v. der Macht des Assyrerkönigs Nebukadnezzar, der zuerst die Meder, dann durch seinen Feldherrn Holofernes die anderen Völker unterwirft (1–3). Nur das kleine Volk Israel zieht sich ins befestigte Betulia zurück, um im Vertrauen auf Gottes Beistand dem Feind zu widerstehen (4–7). J., eine gottesfürchtige Witwe, bestärkt ihr Volk in der Hoffnung auf Gott und ruft seine Hilfe an (8–9). Durch eine List tötet sie Holofernes und befreit ihr Volk (10–15). Den Abschluss bildet ihr Lobgesang für die Rettung (16). Das Buch ist kein historischer Bericht (widersprüchl. Angaben), sondern beispielhafte Erzählung. Es zeigt: die Gewalt widergöttl. Mächte in dieser Welt; die Hilfe Gottes für alle, die sich in ihrer Schwäche ganz ihm anvertrauen; die Kraft der Gottesherrschaft, die je nach Gottes willen zum Durchbruch kommt. Als Abfassungszeit der Erzählung ist das 1. Jh. v.C. (wohl nach älteren Vorlagen) anzunehmen.

Jünger heißt einer, der einem Propheten, Lehrer usw. folgt, von ihm belehrt wird und Anhänger dieser Lehre ist (vgl.: Jes 8,16; Mt 10,24; Mk 2,18). So heißen die Zwölf (→ Apostel) J. (Mt 10,1), ebenso eine größere Gruppe v. Anhängern Jesu (Joh 6,66; vgl. Lk 10,1–12).
Der Auftrag v. Mt 18,19 lautet, alle Völker zu J.n zu machen. In Apg heißen (bis 21,16) alle Anhänger (auch Frauen) J. Jesu. Viele Richtlinien in den Evv für die J. sind nicht nur für einige, sondern für *alle* Christen gedacht (z.B. Joh 13,35).

Jüngstes Gericht → Gericht

Jungfräulichkeit ist dasselbe wie freiwillige → Ehelosigkeit.

Jungfrau

Im AT:
1) Im gewöhnlichen Sinn von Unberührtheit (Ri 19,24; Ijob 31,1) und im Hinblick auf die Vorbereitung auf die Ehe (Lev 21,13–15; Dtn 22,13–29) gebraucht.
2) Sinnbild für das Unbezwungensein von Städten und Ländern (2 Kön 19,21; Jes 47,1), unterdrückte Stadt = geschändete J. (Jes 23,12).
3) Sinnbild für Gottes Volk, dem Jahwes Liebe gehört, und das seine Treue zum → Bund nicht im Götzendienst preisgeben darf (Jer 18,13–15; Am 5,2).
4) In Jes 7,14 bedeutet J., dass die Mutter des → Immanuel eine „junge Frau" vor der Geburt des ersten Kindes ist.

Im NT:
1) In der allgemeinen Bedeutung gebraucht, z.B. die zehn J.en (Mt 25,1ff), Hannas J.enschaft vor ihrer Heirat (Lk 2,36), die vier Töchter des Philippus (Apg 21,9).
2) Die J.enschaft Marias vor Jesu Geburt (Mt 1,23 par) sowie die Empfängnis durch den hl. Geist, die auf den wunderbaren, einmaligen Schöpfungsakt Gottes bei der Geburt des Erlösers hinweist.
3) Die J.enschaft um des „Himmelreiches willen" (Mt 19,12) aus Sorge „um die Dinge des Herrn" (1 Kor 7,34), ist Ausdruck der christl. Zukunftserwartung und zielt auf die Endzeit hin (vgl. Lk 20,35).
4) Die J.enschaft im übertragenen Sinn (2 Kor 11,2) weist auf die ausschließliche Zugehörigkeit der → Kirche und ihrer Gemeinden zu Christus hin (vgl. Offb 14,4: die Erkauften Gottes).

Im frühen Christentum war J. ein Ehrentitel, der, wie aus dem Vergleich von alten jüdischen und christlichen Grabinschriften hervorgeht, im Gegensatz zum jüdischen Brauch nicht nur jungen Mädchen, sondern auch christlichen Frauen und Männern verliehen wurde.

Jungfrauengeburt → Jungfrau

K

Kab → Maße

Kabbala Jüd. Mystik seit dem 13. Jh. n. C.

Kadesch (= Kadesch-Barnea, *'en qūes?* „Heiligtum am Platze des Streits"?) Quell-Oase ca. 90 km s v. → Beerscheba; nach Gen 20,1 hielt sich hier Abraham auf, nach Num 13,26 isr. Stämme vor der → Landnahme. V. K. aus wurden nach Num 13,26f Kundschafter ins verheißene Land gesandt.

Kämmerer → Beamte

Kafarnaum (*tel ḥūm* „Dorf des Nahum"; Stadt am NW-Ufer des Sees v. Gennesaret, Zollstation (Mt 9,9; Grenze zw. dem v. → Herodes (4) Antipas und → Herodes (5) Philippus regierten Gebiet), mit röm. Besatzung (Hauptmann v. K.: Mt 8,5–13; Lk 7,1–10), Zentrum eines großen Teils v. Jesu Wirken, „seine" Stadt (Mt 4,13; 9,1), Ort vieler Wunderberichte. Wie Chorazin und Betsaida verfluchte Jesus auch K., weil er dort abgelehnt wurde (Mt 11,23).

Kaftor → Kreta

Kain („Schmied"?) Nach Gen 4 ältester Sohn v. → Adam und → Eva. Da das Opfer seines Bruders → Abel angenommen wurde, sein eigenes dagegen nicht, erschlug er diesen und musste ruhelos umherschweifen; das „K.s-Mal" war Zeichen seiner Untat und Schutzzeichen vor der Blutrache. Viell. ist die K.s-Erzählung eine → Ätiologie, womit man nomadisierende Lebensweise, raue Art und Stammestätowierung der Keniter (im äußersten S Palästinas bzw. auf der Halbinsel Sinai) erklärte (→ Jitro).

Kaiser Seit Anfang des 1. Jh. n. C. nennt man das absolutistische Oberhaupt des röm. Reiches K. (nach „Caesar", gesprochen *Káësar*). Nach Lk 2,1 wird Jesus geb. z. Z. des K.s Augustus (30 v. C.–14 n. C.); nach Lk 3,15 wirkt er öffentlich z. Z. des K. Tiberius (14–37 n. C.).

Mit der Herrschaft des Augustus beginnt

Kafarnaum. *Die teilweise restaurierte Synagoge aus dem 2./3. Jh. n. C.*

in der Mittelmeerwelt eine Friedensperiode. Ferner ist es im AO üblich, Könige mehr oder weniger wie Götter zu verehren. Beides zusammen macht verständlich, dass man schon bald anfängt, die lebenden K. kultisch zu feiern, etwa als Retter, Befreier, Erlöser, Heilbringer. Einige K. versuchen ihrerseits, diese Verehrung zu fördern, die meisten lassen die Verehrer gewähren. Das Christentum konnte hier nicht mittun, bei aller Loyalität dem → Staat gegenüber. Im NT zeigt fast nur Offb die Spuren des Kampfes gegen den K.-Kult: Die Verehrung, die dort dem „Tier" dargebracht wird, spiegelt ihn wider; das Gericht über das „Tier" zeigt das christl. Urteil über ihn (→ Offenbarung des Johannes).

Kajafas (Kaiphas, Beiname des Joseph). Hoherpriester (18–36 n. C.) und Vorsitzender des → Hohen Rates z. Z. des Prozesses Jesu (Mt 26,3.57 u. a.). Sein Vorgänger → Hannas war nach Joh 18,13 K.' Schwiegervater. Wie dieser wurde er v. der röm. Besatzungsmacht ein- und abgesetzt.

Kalb, das Goldene → Stier

Kaleb („Hund") Personenname, z. B.: Nach Num 13,7 Name eines Kundschafters, den Mose ins Land Kanaan sandte. Nach Num 13,30f; 32,12 wandte er sich nicht gegen den Einzug in dieses Land und durfte ihn daher erleben. Von K. leiten sich die K.iter her, die später ein Teil des Stammes Juda wurden (Num 34,19). Umstritten ist ihre Stammeszugehörigkeit vor der Zeit, in der Israel ein Staatswesen wurde (eigenständige Kenasiter-Gruppe, vgl. Ri 1,11ff?).

Kalender Bei den or. Völkern bildete seit alter Zeit der Wechsel der Gestirne die Grundlage für die Zeitrechnung. In Israel rechnete man vor allem nach dem *Mondjahr* (354 Tage = 12 Monate zu je 29 bzw. 30 Tagen). Wenn man jedoch dem Mondjahr gefolgt wäre ohne Rücksicht auf das Sonnenjahr, wären die Feste im Laufe v. ca. 30 Jahren durch das ganze Jahr gewandert. Um das zu vermeiden, schob man wohl auch in Israel gelegentlich einen Schaltmonat ein, wie man das in Mesopotamien tat; das AT erwähnt nichts davon. Einige jüd. Gruppen (→ Qumran) hatten eine *andere* Jahreseinteilung: 1 Jahr = 364 Tage = 52 Wochen zu je 7 Tagen. Diese Einteilung war konsequent auf die Woche ausgerichtet. Die Feste fielen in jedem Jahr auf denselben Wochentag. Wenn man aber keine Schalttage einführte, wanderten die Feste durch das ganze Jahr wie beim Mondjahr, aber ca. 10 × langsamer. Ferner scheint ein System bezeugt zu sein, nach dem man das Jahr in 7 Abschnitte zu je 50 Tagen unterteilte, denen man jeweils 16 Tage zufügte (vgl.: 50 Tage v. Ostern bis Pfingsten).

Für den *Jahresbeginn* werden Frühling und Herbst genannt; umstritten ist, ob darin eine spätere Verlegung zum Ausdruck kommt oder der Übergang v. nomadischer zu bäuerlicher Zivilisation.

Eine *Jahreszählung* nach einem allgemein gültigen Zeitpunkt ist unbekannt; eine Jahressumme über einen längeren Zeitraum hinweg (z. B. 300 Jahre in Ri 11,26) sind Berechnungen späterer Redaktoren. Z. Z. der Könige wurde nach der Regierungszeit gerechnet (1 Kön 15,1.20), später nach einem bedeutenden Ereignis (z. B.: Deportation, Ez 1,2; 2 Kön 25,27). Die erste echte Jahreszählung begann mit der „griech. Königsherrschaft" der → Seleukiden, die v. der Eroberung Babylons an (312/311 v. C.) zählten (1 Makk 1,10). Unter den Makkabäern rechneten die Juden kurze Zeit nach deren Regierung, behielten daneben aber die „griech." Zählung bei (1 Makk 13,41; 14,1). Wegen des Klimas gab es in Palästina praktisch nur 2 *Jahreszeiten:* Sommer (regenlos)/ Regenzeit.

Das Jahr teilte man in 12 *Monate* ein (v. Schaltmonaten abgesehen). Den Monatsanfang bestimmte man durch Beobachtung des Mondes. Die ältesten Monatsnamen, die wir aus der HS kennen, sind: Ahib (Ähren-Monat, März/April: Ex 14,3 u. ö.), Siw (Blüten-Monat, Apr./Mai; 1 Kön 6,1 u. ö.), Etanim (Herbst-Monat, Sept./Okt.; 1 Kön 8,2), Bul (Regen-Monat, Okt./Nov.; 1 Kön 6,38). Die Bezeichnungen stammen aus der kanaan. Umwelt. Ferner zählte man einfach die Monate (z. B. Ez 1,1: „des vierten Monats"). Man verband diese Zählung mit den alten Namen z.B. durch eine Glosse, so nannte man etwa in 1 Kön 6,1 den Monat Siw „2. Monat“. Spätestens seit dem → Exil gebraucht man bab.-assyr. Monatsnamen: Nisan (März/Apr.; Est 3,7), Ijar (Apr./Mai), Siwan (Mai/Juni; Est 8,9), Tammuz (Juni/Juli), Ab (Juli/Aug.), Elul (Aug./Sept.; Neh 6,15), Tischri (Sept./Okt.), Marcheschwan (Okt./Nov.), Kislew (Nov./Dez.; Neh 1,1), Tebet (Dez./Jan.; Est 2,16), Schebat (Jan./Febr.; Sach 1,7). Als Schaltmonate fügte man entweder einen zweiten Elul oder einen zweiten Adar ein. Diese Namen wurden nicht verdrängt, als später die mazedonischen Namen eingeführt wurden (vgl. 2 Makk 11,21.30).

Unabhängig vom Jahres- und Monatslauf war der 7-Tage-Zyklus der *Woche*. Deren Beginn und Ende war also nicht abhängig vom Beginn oder Ende eines Jahres oder Monats. Die Frage nach dem Grund für die 7-Zahl der Tage konnte noch nicht überzeugend beantwortet werden.

Die einzelnen *Tage* der Woche hatten keine Namen, sondern wurden einfach gezählt (vgl. Mt 28,1), außer dem → Sabbat und später dem „Rüsttag“ vor ihm. Den Tag rechnete man v. Sonnenaufgang zu Sonnenuntergang (vgl. Gen 1,5); später v. Sonnenuntergang zu Sonnenuntergang (wichtig für die Befolgung der Sabbat-Vorschriften!).

Kalne (Kalno) Stadt in NW-Syrien. In Jes 10,9; Am 6,2 wird K. als warnendes Beispiel erwähnt. Die Vorgänge, auf die dort angespielt ist, kennen wir nicht. In Gen 10,10 ist „K.“ genannt, kann aber im „Land Schinar“ nicht lokalisiert werden.

Kalvarienberg → Golgota, Fremdwort für „Schädelstätte“.

Kana („Schilfrohr“) Ortsname, z.B.:

1) K. in Galiläa, nur in Joh genannt (2,1.11: Hochzeit v. K.; 4,46; 21,2). Die genaue Lage ist umstritten: Wahrscheinlich kommt nicht *kefr kenna* (Wallfahrtsort) infrage, sondern *chirbet qāna?*), mehr als 10 km weiter n.

2) K. in Ascher (*qāna?*), genannt in der Los-Liste v. Jos 19,28.

Kanaan Kulturkreis zw. → Ugarit und der Grenze → Ägyptens, Heimat der Buchstabenschrift, Siedlungsgebiet der Stämme Israels. Der Name ist in Keilschrift- und ägypt. Texten des 2. Jt. v.C. belegt. Er hängt wohl mit ‚Purpur‘ (→ Phönizier) zusammen. Unklar ist, ob das Land dem Produkt den Namen gab oder ob Kanaan nach seiner wichtigsten Handelsware benannt wurde. Die bibl. Genealogie leitet Kanaan von Ham her (Gen 9,18) und bezeichnet ihn als „Bruder“ von Kusch, Ägypten und Put (Gen 10,6). Tatsächlich waren sie Kanaanäer-Semiten. Verschiedentlich wird die Gesamtheit der alten außer- und vorisr. Bevölkerung Kanaanäer genannt. Falls die Deutung Kanaanäer = Kaufmann, Händler (Jes 23,8 u.ö.) urspr. ist, könnte die Bezeichnung von daher auf die Handelsware und dann auf das Land übertragen worden sein. → Palästina.

Kandake Titel der Königinnen v. → Äthiopien.

Kanon („Maßstab“) heißt die Liste der atl. und ntl. Bücher, die als autoritativ gelten. Diese wäre ebenso unverbindlich wie andere Bücherlisten, wenn man nicht glauben würde, dass Gott, nicht ein blinder Zufall, in der Geschichte wirkt; Gott wirkt nicht ohne die Menschen. Dem entspricht, dass der K. eine sehr *menschliche* Geschichte hat, voller Sackgassen und Missverständnisse. In ihrem Verlauf erkannte man die → Inspiration eines Werkes.

Ferner ist der K. eine Form des Glaubenszeugnisses der → Kirche. Er ist Produkt und Kontrolle des Glaubensvollzugs und kann nicht „getrost nach Hause getragen“, sondern muss stets (in der Kirche) neu erworben werden. Der K. ist auch die Liste, nach der bestimmt wird, ob ein Text im Gottesdienst verlesen werden kann.

Der Beginn der K.-Listen ist der *atl.* Versuch, die Wichtigkeit der Gesetzesvorschriften herauszustellen (vgl. Neh 8; Ps 119). Daneben stellte man bald die prophetischen Bücher (außer Dan) und „die Schriften“ (z.B. Ps, Spr). Die Abgrenzung gegen nichtkanonische Bücher war aber noch lange nicht eindeutig: Noch in Jud 14 wird ein pseudepigrafisches Werk als echte Prophetie zitiert. Erst nach der

Zerstörung des Tempels (70 n. C.) wurde für das Judentum endgültig der K. festgelegt (24 Bücher; Synode v. Jamnia 90 n. C.). Das *AT der christl. Theologen* war vor dem 5. Jh. nicht der hebr. Text, sondern dessen griech. Übersetzung (→ Septuaginta). Die Hss der LXX sind uneinheitlich: Einmal wird diese Schrift aufgenommen, einmal jene. Alle bieten mehr Schriften als die hebr. Hss, die sich an die Festlegungen v. 90 n. C. halten. Ob das besagt, dass auch jüd. Theologen vor diesem Zeitpunkt mehr Schriften als kanonisch betrachteten als danach, wissen wir nicht. Hieronymus lernte in Palästina den kurzen, jüd. K. kennen und lehnte die anderen Schriften als nichtkanonisch ab. Gegen ihn stand Augustinus. Diese Auseinandersetzung lebte z. B. im 16. Jh. wieder auf: Einige Reformatoren (bes. Calvin und Karlstadt) hielten den jüd. K. für richtig; nach langer Diskussion entschied sich die Mehrheit des Konzils v. Trient (1546) für einen längeren K., wie ihn z. B. die → Vulgata voraussetzte (45 Bücher). Die konfessionsgebundenen theol. Systeme haben diesen Gegensatz vertieft bis hinein in die Ausdrucksweise: Alle erkannten die Bücher des jüd. Kanons als kanonisch an (kath. Theologen: „protokanonische Bücher"). Bücher, die kath. Theologen darüber hinaus als kanonisch ansahen, nannten sie „deuterokanonische Bücher"; nichtkath. Theologen lehnten diese als „Apokryphen" ab. Es sind: 1. 2 Makk, Jdt, Tob, Weish, Bar, Sir; Teile v. Est und Dan (Bel- und Susannageschichten). Ferner gibt es noch andere Bücher, die vorgeben, v. bibl. Persönlichkeiten verfasst zu sein, und die im Laufe der Jh. in Bibel-Hss eingedrungen waren (z. B. „Apokalypse des Henoch", „Psalmen Salomos"). Sie betrachten weder kath. noch nichtkath. Theologen als kanonisch: Nichtkatholiken nennen sie „Pseudepigraphen", Katholiken „Apokryphen". Der letztere Ausdruck ist also doppeldeutig: Was ev. Theologen so nennen, bezeichnen kath. Theologen als „deuterokanonische Bücher"; was kath. Theologen so nennen, bezeichnen ev. Theologen als „Pseudepigraphen").

Die Entwicklung des *ntl.* K.s verlief anders. Vorbild für die ntl. K.-Bildung war, dass bereits eine Sammlung atl. Schriften existierte. Die ntl. Schriften wurden verbreitet durch Verkehr und Austausch zw. den Gemeinden (vgl. Kol 4,16). Es gab Vereinheitlichungs-, Harmonisierungstendenzen (→ Evangelien, → synoptische Evangelien). Außerdem proklamierte Markion (Mitte des 2. Jh. n. C.) einen eigenen K.: Lk + 10 Paulusbriefe. Ferner entstanden viele ntl. Apokryphen (z. B.: apokryphe Evv, die bes. Kindheit, Jugend und Auferstehung Jesu anschaulich schilderten; apokryphe Apostelgeschichten bzw. Apostelakten, die das Schicksal aller Apostel nachzeichneten; apokryphe Apostelbriefe, die aus Andeutungen in echten Briefen erschlossen waren, wie der Brief an die Gemeinde v. → Laodizea; apokryphe Briefe, die theol. Tendenzen verfochten, wie der Brief des → Barnabas; apokryphe Apokalypsen, die ein farbenprächtiges Bild der letzten Drangsale und der jenseitigen Dinge entwarfen). Man anerkannte schließlich, was im Glaubensbewusstsein als HS des NT galt: die Evv, seit dem letzten Drittel des 2. Jh. die Paulusbriefe (nicht Hebr; mit gewissen Ausnahmen sortiert nach ihrer Länge), dann Apg, 1 Petr, 1 Joh; nur im W Offb, nur im O Hebr. Maßgebend war, ob man eine apostolische Autorität hinter dem Werk vermutete. Seit dem 5 Jh. gab es nur noch wenige Auseinandersetzungen unter christl. Theologen über den ntl. K. Bücher, deren K.izität umstritten war, stellte Eusebius (gest. 340) als „Antilegomena" zusammen, ohne damit ein eigenes Urteil abzugeben. Luther stellte im ntl. K. selbst einen zweiten, engeren K. auf, zu dem er eine Schrift nicht zählte, die nicht „Christum treibet". Die gebräuchlichen deutschen *Namen* der bibl. Bücher sind Ergebnisse histor. Zufälle: Die einen übernahmen die Namen der Vulgata, die meist aus der LXX stammen und über sie z. T. aus dem Hebr., andere versuchten, die hebr. Namen in unserer Sprache nachzubilden, wie sie nach der → Masora ausgesprochen wurden. Einige Namen wurden neu geschaffen.

→ Herrenworte, die nicht in den K. eingingen, heißen „Agrapha".

Kanzler → Beamte

Kapiteleinteilung Schon sehr früh teilte man die HS für die gottesdienstliche Vorlesung in Sinnabschnitte ein. Die meisten hebr., griech. und lat. Bibel-Hss zeigen eine Gliederung in Abschnitte. Die heutige K. stammt wohl v. Stephan Langton (1206; damals Magister in Paris, später Erzbischof v. Canterbury). Die Einteilung des NT in *Verse* schuf 1550 der Buchdrucker Robert Estienne (Stephanus) auf einer Reise v. Paris nach Lyon. Sie ist nicht immer gut und trägt die Spuren ihrer Entstehung im Reisewagen an sich; aber sie setzte sich schnell durch; daher behielt man sie aus praktischen Gründen bei. Verseinteilung des AT → Masora.

Kappadozien Landschaft und röm. Provinz in Kleinasien. Nach Apg 2,9 waren Juden aus K. am Pfingstfest in Jerusalem; nach 1 Petr 1,1 gab es dort Christen.

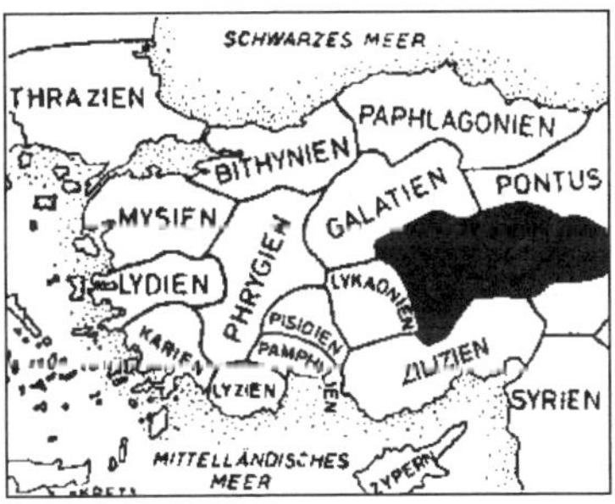

Die Lage von Kappadozien

Karkemisch, Karchemis (Chardemis; *dscherablus*) Stadt am W-Ufer des Eufrat, an der heutigen syr.-türkischen Grenze. Um 1600 v.C. war K. ein Zentrum der → Hetiter; 717 v.C. wurde K. v. → Sargon II. erobert und assyr. Provinz; 605 v.C. besiegte hier Nebukadnezzar II. die Ägypter (Jer 46,2): Das neubab. Reich hat damit die Vormachtstellung im Vorderen Orient errungen.

Karmel („Baumgarten") Ortsname:
1) (*dschebel mar 'eljas* = Berg des hl. Elija) Nw verlaufender Bergrücken s des heutigen Haifa. Er war eine alte Kultstätte. Nach 1 Kön 18,20–46 erfolgte hier die Auseinandersetzung zw. → Elija und Baalspriestern, deren Opfer erfolglos blieb und die daher getötet wurden. Nach 2 Kön 2,25 wohnte auch → Elischa einige Zeit hier, wohl in einer der Höhlen. Oft wird der K. wegen seiner Schönheit gerühmt (Jes 35,2); ein verdorrter K. ist ein Bild der Zerstörung (Nah 1,4).
2) (*el-kirmil*) Ort in Juda, einige km s v. Hebron (Jos 15,55).

Katholische Briefe Sammelbegriff für die 7 ntl. Briefe, die man *nicht* dem Apostel Paulus zuschrieb: Jak, 1/2 Petr, 1/2/3 Joh, Jud. Woher der Ausdruck K.B. kommt, ist unklar; vermutlich spielt dabei die urspr. Bedeutung v. „katholisch" („allgemein") eine Rolle im Sinne eines allgemeinen Empfänger-Kreises (keine Einzelgemeinden) oder eines allgemeinen Charakters. Mit „kath." Konfession hat der Ausdruck nichts zu tun.

Kauf → Handel

Kebar Kanal in Mesopotamien, nach Ez 1,1.3; 3,15.23 u.a. Wohngebiet der jüd. Verbannten in Babylonien (→ Exil) und Ort der Visionen des → Ezechiel.

Kedar Nomadenstamm (syr.-arab. Wüste): Seine Mitglieder gelten als gute Bogenschützen (Jes 21,16f) und handeln in Tyrus mit Lämmern, Widdern und Böcken (Ez 27,21).

Kedesch („Heiligtum") Ortsname, vor allem: K. in Galiläa, Asyl- und Levitenstadt (Jos 20,7; 21,32), Heimat des → Barak, 733 v.C. v. → Tiglat-Pileser III. erobert.

Kedor-Laomer („Diener der (Göttin) Lagamar"?) heißt in Gen 14,1–16 der König v. Elam; er habe einen Aufstand gegen seine Oberherrschaft niedergeworfen und dabei auch → Lot gefangen genommen, den Abraham befreit.
Umstritten ist, ob damit ein histor. Bericht gegeben („K." ist gut elamitisch, aber dort wohl nicht belegt) oder ob durch die Gestalt des K. nur das Folgende eindrucksvoll herausgestellt werden soll.

Kefas → Petrus

Kegila (*tell qīla*) Ortsname: K. wurde nach Jos 15,44 zu Juda gerechnet. David rettete K. auf seiner Flucht vor → Saul vor einem Philister-Angriff, konnte sich aber in K. nicht gegen Saul halten.

Keilschrift → Buchstaben

Kelch → Becher

Kemosch („Gräuel") Hauptgott der Moabiter (1 Kön 11,7; Jer 48,7), wohl nicht Gott der Ammoniter, wie Ri 11,24 meint. Nach 2 Kön 23,13 war der Kult des K. durch → Salomo auch in Israel eingeführt und durch König → Joschija wieder abgeschafft worden.

Keniter → Kain

Kennen → Erkennen

Kerub urspr. mytholog. Gestalt, assyr. *kāribu*, oft zusammen mit dem Lebensbaum dargestellt. Aus kanaan. Überlieferung in die Bibel übernommen, Wächter am Eingang zum Garten Eden (Gen 3,24 → Paradies), in plastischer Nachbildung im Allerheiligsten, als Relief an den Wänden und auf Türen des Tempels Salomos (1 Kön 6,23–29.32), Träger des sich offenbarenden Gottes (2 Sam 22,11; Ps 18,11), Zeichen der Anwesenheit Jahwes, „der über den Kerubim thront" (1 Sam 4,4; 2 Kön 19,15; → Bundeslade). In der Vision Ezechiels bilden K. im einen lebendigen Thronwagen für die Herrlichkeit Gottes (Ez 1,5–28).

Kerygma („Botschaft") Verkündigung, dass Jesus der → Christus ist (vgl. Röm 16,25) und dass Gott in Christus → Heil wirkte und noch immer wirkt. *Vor* den geschriebenen → Evangelien existierte allein das K. Nicht jeder Bibelvers hat dieselbe Wichtigkeit; seinen Stellenwert erhält er jeweils von der Beziehung zum K.

Ketib → Masora

Ketura Nach Gen 25,1.4 Nebenfrau Abrahams und Stammmutter v. 6 arab. Stämmen.

Keuschheit Im AT: kultische → Reinheit. Im NT: Bild für die volle Treue der Gemeinde zu Christus (2 Kor 11,2; vgl. Offb 14,4).

Entgegen einer einseitig betonten moralischen Bewertung bedeutet K. keine im Menschen isoliert bestehende „Tugend", sondern ist wesentlich auf Gemeinschaft bezogen. Sie wendet sich in Ehrfurcht dem *ganzen* Menschen zu und achtet die Würde seines Leibes. Sie ist Frucht des Glaubens, dass Gott durch Menschwerdung und Auferstehung Jesu – also durch den Leib – die ganze Schöpfung erlöst (Röm 8,11.23; Hebr 10,5.10). Aus der Dankbarkeit gegenüber Gott für das Geschenk des Leibes erwächst das rechte Verhalten im geschlechtlichen Leben (1 Tim 4,4f).

Kidron Taleinschnitt zw. Jerusalem und Ölberg (Wasser nur in der Regenzeit), alte Begräbnisstätte. David floh über den K. vor Abschalom (2 Sam 15,23); nach Joh 18,1 ging Jesus über den K. zum Ölberg.

Kind Das K. genießt in Israel hohe Wertschätzung: Viele Kinder sind der Zweck der → Ehe (vgl. Gen 24,60). Allgemeine Vorstellungen des AO und religiöse Überzeugung vereinigen sich hier. K.er sind Geschenk, Glück und Vollendung der Ehe (vgl. Ps 127,3ff.; 128,3), Belohnung und Segen Gottes (Ex 1,21; 23,26). Ihre Verheißung v. Gott ist Zeichen bes. Erwählung (Gen 15,5; 22,17).

Kindheitsgeschichte Jesu Die Weihnachtsgeschichten u. Ä. sind nicht Protokolle v. Ereignissen, sondern Verkündigung des erhöhten Christus. Das bedeutet nicht, dass nur unhistor. Tatbestände überliefert würden, wohl aber, dass die Frage nach der Historizität zweitrangig ist neben dem, was über die Bedeutung v. Christus ausgesagt wird.

Eine K.J. bieten Lk und Mt, beide unabhängig unabhängig, und ohne dass beide aus derselben Quelle schöpfen würden. Die Berichte sind dabei als Ganzheiten bei Mt *oder* Lk zu verstehen. Es ist also falsch, aus beiden eine Art Leben des Jesuskindes zusammenzustellen, so sehr allerlei Traditionen auch in diese Richtung zielen.

Lk 1f: Der Text ist wohl keine urspr. Einheit (stammt ein *Teil* aus Täuferkreisen? → Täufer). Deutlich wird Jesus als der geschildert, der den Täufer überbietet (vgl. z. B.: Verheißung der Geburt des Täufers/Verheißung der Geburt Jesu, Lk 1,5–38; Besuch Marias bei Elisabet, dessen Mutter, Lk 1,39–45.56; Geburt und Beschneidung des Täufers und Jesu, Lk 1,57 – 2,40). Die Vorgänge werden weithin aus der Perspektive v. Frauen dargestellt. Hymnen werden eingeblendet (Lk 1,46–55.67–79; 2,29–32), und die geduldige Demut v. Persönlichkeiten wie Simeon und Hanna wird gezeigt. Die Weihnachtsgeschichte wird in den weltpolit. Zushg. hineingestellt (Lk 2,1–5; → Zensus).

Mt 1f: Die meisten Berichte sind wohl eine urspr. Einheit und entstanden *mit* dem Mt. Jesus ist der wahre „Sohn Davids" (→ Messias), jedoch nicht nur Messias des Volkes Israel, sondern auch Messias der Heiden (→ Magier). Aber Israel lehnt ihn ab (Herodes, Flucht nach Ägypten, Kindermord). All das ist aufgebaut als Schriftbetrachtung (ständig atl. Zitate).

Kindschaft Gottes → Gotteskindschaft

Kinneret (*tell el-'oreme*) Befestigter Ort am NW Ufer des Sees Gennesaret (Grenze v. Naftali, Jos 19,35), dem er wohl den Namen gab (vgl. Num 34,11). Er wird schon in äg. Quellen erwähnt.

Kir In die Landschaft K. deportierte Tiglat-Pileser III. (nach 732 v.C.) die Einwohner des unterworfenen Damaskus (2 Kön 16,9); sie konnte bisher nicht identifiziert werden.

Kirche ist in der HS weder ein Gebäude noch die Gottesdienstzeit, sondern eine Gemeinschaft an Christus glaubender Menschen.

Das ntl. Griechisch hat nur *ein* Wort für K. und → Gemeinde (*ekklesia*, lat. *ecclesia*). An vielen Stellen übersetzen daher die einen mit K., die anderen mit Gemeinde. In die K. beruft Gott durch freie Erwählung (Röm 8,28ff), die sich in der → Taufe auswirkt. Den Weg zum Ziel hat die K. mit Gottes Hilfe eingeschlagen, jedoch hat sie es noch nicht erreicht.

K. ist demnach nicht nur ein Begriff, sondern sie stellte eine wirkliche Gemeinschaft der Christen mit Christus und untereinander dar. Darauf weisen Bilder und Aussagen hin wie: K. als Volk Gottes (1 Petr 2,10), in einem Neuen → Bund; K. als Leib (Röm 12,4–8; 1 Kor 12,12–31; mit Christus als Haupt: Kol 1,18; Eph 1,22f; vgl. Hand Gottes, Joh 10,29; 1 Petr 5,6; Weinstock, Joh 15,1–5).

Diese organische Gemeinschaft prägt sich in den Einzelgemeinden aus (vgl. die Anfänge der Paulusbriefe, z.B. 1 Kor 1,2). In den Gemeinden sind alle Güter vorhanden, die Christus als Bringer des → Heils den Menschen schenkt: sein Wort, seine Weisung, sein Beispiel, → Sakramente, → Liebe, Dienstbarkeit und das neue Leben, dargeboten duch die Sündenvergebung.

Die *Strukturen* der K. waren urspr. nicht festgelegt. Es gab Gemeinden unter Leitung von → Ältesten und solche unter Leitung von Episkopen bzw. Presbytern (→ Episkopos, → Presbyter). Für alle Gemeinden galt die Verbindung mit den Aposteln und deren Verkündigung als notwendig. Die K. nimmt teil am Leben des Auferstandenen, preist Gott, legt Zeungis für Christus ab und versucht, der Welt zu dienen.

Kir-Heres (*el-kerak*) Hauptfestung des Staates der Moabiter, ca. 20 km ö des Toten Meeres (S-Teil). Sie hatte eine hohe strategische Bedeutung (Verkehr) und war stark befestigt. Nach 2 Kön 3,26f konnte K. v. Israel und Juda nicht erobert werden, da deren König → Mescha seinen Sohn als Brandopfer darbrachte.

Kirjat („Stadt") ist der erste Bestandteil mehrerer Ortsnamen, z.B.:

1) K.-Arba: nach Jos 14,15 alter Name v. → Hebron.

2) K.-Baal (Jos 15,60; 18,14), mit anderen Namen K.-Jearim („Walderstadt"), war vertraglich mit Israel verbunden (vgl. Jos 9,17). Hier stand die → Bundeslade (2 Sam 6,21 – 7,2), bevor sie in Jerusalem aufgestellt wurde. Sie war die Heimat des Propheten Urija (Jer 26,20). Die genaue Lage ist umstritten.

3) K.-Sefer („Buchstadt"): nach Jos 15,15 alter Name v. → Debir.

Kirjatajim („Doppelstadt") Ortsname, vor allem K. in Moab. Der Besitz v. K. wechselte zw. Israel (Num 32,37) und Moab (Jer 48,1).

Kislew → Kalender

Kischon Fluss n des → Karmel, der beim heutigen Haifa ins Mittelmeer mündet. Nur der Unterlauf führt dauernd Wasser. Der K. fließt durch die Ebene Jesreel.

Da er morastig ist, kann er die Kriegführung sehr erschweren (vgl. Ri 5,21: Niederlage des Sisera). Hier wurden v. → Elija die Baalspropheten hingerichtet (1 Kön 18,40).

Kittäer (hebr. *kittīm*) Seefahrende Volksgruppen (vgl.: Gen 10,4; Jes 23,1.12; Ez 27,6; Jer 2,10). Ob man die K. mit der Hafenstadt Kition auf → Zypern in Verbindung bringen kann, ist umstritten. In 1 Makk 1,1; 8,5 sind die K. Mazedonier, in Dan 11,30 Römer.

Klafter → Maß

Klagelieder Jeremias heißt eine atl. Sammlung von 5 Liedern, die Jerusalems Zerstörung (587 v.C.), Gottes Strafgericht und das Schicksal des Dichters anklagen. Außerdem mahnen sie zur Buße und rufen Gottes Hilfe an. Seit alter Zeit schreibt man die K.J. dem Propheten → Jeremia zu, mindestens aber Klgl 1; 5 stammen v. einem anderen Dichter; bei Klgl 2ff ist die Herkunft umstritten. Die Sammlung der K.J. war wohl um 515 v.C. abgeschlossen.

Kleingläubigkeit → Angst

Kleopas (Klopas) Personenname: Gemahl (wohl nicht: Vater) der „Maria des K." (Joh 19,25); nach alter Tradition Bruder Josefs und Onkel Jesu; wohl Vater der → Brüder des Herrn Simon und Judas.

Einer der Jünger, mit denen nach Lk 24,18 der Auferstandene nach Emmaus wanderte.

Knecht des Herrn, Knecht Gottes → Gottesknecht

Knechtschaft bezeichnet die Lebensweise eines → Sklaven; im AT werden Forderungen oft verbunden mit der Erinnerung an die eigene K. in Ägypten (z.B.: Mildtätigkeit, vgl. Dtn 16,12). → Gottesknecht. Im NT wird vor allem v. Paulus (vgl. aber auch Joh 8,34f) die K. als Gegensatz der → Freiheit gesehen, die in Christus geschenkt ist.

Kodex → Codex

Könige, Bücher der Beide Bücher sind urspr. *ein* Buch, das erst die griech. Übersetzung (LXX) willkürlich teilte. Dort und in der lat. → Vulgata werden sie bezeichnet als 3. und 4. Buch der Könige (→ Samuelbücher).

Die K. behandeln die Geschichte der Könige v. Juda und Israel vom Tod Davids (972 v.C.) bis zur Zerstörung Jerusalems (586 v.C.). Die einzelnen Herrscher werden nach einem festen Schema dargestellt (Regierungsantritt, Dauer, Alter, Beurteilung, Tod und Begräbnisstätte, Nachfolger), in dessen Mittelpunkt die religiöse Bedeutung und die Einstellung zum Jahwe-Kult sowie zu den Baalen steht. Sämtliche Könige des → Nordreiches Israel werden negativ beurteilt; bei denen des → Südreiches Juda ist die Wertung unterschiedlich. Außer den Berichten über die Könige schildern die K. u.a.: Davids Tod (1 Kön 1), Ereignisse um → Elija und → Elischa, die Auffindung des Gesetzbuches z.Z. des Königs → Joschija v. Juda.

Als Quellen nennt der Verfasser: „die Chronik v. Salomo" (1 Kön 11,41) und „die Chronik der Könige v. Israel und Juda" (1 Kön 14,19.29). Außer diesen benutzt er noch andere Quellen; er ist mehr Redaktor und Kommentator als Verfasser. Die Abfassungszeit lag wohl in den Jahren nach der Zerstörung Jerusalems (586 v.C.), wobei spätere Ergänzungen und Überarbeitungen nicht ausgeschlossen sind.

Geschichte wird in den K. als Handeln Gottes in der Welt verstanden; ihr Verlauf liegt in seiner Hand. Israel spielt dabei auf Grund des Bundes eine zentrale Rolle.

Königreich Gottes → Gottesreich

Königtum Zunächst war Israel ein religiöser Stämmeverband (vgl. Jos 24); die einzelnen → Stämme waren selbstständig; nur v. Fall zu Fall wurden → Richter berufen. Mit → Saul (1020–1012 v.C.) beginnt ein ständiges K., das jedoch erst v. → David (1012–972 v.C.) heimisch gemacht wird. Saul ist noch weitgehend beschränkt auf den militär. Oberbefehl; sein K. stößt z.T. noch auf Ablehnung (vgl. 1 Sam 8,7). David ist zunächst König v. Juda, später in Personalunion auch König v. Israel, ebenso sein Sohn → Salomo (1 Kön 1,35). Diese Konstruktion zerbricht nach dessen Tod 932 v.C.; → Reichstrennung): Es gibt 2 Monarchien, das → Nordreich Israel und das → Südreich Juda.

Was über den König später geschrieben wurde, ist vom Ideal des Herrschers David aus gesehen. Vor allem wird der König als Statthalter Jahwes betrachtet: Das ist seine Größe (vgl. die Königspsalmen, z. B. Ps 2; 18; 72) und seine Grenze (keine Vergöttlichung des Königs). Der wirkliche König bleibt *Gott* selbst. Das wird noch deutlicher nach dem → Exil bewusst, als es statt eines polit. K.s fast nur noch religiöse Führer gibt (vgl. Jes 41,21; 43,15; → Gottesknecht, → Gottesreich).

Im Nordreich hatte sie nie eine Dynastie durchgesetzt; im Südreich war das Königshaus Davids stets anerkannt (vgl. 2 Kön 11,13-20). Das K. wird aber im Grunde nicht durch Abstammung übertragen, sondern kommt durch göttliche Erwählung zu Stande (vgl. 1 Kön 2,15; 1 Chr 28,4f). Durch den Krönungsritus, zumal durch die → Salbung, wird der König in bes. Weise mit Jahwe verbunden, von ihm adoptiert (2 Sam 7,14) und als Gesalbter Jahwes unantastbar (vgl. 1 Sam 24,7). Der König sorgt in bes. Weise für → Tempel (vgl. 1 Chr 22 – 29) und → Kult (2 Kön 23) und übt gelegentlich priesterliche Funktionen aus (1 Kön 9,25). Er gilt als Retter (2 Kön 13,5), als Rechtsbringer der Armen (Ps 72,4.12), als Hirte des Volkes (2 Sam 5,2).

Im NT wird Jesus „König" genannt (vgl.: Mt 2,2; Joh 1,49; Einzug in Jerusalem Joh 12,15; häufig in Passionsberichten erwähnt, z. B. Mk 15,26 par; Mt 27,42; Joh 18,37). Er wendet sich aber gegen äußere Macht (vgl. Mt 4,9f par; Joh 6,15). Der erhöhte Christus gilt den seinen als König (Offb 1,5); an diesem K. haben sie Anteil (1 Petr 2,9; Offb 1,6).

Körper → Leib

Kohelet (Prediger Salomo, Ecclesiastes) ist zur Weisheitsliteratur zu rechnen; hebr. heißt das Buch *Kohelet* (= Lehrer oder Wortführer in der Versammlung), da es seine Überschrift als „Worte Kohelets" bezeichnet, der als „Sohn Davids" auf Salomo hinweisen möchte. Der eigentl. Verfasser will in seiner pessimistischen Grundstimmung nachweisen: „Alles ist eitel" (1,2). Aus eigener Erfahrung hält er das menschl. Leben und alle Bemühungen für nutzlos (1,17; 2,11). Seiner statischen Denkweise fehlt jede Hoffnung auf einen Fortschritt („nichts Neues geschieht unter der Sonne", 1,9). Seine Folgerung ist der ständige Rat, das Leben und seine Güter zu genießen (2,24; 3,22). Diese scheinbar materialistische Lebensauffassung wird aber ergänzt durch den Hinweis, Gott zu fürchten und die Sünde zu meiden (7,18; 7,26; 8,2). Seine Überlegungen kennen keine Aussicht auf ein besseres Leben bei Gott, da das Leben nach dem Tod nur ein Schattendasein im Dunkel der Unterwelt ist (9,10; 11,8). Koh weist auf den Fortschritt der Offenbarung im NT hin, wo vom Gedanken des ewigen Lebens her die Enttäuschungen des irdischen Daseins gemildert werden. Das Buch wurde wohl im 3. Jh. v. C. verfasst.

Kohorte Röm. Truppeneinheit (ca. 500 Mann) (vgl. Mk 15,16; Apg 21,31).

Koine Form der griech. Sprache v. der Zeit des → Hellenismus bis ca. 400 n. C.: Aus mehreren Dialekten entstand damals die Umgangs-, Handels- und Literatursprache der Mittelmeerwelt bis weit in den Orient hinein. Diese „weltweite" Verbreitung *einer* Sprache, eine Folge der Eroberungen Alexanders d. Gr., war ein wichtiges Hilfsmittel zur schnellen Ausbreitung des Christentums: Das NT ist in der K. geschrieben und brauchte nicht übersetzt zu werden, auch nicht in Rom. Jedoch ist das Griech. des NT durchsetzt v. Semitismen und v. Anklängen an die LXX und zeigt große Unterschiede in der Sprache: z. B. finden sich in Mk viele volkstümliche Formulierungen, Hebr ist in einer literarischen K.-Form verfasst.

Kolossä war eine blühende Stadt (Schafzucht) in → Phrygien; in der Zeit des NT war K. bereits überflügelt worden v. der Nachbarstadt Laodizea und trat später völlig zurück. An die Christengemeinde v. K. richtete Paulus den → Kolosserbrief; sie bestand wohl aus → Heidenchristen.

Kolosserbrief Die Gemeinde von → Kolossä war Paulus nicht persönlich bekannt (vgl. Kol 2,1). Sein Mitarbeiter Epaphras hatte Paulus v. der Liebe der

Kolosser (1,8) und v. der Gefahr durch einige Irrlehren unterrichtet.
Paulus stellte die überragende Heilsbedeutung und Hoheit Christi dar: Christus ist Ursprung und Ziel der Welt, Haupt seines Leibes (der → Kirche), Mitte der Erlösung für alle Geschöpfe (1,14–20). In ihm allein ist wahre Erkenntnis durch den Glauben und Hoffnung auf Gottes Herrlichkeit (1,21–27). Durch ihn wird der Gläubige frei v. falscher Weltweisheit, v. Engelkult und v. wertlosem Festhalten an äußeren Satzungen (2,3–23). Christl. Lebensgesetz fordert, *mit Christus* ein neues Leben der Liebe, des Friedens, des danksagenden Gebetes zu führen (3,1 – 4,6). Der K. ist einer der → Gefangenschaftsbriefe. Man wies auf theol. und sprachl. Unterschiede gegenüber den älteren Paulusbriefen hin sowie auf die enge Verwandtschaft mit dem → Epheserbrief. Dennoch vertreten heute immer mehr Gelehrte die Verfasserschaft des Paulus.

Konkordanz heißt eine Liste bibl. Wörter. Bei einer Wort-K. sind sie alphabetisch abgedruckt, bei einer Sach-K. (= Real-K.) nach anderen Gesichtspunkten. In jedem Fall hat man ein übersichtliches Register und findet leicht die Stellen, wo ein Wort in der HS genannt ist und ein bestimmter Bibelvers steht. Eine K. ist eines der wichtigsten Mittel für die Arbeit mit der HS, und es ist sehr einfach, sie zu benutzen. Es gibt vollständige K.en, die *alle* Wörter enthalten, sowie Auswahl-K.en, die nur eine Auswahl der betr. Stellen nennen. Es gibt K.en in den Ursprachen und in Übersetzungen. Meist ist nicht nur das betr. Wort abgedruckt, sondern *einige* Wörter im Zushg. der betr. Stelle.

Kor → Maße

Korach („Kahlkopf“) Personenname, z.B.
1) „Söhne“ K.s (Korachiten): Psalmdichter (z.B. Ps 42, 44 – 49).
2) Nach Num 16 lehnte sich der Levit K. gegen Mose bzw. Aaron auf und wurde vernichtet. Viell. ist diese Erzählung eine → Ätiologie, durch welche die untergeordnete Stellung der Korachiten (s.o.) erklärt werden soll.

Korban („Weihegabe“) Opfer an den Tempel. Im griech. Text v. Mt 27,6 bedeutet K. „Tempelschatz“. Jesus polemisiert dagegen, dass man Vorschriften umging, indem man dazu nötige Geldmittel in den Tempelschatz zahlte und sich dann frei v. der Verpflichtung fühlte (Mk 7,11).

Korinth Griech. Stadt zw. Peloponnes und Mittelgriechenland. Schon sehr früh war der Ort besiedelt; 146 v.C. wurde K. durch die Römer zerstört und mehr als 1 Jh. später wieder aufgebaut. Diese neue Stadt wuchs rasch (große Judenkolonie) und war ein Zentrum v. Kultur, Zivilisation, Sport (vgl. 1 Kor 9,24f), Handel, Reichtum, Sitte und Unsitte. K. war Hauptstadt der röm. Provinz Achaia. An die Christengemeinde v. K. richtete Paulus die → Korintherbriefe.

Korintherbriefe Von vermutlich 4 Briefen des Paulus nach Korinth sind 2 erhalten, nicht jedoch der älteste (vgl. 1 Kor 5,9–11).
1 Kor: Anlässlich vieler sehr schlechter Nachrichten aus Korinth (vgl. 1,11) und allgemeiner Fragen (vgl. 7,1) rügt Paulus Missstände, z.B. Spaltungen (1,10 – 4,21), Unzucht und Rechtsstreitigkeiten (5,1 – 6,20). Dann nimmt er Stellung zu Fragen über Beruf, Ehe, Götzenopferfleisch (7,1 – 11,1), christl. Gottesdienst, Geistesgaben (→ Charisma), betont den Vorrang der → Liebe (11,2 – 14,40; „Hohes Lied der Liebe“ 1 Kor 13), verkündet die Auferstehung der Toten (15,1–58) und schließt mit persönlichen Anmerkungen (16,1–20). Paulus klärt grundsätzlich das Verhältnis v. Freiheit und Sittengesetz: Durch das neue Leben in Christus verliert das alte → Gesetz seine maßgebende Kraft (vgl. 6,11f), zugleich entsteht eine neue bindende Zugehörigkeit zum Herrn (6,15ff); seitdem ist das Leben nicht v. menschl. Satzungen bestimmt, sondern v. der → Liebe (vgl. 9,19–23; 13,1–13). So werden die Menschen wirklich frei, Gott zu verherrlichen (vgl. 3,22f; 8,6). Das geschieht nicht mit menschl. Weisheit, die zu Selbstgefälligkeit, Unglaube, Missständen und Lastern führt (vgl. 1,20ff; 5,2 – 6,11), sondern im Glauben an die Kraft und Gegenwart des Kreuzes Christi (1,18–24). Vor allem im „Herrenmahl“

wird der Tod des Herrn verkündet, soll er fruchtbar werden in Einheit und Brüderlichkeit der Gemeinde (11,18–29). In der Gemeinschaft des Leibes Christi werden auch die Gläubigen wie *ein* Leib miteinander verbunden (vgl. 10,14–17), der in der Vielzahl und in der Verschiedenheit der Glieder zusammenwirkt (12,12–27). Dieses Einswerden mit Christus erweist sich schließlich bei der Grundlage des christl. Glaubens, der Auferstehung Christi. Diese ist nicht bloss eine Angelegenheit der Hoffnung oder gar der Illusion (15,19). An ihr werden alle Christen Anteil erhalten in einer neuen Existenz (15,20–23.40–49). 1 Kor wurde v. Paulus wohl in Ephesus geschrieben (vgl. 16,18), wahrscheinlich vor 57 v. C.

Zw. 1 Kor und 2 Kor liegt ein tiefer Einschnitt: Paulus hatte einen kurzen „Zwischenbesuch" in Korinth gemacht (vgl 2 Kor 12,14; 13,1), konnte sich aber nicht durchsetzen. Darauf schrieb er einen Brief, der nicht erhalten ist (*„Tränenbrief"*; vgl. 2 Kor 2,4). Damit hatte er den gewünschten Erfolg; auf einen günstigen Bericht hin schrieb er den erhaltenen *2 Kor:* Der Brief ist eine scharfe Auseinandersetzung mit den Gegnern des Paulus in Korinth. Dieser sieht sich gezwungen, sein Apostelamt zu rechtfertigen (1–7) mit Hinweisen auf seinen Dienst im Geiste des Neuen Bundes (3,6ff), voll Glanz und Herrlichkeit (3,9–18), trotz persönlicher Schwachheit (4,7–12), v. der Liebe zu Gott und den Menschen gedrängt (5,11–18), unter größen Belastungen (6,3–10). Im 2. Teil (8f) bittet er für eine Kollekte zu Gunsten Not leidender Christen in Jerusalem. Der 2. Teil (10–13) ist wiederum erfüllt v. Selbstverteidigung, wobei er auf seine außergewöhnlichen Gnadengaben zu sprechen kommt (12,1–12). Der Brief zeigt, wie leidenschaftlich der Apostel um den Glauben der Korinther ringt und um die Anerkennung seiner Botschaft und seines persönlichen, restlosen Einsatzes (vgl. 11,2–12). Dass 2 Kor im Wesentlichen v. Paulus stammt, wird nicht bestritten. Umstritten ist, ob in 2 Kor nicht eine Komposition *mehrerer* Paulusbriefe vorliegt. Z. B. vermuten manche Gelehrte, dass in 2 Kor 10ff der verlorene „Tränenbrief", oder wenigstens ein Teil v. ihm vorliegt. Jedoch hat sich in der Fachwelt bisher keiner der Versuche durchsetzen können, 2 Kor literarisch zu zerlegen.

Kornelius (Cornelius) Röm. Hauptmann in → Cäsarea, einer der → „Gottesfürchtigen". Der Bericht über K.' Taufe durch Petrus (Apg 10f) will zeigen, dass die Kirche auch Heiden offen steht.

Kosmos → Welt

Kraft Jede K. kommt v. Gott (vgl. Ps 18,40; 26,16; 29,11; 138,3; Offb 2,26). Gott ist der Mächtige, „die Macht" (Jes 12,2; Ps 59,10; Mk 14,62), der „mit großer Kraft und starker Hand" das Volk aus Ägypten führte (Ex 32,11), der die Erde schuf (Jer 10,12; Ps 65,7; 74,13). Auch weltliche Macht kommt v. Gott (Röm 13,1; → Staat). Die K. Gottes ist bes. darauf gerichtet, → Heil zu wirken (2 Kor 13,4); an ihr haben auch Jesus Christus und (in ihm) die Gemeinde Anteil (vgl. z. B. Lk 24,19; 10,9; Eph 4,15f). Glaubende erhalten Macht (einige Übersetzer: „Anrecht"), Kinder Gottes (→ Gotteskindschaft) zu werden (Joh 1,12).

Krankheiten zeigen das → Böse in der Welt. Daher sind Heilungswunder Zeichen des → Heils und des → Gottesreiches, die das Böse endgültig überwinden (vgl. Mt 11,5; Mk 7,37; Joh 9,3). So wenig das Heil innerweltlich „machbar" ist, können *menschliche* Fortschritte allein die K. restlos beseitigen (vgl. 2 Chr 16,12). Die Heilung kommt letztlich v. Gott (vgl. Ps 6,3) und wird erbeten (Ps 38; Num 21,7ff). Oft gelten K. als Strafe oder Prüfung durch Gott (→ Plagen; 2 Sam 12,15; 1 Kön 13,14ff; Apg 12,23; 1 Kor 11,30ff). Allerdings bedeuten K. nicht, dass der Kranke ein Sünder wäre (Jes 53,ff; → Ijob; → Leiden; vgl. dagegen z. B. Ps 41,5; Joh 9,2).

K. sind auch eine Hilfe zur Verherrlichung Gottes: Ein Kranker ist oft weniger oberflächlich oder überheblich als ein Gesunder (2 Kor 12,7–10). Krankenpflege und -besuch sind nicht zusätzlich gute Werke, sondern strenger Maßstab für Christen (Mt 25,36–45). Gott wird „Arzt" genannt (Ex 15,26; im übertragenen Sinn auch Jesus: Mk 2,17). Heilmittel werden angewandt (2 Kön 20,7; Lk 10,34). Diagnose und Therapie sind wenig differenziert. So bezeichnet man mit jedem der Ausdrücke Aussatz, Beulen, Blattern, Geschwüre, Pest mehrere K., die wir unterscheiden.

Kreta Insel im O des Mittelmeers. Alte eigenständige Kultur: *frühminoïsch* (nach 3000 – ca. 2000 v.C.; bemalte Keramik, Kulthöhlen, Viereck- und Rundbauten, ausgebildete Plastiken, vor allem weibliche Gottheiten), *mittelminoïsch* (ca. 2000 – 1550 v.C.; viele unbefestigte Paläste, z.B. Knossos, mit vielen Räumen, Säulen, Höfen; Schrift „Linear A" noch nicht entziffert; Sprache viell. semit.; Wandmalereien; Vorherrschen des Weiblichen in Religion und Gesellschaft); *spätminoïsch* (ca. 1550–1200 v.C.; starker Einfluss der Kultur v. Mykene, mit der auch die kretische Kultur untergeht. In der entzifferten Schrift „Linear B" wird Griech. geschrieben. Umstritten ist die Tragweite v. vorexilischen bibl. Notizen über „Kreter" (vgl. z.B. 1 Sam 30,14). Einige Gelehrte sehen in „Kaftor" (z.B. Jer 47,4) einen alten Namen für K. In hellenistischer und röm. Zeit lebten viele Juden auf K. Einige waren zum Pfingstfest in Jerusalem (Apg 2,11). Ein Spottvers über die lügenhaften und faulen Bewohner v. K. wird in Tit 1,12 zustimmend zitiert. Nach Apg 27,7–13 besuchte Paulus K. bei seiner Reise nach Rom.

Kreter und Pleter Leibwache Davids, die ihm blind ergeben war (vgl. 1 Kön 1,38). Die meisten Mitglieder waren nicht Israeliten. Die Herkunft der Bezeichnung „K. u. P." ist umstritten.

Kreuz war Ornament, aber auch Mittel zur Hinrichtung. Als *Ornament* ist es weit verbreitet (z.B. in Mexiko; auch als Grundform v. Buchstaben und als K. im Sonnenrad). Zur *Hinrichtung* verwendete man das K. wohl erst seit dem 5. Jh. v.C. → Kreuzigung.

Bildlich ist Jesu K. Zeichen der → Nachfolge und stellt an jeden die entscheidende Frage (1 Kor 1,18): Wenn er mit Jesus sein will, kommt es nicht auf erbauliche Worte an, sondern vielmehr darauf, ob er

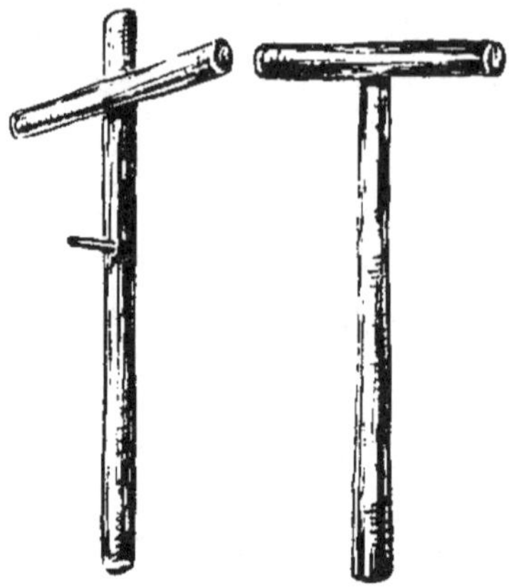

Kreuzformen. Das linke Kreuz zeigt den manchmal vorhandenen Pflock (sedile), der den Körper des Gekreuzigten stütze.

sich, seine alltäglichen und bes. Probleme und die Sorgen der anderen annimmt und „trägt" (vgl. Lk 8,23). Eine derartige Haltung scheint oft töricht zu sein; jedenfalls ist sie nicht großartig und prunkvoll, sondern kann unangenehm und schmachvoll sein (vgl. Hebr 13,13). Der Christ weiß jedoch, dass er sich in Jesu K. „rühmen" darf (Gal 6,14). Der alte Mensch ist mit Christus gekreuzigt (Röm 6,6), durch die → Taufe ist er mit ihm gestorben (Röm 6,3); der neue Mensch wird mit ihm leben (Gal 2,19). Bes. im Joh Ev gilt das K. auch als Siegeszeichen Jesu.

Kreuzigung heißt eine Hinrichtungsart, welche die Römer übernommen hatten und häufig anwandten, fast nur für Sklaven und Nichtrömer. Dass an Jesus diese verächtliche K.-Strafe vollzogen wurde, war nicht nur physisch schmerzhaft, sondern erweckte den Anschein eines totalen Scheiterns. Nach röm. Brauch trug Jesus wohl nur den *Querbalken* zur Richtstätte (auch Mk 15,21; Joh 19,17 können so verstanden werden), wurde dort liegend an ihn genagelt; dann wurde der Balken mit ihm auf den Längsbalken hinaufgezogen, an den man ihn ebenfalls festnagelte.

Im übertragenen Sinn ist davon die Rede, dass die Christen mit Christus gekreuzigt sind (Gal 2,19) und daraus die Folgerungen auf sich nehmen müssen: eine bes. Form der → Nachfolge (Mk 8,34 par; Mt 10,38 par).

Krieg Echte K.e, nicht Scharmützel, gab es erst seit der Zeit der → Landnahme. Sie waren nach atl. Darstellung Eroberungs-K.e, deren Erfolge man stolz darstellte (z. B. Spottlied über König Sihon v. Heschbon, Num 21,27–30). Auch unter David gab es Eroberungs-K.e (vgl. z. B. 2 Sam 8,10). Das Gebiet konnte jedoch nicht gehalten werden. Versuche, sich gegen das neubab. Reich zu stellen, verursachten das → Exil. Spätere kriegerische Auseinandersetzungen: → Makkabäer, → Herodes (1), → Zeloten. K.s-Erklärung gab es keine; eroberte Städte wurden verwüstet (vgl.: Ri 9,45; 20,48; 2 Kön 3,25; 8,12); zuvor wurden sie geplündert (vgl. 2 Sam 12,30; 2 Kön 14,14; 25,13–17). Die Beute war der einzige Sold; sie zu erwerben war ein Freudenfest (Ps 199,162). Barbarische Behandlung v. Gefangenen waren Ausnahmen (aber → Bann). Ein K. galt als Aktion der Gottheit, die den Sieg über die Unterlegenen verleiht; die Kämpfenden vollziehen Gottes Willen. Zahlreiche Bilder für Gott sind genommen aus dem Bereich der K.e, Gott ist Kriegsheld (Ex 14,3).

Das NT hat eine andere Einstellung. Aus dem K.s-Wesen sind fast nur bildliche Aussagen genommen (z. B.: Panzer des Glaubens und der Liebe, 1 Thess 5,8). Freilich muss es bis zum Ende der Welt K.e geben (Mk 13,7); am Ende wird es nach Offb zu einem großen Entscheidungskampf kommen (Offb 20,7ff).

Kult Im AO galt es als selbstverständliches Brauchtum, die Gottheit zu verehren, zu besänftigen, zu befragen usw. Auch in Israel stellte der Gottesdienst einen Teil des Lebens dar. Zwar prägte den Jahwe-K. der Gedanke des → Bundes; aber im Nachwirken einiger Tabuvorstellungen (z. B. ein Teil der Reinheitsvorschriften) und magischer Praktiken (z. B. → Sündenbock) zeigt sich, dass meist nicht etwas Neues geschaffen wurde; man füllte vielmehr Überkommenes mit neuem Inhalt. Dabei wurden jedoch gewissen K.-Bräuche nicht übernommen (z. B. K.-Prostitution). – K.-Handlungen werden auch von Patriarchen berichtet (→ Opfer).

Einen tiefen Einschnitt in die K.-Praxis bedeutet die → *Landnahme* (Sesshaftigkeit, Ackerbaukultur, angetroffene K.-Bräuche). Zunächst gibt es noch kein Berufspriestertum (→ Leviten, → Priester), sondern die entspr. Funktionen stehen dem Sippenhaupt zu. Das ändert sich mit der Landnahme. Außerdem wird im → Südreich Juda der legitime offentliche K. mehr und mehr im Jerusalemer Tempel *zentralisiert* (→ Joschija, → Höhen), wobei dem König eine bes. Stellung zukommt. Die → Propheten üben scharfe Kritik am K. (vgl.: Am 5,21–25; Hos 6,6; Jes 1,11–17: Besser Recht, Gerechtigkeit, Almosen, Barmherzigkeit usw. als K.). Im → *Exil* und danach ist der Mittelpunkt des K.es die Gesetzesverlesung. Zwar wird nach dem Exil der Opferkult im Tempel wieder belebt; er erreicht aber nicht mehr die vorexilische Bedeutung. Einen opferlosen K. aus Gesetzesverlesung und -erklärung, Gebet u. a. haben auch die Gemeinde v. → Qumran und die vielen jüd. Gemeinden außerhalb Jerusalems (→ Synagoge). Mit der *Zerstörung* des 2. Tempels (70 n. C.) endet der Opfer-K. Jesus lehnt den K. nicht ab (z. B. Predigt in Synagogen, Teilnahme an Tempelwallfahrten); er stellt jedoch das Liebesgebot über kultische Vorschriften (Mt 5,23f). Die Urgemeinde löst sich langsam vom Tempel-K. (vgl. Apg 3,1 mit 17,24f). Durch Christus ist der *atl.* K. endgültig überholt (Hebr 10,11–14) bzw. vollzieht sich als himmlische Liturgie (vgl. z. B.: Offb 5,6–14; 15,2–8).

Die *christl.* Gemeinden finden neue K.-Formen; deren Mittelpunkt bildet die Feier des → Abendmahls am → Tag des Herrn und die Verkündigung der Botschaft von Christus (vgl. Apg 20,7).

Kuschan-Rischatajim (Name absichtlich entstellt: „doppelt böser Mohr“) wird geschildert als König v. „Syrien am Eufrat“, der Israel bedrückte und vom → Richter Otniël besiegt wurde (Ri 3,8ff). Keiner der vielen Versuche, K. mit einer anderen Persönlichkeit zu identifizieren, konnte sich bisher durchsetzen.

Kusch → Äthiopien

Kyrene → (griech. Kolonie in N-Afrika) Dieses Gebiet gehörte zum Ptolemäerreich (→ Ptolemäer; 1 Makk 15,23), seit ca. 75 v.C. röm.; Juden von C. waren nach Apg 2,10 beim Pfingstwunder in Jerusalem; nach Apg 6,9 hatten sie eine eigene Synagoge in Jerusalem (Verfolgung des Stephanus).

Kyrios → Herr

Kyrus („Hirt"; im AT *kōresch*) Begründer des pers. Weltreiches. Als Vasall der Meder auf den Thron von Anschan gekommen (558 v.C.), erhebt er sich gegen seinen Lehnsherrn Astyages, besetzt die Hauptstadt Ekbatana. 546 v.C. schlägt er den Lydierkönig Krösus. Im Oktober 539 besiegt er den bab. Herrscher → Nabonid; → Babylon ergibt sich kampflos. Politisch klug und religiös tolerant gegenüber den Unterworfenen, gestattet er auch die Rückkehr der Juden aus dem → Exil und den Wiederaufbau des Tempels (Esra 1,1–4; 6,3–5; 2 Chr 36,22f). Jes 44,28 bzw. 45,1 bezeichnet ihn sogar als „Hirten" und „Gesalbten" Gottes.

L

Laban („weiß“) In den Patriarchengeschichten kommt in der Gestalt des L. zum Ausdruck:
1) Die Heiraten v. Rebekka, Lea, Rahel bzw. → Isaak und → Jakob geschehen innerhalb der Verwandtschaft; die Sippe wurde also nicht überfremdet (Gen 28,1).
2) Die Berührung zw. Jakob- und L.-Gruppe. L. erweist sich bei der Eheschließung (s.o.) als verschlagen (vgl. Gen 29,25). Sein Weidegebiet wird durch einen Vertrag v. dem der Jakob-Gruppe getrennt (Gen 31,43–54).

Lachisch (*tell ed-duwer*) Alte Stadt in SW-Palästina, bereits erwähnt in einem äg. Text des 20. Jh. v.C. und in den Briefen v. → Amarna. Nach Jos 10,31–35 wurde L. wie Eglon v. den Israeliten erobert, nach Jos 10,26 ihr König wie → Adoni-Zedek v. Jerusalem totgeschlagen. König → Rehabeam befestigte L. (2 Chr 11,9), König → Amazja wurde in L. getötet (2 Kön 14,19). 701 v.C. eroberte das assyr. Heer die Stadt und wandte sich v. *dort* aus gegen Jerusalem (→ Hiskija, König v. Juda).
Bei Ausgrabungen fand man 21 Ostraka (beschriebene Tonscherben), wertvolle Zeugen der althebr. Schrift und Sprache.

Lade → Bundeslade

Laienquelle → Mosebücher

Lajisch → Dan

Lamech Nach einem Teil der Überlieferung Nachkomme Kains, nach einem anderen Sets und Vater des Noach (Gen 4,18; 5,25). Das L.-Lied (Gen 4,23f) ist voll Rachsucht; es soll die Sündhaftigkeit des Geschlechtes „Kain“ zeigen.

Lamm und Fettschwanzschaf waren wichtige Quellen für Kleidung (Wolle, 2 Kön 3,4) und Nahrung (Fett, Dtn 32,14; Fleisch, Jes 22,13; Milch, Jes 7,21f). Reichtum an Herden galt viel; sie waren eine wichtige Kriegsbeute (Koh 2,7; Num 31,32). Mit einem L.-Opfer konnte man Gott einen hohen Wert darbringen; das L. war daher eines der wichtigsten Opfertiere (z.B. Morgen- und Abendopfer, Ex 29,38f; → Pascha). Jesus wurde nach Joh 1,29.36 v. Johannes dem → Täufer als „L. Gottes“ bezeichnet. Es gibt folgende Deutungen:
1) (traditionell) Jesus ist das v. Gott gesandte L., das für die Welt geopfert wird und so die Sünden hinwegnimmt. Man streitet darüber, ob das Bild „L.“ aus dem Opferkult (einschl. Paschafest) genommen ist oder v. Jes 53,7 (leidender → Gottesknecht).
2) L. = Sinnbild v. Unschuld und Sündenlosigkeit, daher „Hinwegnahme“ der Sünde.
3) Der Täufer sprach aram. vom Gottesknecht; in Aram. wird für „Knecht“ und „L.“ dasselbe Wort gebraucht („L. Gottes“ = „Knecht Gottes“; versehentliche Verwechslung oder absichtliche Umdeutung?)
4) In Joh 1,29.36 spricht nicht der Täufer, sondern der Evangelist (→ Johannesevangelium): Jesus als neues Paschalamm (vgl. z.B.: Leidensgeschichte nach Joh; Joh 19,36; 1 Kor 5,7; 1 Petr 1,18f).
Die urchristl. Tradition spielt herein, wenn Offb v. „L.“ redet. Dort ist vor allem der Sieger gemeint, der erhöhte Herr.

Land bedeutet entweder das Trockene (Mt 23,15) oder das Kultur-L. (= Acker-, nicht Weide-L., Steppe, Wüste; Gen 4,14) oder einfach das Gebiet (Mt 2,12). Vor allem steht es jedoch im Sinn v. → „Gelobtes Land“.

Landnahme Die Berichte über die L. erzählen vom Einzug Israels ins → Gelobte Land. Sie gehen aus v. 4 Tatsachen:
1) Der Besitz des Landes,
2) Gliederung in 12 → Stämme,
3) Erinnerung an Gottes Führung beim → Auszug aus Ägypten,
4) Histor. und geograf. Einzelerinnerungen.
Die Verfasser versuchen, die L. im Rahmen eines *Schemas* zu schildern. Sie soll

z. B. als Sache aller Stämme dargestellt werden (vgl. Jos 1–12; dagegen Ri 1). Die verschiedenen Einzelaktionen der L. waren nicht durchweg Eroberungen, sondern z. T. friedliches Einsickern v. Nomadenstämmen in schwach besiedelte Gebiete (Weidewechsel; Ausweitung des Ackerbaus und dabei langsame Änderung der mitgebrachten Zivilisation). Dicht besiedelte Gebiete wurden zunächst nicht eingenommen (vgl. Ri 1,27–35). Man muss damit rechnen, dass die L.-zeit für einige Stämme eine Zeit fronender Abhängigkeit bedeutete (vgl. Gen 49,14f). Viell. saßen auch schon einige Stämme im Land und wurden nachträglich in die 12-Stämme-Gemeinschaft aufgenommen. Außerdem gab es kriegerische Eroberungszüge.
In der L.-Tradition kommt kein Gesamtbild aller Stämme zum Ausdruck: mehr als das erste Drittel v. Jos beruht wohl auf Traditionen des Stammes Benjamin. Auch haben sich im Land noch Veränderungen ergeben: z. B. wechselte ein Stamm nochmals den Wohnplatz, ein anderer zerfiel in mehrere Stämme, ein dritter ging in einen anderen Stamm auf und verschwand also.

Landpfleger → Statthalter

Langmut heißt die Haltung, die den anderen erträgt, auch wenn er Anlass zur Ablehnung gibt (vgl. Spr 19,11). Gott ist voll L. und schenkt daher die Möglichkeit zur Umkehr (Ps 86,15; Röm 9,22). Die L. der Christen ist eine „Frucht des Geistes" (Gal 5,22) und ergibt sich aus der christl. Liebe (1 Kor 13,4).

Laodizea Stadt in → Phrygien, im 3. Jh. v. C. gegründet. Paulus schrieb an die Gemeinde v. L. einen Brief (Kol 4,16), der nicht erhalten ist (→ Epheserbrief); der apokryphe Laodizener-Brief stammt aus viel späterer Zeit. L. war reich und stolz, berühmt durch Augenärzte (Augensalbe). In Offb 3,14-22 wird der Gemeinde in L. Lauheit vorgeworfen; sie möge Augensalbe kaufen, um wirklich zu sehen: ironische Anspielungen.

Laubhüttenfest Das L. war ein Erntedankfest (Fest der Lese: Ex 23,16). Urspr. wurde es nicht an einem festen Termin gefeiert (vgl. Lev 32,41).
Das L. wurde später zum Wallfahrtsfest (Ex 34,22f) mit bestimmtem Termin, mit einer → Ätiologie (Erinnerung an das Wohnen in Hütten beim Auszug aus Ägypten, Lev 23,42f) und mit einem Ritual (Num 29,12–38).
Umstritten ist, wie das L. entstand: aus einem Neujahrsfest oder einem nomadischen Zeltfest (bei oder nach dem Übergang in die Ackerbau-Zivilisation). Umstritten ist auch, inwieweit andere Festmotive ständig oder gelegentlich mit dem L. verbunden wurden, die z. T. in der HS nicht ausdrücklich erwähnt werden (z. B. „Bundeserneuerungsfest", vgl. Dtn 31,10ff; königl. Zionsfest bzw. Thronbesteigungsfest; Tempelweihe, vgl. 1 Kön 8,2).
Die „Laubhütten" waren aus Palmen-, Weiden- u. a. Zweigen geflochten (vgl. Lev 23,40; Neh 8,15). In nachexilischer Zeit wurden sie z. T. auf den flachen Hausdächern errichtet.
In der Endzeit werden nach Sach 14,16ff alle Völker zum L. nach Jerusalem heraufziehen.
Z. Z. Jesu waren bestimmte Bräuche üblich: So wurde ein Feststrauß in Prozession getragen und geschwenkt, dabei → „Hosanna" gerufen. Man schöpfte feierlich Wasser und goss es am Brandopfer-Altar aus (vgl. Jesu Anspielung in Joh 7,37f: „lebendiges Wasser" = fließendes Quellwasser). Am ersten Tag des L.es beleuchtete man einen Teil des Tempels festlich (hängt damit Jesu Wort über das „Licht der Welt" zusammen, Joh 8,12?)

Lazarus („Gott hat geholfen"; griech.-lat. Kurzform) Personenname:
1) Bettler vor der Tür im Gleichnis vom reichen Prasser und armen L. (Lk 16,19–31), dem „Gott geholfen hat".
2) Nach Joh 11,1–46 Bruder v. Maria und Marta aus Betanien, den Jesus vom Tod erweckte (Name als Sinnbild).

Lea („Wildkuh") heißt nach der Darstellung v. Gen 29f die älteste Tochter → Labans, die dieser dem Jakob als Frau unterschiebt. Auf L. und ihre Magd Silpa führen sich 8 Stämme (= „L.-Stämme") zurück.

Lebbäus steht in einigen Hss statt → Thaddäus (Mt 10,3; Mk 3,18).

Leben ist in der HS selten ein abstrakter Begriff, sondern der Ausdruck dafür, was man bei den Lebewesen bemerkte: Hauch, Bewegung („lebendiges" Wasser = fließendes Quellwasser, Joh 4,10f), Atem (Ijob 11,20; Ez 37,8ff), Blut (vgl. Lev 17,14). L. verleiht und nimmt der ewig lebendige *Gott* (Dtn 32,39; Ps 104,29f; Offb 15,7; 3,5: „Buch des L.s"). Oft meint man, Gott verfahre dabei nach dem Verhalten des Betreffenden (vgl. Dtn 6,24; Ez 18,32). Kurzes und vermindertes L. (→ Krankheiten, → Tod) gilt als Strafe, die Todesstrafe als gewaltsames Ende aller Wirkungsmöglichkeit. Die Gabe des L.s ist kostbar (Ijob 2,4; Mt 6,25), aber unbeständig (Ps 39,6; Koh 6,12; Jes 40,6ff). „L." war nicht ungezielte Bewegung, sondern Wirksamkeit. Daher heißt es v. Gottes Wort, es sei „lebendig" (Hebr 4,12). Die Götzen sind nicht lebendig, weil sie nicht wirken können (Ps 115,4ff). → Leben nach dem Tod konnte man sich nicht deutlich ausmalen, man übertrug gewohnte Bilder auf die künftige Heilszeit (→ Chiliasmus). Erst unter dem Einfluss der griech. Philosophie dachte man weiter (vgl. Weish 3,1ff).

In den ntl. Schriften unterscheidet man oft (nach den entspr. griech. Wörtern): L.weise (*bios*, 1 Tim 2,2) – leibliches L. (*psyche*, Apg 15,26) – L. im weitesten Sinn (*zoë*). Besser ist folgende Gliederung:

1) Die ersten 3 Evv führen meist atl. Auffassungen weiter; jedoch klingt der Glaube an ein L. nach dem Tod deutlich an; L. wird oft verbunden mit → „Gottesreich". „Ins L. eingehen" = „ins Gottesreich eingehen" (Mk 9,43). Die Texte sprechen v. einem „ewigen" L., das auch die erlangen, die ihr L. um Jesu willen verlieren (Mk 10,30; Mt 10,39). Die Evangelisten machen sich keine Gedanken darüber, wie das genau sein wird (z.B. übernimmt das Gleichnis (Lk 16,19–31 einfach die gängigen Vorstellungen). In Apg 3,15 heißt Jesus „Urheber des L.s" (missverständliche Übersetzung: „Anfänger des L.s").

2) Paulus betont nachdrücklich: *Christus* ist unser L. (Kol 3,4). Die Christen haben das L. errungen (vgl. 2 Kor 4,10ff); doch das eigentliche L. wird erst mit der → Wiederkunft Christi einsetzen (vgl. Kol 3,4).

3) Manche Formulierung in Joh erinnert an den Sprachgebrauch der → Gnosis: Die Gläubigen besitzen bereits *jetzt* das L. (5,24). Es ist in Christus erschienen (1 Joh 1,2), der Güter des L.s schenkt (z.B. Brot des L.s, Joh 6,35).

Leben nach dem Tod Kennzeichnend für die Auffassung der HS ist, dass man vor dem 1. Jh. v.C. meist nicht zw. → Leib und Seele unterschied: Man fragte nach dem Leben des *Menschen* nach dem Tod, nicht nach dem Aufenthalt seiner Seele. Z.B. sprach man davon, dass der Mensch ins Totenreich hinabsteige, dort in einem geminderten Leben dahindämmere und sich außerhalb des → Heils befände (Ps 88). Gerechte und Ungerechte gehen diesen Weg ohne Unterschied (vgl. Apg 2,31), eine Rückkehr v. dort gibt es nicht (Ijob 16,22). Später nahm man an, dass Jahwe auch in der → Unterwelt Macht habe (Ps 139,8; Apg 2,31f). Man glaubte, dass es verschiedene Abteilungen im Totenreich gäbe, je nachdem, ob der Verstorbene ein Gerechter war oder nicht (vgl. Lk 16,23), ferner an eine Belohnung nach dem Tod (vgl. Weish 4,14) und an eine → Auferstehung v. den Toten (Dan 12,2; → Makkabäische Brüder). Das L.n.d.T. interpretieren ntl. Autoren verschieden. Über das endgültige Schicksal entscheidet das → Gericht (→ Wiederkunft Christi).

Kein Text spricht *ausdrücklich* vom sofortigen Gericht über den Einzelnen nach dem Tod, sondern davon, dass dem Verstorbenen eine der verschiedenen Stätten des Totenreiches zugewiesen wird.

Leber Die biologische Funktion dieses Organs war unbekannt; es galt als Sitz des Lebens (vgl. Spr 7,23) und der Gefühle (Klgl 2,11).

Legion Röm. Truppeneinheit (in der Kaiserzeit ca. 6000 Fußsoldaten, 120 Reiter, Hilfs- und Spezialtruppen). In Mk 5,9 ist „L." viell. als Eigenname gemeint, soll also nicht nur die Vielzahl der bösen Geister ausdrücken.

Lehrer (Meister) war ein Titel Jesu (z.B. Joh 13,13), da er Schüler um sich sammelte. Diese Bezeichnung ist missverständlich, da wir als „L." oft eine Persönlichkeit bezeichnen, die Überliefertes gut darbietet. Jesus war aber ein Prophet, der Altes *und* Neues verkündete (Mt 13,52). Im Leben der urchristl. Gemeinden gab es einen Dienst der „L.", den Gott als Gabe schenkte (Apg 13,9; 1 Kor 12,28). → Rabbi.

Leib In der HS wirken L. und Seele zusammen; die Gegenüberstellung Körper – Seele stammt aus der griech. Philosophie. Nach den meisten Stellen der HS besteht der Mensch nicht *aus* L. und Seele, sondern *ist* L. und Seele (vgl. Ps 63,2; 84,3). Die Formulierung „Heil der Seele" ist nicht bibl.; es geht um das „Heil des ganzen Menschen". In einigen späteren Schriften des AT findet sich unter griech. Einfluss die Gegenüberstellung L./Seele (Koh 12,7; Weish 8,19f; 9,15), ebenso in einigen ntl. Stellen (z.B. Mt 10,28). Im NT bedeutet L. (Körper) jedoch meist: „lebende Person" (z.B. 1 Kor 6,19; Röm 8,23). Durch die Auferweckung v. den Toten wird unser L. vom → Geist völlig durchdrungen, wir werden geistige (= geistdurchdrungene) Menschen. Leibfeindliche Bestrebungen sind unbibl. Der Leib ist nicht „schlecht"; er ist v. Gott geschaffen, hat aber Anteil an der → Sünde. In der Theologie des Apostels Paulus ist „L. Christi" Bild für → „Kirche", die aus vielerlei Gliedern gebildet wird wie ein L. (1 Kor 12,12–27; Röm 12,4f). In Kol und Eph wird Christus als „Haupt" dieses L.es bezeichnet (Kol 1,18; Eph 1,12f); er verbürgt Gemeinschaft und letzte Einheit.

Leiden Die Aussagen der HS über „L." gehen aus v. der Erfahrung, dass es L. gibt, Schmerz, Übel, → Krankheiten, → Tod, das → Böse. Sie scheinen Gottes Güte und Gerechtigkeit zu widersprechen; die HS weist auf die Schuld der Menschen hin, die Gott bestraft (vgl. Gen 3,16f; Klgl 1,5). Das Problem „L." lässt sich nicht durch eine glatte Theorie lösen. Der Vorwurf, Gott sei launisch und ungerecht, richtet sich gegen eine naive Deutung der HS, nicht gegen Gott selbst. Die HS führt Verschiedenes an, z.B.: L. des einzelnen als Sühne für das *ganze* Volk (vgl.: Jes 40,2; der leidende → Gottesknecht, Jes 53), Durchstehen des L.s (→ Ijob), Trosterzählungen (→ Apokalyptik), Resignation (Koh 2,22ff); L.s-Überlegenehit (Weish 3,1).
Im NT: → Leidensgeschichte. Alle Christen nehmen teil an Christi L. (vgl.: Phil 1,29f; 1 Petr 4,13f). Das ist nicht Anlass zur Entmutigung, sondern Grund zur Freude (Kol 1,24).

Leidensgeschichte (Passion) Die Berichte der Evv sind Verkündigung und Betrachtung der alten Kirche. Eines ihrer Hauptthemen war die Frage: „*Musste* nicht der → Christus dies leiden" (Lk 24,26)? Man gab Antworten im Blick auf Jesu Leben und auf das AT (z.B.: Leidensvoraussagen, Mk 8,31ff; „Mein Gott, mein Gott, warum hast du mich verlassen", Ps 22; Mk 15,34; leidender → Gottesknecht, Mk 15,28f; → Lamm). Die Evv zeigen, dass nicht nur Jesu *Tod* ein Weg des Leidens war, sondern auch sein *Leben* ein Weg zum Leiden. Das ist überglänzt v. der Erfahrung der → Auferstehung Christi (→ Evangelien). Die L.n der Evv sind nicht Sammlungen v. Einzelberichten, sondern 4 durchkomponierte Gesamtberichte.
Einzelheiten werden in der Forschung verschieden interpretiert; einig ist man sich über die Grundlinien: Die älteste L. bietet Mk. Lk zeigt Jesus mehr als duldenden, Mitleid erregenden Heiland für alle (vgl. 23,27–31); Joh stellt ihn als großen König dar, der freiwillig den Leidensweg geht (vgl. 18,33–19,15).

Leihen Es gilt als gute Tat, anderen Geld oder Lebensmittel zu l. (Ps 112,5; Mt 5,42). Im AT war verboten, v. *Volksgenossen* Zins zu nehmen (Dtn 23,20f). Der Gläubiger konnte ein Pfand verlangen (vgl. Dtn 24,10f), musste aber lebensnotwendige Dinge bis zum Abend zurückgeben (Ex 22,25). Die christl. Tradition verbot den Christen lange, Zins zu nehmen (auch nach Lk 6,34f).

Lepton → Münzen

Letzte Dinge → Leben nach dem Tod, → Eschatologie, → Wiederkunft Christi

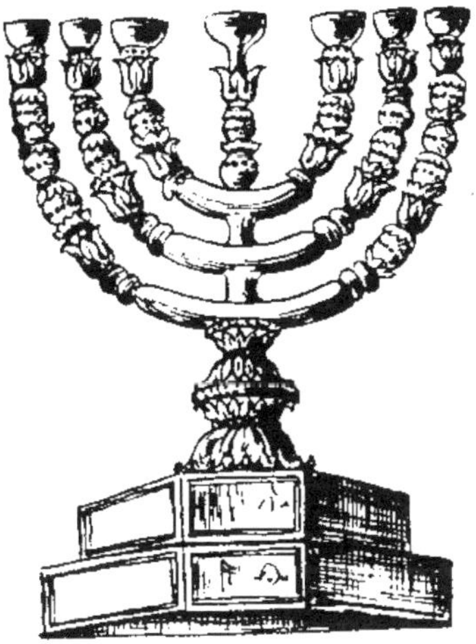

Der siebenarmige Leuchter des herodianischen Tempels nach dem Relief am Titusbogen in Rom

Leuchter Ständer für Lampen; auf den L. soll man die Lampe stellen (Mk 4,21), damit sie weit leuchte. Der „siebenarmige L." wurde Symbol für das Judentum. In Ex 25,31–39 wird er geschildert. Ihn zeigt das Relief auf dem Triumphbogen des Titus in Rom.
In Offb 1,20 u.ö. sind „L." Bilder für christl. Gemeinden (vgl. Mt 5,14ff).
Levi → Leviten, → Matthäus
Leviatan Meeresungeheuer, das Gott überwindet (Ps 74,14; vgl. Ps 104,26; Jes 27,1).
Leviratsehe (Schwagerehe) Die im AO verbreitete Sitte war Vorschrift in Israel: Die Ehefrau des ohne Sohn verstorbenen Bruders musste v. ihrem Schwager geheiratet werden, um dem Verstorbenen Nachkommen zu zeugen (Gen 38,8; → Rut) und so dessen Familie zu erhalten. Der Erstgeborene aus dieser L. erhielt den Namen des Bruders (Dtn 25,5ff). Das Recht auf L. konnte die Frau öffentlich geltend machen (Dtn 25,8ff).
Leviten waren urspr. eine Berufsgruppe. Es gab auch → Priester, die nicht L. waren (vgl. 1 Kön 12,31). Jedoch wurden L. (wenigstens in einigen Gegenden) bevorzugt (Ri 17f). Die Überlieferung wurde geprägt in einer Zeit, als *nur* L. legitime Priester sein konnten. Auch *andere* Priestergeschlechter (→ Aaron) führten ihre Genealogie auf den Stammvater Levi zurück, der nach Gen ein Sohn Jakobs war. Die Zentralisation des → Kultes in Jerusalem machte die meisten L. zu untergeordneten Kultdienern.
Levitikus, das 3. Buch Mose → Mosebücher
Libanon (*dschebel libnan*) heißt der Gebirgszug (bis ca. 3000 m hoch) gegenüber dem → Antilibanon im heutigen Staat L. *Früher* war der L. reich bewaldet, Holz (z.B. die „Zedern des L.") war ein wichtiger Handelsartikel (z.B. 2 Chr 2,7). An einigen Stellen der HS bezeichnet „L." den L. *und* den Anti-L. (z.B. Jos 1,4).
Libertiner → Freigelassener
Licht Erlöschen allen L.es ist Plage und Drangsal (vgl. Jes 13,10). Schon lange vor der → Gnosis wird das Wort „L." gebraucht als Ausdruck für das Leben (vgl. Ijob 3,20), das → Heil (vgl. Ps 4,7) und vor allem für die himmlische Welt (z.B. Verklärung Jesu, Mt 17,2; Engel, Offb 15,6). Aus dem Evangelium kommt L. (2 Kor 4,4). L. ist keine gottgleiche Macht, sondern Attribut und Geschöpf Gottes (Gen 1,3ff). Der Gegensatz L./Finsternis bezeichnet vor allem in Joh den Gegensatz zw. göttl. und widergöttl. Bereich (Joh 3,19; 12,46; 1 Joh 1,5ff; Röm 13,12; 1 Petr 2,9).
Liebe Die L. Jahwes zu seinem Volk ist nach Hos, Jer, Ez und Jes Grundlage des → Bundes (→ Hosea). Gott liebt auch den Einzelnen (vgl. Ps 42f) und ist → Vater.
Alle L. geht v. *Gott* aus, der zuerst liebte, ja, der die L. ist (1 Joh 4,16). Sie ist → Heil, Teilnahme an Gottes Wesen und Christi Offenbarung (Röm 5,5; Joh 14,21). *Unsere* Liebe ist Dankbarkeit (vgl. 1 Joh 4,10f) und Nachahmung Gottes (Eph 5,1f.25).
Der *einzige* Weg der Christen zum → Leben ist L. zu Gott und Jesus Christus sowie deren Kennzeichen (1 Joh 4,7): die L. zum andern (auch zum Feind). Damit

wird eine atl. Vorschrift zum Mittelpunkt des ganzes Gesetzes gemacht: Es gibt *keine* Forderung, die der L. vorzuziehen wäre (Mk 12,29ff par; Feindes-L.: Mt 5,43ff; L. zum Übeltäter: 2 Kor 2,8; → Nächster). L. ist das „neue Gebot" (Joh 13,34f; vgl. Jak 2,8). Sie besteht nicht in nüchternen Taten (vgl. 1 Joh 3,17f). L. ist vorbehaltlos (Mt 10,37). Sie ist Grundlage und Maßstab der christl. → Ethik.

Vollkommene L. ist furchtlos (1 Joh 4,17f) und Grund zur Hoffnung (2 Tim 4,8). Auch die dienende Haltung der Apostel und „Ältesten" gegenüber den Gemeinden heißt L. (2 Kor 6,6). Das Erkalten der L. ist Zeichen des Niedergangs und der Endzeit (Mt 24,12; Offb 2,4f). Am meisten v. der L. sprechen Paulus („Hoheslied der L." = hymnische Darstellung in 1 Kor 13), Joh und 1 Joh.

Agape ist die Haltung der L. und deren Ausdruck: das L.es-Mahl in der alten Kirche.

Liste → Verzeichnis

Literarkritik → Bibelwissenschaft

Lithostrotos → Gabbata

Loben, preisen Das AT hat für „L." mehrere hebr. Wörter; wir übersetzen je nach Zushg. verschieden (z.B. auch: „danken"). Beim L. wird Gott anerkannt, seine Stellung bejaht, z.B. in Lob-Ps bzw. Hymnen, wo Gottes Wirken am Volk (Ps 129), am einzelnen (Ps 9), in der Natur (Ps 104) gefeiert oder aber sein ganzes Handeln geschildert wird (Ps 8).

Lösen → Binden

Log → Maße

Logion (Mehrzahl: Logien) → Herrenworte

Logos Das griech. Wort „L." hat vielerlei Bedeutungen, z.B. „Wort, Rede". Auf Christus ist es *unmittelbar* bezogen in Joh 1,1.14; 1 Joh 1,1; Offb 19,13 (meist übersetzt: „Wort"). Nach Joh war der L. v. Anfang an da und ist identisch mit dem Menschgewordenen. Vermutlich wird in 1 Joh („Wort des Lebens") dieselbe Ausdrucksweise verwendet. Einen anderen Sinn hat L. in Offb (Christus als Sieger auf weißem Pferd).

Dass L. solche Bedeutungen annahm, hängt wohl mit *mehreren* Faktoren zusammen. – Man weiß: In der griech. Popularphilosophie war „L." eine Art Weltvernunft oder ein erstes Geschöpf vor allen anderen oder eine der ersten Emanationen der Gottheit. Im Judentum setzte man z.T. „Wort" aus Ehrfurcht für → „Jahwe" ein. Im NT wird das Gotteswort hoch geschätzt; seine gläubige Aufnahme bringt → Heil („Wort des Lebens": Phil 2,16).

Lohn → Arbeit

Lot Nach Gen 14,12 Abrahams Neffe. Ein Zweig der Überlieferung schildert, dass L. in → Sodom wohnte, aus der Gefangenschaft der Könige v. Gen 14 v. Abraham befreit wurde, aus dem Untergang Sodoms wegen seiner Gastfreundschaft gerettet wurde (Gen 19,1–29). Später galt L. als Typ des Gerechten (2 Petr 2,7f).

Auf L. als Stammvater wurden die Moabiter und Ammoniter zurückgeführt (Gen 19,30–38; „Söhne L.s": Dtn 2,9.19). An die Form eines Salzkegels sw des Toten Meeres knüpft sich die Geschichte v. L.s Frau, die sich bei Sodoms Vernichtung umgeschaut habe und zur Salzsäule erstarrt sei (Gen 19,26).

Lukas Mitarbeiter des → Paulus (vgl. 2 Tim 4,11), Heide v. Geburt, v. Beruf Arzt (Kol 4,11.14). Wenn die sog. „Wir-Berichte" in Apg ihn zum Verfasser haben und seine eigenen Erlebnisse schildern, begleitete er Paulus auf dessen 2. und 3. Missionsreise (vgl. Apg 16,10–17; 20,5–15; 21,1–18; 27,1–28,6). Bereits seit dem 2. Jh. wird bezeugt, dass er das → Lukasevangelium und die → Apostelgeschichte geschrieben habe. Nach der Überlieferung stammte L. aus Antiochia in Syrien, war ehelos und starb mit 84 Jahren in Böotien.

Lukasevangelium Der Verfasser des L.s nennt im Vorort zum 1. Teil seines Doppelwerkes (= Lk und Apg) sein Vorhaben: er will alles Vorliegende prüfen, geordnet niederschreiben und so die Zuverlässigkeit der Botschaft erzeugen. Er beginnt mit der → Kindheitsgeschichte (1,5–2,52) und dem Auftreten des → Täufers (3,1–20), schildert Jesu Wirken in Galiläa (4,14–9,50), bringt den Reisebericht vom Weg Jesu nach Jerusalem (9,51–19,27) und berichtet als Höhepunkt

Passion, Auferstehung und Himmelfahrt Jesu (19,28–24,53).
Er folgt dem Grundriss des Markus, dem er sich neben anderen Quellen (1,1) anschloss (→ synoptische Evangelien). Gelegentlich lässt er Abschnitte des Mk aus. Vor allem aber bietet er viele Stücke, die bei Mk nicht stehen, z. B.: Kindheitsgeschichte, Abschnitte aus der Redesammlung Q und zahlreiches Sondergut. Im Einzelnen ist es kaum möglich, die Herkunft dieser Stücke zu bestimmen. Die Kindheitsgeschichte entnahm er wohl einer schriftlichen Vorlage, da sich in ihr – im Unterschied zum restlichen L. – Vertrautheit mit Einzelheiten jüd. Frömmigkeit zeigt.
Der Verfasser des L.s bemüht sich um Zuordnung v. Jesu Lebensdaten und Daten der profanen Weltgeschichte (vgl. 2,1f; 3,1f; → Zensus). Er will jedoch kein „Leben Jesu" vorlegen, sowenig wie die anderen Evv (→ Evangelien), sondern ein Werk der Verkündigung.
Einige Grundgedanken:
Der jüd. Rahmen wird gesprengt. Das AT wird in Jesus zwar erfüllt (vgl. 4,17–21), aber auch überboten. Jesu Stammbaum geht nicht nur auf Abraham zruück (wie bei Mt), sondern auf Adam, den Vater *aller* Menschen. Bindeglied zum AT ist der Täufer, dargestellt als Vorläufer Jesu (vgl. Parallelität und ständiges Überbieten des Täufers durch Jesus in der Kindheitsgeschichte 1,5–2,24; 3,15ff). Nachdrücklich wird Jesus als Helfer und „Heiland" (2,11) geschildert. Er „musste" leiden und auferstehen (vgl. 24,26). Gemäß Gottes Plan kommt Jesus durch seinen Tod zur Herrlichkeit. Das Erschrecken über die Hinrichtung des → Messias, das bei Mt und Mk durchklingt, wird gemildert durch die enge Verbindung zw. Leiden und Auferstehung (vgl. 18,31; 24,44ff). Jesu Tat geschieht im Geiste, der überall in seinem Leben wirkt (Empfängnis, 1,35; Bezeugung durch Simeon, 2,25ff; Versuchung, 4,1.14; Wundertaten, 4,18). Es ist Gottes → Geist, der später die Jünger erfüllt (Apg 1,8). Manche nannten daher das L. „Ev des Hl. Geistes".
Jesu Hilfe wendet sich vor allem Verachteten und Verlassenen (vgl. 19,7–10), Zöllnern und Sündern (7,34) sowie selbst Huren (7,48ff) und einem Mitgekreuzigten (23,43) zu; seine Liebe gehört den Armen (vgl. 6,20–26; → Armut), die leichter als Reiche den Weg zu Gott gehen (vgl. 7,22). So gewinnt das L. soziale Züge, die zugleich auf die Verhältnisse in der Urkirche hindeuten (z. B. Gütergemeinschaft, Apg 2,44f). Auch die (wenig geachteten) Frauen stehen im L. in größerer Nähe zu Jesus als in den anderen Evv (dienende Frauen 8,2f, Maria und Marta 10,38–42; die Frauen v. Jerusalem 23,27ff; → Maria).
Das L. scheint mehr als die beiden ersten Evv vom zeitlichen Abstand zu Jesus geprägt zu sein; L. mildert Aussagen des Mk, die Jesu menschliche Bedingtheiten betonen (z. B.: Jesu Ringen am Ölberg, Mk 14,32–41 und Lk 22,40–45); er schildert Jesus als den → Herrn und König (beim Einzug in Jerusalem, 19,38). Die Erwartung der nahen → Wiederkunft Christi ist zurückgetreten. Das → Gottesreich ist in dieser Welt schon gegenwärtig in Jesu Person (vgl. 11,20; 17,21), so sehr es auch noch im Kommen ist (vgl. 10,9). Diese nahende und zugleich bereits geschenkte Gegenwart ist grundgelegt im Leben Jesu und wird fortgesetzt in der Kirche. Zw. AT und NT ist Jesus die Mitte der Zeit. Sinn der Kirche ist es, erfüllt mit „Geist" im Lauf der Geschichte den Glauben zu wecken (vgl. 18,8, 24,47ff), zu Liebe, dankbarer Freude (2,10) und Gebet (11,9) zu mahnen, sowie zum rechten Verhalten gegenüber dem Besitz (16,9) und zum Ertragen des täglichen Kreuzes (9,23).
Nach einhelliger Überlieferung hat → Lukas dieses Ev geschrieben. Einige bestreiten seine Verfasserschaft, da kaum enge Übereinstimmungen zw. dem L. und dem Gedankengut des Paulus feststellbar sind, dessen Begleiter Lukas war. Mit Sicherheit lässt sich sagen, dass der Verfasser ein gebildeter Mann war, der nicht aus Palästina stammte. Das Werk ist wohl frühestens nach 70 n. C., vermutlich um 80 n. C. (in Antiochia?) geschrieben.

Lus → Bet-El

Luzifer bedeutet urspr. „Morgenstern". Dessen Sturz, ein Bild für den Fall des Königs v. Babel (Jes 14,12), deutete man viele Jh. auf den Fall des obersten Dämonen (im Zushg. mit Lk 10,18, wo vom Sturz des Satans die Rede ist). Ihm gab man daher den Namen „L.".

Lydia Purpurhändlerin aus → Thyatira. Sie wurde v. Paulus bekehrt und nahm ihn und → Silas in ihr Haus in → Philippi auf (Apg 16,14f.40).

Lydda (arab.: *ludd,* modern-hebr.: *lod*) Griech. Name der alten Stadt Lod, sö v. Joppe (→ Jafo). Nach dem → Exil v. Benjaminiten besiedelt (1 Chr 8,12; Esra 2,33); nachdem L. im Besitz der → Seleukiden war, wurde sie 143 v. C. an den Makkabäer Jonatan abgetreten, also wieder jüd. (1 Makk 11,34). Petrus heilte in L. den Aeneas (Apg 9,32–35).

Lydien Landschaft im W Kleinasiens. In der 1. Hälfte des 6. Jh. v. C. wächst die polit. Macht L.s (Krösus). 133 v. C. wird L. röm.

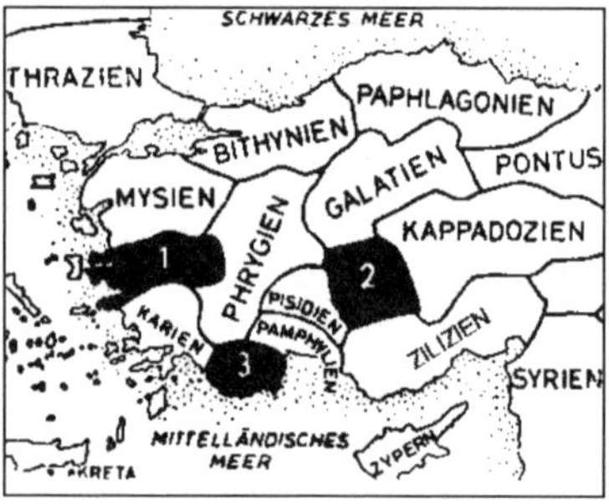

Die Lage von Lydien (1), Lykaonien (2) und Lyzien (3)

Lykaonien Landschaft im S Kleinasiens. Z. Z. Jesu und der Apostel gehörte L. zur röm. Provinz → Galatien (nicht zur Landschaft dieses Namens). Zu L. zählten die Städte Ikonion, Derbe und → Lystra. Paulus besuchte L. auf der 1. und 2. Missionsreise (beides vor 52 n. C.).

Lysias Personenname:

1) Klaudius L., Kommandant der röm. Truppe in der Burg Antonia (Jerusalem). 58 n. C. verhaftete er Paulus und überstellte ihn nach Cäsarea, wodurch er ihn vor der Volkswut rettete.

2) Reichsverweser v. → Antiochus IV. Nachdem andere Heere geschlagen waren, griff er selbst in den Kampf gegen den → Makkabäer Judas ein (um 165 v. C.), wurde aber besiegt. Als wenig später nicht der Kandidat des L. König wurde, sondern ein anderer Seleukide, wurde L. getötet.

Lysimachus Bruder des Hohenpriesters, der mit dessen Erlaubnis Tempelgeräte verkaufte und von der empörten Menge umgebracht wurde (171 v. C.).

Lystra Ort in → Lykaonien; nach Apg 14,8–20 heilte Paulus in L. einen Lahmgeborenen; darum sollten ihm göttliche Ehren erwiesen werden. Von Juden aufgewiegelt, steinigten ihn die Bewohner. Weiter berichtet die Apg, Paulus sei nochmals kurz nach L. zurückgekehrt und habe bei einem späteren Besuch hier → Timotheus kennen gelernt (14,21f; 16,1ff; alles vor 52 n. C.).

Lyzien Gebirgige Landschaft in Kleinasien. Die Bewohner L.s waren Erben einer selbstständigen Kultur; z. Z. Jesu und der Apostel unterstand L. zwar röm. Oberhoheit, regelte aber die meisten inneren Angelegenheiten vor 43 n. C. selbst. Nach Apg 21,1; 27,5 berührte Paulus L. am Ende der 3. Missionsreise und auf seiner Romreise (ca. 58 und 60 n. C.).

M

Maacha
1) („dumm, töricht"?) Personenname, z. B. der Mutter des → Abschalom (2 Sam 3,3), der Mutter des Königs → Abija (1 Kön 15,2), der Mutter des Königs → Asa (1 Kön 15,10).
2) Gebiet am S-Abhang des → Antilibanon im N Israels. Die dort wohnenden Aramäer kämpften mit den Ammonitern gegen David (2 Sam 10,6).

Machärus (bei *chirbet el-mukāwer*) Burg bzw. Festung ö des Toten Meeres. Von einem → Hasmoäer wurde M. um 90 v. C. befestigt, v. den Römern ca. 56 v. C. zerstört, v. → Herods (1) wieder errichtet (gegen die Araber) und prächtig ausgebaut. Nach Flavius → Josephus wurde in M. Johannes der → Täufer hingerichtet (vgl. Mk 6,26ff). Nach der Eroberung Jerusalems (70 n. C.) war M. eine der letzten gegen Rom verteidigten Festungen; in der HS ist M. nicht erwähnt.

Machir („gekauft") Eigenname:
1) Nach Gen 50,23 u. ö. Nachkomme → Manasses; der größte Teil der M.iten besiedelte später → Gilead (Num 32,39f). M. wird daher auch „Gileads Vater" genannt (z. B. Num 26,29).
2) Anhänger Davids beim Aufstand des → Abschalom gegen ihn (2 Sam 17,27ff).

Machpela Grundstück, das Abraham v. dem Hetiter Efron erwarb (Gen 23,9–18). Zu dem Grundstück gehörte eine Höhle, in der Sara (23,19), Abraham (25,9), Isaak, Rebekka, Lea und Jakob (49,31; 50,13) begraben wurden.

Macht Die HS feiert die unbeschränkte M. Jahwes (vgl. z. B. Ri 5,4f; Ps 19; 104; Jes 40,10; 44,26ff; Lk 1,49; Gott als die „M.": Mk 14,62 par). Er verleiht auch Menschen M. und Stärke (Ps 86,16; Jes 11,2; Joh 19,10f; → Staat), besonders aber dem Messias Jesus (über unreine Geister Lk 4,36; 11,20; zur Sündenvergebung Mk 2,10; zur Krankenheilung Mk 5,30; zur Lehre Mk 1,22; zum Gericht Joh 5,27). Diese M. erhalten auch die Jünger (Mk 6,7; Apg 8,17ff; 2 Kor 13,10). Sie stützt die Verkündigung (Apg 19,20; Röm 15,17f; 1 Thess 1,5; 2 Kor 12,9f); ja das Ev selbst ist eine M. (1 Kor 1,18; 2 Kor 4,7; Phil 4,13). Diese M. wirkt in den Gläubigen (Joh 1,12; 2 Petr 1,3f; Eph 6,10). Gegen sie steht z. B. die M. der Sünde (Röm 6,14–22).
Oft werden im NT Wunder „M.-Taten" genannt (z. B. Mk 6,5; 1 Kor 12,10).

Mächte → Engel

Märtyrer → Zeuge

Magadan Nach Mt 15,39 Ort am See Gennesaret, in Mk 8,10 → Dalmanuta genannt; ein Teil der Hss lesen → „Magdala".

Magdala Heimatort Marias v. M. (→ Magdalena, Mt 27,61), viell. identisch mit Magadan (Mt 15,39) und Dalmanuta (Mk 8,10), wohl am W-Ufer des Sees Gennesaret, ca. 10 km nw v. Tiberias gelegen.

Magdalena (= → Maria v. → Magdala) Geheilte, die mit Jesus zog (Lk 8,1f). Im Passionsbericht wird geschildert, dass sie beim Kreuz Jesu (Mk 15,40 par) stand und bei seinem Begräbnis (Mk 15,47 par) war. Nach Joh 20,11–18 erschien ihr als erster der Auferstandene. Im W wurde M. fälschlich identifiziert mit → Maria v. Betanien und der Sünderin v. Lk 7,37–50.

Magier Urspr. hieß ein medischer Stamm mit Priesterfunktionen M., später nannte man alle or. Wahrsager so (z. B. Jer 39,13). In der → Kindheitsgeschichte Jesu nach Mt ziehen M. zu seiner Verehrung (legendär ist, dass es gerade *drei* Weise oder *Könige* gewesen seien). Nach Mt 2,2 sehen sie seinen Stern im O (andere Übersetzung: beim Aufgehen). Man dachte an eine seltene Sternkonstellation, wie sie nicht lange vor der Geburt Jesu beobachtet werden konnte. Mag der Verfasser sich auch an eine solche erinnern, was er Jahrzehnte später schildert, ist an-

ders: Er spricht v. *einem* Stern, der verschwindet und wieder aufgeht und der schließlich nach Betlehem führt (2,9f). Zunächst fragen die M. bei → Herodes (1) an (2,2), der „erschrickt" und nun den verheißenen Messias durch den Kindermord beseitigen möchte. An der Erzählung ist historisch:
1) die Ablehnung bzw. Verfolgung des Messias und seiner Anhänger durch Israel (nicht durch Heiden),
2) die Brutalität v. Herodes (1) und seine Angst um den Thron,
3) viell. eine bestimmte seltene Sternkonstellation.
Viel spricht dafür, dass abgesehen davon keine histor. Mitteilungen gemacht werden sollen, sondern eher eine bildhafte Darstellung des Folgenden gegeben wird: Annahme und Ablehnung Jesu ist freiwillig; diese führt zum → Leben, jene zum Tod (nicht nur des Betreffenden); wer eine maßgebende Stellung in Staat, Religion, Wissenschaft („Schriftgelehrte": 2,4) usw. hat, ist dadurch nicht dagegen gefeit, dass er ablehnt; der Weg zu Jesus führt über Israel, aber über Israel hinaus; das Krippenkind, zu dem der Stern führt, ist anscheinend ganz alltäglich; unsere Hoffnung ist, dass Gott in ihm endgültig zu handeln beginnt.

Magnifikat („meine Seele preist, erhebt") Erstes Wort der lat. Übersetzung des Lobgesanges Marias (Lk 1,46–55). Da er vielfach in der Liturgie verwendet wird, nennt man ihn oft M.
Der Text enthält viele Anspielungen auf das AT, z.B. auf den Lobgesang der Hanna (1 Sam 2,1–10; vgl. 1 Sam 1,11), ist aber keine mechanische Sammlung, sondern ein eigenständiges Lied. Die Sängerin „freut" sich (1,47), weil Gott jetzt das → Heil sendet, Barmherzigkeit (1,50–54) und Treue (1,55) erwiesen hat. Er hat die „niedere Magd" (1,48) erhöht. → Maria (6).

Magog → Gog

Mahanajim („Doppellager", die Namenserklärung v. Gen 32,3 ist nachträglich; *tell ḥedschadsch?*) Stadt im Gebiet Gilead (O-Jordanland), wohl s des Flusses → Jabbok, Residenz des Isch-Boschet, des Sohnes Sauls (2 Sam 2,8ff), Zufluchtstätte Davids im Kampf gegen → Abschalom (2 Sam 17,24), Bezirksstadt im Reich Salomos (1 Kön 4,14).

Mahl Grundnahrungsmittel waren Wasser und Brot (z.T. etwas Obst); zu Festmählern gehörte auch Fleisch und Wein. Statt des Tisches hatte man meist eine (manchmal erhöhte) Platte („lag zu Tisch", Männer mit den Füßen nach rückwärts, gestützt auf den linken Arm; Frauen hockten aufrecht. Später lag man auf Teppichen, Polster, Diwanen und verwendete Kissen). Ein M. war mehr als heute Ausdruck der *Gemeinschaft*, die nicht gestört werden darf (vgl.: Ps 41,10; Mk 14,20; → Gastfreundschaft). Das M. wird als Bild gebraucht für die Gemeinschaft mit Gott und für das → Gottesreich (Jes 25,6; Mt 8,11; 19,28; 22,2–12). Pascha-M. und die christl. Abend-M.s-Feiern sind „M.-Feiern"; das bedeutet mehr als „Festessen": Sie drücken die Gemeinschaft mit Gott aus und vertiefen sie.

Makkabäer Urspr. Beiname des Judas (eines Sohnes der Mattatias, 1 Makk 2,4), meist mit dem hebr. Wort für „Hammer" in Zushg. gebracht, wird später (wohl v. christl. Schriftstellern) auf die ganze Familie und die Bewegung des Judas übertragen. Ihre Taten usw. schildern vor allem die → Makkabäerbücher.
Anschauungen und Gebräuche des → Hellenismus forderten den Widerstand des gesetzestreuen Judentums heraus. *Judas* der M. (166–160 v.C.) leitete nach dem Tod seines Vaters einen Aufstand gegen die Syrer (→ Seleukiden), die Palästina besetzt hatten, und organisierte die jüd. Truppen gegen Bakchides, Feldherr des → Antiochus IV. Epiphanes. Schließlich konnte er Jerusalem (außer der Burg) besetzen (1 Makk 3,1–4,41). Ein neuer Altar wurde errrichtet und der Tempel wieder geweiht (4,44–59); das feiert noch heute das jüd. Chanukka-Fest (Tempelweihefest). Die Juden erlangten schließlich die Religionsfreiheit, trotz Niederlage im Kampf um Jerusalem (6,48–61). Judas suchte nun die polit. Macht gegen die hellenistische Partei im Innern zu festigen. Mit wechselndem Geschick wurde dieses

Ziel v. ihm (1 Makk 7) und nach seinem Tod v. seinem Bruder *Jonatan* (160–142 v. C.) verfolgt. Er erreichte seine Anerkennung als Hoherpriester (152 v. C.; 1 Makk 10,20), später die volle Herrschaft über Judäa unter syr. Oberhoheit (1 Makk 10,65). Polit. Erfolg errang er vor allem, weil gleichzeitig 2 Thronprätendenten v. Syrien ihn zu gewinnen suchten: → Alexander Balas und → Demetrius I. Soter. Sein Bruder und Nachfolger *Simon* (142–134 v. C.) erreichte nach Jonatans Ermordung durch kluge Politik und militär. Erfolge die faktische Unabhängigkeit (1 Makk 13,33–51) und wurde zum Hohenpriester und Herrscher der Juden für alle Zeiten ausgerufen (1 Makk 14,41). Seine Dynastie („Hasmonäer") anerkannten auch die Römer (1 Makk 15–24). Sein Sohn und Nachfolger war *Johannes Hyrkan I.* (134–103 v. C.; vgl. 1 Makk 16,21–24). Damit enden bibl. Mitteilungen über die M. Aus außerbibl. Quellen ist bekannt, dass bis 37 v. C. M. in Judäa herrschten. Unter Johannes Hyrkan I. wurde das Heiligtum auf dem → Garizim zerstört. Mit dem Zwist zw. → Pharisäern und → Sadduzäern verband sich auch eine Auseinandersetzung innerhalb der Dynastie der M. (Aristobul II. gegen Hyrkan II., seit 67 v. C.). In sie wird auch der Fürst der → Nabatäer verwickelt. Beide Parteien rufen die Römer zur Hilfe (63 v. C. Eroberung Jerusalems durch Pompeius). Der letzte M.-König wurde 37 v. C. v. → Herodes (1) hingerichtet. Dieser errang mit röm. Unterstützung die Herrschaft und rottete das Haus der M. völlig aus.

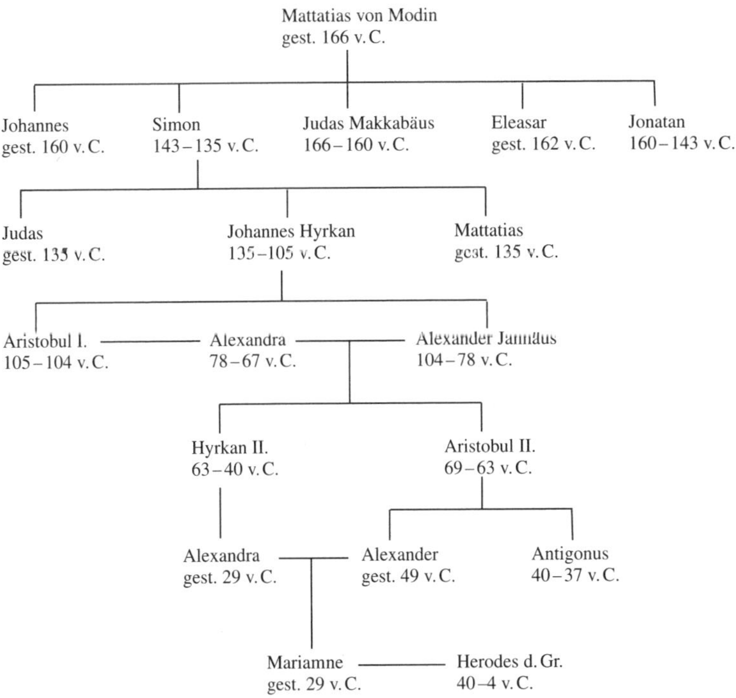

Stammbaum der Makkabäerfamilie

Makkabäerbücher Ihr Name rührt v. ihrem Hauptthelden, Judas dem → Makkabäer.

1 Makk schildert etwa die Zeit 175–134 v.C.: Aufstand, Kampf und Erfolge der Juden gegen die Bewegung des → Hellenismus bzw. die in Palästina herrschenden Syrer (→ Seleukiden), zunächst unter Führung des Priesters Mattatias, dann seiner Söhne Judas, Jonatan und Simon. Sie genießen die Sympathie der M. Es gelang, unter syr. Oberherrschaft eine gewisse militär. und polit. Freiheit zu erlangen.

2 Makk stellt sich dar als Auszug aus einem größeren Werk (2 Makk 2,19–31). Es beschreibt einen Teil derselben Zeit, nämlich 175–161 v.C. Sein Hauptthema ist aber nicht die Fürsorge Gottes durch heldenhafte Einzelpersönlichkeiten, sondern das Geschick v. gesetzestreuem Judentum und Tempel: → Makkabäische Brüder.

1 Makk ist wohl um 100 v.C. die Vorlage v. 2 Makk einige Jahrzehnte früher entstanden. Da sie nur griech. erhalten sind, betrachten sie ev. Theologen meist als apokryph, kath. als deuterokanonisch (→ Kanon).

Makkabäische Brüder Nach 2 Makk 7 werden 7 Brüder mit ihrer Mutter verhaftet und sollen zum Bruch des jüd. Gesetzes gezwungen werden. Sie weigern sich, ermahnen sich gegenseitig und werden grausam zu Tode gemartert. Sie sind Typen des gesetzestreuen Judentums. Eine starke Hoffnung auf Auferstehung und → Leben nach dem Tod tritt hervor (7,9.11.14.23.29.36; vgl. 12,43ff; 14,46). → Makkabäerbücher.

Malachias → Maleachi

Malchus hieß nach Joh 18,10 ein Knecht des Hohenpriesters, dem Petrus bei Jesu Verhaftung ein Ohr abschlug (vgl. Lk 22,50f).

Maleachi (= Malachias, „mein Bote") Name des letzten der „kleinen" → Propheten. M. war urspr. wohl kein Eigenname, sondern Gottes Anrede an einen uns Unbekannten; „mein Bote" (3,1). So ist M. noch in der LXX aufgefasst. Erst später wurde mit dem Boten der Verfasser v. → Maleachi (Buch) gleichgesetzt und die Anrede als Eigenname verstanden. Wer M. war, wissen wir nicht; er lebte wohl in der 1. Hälfte des 5. Jh. v.C.

Maleachi (Buch) kündet in 6 Reden Jahwes Wort:
1) Jahwes Liebe zu Israel (1,2–5),
2) Tadel der Priester wegen Geringschätzung der Speiseopfer (1,6–2,9),
3) Tadel der Scheidungen und der Ehen mit ausländischen Frauen (2,10–16),
4) Ankündigung des Gerichtstages (2,17–3,5),
5) Missernten als Strafe für ungetreue Ablieferung des Zehnten (3,6–12),
6) Gottes Urteilsspruch ist gerecht (3,13–21),
abschließend Mahnung und Ankündigung, dass der Prophet → Elija vor dem Tag Jahwes kommen werde (3,22ff; vgl. z.B. Lk 1,17).

Die Schrift wurde. v. einem Unbekannten in der 1. Hälfte des 5. Jh. v.C. verfasst (→ Maleachi). Bei einzelnen Stellen ist das umstritten (Erwähnung des Speiseopfers 1,11–14, der ausländischen Frauen 2,11f, des Vorboten des Messias 3,22ff). Inhaltlich wird die Bedeutung des Kultes und der Ehe, ferner der Gerichtstag als Vollendung der Gerechten in Israel betont.

Malta Das Schiff des Paulus strandete nach Apg 28,1 auf der Fahrt nach Rom bei der Insel Melite. Die meisten verstehen darunter M., sw v. Sizilien, wo man heute eine „Paulusbucht" zeigt. Einige vermuten, es könne sich um die Insel Meleda in der Adria handeln; dagegen spricht der in Apg 28,12f geschilderte, weitere Reiseweg. Neuere Untersuchungen sprechen sich aus u.a. meteorologischen und topografischen Gegebenheiten für die Insel Kephallenia im Ionischen Meer aus.

Malter → Maße

Mammon (sprachliche Herkunft umstritten) Besitz und Vermögen (nicht nur Geld!) Im Judentum kommt das Wort nur in der späteren Literatur vor, außerdem in 3 Herrenworten: In Mt 6,24 (= Lk 16,13) ist „M." fast Person, widergöttliche Macht: Ein Kompromiss zw. Gott und Besitz ist *letztlich* unmöglich.

Lk 16,9 ist ein Anhang zum → Gleichnis vom „ungetreuen Verwalter“; er legt dieses *nicht* aus. Das Gleichnis bedeutet: weitsichtige Klugheit tut in Bezug auf das → Gottesreich not. Die anderen Züge des Gleichnisses sind nicht entscheidend. Der Anhang sagt: Wenn jemand schon „M.“ hat, möge er ihn „richtig“ gebrauchen.

In Lk 16,11 geht es um die Treue im großen und kleinen (vgl. Lk 16,10); Unzuverlässigkeit beim „M.“ lässt meist auf allgemeine Treulosigkeit schließen.

Lk hat in 16,9.11.13 ähnlich Klingendes zusammengestellt, wie er das auch sonst oft tut ohne große Rücksicht auf logischen Zushg.: Hier sind es die Worte vom „M.“

Mamre (*rāmet el chalīl*) Altes Heiligtum bei → Hebron (S-Palästina) mit mehreren (oder einer?) hl. Terebinten (Eichen), wo Abraham länger wohnte (Gen 13,18; 18,1).

Manahen („Tröster“) Lehrer und Prophet der Christengemeinde v. → Antiochia; M. war mit → Herodes (4) erzogen worden (Apg 13,1).

Manasse („vergessen machend“, nämlich einen Verstorbenen) Eigenname:

1) Nach Gen 41,50 ältester Sohn v. Josef und der äg. Priestertochter Asenat, den Jakob adoptierte. M. wurde danach einer der Jakobsöhne, verlor aber das Erstgeburtsrecht an seinen Bruder → Efraim (Gen 48,1–19).

2) Auf ihn führte sich der *Stamm* M. zurück, der zu beiden Jordanseiten siedelte (Jos 13,7f). Der im O-Jordanland wohnende Teil wurde nach → Machir, Sohn des M., genannt, während der bedeutendere Teil im W-Jordanland den Namen M. behielt (Jos 17,5–10). Viell. war dieses Gebiet überhaupt das urspr. Siedlungsgebiet, und Jos 17,1–6 u.a. wäre ein Versuch, spätere Tatbestände zu erläutern.

3) König v. Juda, der 54 Jahre regierte (693–639 v.C.), Sohn des Königs → Hiskija. M. war assyr. Vasall (Tribut an → Asarhaddon), daher wurde unter ihm viel heidnischer Kult verbreitet (Zauberei, Wahrsagerei, Menschenopfer). Selbst ein Bild der Aschera wurde im Tempel aufgestellt (2 Kön 21,2–9). Gesetzestreue Israeliten (auch → Jesaja?) starben als Märtyrer (2 Kön 21,16). Sein Verhalten wird in 2 Kön sehr negativ beurteilt, da es in diesem Werk nicht auf die polit. Situation ankam, sondern auf die religiöse Lage. Seine assyr. Gefangenschaft (2 Chr 33,11–20) und ein „Gebet des M.“ sind legendär.

Mann Wie auch bei anderen semit. Völkern ist öffentl. und religiöses Leben „Männersache“ (vgl.: Priestertum, Erstgeburtsrecht). Zwar ist die → Frau nicht so sehr unterbewertet wie bei Nachbarvölkern, da sie als „ebenbürtig“ gilt (Gen 1,28; 2,23): Nicht nur der M. ist Bild Gottes. Aber automatisch setzt man Mensch = M. (→ Adam); Gott offenbart sich nie als Frau. Rechtlich ist der M. ihr gegenüber bevorzugt (→ Ehescheidung); er gilt als der stärkere (Ijob 38,3; 1 Petr 3,7).

Im NT steht *einerseits* die Feststellung, in Christus gebe es den Unterschied M./Frau nicht (Gal 3,28); in Jesu Umgebung waren Frauen tätig; in den Gemeinden hatten sie maßgebliche Funktionen (z.B. als „Prophetinnen“). *Andererseits* wird die Stufenleiter Gott – M. – Frau betont (1 Kor 11,3–9, Fortsetzung atl. Anschauungen und Rücksicht auf die Umwelt); die Frau ist um des M.es willen da; er ist ihr Haupt. Zwar wird auch in diesem Zushg. deutlich gesagt, dass „im Herrn“ weder die Frau ohne den M. noch der M. ohne die Frau sei (1 Kor 11,11), aber das wird in der Folgezeit nicht bestimmend: Die Frau ist im Christentum mehr und mehr zur Anhängerin ohne legitimen Einfluss geworden. Man übersah völlig, dass die Äußerungen in 1 Kor zeit- und umweltgebundene Ordnungsregeln waren, nicht metaphysische Feststellungen, und dass sie die Reaktion des Judenchristen Paulus auf zu großen weiblichen Einfluss darstellten.

Manna Wenn die HS v. M. spricht, stehen hinter diesem Wort vor allem folgende 3 Gesichtspunkte:

1) M. als Wüstenspeise. Wie das in Ex 16,14.31 und in Num 11,7 (mit → Bdelliumharz verglichen) beschriebene Manna genau aussah, lässt sich nicht mehr sagen, da mehrere wichtige hebr. Wörter dieser

Beschreibung nur dieses eine Mal vorkommen und es schwer ist, ihren Sinn zu ergründen. Es war etwas Feines, Körniges, Süßes. Noch heute gibt es in den betr. Wüstengebieten *mān*: süßliche Kügelchen, die v. den Beduinen als Zusatznahrung gebraucht werden; Schildläuse der M.-Tamarisken sondern es ab. Dass hinter dem ersten der beiden Berichte die Erfahrung mit den süßen Fruchtknollen der „M.-Frucht" steht, ist auszuschließen.
Die Israeliten haben nicht 40 Jahre lang *nur* v. M. gelebt (Ex 16,35), da sie beim Auszug ihr Vieh mitgenommen hatten (Ex 12,38); in den Oasen gab es Früchte (vgl. Ex 15,27) und bei längeren Aufenthalten wurde Getreide angebaut (vgl. Lev 8,26); Lebensmittel wurden gekauft (vgl. Dtn 2,6) oder erbeutet (vgl. Num 31,30).
2) M. als Gottesgabe. In der Wüstenexistenz erkannte das Volk M. als Geschenk Gottes (vgl. Dtn 8,16). *Das* soll eigentlich zugesagt werden durch die Erzählung v. der M.-Spende. Man verfehlt ihren Sinn, wenn man sich mit der botanischen Erklärung begnügt. Man verfehlt ihn aber auch, wenn man versucht, all die verschiedenen Überlieferungsgeschichten der Berichte über „M." wie *eine* zu behandeln und alles als ein Mirakel zu deuten, statt als natürliche Erscheinung, in der man Gottes Fürsorge erkannte. Es war damit vereinbar, dass man aus späterer Sicht z.B. das Sabbatgebot mit der M.-Spende verband: Es durfte nur für den betr. Tag gesammelt werden, da es sonst verdarb (Ex 16,20), außer am Tag vor dem Sabbat, an dem es kein M. gab; das aufbewahrte M. verdarb nicht (Ex 16,24). Ferner wollte man die Größe der göttl. Fürsorge dadurch ausdrücken, dass man eine sehr große Menge v. M. voraussetzte: Die Jahresmenge betrug für jeden einzelnen Israeliten mehrere Tonnen.
3) M. als Gottesgabe für die Endzeit. Später stellte man sich die Endzeit als neue Jugendzeit Israels vor (vgl. Jer 2,2). Dabei dachte man auch an Wüstenzug und M. Man verstand es als Gottes Wort (Dtn 8,3) und „Brot vom Himmel" (Weish 16,20). Das NT führte dieses Verständnis weiter: Das M., Nahrung der Heilszeit (Offb 2,17), ist aufgenommen und überholt durch das „Brot, das aus dem Himmel kommt" und das Jesus selbst ist (Joh 6,49ff). Das feiert die Gemeinde im Abendmahl (vgl. 1 Kor 10,3.16f).

Maon („Wohnplatz", *tell ma'īn*) Bezirksstadt auf einem Bergrücken s v. → Hebron und Wüstengebiet ö desselben, wo sich → David auf der Flucht vor → Saul aufhielt (Jos 15,55; 1 Sam 23,34; 25,2), Heimat v. → Abigajil und → Nabal.

Mara („bitter")
1) Name einer Wüstenquelle mit bitterem Wasser, das Mose nach Ex 15,23ff trinkbar machte. Die Lokalisation ist umstritten.
2) „M." möchte sich die leidgeprüfte Noomi („Lieblichkeit") nennen (Rut 1,20).

Maranata (aram., entweder: *maran atha* = unser Herr ist da; oder: *marana tha* = unser Herr, komm! Vermutlich wurden *beide* Bedeutungen gehört, wenn man M. sagte) Im NT steht M. (unübersetzt) in 1 Kor 16,22 und (übersetzt) viell. in Offb 22,20.

Marduk Urspr. bab. Stadtgott, seit ca. 1830 v.C. bab. Reichsgott, wachsende Bedeutung (z.B. in Jer 50,2; Dan 14,1-22 → „Bel" genannt). Sein wichtigster Tempel in → Babylon hatte den Turm Etemenanki. M. galt als Sieger über das → Chaos, als Götterherrscher und Weltschöpfer (nach dem Epos Enuma elisch, → Schöpfung). → Merodach-Baladan, → Mordechai.

Marescha („Ort auf der Kuppe" *tell sandaḥanne*) Stadt, nicht ganz 50 km w des Toten Meeres. M war strategisch wichtig (Zugang zu → Hebron): Es wurde v. → Rehabeam, dem ersten König des Südreiches Juda (→ Reichstrennung) befestigt und v. → Asa, einem seiner Nachfolger, erfolgreich verteidigt. Nach dem → Exil wurde M. edomitisch, v. den → Makkabäern erst um 110 v.C. erobert, dann röm. (bzw. selbstständig), 40 v.C. v. den Parthern zerstört. M. war viell. Heimat des → Micha (vgl. Mi 1,15).

Mari (*tell ḥarīri*) In der HS nicht genannte, bedeutende bab. Stadt am W-Ufer des Eufrat. Ihre erste Blütezeit lag in der

Kampf der babylonischen Gottheit Marduk mit dem Chaosuntier Tiamat

1. Hälfte des 3. J. v.C., ihre zweite im 19.–18. Jh. v.C. M. war eine bedeutende Handelsstadt. Seit ca. 2000 v.C. war M. amoritisch (→ Amoriter). → Hammurabi eroberte M. am Anfang des 18. Jh. v.C.; seither war die Stadt bedeutungslos.
Das wichtigste Ausgrabungsergebnis (→ Archäologie) sind Archive v. mehr als 20000 Keilschrifttafeln aus allen Phasen der Stadtgeschichte. Sie schildern die Verhältnisse der Zeit; darunter auch die Situation in Syrien/Palästina in der Zeit vor den Patriarchen. Namen tauchen auf, die ähnlich klingen wie z.B. „Benjamin", „David"; Sie waren offenbar weiter verbreitet, als wir dachten. Viele Schwierigkeiten hatte M. mit den → Chabiru.

Maria (griech./lat. Form des Namens → Mirjam)
1) M. v. Magdala (M. Magdalena) → Magdalena.
2) M. v. Betanien. Nach Lk 10,39–42 und Joh 11,1–45 Schwester der → Marta, nach Joh auch des → Lazarus, oft mit (1) bzw. mit der Frau in Mk 14,3–9 par (→ Salbung Jesu) identifiziert.
3) Mutter des Johannes Markus in Jerusalem (Apg 12,12).
4) Mutter → Jakobus' (3) (Mk 15,40).
5) Christin in Rom (Röm 16,6).
6) Mutter Jesu. Ihre Lebensgeschichte lässt sich nicht ganz aus den bibl. Angaben rekonstruieren. Sie ist Vorbild der Glaubenden (vgl. z.B. Lk 1,45 mit Gen 15,6: Abraham). Je mehr die Urkirche in das Geheimnis Jesu eindrang, desto höher wuchs die Achtung vor seiner Mutter. → Jungfrau. Die älteste Erwähnung der Mutter Jesu in Gal 4,4 will nur betonen, dass der Sohn Gottes ein wirklicher Mensch „unter dem → Gesetz" war. Am meisten v. M. spricht (mit zahlreichen Anspielungen auf das AT) die Kindheitsgeschichte bei Lk (1f). Danach wohnte M. in → Nazaret und war mit → Josef verlobt (vgl. Mt 1,18). Der Lobgesang M.s, → Magnifikat, ist z.T. nach atl. Vorbildern (→ Hanna) gestaltet. Außerhalb der → Kindheitsgeschichte Jesu berichten die → synoptischen Evangelien nur noch, dass Jesus M. und seine Brüder (→ Brüder des Herrn) zurückweist (Mk 3,31–35 par) und über den Lobpreis seiner natürlichen Mutter den der Glaubenden stellt (Lk 11,27f). Im → Johannesevangelium steht M. am Anfang von Jesu Wirken (Hochzeit zu Kana, 2,1–5) und an seinem Ende (Kreuz, 19,25ff).

Markion → Bibeltext

Markus Eigentlich: Johannes M. (Apg 12,12). Christen v. Jerusalem versammelten sich im Haus seiner Mutter: Das war ein Jugendeindruck v. M. Paulus und M.' Vetter Barnabas (vgl. Kol 4,10) nahmen ihn zur Missionstätigkeit mit; M. verließ jedoch die Missionare wieder (Apg 12,25;

13,5.13; 15,37ff). Nach der Überlieferung war M. bei Paulus und Petrus in Rom (Kol 4,10; Phlm 24; 1 Petr 5,13; seit der Zeit nach 60 n.C.). Er war Verfasser des → Markusevangeliums.

Markusevangelium Gilt als das älteste der 4 → Evangelien; Mt und Lk benutzen es (→ synoptische Evangelien). Den Stil bestimmen teils schematische Formung, teils hohe Anschaulichkeit: Das M. verbindet Augenzeugenbericht und bereits geprägte Gemeindeüberlieferung. Die bedeutendste Leistung des Verfassers ist, dass er einen ersten Gesamtbericht über Jesus schuf. Zweifellos trug es zur späteren Bezeichnung „Evv" bei, dass das Wort „Ev" in der Einleitung des M. vorkommt.

Worte und Taten Jesu sind im M. nicht nach der zeitlichen Reihenfolge zusammengestellt, sondern nach einem System: Einleitende Begegnung mit dem → Täufer (1,2–11), Wirken in Galiläa (Wundertaten, Gleichnisreden, Streitgespräche, Auswahl der „Zwölf", → Apostel, 1,14–6,6), Weg nach Jerusalem (6,6–10,52) und Tod Jesu (11,1–15,47). Es folgt noch ein kurzer Bericht vom leeren Grab. Diesem System folgen auch Mt und Lk.

Ziel des M. ist die Glaubensverkündigung v. Jesus als dem → Messias. Es stellt in seinem ersten Teil z.B. außergewöhnliche Taten in den Vordergrund (wie Krankenheilungen, Dämonenaustreibungen, Macht über Natur und Tod, 1,23–34; 2,1–11; 4,35–5,43). Diese unterstreichen den Inhalt v. Jesu Wort, den Anbruch des → Gottesreiches (vgl. 4,1–34; 1,14f). Mk bringt nicht viele Worte Jesu, obwohl er z.B. viele Gleichnisse kennt (vgl. 4,33). Auf anfängliche Begeisterung (vgl. 1,45) folgt Kritik (durch Schriftgelehrte, 2,6f; durch Pharisäer, 3,6; durch das Volk 6,6). Jedoch die *Jünger* schließen sich ihr nicht an; vielmehr spricht → Petrus für sie das Bekenntnis zu Jesus als Messias aus (vgl. 8,27ff). Auf dem Weg nach Jerusalem steht die Jüngerbelehrung im Mittelpukt v. Jesu Verkündigung (Leidensweissagungen, 8,31ff; 9,30ff; 10,32ff; Gerichtsrede über Tempelzerstörung und Endzeit, 13,1–37; Nachfolge, 8,34–38; Ehescheidung, 10,1–12; Reichtum, 10,17–27; Hauptgebot, 12,28–34; Wunder und Verklärung, 9,2–8). Die Darstellung der Passion und die Bezeugung des leeren Grabes bilden den Höhepunkt des M. (14,1–16,8). Hier wurden wohl wortgetreu vorgeformte Berichte verwendet, die v. der urkirchl. Predigt geschaffen worden waren (vgl. z.B. die Verflechtung der Leidensgeschichte mit Psalmversen, 15,24.34.36). Der sog. „längere Markus-Schluss" (16,9–20) wurde später hinzugefügt und ist leicht erklärbar als eine Zusammenfassung v. Berichten der übrigen Evv. Ob 16,8 (Erschrecken über das leere Grab bzw. über den „Jüngling im weißen Gewand") der urspr. Schluss des M.s war und welche Ursache und welche Bedeutung dieser hat, wissen wir nicht. Auch ein ebenfalls erhaltener „kürzerer Markus-Schluss" kann nicht urspr. sein.

Die Botschaft des M. über Jesus ist zunächst: Er ist der → Christus. Der Titel „Sohn Gottes" wird zurückhaltend gebraucht (nur an einigen Höhepunkten, z.B. 1,11; 9,2; 15,39: Zeugnis der glaubenden Gemeinde?) Jesus bezeichnet sich meist als → Menschensohn. Oft wurde das „Messiasgeheimnis" im M. diskutiert, d.h. Jesu Verbot, ihn als Messias zu verkünden (vgl.: 1,34; 3,12; 7,36; 9,9). Häufig erklärt man es damit, dass er falsche jüd. Messiaserwartungen nicht stützen und die röm. Besatzungsmacht nicht provozieren wollte. Richtiger ist wohl: Jesu Offenbarung über seine Person geschah nicht in *einer* Mitteilung, sondern langsam, nach und nach. Den Jüngern ist sie erst nach Ostern aufgegangen. Außerdem wurde erschreckend deutlich, dass Jesus, der echte Messias, v. seinem Volk abgelehnt worden war, ebenso wie man seine Anhänger ablehnte. Der Grund des „Messiasgeheimnisses" ist, dass das M. stark geprägt wurde v. nachösterlichen, missionarischen und urkirchlichen Erfahrungen: Man *wollte* gar nicht wissen, dass dieser Jesus der Messias sei. – Eine vorösterliche Prägung zeigt sich darin, dass Jesus im M. unbekümmert in ganzer Menschlichkeit geschildert wird; die anderen Evv haben solche Stücke z.T. geändert oder weggelassen: Jesus isst und trinkt (2,16), ist müde und schläft (4,38), blickt um sich, um zu sehen, wer ihn berührte (5,32), hat Mitleid (1,41; 6,34), ist zornig (3,5), liebkost die Kinder (10,16), wird v. Todesangst gepackt (14,34), stirbt schreiend (15,37). Sein Wille unterscheidet sich v. dem des Vaters, dem er sich gehorsam unterwirft (14,36) usw. Während bei Joh Jesus verkündet wird als der Offenbarer und Herr, dessen Menschlichkeit dahinter zurücktritt, bezeugt Mk umgekehrt den Menschen Jesus v. Nazaret in seinem heilsmächtigen Wirken. Das M. erwartet vom Leser nicht das Glaubensverständnis, das Joh vom ersten Wort an voraussetzt.

Die Sprache des M. besteht aus wenig Wörtern; die Satzbildung ist einfach und ohne Abwechslung; oft sind Sätze und Abschnitte nur durch „und" aneinander gereiht. Die Verwendung plastischer und volkstümlicher Ausdrücke fällt auf. Die Erzählweise ist anschaulich, gelegentlich unbeholfen (semit.-aram. Herkunft).

Damit lässt sich die Überlieferung verbinden, das M. gehe weithin auf die Petruspredigt zurück. War das M. urspr. das Ev der röm. Gemeinde? Es wurde wohl kurz vor 70 v.C. v. → Markus geschrieben.

Marta („Herrin") Nach Lk 10,38–42 aktiv tätige Schwester der → Maria v Betanien, nach Joh 11,1–44 auch des → Lazarus.

Masora („Überlieferung") ist der Name für die Tätigkeit der → Masoreten und für ihre Randnotizen (z.B. Wortstatistiken) in den hebr. Bibelhss. Wenn sie glaubten, sie müssten vom Text abweichen, griffen sie nicht in den Konsonantentext (*ketīb*) ein, sondern setzten das richtige Wort (*qerē'*) an den Rand. Außerdem setzten sie die Selbstlautpunkte des richtigen Wortes zu den Mitlauten des alten. Missverständnisse entstanden dabei in Fällen, in denen eine Korrektur so häufig vorkam, dass am Rand *keine* Bemerkung gemacht wurde (→ Jahwe). Für die hebr. Sprache gingen sie v. logischen Grundregeln aus (z.B. nach dem Vorbild des Arab.), sodass der urspr. lebendige Charakter des Hebr. verwischt wurde: Es gibt weniger Ausnahmen v. sprachlichen Regeln als in anderen Sprachen. Auch in der Feststellung der Selbstlaute folgten sie oft logischen Regeln oder dem Brauch in verwandten Sprachen, nicht der hebr. Sprachgeschichte. Fast alle Hss des hebr. AT sind masoretisch und stammen frühestens aus dem 10. Jh. n.C. Wie der Vergleich mit den Funden v. → Qumran zeigt, ist dieser Text jedoch viel älter, wenn er auch nicht die einzige alte Textform war.

Masoreten nennt man die Gelehrten, die sich mit der → Masora (Überlieferung des AT, seit dem 17. Jh. n.C.) beschäftigten. Sie wirkten vor allem in Tiberias. Längst hatten rabbinische Gelehrte eine bestimmte, alte Form des hebr. Textes als maßgebend festgelegt. Die M. stellten sorgfältige Ausgaben dieses Textes her.

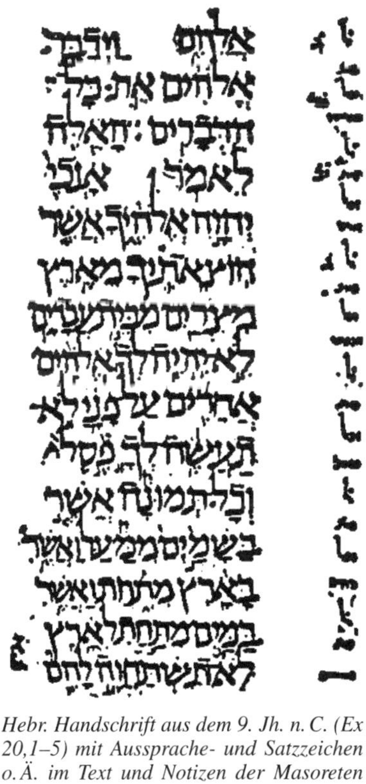

Hebr. Handschrift aus dem 9. Jh. n.C. (Ex 20,1–5) mit Aussprache- und Satzzeichen o.Ä. im Text und Notizen der Masoreten am Rand

Z. B. wurde er mit Satz- und Betonungszeichen versehen, vor allem mit Punkten, welche die Aussprache der Selbstlaute (Vokale) bezeichneten; frühere Systeme waren nicht eindeutig. Bekannt sind u. a. die Familien Ben Ascher und Ben Naftali (10. Jh.)

Massa Eigenname:
1) („Versuchung“) Ort der Wüste Sin (genauere Lokalisierung unmöglich). Oft wird M. verbunden mit der hl. Quelle Meriba („Hader“), wo nach Num 20,1–13 Mose aus dem Felsen Wasser hervortreten ließ.
2) Arab. (ismaelit.) Stamm (z. B. Gen 15,14).

Maße Wie bei → Gewichten können keine genauen Angaben für die M. gemacht werden; Ausgrabungsbefunde widersprechen sich oder können nur unter vielerlei Hypothesen zugezogen werden; manche Angaben sind runde Zahlen (z. B. die 2000 Ellen des Schiloach-Kanals); Maßsysteme haben sich mehrfach geändert; M. werden z. T. noch heute durch Messen am eigenen Körper (z. B. am Arm) festgestellt. Man kann also keine präzise Tabelle geben, sondern *nur* die Größenordnungen angeben, in denen sich ein Teil der M. bewegt:
Längen-M.: Elle: ca. ½ m (die gewöhnliche Elle liegt etwas darunter, diejenige v. Ez 40ff etwas darüber),
Spanne: ½ Elle,
Handbreite: knapp 8 cm
Fingerbreite: knapp 2 cm
Größere M. sind nur ungefähre Angaben: Schritt, Tagereise (= 30–60 km), Strecke, Wegstück, Steinwurf usw.; ungeklärt ist die Länge des *gōmed* (Ri 3,16; einige übersetzen: „Elle“, die meisten: „Spanne“: „Hand“). In späterer Zeit werden hellenistische und röm. M. genannt:
Meile: etwas mehr als 1,5 km
Stadie: knapp 200 m
Klafter: ca. 2 m
Fuß: ca. 30 cm
Flächen-M.:
Die atl. Angaben bezeichnen ein Landstück als Joch = Hufe, das man mit 1 Joch Ochsen an 1 Tag pflügte (knapp ¼ ha?). Außerdem gab man manchmal die Aussaatmenge an, um die Feldgröße zu bezeichnen.
Hohl-M. für trockenes Gut:
Homer = Kor, Malter: ca. 3 ½ hl; später (z. B. im NT): etwas mehr als 2 hl
Efa: ca. ⅓ hl
Sea, Maß, Scheffel: ca. 11 l, später (z. B. im NT): ca.9 l
Kab: knapp 2 l
Choinix, Pfund, Maß (Offb 6,6): etwas über 1 ¼ l
Hohl-M. für flüssiges Gut:
Kor: ca. 3 ½ l
Bat(h): ca. ⅓ hl; etwas mehr: Metretes = Maß
Hin: ca. 6 l
Kab (auch für Flüssigkeiten): knapp 2 l
Log: ca. ½ l

Masseben Steinmale (meist kultisch, z. B. Dank- und Siegessäulen wie Gen 35,14; 1 Sam 7,12; Zeugen für Verträge, Gen 31,44–52). Bekämpft wurden M., die man mit dem Kult fremder Gottheiten in Verbindung brachte (vgl. Dtn 16,22).

Matthäus („Geschenk Gottes“?) Einer der Zwölf (→ Apostel); Sohn des Alfäus, Zöllner in Kafarnaum; außer in Mt 9,9 (Berufung) wird M. nur in den Apostellisten (Mt 10,3 par; Apg 1,13) genannt. Nach Mk 2,14; Lk 5,27ff → Levi. Umstritten ist, ob Levi und M. dieselben Persönlichkeiten sind. Seine angebl. Wirksamkeit in Arabien und Äthiopien ist nicht sicher, ebenso wenig sein Martyrium.
In der Überlieferung wird ihm das → Matthäusevangelium zugeschrieben.

Matthäusevangelium Das M. benutzt das → Markusevangelium und folgt dessen Grundriss. Seine Erweiterungen gegenüber Mk sind vor allem: → Kindheitsgeschichte, 5 große Redegruppen, Ostergeschichte. Dabei hat das M. oft systematisch geordnet und Ähnliches zusammengestellt (z. B. → Bergpredigt ist eine Zusammenstellung v. echten Herrenworten). Sein Inhalt: Stammbaum, Kindheitsgeschichte, der → Täufer, Versuchung Jesu (1,1–4,11), Wirken in Galiläa (4,12–13,58) mit Bergpredigt (5ff) und Gleichnisrede (13), Jesu Weg nach Jerusalem (14,1–20,34) mit dem Bekenntnis des Petrus (16,13–16), den Leidensvorhersagen und Jesu Verklärung (17,1–13), Jesu Passion und Auferstehung (21–28) mit den Reden (gegen die Pharisäer, über das Ende und das Gericht (23ff)). Außer Reden sind im M. auch Wundertaten zusammengestellt, z. B. 10 Wunderberichte (8f). Außer Mk benutzte das M. auch die Redesammlung Q und mündliche Überlieferungen (→ synoptische Evangelien).

Ziel des M. ist es, Jesus als den → Messias der Verheißung zu bezeugen. Oft finden sich Hinweise auf das AT („Reflexionszitate“, z. B. 1,23; 2,18; 4,4.6.8.15; 11,10; 12,7.18–21) als Belege dafür, dass sich in Jesus das AT erfüllt und er der verheißene König (vgl. 1,1) ist. Die Botschaft richtet sich zunächst an das Volk Israel (vgl. 10,5ff; 15,24). Dieses verweigert die Annahme; das Heil geht über auf die Heiden (21,43; → Magier). Nur ein kleiner Rest, die Jünger, werden zum neuen Gottesvolk (vgl. 12,46–50), mit dem Gott in Jesu Blut erneut einen Bund schließt (26,28).

Das M. ist für gläubige Judenchristen geschrieben in der Auseinandersetzung mit dem Judentum. Unverkennbar ist die judenchristl. Prägung (z. B. Anspielungen auf jüd. Gebräuche), zahlreich sind die semit. Formulierungen und Sprachelemente. Es zeigt aber auch, dass das Judentum im Selbstverständnis der neuen Jüngergemeinde übertroffen ist: Kein Unterschied besteht zw. Juden und Heiden (vgl. 24,14); die Gemeinde trägt den bisherigen Ehrentitel der Synagoge *„ekklesia“* (16,18), ihr Herr ist Richter *aller* Menschen (vgl. 25,31–45) und Gottes Sohn (11,27). Dieser weltweiten Kirche gilt Jesu Verheißung, sie werde alle Verfolgungen überstehen (16,18) und er werde stets bei ihr sein (28,20). Nach der Überlieferung stellte → Matthäus Jesu Reden in hebr./aram. Sprache oder in semit. Ordnung zusammen. Das erhaltene M. ist griech. Ein unbekannter Judenchrist habe es nach der hebr./aram. Vorlage geschaffen. Manche nehmen an, dass mit jenem „Ur-Matthäus“ die Quelle Q identisch war, die Mt und Lk außer Mk benutzen.

Das M. wurde nach 70 n. C. geschrieben. Sein Inhalt setzt die Trennung zw. Kirche und Judentum voraus; das legt eine Abfassungszeit um 80 n. C. nahe. Der Entstehungsort wird teils als palästinisch, teils als syr. bezeichnet.

Mattanja („Gabe Jahwes“) war nach 2 Kön 24,17 der urspr. Name des → Zidkija.

Mattatias („Gabe Jahwes“) Priester, Vater der → Makkabäer. Er löste den Aufstand gegen den → Hellenismus aus, als er 167 v. C. einen Abtrünnigen und einen königlichen Beamten tötete, sowie den Altar v. → Modeïn zerstörte (1 Makk 2,23ff). M. musste fliehen und starb bald darauf; sein Sohn Judas führte den Aufstand weiter.

Matthias („Gabe Jahwes“) Nach Agp 1,27 wurde M. als Ersatz für → Judas Iskariot in das Kollegium der Zwölf gewählt (→ Apostel). Umstritten ist, was hinter diesem Bericht steht; Einzelheiten über M. sind unbekannt.

Mazedonien Landschaft am Ägäischen Meer, seit 146 v. C. röm. Provinz. Nach Apg 16,9f wurde Paulus durch ein Traumgesicht nach M. berufen. Es gab in M. mehrere christl. Gemeinden (bes.: Philippi, Thessalonich, Beröa). Paulus besuchte M. mehrfach.

Die Lage von Mazedonien

Medeba (*mādabā*) Stadt in → Moab, ca. 20 km ö des Toten Meeres. Von Israel erobert (vgl. Num 21,30), später wieder moabitisch, z. Z. der → Makkabäer wieder jüd. Ein Fußbodenmosaik der griech.-

orthodoxen Kirche v. M. (6. Jh. n. C.?) ist die älteste Karte des hl. Landes.

Meder hießen iranische Stämme, die zunächst assyr. Untertanen waren. Später bildeten die M. ein Großreich (Hauptstadt: → Ekbatana, beim heutigen Hamadan im Iran). Den letzten medischen König Astyages stürzte sein Enkel → Kyrus (552 v. C.), der Begründer des pers. Weltreiches (→ Persien).

Meer Das Wort „M." wird im wörtlichen Sinn in der HS für das Mittelmeer gebraucht (= Meer der Philister, Ex 23,31; = Großes Meer, Num 34,6; = „Meer" Jos 19,29) sowie für das → Tote Meer, das → Rote Meer, Ströme (Eufrat Jer 51,36) und Binnenseen (→ Gennesaret). Im AO wird die → Schöpfung meist so beschrieben, dass die Gottheit das M. bändigt. Er gilt als Ursprung des Bösen („Tier aus dem M.", Offb 13,1).

Mefi-Boschet → Merib-Baal

Megiddo (*tell el-mutesellim*) Alte Festung in N-Palästina (über 35 km w des Jordan) mit hoher strategischer Bedeutung (Ebene Jesreel, Straße Ägypten/Mesopotamien). Mehrere äg. Quellen nennen M. (auch die Briefe v. → Amarna). Die Israeliten konnten M. zunächst nicht erobern (Jos 17,12). Später wird es unter dem Besitz Salomos genannt (1 Kön 4,12; 9,15); → Joschija starb in M. Die Römer legten ihr Lager nicht in M. an, sondern etwas s davon: M. war wohl schon verlassen. → Harmagedon.

Das berühmteste Ergebnis der Ausgrabungen (→ Archäologie) v. M. waren Pferdeställe (Streitwagenlager), die man oft Salomo zuschrieb, die aber wohl erst → Ahas baute (viell. an der Stelle einer früheren salomonischen Anlage). Sie boten ca. 300 Tieren Platz.

Meister → Lehrer

Melchisedek „(der Gott) Melek ist gerecht" oder „König ist (der Gott) Sedek"; volkstümlich in Hebr 7,2: „König der Gerechtigkeit") kommt in Gen 14 vor. Dieses Stück hängt weder mit einer vorangehenden noch mit einer folgenden Erzählung v. Gen zusammen. Nach ihm war M. König von Salem, brachte Brot und Wein, segnete Abraham im Namen seines Gottes (des *„'el 'eljon"* = höchsten Gottes); Abraham gab ihm den Zehnten. Die Deutung der Episode ist sehr umstritten. Viell. soll sie den Jerusalemer Kult und die Abgaben an den Tempel legitimieren. Das Wort v. Ps 110,4 will das priesterliche Recht der Könige (oder der → Hasmonäer?) betonen. Im NT (Hebr) soll erwiesen werden, dass das Priestertum Christi das levitische überragt

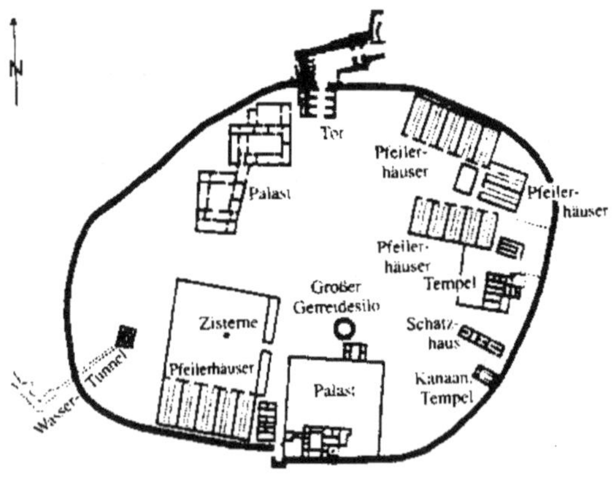

Ausgegrabene Gebiete der Stadt Megiddo, die Bauten stammen aus verschiedenen Ausgrabungsschichten.

(„Priester in Ewigkeit“, Hebr 7,3): Man weiß nichts v. seiner Herkunft (er ist kein Levit); dennoch anerkannte Abraham einen solchen Priester.

Memfis Stadt in Unterägypten (linkes Nil-Ufer). Erhalten ist die Totenstadt (mit den Pyramiden v. Gizeh). Im Alten Reich war M. Hauptstadt → Ägyptens.

Menahem („Tröster“) König des → Nordreiches Israel (743–738 v. C.; 2 Kön 15,14–22). Er tötete seinen Vorgänger und galt dem Verfasser v. 2 Kön als grausam und sündhaft. M. musste schweren Tribut an → Tiglat-Pileser III. leisten.

Menetekel Nach Dan 5,25–28 schrieb eine Menschenhand Orakelworte an die Wand während eines Festmahls des Königs → Belschazzar. → Daniel deutete sie: *menē'*: gezählt (sind die Tage der Herrschaft), *teqēl*: gewogen (wurde der König und zu leicht befunden), *perēs*: geteilt (wird das Reich werden). Viell. war das die Umdeutung eines Rätselspruches auf die gegebene Situation. Die Mitlaute (Konsonanten; in vielen Sprachen schrieb man nur sie) können auch gelesen werden: Mine, Schekel (beides → Münzen) und die Perser (= der Werkt sinkt, schließlich kommen die Perser). Jedenfalls verstand man das M. als rätselhafte Ankündigung eines Untergangs.

Mensch Der M. gilt als Gottes Geschöpf (Gen 1,27ff; 2,7), und zwar als bes. bevorzugtes (Ps 8,6–9). Er ist eine Ganzheit, nicht „zusammengesetzt“ aus → Leib und Seele: Diese Wörter bezeichnen nicht Teile, sondern Seinswesen des *ganzen* Menschen: Er „hat“ nicht eine Seele, sondern ist Seele, d. h. lebendiges Wesen; er „hat“ kein Fleisch, sondern ist Fleisch, d. h. vergängliches, hoffendes Wesen. Wenn Fleisch und Seele nebeneinander stehen (z. B. Ps 8,43), so nicht im Sinne v. 2 Teilen, sondern v. 2 Seiten menschlichen Daseins oder als gleichbedeutende Begriffe, die in der hebr. Dichtung abwechselnd verwendet werden („Parallelismus membrorum“, z. B. Ps 63,2).

Als Sitz der Empfindungen gilt bes. die → Leber, → Nieren. Selten bedeutet „Fleisch“ einfach „Körper“ (z. B. Ijob 2,5). Das Verhältnis M./Gott bzw. M./Dinge ist gestört durch Sünde und Schuld des M.en (Gen 3,5f.16–19; 8,21; → Sünde).

„Der“ M. wird nicht als abstrakte Wesenheit, sondern als konkretes Wesen verstanden (→ Adam); er ist nicht vereinzelt, sondern gehört einem Größeren an, z. B. dem Bundesvolk.

Auch im NT ist der M. als *ganzer* gemeint, nicht als eine Summe v. Teilen (vgl. Mt 10,28). Sein Dasein ist absurd. Das zeigt sich darin, dass aus Weisheit Torheit wurde (vgl. 1 Kor 1,20) und aus Werken gewonnene „Sicherheit“ (→ Gesetz) nicht zum → Heil führt (vgl. Eph 2,8f); sie sind vielmehr Anlass für das „Sich-Rühmen“ (vgl. Röm 3,27). Diese abstrakten Feststellungen müssen v. jedem Leser für seine eigene Situation durchgedacht werden: Inwiefern ist seine Haltung nur Oberflächlichkeit oder Flucht vor dem Gefühl, alles sei auf die Dauer gesehen sinnlos. „Bereinigen“ kann das kein Mensch (auch keine geistliche Behörde), sondern nur Gott. Der Glaube an ihn wächst dadurch, dass man erkennt, wie das eigene Fragen unerwartete Antworten findet. Im Heil für die vielen ist das Heil für die einzelnen enthalten, die ja nicht Vereinzelte sind, sondern zu diesen „vielen“ gehören.

Der M. ist aus dieser Welt (vgl. Joh 3,6); zwar sehnt er sich irgendwie nach etwas, das nicht der „Finsternis verhaftet ist“, aber er *kann* nicht aus ihr entfliehen (vgl. Joh 8,43), auch wenn er das wünscht. Gott hat durch das Kommen seines Sohnes die Welt gerichtet (Joh 3,19). Das bedeutet nicht ein Fällen v. Urteilssprüchen, sondern das Geschenk einer neuen Seinsweise (vgl. Joh 3,17f): Der Mensch gestaltet nicht mehr „seine“ Welt selbst, sondern nimmt Gottes Welt gläubig entgegen.

Philosophische und psychologische Überlegungen, die zum Begriff „Person“, „Persönlichkeit“ u. Ä. führen, sind nachbibl.

Menschensohn ist im Hebr. oft Ausdruck für „Mensch“ (vgl. z. B. Jes 51,12; einige Übersetzer: Menschenkinder). In Dan 7,13f heißt eine Gestalt „M.“, die v. Gott die Herrschaft empfängt. Im jetzigen

Zushg. v. Dan bedeutet M. wohl das Volk Israel. Es ist aber sehr umstritten, wie es zu diesem Ausdruck kam: Dachte der Verfasser an den Urmenschen, einen Engel, ein anderes Himmelswesen? Das Bild vom M. wird in einigen Pseudepigraphen bzw. Apokryphen (→ Kanon) wiederholt; geläufig scheint es nicht geworden zu sein. Auch im NT gibt es Stellen, an denen „M." nur „Menschen" bedeutet (z. B. Hebr 2,6). Nach den Evv war M. war vor allem die Selbstbezeichnung Jesu (z. B. Mt 8,20). Man unterscheidet meist: M.-Worte, die Jesu Kraft und Vollmacht ausdrücken (z. B. über den Sabbat, Mk 2,28); M.-Worte, die Jesu Bedrängnisse und Leiden ausdrücken (z. B. Mk 9,31; Mt 8,20; vgl. Lk 6,22); M.-Worte, die v. der → Wiederkunft reden (z. B. Mk 13,26). Eine Deutung muss all diesen M.-Worten gerecht werden; das ist z. B. nicht der Fall, wenn man „M." als Ausdruck für „ich" verstehen will.

Grob eingeteilt, gibt es folgende Typen der Auslegung:

1) Der Ausdruck „M." stammt nicht v. Jesus, sondern v. den Urgemeinden. Dabei bleibt die Frage, was diese aussagen wollten.

2) Die meisten M.-Worte sind Worte Jesu. Er wollte *seine* Messias-Idee ausdrücken (Triumph und Leiden) bzw. sagen, dass er menschlich schwach und doch mächtig war.

3) Die Worte vom gegenwärtigen M. stammen v. Jesus, diejenigen v. kommenden M. sind nachösterlich.

4) Jesus spricht nicht v. sich, sondern v. einem anderen. Die Gemeinden setzten den erhöhten Herrn mit diesem anderen gleich und fügten das Wort „M." auch in andere Jesus-Worte ein, die v. ihm stammten.

Der 2. Vorschlag scheint am meisten empfehlenswert zu sein. Selbstverständlich betrifft er nur die Mehrzahl der M.-Worte: Einige können v. den Gemeinden neu geprägt sein.

Menschwerdung (Fleischwerdung, Inkarnation) ist kein ntl. Ausdruck, wird jedoch als Tatsache vorausgesetzt: In Christus ist Gott als Mensch („im Fleisch") erschienen. Die Bibelwissenschaft stellt fest: Christi Erscheinen wird nicht geschildert als *eine* der göttl. Heilstaten, sondern als deren Höhepunkt. Nach Phil 2,6ff und Joh 1,14 lebte Christus schon vor seiner Geburt bei Gott.

Die *Christologie* des NT geht aus von Jesu Tod, der Erhöhung Christi und der Verkündigung der Urgemeinden über das Heil „in Christus".

Nach diesem „Modell" (M. = göttl. *und* menschl. Tat) werden auch kosmologische (Christus als neue Schöpfung, 2 Kor 5,17), ethische (z. B. „Demut") u. a. Fragen beurteilt (→ Inspiration). Erst später tritt das Nachdenken über das Geheimnis der Person Jesu und seine vorweltliche Existenz bei Gott stärker hervor. Wer daher die Christologie auf den Menschen Jesu von Nazaret und sein irdisches Wirken allein beschränkt, wird dem Zeugnis des NT nicht voll gerecht.

Merab Älteste Tochter Sauls, nach 2 Sam 18,17ff David als Frau versprochen, aber nicht gegeben. Später lieferte dieser ihre 5 Söhne den Gibeoniten zur Hinrichtung aus (2 Sam 21,8ff).

Merari („der Kräftige") Auf M. führt sich ein großer Zweig der → Leviten zurück; nach Gen 46,11 u. ö. war M. Sohn Levis.

Meriba → Massa

Merib-Baal („mein Herr ist Baal = Jahwe") Personenname, entstellt zu Mefi-Boschet („Verbreiter der Schande"?)

1) Lahmer Sohn → Jonatans, Sauls Enkel (2 Sam 4,4). Nicht nur aus Großmut, sondern auch aus Misstrauen gegen diesen letzten Sauliden holte ihn David an seinen Hof (2 Sam 9). Beim Aufstand → Abschaloms gegen David trat M. nicht für letzteren ein, konnte aber dessen Vorwürfe entkräften und behielt die Hälfte seines Besitzes (2 Sam 16,1–4; 19,25–31).

2) Sohn Sauls. David lieferte ihn den Gibeoniten zur Hinrichtung aus (2 Sam 21,8).

Merkzeichen → Gebetsriemen

Merodach-Baladan (hebr. für: *Marduk-apla-iddin* „ → Marduk hat mir einen Erben gegeben") konnte sich als bab. König gegen → Assyrien behaupten (721–710 v. C.) und wurde dann v. → Sargon II.

verjagt. 703 v. C. versuchte er nochmals vergeblich, die Herrschaft zu gewinnen.
Im AT wird berichtet, M. habe eine Gesandtschaft an → Hiskija v. Juda gesandt, der dieser Staatsschatz und Zeughaus zeigte (2 Kön 20,12–19; Jer 39,1–8). Es handelte sich wohl um den Versuch, einen Freund für eine assyrienfeindliche Politik zu gewinnen: Dass Hiskija sich darauf einließ, musste er schwer büßen.

Mescha „(Gottes) Hilfe") König v. → Moab, der die → Mescha-Säule errichtete (nach 850 v. C.). Er machte sich selbstständig v. Israel; das Opfer seines Sohnes auf der Stadtmauer brachte die Belagerer (Juda und Israel) zum Abzug (so nach 2 Kön 3,4–26).

Mescha-Säule Von → Mescha errichtete Säule, auf der dieser eroberte Städte, Siege (auch über Israel) und Bauten rühmte. Sie wurde nach 850 v. C. errichtet und in → Dibon gefunden.

Mesopotamien („zw. den Strömen" = zw. Eufrat und Tigris) ist eine Bezeichnung, die erst im 3. Jh. v. C. aufkam. Im AT ist M. die griech. Übersetzung verschiedener Gebiete v. Aram (Zürcher Bibel: „Syrien am Eufrat" als Heimat Nahors, Gen 4,10). Einen weiteren Sinn hat M. in Apg 7,2 und heute, wo „M." das Gebiet v. → Assyrien und v. → Babylonien bezeichnet. → Fruchtbarer Halbmond.

Messias (griech./lat.: Christus; „Gesalbter") bezeichnet den Gesalbten Gottes im kultischen und im übertragenen Sinn, z. B. den König (vgl. 1 Sam 26,23; 2 Sam 22,51), den Hohenpriester, den kommenden M.
Frühestens in der Königszeit entsteht, bes. aus dem Glauben an Jahwes Zusagen und der Kritik am bestehenden Königtum, die Hoffnung auf einen M.-König. Im Laufe der Zeit verschärft sich die Kritik und steigt die Hoffnung. Einer der Höhepunkte ist die Prophetie des → Jesaja (→ Immanuel, → Friede). → Micha vermeidet den Titel „König". Der M. gehe hervor aus dem Wurzelstock → Isai (= Davids Vater), also nicht aus der regierenden Dynastie. Andere denken an einen „neuen David" (vgl. Ez 34,23f).
Jerusalems Zerstörung (586 v. C.), der Zusammenbruch des Königtums und → Exil schaffen neue Voraussetzungen: Auf Stadt und König kann sich die Hoffnung nicht mehr richten (vgl. Ps 25,39ff). Damit beginnen 3 Richtungen der M.-Theologie:
Einige erhoffen trotz allem eine polit. Restauration. Sie sehen sich bestätigt z. B. durch den Beginn der Makkabäer-Herrschaft (→ Makkabäer), pflegen den Hass gegen die röm. Besatzungsmacht und ihre Kollaborateure (→ Zeloten), erklären den Führer des letzten ohnmächtigen Aufstandes (bis 135 n. C.) zum M.
Andere hoffen auf Gottes rettende Antwort durch geduldiges, gewaltloses Ausharren bei großer Gesetzestreue: Er werde den M. dann senden. Diese Haltung vertreten u. a. die Leute v. → Qumran (der führende M. stammt nicht aus dem Haus David, sondern Aaron); ähnliche Auffassungen findet man z. B. beim Chassidismus (jüd. Frömmigkeitsbewegung) des Mittelalters.
Das M.-Bild anderer ist geprägt vom Bild des → Gottesknechtes, oder man erhofft einen neuen Mose. Das Bild des → Menschensohnes ist keine geläufige M.-Vorstellung.
Das NT verkündet: *Jesus* ist der M. (= der Christus). Wer sich zu dieser Botschaft bekannte, musste Korrekturen an seiner M.-Vorstellung anbringen: Polit. Machtansprüche werden abgelehnt (vgl. Mt 4,8f). Zwar verwendet die Verkündigung den Ausdruck „Sohn Davids" (z. B. Mt 1,1), aber Missverständnissen wird entgegengetreten. Wichtig ist ihr die neue Gerechtigkeit, die Jesus bringt, und die Taufe mit dem Geist: Alle Anhänger sind prophetisch berufen. Bes. im → Johannesevangelium ist Jesus → Herr und König, ohne indes polit. Ansprüche zu erheben. Viell. wurde die Tat des → Judas Iskariot auch dadurch veranlasst, dass er ein anderes M.-Bild hatte als Jesus.
Die M.-Erwartung ist nicht ausgesprochen im sog. → Protoevangelium (Gen 3,15). Nachträglich wurden allerlei Stellen vom Christusereignis her verstanden, die irgendwie ein kommendes Heil ver-

künden. Oft deutete man sie dann in diesem Sinne „messianisch“.

Metuschelach (aus unbekannten Gründen schon seit vielen Jh. „Methusalem“ genannt; Übersetzung des Namens unklar) Nach einem Zweig der Überlieferung Nachkomme Sets (Gen 5,21), nach einem anderern als „Metuschaël“ Nachkomme Kains (Gen 4,17f). Sein hohes Lebensalter (969 Jahre, nach dem „samaritanischen Pentateuch“ „nur“ 720 Jahre) wurde sprichwörtlich. Da das Lebensalter der Erzväter keine Zahlenangabe ist, sondern eine theologie Aussage (z.B. starke Lebenskraft), ist es müßig, irgendwie die lange Dauer erklären zu wollen.

Metretes → Maße

Micha (Michäas; „Wer ist wie Jahwe“?) Personenname, z.B.:

1) Mann aus Efraim, dem Leute aus Dan sein Kultbild (→ Efod) raubten und seinen Priester entführten, um ihr eigenes Heiligtum damit auszustatten (Ri 17f).

2) Sohn des Jimla, Prophet (→ Propheten) in Samaria z.Z. des Königs → Ahab. M. war Gegner v. Ahabs Außenpolitik (Krieg gegen Damaskus) und wurde wegen seiner Botschaft eingekerkert (1 Kön 22,8–27).

3) Schriftprophet (2. Hälfte des 8. Jh. v.C.), viell. aus → Marescha, Zeitgenosse Jesajas, Autor des Buches → Micha.

Micha (Buch) enthält Anklagen (1ff), Verheißungen (4,1–5,8), Anklagen (5,9–7,7), Verheißungen und Schluss (7,8–20). Micha 4,1ff = Jes 2,2ff (Verheißung vom Berg der Hoffnung und vom ewigen Frieden). Zweimal wird das Schema Drohrede/Heilsbotschaft verwendet: wohl Werk eines Redaktors (5. Jh. v.C.?), der Sammlungen alter Prophetensprüche benutzt; deren älteste Teile stammen v. M. selbst (2. Hälfte des 8. Jh. v.C.).

In M. geht es bes. darum, dass die Großen, Mächtigen und Reichen dem Unheil Jerusalems entgegengehen wegen der sozialen Missstände (z.B. Großgrundbesitz, Korruption), die sie fördern. M. spricht in starken Bildern. Auch → Propheten wirken nach M. im Sinne ihrer Brotgeber (3,5).

Michäas → Micha

Michael („Wer ist wie Gott“?) heißt in Dan 10,13.21; 12,1 der Engelfürst, der Israel hilft. Im späteren Judentum gilt er als ein Thronengel Gottes. In Offb 12,7ff wird sein Sieg über den „Drachen“ geschildert, in Jud 9 sein Streit mit dem Teufel über Moses Leichnam (gemäß jüd. Überlieferung).

Michal („Wer ist wie Gott?“) Tochter Sauls, Davids Frau, den sie vor ihrem Vater rettete (1 Sam 19,11–17). Sie wurde an einen anderen verheiratet; später forderte David sie zurück (Legitimierung als König durch Anschluss an Sauls Familie?). Als David vor der → Bundeslade den Kulttanz aufführte, verachtete sie ihn (2 Sam 6,16.20ff).

Midianiter Verband v. Kamelnomaden (Hauptweidegebiet wohl beiderseits des Golfes v. Akaba). Ihre Beziehungen zu Israel waren teils gut (Mose flieht zu M.n und wird v. ihnen beraten, Ex 2,15–21; 18,13-26), teils feindlich (Num 25,16ff; → Gideons Sieg über die M., Ri 6ff). Einige Gruppen der M. verehrten den Baal-Peor (vgl. Num 25,6–18). Viell. lernte Mose während seines Aufenthalts bei ihnen die Verehrung → Jahwes kennen. Die M. wurden auf einen Sohn Abrahams zurückgeführt (Gen 25,1).

Midrasch („Auslegung“) heißt die erbauliche rabbinische Bibelauslegung. Soweit Normen betroffen sind, spricht man von M.-Halacha oder halachischem M. (→ Mischna), sonst v. M.-Haggada. Diese wurde nicht gesammelt und kanonisiert wie die Normen; es gibt daher viele Sammlungen, z.B. Rabba zu Gen, Klgl.

Mietling Lohnarbeiter, z.B. beim Weiden v. Herden (Joh 10,12f).

Migdal („Turm“) kommt in mehreren Ortsnamen vor, z.B. in M.-El (Jos 19,38).

Migdol Häufiger äg. Ortsname.

Milet Ionische Stadt an der früheren Mündung des Mäander ins Ägäische Meer, bekannt für Handel, Naturphilosophie, Geschichtsschreibung, Luxus, Sittenlosigkeit. Nach Apg 20,15–38 kamen die Ältesten der christl. Gemeinde v. Ephesus (weniger als 100 km entfernt) nach M., um sich v. Paulus zu verabschieden, der nach Jerusalem reiste, wo er gefangen genommen wurde. Nach 2 Tim

4,20 habe er später den Trophimus in M. krank zurückgelassen.

Millenarismus → Chiliasmus

Millo („Auffüllung"), Verstärkung v. Jerusalems Befestigung, errichtet v. Salomo (1 Kön 9,15 u.ö.). 1 Kön 11,27 lässt an eine Befestigung zwischen Tempelberg und Davidsstadt denken, viell. sogar an die komplette Befestigung des Tempel- und Palastbezirks.

Mine → Gewichte, → Münzen

Mirjam (Bedeutung unsicher) Nach Num 26,59 Schwester des → Mose (vgl. auch Mi 6,4), nach Ex 15,20f Prophetin (→ Propheten) und Verfasserin eines Siegesliedes, nach Num 12,1–15 zur Strafe für Auflehnung gegen Mose mit dem → Aussatz befallen und auf Moses Fürbitte nach sieben Tagen geheilt; nach Num 20,1 in Kadesch gestorben und begraben.

Num 12 erwähnt keine verwandschaftl. Beziehungen.

In Ex 2,4.7f (Erzählung v. der Rettung des kleinen Mose) wird der Name seiner „Schwester" nicht genannt.

Mischna („Lehre") Der Versuch, auch in Kleinigkeiten Gottes Gesetz zu tun, und die Ehrfurcht vor der Tradition führten zur Sammlung v. *Normen*. Aus der HS stammt der halachische → Midrasch, aus angebl. mündlicher Überlieferung die M. Frühere M.-Sammlungen verdrängten diejenige des Rabbi Jehuda (um 200 n.C.). Zusammen mit Kommentaren u.Ä. aus den folgenden Jh. (Gemara) bildete sie den Talmud (palästin. um 400 n.C.; bab um 500 n.C., bis heute normativ). Es ist ermüdend, in der M. zu lesen (meist: Rabbi XY sagte ... Rabbi QV sagte ..."; unterschiedliche Meinungen werden einfach nebeneinander gestellt). Einiges v. Jehuda nicht Aufgenommene wurde gesammelt in der (nicht normativen) Tosefta.

Die „mündl. Tradition" und die „Auslegungen" überwucherten bald die Normen der HS (vgl. Mt 15,5ff).

Mission („Sendung") Israel treibt keine Mission unter den Völkern, sondern die Völker haben zu Israel zu kommen (vgl. Jes 2,3). Das spätere Judentum war wohl aktiv missionarisch tätig (vgl. Mt 23,15). Völlig zum Judentum Übergetretene (Tauchbad, Beschneidung) heißen *„Proselyten* (‚Herzugekommene') der Gerechtigkeit"; sie befolgen alle Vorschriften. Menschen, die mit dem Judentum sympathisieren, heißen *„Gottesfürchtige"*; sie beobachten einige jüd. Bestimmmungen (z.B: Sabbatgebot, Speisevorschriften, Tempelsteuer). Umstritten ist, was „Proselyten des Tores" waren (je nach Gegend verschieden, dasselbe wie „Gottesfürchtige", „Fremde"?).

Christl. Verkündigung ist zunächst zu den Juden gesandt (vgl. Mt 15,24.26). Aber diese lehnen ab. Nach dem NT geht die Heiden-M. aus v. der göttlichen Aktivität (M.s-Befehl, Mt 28,19; Bekehrung des Kornelius, Apg 10; Traumgesicht des Paulus, Apg 15,9f; → Gesetz). Der größte Heiden-Missionar der Urkirche ist → Paulus. Oft sind „Gottesfürchtige" am meisten aufnahmebereit. Eigentliche Gemeindeleitung übernimmt Paulus grundsätzlich nicht (vgl. 1 Kor 1,17).

Mitanni Staat am oberen Eufrat (2. Hälfte des 16.–1. Hälfte des 13. Jh. v.C.) mit hurritischer Bevölkerung und Sprache (→ Hurriter) und indo-arischer Oberschicht. M. wurde v. den → Hetitern erobert.

Mittelmeer → Meer

Mittler Ein M. verbindet Gottheit und Menschen. Der Ausdruck „M." steht im AT nur einmal; v. der Verbindung zw. Gott und Menschen wird sehr oft gesprochen. M. sind z.B. → Engel, → Mose, → Propheten, der → Gottesknecht (vgl. Jes 42,6). Nach ntl. Auffassung stellte *Christus* eine unzerstörbare Verbindung zw. Gott und Menschen her und wird daher „M. des Neuen → Bundes" genannt (Hebr 9,15).

Mizpa („Ausguck", „Warte") Name hochgelegener Orte, z.B.: in Benjamin (wohl *tell en-naṣbe*), Versammlungsort des Stämmeverbandes (Ri 20,1; 1 Sam 7,5ff), ca. 12 km n v. Jerusalem: → Saul wurde in M. zum König ausgerufen (1 Sam 10,17–25), König → Asa vom → Südreich Juda befestigte M. (Grenzfestung gegen das Nordreich Israel), → Gedalja residierte in M., religiöser Mittelpunkt des Aufstandes der → Makkabäer (1 Makk 3,46).

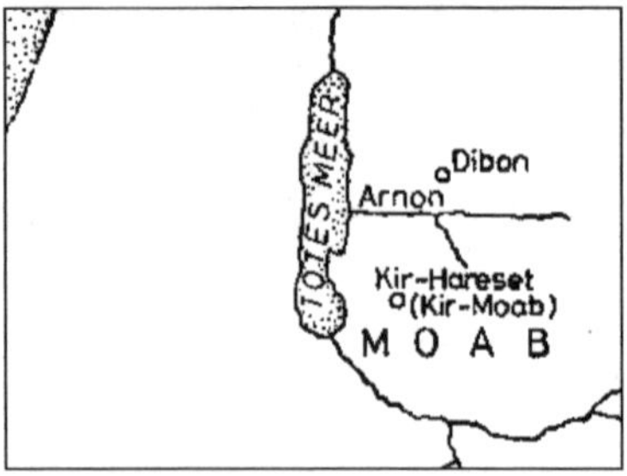

Das Gebiet der Moabiter

Moab Land, in dem mit Israel verwandte Stämme wohnte. Die Erzählung von Gen 19,30–33.37 (M. gezeugt im Geschlechtsverkehr zw. Vater und Tochter) bestätigt diese Verwandtschaft, drückt Israels Verachtung für M. aus und erklärt den Namen „M." volkstümlich (= „vom Vater"). Schon vor Israel hatte M. einen Gesamtkönig (viell. war → Balak noch ein Teilfürst). Seit der → Landnahme gab es Gegensätze zw. M. und Israel (→ Bileam). Unter ihrem König Eglon wurden die M.iter auch w des Jordans Israels Gegner; später waren sie seine Vasallen. Ihrem König → Mescha gelang es 854 v.C., sich unabhängig zu machen. Schließlich wurde M. v. Assyrien erobert und ging später im Nabatäerreich auf.

Modeïn (*el-arba 'īn*) Ort, knapp 25 km nw v. Jerusalem, Vater- und Begräbnisstadt der → Makkabäer; hier begann ihr Aufstand (1 Makk 2,1.15–27).

Moloch Es gibt 2 Deutungen v. „M.":
1) Das Wort entstand aus *mlk* („Weihegabe"); meist war es ein Kinderopfer oder ein Ersatzopfer dafür. Dieser Brauch war auch in Israel verbreitet (vgl. z.B. 2 Kön 16,3; König → Ahas). Eine Opferstätte hieß Tofet im Tal Ben-Hinnom (Jer 7,31).
2) „M." war der Name der Gottheit („König"), der geopfert wurde. In dieser Deutung ist „M." sprichwörtlich geworden.
M. ist die Wiedergabe der → Septuaginta; im hebr. Text steht *mōlech*.

Monat → Kalender

Mond Er war Lichtquelle, Zeitmaß (→ Kalender) und galt als Ursache v. Fruchtbarkeit, Wachstum, Regen, Gesundheit und Tod. Der → Neumond wurde festlich begrüßt. Im AT wird der M. ausdrücklich als *Geschöpf* Gottes dargestellt (Gen 1,16). Im AO war der M.-Kult weit verbreitet, in dem der M. als *Gottheit* verehrt wurde; zur Verbreitung in Israel vgl. Jer 8,2. → Haran war ein Mittelpunkt des M.-Kultes. In vielen Beschreibungen der *Endzeit* spielt der M. eine Rolle: Er wird sich verfinstern (Mk 13,24), rot werden wie Blut (Offb 6,12), strahlen wie die Sonne (Jes 30,26) oder völlig verschwinden (Offb 21,23).

Mord Das AT unterscheidet zw. unabsichtlichem Totschlag und absichtlichem M.: Der Totschläger verfällt der → Blutrache und kann sich durch das → Asylrecht schützen; der Mörder wird in allen Fällen getötet (vgl. Ex 21,14).
M. war ein Mittel der Politik oder ein Weg, persönliche Ziele zu erreichen (vgl.: 2 Sam 3,27; 11f). Die → Zehn Gebote verbieten ihn; Jesus verschärft diese Vorschrift (Mt 5,22).

Mordechai (Mardochäus; „zum (Gott) → Marduk gehörend") Eine Hauptfigur im Buch → Ester, deren Vormund, entdeckt eine Verschwörung, erregt später den Zorn des → Haman, veranlasst Ester zu ihrem Eintreten für die Juden, ein Pogrom wird vermieden und M. an Hamans Stelle Wesir.

Moreschet, Moreschet-Gat Heimat des → Micha.

Morija heißt in Gen 22,2 das Land, in dem Abraham seinen Sohn → Isaak opfern soll. In 1 Chr 3,1 wird der Tempelberg „M." genannt. Ob beidesmal dasselbe gemeint ist bzw. wo M. lag, ist umstritten.

Mose (Name wohl äg.) Was wir über M. wissen, erfahren wir aus der HS; andere Schriften sind davon abhängig oder uns nicht verständlich. Die Texte beabsichtigen jedoch nicht, ein „Leben M.s" zu bieten; ihre Hauptabsicht ist stets zu berücksichtigen: Eine Überlieferungsschicht (Jahwist; → Mosebücher) betont *Gottes* Wirken beim → Auszug aus Ägypten und bei der Wüstenwanderung: M. kündigt es an. Eine andere Schicht (Elohist) stellt M. als aktiven → *Propheten* dar. Eine

3. Schicht (Deuteronomist) sieht M. außerdem als Fürbitter und Sühnenden (vgl. z.B. Dtn 9,18ff). Eine 4. Schicht (Priesterschrift) sieht in M. denjenigen, der für den Verkehr mit Gott bestimmt ist; alle anderen Aktivitäten (z.B. Kriegführung) überlässt er anderen; kennzeichnend ist sein „glänzendes Angesicht" (Ex 34,29). Diese verschiedenen Traditionen über M. ergänzen sich; ihre Mehrzahl sagt nicht, dass M. nie existiert habe. Später wurde in der Tradition allerlei mit ihm verbunden, was z.B. mit Auszug oder Wüste zu tun hatte, urspr. aber nicht mit Mose.
M. war wohl eine bedeutende Persönlichkeit einer Gruppe v. Stämmen (Genaueres lässt sich nicht mehr ausmachen). Nach dem Bericht v. Ex wurde er in Ägypten geboren, v. einer Tochter des Pharao großgezogen, musste nach Midian fliehen und heiratete dort. Er lernte den Gott „Jahwe" kennen, nach bibl. Bericht durch eine Erscheinung (→ Sinai). Er wird geschildert als Führer des Volkes (Auszug, Wüstenwanderung) und großer Gesetzgeber.
Die meisten Nachrichten über M. stehen in den Büchern Ex – Jos. Spätere atl. Bücher erwähnen zwar oft die Wüstenzeit, aber dabei nicht M. Nur im späten Judentum wird M. gepriesen (z.B. Sir 45,1–5). Jesus übertrifft M. (Joh 1,17; 6,32; Hebr 3,2–6; vgl. Hebr 11,23–26).

Mosebücher (Pentateuch = 5teilige Buchrolle) heißen die ersten 5 Bücher des AT (→ Tora): 1 Mose = Genesis (Gen; „Entstehung"), 2 Mose = Exodus (Ex; „Auszug"), 3 Mose = Levitikus („Levitenbuch"), d.h. levitisch-kultische Anweisungen), 4 Mose = Numeri (Num; „Zählungen"), 5 Mose = Deuteronomium (Dtn; „Zweitgesetz"). Diese 5 Bücher bilden eine Einheit; ihre Aufteilung erfolgte nachträglich.
Literarisch stammen die M. *nicht* v. → Mose, sondern sind eine Verbindung v. Notizen aus verschiedenen Zeiten. Auf eine Mehrzahl v. Quellen weisen z.B. hin: Doppelberichte (2 Schöpfungsberichte, Gen 1,1–2,4a; 2,4b–7; 2 Berichte über Moses Berufung, Ex 3; 6) und Wechsel der Namen Gottes. Die atl. Wissenschaft sieht heute in den M. etwa das Ergebnis einer Verbindung der folgenden Quellen:
J (Jahwist, so genannt, weil bis Ex 3 der Gottesname Jahwe verwendet wird), E (Elohist, Gottesname: Elohim), D (Deuteronomist), P (Priesterschrift). Die Reihenfolge ihrer Entstehung ist umstritten (JEPD wird bevorzugt), noch mehr ihre Entstehungszeit. Sie gingen Verbindungen miteinander ein (z.B. J + E = Jehowist) und nahmen anderes Material in sich auf (z.B. Verzeichnisse, H = → Heiligkeitsgesetz), bevor sie in der Endredaktion vereinigt wurden:

$$\left.\begin{matrix}\mathrm{J}\\ \mathrm{E}\end{matrix}\right\} \to \left.\begin{matrix}\mathrm{JE}\\ \mathrm{P}\end{matrix}\right\} \to \left.\begin{matrix}\mathrm{JEP}\\ \mathrm{D}\end{matrix}\right\} \to$$

Mosebücher
Diese Skizze bietet nur einen ersten Überblick. Die Quellen wurden als fertige Größen notiert, als hätten sie kein anderes Material aufgenommen; das Zusammenfügen der Quellen ist so angedeutet, als wären sie unverändert mit den anderen verbunden worden usw. Die Hauptfrage bei der Auslegung ist nicht: Zu welcher Quelle gehört das betr. Stück?, sondern: Was liegt hinter den Quellen; hat das betr. Stück schon vorher eine Geschichte durchgemacht, z.B. als Liste oder → Ätiologie? Auch außerbibl. gewonnene Kenntnisse (z.B. aus Ausgrabungen) können bei der Antwort auf diese Frage helfen. Zu beachten ist ferner, dass einiges Material auch der jüngsten Quellen sehr alt sein kann. Der Leser möge die Skizze in der Weise ergänzen, dass er die Buchstaben nicht als geschlossene Größen ansieht, sondern als lebende Organismen, die aus vielen Teilen bestehen und die bei jeder Berührung mit einem anderen Organismus sich und diesen ändern. Das Alter einiger verwerteter Einzelstücke kann bis in die Zeit Moses führen. Jüngere Gesetzesbestimmungen wurden v. älteren angezogen und stehen daher neben ihnen.
J bietet: Schöpfungsbericht (Gen 2,4b–7), Ur-, Vätergeschichte, Berichte vom → Auszug aus Ägypten und Wüstenzug: Gottes Führung trotz der Sünde. Einige Gelehrte wollen auch Teile v. Jos 2–12 zu J nehmen; andere teilen J in mehrere

Überlieferungsschichten auf (so nennt O. Eißfeldt die älteste J-Schicht „Laienquelle" = L). J bringt keinen Gesetzestext und entstand wohl im → Südreich Juda (oder z.T. schon im Großreich Davids?). Mit J zusammengearbeitet wurde *E*. Dabei ließ man viel v. dem aus, was in J schon da war: v. E ist also nicht viel erhalten geblieben. Einige Forscher ziehen das Vorhandensein v. E überhaupt in Zweifel. Viell. entstand es nach 900 v.C. im → Nordreich Israel. Die Verbindung v. J und E dürfte nach der Zerstörung des Nordreiches (722 v.C.) erfolgt sein. *P* ist durch formelhaften Stil gekennzeichnet; zu dieser Quelle gehört der 1. Schöpfungsbericht (Gen 1,1–2,4a). Besonderes Interesse gilt dem Kult und dem Recht. Heiligkeitsgesetz (H), Genealogien (*toledot*) u.a. wurden eingebaut und formten P mit. Die Aufteilung v. P in mehrere durchgehende Quellen hat sich nicht durchgesetzt. P entstand wohl im → Exil in Babel und wurde nicht in JE eingearbeitet, sondern nahm seinerseits JE auf (wohl um 500 v.C.). *D* wird v. einigen als erster Teil des → deuteronomistischen Geschichtswerkes angesehen. Es wurde einige Jahrzehnte später in JEP eingearbeitet und dieses nach D durchgesehen. Umstritten ist dessen Entstehung; irgendwie scheint sie mit der Auffindung des Gesetzbuchs unter Joschija (621 v.C.; 2 Kön 23) verbunden zu sein. Ihre endgültige Gestalt (einschließlich einiger kleiner Änderungen) erhielten die M. wohl im 4. Jh. v.C.

Einige Gelehrte glauben, dieselbe literarische Analyse umfasse auch Jos oder gar Ri („Hexateuch" = 6-teilige Buchrolle, „Heptateuch" = 7-teilige Buchrolle), oder sie schließen Dtn aus („Tetrateuch" = 4-teilige Buchrolle).

Münzen Urspr. wurde der Preis entrichtet in Stücken v. Edelmetall usw., die man abwog (→ Geld, → Gewichte). Seit dem 6. Jh. v.C. gab es auch in Palästina geprägte M., auf denen der Staat Feingehalt bzw. Wert garantierte. Es ist problematisch, für sie Gegenwerte in heutiger Währung zu nennen (Schwanken in Metallwert, Real- und Nominalkaufkraft, Lohnhöhe u.a.). Der Tageslohn eines Arbeiters entsprach nach Mt 20,2 1 Denar (= 16 As = 64 Quadrans = 128 Lepton, Scherflein), sowie 1 Drachme (= $^1/_{6000}$ Talent = $^1/_{100}$ Mine = $^1/_4$ Stater, Schekel, Silberling (?) = 6 Obolus = 48 Chalkus). Einige Übersetzer verwenden moderne Münznamen, z.B. Heller, Groschen, Pfennig. Bei Vergleichen mit modernen Währungen ist jedoch zu beachten, dass Löhne um ein Vielfaches niedriger, die Kaufkraft wesentlich höher als heute lagen.

M. sind oft Ausdruck der polit., militär. Situation (Münzrechte, aufgeprägte Darstellungen); bei Ausgrabungen sind M.-Funde ein wichtiges Mittel zur Datierung des ganzen Fundes (→ Archäologie).

Mundschenk → Beamte

Mutter → Frau

Myrrhe heißt ein Harz, das man als Parfüm, bei Beerdigungen (Joh 19,39) und als Betäubungsmittel (Mk 15,23) verwendete. Sein Geschmack war bitter. Es musste importiert werden.

Die Lage von Mysien

Mysien Landschaft in NW-Kleinasien; in ihr liegen → Troas und → Pergamon. Paulus besuchte M. zweimal (Apg 15,7–11; 20,5–13).

Mysterium → Geheimnis

Mythos heißt eine Erzählung, in der menschl. Tätigkeiten und Reaktionsweisen auf Außerirdisches übertragen werden (Beispiele: Götterkämpfe, „Himmelsreise der Seele"). Diese werden nicht grundlegend verändert, sondern nur gesteigert. So hat z.B. die Gottheit unbegrenzte physische Möglichkeiten zur Verfügung. Ein

M. soll oft einen Brauch, einen Vorgang in Geschichte oder Natur, einen Kult erklären. Ein M. ist z. B. die Aussage, eine Gottheit mache üblicherweise das Wetter. Etwas anderes ist es zu sagen: Dadurch, dass diese oder jene Wetterlage gegeben ist, kommt es bes. zum Bewusstsein, dass eine außerirdische Macht wirkt. Das ist aber weder als wahr noch als falsch zu *erweisen.*

Viele mythische Stoffe finden sich bereits in der HS entmythologisiert. Z. B. ist in der Erzählung v. der → Schöpfung der M. vom Chaoskampf weitgehend zurückgedrängt im Gegensatz zu anderen Belegen aus dem AO. Die Bewegung der „Entmythologisierung" des NT betont, dass es nicht möglich sei, einige Dinge auszusondern (z. B. gewisse Wunderberichte), andere als histor. Ereignisse bestehen zu lassen. *Alles* sei nicht Wort über Göttliches, sondern Beschreibung der menschlichen Situation; das NT enthalte keine Aussage über ein v. außen kommendes → Heil, sondern über einen heilvollen Weg im Schicksal des Einzelmenschen. Man wird hier einige Fragen stellen müssen, z. B. Inwiefern ist die Botschaft des *NT* zu dieser Aussage geeignet oder nicht gerade so gut (oder besser) andere Werke? Inwiefern kann man die Botschaft des NT vom Heil überspringen in einen blossen Glauben hinein, der Ideologie ohne Wissen wäre? Inwiefern geht es nicht nur um das Schicksal einer Elite v. Einzelmenschen, sondern um dasjenige aller Menschen? Wie steht es mit mit der Beschränktheit eines solchen Lösungsversuches in Zeit und Milieu? Grundfragen müssen durchdacht werden, nicht einzelne Äußerlichkeiten: z. B. der Einwand, die Theologie der Entmythologisierung betrachtet dieses oder jenes nicht als histor., trifft nicht sie, sondern ihre Vorgängerin, die liberale Theologie. Bei ihrer berechtigten Ablehnung darf man nicht zugleich eine ihrer Hauptfragen ablehnen: Was tun, wenn man manche berichteten Ereignisse heute nicht mehr als histor. Tatbestände schildern kann?

N

Naaman Aram. Feldherr des Königs von Damaskus; wurde von → Elischa vom → Aussatz geheilt (2 Kön 5; vgl. Lk 4,27).

Nabal („töricht"), reicher Viehbesitzer aus → Maon; verweigerte → David seine Hilfe; seiner Frau → Abigajil gelang es, David zu versöhnen, als er N. töten wollte (1 Sam 25).

Nabatäer Sem. Volksstamm; urspr. → Nomaden, waren sie seit dem 4./5. Jh. v.C. im Gebiet der → Edomiter ansässig. Von ihrer Hauptstadt → Petra aus beherrschten sie die Karawanenstraßen zw. Pers. Golf, Arabien und Rotem Meer und waren vom 1. Jh. v.C. bis zum 1. Jh. n.C. das bedeutendste Handelsvolk im arab. Raum. Nach der HS waren die N. mit den → Makkabäern freundschaftlich verbunden (1 Makk 5,25; 9,35). Bekannt sind vor allem die Könige: Aretas I. (ihn bat der Hohepriester → Jason um Asyl: 2 Makk 5,8) und Aretas IV., unter dessen Statthalter von → Damaskus Paulus fliehen musste (2 Kor 11,32). Das N.reich wurde 106 n.C. durch Trajan erobert und als Provinz Arabia dem röm. Reich eingegliedert. Bedeutendstes Zeugnis der vom Hellenismus geprägten Kunst der N. ist Petra. Die N. sprachen einen stark von den Arabern beeinflussten aram. Dialekt; wie aus ihren Inschriften und Aufzeichnungen auf → Papyrus ersichtlich, verehrten sie einen Sonnen- bzw. Fruchtbarkeitsgott Dusares und die Mondgöttin Allut.

Nabi → Propheten

Nabonid Letzter neubab. König von 556–539 v.C.; weilte 8 Jahre lang in → Arabien (→ Tema), um seine Macht auch auf dieses Gebiet auszudehnen, während sein Sohn → Belschazzar in → Babylonien regierte. N. wurde 539 v.C. von → Kyrus besiegt.

Nabot besaß in → Jesreel einen Weinberg, den König → Ahab ihm abverlangte; da N. den Wunsch des Königs nicht erfüllte, wurde er auf Betreiben der Frau Ahabs, → Isebel, vor Gericht gestellt und auf Grund falscher Zeugenaussagen gesteinigt. Der Prophet → Elija droht Ahab daraufhin den Untergang seines Hauses an (1 Kön 21).

Nachfolge Im AT verstanden als Bundestreue und Heiligung des Lebens (Lev 11,44). Im NT ist N. ein die christl. → Ethik wesentlich bestimmender Begriff. N. der → Jünger gründet in der persönl. Berufung durch Jesus (Mk 1,16ff), der fordert, bisherige Lebensverhältnisse und -gewohnheiten aufzugeben (Mk 10,28; Lk 9,59–62; 14,26–33) sowie ihn als Herrn und Meister anzuerkennen (Mt 10,24f). N. ist personale Bindung an Jesus, die den Jünger befähigt, in Glaube und Gehorsam das Heil von Jesus zu erwarten (Mt 19,16–30) und zur Leidensnachfolge bereit zu sein (Mk 8,34f).

Im weiteren Sinn meint N. das Annehmen Christi als Vorbild (Joh 13,15.34; 15,12; Röm 15,7; 1 Kor 11,1; Phil 2,2–8); das bedeutet jedoch nicht, Christus zu kopieren, sondern sich seine Gesinnung des Gehorsams gegenüber dem Vater anzueignen (Mt 5,48; 1 Petr 1,14ff). N. ist auch Teilhabe am Leben Christi in Erniedrigung und Erhöhung (Hebr 12,2f).

Die Aufforderung zur N. richtet sich nicht nur an den Einzelnen, sondern an die Gemeinschaft der → Kirche, die diese N. vor allem in Bereitschaft zur Vergebung (Eph 4,32; 5,1), in gegenseitiger Barmherzigkeit (Mt 9,13; 23,23; Lk 10,37; Kol 3,12; 1 Tim 5,10) und in gläubigem Ausharren zu vollziehen hat (Hebr 6,12). Wenn Paulus sich selbst als Vorbild für die Gemeinden betrachtet, dann nur als Beispiel für die Kraft Gottes, die sein Leben umwandelte (1 Kor 4,16; Phil 3,12.17; 4,9; 1 Thess 1,6f; 2 Thess 3,7ff).

Nachor → Nahor

Nacht Nach der HS von Gott geschaffen (Gen 1,5.16), zu seinem Lob und zum

Zeugnis für seine Herrlichkeit bestimmt (Ps 19,3; 92,3). Darüber hinaus ist die N. Zeit bes. Offenbarungen Gottes (Gen 28,11f; 32,22–26; 1 Kön 3,5ff; Lk 2,8f; Agp 16,9) und des Gebetes (Ps 134; Jes 26,2; Lk 6,12), aber auch Zeichen des Unglücks (Ijob 7,3), der Sünde (Mi 3,6; Mt 2,6,34; Joh 13,30), des Gerichtes (Mk 13,35; 1 Thess 5,2) und des Todes (Joh 9,4). Durch Christus wird diese N. überwunden (Röm 13,12; 1 Thess 5,5ff) und in der neuen Schöpfung endgültig aufgehoben (Offb 21,25).

Nachtwache Als Zeiteinteilung (6 Doppelstunden) bereits bei den Babyloniern bekannt. Nach Ex 14,24; Ri 7,19; 1 Sam 11,11 kennt man in Israel drei N.n. Das NT setzt die röm. Einteilung in vier N.n zu je drei Stunden voraus (von 18 h – 6 h) (vgl. Mt 14,25; Mk 6,48; 13,35).

Nackt Nach Gen 2,25 Symbol der Unbefangenheit des Menschen, die durch die Sünde verloren geht (Gen 3,7.10); ist Begriff für das menschl. Leben in seiner Vergänglichkeit (Ijob 1,21; Koh 5,14). N. bedeutet auch Armut bzw. Hilflosigkeit (Dtn 28,48) und wird darum als Schande empfunden (Jes 20,3f; Mi 1,8); deshalb gilt es als bes. Werk der Barmherzigkeit, einen N.en zu bekleiden (Jes 58,7; Mt 25,36.38.43f). Als n. empfindet sich der Mensch, der in Entbehrung leben muss (Röm 8,35; 2 Kor 11,27); als n. wird der Mensch bezeichnet, der vor Gott überheblich ist (Offb 3,17f) und nicht in Wachsamkeit Gott erwartet (Offb 16,15). Vor Gott ist der Mensch n., d.h. er kann nichts vor ihm verbergen (Hebr 4,13).

Nadab („freigebig hat sich Gott gezeigt"), Personenname, z.B.:

1) Nach Lev 10,1f Bruder und Schicksalsgenosse des → Abihu.

2) Sohn → Jerobeams I. (1 Kön 14,20), König des → Nordreiches Israel (911–910 v.C.), setzte dessen Religionspolitik fort (1 Kön 15,26), wurde von → Bascha gestürzt und getötet.

Nächstenliebe → Nächster

Nächster Gemeint ist jeder Mensch, mit dem man täglich zu tun hat; außerdem der Angehörige der gleichen Familie, desselben Stammes, bes. des Bundesvolkes Gottes. Das AT regelt im Bundesgesetz das Verhalten zum N. (Ex 20,13–17; Lev 19,9–18; Dtn 15; 24). Verfehlungen gegen den N. werden als Bundesbruch gewertet (Ex 22,21ff; Jes 10,1f; Am 2,6ff), die das → Gericht heraufbeschwören (Mal 3,5). Ein Fremder gilt dann als N., wenn er im Land wohnt (Lev 19,34). Betont wird die N.liebe als relig. Pflicht, die auch den Feind nicht ausschließen darf (Lev 19,13–18; Spr 25,21f; Jer 15,11). Im Judentum z.Z. Jesu wird die N.liebe nur als Liebe zum Gesetzestreuen aufgefasst, was von Jesus abgelehnt wird (Mt 5,43). Im NT wird jeder als N. angesehen, der Hilfe braucht (Lk 10,25–37); Liebe zum N. ist Maßstab der Liebe zu Gott (Mk 12,31ff par; Jak 2,15f; 1 Joh 4,20f) und des christl. Lebens (Röm 13,8ff; Gal 5,14). Sie ist möglich als Frucht der Liebe Gottes zu den Menschen (Mt 12,18; Joh 3,16; Röm 5,5; Eph 1,5; 2,4), die sich in der Liebe Jesu offenbart (Joh 13,1.34; 14,21; 15,9; 1 Joh 3,16), mit der er für die Menschen sein Leben hingibt (Röm 5,8; 14,15; 1 Kor 8,11). Die Liebe der Christen soll die eigenen Glaubensgefährten, alle Menschen, auch die Feinde umfassen, und so zum Zeugnis für Christus sein (Mt 5,44ff; Joh 13,34f; Röm 12,9f; Gal 6,1f.10). Sie soll sich bes. zeigen in Barmherzigkeit (Lk 6,36) und im Geben von → Almosen (Mt 5,42; Röm 12,13.20; 2 Kor 9,1ff; 1 Joh 3,17). → Liebe.

Naftali Sohn des → Jakob und der → Bilha (Gen 30,8; 35,25), nach Gen 49,21 und Dtn 33,23 einer der Stammväter Israels. Das Stammesgebiet von N. war am Ostrand des galiläischen Gebirges, w des Sees → Gennesaret und des oberen Jordangrabens, den Stämmen → Issachar, → Sebulon und → Ascher benachbart. In Ri 1,33 wird → Bet-Schemesch, eine Stadt in N., erwähnt. Das Deboralied in Ri 5 (→ Debora) besingt den Sieg N.s gegen → Sisera.

Naherwartung → Wiederkunft

Nahor

1) In Gen 11,22ff Name des Großvaters Abrahams.

2) Nach Gen 11,25f; Jos 24,2 Bruder Abrahams, der in → Mesopotamien wohnte

(Gen 24,10); auf ihn werden zwölf aram. Stämme zurückgeführt (Gen 22,20–24).
3) Als Ortsname in Keilschrifttexten erwähnt → Haran.

Nahost → fruchtbarer Halbmond

Nahum („Jahwe tröstet") aus → Elkosch; einer der zwölf kleinen Propheten; → Nahum (Buch).

Nahum (Buch) Nach seiner Niederschrift bringt das prophetische Buch die Ankündigung vom bevorstehenden Zusammenbruch des Assyrerreiches und der Zerstörung Ninives (612 v. C.) in 1,9–14; 2,4–19. Als Einleitung steht ein psalmartiges Gedicht auf Jahwe, den Rächer seiner Feinde (1,1–8). Dazwischen findet sich eine Verheißung an Juda (1,12; 2,1–3). Bis auf die Einleitung ist die Verfasserschaft des Prophpeten N. nicht bestritten. Die Schrift ist zw. 662 v. C. und 612 v. C., vermutlich wenige Jahre vor 612 v. C., entstanden. Sie bringt die Herrschermacht Gottes über die Reiche dieser Welt zum Ausdruck.

Nain Ort in → Galiläa, sö von → Nazaret, am Fuß des „Kleinen Hermon", Schauplatz der in Lk 7,11–17 erzählten Totenerweckung.

Name(n) sind nach sem. Verständnis nicht nur Benennung des Menschen, sondern Gleichsetzung mit seiner Person (1 Sam 25,25). Wer den N. einer Person kennt, hat Macht über sie (Gen 32,29f; Ri 13,18); den N. aussprechen heißt jdn. in seine Gewalt bringen (Gen 2,19f; 2 Sam 12,28); durch Krieg oder Bann wird der N. eines Volkes, d. h. das Volk selbst, vernichtet (Jos 7,9; Jes 14,22); umgekehrt lebt im N. die Nachkommenschaft weiter (Gen 21,12; 2 Sam 18,18).
Israel kann im Gegensatz zum Heidentum den N. seines Gottes anrufen, da ihm der N. Gottes geoffenbart ist (Ex 3,6.13–16). N. Gottes ist Schutz und Zuflucht (Spr 18,10; Ps 91,14), in seinem N. betet, segnet, siegt und flucht man (Gen 4,26; 13,4; 2 Sam 6,18; 2 Kön 2,24), wer sich Gott anvertraut, schreibt dessen N. auf seine Hand (Jes 44,5). Die Ausdrucksweise: Jahwes N. entheiligen (Am 2,7), heiligen (Jes 29,23), preisen (Jes 25,1), lieben (Ps 5,12), ihm ein Haus bauen (2 Sam 7,13) meint Jahwe selbst. Israel liegt jedoch – im Gegensatz zum Heidentum – der Gedanke fern, durch das Anrufen seines N.s Gott beherrschen zu können; bestimmend war das Vertrauen (Ps 33,21; 148,13), das Wissen um die Größe Gottes (Jer 10,6) und um die Abhängigkeit von ihm (Gen 18,27; 1 Kön 8,43).
Das NT setzt die atl. Auffassung vom N. voraus und vertieft sie. Jesu N. ist Ausdruck seiner Sendung (vgl. Mt 1,21): Er ist die → Erlösung (Apg 10,43; 1 Kor 6,11; 1 Joh 2,12), das Heil (Apg 4,12), die Erfüllung christl. Lebens (Kol 3,17). In ihm erscheint die Liebe des Vaters, der die Jünger in seinem N. bewahrt (Joh 17,11.21). Das Gebet im N. Jesu, d. h. in der Gesinung Jesu, wird erhöht (Joh 14,13f; 15,16; 16,23.26); durch das Anrufen des N.s Jesu wird der Mensch gerettet (Apg 2,21; Röm 10,13), bildet er mit den an Jesus Glaubenden die → Kirche (1 Kor 1,2) und darf deshalb den N. Christi tragen (Apg 11,26). Diese Einheit mit Christus wird durch die → Taufe auf den N. Gottes vollzogen (Mt 28,19; Apg 2,38). Weil der Christ in die Gemeinschaft mit Gott aufgenommen ist, muss er um die Heiligung des N.s Gottes beten (Mt 6,9).

Name(n) Gottes Der eigentliche N. G. im AT ist → Jahwe. Daneben werden noch viele andere N.G. gebraucht, die meist weniger Namen als *Titel* sind (z. B.: Herr, Mächtiger, Höchster) und die z. T. auch andere Völker als Anrede für ihre Götter verwendeten, z. B.: Adonaj (→ Herr), El, Eljon, Elohim (s. u.), Eloah, Schaddaj. Ferner wird Gott als Herr der Heerscharen (= Zebaot, Sabaot), d. h. als Herr der Heere Israels, des Himmels, der Sternenmächte, der unterworfenen Götter Kanaans (?) bezeichnet.
„Elohim" kann *mehrere* Götter bedeuten (z. B. Ri 9,13); ist aber meist die Bezeichnung für *einen* Gott (nichtisr.: Beelzebul v. → Ekron, 2 Kön 1,2; der wahre Gott: Gen 1,1). Selten gebrauchte man den Ausdruck „Elohim" für Wesen göttl. Art (z. B.: Totengeister, 1 Sam 28,13; Mose, Ex 7,1). Z. T. wurde angenommen, „Elohim" sei ein Überbleibsel aus einer Zeit,

in der Israel mehreren Göttern diente (Jos 24,14f). → Namen

Nase Organ des Atmens und Riechens (Am 4,10), aber mehr betont als Organ des Lebens (Gen 7,22; Jes 2,22), in das Gott dem Menschen sein Leben einhaucht (Gen 2,7; Ps 104,29f).

Nash-Papyrus In → Qumran gefundene HS-Rolle aus dem 1. oder 2. Jh. n. C., enthält die 10 Gebote.

Nasiräer („Geweihter") Die Vorschriften für die N. sind in Num 6,1–21 überliefert. Durch Gelübde verpflichten sich die N., in bes. Weise Gott zu dienen und darum auf den Genuss von Wein und → Essig zu verzichten, sich die Haare nicht schneiden zu lassen sowie sich an Toten nicht zu verunreinigen. Nach Ablauf der Zeit des Gelübdes müssen Opfer dargebracht werden. Als N. auf Lebenszeit sind → Simson (Ri 13) und → Samuel (1 Sam 1,11) bekannt. Die N. z.Z. Jesu verpflichten sich mindestens für 30 Tage; außerdem gilt es als verdienstlich, Kosten des Opfers für arme N. zu übernehmen. Nach Apg 21,23f übernimmt → Paulus mit vier armen N.n das Gelübde und die Kosten für die Opfer zum Zeichen, dass er keinen Juden hinderte, das Gesetz zu halten.

Natan („Jahwe hat gegeben")
1) Ratgeber und → Prophet bei → David. Im Auftrag Gottes (2 Sam 7,4; 12,1) weist er David nach seinem Verbrechen an Urija zurecht (2 Sam 12,1–12), verhindert nach anfängl. Zustimmung den Tempelbau (2 Sam 7,1–12) und setzt durch, dass → Salomo Nachfolger Davids wird (1 Kön 1,10–40). Er ist auch als Verfasser einer Geschichte Davids (1 Chr 29,29) und einer Geschichte Salomos genannt (2 Chr 9,29). Im Zusammenhang mit dem geplanten Tempelbau empfängt David von N. die Weissagung, dass seine Dynastie für alle Zeiten bestehen wird (2 Sam 7,8–16).
2) Sohn Davids (2 Sam 5,14; 1 Chr 3,5; vgl. Lk 3,31).

Nathanaël („Geschenk Jahwes") Aus Kana in Galiläa (Joh 21,2) kommt nach Joh 1,45–51 mit → Philippus zu Jesus und wird nach Überwindung seiner anfängl. Skepsis → Jünger Jesu. → Bartolomäus.

Natanweissagung → Natan

Natur Abgesehen von den Aussagen über → Schöpfung, → Fleisch und → Welt bedeutet N. „Wesensart" sowohl von Gott als auch vom Menschen. Götzen sind von N. aus nicht göttlich (Gal 4,8); die Menschen sind wegen ihrer mangelnden Gotteserkenntnis nichtig und ihrer N. nach Kinder des Zornes (Weish 13,1; Eph 2,3); sie können Tiere leichter bezwingen als die eigene N. (Jak 3,7f), deren Vergänglichkeit erfahren wird (Ps 103,14ff). Die HS sagt aber auch, dass der Mensch mit seiner N. in Gemeinschaft mit der göttl. N., der göttl. Wesensart, leben wird (2 Petr 1,4). Nach dem Schöpfungsbericht sind Mann und Frau von N. aus einander zugeordnet (Gen 2,21–25; vgl. Mt 19,4ff), auch wenn diese Gemeinschaft durch Schuld ins Gegenteil verkehrt wird (Röm 1,26f). Der N. wird auch das sog. „natürliche Empfinden" zugerechnet, wie es sich durch Übereinkunft zw. Menschen entwickelt (1 Kor 11,14). Paulus betont die Verschiedenheit von Juden und Heiden im Hinblick auf das → Gesetz; dabei wird einerseits den Juden auf Grund der Offenbarung eine größere Bedeutung zugesprochen (Gal 2,15), andererseits den Heiden ein besseres Verständnis des Gesetzes zugebilligt (Röm 2,14.27f). Nur von seiner leibl. N. her kann der Mensch das Heil Gottes nicht erlangen (1 Kor 2,14; 15,44). N.gesetz hat in der HS nichts mit physikalischen Gesetzen zu tun; vielmehr bezeichnet es die Erkenntnis des Willens Gottes, wie sie allen Menschen kraft ihrer N. im → Gewissen möglich ist, die noch nicht direkt vom offenbarenden Wort Gottes angesprochen worden sind (Röm 2,14ff). In diesem Sinn kann man N.gesetz als Bewusstsein sittl. Normen verstehen, die dem Menschen als Forderung Gottes begegnen.

Nazaret Ort an der Südgrenze von → Galiläa, ca. 350 m ü. d. M., s der Stadt Sepphoris, in der Nähe wichtiger Verbindungsstraßen nach Syrien und Ägypten; ist weder im AT noch bei Flavius → Josephus noch im → Talmud erwähnt; erst im NT wird N. als Heimat Jesu (→ Kindheitsgeschichte) und seiner Verwandten genannt

Teil einer Wohnhöhle des alten **Nazaret** *mit einem Silo im Fußboden.*

(Mt 2,23; Mk 1,9; 6,3; Lk 2,51). Von N. aus beginnt Jesus seine öffentl. Wirksamkeit (Mt 4,13). Die Herkunft Jesu aus dem unbedeutenden N. ist Anlass zum Zweifel des → Natanaël (Joh 1,46). Bes. wird der Unglaube der Einwohner von N. betont, in dem diese Jesus ablehnen (Mk 6,1–6 par). N. gehört heute zu Israel; hat überwiegend christl. Bevölkerung.

Neapolis

1) Hafenstadt von Philippi im O Mazedoniens, heute: Kavalla; Paulus kam auf seiner zweiten Missionsreise nach N. (Apg 16,11).

2) → Sichem

Nebajot Erster Sohn des → Ismael (Gen 25,13; 28,19); in Jes 60,7 ist N. als nordaram. Nomadenstamm aufgeführt.

Nebenfrau Obwohl grundsätzlich die Einehe als Norm gilt (Gen 2,24), kennt das AT die Möglichkeit der Polygamie, teils wegen der Nachkommenschaft, teils als Zeichen von Ansehen und Reichtum, z. B. Gen 25,6 (Abraham), Gen 35,22 (Jakob), 2 Sam 3,7 (Saul), 2 Sam 5,13 (David), 1 Kön 11,3 (Salomo). Polygamie wird im göttl. Gesetz als legitim vorausgesetzt (Lev 18,18f); das Erbrecht der Kinder von N.en wird in Dtn 21,15ff geregelt. Das NT spricht nicht mehr von N.en, sondern betont die Einehe (Mt 19,4ff; Eph 5,29–32).

Nebo

1) Berg in → Moab, ca. 810 m ü. d. M., von dessen Gipfel Mose das → „Verheißene Land“ schaut (Dtn 32,49); in Dtn 34,1 mit dem Berg Pisga gegenüber → Jericho gleichgesetzt.

2) Stadt in Moab, zeitweise → Ruben zugehörig (Num 32,3.38; 1 Chr 5,8), später von Moab erobert (Jer 48,1.22).

3) Stadt in → Juda (Esra 2,29).

Nebukadnezzar (II.) (akkad. *nabûku-durri-uṣr*) Sohn des Nabopolassar, neubab. König (604–562 v. C.). Bereits 605 besiegt er → Necho bei Karkemisch (2 Chr 35,20; Jer 46,2) und verfolgt die Ägypter bis zum Nildelta, muss aber wegen des Todes seines Vaters nach → Babylonien zurückkehren, um die Herrschaft zu übernehmen. Der König von → Juda, → Jojakim, bisher Ägypten verbunden, kommt in bab. Abhängigkeit und wird tributpflichtig (2 Kön 24,1), fällt dann aber wieder ab. Während der Regierungszeit seines Sohnes → Jojachin wird → Jerusalem 597 von N. eingenommen und die Bewohner Jerusalems werden ins → Exil geführt (2 Kön 24,8–16). Über den Rest der Bevölkerung, der im Land bleibt, wird → Mattanja zum König eingesetzt, der von N. den Namen Zidkija erhält (2 Kön 24,17). Da Zidkija untreu ist, wird Jerusalem 588 belagert, 586 v. N. erobert, der Tempel zerstört und die Bevölkerung deportiert (2 Chr 36,11–20). Dan 2,36ff kennt N als mächtigen Herrscher eines „goldenen" Reiches, während Dan 4,26f von seinem Größenwahn spricht. In der bab. Chronik bezeichnet sich N. als Friedensfürst, König der Gerechtigkeit, treuer Hirt des → Marduk; im Vordergrund stehen nicht seine kriegerischen Leistungen, vielmehr wird seine rege Bautätigkeit in → Babylon aufgezeichnet (Marduktempel, Palastbauten, Mauern u. a.).

Nebusaradan Oberster der Leibwache von → Nebukadnezzar; erobert Jerusalem (2 Kön 25,8–20; Jer 41,10; 43,6; 52,12–26.30); → Jeremia wird durch ihn befreit (Jer 39,11–14; 40,1–6).

Necho König in Ägypten (609–593 v. C.). 608 besiegt er → Joschija bei Megiddo und dringt bis zum Eufrat vor (2 Kön 23,29); der Nachfolger Joschijas, → Joahas, wird von N. abgesetzt und nach Ägypten deportiert; an seiner Stelle wird Eljakim König, der von N. den Namen → Jojakim erhält und ihm tributpflichtig ist (2 Kön 23,33ff). 605 wird N. von → Nebukadnezzar bei Karkemisch besiegt (Jer 46,2) und muss sich nach Ägypten zurückziehen; 601 gelingt es ihm, ein weiteres Vordringen der Babylonier zu verhindern. N. veranlasst Umsegelung Afrikas durch die → Phönizier und den Bau des Kanals vom Nil zum Roten Meer.

Negeb („Trockenes Land") Wegen zu geringen Niederschlags nur spärlich kultivierbare Steppe s des besiedelten Kulturlandes, die sich vom S des Berglandes Juda bis in die Gegend von Kadesch erstreckt. Da ohne feste Grenze, wird der N. von verschiedenen Nomadenstämmen in Besitz genommen wie z. B. Jerachmeeliter, Keniter, Kreter, auch von Juda (Jos 15,21ff; 1 Sam 27,10; 2 Sam 24,7). In röm. Zeit wird er teilweise fruchtbar gemacht, versteppt wieder während der arab. Herrschaft. In der HS wird N. auch als Bezeichnung für „Süden" verwendet (Gen 13,14; Num 34,3; Jos 15,8; Ez 21,3).

Nehemia (Nehemias = „Jahwe tröstet") Sohn des Hachalja, als strenggläubiger Jude Mundschenk am Hof des Perserkönigs Artaxerxes I. (465–424 v. C.) in Susa. Als er von der Notlage in Jerusalem hört, erbittet und erhält er die Erlaubnis, als pers. Statthalter die Leitung der Stadt zu übernehmen (Neh 1,2–2,8; 5,14). Gegen zahlreiche Widerstände (→ Samaritaner) sorgt er während seiner zwölfjährigen Tätigkeit in Jerusalem (445–433 v. C.) für den Wiederaufbau der Stadtmauern, für eine stärkere Besiedlung, für die Not leidenden Armen gegen Ausbeutung und Wucher und die allg. Sicherheit der Stadt (Neh 2–7). Nach einem vorübergehenden Aufenthalt in Susa kehrt N. um 430 v. C. nach Jerusalem zurück. Er trifft Maßnahmen gegen Missstände im Tempel, bei der Zehnten-Abgabe und der Sabbat-Ruhe; ferner geht er gegen Ehen mit nichtjüd. Frauen vor (Neh 13,6–38). Sein weiteres Leben ist unbekannt.

Nehemia (Buch) ist vom Buch → Esra nicht zu trennen. Es stellt den Wiederaufbau der Stadtmauern Jerusalems unter Leitung des N. nach dem → Exil dar, der nur gegen größten Widerstand vonstatten geht (1–6). N. bemüht sich um Siedler für Jerusalem (7; 11). Esra verliest das Gesetz vor dem Volk (8–10). Das Buch enthält viele Namens- und Ortsverzeichnisse.

Nehuschtan Bezeichnung der ehernen → Schlange in 2 Kön 18,4.

Neid Durch den Neid des → Teufels kam der Tod in die Welt (Weish 2,24); der N. kommt aus der Natur des Menschen (Röm 1,29; Gal 5,19), ist irdisch und teuflisch (Jak 3,15f), äußert sich in Missgunst bei Erfolgen anderer (1 Sam 18,9), ist Quelle von Hass (Gen 37,4) und Mord (Gen 4,3ff). Aus N. wird Jesus getötet (Mt 27,18; Mk 15,10) und die Botschaft der Apostel abglehnt (Apg 13,45; 17,5). Der N. zerstört das Zusammenleben einzelner (Gen 4; 30,1; 37,11; 1 Sam 18,8f; Sir 40,5) und der Gemeinschaft (2 Kor

12,20; Phil 1,5; 1 Tim 6,4), ist mit der Forderung vorbehaltloser Liebe nicht vereinbar (Mt 20,15; 1 Tim 6,3f) und gefährdet den Frommen (Ps 37; 73). Das AT spricht von Überwindung des N.es durch ein gelassenes Herz, Sich-Fernhalten von N.ern, Zufriedenheit und Zurückhaltung (Spr 14,30; 23,6; Sir 14,10; 31,14); nach dem NT soll der N. durch neues Leben im → Geist (Gal 5,22.24), Weisheit (Jak 3,17f) und durch Liebe überwunden werden (1 Kor 13,4ff).

Nergal In → Babylon urspr. als Gott der Sonne, dann auch als Gott von Krankheiten und Krieg und zusammen mit seiner Frau Ereskigal als Herrscher des Totenreiches betrachtet; wird in 2 Kön 17,30 erwähnt.

Nergal-Sarezer Heerführer des → Nebukadnezzar; erobert mit → Nebusaradan Jerusalem (Jer 39,3).

Neu wird zwar im Sinn von „ungebraucht" verwendet (Dtn 20,5; 1 Sam 6,7; 1 Makk 4,47; Mt 27,60); es steht jedoch mehr der Gedanke des Neu-Werdens im Vordergrund, das als Handeln Gottes am Menschen verstanden wird: Erneuerung des Volkes (Jes 43,19), Neuer → Bund (Jer 31,51), Neuer → Geist (Ez 11,19). Im NT wird betont, dass mit Jesus eine neue Zeit angebrochen ist (Mt 13,52; Mk 1,27; 2,22; 16,16ff; 1 Kor 5,7). Als Mittler des Neuen Bundes (Hebr 9,15) gab er sein Leben hin (Lk 22,20; 1 Kor 11,25) und ist so Ursache der neuen Schöpfung, die mit ihm beginnt (Röm 12,2) und im Leben des Christen durch die → Taufe grundgelegt wird (Röm 6,4). Besitz des Lebens (Röm 6,4) und Dienst des Geistes (Röm 7,6) sind Zeichen des neuen Heils; der „innere" Mensch wird in seinem Sinn (Röm 12,2) durch den Geist Gottes neu geschaffen (Tit 3,5; 2 Kor 4,16; 5,17; Eph 4,23f). Dadurch werden die Christen zu Dienern des Neuen Bundes (2 Kor 3,6) und hoffen auf die neue Schöpfung (2 Petr 3,13), die in der Endzeit von Gott sichtbar vollendet wird (Jes 65,17; Offb 3,12; 21,1.5).

Neues Testament Seit Tertullian gebräuchl. Name für die Sammlung frühchristl. Schriften, die man in der → Kirche als Zeugnis des neuen, von Christus gestifteten Bundes betrachtet. Sie umfasst vier Evv, Apostelgeschichte, 21 Briefe und das prophetische Buch der Offb → Bibel; → Kanon; → Testament.

Neujahr Da Israel von den → Kanaanäern zunächst ein agrarisches Jahr übernimmt, wird N. im Herbst, nach der Ernte, gefeiert (Ex 23,16; 34,22); weil → Jojakim den bab. Kalender einführen muß, wird das N. im Frühjahr (*1. Nisan*), vor dem → Pascha, begangen (Ex 12,2; Lev 23,5; Dtn 16,1), für den Kult jedoch im Herbst (*1 Tischri*) beibehalten (Lev 23,24; Num 29,1). Unter den → Seleukiden wird das N. wieder auf den Herbst verlegt und in → Qumran wie auch im rabb. Judentum hoch geschätzt.

Neujahrsfest In vorexil. Zeit zusammen mit dem → Laubhüttenfest gefeiert, begeht man es auch in nachexil. Zeit im Herbst (*1. Tischri*) (→ Neujahr). Im Vordergrund steht die Erinnerung an die Tempelweihe (2 Chr 5,3.14; Esra 3,6) und die Bundeserneuerung (Neh 8,2). Das N. wird begangen als Tag der Ruhe, der mit Posaunenblasen eingeleitet und durch bes. Opfer geheiligt wird (Lev 23,23ff; Num 29,1ff). Das → Tempelweihefest z.Z. der → Makkabäer (1 Makk 4,52–59; 2 Makk 10,6ff) kann das bisherige N. nicht verdrängen (→ Thronbesteigungsfest). Im NT wird nur die makk. Tempelweihe erwähnt (Joh 10,22); nach Gal 4,10 ist das Heil nicht vom peinlich genauen Festhalten an den Feiern der N.e abhängig (vgl. Kol 2,16f).

Neumond Als Tag des Monatsbeginns nicht nur für die Chronologie, sondern auch für das relig. Leben Israels von bes. Bedeutung. In 2 Kön 4,23; Jes 1,13f; Am 8,5 ist der „N." dem → Sabbat gleichgestellt und als solcher ein Tag der Ruhe mit Gelegenheit zu gottesdienstl. Versammlung (Jes 1,13f), zum Jahresopfer (1 Sam 20,6.29), zu einem Festmahl der Familie (1 Sam 20,18.24). Die Vorschriften für die Opfer am N.fest sind in Num 28,11–15 festgelegt.

Nichtigkeit betrifft die menschl. Existenz vor Gott. Das Denken und Handeln ist vor ihm unbedeutend (Jes 41,29; Ps 62,10; 94,11; Weish 13,1; Röm 8,20).

Aus der Erkenntnis der eigenen N. vermag sich der Mensch Gott zuzuwenden (Ps 4). Götzen (fremde Götter) werden ebenfalls als N. bezeichnet, da sie dem Menschen nicht helfen können (1 Sam 12,21; 2 Kön 17,15; Weish 13; 14); ihre „Verehrung" wird N., auch Gottlosigkeit, genannt (Spr 10,20).

Niederfahrt Jesu → Höllenfahrt Jesu.

Nieren gelten mit dem zugehörigen Fett als bes. wertvolles Opfer (Ex 29,13.22; Lev 3,4; Jes 34,6), werden auch angesehen als „Sitz" der Gemütsbewegungen wie Freude (Spr 23,16), Leid (Ps 73,21), Wille und Gewissen (Ps 16,7; 26,2). Gott prüft N. und Herz, d.h. das Innerste des Menschen (Jer 11,20; 17,10; 20,12; Offb 2,23).

Nikanor („Männerbesieger")
1) Syr. Feldherr unter Antiochus Epiphanes (→ Antiochus (1), später unter → Demetrius (1); Judenhasser. Er wird von Judas Makkabäus (→ Judas [2]) besiegt und getötet (1 Makk 4,11ff; 7,31–50; 2 Makk 8,10ff; 15,25–30).
2) Statthalter auf Zypern (2 Makk 12,2).
3) Einer der → Diakone (Apg 6,5).

Nikodemus Bekannt aus Joh als → Pharisäer und „Oberster des Volkes" sowie als Mitglied des → Hohen Rates. In einem nächtl. Gespräch mit Jesus wird er über die Notwendigkeit der → Wiedergeburt belehrt (Joh 3,1–21), setzt sich für Jesus ein (Joh 7,50f) und stiftet Salböl für das Begräbnis (Joh 19,39). Ihm wird auch ein apokryphes Ev zugeschrieben, das aus zwei unabhängigen Teilen besteht, die nach 400 n.C. zu einer Einheit verbunden werden: „Leidensgeschichte" (Acta Pilati) und „Niederfahrt Christi".

Nikolaïten Mitglieder eine gnostischen Sekte (→ Gnosis) in den Christengemeinden von → Ephesus und → Pergamon (Offb 2,6.14f); die Gemeinden werden vor den N. gewarnt, da jene angeblich einem sexuellen Libertinimus verfallen seien.

Nikopolis Name griech. Städte zur Erinnerung an röm. Siege (z.B. in → Mazedonien und → Zilizien). Paulus lädt → Titus nach N. ein; wahrscheinlich ist es N. in Epirus, das nach dem Sieg bei Actium (31 v.C.) von → Augustus gegründet wurde (Tit 3,12).

Nil Im AT „Strom" (Am 8,8; Jer 46,8f) und „Meer" (Ez 3,2) genannt; er ist für → Ägypten lebenswichtig; Versiegen oder Verderben des Wassers sind schwere Strafen für das Land (Ex 7,17ff; Jes 19,5–10; Ez 30,12; Ps 78,44). Mit 6470 km zählt er zu den längsten Flüssen der Welt.

Nilpferd → Behemot

Nimrim Oase in → Moab, die in Jes 15,6 und Jer 48,34 genannt wird.

Nimrod Nach altisr. Überlieferung gilt er als erster Herrscher der Welt, dem die Gründung der bedeutenden bab. und assyr. Städte (→ Uruk) zugeschrieben wird (Gen 10,8–12; Mi 5,5f).

Ninive (akkad. *minua*, „Ruinenhügel"; jetzt *kujundschik, nebi junus*), schon in prähistorischer Zeit besiedelt (vgl. Gen

Ausschnitt aus einem Relief im Palast des Königs Assurbanipal in Ninive. Es zeigt den König, dem zwei Diener folgen, auf der Eselsjagd.

10,11), Stadt im Reich → Hammurabis, Hauptstadt → Assyriens seit → Sanherib, der hier vorzugsweise residiert und Prachtbauten errichten lässt. → Nahum (1–3) und → Zefanja (2,13–15) verkünden ihren Untergang. 612 v.C. durch Meder und Babylonier zerstört, bleibt N. Symbol einer Israel feindl. Macht. Um seinen Zeitgenossen drastisch vor Augen zu führen, dass Gott nicht nur für Israel, sondern auch für die Heiden da ist, lässt der Verfasser des Büchleins → Jona den Titelhelden in N. wirken. – Ausgegraben sind u.a. Paläste Sanheribs und → Assurbanipals mit Keilschriftbibliotheken (→ Schöpfungsberichte, → Sintflut) und Reliefdarstellungen, Ischtar-Tempel, Nabu-Tempel.

Nippur Stadt in → Babylonien, in der jüd. Exulanten angesiedelt wurden; in der Nähe von N. lag der in Ez 1,1.3; 3,15 genannte Fluss Kebar.

Nisan → Kalender

Noach Sohn des → Lamech; nach bibl. Genealogie als zehnter → Urvater seit Adam gezählt (Gen 5,1–29); da er gerecht ist, wird er mit seiner Familie in der → Arche vor dem Tod durch die → Sintflut bewahrt (Gen 6,9–22; 7,1–15). Nach seiner Rettung bringt er ein Gott wohlgefälliges Opfer dar und erhält die Zusicherung, dass das Menschengeschlecht nun für immer bestehen bleibt (Gen 8,20ff; vgl. Jes 54,9); er empfängt einen neuen Schöpfungssegen (Gen 9,1f7), ein neues Speisegebot (Gen 9,3f); Gott schließt mit ihm einen → Bund, dessen Zeichen der Regenbogen ist (Gen 9,9–17); durch seine Söhne → Sem, → Ham und → Jafet ist er neuer Stammvater der Menschheit (Gen 9,18f). Der Bericht von N. und dem bab. Gilgamesch-Epos (→ Schöpfungsbericht). – Im NT wird in der Schilderung des Endgerichts auf die Sintflut verwiesen (Mt 24,37ff); N. ist Vorbild von → Glaube und → Hoffnung (Hebr 11,7) und stellt mit seiner Familie den Typus der Christen dar, die gerettet werden (1 Petr 3,20f).

No(-Amon) Theben

Nob Ortsangabe unsicher (vgl. Neh 11,31f; Jes 10,32); nach 1 Sam 22,19 Priesterstadt der Nachkommen von → Eli. Als → David auf der Flucht vor → Saul nach N. kommt, versorgt ihn → Ahimelech mit den → Schaubroten (1 Sam 21,1–10); deshalb wird Ahimelech mit den Priestern, die das → Efod tragen, von Saul getötet und N. zerstört (1 Sam 22,13–19).

Noemi → Noomi

Nomaden (Beduinen) leben als Hirtenvölker in Wüsten oder Steppen, in der HS wird ihr Wohngebiet in sehr weitem Sinn als → Arabien bezeichnet (2 Chr 9,14; Jer 3,2; 25,24; Ez 27,21). Sie züchten Kamele, kennen weder Acker- noch Weinbau (vgl. Jer 35), wohnen nur im → Zelt, haben keine feste Siedlung. Im Gegensatz zu den eigentl. N. sind die Patriarchen (→ Erzväter) Halb-N.; sie züchten Kleinvieh (Gen 30,37–43) und wohnen deshalb in Steppengebieten. Der Weg zur Sesshaftigkeit führt über den Besitz von Rindern (Gen 13,5) zum → Ackerbau (Gen 26,12) und Grundbesitz (Gen 33,19). Die Ethik der N., die Israel strak beeinflusst, ist bestimmt von der großen Stammesverbundenheit (→ Familie), die sich in → Gastfreundschaft, im Asylrecht, aber auch in der → Blutrache äußert; Umgang mit einer → Hure ist nichts Ungewöhnliches (Gen 38,15–23; Jos 2,1). Das Recht der → Erstgeborenen kann noch in der N.zeit auf einen jüngeren Sohn übertragen werden (Gen 27,30–37). In der Erzählung von → Kain und → Abel wird verdeutlicht, dass man das N.tum als besseres, Gott wohlgefälligeres Leben betrachtet: Abel, der Nomade, wird von Kain, dem bereits Sesshaften, aus → Neid getötet (Gen 4,11–16). Umgekehrt werden die Sesshaften von den N. bedrängt (z.B. Israel nach der → Landnahme; vgl. Ri 6–8; → Nabatäer). Da die N. der Natur ausgeliefert und an keinen festen Ort gebunden, jedoch im Stamm beheimatet sind, entwickelt sich ein kultfreier, sehr persönlich geprägter Gottesglaube, in dem der Gedanke des → Bundes vorherrscht und der an verschiedenen → Heiligtümern erlebt wird. Die → Propheten betrachten das relig. Leben Israels in seiner N.-zeit in idealisierender Weise als die große Zeit des Glaubens und der Treue zu Gott; immer wieder sprechen sie in Sehnsucht v. dieser Treue (z. B. Jer 2,2; Hos 2,16ff; 13,4–6); das prophetische N.-Ideal versuchen die → Rechabiter zu verwirklichen. – Auf die N.zeit des Gottesvolkes spielt die Aussage des Hebräerbriefs an, nach der die Christen wie N. auf dem Weg zur Vollendung sind (Hebr 11,13–16; 13,14).

Noomi Stammte aus Betlehem, Frau des Elimelech, Schwiegermutter der Orpa und → Rut (Rut 1).

Norden Himmelsrichtung; vom N. her erwartet man das Kommen des → Gerichtes (Jes 14,31; Jer 1,14; 4,6).

Nordreich Nach dem Tod von → Salomo wird das Reich Israel in das → Südreich (→ Juda) und das N. geteilt, welches unter dem Namen Israel von 932–721 v. C. besteht (→ Reichstrennung). Von 932–910 ist → Sichem Residenz von → Jerobeam I. und → Nadab; in den neuen Heiligtümern → Bet-El und → Dan wird der Stierdienst (→ Stier) eingeführt. Zur Zeit Jerobeams lebt der Prophet → Ahija. 910–886 ist → Tirza Residenz der Könige → Bascha, → Ela und → Simri. Das N. verliert den n Teil des → Ostjordanlandes an → Damaskus sowie Grenzgebiete Westpalästinas. Von 886–721 ist → Samaria Hauptstadt. Der Nachfolger Simris, → Omri, sucht Verbindung mit phöniz. Städten, um gegen die → Aramäer bestehen zu können, und verheiratet daher seinen Sohn → Abab mit → Isebel aus → Sidon. Omri erobert Gebiete von → Moab, verliert aber Teile des Ostjordanlandes an Damaskus. Ahab, sein Nachfolger, führt auf Drängen Isebels den Kult des → Baal ein, gegen den → Elija auftritt. Ahab kann → Ben-Hadad I. gefangen nehmen; Moab bleibt abhängig. Er unterhält gute Beziehungen zu → Joschafat von Juda (seine Tochter → Atalja ist die Frau von → Joram), mit dem er gegen → Assyrien kämpft (854 bei Karkar) und gegen → Ramot in → Gilead zu Felde zieht, jedoch von → Ben-Hadad II. besiegt wird, da er auf den Unglückspropheten → Micha nicht hört. Sein Sohn → Ahasja kann den Abfall Moabs unter → Mescha nicht verhindern, das nun unabhängig bleibt. Sein Nachfolger → Joram kann Moab nicht zurückerobern, obwohl er von Joschafat unterstützt wird. In seiner Regierungszeit tritt nach Elija der Prophet → Elischa auf. Joram kämpft gegen → Hasaël von Syrien um Ramot, jedoch ohne Erfolg, wird von → Jehu ermordet; Isebel und das Haus Omri werden getötet. Jehu beseitigt den Baalskult, lässt aber den Stierdienst Jerobeams bestehen. Er verliert Land an Hasaël (Gilead und → Baschan) und muss an Salmanassar III. Tribut zahlen. Nach seinem Tod regiert sein Sohn → Joahas; dieser wird v. Damaskus beherrscht. Joahas' Nachfolger, → Joasch, kann Damaskus besiegen und die verlorenen Gebiete zurückholen; außerdem ist er gegen → Amazja von Juda bei → Bet-Schemesch erfolgreich; er reißt einen Teil der Mauer Jerusalems ein und plündert den → Tempelschatz. Unter Jerobeam II. erreicht das N. Israel seinen polit. und wirtschaftl. Höhepunkt: das ostjordanische Land wird zurückgewonnen, möglicherweise gehört auch → Hamat dazu; im Innern nehmen soziale Ungerechtigkeiten und übertriebener Luxus der Mächtigen überhand. Die Propheten → Amos und → Hosea treten gegen diese Missstände wie auch gegen den relig.-sittl. Verfall auf. In diese Zeit gehören die Ostraka von Samaria (→ Buchrolle). Jerobeams Sohn, → Sacharja, regiert nur sechs Monate und fällt einer Verschwörung zum Opfer; mit ihm endet die Dynastie Jehu. Nach ihm kommt → Schallum auf den Thron, regiert aber nur einen Monat lang. Sein Mörder – Menahem folgt ihm in der Herrschaft. Er zerstört Tappuach und muss an → Tiglat-Pileser III. Tribut zahlen. Sein Sohn → Pekachja, der zwei Jahre regiert, wird von seinem Leibwächter → Pekach ermordet, der ihm als König nachfolgt. Unter Pekach nimmt Tiglat-Pileser III. wichtige Gebiete (u. a. Gilead, → Galiläa, → Naftali) ein und deportiert viele Bewohner. Nach der Ermordung Pekachs wird → Hoschea zum König eingesetzt. Er unterwirft sich Salmanassar V., zahlt Tribut, nimmt aber heimlich Verbindung mit Ägypten auf. Daraufhin wird er vom assyr. König gefangen genommen und Samaria belagert. Von Sargon II. wird es erobert (721). Die Bevölkerung wird großenteils nach Assyrien verschleppt: im eroberten Gebiet werden Völker aus dem Osten angesiedelt, die sich mit dem noch verbliebenen isr. Rest zum Mischvolk der → Samariter entwickeln.

Not, Elend, Bedrängnis wird dargestellt durch Schilderung von Katastrophen, Krankheiten, Verfolgung u. Ä.; hat ihre Ursache in der Macht der → Sünde, welche die Schöpfung als Ganzes schädigte (Offb 6; 8,6–11,19; Röm 8,19–23); von N. wird meist im Blick auf das Handeln Gottes gesprochen. N. ist vor Gott nicht verborgen, darum rettet er aus N. (Ex 3,7; Ps 4,2); sie ist Teil seines → Gerichtes über den Pharao (Ex 7–10), über falsche Propheten (Ez 14), über Jerusalem (Ez 21), über die Heiden (Ez 38), über die Welt (Jes 24; Dan 12,1). Im Aufhören der N. geschieht das Heil (Jes 65,16). Der Mensch in der N. darf sich keinem anderen „Gott" zuwenden (2 Kön 1,2–17; Jes 44,17); Christus besiegte die N. (Röm 8,35ff) und sie wird in Verbindung mit ihm überwunden (Lk 21,8–19; 2 Kor 12,9); N. ist dauernde Mahnung zur Wachsamkeit (Mt 24,44), Merkmal der auf Vollendung harrenden Zeit (Mt 24,29–33), geht der Vollendung der Erlösung voraus (Mt 24,6ff; Röm 8,19–23). N. des einzelnen erfährt Gottes Trost zur Tröstung des anderen, die in N. leben (2 Kor 1,2).

Numeri das 4. Buch Mose → Mosebücher

Nuzu Stadt in → Mesopotamien, 13 km sw von Kerkuk, 1925–31 von amerikanischen Archäologen ausgegraben. Ihre Anfänge lassen sich auf das 4. Jt. datieren, im 15.–14. Jh. v. C. ist sie bedeutendes Zentrum der Hurriter. Bei den Ausgrabungen fand man mehr als 4000 Tontafeln aus dem Archiv des Königs und aus Privatarchiven mit verwaltungstechnischen und rechtl. Angaben. Von der Auswertung der Tafeln erhofft man sich genaueren Aufschluss über die Zeit der → Erzväter und ihre Denkart zu den Fragen wie z. B. Kinderlosigkeit einer Ehe, Verkauf des Erstgeburtsrecht, Sklave als Erbe eines kinderlosen Herrn.

O

O → A

Obadja (= Abdias, „Diener Jahwes") Häufiger Personenname. Am bedeutendsten ist der Prophet O., dem das gleichnamige → O. (Buch) zugeschrieben wird. Über seine Person ist nichts Zuverlässiges bekannt: mit dem Hofmeister O. des Königs → Ahab (1 Kön 18,3–16) hat er trotz früherer Gleichsetzung nichts gemein.

Obadja (Buch) Das Buch O. ist die kleinste Schrift des AT, nach dem Propheten → O. benannt; es kündigt das Gericht über die → Edomiter und das Heil für Juda am Tag Jahwes an. Die Zeit der Entstehung liegt nach einer Auffassung im 9. Jh. v.C., nach der anderen im 6. Jh. v.C., je nachdem, ob Edoms Feindschaft gegen König → Joram von Juda oder Edoms Vordringen nach der Zerstörung Jerusalems im Text gesehen wird. Immer gilt Edom als Typ des widergöttl. Volkes, das den Propheten zur allg. Ankündigung des Gerichtstages veranlasst.

Obal Sohn Joktans, arab. Stamm (Gen 10,28; 1 Chr 1,22).

Obed („Diener") Häufiger Personenname (vgl. 1 Chr 2,37f; 26,7f; 2 Chr 23,1), bes. Name des Sohnes der → Rut und des → Boas; Vater des → Isai, Großvater des → David (Rut 4,17; vgl. Mt 1,5f).

Obed-Edom aus Gat, bewahrt die → Bundeslade auf, bis → David sie nach → Jerusalem holt (2 Sam 6,9ff).

Oberer Teich in → Jerusalem. Nach 2 Kön 18,17 wird → Hiskija von Abgesandten des assyr. Königs → Sanherib aufgefordert, Jerusalem zu übergeben. An demselben Teich ermuntert → Jesaja den König → Ahas zum Widerstand gegen → Syrien und das → Nordreich (Jes 7,3ff).

Obrigkeit → Macht, → Staat

Odem → Geist

Ölbaum Charakteristisch für den Mittelmeerraum (Dtn 28,40). Da aus seinem Wurzelstock immer neue Triebe sprossen, gilt er als Symbol für Kinderreichtum (Ps 128,3). Paulus benutzt das Bild vom Ö., um die Eingliederung der Heiden in das Gottesreich darzustellen (Röm 11,17–24).

Ölberg S-Teil eines von mehreren Kuppen gebildeten Höhenzuges, der sich zunächst n, dann ö von → Jerusalem in N-S Richtung erstreckt und dabei von etwa 820 m auf etwa 740 m ü. d. M. abfällt; der Ö. ist ca. 1 km von der Stadt entfernt und durch das Kidrontal von ihr getrennt. Bis zum Ö. reicht das niederschlagreiche Gebiet des Gebirges Juda, ö des Ö.s liegt die Wüste Juda; von seinem S.abhang gelangt man nach → Betanien und → Jericho; von ihm aus hat man einen guten Blick auf das → Ostjordanland, einen Teil der Jordansenke bis zum → Toten Meer und über Jerusalem. Im AT ist der Ö. in der Erzählung von der Flucht Davids (2 Sam 15,30) und in Sach 14,4 als Ort des → Gerichts erwähnt. In bes. Weise ist der Ö. mit den letzten Ereignissen im Leben Jesu verbunden: über den Ö. zieht Jesus in Jerusalem ein (Mk 11,1–11 par), er übernachtet dort und hält sich oft dort auf (Lk 21,37; 22,39); nach Mk 13,1 hält er am Ö. die Reden über die Endzeit (vgl. Mt 24,3). Nach dem → Abendmahl geht Jesus mit den → Jüngern auf den O. zum Gut → Getsemani, wo er betet und von → Judas verraten wird (Mk 14,26–42 par; Joh 18,1f). Apg 1,11f nennt den Ö. als Ort der → Erhöhung Jesu und in möglicher Anspielung auf Sach 14,4 als Ort der → Wiederkunft Jesu. Die Pater-Noster-Kirche (an Stelle der im 4. Jh. erbauten Eleona-Basilika), die Kapelle „Dominus flevit" (vgl. Lk 19,34–44), die Getsemani-Kirche, die Himmelfahrtsmoschee (die auf eine Anlage in der Kreuzfahrerzeit zurückgeht) sowie noch andere Gedächtnisstätten erinnern an seine bes. Bedeutung.

Ölung → Salbung

Ofel (allg. Hügel) Teil des sö Abhangs von → Jerusalem zw. heutiger S.mauer des Tempelplatzes und der alten Davidsstadt;

an seinem Fuß liegt die Quelle → Gihon (2). Nach 2 Chr 27,3 wird der O. von → Jotam, nach 2 Chr 33,14 von → Manasse befestigt und dient den Tempelsklaven als Wohnstätte (Neh 3,26f). Ein O. ist auch in → Samaria bekannt (2 Kön 5,24).

Offenbarung Die Bibel beinhaltet die O. Gottes an die Menschen, durch die er aus seiner Verborgenheit (Jes 45,15; 1 Tim 6,16) heraustritt und dem Menschen seinen Willen kundtut; dabei geschieht seine O. nicht in einer Weise, die den Menschen überwältigt, vielmehr in einer Form, die der jeweiligen Lebensart und dem Verständnis des Menschen angepasst ist.

Das AT bezeugt die O. Gottes durch seine → Schöpfung (Neh 9,6; Ps 19,2–5; 104), von der bestimmte Erscheinungsformen als Zeichen der O. betrachtet werden, z.B.: Wolke (Ex 13,21), Feuer (Ex 3,2), Gewitter (Ex 19,16), Windhauch (1 Kön 19,12f). Eine O. Gottes versucht man durch → Orakel zu erhalten. O. geschieht ferner in → Vision und → Traum (Gen 28,10–16; 37,5–11; Num 12,6ff) und in Erscheinungen (→ Epiphanie), die oft als ein Sprechen verstanden werden (Gen 15,1; Ex 20,22; 1 Sam 3). O. wird durch das Handeln Gottes an seinem Vok erfahren; er gibt sich zu erkennen (Ex 6,2f; Ez 20,1–5), er spricht (Ex 25,22), er führt sein Volk aus Ägypten (Ex 12,17; 20,2), wirkt → Wunder (1 Kön 18,30–39) und tröstet (Jes 52,9; 66,13). Das wesentlichste Element göttl. O. ist das → Wort, bes. der → Propheten. Durch das Wort wird der → Bund geschlossen (Ex 24,3–8), werden die Gottesmänner berufen (1 Sam 3; Jes 6,8; Jer 1,2), wird Israel aus den anderen Völkern herausgehoben (Dtn 4,8); Inhalt der O. Gottes: er selbst (Gen 3,57; 1 Sam 3,21), sein → Name (Ex 3,14; Jes 64,1f), seine → Herrlichkeit (Jes 40,5) und → Gerechtigkeit (Jes 56,1), seine Pläne (Gen 41,25; Ex 33,12f; 1 Sam 16,3), aber auch die Frevel Jerusalems (Ez 21,29). Die O. soll durch einzelne (Ex 18,16.20) und durch das Volk weitergegeben werden (Ex 12,25ff; Jes 12,4); damit ist die O. nichts Abgeschlossenes, sondern etwas zu allen Zeiten Gegenwärtiges. Die deutlichste O. Gottes ist in → Jesus geschehen. Durch ihn ist Gottes Wort erfahrbar geworden (Joh 1,14.18). Jesus ist Licht, das vom Leben Gottes Zeugnis gibt und die Welt verwandeln will (Joh 8,12; 3,11ff); durch ihn ist neues → Leben möglich. Die Geheimnisse des → Gottesreiches werden erschlossen (Mk 4,11 par; Mt 13,35). Durch sein Leben ist Jesus die O. der → Liebe Gottes (1 Joh 4,7ff), mit der sich der → Vater zu erkennen gibt (Joh 14,9; vgl. Joh 5,36; 9,4; 12,49; 14,10). Im NT erscheint Jesus als Enthüllung des → Heiles (Röm 16,25f; Eph 3,9ff), das in → Tod und → Auferstehung geschenkt wird. Zur Verkündigung der O. sind zunächst bes. die → Apostel berufen (Gal 1,16; Eph 3,3ff), aber auch jene, die mit Christus verbunden sind; ihre Verkündigung besteht nicht so sehr im Zeugnis des Wortes, sondern der Tat (Röm 12,6–20; 13,8–10; 14). Ausdrücklich betont das NT, dass die O. Gottes nicht mit menschl. Weish. erkannt (1 Kor 1,18–25; 2 Kor 4,3f), sondern nur durch → Glauben angenommen werden kann (Röm 1,17). Obwohl durch Christus Gott in deutlichster Weise spricht, ist die O. erst in der → Wiederkunft Christi (Lk 17,30; 1 Joh 3,2) erfüllt. Zur Mitteilung der O. → Inspiration.

Offenbarung des Johannes Sie entstand wahrscheinlich um das Jahr 95 n.C. und wurde dem Autor des 4. Ev zugeschrieben; der Verfasser der O. nennt sich Johannes (Offb 1,1.4.9; 22,8), Prophet (1,1–20; 22,9), und weist darauf hin, dass er um des Glaubens willen auf → Patmos verbannt ist (1,9). In Gesichten, Bildreden und Symbolen (vor allem in Zahlensymbolik: vgl. 1,12.16; 3,1; 8,2) wendet sich der Verfasser an die bedrängten Gemeinden in → Kleinasien; damit ist die O. ein Buch des Trostes, der durch Gott den Gemeinden zugesprochen wird (→ Apokalyptik). Im Mittelpunkt steht die Gewissheit, dass durch → Tod und → Auferstehung Jesu die → Erlösung grundgelegt, die Macht des Bösen damit gebrochen ist (12,10). Wie Christus kann auch der Glaubende gegen das Böse bestehen (12,9.12–18). Die Christen sind zu einer Entscheidung gerufen, die sie in Widerspruch zur → Welt bringt (2,13; 6,9–11). Sie sind

Knechte Gottes (7,3), die der Welt scheinbar unterlegen sind (11,7–10), von Gott jedoch zu neuem Leben erweckt werden (11,11f). Sie sind Priester vor Gott (5,10; 20,6), Erstlingsgabe für Gott und das Lamm (14,4) und bezeugen durch den Glauben den Sieg Gottes über die Welt (3,10; 14,12). Die Bilder vom *Zorngericht* Gottes (4; 6–12; 14,6–20; 16ff), die auf atl. Vorbilder zurückgehen, sollen Gott als Herrn der Geschichte erweisen und die Menschen zur Umkehr führen. Deshalb vermag die → Kirche die Antwort des Gebetes in Lobeshymnen vor Gott auszusprechen (1,6f; 5,13; 15,3f; 19,1–7).

Die O. zeigt, dass der Weg der Kirche in der Drangsal bestimmt ist von der gläubigen Erwartung der Herrlichkeit, dargestellt in dem Bild vom neuen Jerusalem (21f). Der → Bund Gottes mit den Menschen findet dann seine letzte Vollendung, die Macht des → Antichrist ist endgültig vorbei.

Die Lage der 7 Gemeinden in Kleinasien, an welche die 7 Sendschreiben in Offb 2f gerichtet sind

Ofra
1) Stadt in → Benjamin, auch Efron bzw. → Efraim genannt (Jos 18,25; 1 Sam 13,17; 2 Sam 13,23; 2 Chr 13,19).

Og Nach bibl. Darstellung Amoriterkönig von → Baschan, der von → Mose besiegt worden ist; wird meist mit → Sichon gleichgesetzt (Jos 2,10). Die Zeit seiner Herrlichkeit ist nicht genau datierbar (→ Landnahme).

Ohola und Oholiba sind in Ez 23 symbolische Frauennamen für → Samaria und → Jerusalem, unter denen ihre Treulosigkeit vor Gott dargestellt wird.

Ohr Es spielt als Körperorgan im Rechts- (Ex 21,6) und Kultbereich (Ex 29,20; Lev 14,14ff) eine wichtige Rolle. Bedeutsamer ist die bibl. Denkweise, die das O. als bevorzugtes Organ bewertet, mit dem der Mensch die → Offenbarung Gottes empfängt (2 Sam 7,24; Ijob 42,5). Gott wendet dem Menschen sein „O." zu und ist dadurch mit ihm verbunden (Num 14,28; Ps 17,6); → Salomo erhält ein „hörendes" Herz (1 Kön 3,9); Gott schließt den → Bund mit Menschen, die auf ihn hören (Jes 55,3). Der Ungehorsam äußert sich im Abwenden des O.es von Gott (Jer 7,24); das „unbeschnittene" oder „verstockte" O. ist Zeichen der Unbelehrbarkeit (Jer 6,10; Mt 13,14f; Mk 4,12; Apg 28,27). Wesentliches Merkmal der messianischen Heilszeit ist darum das „Öffnen" der O.en (Jes 35,5; Mt 11,5). Immer wieder mahnt Jesus, vor seiner Botschaft die O.en nicht zu verschließen (Mt 11,15; Mk 4,9.23; Lk 8,8; Offb 2,7). → Hören

Omri (Namensbedeutung unbekannt) Personenname, z. B.:
König des → Nordreiches Israel (886–875 v. C.; viell. arab. Herkunft); gegen → Simri zum König ausgerufen, musste er sich noch gegen → Tibni durchsetzen (1 Kön 16,21f). O. schuf dem Staat ein Zentrum, indem er → Samaria gründete (1 Kön 16,24f). Durch die Heirat seines Sohnes → Ahab mit → Isebel (Prinzessin von → Tyrus) versuchte er, engen Kontakt mit den phön. Küstenstädten zu gewinnen.

On Ägypt. Stadt im Nildelta, in welcher der Sonnengott unter den Namen wie

„Re", „Atum-Re" oder „Atum-Re-Harachte" verehrt wurde. Kultsymbole waren: ein hl. Stein „Benben", der als Thronsitz des Sonnengottes galt, und Obeliske. Die Priester von O. schufen damit einen „neuen" Gott, als dessen Sohn der jeweils regierende → Pharao verehrt wurde. Nach Gen 41,45.50 und 46,20 war der Schwiegervater des → Mose Priester zu O. Der griech. Name für O. war Heliopolis.

Onan geht mit der Witwe seines Bruder die → Leviratsehe ein, weigert sich aber, seinem Bruder Nachkommen zu zeugen und wird deshalb von Gott mit dem Tod bestraft (Gen 38,4–10). Die auf ihn zurückgeführte Bezeichnung der Selbstbefriedigung als Onanie ist unzutreffend.

Onesimus → Philemonbrief

Onias Name von vier → Hohenpriestern:
1) O. I., vgl. 1 Makk 12,7f.19–23.
2) O. II., vgl. Sir 50,1.
3) O. III. verteidigt gegenüber → Heliodor den → Tempelschatz; muss auf Betreiben des Königs Seleukus IV. (→ Seleukiden) sein Amt an seinen Bruder → Jason abtreten; wird in Daphne bei Antiochia ermordet (2 Makk 3–4).
4) O. IV. zieht nach Ägypten und gründet unter Berufung auf Jes 19,19 einen Tempel nach dem Vorbild in Jerusalem.

Opfer Das AT kennt eine Vielzahl von O.n, die das relig. Leben Israels prägen. Man unterscheidet:
Brand-O. (auch Ganz-O., weil das O.tier als Ganzes verbrannt wird); es wird als Morgen- und Abendopfer dargebracht (Lev 1,3ff; Num 28,3); Schlacht-O.; nur das Eingeweide wird geopfert, das Fleisch wird vom Opfernden und seiner Mahlgemeinschaft verzehrt, darum auch Mahl-O. genannt (Lev 3,5; 7,16f.31ff); Dank-O. (Lev 19,5ff), Heils-O. (1 Sam 11,15; Lev 3), Sünd- und Schuld-O. (Lev 4; 5,14–19; Dtn 14,22ff), Reinigungs-O., das von kultischer Unreinheit befreit (→ Reinheit) oder die Zeit eines Gelübdes beendet (Lev 12,6ff; Num 6,10ff); Speise- und Trank-O. (Lev 2; 6,7ff; 23,18), Räucher-O. (Ex 30,34–37; Lev 16,12f), Sühn-O. (1 Sam 3,14). Weil das O. Ausdruck der Gemeinschaft mit Gott und den Mitmenschen sein soll, wird von den → Propheten jede Veräußerlichung der O. verworfen (2 Chr 29,21–35); deshalb wird die Notwendigkeit der rechten Gesinnung betont, die sich im hilfsbereiten Geben von → Almosen und durch → Barmherzigkeit äußert (Am 4,4f; Hos 4,8–14; Jes 1,11–17; Jer 6,20f). Im nachexilischen Judentum wird das O. immer mehr als verdienstl. Gehorsamsleistung betrachtet, die gesetzlich geregelt und darum zu erfüllen ist. Neben dem O. werden Wohltätigkeit (Spr 16,6), Gerechtigkeit (Sir 3,30) und Ehrfurcht (Sir 3,3) als Zeichen der Hingabe an Gott gewertet.
Nach dem NT lehnt Jesus die atl. O. nicht ab (Mk 1,44; Mt 5,23f; Lk 2,42), bestärkt aber die prophetische Kritik an ihnen (Mt 9,13; Mk 12,33; vgl. Hos 6,6); auch die → Tempelreinigung ist nicht gegen die O. gerichtet. In bes. Weise ist Jesus selbst das O. des Neuen → Bundes (Eph 5,2). Die Hingabe seines Lebens als eigentliches → Pascha (Joh 1,29; 19,14; 1 Kor 5,7) schafft die vollkommene Versöhnung mit Gott (Röm 3,25; 1 Joh 2,2); als einmaliges O. hat er sein → Blut vergossen (Eph 1,7) und den Tod aus Gehorsam auf sich genommen (Röm 5,6.8.10; Phil 2,8). Durch Jesu O. ist der Alte Bund mit seinen O.n überholt (Hebr 8,6) und dem Menschen neues → Heil geschaffen worden (Hebr 9,9.12–15.18ff). Wenn die Christen in eine neue Lebensgemeinschaft mit Gott eintreten (Röm 14,8), sind sie für die → Sünde tot (Röm 6,11.13) und vermögen als Gott wohlgefällige O. (Röm 12,1) geistige O. darzubringen, die in Almosen (Phil 4,18), → Gebet (Hebr 13,15) und Martyrium (Phil 2,17) bestehen können.

Opfermahl Das AT kennt das O. als Besiegelung des → Bundes (Gen 26,28ff; 31,46.54), bei Einsetzung eines Königs (1 Sam 11,15) und als Zeichen sakraler Gemeinschaft zw. Gott und den Menschen (Ex 24,1f.9ff). Ähnlich sind die sog. Heilsopfer (→ Opfer) aufzufassen, bei denen ein Teil des Opfertieres Gott dargebracht, der übrige Teil von den Opfernden verzehrt wird (Lev 19,5–8). Ein O. ist üblich bei Festen einer Familie

oder eines Ortes (1 Sam 9,12f.22ff). Im NT wird das Herrenmahl (→ Abendmahl) als O. gekennzeichnet (1 Kor 10,16–22; 11,20), das die Christen mit Christus und untereinander verbindet. Für sie ist darum Teilnahme an einem heidnischen O. nicht möglich (1 Kor 10,18.20); ebenso wenig kann Uneinigkeit geduldet werden (1 Kor 11,17–21).
2) Heimat und Begräbnisort des → Gideon (Ri 6,11.24; 8,32).

Orakel entspringt dem Wunsch, Auskunft von Gott über den Ausgang von Unternehmungen und über die eigene Zukunft zu erhalten (Ri 18,5; 1 Sam 10,22). Bekannt ist z.B. die Orakel-Terebinthe in → Kanaan (Gen 12,5; Ri 9,37) und der Orakel-Gott Baal-Sebub (→ Baal) zu → Ekron (2 Kön 1,2). Das Gesetz verbietet zwar das O. (Dtn 18,10f; Lev 19,26), erlaubt es aber bei Vermittlung durch Priester, Propheten, „Seher", Träume (Dtn 18,15; 1 Sam 9,9; Num 12,6). Die bab. O.bilder, die → Terafim, werden in den Hausgebrauch der Israeliten übernommen (Gen 31,19); der Brauch, → Urim und Thummim zu befragen, hält sich lange (Num 27,21; 1 Sam 14,41f), ebenso die Befragung Gottes durch das → Los (Jos 7,14–18; 1 Sam 10,20; Apg 1,24ff). Bekannt sind auch Opfer- und Totenschau (Gen 4,4; 1 Sam 28,13ff).
Im Gegensatz zur heidnischen Umwelt bedeutet die Befragung Gottes in Israel das Annehmen eines Rechtsspruches, da Gott Recht und Gerechtigkeit garantiert (Gen 16,5); darum ist es priesterliche Hauptaufgabe, mit dem Spruch Gottes zu entscheiden (Dtn 17,8–12; Jer 18,18).

Origenes Geb. 184 n.C. in → Alexandria. Zuerst Lehrer in Alexandria, dann in → Cäsarea; gest. 254 in → Tyrus. Sein wichtigstes Werk ist die → Hexapla; sonstige Schriften sind: Kommentare und Homilien zur HS, eine erste systematische Kirchengeschichte, die Apologie gegen den heidnischen Philosophen Kelsus sowie Schriften über Gebet und Martyrium, die von seiner asketischen Lebensauffassung zeugen, die er im mutigen Bekenntnis während der Christenverfolgung unter Decius bewies.

Ornan → Arauna

Orpa Schwiegertochter der → Noomi, die in → Moab zurückbleibt (Rut 1,4ff).

Osee → Hosea

Ostern → Pascha

Ostjordanland Zusammenfassende Bezeichnung für das Land ö des → Toten Meeres, das von den Flüssen → Jabbok, Jarmuk und → Arnon durchzogen ist und für die Gebiete → Baschan, → Gilead, → Moab und → Ammon. In der Zeit Jesu werden vom O. die Gebiete → Peräa und die → Dekapolis erwähnt.

Ostraka → Buchrolle

Otniël Sohn des Kenas, Bruder des → Kaleb. Nach seiner Eroberung von → Kirjat-Sefer erhält er von → Kaleb dessen Tochter → Achsa zur Frau (Jos 15,15ff); er befreit die Israeliten von der Herrschaft des Kuschan-Rischatajim (Ri 3,5–11).

P

Palästina Seit der alten Kirche Eigenname für das → Gelobte Land. „P." umschreibt etwas vage den Schauplatz bibl. Geschichte und meint meistens das Land zw. dem Mittelmeer, der syr.-arab. Wüste, dem Südende des Libanon und des Toten Meeres. Der Begriff P. begegnet erstmals bei Herodot (5. Jh. v. C.). Er bezeichnet die Bewohner der Küste zw. → Karmel und → Gaza, „Syrer, die Palestinoi genannt werden". Palestinoi entspricht dem bibl. → Philister, „P." bedeutet also „Philisterland". Seit 135 n. C. ist „P." Name einer röm. Provinz und wird in röm.-byzantinischer Zeit Bezeichnung des Westjordanlandes und wechselnder Gebiete ö des → Jordan.

In der Zeit britischer Mandatsregierung heißt das Westjordanland von *rās en-nāqūra* bis zum Golf von Akaba Palestine. Von N nach S wird P. durchzogen vom syro-afrikanischen Graben. In ihm fließt der Jordan, liegen See Gennesaret, → Totes Meer, *wādi el-'aqaba* und Rotes Meer.

Das tafelförmige Ostjordanland (800–900 m) wird von → Jarmuk, → Jabbok und → Arnon durchzogen. Westjordanien ist stärker gegliedert und vereinigt in sich die verschiedensten Landschaftsformen. W des Toten Meeres verläuft von N nach S das judäische Gebirge (bis 1028 m), dessen ö Steilabfall im Regenschatten liegt. Nach W schließt sich die Hügellandschaft der Schefela an, die eine geologische Pufferzone zw. Juda und den Philistern bildete. Dann geht die Landschaft in die Küstenebene über.

Das judäische Gebirge geht n in das niedere Bergland v. Samaria (bis 1011 m) über. Sein W-Rand ist weniger scharf ausgeprägt, der O-Abfall steiler. Der vorgelagerte Küstenstreifen, die Scharonebene, bei → Cäsarea 10 km breit, wird nach N zu schmäler. Das n W-Jordanland wird vom galiläischen Gebirge eingenommen, dessen deutlich verschiedene Teile durch das Tal von Bet Karem (ö → Akko) getrennt wird: Ober- und Untergaliläa. Die Berge Obergaliläas steigen bis 1208 m an, die Hügel Untergaliläas sind wesentlich niedriger. Der → Tabor erreicht nur 588 m.

Klimatisch gehört P. wie die gesamte Mittelmeerwelt zur subtropischen Zone. Regenlose Sommer folgen der winterlichen Regenzeit. Der Ablauf der Natur spiegelt sich wider in den Göttersagen (→ Baal) Kanaans und Syriens.

Vorgeschichtliche Funde erweisen vor allem Karmel und Galiläa als uraltes Siedlungsgebiet. Die älteste städtische Siedlung ist → Jericho. Die Geschichte P.s ist wesentlich bestimmt von seiner geografischen Lage zw. → Ägypten und → Mesopotamien. → Landnahme, → Reichstrennung, → Exil.

Palast Haus eines Würdenträgers, meist architektonisch hervorgehoben; in der HS erwähnt:

1) Der P. → Salomos im Tempelbereich v. Jerusalem mit mehreren Häusern: Libanonwaldhaus mit Säulen und Thronhalle, je ein Wohnhaus für Salomo und die Tochter des Pharao (1 Kön 7,1–12).

2) Der P. → Ahabs v. Israel in → Samaria (1 Kön 21,1).

3) Der P. des Hohenpriesters in Jerusalem z. Z. Jesu (Mt 26,3).

Palimpsest (= Codex rescriptus) → Pergament oder → Papyrus, die nach Entfernung der urspr. Beschriftung neu beschrieben wurden. Mit fotografischen Mitteln macht man heute die erste Schrift (älterer Text) wieder etwas lesbar, ohne das Material zu zerstören. Viele alte → Bibelhandschriften sind P.e.

Palmen Diese im Orient weit verbreiteten Bäume sind in der HS mehrfach erwähnt. P.-Zweige dienen als Tempelschmuck (1 Kön 6,35; Ez 40,26) und

Palästina und Transjordanien in der Zeit der Evangelien und der Apg

werden bei der Feier des Laubhüttenfestes verwendet (Lev 23,40; Einzug Jesu in Jerusalem, Joh 12,13, → Hosianna). P. sind ein Bild für → Weisheit (Sir 24,14), Vollkommenheit, Wohlergehen (Ps 92,13) und Schönheit (Hld 7,8) und häufige Vorlage v. Darstellungen des Lebensbaumes. → Jericho trägt gelegentlich den Beinamen P.-Stadt (z.B. Dtn 34,3).

Pamphylien Küstengebiet im S Kleinasiens (Städte: Perge, Attalia). → Paulus lehrte dort auf seiner 1. Missionsreise (Apg 14,24f).

Die Lage von Pamphylien

Paphos Hafenstadt im SW Zyperns, in der → Paulus während der 1. Missionsreise wirkte (Apg 13,6–13).

Papyrus Bis 4 m hohe Sumpfstaude, im alten Ägypten verbreitet (vgl.: Ex 2,3; Jes 35,7), heute fast ausgestorben. Das Mark der P.-Stengel verwendete man zur Herstellung v. Schreibmaterial: Man schnitt es in dünne Streifen, klebte sie kreuzweise an- und übereinander, presste, glättete und trocknete sie. Oft klebte man ca. 20 der so entstandenen Blätter zu Buchrollen zusammen; normalerweise beschrieb man nur die Innenseite.

1877 wurden bei Fajum (Ägypten) zufällig tausende v. P.-Stücken ausgegraben. Seither sind viele Kenntnisse über das Altertum aus P.-Texten gewonnen worden (älteste Papyri aus Ägypten: 2500–2200 v.C.).

P.-Funde bibl. Texte seit dem Ende des 19. Jh. vermehrten die Zahl der erhaltenen → Bibelhandschriften; P.-Texte vermittelten Einsichten in Geschichte, Sprachen, Lebensgewohnheiten und halfen, bibl. Texte besser zu verstehen. Dazu gehören z.B. die Papyri v. → Elefantine, die Papyri aus der Wüste Juda (→ Qumran), 13 koptische Hss, die Chester-Beatty-Papyri (2.–4. Jh. n.C., AT, Evv, Paulusbriefe, Offb), die Bodmer-Papyri (3. Jh. n.C., Joh, Lk, → Katholische Briefe). Zahlreiche Funde sind noch nicht veröffentlicht; das wohl älteste ntl. P.fragment stammt aus dem 1. Jh. n.C. und enthält die Stelle Mk 6,52–53 (7Q5). Dieses P.fragment wurde in einer der Qumran-Höhlen gefunden; nach paläografischen und textkritischen Kriterien wurde der Text sicher vor dem Jahr 68 geschrieben.

Parabel → Gleichnis

Paradies (hebr.: *pardes*, griech.: *parádeisos*, pers. Lehnwort; „umzäunter Park") heißt im Hohenlied (4,13) allgemein der Park. In der LXX wird damit der „Garten Eden" (eigentlich: „Wüstenoase") v. Gen 2f bezeichnet (vgl. Ez 28,13; 31,8). In der Aussage vom P. treffen sich mehrere Gedankengänge:

1) Der Gedanke an einen glücklichen Ort und eine glückliche Urzeit. Er entsteht dadurch, dass man in Gedanken voll Sehnsucht alle negativen Eigenschaften v. Mensch (z.B. Krankheit, Tod) und Umwelt ausschließt und annimmt, es hätte einmal eine derartige selige Zeit gegeben.

2) Der Gedanke vom Lebensbaum: Die menschl. Hoffnung auf Unsterblichkeit drückt sich im Mythos eines Mittels (Baumfrucht) gegen den Tod aus.

3) Der Gedanke vom Baum der Erkenntnis v. Gut und Böse: Er entstand aus der Erfahrung, dass diese Erkenntnis wirklich vorhanden ist und dass sie zur Sünde führt.

4) Die Erfahrung des Negativen in Mensch und Welt, das man so verstand, dass es irgendwie auf → Sünde, das → Böse, zurückgehen muss (Ätiologie).

5) Die Erfahrung der Scham vor dem Nackten.

6) Volkstümliche Gedanken u.a. (z.B. geografischer Einschub Gen 2,10–14). In der Endzeit erwartete man die völlige Überwindung des Bösen und die Wiederherstellung der P.es-Freude (vgl.: Jes 65,17–25; Offb 2,7; 22,2–5).

Nachgezeichnete Abdrücke von Siegeln, vielleicht mit dem Motiv „Lebensbaum"

Paraklet („Fürsprecher", Beistand", einige Übers. missverständlich: „Tröster") Der Ausdruck „P." kommt nur vor in den „Abschiedsreden" Jesu nach Joh (14,16.26; 15,26; 16,7) und in 1 Joh (2,1). Allerlei Fürbittergestalten der jüd. Apokalyptik werden durch den P.en in ungeahnter Weise überboten. Das eine Mal erscheint er als unpersönlicher Kraftquell (z.B. Joh 14,17), das andere Mal mehr als Person (z.B. Joh 16,13). An Stelle des erhöhten Jesus soll er Gottes wirkende Gegenwart in der Welt bezeugen und den Jüngern den Weg weisen. In 1 Joh 2,1 wird Jesus Christus als P. bezeichnet.

Parallelismus → Gedicht

Paran (Pharan) Gebiet im NO der Sinaihalbinsel, wohl s v. Kadesch, das die Israeliten auf dem Weg ins Land Kanaan durchzogen (so Num 10,12; 1,34; damit nicht identisch ist das in Dtn 33,2 genannte „Gebirge P."). Nach Gen 21,21 hielt sich bereits Ismael in P. auf.

Parther Iranischer Volksstamm. Die P. machen sich im 3. Jh. v.C. unabhängig und bilden mehrere Jahrzehnte später ein Großreich (Kerngebiet: SO des Kaspischen Meeres). Als Gegner der Römer zwingen die P. 40 v.C. → Herodes (1) zur Flucht und unterstützen den letzten → Hasmonäer, Antigonus (40–37 v.C.). Sie werden immer mehr zurückgedrängt; aber erst im 3. Jh. n.C. verschwindet das P.-Reich.

Parusie → Wiederkunft Christi

Pascha (hebr. *pesaḥ*) Jüd. Hauptfest. Ursprung und Grundbedeutung des Wortes „P." sind dunkel. Nach Ex 14,1–21.43–49 ist „P." Gedächtnisfeier des → Auszugs aus Ägypten. Hier sind bereits vorliegende Riten neu erklärt worden (vgl.: Ex 3,18; 5,3; 7,16; Anzeichen für eine → Ätiologie: Ex 12,26f), nämlich ein Frühlingsfest der Nomaden mit Erstlingsopfer der Herden (Bestreichen der Pforten mit Blut, Opfermahl mit Kräutern und ungesäuertem Brot, kein Zerbrechen der Knochen des Opfertieres). Es hatte viell. den Sinn, vor dem Weidewechsel (= vor dem Aufbruch) den Schutz der Gottheit für das Kommende zu sichern und Schaden abzuwehren. Nach der → Landnahme wurde es wohl verbunden mit dem bäuerlichen Frühlingsfest der „Ungesäuerten Brote". Typisch ist die neue Deutung: Dankfeier gegenüber dem Bundes-Gott für die Befreiung aus äg. Knechtschaft: Das Opfer der erstgeborenen Tiere verschont die Kinder des Volkes; an den blutbestrichenen Pforten geht Gottes Strafgericht vorüber (*psḥ* = schonend vorübergehen?); ungesäuerte Brote bezeichnen die Eile des Aufbruchs; der für Nomaden übliche Jahresbeginn (Frühjahr) wird zum neuen Anfang (vgl. Ex 12,2).

P. war zunächst ein Familienfest. Seit der Kultreform des → Joschija wurde es Tempel- und Wallfahrtsfest. Die nachexilische Zeit verband das Schlachten der Tiere im Tempel mit dem P.-Mahl im engen Kreis in Jerusalemer Häusern. In dieser Form schildern es die Evv z.Z. Jesu (vgl. Mk 14,12–24 par).

Nach diesen Berichten benutzte Jesus das letzte P.-Fest vor seinem Tod zur Stiftung der Erinnerungsfeier an seinen Tod (→ Abendmahl). Jesus ist „unser P.-Lamm" (1 Kor 5,7; vgl. 1 Petr 1,19). Bes. Joh stellt Jesus als neues P.-Lamm dar (z.B. 19,36). An die Stelle des jüd. P.-Festes trat im Christentum die Erinnerungsfeier an Christi Auferstehung: Ostern.

Paschalamm Urspr. einzig zulässige Opfergabe beim → Pascha (Ex 12,3–6); nach Dtn 16,2 wurden auch Rinder genommen.

Passion → Leidensgeschichte

Pastoralbriefe Die Briefe an → Timotheus und → Titus sind eng miteinander verwandt. Hauptsächlich enthalten sie Ratschläge zur Gemeindeleitung (daher: „P."). Ihre Hauptthemen sind: Amt, Gottesdienst, Zusammenleben in der christl. Gemeinde und Abwehr v. Irrlehren (→ Gnosis). Deren „Erkenntnis" (1 Tim 6,20) verwarf die sichtbare Welt als böse, forderte Enthaltung v. Ehe und Fleischspeisen und leugnete die leibl. Auferstehung. Die P. verteidigen dagegen den Wert der Schöpfung (1 Tim 4,4) und der Ehe (Tit 2,3ff) sowie die Auferstehung (2 Tim 2,18). Die Gemeindeämter haben noch keine hierarchische Stufenleiter: „Episkop" und „Presbyter" (Ältester) wird ohne Unterschied für das Amt des

Gemeindeleiters gebraucht. Eine hierarchische Verfassung zeigt sich jedoch deutlich: So tritt das Prophetenamt mehr in älteren Briefen zurück. Die Amtsvollmacht wird durch Handauflegung weitergegeben (1 Tim 4,14).

1 Tim fordert den Empfänger auf, beharrlich den Glauben zu verkünden und vor Irrlehren zu schützen (1,3–20; 4,1–11), für geordneten Gottesdienst, geeignete Gemeindevorsteher und Diakone zu sorgen (3,1–13; 5,17–25) und durch sein Beispiel allen Menschen den Weg zum Glauben zu weisen (4,12–6,2.11–16).

2 Tim mahnt, mit Ausdauer die „gesamte Lehre" zu bezeugen (1,6–2,13) und sich v. falschen Lehren und sittenlosem Leben nicht beirren zu lassen (2,14–4,5). Der Verfasser sieht in harter Gefangenschaft seinen Tod kommen und bittet Timotheus um Besuch (1,3ff; 4,6–21).

Tit gibt Anweisungen für das Hirtenamt (1,5–9), für die Zurechtweisung der Irrlehrer (1,10–16) und das christl. Leben (2,1–3,8).

Bis zum Anfang des 19. Jh. bestritt man nicht die Herkunft der P. v. Paulus. Heute schreiben sie die meisten einem unbekannten nachpaulinischen Verfasser zu, da sie aus histor. und literar. Grünen schwer mit den anderen Paulusbriefen zu vereinbaren sind. Z.B.: Der Verfasser der P. verwendet Ausdrücke, die Paulus sonst nie gebraucht; die *äußere* Verfassung der Gemeinden ist stärker betont als in den früheren Briefen; „Festhalten am Glauben" schließt ein, dass man fest gefügte Glaubensregeln im Wortlaut anzunehmen hat; mehr Bedeutung als in anderen Paulusbriefen wird auf gute Werke, christl. Selbsterziehung und Tugendübung gelegt. Das zeigt eine kirchengeschichtliche Weiterentwicklung seit der Zeit des Paulus. Die P. scheinen eher in die Jahrzehnte *nach* dem Tod des Apostels zu passen. Jedoch betonen sie die Verbindung mit Paulus. Daher hält man oft einen Paulus-Schüler für den Verfasser der P., der viell. einige Notizen v. Paulus verwendete. Sie wurden wohl im letzten Jahrzehnt des 1. Jh. n.C. in Rom oder Ephesus geschrieben.

Patros Bei den → Propheten häufiger Name für Oberägypten (z.B.: Jes 11,11; Ez 30,14).

Patmos Kleine Insel (heute griech.) im Ägäischen Meer, ca. 70 km w v. Milet. Der Verfasser v. Offb wurde nach P. verbannt und schrieb hier sein Werk (so Offb 1,9). Auf P. bestehen seit dem 4. Jh. das Johanneskloster, seit dem 16. Jh. das Offenbarungskloster mit der Offenbarungsgrotte.

Paulus *Quellen* für das Leben des Apostels P. sind fast nur seine Briefe und Apg. Von den Briefen haben diejenigen Vorrang, deren Echtheit nicht angezweifelt wird: Röm, 1.2 Kor, Gal, Phil, 1 Thess, Phlm. Gelegentlich treten Unterschiede zw. ihnen und der Apg auf; meist sind dann die Briefe maßgebend.

Was wir v. P. erfahren, ist nach seiner *Bekehrung* geschrieben. Sie war sein entscheidendes Erlebnis und wandelte ihn vom Christenverfolger (Apg 8,3; 1 Kor 15,9) zum Apostel; sie vollzog sich durch Christi Offenbarung, die ihm Glauben und Berufung schenkte (Apg 9,3–6; Gal 1,12–16). Für P. stand sie auf einer Stufe mit den nachösterlichen Erscheinungen Christi vor den Jüngern (1 Kor 15,5–8). Sie überwältigte ihn auf dem Wege nach Damaskus (Apg 22,6). Die verschiedenen Berichte davon bezeugen Gottes unerwartetes Wirken. Ihre Deutung ist umstritten; jedoch wird kaum mehr vertreten, die Bekehrung sei das Ergebnis eines langwierigen inneren Kampfes. Wir erfahren v. P. manches aus der Zeit vor der Bekehrung. Er wurde *geboren* in Tarsus in Zilizien (Apg 21,39) als Diasporajude aus dem Stamme Benjamin (Röm 11,1), und er war wohl einige Jahre jünger als Jesus. Dass er das röm. Bürgerrecht besaß (vgl. Apg 16,37), deutet darauf hin, dass seine Familie zur Oberschicht v. Tarsus gehörte. Von Geburt erhielt er zu seinem jüd. Namen *Saulus* den röm. Namen *Paulus* (vgl. Apg 13,9). Die Wendung „aus einem Saulus ein P. werden" ist also unrichtig. P. wurde strenggläubig erzogen (Phil 3,5f), als junger Mann in die Schule des Rabbiners → Gamaliel geschickt und dort zum eifrigen → Pharisäer (Apg 22,3; Gal

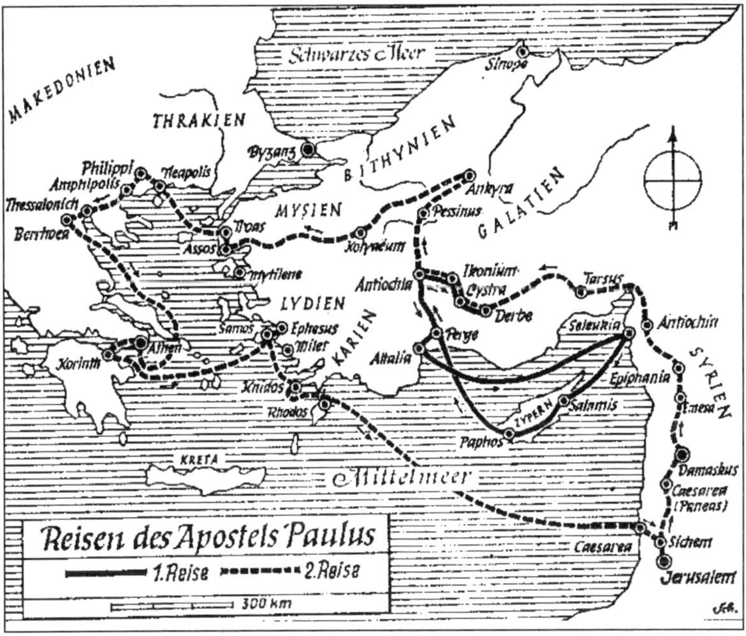

Reisen des Apostels Paulus nach der Apg (Rekonstruktionsversuch)

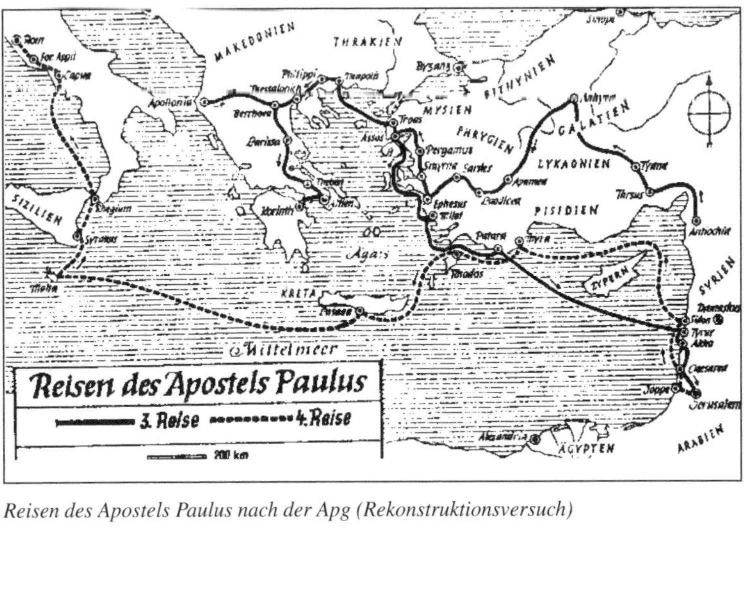

Reisen des Apostels Paulus nach der Apg (Rekonstruktionsversuch)

1,14). Er wurde mit dem Gesetz, rabbinischer Denkweise und jüd. Frömmigkeit völlig vertraut.
Seine Herkunft aus Tarsus (bedeutende Hafenstadt) machte ihn v. Jugend auf bekannt mit der allgemein gesprochenen griech. Sprache, mit griech. Bildung, Popularphilosophie und Religion sowie mit der Struktur des röm. Weltreiches. P. dachte und sprach mühelos griech. und war für einen Kontakt mit dem damaligen Mittelpunkt der Welt, mit Rom, offen, wo man ebenfalls griech. sprach. Er lernte das Handwerk eines Zeltmachers (= Zeltwebers oder -schneiders oder beides?), das er noch als Apostel ausübte (Apg 18,3; 1 Thess 2,9). Gesundheitlich war er mit einer nicht näher bestimmbaren Schwäche oder Krankheit belastet (Gal 4,13ff; 2 Kor 12,7ff). Nach seiner Bekehrung ging P. nach Arabien (Gal 1,17), d.h. viell. zur Missionspredigt in die an Damaskus angrenzenden Nabatäer-Städte, kehrte nach Damaskus zurück, musste vor den Juden fliehen (Apg 9,24) und kam 3 Jahre nach der Bekehrung nach Jerusalem, wo er zum ersten Mal Petrus traf. Anschließend verbrachte er mehrere Jahre in Syrien und Zilizien (Gal 1,18–21; Apg 9,30).
Apg kennt ein System v. *Missionsreisen*, nach dem man Karten anfertigte. Sie erfassen jedoch nur eine Auswahl der vielen Reisen des P. (vgl.: 2 Kor 11,23–26; Röm 15,19), da der Verfasser der → Apostelgeschichte keine Lebensgeschichte des P. bieten, sondern ein geschlossenes System herstellen wollte. Die histor. Realitäten waren vielfältiger. Nach der Apg. gilt: P. und Barnabas unternahmen eine „1. Missionreise“ nach Zypern und Kleinasien (vgl. 13,1–14.26; vor 48 n.C.).
Auf die Rückkehr folgte in Antiochia eine Auseinandersetzung mit den „Judaisten“, fanatischen → Judenchristen, die auch für die → Heidenchristen die Beachtung des atl. → Gesetzes (bes. Beschneidung) forderten. Zur Klärung dieser Frage wurden P., Barnabas u.a. nach Jerusalem gesandt; dort wurde auf dem sog. → Apostelkonzil (49 n.C.) die grundsätzliche Freiheit der Heidenchristen vom Gesetz erklärt, wie es P. vertreten hatte (Apg 15,1–30) und auch gegen → Petrus verteidigte (Gal 2,11–14). Zugleich wurde P. als Apostel für die Heiden anerkannt, wie es Petrus für die Juden war (Gal 2,7). Eine „2. Missionsreise“ (viell. 50–53 n.C.) führte P. mit → Silas (später mit → Timotheus) nach Kleinasien und auf das europäische Festland (z.B. Philippi, Thessalonich, Athen, Korinth), über Ephesus zurück nach Antiochia (Apg 15,36–18,22). Entscheidend war die Gründung christl. Gemeinden in Griechenland. Den größten Teil der „3. Missionsreise“ (ca. 53–58 n.C.) füllte ein dreijähriger Aufenthalt in Ephesus. Dort wirkte P. sehr erfolgreich (Apg 19,1–20,1; 1 Kor 16,19) und ließ durch Mitarbeiter Christengemeinden gründen in Kolossä, Laodiza und Hierapolis (vgl. Kol 1,7; 2,1; 4,13). Verfolgungen zwangen ihn zur Abreise; über Mazedonien kam er nach Korinth (Apg 20,3). Mit einer Kollekte (→ „Almosen“) reiste er nach Jerusalem, wo er zum Pfingstfest anwesend sein wollte (Apg 20,16–21,14). Dort wurde er verhaftet (angebl. Tempelschändigung; 21,27–34); er verbrachte 2 Jahre Gefangenschaft in Cäsarea, dem Sitz der röm. Statthalter → Felix und → Festus; auf Grund seiner Berufung an den Kaiser wurde er (60 n.C.) nach Rom gebracht (Apg 23,23–28,14). Dort war er noch 2 Jahre inhaftiert (Apg 28,16–31), konnte sich aber verhältnismäßig frei bewegen, z.B.: Besuche empfangen, Briefe schreiben (→ Gefangenschaftsbriefe), das Ev verkünden. Damit enden die ntl. Mitteilungen über P.; er kam wohl anschließend frei. Später soll er noch im W des Reiches (bis nach Spanien) missioniert haben und nach einer weiteren Gefangenschaft in Rom 67 n.C. hingerichtet worden sein; → die Einzelbriefe: Eph, Gal, Kol, Korintherbriefe, Pastoralbriefe, Phlm, Phil, Röm, Thessalonicherbriefe.

Pekach („Gesehen hat Jahwe“) König des → Nordreiches Israel (736–733 v.C.), ermordete seinen Vorgänger → Pekachja, dessen Adjutant er war (2 Kön 15,24f). Er verbündete sich mit Rezin v. Syrien gegen → Ahas v. Juda und belagerte Jerusalem. Auf Ahas’ Bitten kam → Tiglat-Pileser

III. zur Hilfe, eroberte Damaskus und deportierte viele Israeliten (2 Kön 16,5–9; Jes 7,1–9). P. fiel schließlich der Verschwörung des → Hoschea zum Opfer (2 Kön 15,30).

Pekachja („Gesehen hat Jahwe") König des → Nordreiches Israel (737–736 v. C.), v. → Pekach getötet.

Pentapolis („Fünf Städte") Gebiet der Städte Sodom, → Gomorra, Adma, Zebojim und Bela (Zoar). Sie verbündeten sich im Kampf gegen gemeinsame Feinde und nahmen dabei → Lot gefangen (Gen 14,2–12). Außer Bela wurden sie durch eine Naturkatastrophe zerstört (Gen 19,24–30). Ihre Lage nimmt man teils s, teils n des Toten Meeres an.

Pentateuch → Mosebücher

Peor

1) Berg in der Nähe des → Nebo im Gebirge Moab, ö des Jordan, wo nach Num 23,28–24,9 → Bileam opferte, die „nach Stämmen gelagerten" Israeliten schaute und segnete.

2) Baal P., die auf dem Berg P. v. den Moabitern verehrte Gottheit, der auch Israeliten dienten (Num 25,3ff; Dtn 4,3) sowie deren Kultstätte.

Peräa (Land jenseits des Jordan, Mk 3,8; Joh 1,28) bezeichnet das Gebiet v. Pella bis Machärus (ö des Toten Meeres). Die meisten Bewohner v. P. waren nicht Juden. Unter → Herodes (1) (bis 4 v. C.) gehörte es zum jüd. Staatsgebiet, danach zum Herrschaftsbereich des Herodes Antipas. Ca. 85 n. C. wurde P. der röm. Provinz Syrien zugeteilt.

Perez Nach Gen 38,18.29 Sohn des → Juda und der Tamar, Ahnherr Davids (Rut 4,18–22).

Pergament Fell v. Kälbern, Schafen, Ziegen, (geborenen und ungeborenen) Lämmern, das speziell behandelt wurde (enthaaren, glätten, einkreiden u. a.). Dadurch entstand ein sehr dauerhaftes Material zum Beschreiben. Im 2. Jh. v. C. wurde es in Pergamon industriell entwickelt, blieb aber sehr teuer. Wegen seiner Haltbarkeit verdrängte es den → Papyrus; da es auf beiden Seiten beschrieben werden konnte, verwendete man es bald zur Herstellung v. Büchern (statt der bisherigen Buchrollen). Bes. kostbare Ausgaben schrieb man auf purpurgetränktes P. (Codex Purpureus) o. Ä. Erst im Spätmittelalter trat das Papier an die Stelle v. P. Viele wertvolle → Bibelhandschriften sind auf P. geschrieben; die Festigkeit des P. erlaubte, die Schrift auszutilgen und das P. neu zu beschreiben (→ Palimpsest).

Pergamon (oder Pergamus) Bis 133 v. C. Hauptstadt v. → Mysien (Kleinasien, n v. → Ephesus). In P. wurde die Herstellung v. → Pergament entwickelt, daher dessen Name. Im Altertum war P. ein besuchter Wallfahrtsort (Zeus-Tempel auf der Akropolis) und wird daher in Offb Stadt mit dem „Thron Satans" genannt (2,13).

Pergamus → Pergamon

Perge Stadt in → Pamphylien (Kleinasien), ca. 20 km v. der Küste entfernt. Sie wird auf der 1. Missionsreise v. → Paulus zweimal besucht (Apg 13,13; 14,25).

Perikope Für den Gottesdienst vorgesehener Bibelabschnitt. Es gab die Sitte, bibl. Bücher fortlaufend vorzulesen (*lectio continua*), so schon im jüd. Gottesdienst, wo man die → Mosebücher in Palästina innerhalb v. 3 Jahren vorlas; nur Festtage hatten eigene P.n. Auch im christl. Gottesdienst gab es eine ähnliche Sitte. Der fortlaufende Zushg. wurde hier jedoch durch eine P.n-Auswahl nach Festzeiten und Stationskirchen fast völlig aufgehoben. Man nahm sie z. T. nach überholten Deutungen mancher Bibeltexte vor und berücksichtigte Sinneinheiten oft nicht. So entsteht beim Hörer oft der Eindruck, die P.n wären in sich abgeschlossene Einzelstücke, sodass die theol. Absicht des betr. bibl. Buches nicht erkannt wird.

Perser Bedeutendster Volksstamm des Iran, der urspr. zw. Kaspischem Meer und Pers. Golf lebte. → Kyrus d. Gr. (558–528 v. C.) begründet mit seinem Sieg über die → Meder (552 v. C.) und mit der Eroberung → Babylons (539 v. C.) das pers. Weltreich. Er gestattet den Juden 538 v. C. die Heimkehr aus dem → Exil (vgl. Esra 1,1–11). Darius I., der endgültige Organi-

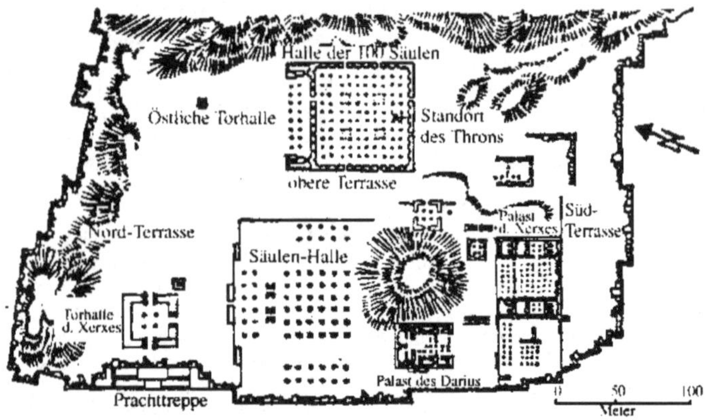

Grundriss der Palastanlagen der Perserkönige in Persepolis

sator des Weltreiches (522–486 v. C.), erleichtert den Wiederaufbau des → Tempels, der 515 v. C. eingeweiht wird (vgl. Esra 6,6–16). Das Reich bricht zusammen durch die Niederlage Darius III. gegen Alexander d. Gr. (bei Issos, 333 v. C.).

Person → Mensch

Peschitta → Bibelübersetzungen

Petra („Fels“, im *wādi mūsā*, zw. Totem Meer und Rotem Meer) Hauptstadt der → Nabatäer, zahlreiche Ruinen (roter Sandstein), z. B. v. Felsentempeln und Gräbern. P. wird wohl fälschlich mit der Edomiterstadt Sela (2 Kön 14,7) gleichgesetzt.

Petrus (griech. für *kēfā'* = Fels) Jünger und → Apostel Jesu, urspr. Simon (oder Simeon, Apg 15,14), Sohn des Jona (= Bar Jona, Mt 16,17; oder: des Johannes, Joh 1,42), aus Betsaida (Joh 1,44) in → Galiläa (vgl. Mk 14,70), später in → Kafarnaum am See → Gennesaret verheiratet und als Fischer tätig (Mk 1,16.21.30). Nach der Darstellung der Evv berief ihn Jesus dort zum Jünger. Er gab ihm dabei nach Joh 1,42 den Beinamen *kēfā'* („Fels“), nach Mt 16,17 erst bei Cäsarea Philippi, wo P. noch eine besondere Verheißung erhielt anlässlich seines Bekenntnisses, dass Jesus der → Messias ist (Mt 16,16–19). Neben der Vollmacht, zu binden und zu lösen, die P. mit den anderen Aposteln empfängt (Mt 18,18), wird er am Pfingsttag durch seine Predigt zum Gründer der Urgemeinde (Apg 2,14–40). P. nahm mit → Johannes und → Jakobus (1) ein bevorzugte Stellung im Jüngerkreis ein (vgl.: Mk 5,37; 9,2; 14,33) und trat häufig als Sprecher der Jünger auf (z. B.: Mt 16,16; 17,25ff; Lk 5,3–10; Joh 6,68; 13,6–10). Dennoch verleugnete er ihn bei seiner Verurteilung vor dem Hohen Rat (Mk 14,66–72). Es wird berichtet, dass der Auferstandene ihm erschien (Lk 24,34). Nach der → Erhöhung Jesu trat er als Leiter der Jerusalemer Gemeinde in Erscheinung (Apg 3,1–26; 4,1–20; 5,1–10), unternahm eine Missionsreise nach → Samaria (Apg 8,14–25), → Jafo und → Cäsarea (Apg 10,5–48). Nach der Hinrichtung Jakobus (1) (44 n. C.) begibt sich P. „an einen anderen Ort“ (Apg 12,1–17). Beim → „Apostelkonzil“ nahm er in der Frage nach der Verpflichtung des → Gesetzes für → Heidenchristen zunächst eine schwankende Haltung ein; dann stimmte er der Überzeugung des Paulus zu, nach der Heidenchristen vom Gesetz frei seien.

Nach christl. Überlieferung wirkte P. später in Rom (→ Markusevangelium) und erlitt dort den Märtyrertod unter Nero (65 n. C.). Ausgrabungen unter der Peterskirche haben kein absolut sicheres Ergebnis geliefert bzw. sind nicht unbestreitbar auf das P.-Grab gestoßen. Den Namen des P. tragen die → Petrusbriefe und mehrere apokryphe Schriften.

Petrusbriefe

1 Petr verbindet sittl. Ermahnungen und Glaubensaussagen. Er spricht v. Wiedergeburt durch die Taufe, Verheißung eines unvergänglichen Erbes und Verpflichtung zur Vollkommenheit (1,3–2,3). Er erinnert an die Würde, zum neuen Gottesvolk zu gehören, das sich Gott erwarb. Als königliche Priesterschaft sollen die Christen ihren Dienst vor Gott und Welt leisten, in Staat und Familie, als Freie und Sklaven, nach Christi Vorbild (2,4–3,11). Sie sollen standhaft bleiben in Leiden und Verfolgungen, um im kommenden Gericht bestehen zu können (31,2–4,19). Abschließend ermahnt 1 Petr die Gemeindevorsteher und das ganze Volk (5,1–14). Der Brief stärkt das christl. Selbstverständnis am Beginn einer (lokalen oder allgemeinen) Verfolgungszeit: Die Kirche ist das neue Geschlecht, durch Christi Blut erkauft (1,18f) und v. Gott geheiligt (2,9). Sie muss wie Christus den Leidensweg gehen und Gottes Machttaten verkünden (2,9.21). 1 Petr ist geprägt v. Hinweisen auf Gottesdienst und Taufe sowie durch Christus-Hymnen (z. B. 2,21–25).

Als Absender ist der Apostel → Petrus genannt (1,1). Im Briefschluss steht, dass in seinem Namen sein Mitarbeiter Silvanus das an mehrere Gemeinden gerichtete Schreiben verfasste (5,12). Silvanus (= → Silas) ist öfters als Begleiter v. Paulus erwähnt (Apg 15,22; 2 Kor 1,19). Da er sicherlich Sprache und Inhalt v. 1 Petr mitprägte, ist die Abfassung in gutem Griech. und die Ähnlichkeit mit paulinischen Gedanken eher zu verstehen, als wenn ihn Petrus selbst geschrieben hätte. Wenn man bei Silvanus als Verfasser bleibt, so kann man viell. vermuten, dass dieser ihn erst nach dem Tod des Petrus schrieb. Ein großer Teil Kleinasiens wird als christl. Land bezeichnet (vgl. 1,1), was besser in die nachapostolische Zeit passte. Der Brief entstand also wohl nicht um 65 n. C., sondern einige Jahrzehnte später, viell. in Rom (= Babylon, 5,13).

2 Petr ist ein Mahn- und Lehrschreiben mit der Verheißung und Erwartung v. Christi Wiederkunft. Er fordert die Berufenen auf, in Tugend und Erkenntnis zu wachen (1,3–11) bis zum Tag Christi, der mit Christi Verklärung sein Licht vorauswarf (1,12–21). Den Irrlehrern und ihrem Treiben wird ein hartes Gericht angedroht (2,1–22). Die Gläubigen werden bestärkt, an der Verheißung festzuhalten, auch wenn ihre ganze Erfüllung sich noch verzögert (3,1–18). Auf die Frage, warum sich Christi Wiederkehr verzögere, antwortet 2 Petr mit dem Hinweis auf das Geheimnis und die Langmut Gottes, die allen die Möglichkeit zur Buße geben möchte (3,8f).

Der Brief könnte v. einem führenden Christen der 2. oder 3. Generation verfasst worden sein. Vieles ist fast wörtlich aus dem → Judasbrief übernommen, bes. in 2 Petr 2. Er wurde nach diesem geschrieben, frühestens am Ende des 1. Jh. n. C.

Pfand → Leihen

Pfennig → Münzen

Pfingsten (Das deutsche Wort entstand aus dem griech. *pentekoste* = 50, nämlich 50 Tage nach dem Pascha-Fest/Ostern). Im AT wird P. auch „Wochenfest“ genannt (7 x 7 Tage nach dem Pascha-Fest; Num 28,26; Dtn 16,9f); die Israeliten sollten an P. zum Tempel kommen (Dtn 16,16; „Wallfahrtsfest“). Es galt als Erntefest: Die Erstlinge wurden zum Dank für die gute Ernte dargebracht (Ex 23,16; 34,22). Arbeitsruhe und Fest waren geboten (Lev 23,21). Spätere jüd. Tradition machte P. zum Erinnerungsfest des Bundesschlusses am Sinai.

Christen feiern an P. den Gedenktag der Sendung des Geistes. Apg 2,1–21 berichtet: Unter Sturmbrausen und Zungen wie v. Feuer wurden die versammelten Jünger Jesu vom → Geist erfüllt. Sie fingen an, in „anderen Zungen“ zu reden. Die Jüngergemeinde wird dargestellt als geisterfülltes neues Gottesvolk, das Zeugnis für Christus ablegt, ohne sich an die Grenzen einer „sakralen Sprache“ zu halten.

Pharao (hebr. Wort für äg. „großes Haus“) Titel der äg. Könige. Sie hatten die Aufträge der Gottheit zu erfüllen und waren selbst Götter. Namentlich genannt werden im AT: Schischak (950–929 v.C.; 1 Kön 14,25), Tirhaka (689–663 v.C.; 2 Kön 19,9); Necho II. (609–593 v.C.; 2 Kön 23,29) und Hofra (= Apies, 588–569 v.C.; Jer 44,30). Nicht genannt werden die Namen der P.nen z.Z. Abrahams (Gen 12,15–20), Josefs (Gen 40f; 47), des → Auszugs aus Ägypten (Ex 1; 8; 5,15), z.Z. Davids (1 Kön 11,18–22), Salomos (1 Kön 9,16.24) und Jerobeams (1) (1 Kön 11,40; wohl Schischak, s.o.). Im NT wird vom P. im Zushg. mit Mose und Josef gesprochen (Apg 7.10.13.21; Hebr 11,24) sowie als Werkzeug in Gottes Heilsplan (Röm 9,17).

Pharisäer Relig. Gruppe der → Juden, im AT nie, im NT oft erwähnt. Die Bezeichnung „P." wird meist gedeutet als „Abgesonderte" (v. allem „Unreinen" im Sinne ihrer strengen Gesetzestreue oder v. einer polit. Richtung?) Der Ursprung der Bewegung ist unklar; meist sieht man in ihr die Nachfolger der → Chasidäer (Asidäer, 1 Makk 2,42). Nach Flavius → Josephus war sie um 150 v.C. vorhanden. Unter der Königin Alexandra (76–67 v.C.) gewannen die P. herrschenden Einfluss auf das Judentum und prägten es für Jahrhunderte.

Die P. (zu unterscheiden v. der Priesterkaste der → Sadduzäer) waren keine Priester; auf Grund ihrer Gesetzeskenntnis besaßen sie große Autorität bei den Ungebildeten und werden daher gelegentlich als Führer des Proletariats bezeichnet. Ihre Bemühungen waren relig., nicht polit. Natur. Gegenüber dem Staat vertraten sie eine mittlere Linie (anders die → Zeloten). In ihrer Auslegung des atl. → Gesetzes war die buchstabengetreue Erfüllung höchstes Ideal; die in der mündlichen Überlieferung entstandenen unzähligen Vorschriften hatten dieselbe Geltung wie das schriftliche Gesetz. Im Unterschied zu den Sadduzäern vertraten die P. die Auferstehung der Toten und die Existenz der Engelwelt. „P. und Schriftgelehrte" sind in den Evv meist als Bezeichnung einer zusammengehörenden Gruppe zu finden (z.B.: Mt 5,20; 12,30; Mk 7,5; Lk 5,30).

Die Evv unterziehen Denkweise und Leben der P. einer harten Kritik: Jesus geißelt ihren Hochmut (Lk 18,10–14), ihre Habgier (Mk 12,40), Ehrsucht (Mt 23,5ff) und Heuchelei (Mt 15,3–7). In ihrem engen Bemühen um Gesetzestreue und in ihrem Eifer für das Bestehen lehnten P. und Schriftgelehrte Jesus ab, da er den Anspruch erhob, über dem Gesetz zu stehen und neue Botschaft v. Gott zu verkünden (vgl.: Bergpredigt, Mt 5ff; Mk 2,7.24; 3,6; 8,11; 11,18; 12,13); sie beschlossen mit den → „Hohenpriestern" Jesu Tod (Mt 26,3; Mk 14,53–64). Oft kennzeichnet man sie als böse Gegner Jesu, ohne ihren (übertriebenen) Eifer für die Institutionen und ihre relig. Leistungen zu erwähnen. Das → Gleichnis vom P. und Zöllner (Lk 18,9–14) verliert seine Aussagekraft, wenn man nicht die Leistungen des P.s und die relig. Nichtswürdigkeit des → Zöllners ernst nimmt.

Philadelphia (benannt nach Philadelphos = der Geschwisterliebende) Ortsname:

1) → Rabba

2) Stadt in → Lydien (Kleinasien). An die Gemeinde in P. ist eines der Sendschreiben in Offb gerichtet (3,7–13), das sie wegen ihrer Treue lobt.

Philemon Reicher Christ in → Kolossä, dessen entlaufener Sklave Onesimus v. Paulus in Rom bekehrt und mit einem Empfehlungsschreiben (→ Philemonbrief) zurückgesandt wurde (vgl. Kol 4,9).

Philemonbrief In diesem kurzen Schreiben bittet Paulus den → Philemon, den entlaufenen Sklaven Onesimus in Liebe wieder aufzunehmen (10; 12; 17) und ihn freiwillig dem Apostel als Gehilfen zur Verfügung zu stellen (14ff).

Der P. ist der einzige Privatbrief des NT; seine Bedeutung liegt in der Stellungnahme zur Sklaverei. Diese wird (mit Rechten und Pflichten) als gegebene Tatsache hingenommen; die Forderung, im getauften Sklaven den Bruder zu sehen, und die Bitte um seine Freilassung weisen jedoch einen neuen Weg: Konsequentes Christentum hat soziale Gruppierungen nicht zu festigen, sondern zu überschreiten.

Die Herkunft des P. v. Paulus ist sicher.

Als einer der → Gefangenschaftsbriefe entstand er wohl zw. 61 und 63 n. C. in Rom.

Philipperbrief Paulus war der Gemeinde von → Philippi eng verbunden. Im P. mahnte er sie zu Einigkeit, Liebe, Demut (1,27; 2,1–4; 4,2f) und Treue bei Verfolgungen (1,28ff; 2,12–16). Dabei wies er auf Christi Vorbild hin (2,5–11: Hymnus). Es folgen eine scharfe Warnung vor judaistischen Irrlehrern (→ Judenchristen) und das Zeugnis der eigenen Hingabe an Christus (3,2–11), persönliche Mitteilungen, Dank für eine Geldspende und Grußworte. Paulus schrieb in Gefangenschaft (1,13), bereit, sein Leben für Christus zu opfern (1,20). Dennoch kehrt im P. die Bekundung und Aufforderung zur → Freude immer wieder (1,4.18.25; 2,2.17f.28f; 3,1; 4,1.4.10). Der P. ist einer der → Gefangenschaftsbriefe. Die Verfasserschaft des Paulus ist unbestritten. Man vermutet gelegentlich, der P. sei zusammengesetzt aus mehreren Paulus-Schreiben (vgl. Einschnitt nach Phil 2,19). Der Christus-Hymnus 2,6–11 geht wohl auf ein vorgegebenes Lied zurück.

Als Abfassungszeit des P.s gibt man an: nach 55 n. C. oder 61–63 n. C., je nachdem, ob man annimmt, er sei bei einer Gefangenschaft in Ephesus oder in Rom geschrieben worden; für ersteres spricht der rege Kontakt mit Philippi, für letzteres die Überlieferung. Gelegentlich nimmt man an, der P. sei in Cäsarea geschrieben worden.

Philippi Stadt in O-Mazedonien. Hier predigte Paulus um 51 n. C. zum ersten Mal auf europäischem Boden und gründete eine Gemeinde (Apg 16,12–40), der er sich stets eng verbunden fühlte (Phil 1,7f; 4,10–18); → Philipperbrief.

P. erhielt 31 v. C. v. Rom Sonderrechte (*ius Italicum*) und war um 50 n. C. eine bedeutende Garnisons- und Handelsstadt. Die Bevölkerung, gemischt aus ital. Einwanderern bzw. Legionären, Mazedoniern u. a., fühlte sich weitgehend als Römer (Apg 16,21). Die jüd. Gemeinde war klein und besaß keine eigene Synagoge (Apg 16,13).

Philippus („Pferdefreund") häufiger Personenname, z. B.:

1) P. II. von → Mazedonien, Vater → Alexanders d.G., erwähnt in 1 Makk 1,1.

2) P. V. von → Mazedonien, wegen seiner Niederlage gegen die Römer in 1 Makk 8,5 genannt.

3) Sohn des → Herodes (1) und der Kleopatra, Vierfürst über die meist heidn. Gebiete von Ituräa, Gaulanitis, Trachonitis und Batanäa (4–34 n. C.) (Lk 3,1). Das in Mt 16,13 erwähnte → Cäsarea Philippi von ihm erbaut. → Salome

4) P. Herodes, Sohn → Herodes' (1) und Mariamnes II., heiratete Herodias, die später mit Antipa zusammenlebte; erwähnt Mk 6,17f; er lebte in Rom und starb dort.

5) → Apostel (Mt 10,3) aus Betsaida (Joh 1,44); → Natanael; das → Joh-Ev spricht von ihm bei der → Brotvermehrung (Joh 6,5.7), als Vermittler zw. → Heiden und Jesus (Joh 12,21f) und beim → Abendmahl (Joh 14,8f); wirkte angebl. in Palästina und Phrygien, sei dort gekreuzigt und gesteinigt worden.

6) Einer der „Sieben" der Urgemeinde (Apg 6,5; → Diakone); nach Apg 8,5.6.12.13 in Samaria, 8,26–40 Bekehrung des Kämmerers der äthiop. Königin Kandake und Wirken in → Aschdod; nach Apg 21,8 Vater von 4 unverheirateten, prophetisch begabten Töchtern, als Evangelist bezeichnet.

Philister Achäische Gruppe der → Seevölker, die v. den Dorern aus der Ägäis (die HS nennt Kreta als Heimat der P.: Am 9,7; Zef 2,5) vertrieben, zu Wasser und zu Land nach O vordringt. Pharao Ramses III. wehrt sie an den Grenzen des ägyptischen Kernlandes ab, siedelt sie aber in der Küstenebene Kanaans an und verwendet sie als Söldner. Die P. machen sich selbstständig, bilden die Oberschicht der Städte → Gaza, → Aschkalon, → Aschdod, → Ekron (= Accaron) und → Gat. Vom ersten Zusammenstoß zw. Stämmen Israels und den P.n berichtet Ri 4–5. Sisera war wohl ein philistäischer Stadtfürst. Die P. kontrollieren am Ende der Richterzeit die Ebenen Kanaans. Nach ihren Siegen bei Afek (um 1050

v. C.; vgl. 1 Sam 4) sind sie Herren des Westjordanlands, und bei ihrem Vorstoß nach Schilo unterwerfen sie auch das von den Stämmen besiedelte Bergland. In → Gibea sitzt ein Vogt der P. → In dieser Notlage wählen die Stämme → Saul zum Heerführer. Seine militärischen Erfolge bringen ihm keinen Sieg. Er fällt in einer Schlacht gegen die P. am Berg → Gilboa. David, damals Vasall der P., wird König über → Juda. Er siegt entscheidend über die P. Seine Erfolge (2 Sam 5,17; 8,1) fasst die Erzählung 1 Sam 17 im Bild des siegreichen Zweikampfes mit Goliat. Selbst in der Leibwache Davids gab es P. Darauf weist die Bezeichnung Kreter und Pleter (2 Sam 8,18). Z. Z. der getrennten Königreiche kommt es wiederholt zu Kämpfen mit den P.n (1 Kön 15,27; 16,15; 2 Kön 18,8; 2 Chr 21,16; 26,6f; 28,18). Die Assyrer ziehen wiederholt gegen das Philisterland. Es unterwirft sich → Sanherib. Unter → Asarhaddon ist es assyrische Provinz.
Nach dem Einmarsch → Nebukadnezzars spielt es keine politische Rolle mehr. Allerdings kämpfen Truppen aus dem Philisterland gegen die Makkabäer (1 Makk 3,41). Die Feindschaft zw. Juden und den Bewohnern der philistäischen Küstenebene spricht aus Sir 50,25f. Nach den P.n nennen wir das Gelobte Land → Palästina.

Philo von Alexandria → Hellenismus

Philosophen Die „große Philosophie" kommt in der HS kaum vor. Agp schildert, dass epikuräische und stoische P. Paulus nicht ernst genommen hätten (17,18). Weltweisheit führt nicht zu Christus (1 Kor 1,18–31). Das Verhältnis des Christentums zur Philosophie war längere Zeit etwas gespannt (→ Gnosis). Philosophische *Ausdrucksformen* wurden jedoch z. T. sofort übernommen, wie die stoische Diatribe (volkstümliche Rede mit fingierten Fragen, Einwänden usw.). → Weisheit

Phöbe („Reine") Heidenchristin, Dienerin der Gemeinde v. Kenchreä (Vorort v. → Korinth). Paulus empfiehlt sie der Gemeinde v. Rom (Röm 16,1ff). Ihre Erwähnung ist ein Hinweis auf den → Dienst der Frauen in den Urgemeinden.

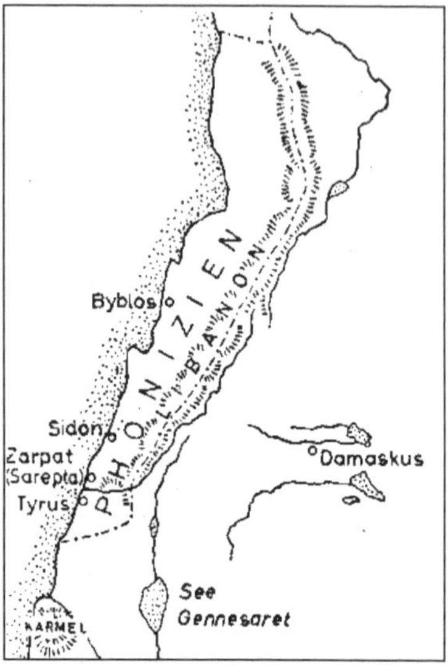

Die Lage von Phönizien

Phönizien Küstenstreifen am Mittelmeer, w und sw des Libanon. Zahlreiche Flüsse und Bäche zerschneiden das Gebiet und erschweren den Verkehr zw. den Städten; der natürliche Verbindungsweg ist das Meer. Darum ist die Geschichte P.s eine Geschichte von Stadtstaaten (→ Byblos, → Sidon, → Tyrus, → Ugarit). P. ist Heimat zweier Buchstabenschriften (→ Buchstabe: Keilschriftalphabet von Byblos. An der Spitze der Gottheiten P.s steht der Schöpfergott El. Der Begriff P. kommt nur an einigen Stellen der HS vor (späte Schriften). Die hellenistische Bezeichnung P. hängt mit dem griech. *phoinix* (= roter Purpur) zusammen (→ Kanaan).
Nach Gen 10,15 sind die Phönizier Semiten. Jesus besucht das Gebiet von Tyrus und Sidon. Paulus durchzieht P. (Apg 15,3) und kommt nach Tyrus (Apg 21,3).

Phrygien Gebiet in Kleinasien mit wichtigen Straßen und Städten (z. B. Orte mit frühen christl. Gemeinden → Laodizea, → Kolossä, → Hierapolis; vgl. Kol 4,13). Das frühere Reich der Phrygier kam im 6. Jh. v. C. unter pers., im 2. Jh. v. C. unter röm. Herrschaft. Seit 200 v. C. wurden Juden in

Die Lage von Phrygien

P. angesiedelt (Münzen mit Darstellung der Sintflut). Weit verbreitet war der Götterkult P.s (Kybele = „große Mutter"). Paulus predigte in P. (Apg 16,6; 18,23).

Pul → Tiglat-Pileser

Pilatus, Pontius Röm. Statthalter (Prokurator) v. Judäa (Lk 3,1; 26–36 n.C.), auch durch eine Inschrift bezeugt. Außerbibl. Berichte schildern P. als hart, grausam, autoritär und rücksichtslos; mehrfach weckte er Empörung, z.B. durch Aufstellen v. Votivtafeln mit Bild und Namenszug des Kaisers, was den Juden als Gotteslästerung galt. Wegen grausamer Maßnahmen wurde er abgesetzt und nach Rom zur Verantwortung gerufen. Angeblich beging er später Selbstmord.

Die Evv schildern P. als Richter im Prozess Jesu (Mt 27; Mk 15; Lk 23; Joh 18,28–19,38; → Leidensgeschichte Jesu), Feind des → Herodes (4), (Lk 23,12), ferner Urheber blutigen Terrors in Galiläa (Lk 13,1). Seine schwankende Haltung beim Todesurteil gegen Jesus erklärt man entweder durch die Eigenart der Überlieferung (Schonung der röm. Behörde) oder aus der tatsächlichen Situation (P. möchte nicht Handlanger jüd. Kreise sein; die Partei, die P. in Rom unterstützte, war gestürzt). Legendäre Überlieferungen über P. und seine Frau finden sich in Apokryphen.

Pinhas („Mohr") Personenname:

1) Nach Ex 6,25 Sohn des Eleasar und Enkel → Aarons. Nicht nur durch diese Abkunft wird dem Priestergeschlecht „P." bes. Legitimation beschafft, sondern auch durch die Zusicherung des „Priestertums für alle Zeiten" an P. wegen seines Eifers (Num 25,31). Beim Kampf gegen die Midianiter unter Mose spielt er eine führende Rolle (Num 31,6–13), führt eine Gesandtschaft der W-Jordanstämme ins O-Jordanland (Jos 22,1–34) und dient als Priester bei der → Bundeslade zu → Bet-El (Ri 20,28).

2) Sohn des → Eli (1 Sam 1,3), begleitet als → Priester die Bundeslade v. → Schilo zum Kampf gegen die Philister und kommt dabei um (1 Sam 4,4–11). Verfehlungen des P. und seines Bruders (Hofni sind als Grund für den Niedergang des Priestergeschlechts der Eliden angegeben (1 Sam 2,12–17.34) sowie für ihre Ablösung durch das Priestergeschlecht → Zadok.

Viell. handelt es sich bei 1) und 2) um denselben histor. Kern, je nach Standpunkt des bibl. Schriftstellers verschieden beurteilt.

Pischon Nach Gen 2,11 der erste der vier Paradiessströme; in Sir 24,24ff erwähnt neben Tigris, Eufrat und Jordan. Eine Lokalisierung ist nicht möglich (→ Paradies).

Pisga (*ras sijāgha* ö des N-Endes v. Toten Meer) Berg am W-Rand des moabitischen Gebirges (Num 21,20). Hier bringt → Bileam Opfer dar (Num 23,14); v. dieser beherrschenden Höhe aus schaut Mose das → Gelobte Land (Dtn 34,1).

Pisidien Gebiet im S Kleinasiens, dessen kriegerische Bevölkerung erst 25 v.C. unter röm. Herrschaft kam. In Antiochia in P. predigte Paulus (Apg 13,14–51; 14,24).

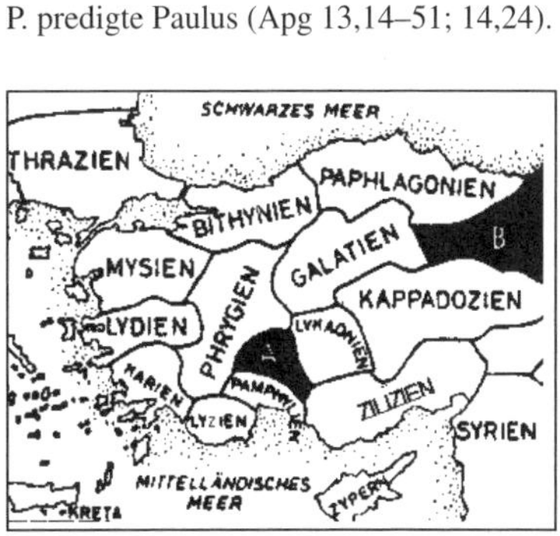

Die Lage von Pisidien (A) und Pontus (B)

Pitom Stadt in Ägypten, mit → Ramses als Vorratsstadt genannt, zu deren Bau die Israeliten zum Frondienst gezwungen werden (Ex 1,11), wohl das spätere Heroopolis (*tell el-maschuṭa*) im O des *wādi tumilat* (→ Goschen).

Plagen heißen v. Gott gesandte Strafgerichte. Am bekanntesten sind die P. für die Ägypter von dem → Auszug aus Ägypten (spätestens seit dem 4. Jh. n. C. werden 10 P. gezählt; Ex 7,14–11,10; 12,29–33). P. sollen Gottes Macht bezeugen (Ex 9,14ff), die Menschen zur Umkehr bewegen (Ex 7,4f) und Ungehorsam bestrafen (Ex 9,17f; Num 11,33). Sie werden als Warnung angedroht (Jer 15,3) und dienen dem Gerechten als Prüfung (Ps 73,14), vor allem in der Endzeit (Offb 9; 15,1; 16).

Pniël → Penuel

Penuel („Angesicht Gottes") Nach Gen 32,30 diejenige Stelle bei einer Furt des → Jabbok, an der Jakob mit Gott rang. Beim Krieg → Gideons gegen die Midianiter ist P. als Burg erwähnt (Ri 8,8.17), die später → Jerobeam befestigte (1 Kön 12,25).

Poesie → Gedicht

Pontus Küstengebiet Kleinasiens am „P. Euxinus" = „Schwarzes Meer"; seit 65 v. C. bezeichnet P. die dortige röm. Provinz. Aus P. stammt → Aquila (Apg 18,2); Juden und Christen aus P. werden erwähnt (Agg 2,9); 1 Petr 1,1).

Potifar („Geschenk des [Sonnengottes] Re"?) Hoher Beamter des → Pharao, Oberst seiner Leibwache, der (nach Gen 37,36; 39,1) → Josef (1) als Sklave kaufte. Der Name P. ist wohl Zusatz zu einer urspr. anonymen Erzählung; auch die Geschichte v. „P.s Weib" (Gen 39,1–20) enthielt also urspr. wohl nicht den Namen „P.".

Potifera („Geschenk des [Sonnengottes] Re"?) Priester v. On (Heliopolis), Schwiegervater → Josefs (Gen 41,45), Vater der → Asenat → (Gen 41,50; 46,20).

Prätorium (Fremdwort aus dem Lat.) bezeichnet im *militärischen* Bereich den Sitz eines Prätors (ca. Generals), den Kriegsrat, der sich dort trifft, oder seine Leibwache; im *zivilen* Bereich den Sitz des Provinzgouverneurs, der meist entspr. militärische Befehlsgewalt hatte, oder die Dienstwohnung des örtl. Würdenträgers. Urteile durfte der Prätor nicht im P. fällen, sondern nur auf einem öffentlichen Platz.
Im NT wird P. genannt:
1) Das Amtsgebäude des Pilatus beim Prozess Jesu (Joh 18,28–33; 19,9; vgl. Mk 15,16). Der freie Platz vor dem P. (Versammlung des Volkes, Richterstuhl) heißt Lithostrotos (= Gabbata). Hier fällt Pilatus das Urteil über Jesus (Joh 19,13; vgl. Mt 27,27; Mk 15,16). Die Ortsbestimmung v. P. und Gabbata ist umstritten; meist wird die Burg → Antonia oder der Palast des Herodes in Jerusalem genannt.
2) Der Palast des → Herodes (7) in Cäsarea, wo Paulus in Gewahrsam gehalten wurde (Apg 23,35): Hier hatten die Statthalter ihren Sitz, wenn sie in Cäsarea waren.
3) Nach Phil 1,13 wurde dem P. die Botschaft des Paulus bekannt. Falls der → Philipperbrief in Rom geschrieben wurde, war es wohl die kaiserliche Leibwache, andernfalls die Residenz des Prokurators in Ephesus (oder Cäsarea).

Predigt → Verkündigung

Presbyter („Ältester"; aus P entwickelte sich das deutsche Wort „Priester") hießen christl. Gemeindevorsteher (Apg 11,30). Deren eigentlicher Leiter ist Christus; v. ihm erhalten die P. alle Autorität (Röm 12,8). Sie sind nicht blosse Stellvertreter, sondern leisten einen maßgebenden → Dienst beim äußeren und inneren Aufbau der Gemeinden (→ Erbauung). Bei der späteren Entfaltung des christl. Priestertums war meist nicht dieses Ideal bestimmend, sondern das Vorbild der atl. → Priester. Innerhalb der HS wird noch kein Unterschied zw. P.n und Episkopen (→ Episkopos) gemacht.

Priester (Deutsches Wort nach dem griech. *presbyteros* = Ältester) Ntl. P.tum → Presbyter.
Im AT ist P. der Ausgesonderte für gottesdienstliche Handlungen. Die P.-Geschlechtsregister nehmen als Maßstab die zur Abfassungszeit geltenden Verhältnisse, wollen das P.-Amt in den P.-Familien legitimieren durch Nachweis der Abstammung v. → Levi oder → Aaron oder

sollen die vorhandene Hierarchie bestätigen. Ex 28,40 lässt das isr. P.tum mit → Aaron beginnen und gibt keine Antwort auf die Frage, ob es schon vorher isr. Priester gab. Histor. unsicher ist, ob bei der Landnahme vorhandene Heiligtümer mit ihrer P.schaft übernommen wurden. Nach einigen Stellen des AT konnte man in ältester Zeit jeden Israeliten durch „Füllen der Hände“ zum P. berufen (Ri 17,5.12). Auch Könige übten Funktionen v. P.n aus (David, 2 Sam 6,13ff; Salomo, 1 Kön 8,14). Meist waren die P. wohl vom Stamm → Levi; am bedeutendsten war unter ihnen bis z.Z. Davids das Geschlecht des → Eli in → Schilo (Ri 17,9ff; 1 Sam 1,3), danach die P.-Familie des Zadok (1 Kön 1,32–40) – in jüngeren Abstammungslisten wird sie daher auf → Aaron zurückgeführt (1 Chr 5,29–34). Bis zur Kultreform des → Joschija gab es neben Jerusalem verschiedene Reichs- und Ortsheiligtümer, die mehr und mehr v. Leviten (= nichtaaronitische Nachkommen Levis) versorgt wurden. Nach der Konzentration des Kultes in Jerusalem wurden die Leviten zu zweitrangigen Diensten am dortigen → Tempel bestimmt. In der Zeit nach dem → Exil war die P.-Hierarchie völlig ausgebildet: Eigentliche P. waren Aarons Nachkommen (1 Chr 2,41); eine führende Stellung unter ihnen nehmen die P. vom Geschlecht Zadoks ein (Ez 40,46; 1 Chr 24,3; → Hoherpriester). Die restlichen Leviten unterstanden ihnen (vgl. Esra 1,5; 2,36.40). In den P.-Geschlechtern war das P.tum erblich.

Aufgaben der P. urspr. vor allem: Auslegen kultischer Bestimmungen, Erteilen v. → Orakeln, kultisches Segnen. Das → Opfer wurde ihnen erst später ausschließlich übertragen (Dtn 33,8ff).

Priesterschrift → Mosebücher

Propheten (hebr. *nābī*, Mehrzahl *nebī'īm*, oder „Seher“, vgl. 1 Sam 9,9; urspr. war wohl beides zu unterscheiden) heißen nicht Leute, die nur etwas vorhersagen, sondern die eine Wahrheit verkünden. Sie scheuten sich nicht, auch unbequeme Wahrheiten zu sagen, die die Linie v. polit. oder relig. Institutionen widersprachen und deren Verkünder in Lebensgefahr bringen konnten. Zu ihren Mitteln gehörten eine scharfe, bilderreiche Sprache und zeichenhafte Handlungen (z.B.: Zerschmettern eines Kruges, Jer 19,1.10; bloss und barfuß gehen, Jes 20,2).

Es gab nicht nur die P., deren Bücher erhalten sind. Von einigen erfahren wir aus anderen bibl. Schriften (z.B.: → Natan, → Elija, → Elischa); v. anderen wissen wir nichts. P., deren Werke erhalten sind, nennen wir „Schrift-P.“; die Unterscheidung „große P.“/„kl. P.“ bezieht sich nur auf den Umfang der erhaltenen Werke, nicht auf ihre Bedeutung. Für die Sammlung der 12 „kleinen P.“ gebraucht man oft die Bezeichnung „Dodekapropheton“ (Zwölfprophetenbuch).

Das P.tum ist eine Bewegung, keine Summe aus wenigen großen Männern. Im AO gehörten P., Weise usw. an jeden Hof und Kultort. Den *ekstatischen* Formen des Prophetismus (vgl. z.B. 1 Sam 19,20–24) wich bald ein in *Gruppen* organisiertes P.tum (vgl. Elija, Elischa). Viell. lebte es fort in dem späteren *Berufsp.tum*: Sprachgewaltig lieferte es gegen Honorar die ideologischen Grundlagen für Maßnahmen v. Königtum, Institutionen usw. (Missbräuche kamen vor: Mi 3,5 tadelt „P.“, bei denen sich Zustimmung oder Ablehnung nach dem Honorar richtete). Daneben gab es *Einzelpersönlichkeiten*, die nicht im Dienst einer Einrichtung oder Gruppe standen. Während ihrer Lebenszeit hatten sie keinen Erfolg, auf die Dauer setzten sich aber ihre Werke durch. Bei fast allen Schriftp. wurde nie bestritten, dass sie zu dieser Gruppe v. P. gehörten. Sie verkündeten das Ideal, den → Bund wirklich zu erfüllen, über dem Jahwe „eifersüchtig“ (→ Eifer Jahwes) wacht. Was sie als bundeswidrig ansahen, griffen sie sehr scharf an, z.B. Großgrundbesitz, einseitige Verteilung des → Eigentums, konventionellen → Kult (vgl. Jer 7,5–11), bundeswidriges → Königtum. Scharfe Gerichtsandrohungen werden oft verbunden mit dem Rückblick auf Israels frühere Zeiten, z.B. als Nomaden. So begründeten sie eine eigene → Ethik. Sie wussten sich v. Gott berufen (z.B. Jes 6) und bekämpften „falsche P.“

(z.B. gegen Hananja, Jer 28). Sie kündigten jedoch nicht nur Unheil an, sondern auch Heil (für den konkreten Einzelfall, → Immanuel; ebenso für das gesamte Volk, → Gottesknecht; manchmal durch kurze Ankündigungen, manchmal durch breite Schilderungen). Der Höhepunkt ihrer Heilsverkündigung war ihre Verheißung eines → Messias bzw. eines messianischen Zeitalters. Nach der Verkündigung des NT ist der P. *Jesus* (viele prophetische Züge) dieser Messias. In ihm galten auch andere Texte der P. und des übrigen AT als erfüllt (vgl. z.B. Mt 5,17) und wurden entsprechend gedeutet (z.B. vom Verfasser des → Matthäusevangeliums).

Die klassische Zeit des P.tums waren das 8. und 7. Jh. v.C. (Am, Hos, Jes, Mi, Jer, Zef, Nah). Das bedeutet nicht, dass es außerhalb dieser Zeit keine großen P. gegeben hätte, z.B. im → Exil (Ez) oder danach (→ Deuterojesaja).

In den ältesten christl. Gemeinden gab es einen Dienst der „P.“ Hier lag der Ton noch mehr als im AT bei der Begabung durch den → Geist, der aber nicht nur einige erfüllen wird, sondern alle (Apg 4,31). Die Berufung zum P. ist eine Gnadengabe (→ Charisma); auch Frauen waren Prophetinnen (Apg 21,9).

Proselyten („Hinzugekommene“) hießen Menschen, die aus dem Heidentum zum Judentum übergetreten waren. → Gottesfürchtige, → Heidenchristen, → Judenchristen.

Prostitution → Hure

Protoevangelium (Protevangelium; „erstes Ev“) nennt man Gen 3,15 („Feindschaft setze ich zwischen dich [= die Schlange] und die Frau, zwischen deinen Nachwuchs und ihren Nachwuchs. Er trifft dich am Kopf, und du triffst ihn an der Ferse“.). Das deutete man auf Christus und seine Mutter. Eine Lesart aller wichtigen Hss der → Vulgata u.a. lat. Übersetzungen („*sie* soll dir den Kopf zertreten“) legte eine Deutung allein auf Maria nahe. Beides ist unrichtig; gemeint ist die Gegnerschaft zw. Menschheit und Schlangen. Nichts zu tun mit diesem „P.“ hat das sog. „Protevangelium Jacobi“, legendäre apokryphe Berichte.

Prüfung → Versuchung

Psalmen Sammlung von 150 relig. Liedern. Davon werden 50 ohne Verfasser genannt, die anderen zumeist David (73) zugeschrieben. Die Überschriften sind von den Sammlern hinzugefügt worden. Die P.-Sammlung hat mit großer Wahrscheinlichkeit zur Königszeit begonnen (David war als Dichter und Sänger bekannt; vgl. 1 Sam 16,16–23) und ist um 200 v.C. abgeschlossen worden. Im einzelnen sind Verfasser und Abfassungszeit oft schwer zu bestimmen. Die heutige Sammlung enthält mehrere alte Sammlungen; einige P. kommen doppelt vor (z.B.: 14 = 53). Vor allem wurden die P. oft den jeweiligen Erfordernissen des Kultes angepasst und umredigiert (franz.: *relecture*). Die P. sind sehr verschiedenartig: Lob-P. für Gottes Größe in der Geschichte Israels oder in der Natur (z.B. 8; 9; 23; 77; 98; 100; 105); Danklieder (z.B. 66; 116; 136); Buß- und Klage-P. (z.B. 6; 7; 13, 22; 31; 38; 51; 63; 86; 130) und Fluch-P. (35,1–8; 69,23–29; 109,6–20). Daneben stehen als bes. Gruppen das → Hallel (113–118), die Wallfahrtslieder (120–134) und die Thronbesteigungs-P. (47; 93; 96; 97; 98; 99). Mehrere P. sind im NT messianisch (z.B. 2; 22; 49; 72) oder auf die endzeitl. Erhöhung Jahwes als König der Welt gedeutet (z.B. Thronbesteigungs-P.).

Pseudepigraphen → Kanon

Ptolemäus heißt die Dynastie der helle-

Ptolemäus VIII. Euergetes. Bild auf einer goldenen Oktodrachme

nistischen äg. Könige nach Alexander d. Gr., z. B.:
1) P. I. Soter (323–285 v. C., zunächst als Gouverneur, später als König), General Alexanders d. Gr., Begründer der Dynastie, hellenisiert (→ Hellenismus) Ägypten konsequent.
2) P. VI. Philometor (181–145 v. C., bis nach 164 v. C. Mitregent seines Bruders) begünstigt die Juden und gestattet den Bau eines Jahwe-Tempels in Leontopolis/Ägypten (→ Onias). Vgl. auch: 1 Makk 10,51–58.
3) P. VIII. Euergetes (145–116 v. C.), Empfänger des Briefes v. 1 Makk 15,16–21.

Ptolemaïs → Akko

Purimfest → Ester

Q

Q (Logienquelle) Abkürzung für eine v. Mt und v. Lk verwendete Quelle, → Evangelien.

Quelle → Brunnen; → Wasser

Qere → Masora

Quirinius → Zensus

Qumran In *chirbet qumrān* (NW-Ufer des Toten Meeres) legten Ausgrabungen eine große, klosterähnliche Anlage frei mit Speisesaal, Werkstätten, landwirtschaftlichen Gebäuden usw. Daneben entdeckte man Gräberfelder und Höhlen. In diesen fand man viele Hss:

1) Hebr. Hss fast aller atl. Bücher (z.B. Jes). Sie geben einen Einblick in die Form des vormasoretischen Textes (→ Masora) und zeigen, dass der Masoreten-Text alt ist.

2) Apokryphen bzw. Deuterokanonisches (→ Kanon), z.B. Stücke aus der hebr. Originalfassung v. Sir und Tob. Viele Pseudepigraphen. Außerdem fand man Fragmente ntl. Texte (Mk 6,52–53: 7 Q 5, → Papyrus).

3) Kommentar zu Hab 1f und weitere Kommentarfragmente. Stets werden Stellen auf die Endzeit (und die Stellung der Leute v. Q. in ihr) bezogen.

4) Schriften der Sekte v. Q., die gestatten, viele Ergebnisse der Ausgrabungen zu verstehen, z.B.: Sektenregel (Abkürzung: 1 QS = 1. Q.-Höhle, Sektenregel; Aufnahmebestimmungen und Gemeindeordnung), Kriegsrolle (1 QM; Beschreibung des hl. Krieges der „Söhne des Lichtes" gegen die der Finsternis), Hodajot (1 QH; Bruchstücke einer Sammlung v. Lobliedern), eine Gemeindeordnung für ganz Israel (1 QSa), Fragmente der bereits bekannten „Damaskusschrift" (Mahnrede an die außerhalb des „Klosters" verstreut Lebenden, die Ehen führten und Privatbesitz hatten).

Ein Hindernis für die Beurteilung der Hss ist, dass nicht nur geschulte Forscher in Q. arbeiteten, sondern z.B. auch Beduinen (z.T. eingeschmuggelte) Hss zum Verkauf anboten. Das gesamte Q.-Material ist noch lange nicht veröffentlicht.

Wir wissen jetzt, dass das Judentum z.Z. Jesu mehr Aspekte hatte, als wir dachten. Die Leute v. Q. versuchten rigoros, das Gesetz einzuhalten (z.B.: durch Tauchbäder zu kultischen Reinigungen; durch einen eigenen Kalender, der auf den Sabbatzyklus aufgebaut war und 364 Tage je Jahr zählte), bildeten eine enge Gemeinschaft und standen im Gegensatz zum offiziellen Judentum. Dabei betrachteten sie sich als die „Söhne des Lichtes". (Spielte hier iranisch/pers. Religiosität herein?) Die meisten Forscher betrachten die Leute v. Q. als eine Gruppe der → Essener.

In der ersten Begeisterung übertrieb man die gemeinsamen Züge zw. Q. und NT. Starke Berührungen sind vorhanden (z.B.: Methode der Schriftauflegung; Betonung der Mahlgemeinschaft; Abwertung des Reichtums; viele Gedanken – z.B. Licht/Finsternis – in Joh). Es gibt jedoch starke Unterschiede (z.B.: erwarteter Prophet; 2 Messiasgestalten, einer aus dem Hause Aaron). Die Bewegung v. Q. ist eher mit einigen Bewegungen im Christentum verwandt als mit dem NT. Einige verstehen den → Täufer als Zögling von Q.

Abgesehen v. vereinzelten Spuren älterer Besiedlung einzelner Höhlen war Q. bewohnt zw. 135/5 v.C. und 68 n.C.; danach war Q. eine röm. Militärstation, ca. 132–135 n.C. bewohnten es jüd. Aufständische; 1947 wurden die ersten Funde gemacht.

Vom Kloster der jüd. Mönchsgemeinde in **Qumran** *sind Mauern, Zisternen Friedhof u. a. erhalten geblieben.*

Einer der wichtigsten Handschriftenfunde bei **Qumran** *war die vollständige Jesaja-Rolle.*

R

Rabba (Rabbat-Ammon) Hauptstadt der → Ammoniter, im O-Jordanland am Oberlauf des → Jabbok. Von den Ammonitern beleidigt, lässt David R. v. seinem Feldherrn → Joab belagern (→ Urija) und erobert sie (2 Sam 10ff); bald wird sie jedoch wieder unabhängig. Im 3. Jh. v.C. wird sie als *Philadelphia* eine hellenistische Stadt, gehört seit 63 v.C. zur → Dekapolis und ist heute als *Amman* Jordaniens Hauptstadt (bedeutendes archäologisches Museum).

Rabbi („mein Meister") Z.Z. Jesu Titel für angesehene Lehrer, ab ca. 70 n.C. bes. für → Schriftgelehrte. Die Bezeichnung drückt Ehrerbietung aus sowie Anerkennung für den Lehrer und → Meister. Jesus wird so angeredet (Mt 26,25; Mk 9,5; Joh 1,38). Seine Jünger fordert er auf, sich nicht R. nennen zu lassen: Jesus allein ist R. (Mt 23,8).

Rachab → Rahab (1)

Rache ist urspr. die Wiederherstellung der durch Unrecht gestörten Gemeinschaft; Gesinnungen des Hasses sind dabei nicht eingeschlossen. So sind die R. Gottes, sein „Tag der R." (Jes 61,2; vgl. Röm 12,19) sowie die Pflicht der → Blutrache urspr. positiv gemeint: In einer primitiven Gesellschaftsform dienen sie der Rechtspflege und dem Schutz des Lebens. Israel war oft unterdrückt und erhofft daher Gottes R. an seinen Feinden (Jes 47,3ff; Jer 50,15; Fluchpsalmen). Die → Propheten drohen auch dem eigenen Volk Gottes R. im Gericht für Unglaube und Gottlosigkeit an (Jes 1,24; Jer 5,9; → Drohen). Über den Gerichts-Gedanken hinaus wird in einzelnen Klagen der Ruf nach → Vergeltung an Übeltätern laut (Ps 9,41ff). Die Ausübung dieser gerechten R. muss jedoch nach Dtn 32,35 Gott überlassen werden. Nach dem NT vertieft Jesus die spätere Vorschrift v. Lev 19,18 (Nächstenliebe statt R.) und dehnt sie auf *alle* Menschen aus (vgl. Mt 5,38–42). R. Gottes als Gericht verkündet auch das NT (Lk 18,7; Hebr 10,30; Offb 19,2).

Rachel → Rahel

Räucheraltar Altar für das → Opfer v. Räucherwerk im hl. → Zelt (Ex 30,1), später im → Tempel (Lk 1,11). Die Beschreibung eines R.s in Ex 30,1–5 stammt aus späterer Zeit, sodass wir die urspr. Gestalt des R.s in Israel nicht kennen.

Raguël → Reguël

Rahab

1) (= Rachab) → Dirne in → Jericho, die isr. Kundschafter aufnimmt und verbirgt (Jos 2,1–21). Nach Jos 6,17–25 wird sie deswegen nach der Einnahme der Stadt verschont, nach Hebr 11,31 wegen ihres vorbildlichen Glaubens, nach Jak 2,25 wegen ihrer Werke. Mt 1,5 nennt R. als Stammmutter Jesu (→ Stammbäume Jesu).

2) Meeresungeheuer, Bild Ägyptens (Jes 30,7) und gottfeindlicher Mächte (vgl. Ps 89,11).

Rahel (= Rachel, „Mutterschaf") Nach Gen 29,6–30 Tochter Labans, Lieblingsfrau Jakobs. Sie war zunächst kinderlos; für sie bringt ihre Magd → Bilha Dan und Naftali zur Welt (Gen 30,1–8), schließlich sie selbst den → Josef (1). Bei der Geburt v. → Benjamin stirbt sie und wird am Weg nach Efrata bei → Bet-El begraben; in späterer Deutung verlegte man ihr Grab nach Betlehem (Gen 35,16–19). R. gilt als bevorzugte → Frau, Ahnfrau Israels (vgl.: Rut 4,11; Jer 31,15; Mt 2,18).

Rama („Höhe") Ortsname, z.B.:

1) R. (*er-rām* ca. 9 km n v. Jerusalem) in → Benjamin (Jos 18,25) in der Nähe des Grabes der → Rahel (Jer 31,15). Nach der → Reichstrennung war R. Grenzstadt zw. Nord- und Südreich (vgl. 2 Chr 16,1–6); in R. wurde Jeremia freigelassen (Jer 40,1).

2) R. im Gebirge Efraim, Heimat, Wirk- und Begräbnisstätte → Samuels (1 Sam 7,17: 2,11), viell. identisch mit Ramata-

jim (1 Sam 1,1, Urtext 1 Makk 11,34) bzw. Arimathäa (Mk 15,43).
3) R. in Ascher (Jos 19,29) nw des Sees → Gennesaret, viell. identisch mit R. in Naftali (Jos 19,36).
4) R. in Gilead → Ramot.

Ramatajim → Rama (2)

Ramot Stadt in → Gilead, n des → Jabbok, erwähnt als Gaustadt Salomos (1 Kön 4,13), später Asyl- und Levitenstadt (Jos 21,38; → Asylrecht), stark umkämpft im Krieg gegen das Reich v. Damaskus (1 Kön 22,29ff; in 2 Kön 8,29, Urtext: Rama). Seine Lage ist umstritten.

Ramses (einige Übersetzer: Raemses; „Haus des Ramses") Residenzstadt der äg. Könige z.Z. Ramses II. (1301–1234 v.C.). Mit → Pitom wird R. als Stadt genannt, zu deren Bau die Israeliten Frondienst leisten mussten (Ex 1,11); nach Ex 12,37 begann in R. der → Auszug aus Ägypten. R. ist wohl das spätere Avaris = Tanis = → Zoan, viell. unter Einschluss der ca. 20 km entfernten Stadt *qantīr* (beide im O des Nildeltas).

Ramses II. (1301–1234 v.C.) nach einer überlebensgroßen Granitfigur (Turin). Oft wird er als „Pharao der Unterdrückung" Israels in Ägypten bezeichnet.

Rafael („Gott heilt") Der → Engel R. wird im Buch → Tobit (Tob) dargestellt als Reisegefährte (5,4), Beschützer (6,4) und Fürsprecher (12,15) des jungen Tobit. Auf Gottes Geheiß (12,14.18) überwindet er den Dämon Aschmodai (8,1ff) und heilt Tobias' Vater (11,7–13).

Ras Schamra → Ugarit

Rat → Hoher Rat

Rauchopfer, Räucheropfer → Opfer

Rebekka war nach Gen 22,23 Tochter Betuëls, nach 24,67 Frau → Isaaks; nach langer Kinderlosigkeit wird sie Mutter der Zwillinge → Esau und → Jakob (Gen 25,24ff). Ihrem Lieblingssohn → Jakob verhilft sie mit List zum → Erstgeburtsrecht (27,1–29) und schützt ihn vor Esaus Rache (Gen 27,41–28,5). Sie wird begraben in der Höhle → Machpela (49,31) und ist als Patriarchenfrau Trägerin göttlicher Verheißung (vgl. Röm 9,10).

Rechabiter (Genannt nach ihrem Stammvater Rechab, Jer 35,6) Isr. Verband v. Gesetzestreuen. Sie beriefen sich auf ihren Ahnherrn und lehnten damit viele Errungenschaften des Kulturlandes ab (z.B. Acker-, Weinbau und feste Häuser), d.h. sie wollten bewusst das Leben v. Nomaden führen, die Zeit *vor* der → Landnahme war ihr Vorbild. Jeremia (35,1–19) stellt sie als Vorbild der Treue dar. Jonadab, Rechabs Sohn, stellte sich auf die Seite des → Jehu, dessen Revolution auch Untreue gegen das Gesetz bekämpfte (2 Kön 10,15).

Recht hat seinen Grund in Gottes Willen (vgl. Ex 20,2–17) und im → Bund. Es ist die Norm für das Verhältnis der Menschen zu Gott und zu anderen Menschen. Die atl. R.-Bestimmungen zeigen oft, dass am R. gearbeitet wurde, d.h. dass man es immer wieder neuen Verhältnissen anpasste (z.B. an das Königtum, Dtn 17,14–20). Die meisten Vorschriften (aus verschiedenen Zeiten) sind in den → Mosebüchern gesammelt (→ Gesetz). Ihre Formulierung ist *apodiktisch* (= „du sollst nicht ..."; Ex 22,17) oder *kasuistisch* (= „wenn du ...", Ex 22,25); erstere herrscht im kultischen R. vor und ist z.T. älter als letztere, die im profanen R. überwiegt. Jedoch ist auch das „profane" R.

insofern religiös, als die Vorschrift als gottgegeben gilt. Besonders harte Strafen stehen auf religiösen Verfehlungen (vgl. Lev 20,2–5). Das isr. Staatsrecht kann für Verhältnisse im AO als mild bezeichnet werden: z. B. wird die Prügelstrafe beschränkt auf 40 Schläge, um ernsthafte Verletzungen zu vermeiden (Dtn 25,3). Grundsätzlich gilt das Prinzip der Wiedervergeltung; abgesehen v. der → Blutrache fordert es jedoch nicht ganz genaue Entsprechung (vgl. Ex 21,13–17). Als die nationale Selbstbestimmung verloren gegangen war, musste sich das Judentum fremden R.-Systemen anpassen, z. Z. Jesu dem röm.

Im NT wird das atl. R. v. Jesus teils bestätigt (Mt 7,12), teils abgelehnt (Mk 6,5–14) und in jedem Falle vertieft. Alle Einzelbestimmungen werden auf das Hauptgebot der → Liebe als letztem Maßstab zurückgeführt (Mk 12,28–34). Statt äußerer Beobachtung einer Norm fordert Jesus innere Gesinnung der Zustimmung zu Gottes Willen (vgl. Mt 5,43–48).

Rechtfertigung heißt die Herstellung des „rechten“ Verhältnisses zw. Gott und Menschen. R. erfolgt durch den → Bund, die → Umkehr und Taten der → Gerechtigkeit, nicht aber durch Werke des → Gesetzes (Röm 3,24–27).

Redaktionsgeschichtliche Methode Methode der → Bibelwissenschaft, nach der nicht nur die einzelnen literar. Formen beachtet werden (→ Formgeschichtliche Methode), sondern auch die Art, wie sie zusammengefügt und dabei z. T. verändert bzw. der jeweiligen Umgebung angepasst werden. Beispiel: In Mt stehen oft dieselben → Herrenworte wie bei Lk in anderem Zushg. und mit leichten Änderungen.

Regen ist in → Palästina Kennzeichen der winterlichen Jahreszeit; R. im Sommer ist äußerst selten (vgl. 1 Sam 12,17f). Bei der winterlichen R.-Zeit unterscheidet man: *Früh-R.* (Okt./Nov.), der notwendig ist zur Landbestellung; *Winter-R.*, der Brunnen füllt und die Vegetation fördert; *Spät-R.* (März/April), der für die Fruchtbildung unentbehrlich ist (vgl.: Dtn 11,14; Jak 5,7). R. zur rechten Zeit ist ein Bild göttlicher Gnade (Dtn 28,12; Apg 14,17), Sturm, Gewitter und Hagel ein Zeichen des Gerichtes (Jes 30,30; Offb 16,18).

Reguël (= Raguel; „Freund Gottes“) Personenname, z. B. Moses Schwiegervater (Ex 2,18; → Jitro).

Rehabeam (= Roboam; „das Volk hat sich ausgebreitet“?) Erster König (932–917 v. C.) des → Südreiches Juda nach der → Reichstrennung, deren Anlass er verschuldete, deren Ursachen aber tiefer lagen. R. befestigte mehrere Städte seines Reiches, z. B. → Hebron. In 1 Kön wird sehr negativ über ihn berichtet; der Pharao Schischak (= Schoschenk I., 950–929 v. C.) unternahm einen Raubzug gegen das Südreich (1 Kön 14,25f) und gegen das Nordreich, wohl um die inneren Gegensätze Israels auszunutzen.

Reich Gottes → Gottesreich

Reichstrennung Nach dem Tod Salomos (932 v. C.) zerfiel das Großreich Davids in 2 Teilstaaten, das → Nordreich Israel (Hauptstadt: zunächst → Tirza, später Samaria) und das → Südreich Juda (Hauptstadt: Jerusalem). Der erste König des Nordreiches war → Jerobeam I., der erste des Südreiches → Rehabeam. Zunächst bekämpften sich die beiden Reiche, später fanden sie sich mit dem Zustand ab und gingen sogar Bündnisse miteinander ein. Um auch kultisch vom Südreich unabhängig zu sein, führte Jerobeam einen amtlichen Kult in → Dan und → Bet-El ein, was ihm die Geschichtsschreibung (1 Kön 12,29; 14,7–14) sehr übel nahm. Im Gegensatz zum Südreich regierte im Nordreich nicht *eine* Dynastie, sondern Usurpatoren wechselten.

Zur R. führten mehrere *Ursachen*: z. B. waren die beiden Reiche vorher nur durch Personalunion verbunden, zw. den „10 Stämmen“ des Nordreiches und den beiden Stämmen Juda und Benjamin gab es vielerlei Unterschiede und Gegensätze. Die Schilderung 1 Kön 12 (R. wegen der Härte des Rehabeam) berichtet also nur den Anlass, nicht die Gründe.

Reichtum → Armut, → Eigentum

Reigen → Tanz

Reinheit bedeutet kultische R. und sittliche R.:

Als *kultisch* unrein galten Personen oder Dinge, v. denen man annahm, sie stünden unter dämonischem Einfluss oder hätten selbst solche Kräfte oder sollten nicht vor die göttliche → Heiligkeit treten. Beispiele unrein machender Vorgänge: einige Krankheiten, Zeugung, Geburt, Menstruation, Berührung eines Toten. Gewisse Tiere und Speisen sowie heidnische Beutestücke galten als unrein. „Kultische Unr.“ umfasste also kein Werturteil im Sinn moderner Ethik. Manchmal wird etwas absichtlich unrein gemacht (= entweiht, z.B. eine Kultstätte).
Sittliche R. bedeutet menschliche → Vollkommenheit und Heiligkeit; Ausdrücke wie „reine Hände“ (Ps 18,21), Unschuld (Ps 26,6), haben diesen Sinn; eine Einschränkung v. R. auf den geschlechtlichen Bereich ist nicht bibl. Die Unterscheidung kultische/sittliche R. beachtet nicht, dass die bibl. Verfasser diesen Unterschied nicht kannten und oft beides zugleich meinten.

Reson Führer einer Freischar, gründete das Reich v. → Damaskus (um 950 v.C.; 1 Kön 11,23ff).

Rest Schon die Propheten vor dem → Exil verkündeten, ein R. kehre um (Jes 10,21). Das ist nicht nur eine resignierende, sondern auch eine hoffungsvolle Aussage: Am hl. R. wird sich einst Gottes Verheißung erfüllen (Sach 8,11f).

Rettung → Erlösung

Rezin („Quell“) Letzter König v. → Damaskus. R. kämpfte gegen das → Südreich Juda (unter → Ahas), weil es sich nicht einer antiassyr. Koalition anschloss. Der assyr. König Tiglat-Pileser III. griff ein, besiegte R. und ließ ihn 732 v.C. hinrichten.

Ribla (*rible*) Ort im N des → Libanon, Hauptquartier des Pharao Necho bei seinen Feldzügen in Palästina (608 v.C.) und Nebukadnezzars II. bei seinem Vormarsch gegen Jerusalem (588–586 v.C.).

Richter werden in Ri führende Persönlichkeiten (Rettergestalten) aus der Zeit vor dem → Königtum genannt. Die Unterscheidung zw. „großen“ und „kleinen“ R.n ergibt sich nur aus dem Umfang des Erzählten, nicht aus deren Bedeutung. Als

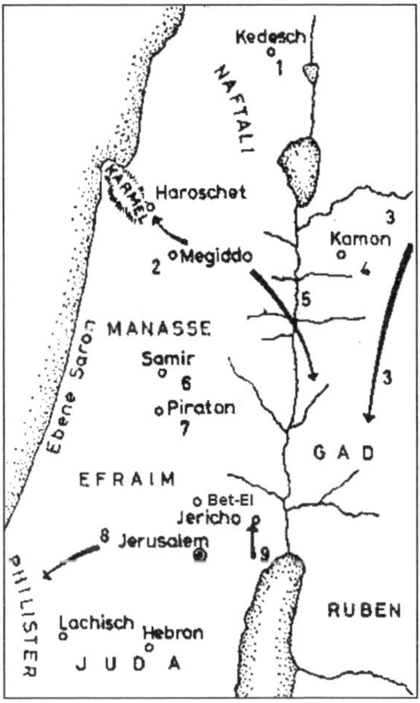

Wirkungsstätten der Richter nach dem Richterbuch: 1. Baraks Wohnort; 2. Debora und Barak besiegen Jabin und Sisera am Wasser Kischon; 3. Jiftach im Lande Tob (oben) verbannt, von wo aus er zu rückgerufen wird, die Ammoniter besiegt (unten) und bei der Heimkehr seine Tochter opfert; 4. Kamon, wo Jaïr begraben wurde; 5. Gideon vertreibt die Midianiter und andere Eindringlinge aus der östl. Wüste; 6. und 7. Gegend, in der Tola und Abdon sich aufhielten; 8. von dieser Landschaft aus setzte Simson den Philistern zu; 9. Ehud ermordet König Eglon und treibt die Moabiter zurück.

R. bezeichnet man vor allem: Otniël, Ehud, Schamgar, Debora (R.in), Barak, Gideon (Abimelek), Tola, Jaïr, Jiftach, Ibzan, Elon, Abdon (wohl = Bedan), Simson (vgl. Eli; Joel, Abija, 1 Sam 8,1f).
Das *Buch* R. ist nicht einheitlich. Die Genannten waren nicht die einzigen führenden Männer und haben nur lokale Bedeutung. Man sammelte Namen, Erzählungen v. Israels Rettung, v. Jiftach und Simson,

grundsätzliche Erörterungen über Abfall und Heil u.a. Durch Ri erhalten wir kein geschlossenes Bild der R.-zeit, sondern eine Darstellung v. Gottes Wirken für Israel durch Einzelpersönlichkeiten sowie viele Einblicke in Zivilisation und religiöses Leben der R.-zeit.

Rimmon Name, z.B.:
1) Aram. Gottheit; das Wort ist Bestandteil vieler Namen, z.B. Hadad-Rimmon (Sach 12,11).
2) Ort („Granatapfelbaum"), z.B. R. (n v. → Nazaret) En-Rimmon (zw. → Hebron und → Beerscheba).

Roboam → Rehabeam

Römerbrief Die Gemeinde v. Rom war dem Apostel Paulus unbekannt. Er schreibt ihr jedoch den bedeutendsten seiner Briefe und kündigt seinen Besuch an (15,23f), um auch hier das Ev zu verkünden (1,13), in einem Mittelpunkt der damaligen Welt (Europa, N-Afrika, Vorderer Orient). Der erste, lehrhafte Teil des Briefes (1,18-11,36) befasst sich mit einem Grundgedanken paulinischer Predigt, der → *Rechtfertigung* aus dem Glauben. Paulus stellt fest, dass alle dem Zorn Gottes verfallen sind (1,18–3,20). Sie können nur gerettet werden in Jesus Christus. Die erlösende Gnade wird den Menschen geschenkt durch den Glauben. Schon Abraham wurde nicht auf Grund ethischer Leistung gerechtfertigt, sondern durch seinen Glauben (3,21–4,25). Wer glaubt, ist aus der Verbindung mit Sünde und Tod herausgerissen und mit einem neuen Leben in Christus beschenkt (5,1–31). Der Erweis dafür ist die Abwendung v. sündhaftem Tun. Der Glaubende ist frei vom → Gesetz, lebt im → Geist und lässt sich v. ihm leiten; er hofft in den Leiden dieser Zeit auf die endgültige Herrlichkeit (6,1–8,39). Ein zweites Thema ist die brennende Frage nach dem Schicksal des Volkes Israel, das sich trotz Auserwählung dem Heil in Unglauben verschloss. Die Antwort bleibt ein unerforschliches Geheimnis Gottes. Paulus ist überzeugt, dass Gottes Gnade mächtig genug ist, die urspr. Berufung zum Ziel zu führen: Sein eigenes Volk wird am Ende der Zeiten zum Heil gelangen, nachdem die Heiden gerettet sein werden (9,1–11.36).

Im zweiten, ermahnenden Teil fordert Paulus ein Leben nach Gottes Willen, im Dienst der Gemeinde, in Barmherzigkeit, in Liebe und im Gehorsam gegen den → Staat (12,1–13,14). Von denen, die sich frei wissen vom Gesetz, erwartet der Apostel Rücksichtnahme gegenüber den „Schwachen", die sich nicht frei machen können v. äußerer Gesetzespflicht (14,1–15,13). Der Brief endet mit persönlichen Mitteilungen über seine Berufung und seine gegenwärtige Situation, mit Grüßen und einem Gotteslob (15,14–16,27).

Vom Thema der Rechtfertigung her ist der R. dem → Galaterbrief verwandt, aber im Unterschied zu diesem ohne Polemik. Er ist ein echter Brief, keine dogmatische

Stilisierte Abb. dreier röm. Kaiser; Mitte: Augustus (27 v.C.–14 n.C.; Jesu Geburt); rechts: Tiberius (14–37 n.C.; Jesu Tod); links: Nero 54–68 n.C.; nach der Überlieferung ließ er Petrus und Paulus hinrichten)

Das röm. Reich zu Jesu und der Apostel Zeit; ohne die polit., sprachl. und geistige Einheit dieses Reiches hätte sich das Christentum nicht so rasch ausbreiten können; die Ausbreitung blieb zunächst fast auf dieses Reich beschränkt (z. B.: kaum Christen nördlich der Donau).

Abhandlung. Bei aller theologischen Tiefe und zeitlosen Gültigkeit seiner Aussagen zeigt er zugleich deren geschichtliche Prägung: Die Auseinandersetzung mit der jüd. Gesetzlichkeit (Mitte des Ev ist der Glaube, nicht Gebote; dieser schließt jedoch sittliches Bemühen notwendig ein), die Frage nach dem Heil Israels, die Forderung nach Rücksichtnahme auf die Judenchristen, die Bejahung der röm. (heidnischen) Obrigkeit, Reisepläne und Geldspenden – all das ist, in sehr verschiedenem Maß, zeitgeschichtlich geprägt, was man bei der Auslegung beachten muss. Empfänger des R.s sind → Judenchristen und → Heidenchristen (vgl. 1,13ff). Die Mehrzahl der röm. Christen scheint aus dem Heidentum gekommen zu sein.

Der Brief ist v. Paulus geschrieben, vermutlich 57/58 n. C. in Korinth. Schon vor 100 n. C. ist er als paulinisch bezeugt. Gelegentlich wird bezweifelt, ob Röm 16 urspr. Bestandteil des Briefes war; dass Paulus irgendwann auch dieses Stück schrieb, wird nicht bestritten. Lediglich 16,25ff. könnte spätere Zutat sein.

Rom Stadt (Gründung nach der Legende: 753 v. C., in Wirklichkeit mehrere Jh. früher); z. Z. des NT war der Stadtstaat ein Weltreich geworden und bildete die älteste Umwelt des Christentums. Einheitl. polit. Lage (verhältnismäßig ruhig), Weltsprache (Form des Griech. = *koine*) weitgehende Verkehrserschließung (Straßen) und verbreitete Denkformen erleichterten die Ausbreitung des Christentums. Noch heute ist es den meisten christl. Konfessionen nicht gelungen, sich v. allen Spuren der Vergangenheit des Christentums im röm. Reich zu befreien.

Die → Makkabäer konnten diplomatische Kontakte mit R. herstellen (z. B. 1 Makk 12,1; 14,24); die Herrschaftsgewalt des → Herodes (1) stand unter röm. Aufsicht; Rom griff in die Vollstreckung seines Testaments ein und wurde immer mehr allein maßgebende Macht. Die Verhältnisse in Palästina (z. B. Eroberung Jerusalems 63 v. C. und 70 n. C.) berührten kaum die Beziehungen der Judengemeinde in Rom (Hauptort: Trastevere) zu Bevölkerung und Behörden, die sie einmal als eigene Gruppe duldeten, einmal auswiesen, einmal hochschätzten. Sie blieb jedoch ein Fremdkörper (ungewohnte Bräuche).

Das röm. *Bürgerrecht* genossen Bewohner R.s, Italiens und bestimmter Kolonien sowie Einzelpersonen (z.B. Paulus); es war erblich. Ein röm. Bürger konnte in einem Prozess an das kaiserliche Gericht in Rom appellieren, durfte nicht gegeißelt oder gekreuzigt werden, war steuerfrei usw. In höheren Kreisen R.s gab es vereinzelt Kontakte mit dem Judentum, aber es konnte nicht in ihnen Fuß fassen (anders als später das Christentum).

Die röm. Staatstheorie konnten weder Juden noch Christen unverändert übernehmen: Göttliche Reichsgründung und -führung, ewige Dauer, Göttlichkeit der Kaiser.

Rotes Meer Der s v. Arabien liegende Teil des Indischen Ozenas heißt „Arabisches Meer"; seine beiden Ausläufer, das R. M. und der Golf v. Oman mit dem Pers. Golf, trennen die Halbinsel Arabien vom afrikanischen bzw. asiatischen Festland. Das R. M. läuft aus in den Golf v. Suez und den Golf v. Akaba, die zusammen die Sinai-Halbinsel umschließen. Umstritten ist, inwiefern mit → „Schilfmeer" das R. M. gemeint ist.

Ruben Nach Gen 29,32 ältester Sohn → Jakobs und der → Lea. Gen 35,22; 49,3f schildert, dass er Umgang mit seines Vaters Nebenfrau → Bilha hatte und daher sein Erstgeburtsrecht verlor. Der *Stamm* R. führte sich auf ihn zurück; in Israels Geschichte spielte er keine große Rolle; nach Dtn 33,6 hatte er „wenige Männer".

Rüsttag Freitag, an dem man alle Vorbereitungen für den folgenden Sabbat oder das folgende Fest traf.

Rut (Buch) Volkserzählung aus der Zeit der → Richter: Jedes männliche Mitglied einer nach Moab ausgewanderten Familie stirbt; die Mutter Noomi kehrt mit ihrer moabitischen Schwiegertochter R. zurück nach Betlehem; deren Treue zu Noomi und zum Gott Israels wird dadurch belohnt, dass Boas (Booz) sie zur Frau nimmt und so die Pflicht der → Leviratsehe übernimmt. Nach Mt 5,1 war R. Großmutter des → Isai und Urgroßmutter des Königs David .

Die Endfassung des Buches stammt vermutlich aus dem 4. Jh. n.C., die Verbindung mit dem Geschlecht David aus noch späterer Zeit.

S

Saba Südarab. Stamm (später: Reich). Im AT erwähnt: Besuch der Königin v. S. bei → Salomo (1 Kön 10,1–13), Handelsbeziehungen (Gold, Weihrauch, Spezereien und Edelsteine); Ez 27,22). Viele altsüdarab. Inschriften wurden seit 1. Jh. n. C. zufällig oder durch Ausgrabungen entdeckt.
Das Volk v. S. wird in Gen auf einen Stammvater S., Sohn des Kusch (10,7) oder Joktan (10,28) zurückgeführt.
Sabaot → Namen Gottes
Sabbat ist der 7. Wochentag, Ruhetag für Mensch und Vieh. Viell. hängt das Wort S. mit dem hebr. *scheba'* (= sieben) zusammen. Bisher ist aus dem außerisr. Bereich kein Siebenrhythmus bekannt.
Den S. begründete man mit der notwendigen Ruhe für Mensch und Tier (Ex 23,12), später der dankbaren Erinnerung an den → Auszug aus Ägypten (Dtn 5,12–15) und mit der Ruhe Jahwes nach der → Schöpfung. Seine Beachtung galt als Zeichen des → Bundes (Ex 31,16f). Er war ein Tag der Freude (Hos 2,11) und des Gottesdienstes (Num 28,9f).
Man achtete streng darauf, dass der S. als Tag der Ruhe begangen wurde. Verboten waren z. B.: Geschäfte (Jes 58,13), Feuermachen (Ex 35,3), Holzsammeln (Num 15,32–36), Backen und Kochen (vgl. Ex 16,23), Ausgehen (Ex 16,29), Pflügen und Ernten (Ex 34,21). Nach dem → Exil hielten einige sogar die Verteidigung im Kampf für unerlaubt (1 Makk 2,32–38). Im Spätjudentum wurde eine Kasuistik entwickelt (z. B.: Durfte man ein verunglücktes Haustier am S. retten?), die eine schwere Last war (vgl. Lk 11,46), wenn man nicht die erleichternden Sonderbestimmungen kannte.
Jesus wandte sich in Wort und Tat gegen die Versklavung durch den Buchstaben: Auch am S. muss man Gutes tun (vgl. Mk 3,2–6; Lk 13,10–17). Der S. ist für den Menschen da, nicht umgekehrt (Mk 2,17). In der Urgemeinde wurde der S. neben anderen atl. Vorschriften noch beachtet (vgl. Mt 24,20); man befreite sich nur langsam v. der jüd. Vorschrift (vgl. Kol 2,16f). Es war falsch, später die atl. S.-Vorschriften z. T. ohne Kritik auf den Sonntag zu übertragen: Diese sind im Christentum überholt. Der Sonntag ist kein S., sondern hat einen anderen Inhalt (→ Tag des Herrn).
Sabbatjahr → Erlassjahr, → Eigentum
Sacharja (Zacharias, „erinnert hat sich Jahwe") Personenname, z. B.:
Prophet aus dem Priestergeschlecht des Iddo. S. und → Haggai förderten durch ihr Auftreten den Wiederaufbau des → Tempels (520–515 v. C.) nach dem → Exil unter → Serubbabel und Jeschua (Esra 5,1f; 6,14); → Sacharja (Buch).
Sacharja (Buch) Im 1. Teil (1–8) werden nach der Einleitung (1,1–6) geschildert: 8 Nachgesichte (1,7–6,8) – die 4 Reiter, die 4 Hörner, der Mann mit der Messschnur, die Reinigung des Hohenpriesters, der goldene Leuchter, die fliegende Schriftrolle, die Frau im Kornmaß (Scheffel), die 4 Streitwagen –, Aufforderung zur Krönung des Hohenpriesters (6,9–15), Frage des Fastens, Mahnungen und Verheißungen Jahwes (7f).
Der 2. Teil (9–14) umfasst heute 2 Sammlungen v. Prophetensprüchen:
1) Verheißung des Beistandes für Juda, Rückkehr in das Land, der Messiaskönig, Drohnung an Heidenvölker (9ff, „Deuterosacharja", darin die Hirten-Allegorie, 11,4–17; vgl. 13,7ff).
2) Untergang der feindlichen Mächte und Herrlichkeit Jerusalems (12ff, „Tritosacharja", darin das Wort vom Durchbohrten, Sach 12,10).
Der 1. Teil geht meist auf → Sacharja (2) zurück; er entstand also um 520–515 v. C. Der 2. Teil stammt nicht v. ihm (z. B. keine Erwähnung des Tempelbaues), Einheit und Entstehungszeit sind umstritten;

er ist wohl im 3./2. Jh. v.C. bearbeitet worden, wobei aber viel altes (z.T. sogar vorexilisches) Material verwendet wurde.
Im Mittelpunkt der Botschaft v. Sach 1–8 stehen Tempelbau, Erneuerung des Gottesvolkes und Hoffnung auf einen Messiaskönig. In Sach 9–14 ist die kommende Zeit des → Heils in einem neuen Israel unter einem neuen König das Hauptthema. Die urchristl. Verkündigung erkannte, dass mehrere Sätze v. S. durch Jesu Passion erfüllt seien (z.B.: 9,9, 11,13; 12,10; 13,7).

Sadok → Zadok

Sadduzäer Jüd. Gruppe z.Z. Jesu, polit. orientiert, äußerst konservativ bzw. opportunistisch, getragen bes. v. höher gestellten → Priestern und wohlhabenden Familien. Viell. kommt der Name „S." v. → „Zadok", nach dem sich das herrschende Priestergeschlecht nannte. Die Anfänge der Gruppe sind unbekannt; um 150 v.C. schlossen sich Priesterkreise zur Verteidigung ihres Einflusses zusammen und standen dabei im Gegensatz zu den → Pharisäern. Sie ließen nur das geschriebene → Gesetz (→ Mosebücher) gelten, nicht dessen zeitgemäße Auslegung durch mündliche Überlieferung. Auch die Schriften der → Propheten betrachteten sie nicht als maßgebend. Sie leugneten die leibliche Auferstehung, ein Weiterleben nach dem Tod und die Existenz v. → Engeln. Ihre Denkweise und Lebenseinstellung waren weltoffen, dem → Hellenismus zugewandt.
Zwar war der Einfluss der S. beim Volk geringer als derjenige der Pharisäer, aber sie beherrschten den → Hohen Rat und veranlassten mit den Pharisäern das Todesurteil gegen Jesus (→ Kaiphas war S.; vgl. Joh 11,47–53). In Apg 23,6ff wird berichtet, dass → Paulus den Gegensatz zw. S.n und Pharisäern ausnutzte. Nach dem Fall Jerusalem (70 n.C.) verschwand die Gruppe der S.; das spätere Judentum ist geprägt durch das Pharisäertum.

Sakramente Begriff und genaue theol. Abgrenzung der S. sind nachbibl. geprägt. Das ntl. Gottesvolk hat als Ganzes priesterliche Qualität (→ Presbyter); im NT werden einzelne Handlungen mit Heilcharakter bes. hervorgehoben (so → Abendmahl und → Taufe, → Kirche, → Gedenkfeier).

Salbung mit Öl (teils vermischt mit Duftstoffen) war üblich im kultischen und im profanen Leben: Durch S. wurde Gottes → Heiligkeit vermittelt (S. des Königs, 1 Sam 9,16; des Hohenpriesters; Ex 29,7; der Priester, Ex 29,21; des Propheten → Elischa, 1 Kön 19,16; der Kultgeräte, Ex 30,23–29; v. Altären, Num 7,10); der erwartete kommende Heilbringer hieß → „Messias" (= Gesalbter"). S. war Zeichen der Freude (Ps 45,8; vgl. Mt 6,17) und der Erkenntnis (1 Joh 2,27), sie diente zur Schönheits- (Est 2,12) und Krankenpflege (Jes 1,6; Krankensalbung in der christl. Gemeinde: Jak 5,14). S. gehörte zum ehrenvollen Empfang eines Gastes (Lk 7,46).

Salem hieß die Stadt des Königs → Melchisedek (Gen 14,18). Viele deuten S. als Abk. für „Jerusalem" (vgl. Ps 76,3). Andere Annahmen z.B.: S. in der Nähe v. → Sichem; Textverderbnis in Gen, sodass eine Lokalisierung nicht möglich ist.

Salmanassar Name mehrerer assyr. Könige; für das AT sind von Bedeutung:
1) S. III. (858–824 v.C.) festigte und vergrößerte das Reich seines Vaters Assurnasirpal; dabei kämpfte er mit wechselndem Erfolg gegen den Staat v. → Damaskus. 854 v.C. kämpfte bei Karkar (am Orontes bei Hemat) gegen ihn eine Koalition, darunter auch König → Ahab v. Israel. → Jehu v. Israel musste ihm 841 v.C. Tribut zahlen.
2) S. V. (727–722 v.C.), Sohn v. → Tiglat-Pileser III., starb während der Belagerung v. → Samaria; sein Nachfolger (→ Sargon II.) eroberte es; den König → Hoschea hatte S. bereits vorher gefangen genommen (2 Kön 17,3–6).

Salome Personenname, z.B. der Tochter der → Herodias, Stieftocher des → Herodes Antipas (4). Auf ihre Bitte wurde Johannes der → Täufer enthauptet (Mk 6,17–28).

Salomo Sohn → Davids und der → Batseba (2 Sam 12,24), war einer der berühmtesten isr. Könige (ca. 972–932 v.C.). Im Kampf um Davids Nachfolge

setzte sich S. gegen seinen älteren Halbbruder → Adonija durch, unterstützt v. seiner Mutter, dem Propheten → Natan, dem Heerführer → Benaja und dem Priester → Zadok. Dieser salbte ihn noch zu Davids Lebzeiten zum König (1 Kön 1). Nach und nach ließ S. seine Gegner töten (z. B. Adonija, 1 Kön 2,24f).
Unter S. erlebte Israel eine einflussreiche Epoche und eine wirtschaftliche Blüte (1 Kön 5,1–8); viele Voraussetzungen dafür hat nicht S. geschaffen, sondern sein Vater David. Kriege hat S. nicht geführt. Das AT nennt an Auslandsbeziehungen: → Ägypten (Heirat mit einer Tochter des → Pharao, dadurch Gewinn v. → Geser, 1 Kön 3,1; 9,16), Arabien (Besuch der Königin v. → Saba, 1 Kön 10,1–13), → Phönizien (Handel und Grenzregelungen, 1 Kön 9,10–14), → Edomiter und → Damaskus (Auflehnung, 1 Kön 11,14–25). Die *Innenpolitik* war bestimmt durch die Errichtung v. Bauwerken (→ Tempel in Jerusalem, 1 Kön 5,16–7,38; Palast, 1 Kön 7,1–51; Städte, z. B. → Hazor; Schiffe, 1 Kön 9,26) durch eine aufwändige Hofhaltung in Jerusalem (1 Kön 5,2f.6ff; 10,4–12.23; 11,1ff) und durch die Neugliederung Israels (12 Kreise mit Statthaltern, 1 Kön 4,7–19).
In der bibl. Überlieferung werden bes. sein Reichtum und seine → Weisheit gerühmt (1 Kön 3,28; 5,9–14; 10,7), seine liberale Einstellung zu fremdem Götzendienst wird getadelt (1 Kön 11,4ff, außenpolit. Ursachen?). Das Fest der → Tempelweihe wird als ein Hauptereignis seiner Regierungszeit geschildert.
Es gelang S. nicht, dem Großreich Festigkeit und Dauer zu geben. Nach S.s Tod kam es zur → Reichstrennung in ein Nord- und ein Südreich. In der Überlieferung werden ihm zu Unrecht mehrere Werke zugeschrieben, bibl. und apokryphe.

Samaria (*sebaṣṭije*) Hauptstadt des → Nordreiches Israel, v. König → Omri (886–875 v. C.) gegründet (1 Kön 16,24) und v. dessen Sohn → Ahab ausgebaut (1 Kön 16,32: Baalstempel aus verschiedenen Rücksichten). Im Sinne der Jahweverehrer zerstörte → Jehu den Baalstempel. Das „Kalb“ im Jahweheiligtum ließ er bestehen (Hos 8,5f; → Stier). Der Name „S.“ wurde zur Bezeichnung des ganzen Gebietes. Die Stadt S. wurde 722 v. C., bald nach dem Wirken des Propheten → Hosea, nach dreijähriger Belagerung v. den Assyrern erobert, ein Teil der Bevölkerung verschleppt (→ Exil) und Bürger fremder Rasse und Religion ange-

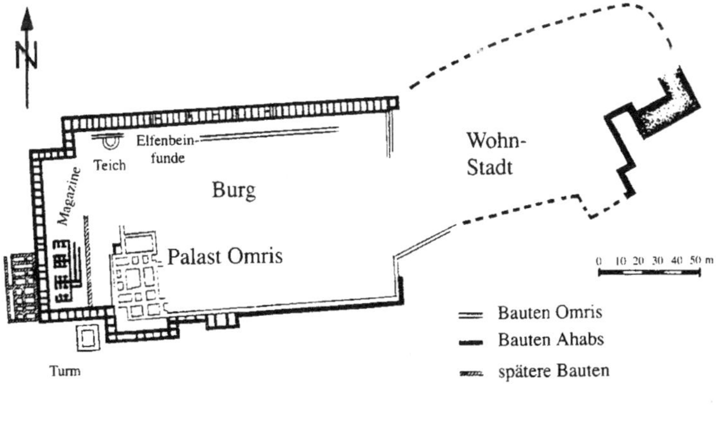

Grundriss der Burg in Samaria mit dem Palast Omris und der Kasemattenmauer Ahabs. Im Osten der Burg lag die Wohnstadt.

Samaria. *Römische Prachttreppe zum Tempel, den Herodes zu Ehren des Kaisers Augustus gebaut hatte.*

siedelt (Mischbevölkerung, → Samaritaner). In der Makkabäerzeit wurde S. zerstört, später wieder aufgebaut. Größere Bedeutung erlangte S. unter → Herodes (1), der es großzügig verschönerte, erweiterte und in „Sebaste" (= Augusta, zu Ehren des Kaisers Augustus) umbenannte.

Samaritaner Bibl. Name für Bewohner des Gebietes v. → Samaria. Nach der Eroberung Samarias (722 v. C.) entstand aus den Neuansiedlern und den Zurückgebliebenen eine Mischbevölkerung. Neben dem Jahwe-Kult existierten andere (heidn.) Kulte (2 Kön 17,19–33); der Makel der heidn. Vermischung blieb an den S.n haften (2 Kön 17,34–41). Nach dem → Exil ließ man die S. nicht zum → Tempel in Jerusalem zu (→ Esra 4,1ff); daher bauten diese auf dem Berg → Garizim (bei → Sichem) ein eigenes Heiligtum (2 Makk 6,2). Der → Hasmonäer Johannes Hyrkan I. zerstörte es 107 v. C., doch der Berg blieb weiterhin Kultstätte (vgl. Joh 4,20). Die Kluft zw. Juden und S.n wurde zu Feindschaft und Hass (vgl. Sir 50,20); man vermied jede Begegnung (vgl. Joh 4,9). Jesus begegnet S.n mit Freundlichkeit (vgl. Lk 17,16–19; → Gleichnis vom barmherzigen Samariter, Lk 10,30–37). Sein Sendungsauftrag (Apg 1,8) schließt die Verkündigung in Samaria ein; → Philippus (6), einer der „Sieben", predigte dort (Apg 8,5–8).
Als HS anerkannten die S. das, was bei ihrer Trennung vom Judentum als kanonisch galt, nämlich die 5 → Mosebücher. Sie überlieferten sie in althebr. Schrift und eigener Textform (viele wertvolle Lesarten).

Samson → Simson

Samuel („Die Gottheit ... ist El"? 1 Sam 1,20 ist volkstümlich: „Erhört hat Gott") Sohn v. Elkana und → Hanna (1) (1 Sam 1,19f), früh als → Nasiräer (1 Sam 1,11) zum Dienst am Heiligtum v. → Schilo erzogen und zum Propheten berufen (1 Sam 3,4). Nach 1 Sam 7,3f.6.8–13 galten sein richterliches Wort und sein Gebet viel. Nach der Schilderung in 1 Sam 8,5–22 setzte er widerwillig das → Königtum ein; spätere Überlieferung lässt ihn geneigter erscheinen (1 Sam 9,15–10,1). Schließlich brach er aber mit → Saul, dem ersten König, und ging zu → David über (1 Sam 16f).

S. wird dargestellt als eine der größten Gestalten isr. Geschichte: In ihm vereinigten sich priesterliche (Königssalbung), prophetische und herrscherliche (→ Richter) Züge. → Samuel (Bücher).

Samuel (Bücher) Urspr. waren beide S.-Bücher eine Einheit; in LXX und → Vulgata werden sie als 1. und 2. Buch der Könige, 1.2 Kön als 3.4 Kön gezählt.

Die S.-Bücher behandeln Israels Geschichte in der Zeit um 1000 v.C., vom letzten Richter → Samuel bis zum König → David. Im *1. Teil* (1 Sam 1–10) wird S.s Leben und Wirken als Prophet und Richter geschildert, im *2. Teil* (1 Sam 11–31) das → Königtum → Sauls, Auseinandersetzungen mit David und Tod, im *3. Teil* (2 Sam) Davids Königtum, der Ausbau seiner Macht, die Festigung des Reiches und der Erwerb des Tempelplatzes. Die Bücher greifen auf mehrere Quellen zurück (verschiedene Vorschläge), oder auf mehrere Kreise v. Einzelerzählungen; diese sind aber durchgehend neu gestaltet, nicht nur gesammelt. S. war nicht ihr Verfasser. Die Entstehungszeit ist unbestimmt; sie lag zw. der → Reichstrennung (932 v.C.) und dem Untergang des Südreiches (586 v.C.), evtl. sogar teilweise nachexilisch.

Sanftmut Wie die → Demut bereitwillige Unterordnung (unter Gott oder Menschen). S. gilt als Zeichen der Erwählung (vgl. Zef 3,12) und Merkmal des → Messias (vgl. Sach 9,9). Jesus nennt sich „sanftmütig" (Mt 11,29) und preist die Sanftmütigen selig (Mt 5,5). In den Paulusbriefen wird S. wiederholt als Pflicht (Gal 6,1) und als Frucht des Geistes (Gal 5,23) genannt.

Sanhedrin → Hoher Rat

Sanherib („*Sin* hat die Brüder ersetzt") Sohn Sargons II., König v. → Assyrien (705–681 v.C.). Er führte einen Feldzug gegen → Syrien und → Phönizien und erhob bei einem vorzeitig abgebrochenen Kriegsmarsch gegen Jerusalem Tribut v. → Hiskija, dem König des Südreiches Juda (701 v.C.; vgl. 2 Kön 18,13–19,36). S. berichtete davon auf einem sechsseiti-

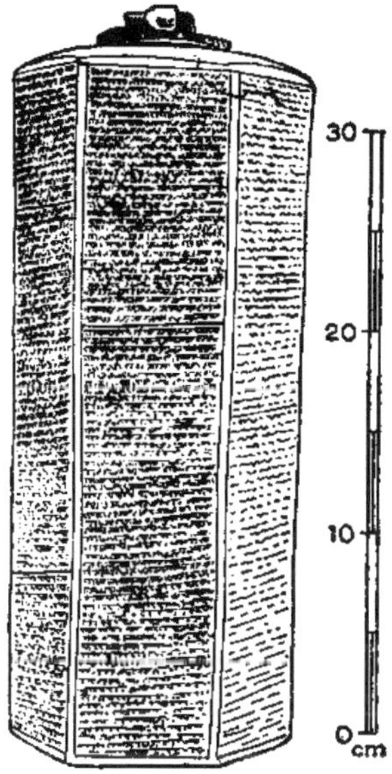

Sechsseitiges Prisma, auf dem Sanherib über seinen Feldzug (701 v.C.) gegen König Hiskija von Juda berichtet

gen Tonprisma (s. Abb.). Er baute → Ninive zur Residenz aus. Nach 2 Kön 19,37 wurde er in einem Tempel zu Ninive v. seinen Söhnen Adrammelech und Sarezer erschlagen.

Sara („Fürstin") Personenname, z.B.: S. (Sarai), nach der Darstellung in Gen: Frau → Abrahams (Gen 11,29ff), v. diesem zweimal als Schwester ausgegeben (Doppelbericht, Gen 12,13; 20,2; vgl. Gen 26,7), lange unfruchtbar, dann Mutter des verheißenen Erben → Isaak (Gen 21,2f) und so die Stammmutter des Volkes (Jes 51,2); begraben wurde sie in der Höhle v. → Machpela (Gen 23,19). Sie ist Mutter des neuen Gottesvolkes (Röm 9,9) durch ihren → Glauben (Hebr 11,11).

Sardes (*Sart*) Alte Hauptstadt v. → Lydien, berühmt wegen ihres Reichtums (Textilien, Teppiche) und wegen eines Tempels der Artemis. Es erholte sich nicht mehr v. der Zerstörung durch ein Erdbeben (17 n.C.). Ein Sendschreiben in

Offb 3,1–6 mahnt die Gemeinde v. S. zur → Umkehr.

Sarepta (*ṣarafand*) Ort s v. → Sidon, wo → Elija nach der Darstellung in 1 Kön bei einer Witwe Wunder wirkte (17,7–24; vgl. Lk 4,26).

Sargon Name assyr. Könige, vor allem: S. II. (722–705 v.C.) beendete die v. → Salmanassar V. begonnene Eroberung → Samarias (722 v.C.; 2 Kön 17,4ff; 18,9ff.). Seine Regierung begründete die Dynastie der Sargoniden und brachte den Höhepunkt der Macht → Assyriens; mehrere Jahre herrschte er außerdem über → Babylonien. Sein Name ist in der HS nicht erwähnt.

Satan → Teufel

Sauerteig Für das Festmahl an → Pascha forderte man ungesäuertes Brot (Ex 12,15). Im NT ist „S." Sinnbild für die durchdringende Kraft des Gottesreiches (Mt 13,33), aber auch für den schlechten Einfluss der → Pharisäer und des → Herodes (4) (Mk 8,15).

Saul („Erbeteter" oder Jahwe „Geliehener") Erster isr. König (ca. 1020–1012 v.C.), aus dem Stamm → Benjamin, v. → Samuel zum König gesalbt (1 Sam 10,1), wohl wegen seiner Kriegserfolge gegen die Ammoniter (1 Sam 11,5–11). S.s Residenz ist sein Heimatort → Gibea. Der Zusammenschluss isr. Stämme unter *einem* militär. Oberbefehlshaber („König") ist Folge der Bedrohung durch die → Philister (vgl. 1 Sam 13,1–23). Das → Königtum im eigentlichen Sinn begründet nicht S., sondern → David. Trotz mehrerer Erfolge gelingt es S. nicht, die Philistergefahr zu bannen; schließlich überschatten auch Spannungen mit Samuel und Angst vor David seine Regierungszeit (vgl. 1 Sam 13,13; 15,19f; 18,15). Es wird geschildert, dass ihn Depressionen und Verfolgungswahn befielen. 1 Sam 15,23 nennt als Grund für seinen Misserfolg und seine Verwerfung: Ungehorsam gegen Gott. Im Kampf gegen die Philister nimmt er sich schwer verwundet das Leben (1 Sam 31,4), auch seine meisten Söhne fallen (→ Gilboa; → Isch-Boschet). Den Respekt vor S. drückt aus, dass man ein Klagelied über S.s Tod in Davids Mund legte (2 Sam 1,17–27).

Saulus → Paulus

Schächer → Altertümliche Bezeichnung für die beiden, die mit Jesus gekreuzigt wurden (Mk 15,27). Lk 23,40–43 schildert, wie einer Verzeihung v. Jesus erlangt (Fortsetzung der Gleichnisse v. Lk 15).

Schädelstätte → Golgota

Schätzung → Zensus

Schaf → Lamm, → Hirte

Schallum Personenname, z.B.:
1) König des Nordreiches, → Secharja.
2) König des Südreiches: Name des → Joahas (Jer 22,11).

Schamgar → Richter in Israel

Schande, Schmach Unehre, z.B. v. Menschen (Ps 55,13ff) oder v. allerlei Lebensumständen veranlasst (z.B. Kinderlosigkeit, Lk 1,25), selbst verschuldet (z.B. durch Verstoßen der Eltern, Spr 19,26) oder v. Gott als Gericht verhängt (Jes 45,16; Jer 3,25). Jesus hat die S. des → Kreuzes, des Versagens und schimpflichen Todes auf sich genommen (Hebr 12,2). S. ist Schicksal der Gerechten (vgl: Ps 22,), jedoch nur vorläufiges Schicksal der Christen (Phil 1,20; vgl. Röm 10,11). *Scham* ist Erfahrung dieser Unehre. Sie wird oft im Zushg. mit der Geschlechtlichkeit erlebt. Man begründete sie später mit Einzelheiten der Erzählung vom Sündenfall (Gen 3,7.10f).
Gottes Gericht ist beschämend (Ez 16,61), jedoch nicht für die Christen (Hebr 2,11; 1 Joh 2,28).

Scharon Ebene im Küstengebiet v. Palästina zw. Joppe (→ Jafo) und → Cäsarea mit guten Weideplätzen (1 Chr 27,29). Ihre Fluren waren Bild für „Pracht" (Jes 35,2).

Schaubrote (hebr.: Brote des Angesichts) 12 Brote, die auf dem S.-Tisch ständig im Heiligtum (urspr. nicht nur im Jerusalemer Tempel) aufgelegt waren. Sie wurden an jedem Sabbat erneuert, mit Weihrauch bestreut und durften nur v. Priestern gegessen werden (Lev 24,5–9). Entgegen der Vorschrift gab der Priester → Ahimelech dem hungernden → David auf dessen Flucht vor → Saul S. zu essen (1 Sam 21,1–7).

Schefela („Niederung", so mehrere Übers.) Hügelland (300–400 m ü.d.M.)

zw. dem Gebirge Juda und der Mittelmeerküste; dort wurden Oliven- und Maulbeerfeigenbäume angebaut (1 Kön 10,27).

Scheidebrief Wollte in Israel ein Mann die → Ehe mit seiner Frau aufheben (→ Ehescheidung), „weil er etwas Hässliches an ihr fand", durfte er sie dadurch entlassen, dass er einen S. ausstellte (Dtn 24,1–4). Nur der Mann, nicht die Frau, konnte die Ehe auf diese Weise beenden. Jesus lehnte nach Mk 10,2–12 diese Erlaubnis ab, die nur „wegen der Herzenshärte" der Israeliten gegeben worden sei.

Schekel → Münzen

Schemaja („Erhört hat Jahwe") Personenname, z. B.:

1) → Prophet im → Südreich Juda, der den → Rehabeam aufforderte, die → Reichstrennung als göttl. Fügung hinzunehmen (1 Kön 12,22ff).

2) Gegner des Jeremia (Jer 29,24–32).

Scheol → Unterwelt

Schickal → Vorsehung

Schilfmeer (einige Übersetzer: „Rotes Meer") bezeichnet wenigstens an einigen Stellen den nö Ausläufer des → Roten Meeres, den Golf v. Akaba (vgl. z. B. Num 21,4). Umstritten ist die Lokalisierung des S.es, das z. B. nach Ex 13,18 beim → Auszug aus Ägypten eine Rolle spielte.

Schilo (*chirbet sēlūn*) Stadt in Efraim zw. → Bet-El und → Sichem, ein religiöser Mittelpunkt der → Stämme Israels vor der Zeit des → Königtums. Berichtet wird: In S. wurde die → Bundeslade aufbewahrt (1 Sam 3,3) und vom Priestergeschlecht des → Eli versorgt. Hier verbrachte → Samuel seine Jugend. In S. befand sich das hl. → Zelt (Jos 18,1; 19,21).

Schiloach-Tunnel Der Schiloach war ein Kanal, der Wasser v. der Quelle Gihon (außerhalb Jerusalems) in einen Teich innerhalb Jerusalems leitete, damit die Stadt auch bei Belagerungen mit Wasser versorgt war. Um 700 v. C. (unter → Hiskija) trat an die Stelle eines offenen Grabens ein Tunnel (533 m lang, durch den Fels, 2 Kön 20,20). Eine der berühmtesten → Inschriften wurde am Tunnelausgang

Der Teich Schiloach in Jerusalem

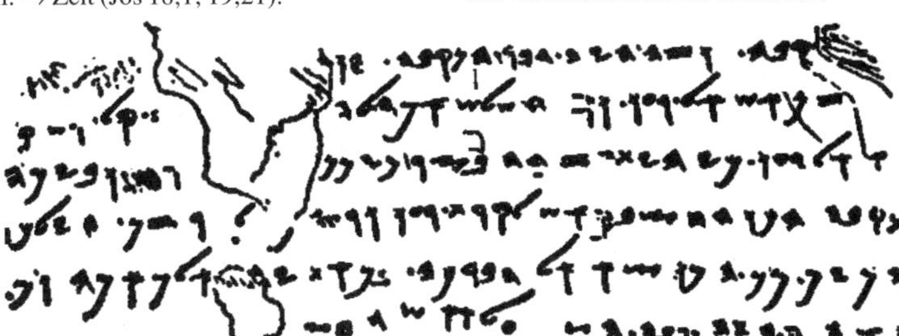

Die Schiloach-Inschrift, die am Ausgang des Tunnels angebracht war

angebracht (althebr. Schrift, entdeckt 1880 n.C.). Z.Z. Jesu nannte man den Teich innerhalb Jerusalems „Schiloach“ (Lk 13,4). Nach Joh 9,7 schickte Jesus den Blindgeborenen dorthin.

Schimi („Gott hat erhört“) Vornehmer Angehöriger des Hauses → Saul, der den David auf dessen Flucht vor → Abschalom verwünschte. Später wurde er v. David begnadigt; Salomo ließ ihn hinrichten (2 Sam 16,5–13; 19,19–24; 1 Kön 2,8.36–46).

Schinar bezeichnet → Babylonien oder ganz → Mesopotamien (Gen 11,2; Dan 1,2).

Schischak Hebr. Ausdruck für den Namen des äg. Pharao Schoschenk I. (950–929 v.C.). Er mischt sich in die isr. Thronstreitigkeiten (→ Reichstrennung) ein; → Jerobeam I. flieht vor Salomo zu S. (1 Kön 11,40). Später unternimmt S. einen Kriegszug gegen → Rehabeam (1 Kön 14,25–28; Plünderung des Tempels).

Schlange (manche Übers. fälschlich *stets:* „Otter“) gilt in der HS als gefährliches Tier, vor dem man fliehen muss (Sir 21,2). Gerechte und Jünger Christi wird das S.n-Unheil nicht treffen (Ps 91,13; Lk 10,19). Die S. ist Bild der Bosheit (Gen 3,14; Mt 3,7), der Schläue (Gen 3,1), der Gefahr (Spr 23,13), des Feindes (Jer 8,17) und der Hinterlist (Gen 49,17), gelegentlich der Klugheit (Mt 10,16). Häufig ist die S. ein mythologisches Motiv, z.B. als → Drache (Leviatan Jes 27,1), als Symbol einer Gottheit (Fruchtbarkeitskult des → Baal) oder als Verkörperung des → Teufels (Weish 2,24; Offb 12,9).

Bei den Israeliten z.B. Salomos wurde eine S.n-Darstellung, die „Eherne Schlange“ (= Nehuschtan) als Kultbild verehrt, bis König → Hiskija es zerstören ließ. Es wurde nach Num 26,6–9 (Kultätiologie) v. Mose verfertigt. Der histor. Ursprung dieser kultischen Verehrung ist ungeklärt.

Die Erzählung v. der S. im Paradies setzt voraus: Volksglaube, nach dem die S. auf dem Bauch kriecht und Staub frisst (Mi 7,17) und nach dem zw. Häutung, ständiger Verjüngung und unbegrenzter Lebenskraft irgendein Zushg. besteht; S. als Bild v. Bosheit und Klugheit; S. als geheimnisvolles Wesen (vgl. Spr 30,19) sowie ihre Hochschätzung in einigen fremden Kulten. Eine andere (umstrittene) Frage ist, ob die Paradieserzählung urspr. mit der Tradition v. Baum der Erkenntnis verbunden war.

Schlauch Zusammengebundene Ziegenhaut diente zur Aufbewahrung v. Wasser (Gen 21,14), Milch und vor allem Wein (1 Sam 1,24; 2 Sam 16,1). Oft trank man auch aus einem S. (→ Becher). Für neuen, noch gärenden Wein musste ein neuer, haltbarer S. verwendet werden (Mk 2,22), da ein alter S. leicht platzte.

Schöpfung Nach Aussage der HS ist die Welt S., d.h. sie verdankt Dasein, Art und Form Gottes Macht. Das wird in verschiedener Weise ausgesagt z.B.: Durch das hebr. Wort *bārā'* (Gen 1,1), das die HS nur für *Gottes* Wirken gebraucht; durch → Schöpfungsberichte; durch Einzelaussagen, verstreut über die HS (z.B. Jes 40,26; Ps 33,6; 104; Neh 9,6). Das atl. Gottesbild ist nicht durch die Schöpfertat geprägt, sondern dadurch, dass man Gott als Partner im → Bund erlebt.

„S.“ bedeutet nicht nur einen Vorgang, sondern auch ihr Ergebnis: Nach der HS ist die S. im Grunde gut (vgl. Gen 1,31). Zwar weiß die HS um viele harte Probleme (z.B.: → Sünde, → Leiden, → Tod), aber sie vertritt nicht den Dualismus (gegen Gott wirke ein selbstständiges böses Prinzip).

Das NT übernimmt die Auffassung, dass Gott alles geschaffen habe (Hebr 11,3), letztlich durch Christus (1 Kor 8,6). In Christus hat eine neue S. begonnen (vgl. 2 Kor 5,17); wird dürfen „einen neuen Himmel und eine neue Erde“ erwarten (2 Petr 3,13).

Schöpfungsbericht(e) Gen 2,4b–24 enthält den Rest eines S.s. Danach gab es vor der → Schöpfung keine Vegetation und keinen Ackerbau, sondern trockene Wüste; Gott tränkt sie und legt einen Garten an; er schafft den Menschen (→ Adam) und aus dessen Rippe (wohl → Ätiologie für den rippenlosen Bauch) die Frau. Von diesem S. ist nur noch erhalten, was zur Erzählung vom Sündenfall führt.

Einen (jüngeren) vollständigen S. bietet Gen 1,1–2,4a. Die Schöpfung geschieht im „Sechstagewerk“ (kunstvoller Aufbau, den 3 ersten Tagen entsprechen die 3 folgenden usw.; die Stufen der Schöpfung folgen der Welteinteilung des Verfassers; sie treten ins Dasein allein durch Gottes Wort). Der Bericht möchte nicht 6 Perioden schildern oder naturwissenschaftl. Feststellungen treffen, sondern theologische Aussagen machen: Alles ist Gottes Werk; Gott wirkt nicht nach Menschenart, sondern jenseits menschl. Methoden; ungeschaffene Gestirngottheiten, Tiergötter, Mächte des → Chaos gibt es nicht, so wenig wie ein urspr. Götterpaar oder einen Götterkampf; Herr der Schöpfung ist der Mensch („als Mensch *und* Weib“). Die Vollendung der ganzen Schöpfung ist der Tag der Ruhe Gottes, der → Sabbat; das Wochenschema war die Weise, wie der Autor „Zeit“ ausdrücken konnte.

Das bab. Epos *Enuma Elisch* („Als droben“) erzählt dagegen von einem Kampf gegen das Chaos (verkörpert in Tiamat); aus dem besiegten Chaos wird die Welt geformt. Nach einer der äg. Anschauungen stand am Anfang das Urmeer (Nun), aus dem der Gott Atum hervorging sowie das Götterpaar Atum/Nun; der Widdergott Chnum formte den Menschen auf der Töpferscheibe. Im bab. *Gilgameschepos* (uns bekannt in der „assyr. Version“) geht es nicht um die Schöpfung, sondern um die Frage nach der Notwendigkeit des Todes. Der Hauptperson, Gilgamesch, einem halbgöttlichen, aber sterblichen König, zeigt schließlich eine → Schlange das Kraut der Unsterblichkeit auf dem Meeresgrund, das Menschen normalerweise nicht zugänglich ist (Utnapischtim → Sintflut).

Schrift → Buchstabe

Schrift, Heilige → Bibel

Schriftgelehrte Seit → Esra Name für die des atl. → Gesetzes kundigen (und entsprechend ausgebildeten) Lehrer mit dem Ehrentitel → Rabbi. Sie S.n waren Theologen und Juristen; ihre Erläuterungen bildeten bald eine Sammlung v. Vorschriften neben dem Gesetz. Sie bildeten einen eigenen, einflussreichen Stand und standen verschiedenen Richtungen nahe, z. B. den → Pharisäern, den → Sadduzäern, den → Essenern. Das NT nennt sie oft im Zushg. mit Pharisäern (Mk 7,1), da viele v. ihnen Pharisäer waren; → Priester waren meist nicht S. Jesu Ablehnung der Pharisäer trifft auch die S.n (vgl. Mk 14,1f); jedoch nicht alle S. sind Feinde der Christen (Apg 5,34). Mit der Zerstörung Jerusalems (70 n. C.) verschwand das jüd. Priestertum; in der Folgezeit wurde das Judentum geprägt v. S.n (meist pharisäischer Richtung); 70 n. C. wurde → Jabnel (Jamnia) ein Mittelpunkt jüd. Gelehrsamkeit, später → Tiberias. → Masora

Schuldopfer → Opfer

Schunem (*sōlem*) Alte Ortschaft sö des Karmel, in Jes 19,18 zu Issachar gerechnet, Heimat der → Abischag.

Schutzengel → Engel

Schwagerehe → Leviratsehe

Schwur → Eid

Sebulon (Zabulon; „Wohnung“?) Nach Gen 30,30 Sohn → Jakobs und → Leas, als Ahnherr des Stammes S. betrachtet. Dieser hatte nach der → Landnahme seinen Sitz in der Gegend des späteren → Nazaret, zw. dem See → Gennesaret und dem Mittelmeer. Das kleine Stammesgebiet war fruchtbar; die Handelsstraße vom Mittelmeer zum Ostjordanland (Jes 8,23) brachte Reichtum und Berührung mit fremden Völkern (Dtn 33,18f). Der → Richter → Elon stammte aus S. (Ri 12,11). In Ri 4,4–24 wird erzählt, dass Israeliten aus S. und → Naftali auf Geheiß der → Debora den → Sisera besiegten. Später wird nur noch das *Gebiet* S. genannt, nicht mehr die Angehörigen des Stammes (Ez 48,26). In Offb 7,8 ist S. zu den 12 Stämmen Israels gerechnet.

Secharja König (nur 6 Monate, 743 v. C.) des → Nordreiches Israel (2 Kön 15,8ff). Sein Mörder Schallum wurde sein Nachfolger, konnte sich aber nur 1 Monat halten, bis er v. Menahem getötet wurde (2 Kön 15,13f).

Seele (hebr.: *nephesch*) Das hebr. Wort, das man meist mit S. übersetzt, hat eine breite Bedeutung: urspr. Kehle, Rachen (Jes 5,14), dann Atem, Lebenshauch (2 Sam 1,9), Lebenskraft (Jer 38,16), Leben (Ex

21,23: „Leben um Leben"), Lebewesen (Mensch, Gen 46,26; Tier, Gen 1,24), Blut als Sitz des Lebens (Lev 17,14).
Die S. wird v. allen Lebensvorgängen betroffen: Sie hungert (Ps 107,9), ist gebeugt, verlangt nach Gott (Ps 42,6f) und nach Bösem (Spr 10,3). Aus ihr kommen z. B. Freude (Ps 35,9), Liebe (Gen 44,30), Hoffnung (Ps 130,5), Hass (Ps 11,5). S. bedeutet hier etwa dassselbe wie → Herz.
Die S. ist zunächst kein vom Leib trennbares Lebensprinzip, das in sich besteht. Der → Tod ist keine Trennung v. Leib und S., sondern ein Ausströmen der Lebenskraft, sodass eine „tote Seele" (Num 6,6) übrig bleibt, die ein Schattendasein in der → Unterwelt führt (Jes 14,9). Erst im griech. Denken wird S. dem sterblichen Leib gegenübergestellt (Weish 3,1ff; 15,8).
Im NT wird die atl. Bedeutung übernommen. S. (griech.: *psyche*) bedeutet „Leben" oder „lebendiger Mensch" (Mk 3,4; Mt 16,26), steht für „Person" (Apg 27,37) und für „ich, du, uns" (Hebr 10,38; „meine Seele" = „ich"). Selten wird „S." im Gegensatz zu → „Leib" gebraucht (Mt 10,28).

Seevölker Sammelbegriff für verschiedene indoeuropäische Stämme, die im Zushg. mit der illyrisch-dorischen Völkerwanderung zu Wasser und zu Land gegen Syrien, Palästina und Ägypten vordringen. Mit ihrem Auftreten hängt die Zerstörung → Trojas, der Paläste → Kretas und der Untergang des Reiches der → Hetiter zusammen. Eine Gruppe der S. dient bereits unter dem äg. Pharaonen Amenophis III. (1410–1372 v. C.) und Ramses II. (1301–1234 v. C.) als Söldner. Den Versuch einer kriegerischen Einwanderung in Ägypten vereitelt Ramses III. (1197–1164 v. C.). Ein Teil der Angreifer, die Peleser (= Philister) siedeln in den Ebenen Kanaans. Die ihnen verwandten Tjeker erobern → Dor.

Sefarad Zufluchtsort v. Flüchtlingen aus Jerusalem (Obd 20; in Kleinasien?). In späterer jüd. Tradition: S. = Spanien. → Aschkenas

Segen ist im AT eine Handlung (z. B. S.s-Spruch) zum menschl. Wohlergehen (Gegensatz: Fluch). Ein S. oder Fluch beginnt zu wirken, sobald er gespendet (bzw. ausgesprochen) wird; daher kann ein einmal gegebener S. schwer zurückgezogen werden (vgl.: die Bileams-Geschichte, Num 22ff; die Erzählung v. Isaaks Segen über Jakob, Gen 27,1–40). Er kommt von Gott, erfüllt die Schöpfung mit Fruchtbarkeit (Gen 1,22.28), wird den → Erzvätern und dem Volk zuteil (Gen 12,2), wird vom Vater seinen Söhnen (Jakobssegen, Gen 48f), v. Mose (Dtn 33,1–29), David (2 Sam 6,18) und v. Priestern gespendet. Wenn Menschen Gott „segnen" (z. B. Ri 5,2.9, viele Übers. preisen, rühmen), bedeutet das, dass sie Gottes Macht anerkennen und preisen. Die S.s-Formel Num 6,24ff (in vielen ev. Agenden) heißt „Aaronitischer Segen".
Im NT finden sich dieselben Bedeutungen v. S.: Jesus segnet seine Jünger (Lk 24,50), die Kinder (Mk 10,16), das Brot (vgl. Mk 6,41; 14,22), indem er Gott dafür preist. Er weist hin auf den S. des Gerichts für die Guten und den Fluch für die Bösen (vgl. Mt 25,34.41). Auch Fromme und Jünger loben und preisen Gott, wenn sie segnen (Lk 1,42.68; Röm 1,25; 2 Kor 1,3). Die ntl. Briefe enthalten auch S.s-Grüße (z. B. Röm 16,24).

Sehen, Schauen bedeutet im AT *jede* Art der Wahrnehmung. Gott „sieht" alles Geschehen (Ijob 28,24). Menschen können Gott nur in begrenztem Umfang „s.", ohne zu sterben (Ex 33,20), sie „s." meist seine „Herrlichkeit" (Ex 16,7), sein „Angesicht" (Gen 32,30) usw.
Im NT wird Gottes Geheimnis in Christus sichtbar (Joh 1,18; 14,9). S. und gläubiges Aufnehmen der Zeichen Christi (→ Wunder, vor allem: → Auferstehung Jesu) führt zum Heil (Mt 13,16; Joh 2,23). Das verhüllte S. dieser Zeit wird in die klare Gottesschau übergehen (1 Kor 13,12; 1 Joh 3,2).

Seïr („behaart") Gebirgsname, wo die Horiter (Gen 14,6), später die Edomiter (Ri 5,4) wohnten. Beide Volksgruppen werden daher „Söhne S.s" genannt und „S." einem Ahnherrn als Eigenname zugelegt (Gen 36,20).

Sekte ist eine v. einer Religionsgemeinschaft abgesonderte kleine Gruppe. In einer S. werden einzelne Glaubenslehren oder Forderungen bes. betont: Ihretwegen trennt man sich v. den anderen Anhängern der Gemeinschaft bzw. wird v. diesen ausgeschieden. Die Christen in Jerusalem galten nach Apg 24,5 als „S. der Nazoräer".

Sektenregel → Qumran

Sela

1) Hebr. Wort, das 71-mal in Ps und 3-mal in Hab vorkommt. Seine Bedeutung ist unklar. Einige Übersetzer lassen „S." aus. Die LXX verstand es als Pausenzeichen, andere übersetzen S. mit „immer" „erhebe" oder „empor", andere denken an Segenszeichen, Gesangshinweis für Chor und Gemeinde.

2) Ortsname (z. B. Ri 1,36) und Personenname (z. B. Gen 38,5).

Seleukiden Mazedonische Dynastie, begründet v. einem Feldherrn Alexanders d. Gr., herrschte seit 321 v. C. über einen großen Teil Syriens (Residenz meist: Antiochia am Orontes), zeitweise auch über Babylonien; meist befanden sich die S. in scharfer Auseinandersetzung mit der Dynastie des → Ptolemäus, die in Ägypten regierte. Bereits unter Alexander d. Gr. war das pers. Weltreich (-Perser) vernichtet worden. S. versuchten, die jüd. Aufstandsbewegungen zu unterdrücken und das Reich der → Parther zurückzudrängen. Seit ca. 130 v. C. verfiel die Macht der S., 64/63 v. C. wurde Syrien röm. Provinz. Geistig vertraten die S. den → Hellenismus. Einige S.:

1) Seleukus I. Nikator (321–281 v. C.), Begründer der Dynastie (wohl die „gewaltige Herrschaft" v. Dan 11,5).

2) Antiochus III. d. Gr. (223–187 v. C.) beendete seinen Kampf gegen Ägypten schließlich siegreich und gewann dabei das vorher verlorene → Zölesyrien zurück; 188 v. C. legte ihm jedoch das röm. Weltreich harte Friedensbedingungen auf.

3) Seleukus IV. Philopator (187–175 v. C.). Anfangs erkannte er die jüd. Rechte an (vgl. 2 Makk 3,3), später (176 v. C.) versuchte er (schwierige Finanzlage) durch → Heliodor vergeblich, die Schatzkammer des Tempels zu plündern.

4) Antiochus IV. Epiphanes (175–163 v. C.) war ein eifriger Verfechter des Hellenismus und errichtete in Jerusalem griech. Einrichtungen (z. B. den Kult des Zeus Olympus im Tempel). Dadurch löste er den Aufstand der → Makkabäer aus. Seine Erfolge gegen Ägypten durfte er auf den Einspruch Roms hin nicht ausnutzen.

Selig ist der Mensch, der das → Heil empfängt. Voraussetzung dafür ist der → Glaube (z. B.: Mt 16,17; Lk 11,28), die Ausdauer im Glauben (Jak 1,12) und Wachsamkeit für den Herrn (Lk 12,37). → Seligpreisungen

Seligpreisungen bezeichnen eine Literaturgattung (Selig ..., Wohl dem, der ..., Ps 1,1). Die S. in Mt 5,3–12 sind ein Teil der → Bergpredigt und beschreiben den kommenden Zustand im → Gottesreich. In Lk 6,20ff stehen nur einige dieser S.; sicherlich hat Mt ein System entworfen und außer den urspr. S. noch weitere (z. B. auf Grund ähnlicher → Herrenworte) hinzugefügt. Bei Lk ist auch der Zushg. anders als bei Mt: Die zukünftige Heilszeit wird betont, die eine Umkehr der Verhältnisse bringen wird; zu den S. gehören bei Lk Wehe-Rufe.

Sem („Name") heißt in den bibl. Geschlechtsregistern (Gen 5,32; 10,1; 11,10) und in Erzählungen v. der → Sintflut ein

Ausschnitt aus der Darstellung einer Gruppe von semitischen Nomaden. Der ägyptische Fürst Chnumhotep ließ dieses Bild um 1890 v. C. auf einer Wand seines Grabes anbringen. Es vermittelt uns einen Eindruck, wie Israels Vorfahren ungefähr aussahen.

Sohn des → Noach. Auf S. werden die → Semiten zurückgeführt. S.s. Vorherrschaft vor anderen Völkerschaften wird durch seine Ehrfurcht vor seinem Vater begründet (Gen 9,18–28). Als Ahnherr des Volkes Israel und des Messias ist S. im Stammbaum Jesu (Lk 3,36) erwähnt.

Semiten (→ Sem) Verschiedene Völker des Vorderen Orients, deren Sprachen verwandt sind. „S." bezeichnet Völker, keine *Rasse*. Häufige Einteilung: O.-S. (Sprache: → Akkadisch), W.-S (kanaan. Zweig, z.B. hebr.; aram. Zweig, z.B. aram. und syr.) und S-S. (z.B. arab. Sprachen). Im Bereich der semit. Sprachen entstanden Schriften (→ Buchstabe) und die Religionen des Judentums, Christentums und Islams.

Sendung Als Ausdruck dafür, dass Gott sich der Schöpfung zuwendet, sendet er viele Boten, z.B. → Engel (Lk 1,26), → Abraham (Gen 12,1ff), → Mose (Ex 3,13ff), → Propheten (2 Chr 24,19; Jes 6,8f), Johannes den → Täufer (Mk 1,2ff), „am Ende dieser Tage" (Hebr 1,2) seinem Sohn (Röm 8,3). Als Gesandter des Vaters offenbart Jesus Gottes Wahrheit (Joh 12,49), bringt Rettung (Joh 3,17) und Leben (Joh 5,24); er setzt die S. durch die → Apostel für alle Menschen fort (Joh 17,18; Mt 28,18ff). Als Beistand sendet er den Geist (Joh 15,26). Im urchristl. Gemeindeleben bedeutet „S.": Vollmacht zur Missionstätigkeit im Namen der Kirche (vgl. Apg 8,14).

Septuaginta („siebzig", da nach dem Aristeasbrief, einer Legende des 1. Jh. v.C., v. 72 Übersetzern. Abkürzung für „S." oft: LXX) heißt die wichtigste *griech.* Übersetzung des AT. Sie entstand in einem längeren Prozess (vom 3. bis 2. Jh. v.C.). Wert, Übersetzungsprinzipien und Textgeschichte der S. sind für die einzelnen bibl. Bücher *verschieden*. Die S. entstand in der jüd. → Diaspora (größtenteils in Ägypten, vor allem in → Alexandria) und ist frei v. rabbin. Bindungen. Daher haben die Übersetzer einige Formulierungen (z.B. im Geist des → Anthropomorphismus) zurückgedrängt; sie übersetzten in Jes 7,14 das hebr. *'almah* („junge Frau") mit einem Wort, das eindeutig „Jungfrau" bedeutet. Sie unterlegten mehreren griech. Wörtern Bedeutungen, die später auch im NT vorkommen. Ihre hebr. Vorlagen entstanden vor der Zeit der → Masora und der hebr. Bibelhss v. → Qumran.
Vom Judentum wurde die S. mehr und mehr abgelehnt (Vorliebe für die sklavisch-treue „Übersetzung" durch → Aquila). Die spätere Festlegung des jüd. → Kanons zu Jamnia schloss mehrere Schriften der LXX als nichtkanonisch aus (ebenso seit dem 16. Jh. die ev. Kirche). Zahlreiche alte → Bibelübersetzungen des AT fußen nicht auf dem hebr. Text, sondern auf der S., z.B. die → Vetus Latina, koptische, äthiopische und georgische Übersetzungen. → Hexapla, → Bibeltext.

Seraf (Mehrzahl: Serafim) werden in Jes 6,2 die sechsflügeligen Wesen (→ Engel) genannt, die vor Gottes Thron stehen und Gott preisen.

Serubbabel („Spross Babels", da geb. im → Exil) Führer einer Gruppe v. Heimkehrern aus dem Exil, einer der Männer, die den zerstörten → Tempel v. Jerusalem wieder aufbauten, unterstützt v. den → Propheten → Haggai und → Sacharja.

Set Nach Gen 4,25f und dem Geschlechtsregister Gen 5,3f gilt S als Sohn → Adams und → Evas, der ihnen an Stelle des erschlagenen Abel geboren wurde, und als Vater des → Enosch. Die nach S. benannte Abstammungsliste („S.iten-Liste") umfasst 10 Geschlechter. → Alter (1)

Sichem (*tell balāṭa*; „Nacken" zw. den Bergen Ebal und → Garizim) Alte Stadt im Gebirge Efraim, ungefähr in der Mitte zw. Jerusalem und Nazaret, mit bedeutendem Heiligtum (vgl.: Orakeleiche z.Z. Abrahams, Gen 12,6; Altar Jakobs, Gen 33,20). Nach der → Landnahme war S. die wichtigste Kultstätte Israels und Mittelpunkt des Verbandes der → Stämme (vgl.: „Landtag v. S." mit Erneuerung des → Bundes, Jos 24,1–28; → Reichstrennung und erste Residenz der Könige des → Nordreiches, 1 Kön 12). Gegenüber → Samaria trat S. später in den Hintergrund; 72 n.C. gründete Vespasian einige km w v. S. den Ort Flavia Neapolis (*nāblus*).

Ortslage von **Sichem** *zw. den Bergen Garizim (links) und Ebal (rechts).*

Masseben (Malsteine) vor dem Tempel des Baal-Berit in **Sichem.**

Sidon (*ṣaidā*) Alte Stadt der → Phönizier („S.ier“ in Jes 23,13 u.ö.), erwähnt in den Briefen v. → Amarna, im heutigen Staat Libanon. Das AT (Jos 19,28) nennt S. beim Gebiet des Stammes → Ascher; es gelangte jedoch nie in isr. Besitz → Ahab versuchte dadurch Kontakt mit S. herzustellen, dass er eine Prinzessin aus S., → Isebel, heiratete. Prophetenworte gegen S. stehen z.B. in Ez 28,21ff. Ständige Konkurrenz v. S. war → Tyrus. Im NT werden mit „Tyrus und S.“ die Städte und das Gebiet bezeichnet (Mt 11,21; 15; 21). Vor seiner Romreise durfte → Paulus Freunde in S. besuchen (Apg 27,3).

Sieg Im AT wird ein militär. Sieg allein Gottes Hilfe zugeschrieben (z.B. S. über Ägypter Ex 15,21). Daher soll Israel beim eigenen Einsatz auf Gott vertrauen; es preist seine Hilfe (vgl.: Ex 15,1–21, Lied des Mose und Lied der → Mirjam; bei S.es-Liedern wird meist Gottes Hilfe geschildert, so Debora-Lied, Ri 5). Wenn das NT v. „S.“ spricht, meint es: Die gottfeindlichen Mächte sind v. Christus besiegt (Kol 2,15), Tod und Sünde bezwungen (1 Kor 15,55f). An diesem Triumph haben alle Gläubigen teil.

Siegel galt im AO als Unterschrift (1 Kön 21,8); die weit verbreiteten S. hatte persönliche Prägung. Bei Ausgrabungen wurden viele S. gefunden.

Im *übertragenen* Sinn drückt das Wort „S.“ aus:

1) Das Versiegelte ist Eigentum (z.B. Empfang göttl. Geistes als S. = Zugehörigkeit zu Gott, Eph 4,30).

2) Das Versiegelte ist verborgen (z.B. Dtn 32,34).

Sikarier (v. lat. *sica* „Dolch“; einige Übers.: Dolchmänner) hieß eine fanatische jüd. Gruppe, die den → Zeloten nahe stand; wie diese kämpften sie z.Z. Jesu gegen die röm. Herrschaft und römerfreundlich Gesinnte. Kennzeichnend ist ihr fanatischer Eifer für das → Gesetz und ihre Hoffnung auf einen Messias. Nach Apg 21,38 machten 4000 S. einen Aufstand und wurden hingerichtet.

Silas (aram. Form des Namens → „Saul“) Führender Judenchrist der Urgemeinde in Jerusalem, Bote des → Apostelkonzils für Antiochia (Apg 15,27), Begleiter des → Paulus auf der 2. Missionsreise (Apg 15,40).

Silberling → Münzen

Silvanus (1.2 Thess 1,1) lat. Form des Namens → Silas.

Simeon („Gott hat erhört“)

1) Einer v. Israels → Stämmen, später wohl im Stamm → Juda aufgegangen. Er wird zurückgeführt auf einen Sohn → Jakobs und → Leas (Gen 29,33). Im → „Jakobsegen“ wird v. seiner Zerstreuung über ganz Israel gesprochen (Gen 49,7), im „Mosesegen“ (Dtn 33) wird er nicht mehr erwähnt.

2) Ein Greis, der nach Lk 2,25–32 das Jesuskind bei der Darstellung im Tempel begrüßt. Er und die Prophetin → Hanna (2) sind Typen des frommen Israel, das den → Messias erwartet.

Simon („Gott hat erhört“)

1) Sohn des Mattatias → Makkabäer.

2) → Petrus

3) Einer der „Zwölf“ (→ Apostel), in den Apostellisten (Mk 3,18; Mt 10,4 als „Kananäer“, in Lk 6,15; Apg 1,13 als „der Eiferer“ bezeichnet; fraglich, ob S. den → Zeloten angehörte; über seine Wirksamkeit und seinen Tod ist nichts bezeugt.

4) Von → Zyrene, nach Mk 15,21 Vater von Alexander und Rufus, wurde gezwungen, das Kreuz Jesu zu tragen.

5) Magier in Samaria (Apg 8,9); wollte sich für Geld die Gewalt erkaufen, den hl. Geist zu vermitteln. Es gibt viele außerbibl. Legenden über S.; v. seinem Namen ist das Wort „Simonie“ (= Kauf kirchlicher Ämter) gebildet.

Simri („Jahwe hat geholfen“?) Der König des → Nordreiches Israel (886 v.C.); kam durch Putsch an die Macht; das Heer machte aber → Omri zum König; S. starb nach 7 Tagen durch Selbstmord.

Simson („Sonnenkind“) Hauptperson der Erzählungen v. Ri 13–16: Dort sind verschiedene volkstümliche Geschichten in einen Zushg. gebracht worden (z.B.: Hochzeit mit einer Philisterin, Rätselfrage, mehrere Heldentaten gegen Philister; Verhältnis mit der Philisterin → Delila; er zerstörte über sich das Haus, in dem viele

Philister zusammengekommen waren). S. war → Nasiräer und der letzte der → Richter, v. dem im Richterbuch erzählt wird. Die Erzählungen wollen zeigen, wie Gott durch S. immer wieder dem bedrängten Volk hilft.

Sin Ortsname, z. B.:

1) Wüstengegend im NO der Sinai-Halbinsel, die das Volk Israel durchzog (Ex 16,1); viell. gleichzusetzen mit der Wüste → Sinai.

2) Äg. Grenzbefestigung (*tell faramā*). In einer Weissagung v. Ezechiel (30,15) erwähnt; hier wurde Ägypten 525 v. C. v. → Kyrus geschlagen und ins pers. Weltreich eingegliedert. Lat. Name: Pelusium.

Sinai heißt in einem Teil der Überlieferung der Berg, auf dem Jahwe dem Mose erschien (Ex 19f; andere Überlieferungszweige sprechen vom Horeb oder einfach vom „Berg"). Nach christl. Überlieferung (seit dem 4. Jh.) liegt der S. auf der S.-Halbinsel (andere Vorschläge z. B.: im Gebirge → Seïr, bei → Kadesch, im heutigen Saudi-Arabien); nach ihr wird der S. identifiziert mit dem *dschebel mūsa*, dem *dschebel qāterin* (mit dem Katharinenkloster) oder mit dem *dschebel serbāl* (mit Pilger-Inschriften aus dem 2. und 3. Jh. n. C.), die alle nahe beieinander liegen. Die geograf. Angaben der HS über → Auszug aus Ägypten und Wüstenzug sind ungenau und widerspruchsvoll. Wichtig ist den Verfassern der bibl. Nachrichten nicht der Ort, sondern das Berichtete: Gott verbindet sich mit dem Volk (→ Bund), hat als einziger Gott zu gelten (→ Zehn Gebote) und lässt das Volk den geistigen Höhepunkt der Wüstenwanderung erleben, der es eigentlich erst zu einer Einheit macht.

Ein wenig entfernt v. dem Gebiet, wo die christl. Tradition den S. vermutet, fand man mehrere Inschriften in Hieroglyphen und in einer alten Buchstabenschrift.

Sintflut (v. mittelhochdeutsch *sintfluot* = große Flut) Große Überschwemmung, in der nur → Noach, die seinen und einige Tiere in der → Arche gerettet werden. Der jetzige *S.-Bericht* (Gen 6ff) ist zusammengearbeitet aus 2 Berichten. Diese widersprechen sich in Einzelheiten (z. B.: Zahl der Tiere, Gen 7,2.16; Dauer der Flut und die Herkunft des Wassers, Gen 7,11f.24; 8,8–14). Es gibt mehrere *außerbibl.* S.-Erzählungen, z. B. in einem assyr. erhaltenen Gesang des Gilgameschepos, nach dem Utnapischtim dadurch aus einer Flut gerettet wird, dass er auf Befehl einer Gottheit ein Schiff baut. Zw. diesem und dem bibl. S-Bericht gibt es viele Berührungspunkte; sie unterscheiden sich jedoch in der Hauptsache. Der bibl. S.-Bericht ist vom Glauben an *einen* Gott geprägt; die S. wird nicht durch Götterwillkür ausgelöst, sondern durch menschl. Schuld. Oft wurde versucht, die *histor. Hintergründe* des bibl. Berichts zu erhellen. Das ist stets misslungen. Weder ließ sich eine Großkatastrophe noch eine räumlich begrenzte Flut nachweisen. Es ist jedoch möglich, dass die Verfasser der S.-Berichte ein räumlich beschränktes Ereignis als Weltereignis verstanden und schilderten. Die religiöse *Absicht* allein ist maßgebend bei der Deutung der S.-Berichte. Einige Grundgedanken (verschiedener Überlieferungszweige): zunehmende Sittenverderbnis und Strafe Gottes (Gen 6,11ff), Rettung der Glaubenden (später vgl. Hebr 11,7), Ende der S. als Gottes Heils- und Schöpfertat (vgl. Gen 8,17). Nach der Auffassung eines Überlieferungszweiges beginnt mit Noachs Rettung der → Bund; sein Zeichen ist der Regenbogen (Gen 9,16). In christl. Deutung verstand man die S. als Bild der Taufe (1 Petr 3,21; nachbibl.: Arche als Bild der Kirche).

Sion → Zion

Sirach (Buch) Das deuterokanonische (→ Kanon) Buch S. (Jesus S.; in der → Vulgata: Ecclesiasticus) gehört zur Weisheitsliteratur (→ Weisheit). Es enthält:

1) Eine Sammlung v. Weisheitssprüchen (1,1–42,14), die oft an Spr erinnert. In stark lehrhaft-moralisierender Art mahnen sie zu guter religiöser Haltung und einwandfreier Lebensführung. Zw. ihnen finden sich Hinweise auf die Weisheit selbst, Gebete und Danklieder (4,11–19; 14,20–15,10) sowie der Hymnus auf die personifizierte Weisheit (24,3–22).

2) Ein 2. Teil (42,15–51,30) bietet das

Lob der Weisheit in der Schöpfung und das Preislied auf die Großen des Volkes (44,1–50,26). Darauf folgen Schlussgebet (50,27ff) und Anhang (51,1–30).

Das Buch wurde geschrieben in der Zeit v. 180–170 v.C.; der Verfasser Jesus, Enkel des Sirach, war ein gebildeter und gesetzestreuer Weisheitslehrer in Palästina. Lange Zeit war S. nur in griech. Übersetzung bekannt. Seit 1896 bis heute hat man ca. 3/5 des hebr. Texte wieder gefunden.

Sisera Feldherr eines kanaan. Königs (selbst König v. Haroschet-Gojim?), v. → Debora und → Barak besiegt, v. → Jaël getötet (Ri 4f).

Sklave(n) gab es wie überall im Altertum auch in Israel. Vor allem Kriegsgefangene wurden S. (z.B. unverheiratete Frauen, Num 31,35); S. waren Handelsware (Ez 27,13), durften gezüchtigt, aber nicht verstümmelt werden (vgl. Ex 21,20f.26f). Auch eigene Volksgenossen konnten S. in Israel sein, mussten jedoch nach einem Jubeljahr (→ Erlassjahr; → Eigentum) freigelassen werden (Lev 25,40.54) oder bereits nach 7 Jahren (Ex 21,2). Dabei handelte es sich z.B. um säumige Schuldner (Dtn 15,2), verurteilte Diebe (Ex 22,2; Zürcher Bibel: 22,3), solche, die sich selbst verkauften (Ex 21,5f). Die S. waren vor ungerechter Gewalt und vor willkürlicher Behandlung geschützt (vgl. Ex 21,2–11). S. gehörten zur → Familie, wurden beschnitten (Gen 17,12), nahmen teil an → Pascha (Ex 12,44) und Sabbatruhe (Ex 20,10, eine Wohltat für S.), konnten in späterer Zeit sogar erben (Spr 17,2). Die Freilassung erfolgte durch den Herrn; in einigen Fällen *musste* sie erfolgen (Dtn 21,10–14; 15,12–17).

Im übertragenen Sinne hieß auch der niedrig stehende Freie „S.", vor allem der Diener des Königs (vgl. 1 Sam 8,11ff). S. bzw. Knecht oder Magd wurde in diesem Fall ein Ehrentitel (→ Gottesknecht; Lk 1,48; Röm 1,1). Z.Z. des röm. Weltreiches gab es schließlich einen eigenen Stand der → Freigelassenen.

Auch das Christentum schaffte zunächst das Halten v. S. nicht ab; es nahm aber S. unter die Gläubigen auf, wo sie den Freien gleichgestellt waren: Aus S. wurden „geliebte Brüder" (Phlm 16).

Skythopolis Griech. Bezeichnung v. → Bet-Schean (2 Makk 12,29).

Smyrna (*izmir*) Hafenstadt im W Kleinasiens. Nach 300 v.C. wurde S. eine der reichsten Städte Kleinasiens. Ein Sendschreiben der → Offenbarung des Johannes richtet sich an die Christengemeinde v. S. (Offb 2,8–11).

Sodom ist wie → Gomorra in Gen 19 Beispiel einer verderbten Stadt, die Gott vernichtet. Dass der König v. S. sich auf → Lots (bzw. Abrahams) Seite am Kampf gegen → Amrafel beteiligte (Gen 14), wird demgegenüber in der HS kaum mehr erwähnt. Die Sünde der Bewohner v. S. wird geschildert als Homosexualität (Gen 19,5), Selbstgerechtigkeit (Jes 3,9), Übermut und unsoziale Haltung im Wohlstand (Ez 16,49). S. und Gomorra wird geradezu sprichwörtlich verwendet für das unbegnadete Volk (Jer 23,14). Was man heute „S.ie" nennt (Unzucht mit Tieren), schreibt die HS den Einwohnern S.s nicht zu.

Sohn Ein S. ist Gewähr für das Fortleben: Er bedeutet Ansehen für Vater und Mutter (Ps 127,3ff; vgl. Gen 16,5) und das Fortbestehen des Besitzes für eine weitere Generation. Den Eltern gegenüber hat ein S. bes. Pflichten (Ex 20,10). Der *Erstgeborene* hat bes. Rechte (Dtn 21,15ff) und gilt als Eigentum der Gottheit (Ex 34,20).

„S." drückt auch die Zugehörigkeit zu einem Volk aus (z.B.: „Söhne Israels") oder Schicksal und Wesen des Betreffenden (z.B.: S. des Todes, 1 Sam 20,31; S. des Friedens, Lk 10,6).

Sohn Gottes Die Bezeichnung eines Menschen als „S.G." war im AO häufig; bes. Könige fühlten sich als (Adoptiv)-söhne der Gottheit, z.T. wurde sie als Götter verehrt (z.B. äg. Pharaonen und röm. Kaiser). Auch im AT wird der König öfters „S.G." genannt (z.B. 2 Sam 7,14). Doch er ist nur Gottes Statthalter, nie selbst ein Gott (→ Königtum). Das Spätjudentum deutete die „Königspsalmen" (Ps 2; 45; 72; 110), die vom König sprachen, auf den erwarteten → Messias. Die-

sen bezeichnete man aber selten als „S.G.“. In Hos 11,1 wird das ganze Volk als S.G. bezeichnet.
Im NT wird „S.G.“ gebraucht, um die einzigartige Beziehung Jesu zum Vater auszudrücken sowie seinen Gehorsam gegen den Willen des Vaters (vgl. z.B. Mt 4,3); zunächst nennt man ihn nur in Ausnahmefällen so (vgl. z.B. Mt 16,16f). Nach Mk 14,61f (Verhör vor dem Hohen Rat) war Jesus mit dieser Bezeichnung einverstanden. Immer klarer erkannte man, dass das nicht nur Jesu Unterordnung bedeutete, sondern auch Jesu Hoheit (vgl. z.B. Kol 1,15ff; Hebr 4,14), bes. in Joh (z.B. 3,18; er geht vom Vater aus, Joh 5,17–23; der Vater ist mit ihm, Joh 16,32). „Jesus war S.G.“ war ein Bekenntnissatz der Urgemeinde (vgl. 1 Joh 4,15). Jesu *Gottheit* ist nicht ohne weiteres mit dem Ausdruck „S.G.“ verbunden, aber mindestens in Joh und Hebr ist dieser so verstanden; die betr. metaphysischen Überlegungen (Stellung des Vaters, göttl. Eigenschaften des Sohnes usw.) sind nachbibl.

Sonne ist nach Gen 1,16 das „größere Licht“. Sie wird als Gottes Geschöpf angesehen, das nicht selbst göttlich ist, wie man das z.B. in Ägypten und Babylonien annahm. Die S. ist funktionsbezogen (Spenderin des Lichtes). Ihre Hitze ist gefürchtet (Sir 43,3f). Ihre Verfinsterung ist Zeichen v. Unheil und Ende (Offb 6,12). Die HS schildet die S. nach dem Augenschein: Die Erde steht in der Mitte, die S. geht auf und unter.

Sonntag → Tag des Herrn

Sophonias → Zefanja

Sosthenes Synagogenvorsteher in → Korinth, dessen Anklage gegen Paulus vom röm. Statthalter abgewiesen wurde (Apg 18,12–17).

Spätregen → Regen

Speisegesetze Regeln für die kultische → Reinheit der Speisen. Man sprach v. „reinen“ und „unreinen“ (z.B. Kamel, Aal) Tieren. Blut durfte nicht genossen werden; es gab bes. Vorschriften zur Schlachtung (z.B. Schächten und Ausbluten). Die „Jakobusklauseln“ (→ Apostelkonzil) schränkte die Bedeutung v. S.n für → Heidenchristen stark ein. Paulus ging noch weiter (Kol 2,20f; → Gesetz); seine Auffassung setzte sich durch. Die jüd. S. sind heute für Christen nicht maßgebend.

Speiseopfer → Opfer

Spieß → Neben dem längeren Stoß-S. (einige Übersetzer: Lanze, Handstock, Ez 39,39) benutzte man einen Wurfspieß (1 Sam 17,6).

Sprüche (Buch) Das Buch gehört zur Weisheitsliteratur (→ Weisheit). Ein Meister der Spruchdichtung war Salomo (vgl. 1 Kön 4,32). Daher hat die Überlieferung 2 größere Stücke der S. ihm zugeschrieben (10,1–22,16; 25,1–29,27), die sicher ältestes Gut sind; andere Teile (1–9; 30–31) weisen in die nachexilische Zeit.
Folgende Gruppen sind im Buch der S. zusammengefasst: Kap 1–9: Lob der Weisheit und ihrer Früchte; Kap 10,1–22,16: Lebensregeln; 22,17–24,34: Verhalten gegen den Mitmenschen; über Mäßigung und Faulheit; Kap 25–29: Grundsätzl. Regeln; 30,1–14: Weisheit Gottes und Kleinheit des Menschen: 30,15–33: Zahlensprüche; 31,1–31: Ratschläge für die Könige und das Lob der tüchtigen Frau. Die Spr sind vielfach Anweisungen zum Glauben an Gott als Kernstück der Weisheit, zu nüchternem und tugendhaftem Leben. Sie warnen vor den Verlokkungen der Bosheit. Viele Aussagen sind zu bekannten Sprichwörtern geworden.

Staat Israels Entwicklung zum S. begann mit dem losen Kultverband (meist genannt: „Amphiktyonie“) der 12 Stämme nach der → Landnahme (vgl. Jos 24,1–28). Erst (ca. 1020 v.C.) → Saul erhielt allgemeine (vor allem militär.) Befehlsgewalt. Unter → Davids Herrschaft (ca. 1012–972 v.C.) wurde auch die polit. Macht vereinigt und über ganz Israel ausgedehnt, wobei ein gewisser Unterschied zw. dem → Königtum in Juda und im übrigen Israel blieb (vgl. 2 Sam 5,4f). Der S. wurde durch Eroberung nichtisr. Gebiete zeitweilig zum Großreich (2 Sam 8,1–14). Die Verwaltung des Landes wurde ausgebaut, vor allem unter Salomo. Nach dessen Tod zerfiel das Reich in die beiden Nationalstaaten Juda und Israel (→ Reichstrennung); für ersteren blieb die davidische Dynastie erhalten (vgl.

2 Sam 7,8–16). Israel bestand bis 722 v.C., Juda bis 586 v.C. (→ Exil). Später errang der S. der Makkabäer eine gewisse Unabhängigkeit. Auch der S. → Herodes' (1) war vom röm. Weltreich abhängig.
Die tragende Staatsidee Israels war die Theokratie: Oberhoheit Gottes in enger Verbindung mit religiöser und polit. Vollmachten der Gottgesandten. Bes. vor dem Exil galt der S. als eine Auswirkung des → Bundes mit Gott. Kritik am S. wurde meist als Kritik an mangelnder Bundestreue der Einflussreichen geäußert (→ Propheten); dem Ideal-S. wäre man gehorsam gewesen. Auch später sah man die polit. Macht als v. Gott verfügt an (vgl. Weish 6,3).
Im NT findet sich weder das Wort „S." noch eine S.s-Theorie. Die beiläufigen Äußerungen beziehen sich auf die gegebenen Machtverhältnisse des röm. Weltreiches. Dass sich die ntl. Stellen zum Thema „S." auf eine konkrete Situation beschränken, sollte bei theologischen Erörterungen nicht vergessen werden. Eine christl. S.s-Theorie hat nicht von einzelnen Versen, sondern v. den Grundsätzen ntl. → Ethik auszugehen (vgl. auch: → Armut, → Eigentum, → Freiheit, → Friede, → Gerechtigkeit, → Gewissen, → Krieg, → Liebe, → Tag des Herrn, → Vergeltung). Das bekannte Herrenwort zur Steuerfrage (Mk 12,17) und Jesu Verhalten vor Pilatus (vgl. Joh 19,11) drücken Pflicht und Grenzen des Gehorsams gegen den S. aus. Die → Apostel betonen v. der jüd. Behörde, man müsse Gott mehr gehorchen als den Menschen (Apg 5,29). Im Verhalten zum röm. S. überwiegen Anerkennung und Bejahung der staatlichen (auch heidn.) Obrigkeit (vgl. Röm 13,1–7; 1 Petr 2,13–17), wohl eine Nachwirkung der theokratischen S.s-Auffassung des AT. Aktiven Widerstand lehrt das NT nicht. Es misst das Verhalten gegen den S. an den Pflichten, die Gott dem S. auferlegt, kennt keine pervertierten S.s-Formen und kann zu scharfer Kritik am S. herausgefordert werden (vgl.: Offb).

Stadt Größerer, befestigter Ort, meist Brennpunkt v. Macht, Einfluss oder Reichtum. Ihr Mittelpunkt war im AO nicht der Markt u. Ä., sondern der Tempel der Gottheit. Sinn v. Burg und Palast des S.-Herrn (bzw. des Königs) waren urspr. der Schutz des Tempels. Städte vom späteren, hellenistischen oder röm. S.-Typ gibt es im Bereich v. Palästina und Ostjordanland nicht viele.
Der Übergang v. einer rein bäuerlichen zur städtischen Lebensweise (lange *vor* der Zeit der → Landnahme auch in Kanaan) bedeutete fast eine Revolution v. Lebensform und Denkweise. Auch später war die S. dem → Nomaden irgendwie unheimlich (vgl. Gen 11,1–9).

Stämme Großgruppen in Nomadenvölkern u. Ä., die durch gemeinsame Abstammung oder durch freien Zusammenschluss (vgl. Ex 12,38) entstehen. Die S. Israels entstanden aus Sippenverbänden bei der → Landnahme und waren zunächst in einem Kultverband (häufig ungenau „Amphiktyonie" genannt) zusammengeschlossen (→ Staat). Umstritten ist, ob die Zwölfzahl der S. Israels urspr. war, ob der Verband auch polit. (militär.) Bedeutung hatte, welche Stellung die → Richter in ihm einnahmen. An der Spitze der S. standen jeweils mehrere → Älteste (vgl. 2 Sam 19,12). Als diese lose Struktur v. → Königtum überdeckt (nicht ausgelöscht) worden war sowie später im → Exil, sah man die Frühgeschichte Israels als Geschichte eines v. Anfang an feststehenden Stämmeverbandes an und führte jeden Stamm auf einen Sohn Jakobs zurück. Nach dem Exil konnte die Aufteilung in 12 S. nicht mehr verwirklicht werden, blieb aber eine bedeutende Größe im Bereich der Ideen. Z. B.: Die „Zwölf" (→ Apostel), welche die 12 S. richten werden (Mt 19,28). Bei vielen Persönlichkeiten wird notiert, aus welchem Stamm sie sind (z. B. Hebr 7,14).
Die in der HS überlieferten Aufzählungen der S. geben nicht dieselben S. in derselben Reihenfolge wieder; die „Landverteilung" an die S. (Jos 13–21; aus späterer Sicht) gibt meist weniger die Wohngebiete der S. wieder, als vielmehr die Gebietsansprüche.

Stammbäume Jesu 2 S.J. werden überliefert, einer in Mt 1,2–17 (Beginn

des Ev), einer in Lk 3,23–38 (nach dem Bericht v. Jesu Taufe). Beide S.J. wollen die Vorfahren → Josefs nennen. Mt führt den Stammbaum bis auf Abraham zurück, um zu zeigen: Der wahre Sohn Abrahams ist Jesus. Dem dient der Aufbau des Stammbaums, der in 3 x 14 Geschlechter gegliedert ist (Mt 1,17; → Zahlensymbolik. Durch einen Fehler hat die letzte Gruppe nicht 14, sondern 13 Glieder). Seine Aussageabsicht war dem Verfasser wichtiger als die Übereinstimmung mit atl. Nachrichten. Der Stammbaum des Lk geht von Jesus rückwärts bis auf Adam zurück, der v. Gott geschaffen wurde: Jesus ist für die ganze Welt gesandt und nicht nur Sohn Abrahams, sondern Sohn Adams und Gottes (→ Sohn Gottes).
Die Namen in den beiden S.n J. unterscheiden sich stark. Keine der komplizierten Erklärungen (mit Adoption, → Leviratsehen usw.) konnte sich durchsetzen, ebenso wenig die Thesen, bei Mt werde das offizielle → Geschlechtsregister des Hauses David verwendet, bei Lk dagegen das private Register des Josef; Lk gebe nicht den Stammbaum des Josef, sondern den der Maria wieder.
Am besten nimmt man die Unterschiede hin, betrachtet die S.J. nicht als histor. Dokumente, sondern achtet auf die Aussageabsicht der einzelnen Evv. Bes. ist der Zushg. zu beachten, in dem die S.J. stehen. Bei Mt am Anfang des Ev.: Gottes Wirken für Abraham und seine Nachkommen hatte nur den Sinn, die Ankunft Jesu vorzubereiten; bei Lk am Anfang v. Jesu Auftreten: Jesus ist v. Gott zu allen Menschen gesandt.

Stammbaum → Geschlechtsregister

Stater → Münzen

Statthalter In der HS sind bes. ausländische S. genannt, z.B. der Landpfleger (*procurator*, S. Roms, z.B. Lk 3,1), er unterstand dem Landpfleger v. Syrien (*legatus*, S. Roms, z.B. Lk 2,2). Einige röm. Provinzen unterstanden einem nichtmilitär. S. (*proconsul*, z.B. Sergius Paulus, Apg 13,7).

Stein Palästina ist reich an S.en: Sie verderben Äcker (vgl. Jes 5,2), werden zu vielen Zwecken verwendet (z.B. Mühl-S.e, S.igung). Geweihte S.e (Masseben) werden in später Zeit scharf abgelehnt (2 Kön 23,14). Bildlich steht „S.“ für Totes, Hartes (z.B.: Mt 3,9; Ez 11,19). Edel-S.e gelten als Bild der Pracht (z.B. Offb 21,19f).
Jesus sieht sich als „Eckstein“ (Mk 12,10; einige Übers.: „Schlussstein“) der Urgemeinden (Eph 2,20), die aus „lebendigen S.en“ aufgebaut sind (1 Petr 2,5; → Erbauung).

Stephanus („Kranz“) Einer der 7 Armenpfleger (→ Diakone). Apg. berichtet seine Wahl (6,5), die Anklage gegen ihn, seine Rede vor dem → Hohen Rat und seine Steinigung, die Saulus (= → Paulus) billigte (Apg 6,8–8,1). Durch die anschließende Verfolgung wurden Gläubige zerstreut und die Botschaft dadurch verbreitet. Die → Apostel konnten in Jerusalem bleiben. Es ist fraglich, ob sich hinter dieser Tatsache ein Konflikt in der Jerusalemer Urgemeinde (→ Judenchristen) verbirgt.

Steuern gab es in Israel seit der Zeit des → Königtums. Nach dem → Exil gab es die *Tempelsteuer* (zum Unterhalt des öffentl. Kultes; vorher bezahlten ihn die Könige); Jesus zahlte sie (Mt 17,24–27). Da sie z.Z. Jesu nicht in den gängigen röm., jüd. und griech. → Münzen entrichtet werden durfte, tauschten → Wechsler am Tempel die geschuldete Doppeldrachme in ältere Währung um. Ferner gab es den *Zehnten* (Abgabe zu Gunsten der Priester und Leviten am Heiligtum, Höhe wechselnd). *Schätzung* (→ Zensus) hieß die Volkszählung, welche die Grundlage der Steuererhebung bildete. → Zöllner

Stier Im AO Symbol überschäumender Kraft, Vitalität und Fruchtbarkeit. Große Gottheiten Babylons, Ägyptens und Phöniziens werden mit einem S. dargestellt. Auch dem Jupiter Heliopolitanus sind S.e beigegeben.
Die Bibel verwirft die S.-Bilder (vgl. Hos 8,4ff; 1,32) und redet verächtlich vom „gegossenen Kalb“ (Ex 32,4) oder „goldenen Kälbern“ (1 Kön 12,28). Die Erzählung Ex 32 will in der Form einer Geschichte aus der Zeit des Mose die S.-

Bilder in → Dan und → Bet-El (1 Kön 12,25–33) verurteilen. Die S.e an den Jahweheiligtümern sollten keine Abbilder Gottes sein, sondern wohl Postamente für Jahwe.
Wenn die Psalmen von bedrängenden S.en reden (vgl. Ps 22; 92,11), wollen sie das Erleben des Beters veranschaulichen, der sich von unerbittlicher, unberechenbarer Gewalt bedroht fühlt.

Stiftshütte → Zelt, Heiliges

Stoiker Um 300 v.C. gegründete Richtung v. → Philosophen, welche einem strengen Vorsehungsglauben (bis zum Fatalismus) huldigten. Volkstümliche Verkündigungsmethoden dieser Philosophie finden sich auch im NT, bes. in den Paulusbriefen.

Stolz → Hochmut

Strafe Das AT kennt mehrere S.n, z.B. Todes-S. durch Steinigung oder Verbrennung, Ersatzleistung bei Diebstahl. Erst spät gab es den zeitweiligen Freiheitsentzug, z.B. das Einschließen im Block oder das Gefängnis. Die S. soll das bisherige Gleichgewicht wiederherstellen (Ersatz) oder aber den Schuldigen aus der Gemeinschaft ausscheiden: Es geht weniger um Sühne als um *Bereinigung*. Daher ist auch verständlich, dass z.B. außer den Schuldigen ihre Kinder (Ex 34,7) oder ihr Volk (Jos 7) bestraft werden. Bereits im AT gibt es Ansätze zur Überwindung dieses Denkens (Gen 44,16f; bes. Ezechiel); endgültig überwunden ist es im NT (Joh 9,2ff; → Versöhnung).
Wenn v. Gottes S. gesprochen wird, wird diese meist innerweltlich verstanden (z.B. Vernichtung einer Stadt); auch sie ist im AT als Bereinigung oder als Aufforderung zur Umkehr gedacht; auch sie weicht im NT mehr und mehr der Versöhnung.

Straße Innerhalb der Städte gab es zunächst wenig Platz für S.n; wie heute noch oft im Orient waren die S.n schmal, winkelig, schmutzig, z.T. treppenförmig. Einige Zünfte – z.B. die Bäcker in Jerusalem – hatten ihre Geschäfte in ein und derselben Straße. In hellenistischer Zeit hatten *neue* Stadtteile meist breite, gerade S.n. Dass auf der S. Religionen und Philosophien vorgetragen wurden, war ein gewohntes Bild (vgl. Lk 13,26). Die S. des „neuen Jerusalem“ wird als Pracht-S. geschildert (Offb 21,21).
Außerhalb der Städte dienten die S.n bes. dem Fernhandel und dem militär. Verkehr. Erst in der Zeit des röm. Weltreichs wurden eigentliche S.n gebaut (meist in nachbibl. Zeit), vorher waren S.n fast immer nur ausgetretene Wege und sehr schmal.
Im *übertragenen* Sinn bedeutet „Weg“ das Verhalten der Menschen vor Gott (vgl. Ps 1,1.6); im NT wird erkannt, dass dieses Verhalten erst durch die Verbindung mit Christus „recht“ wird (vgl.: Apg 18,25; Joh 14,49. Dadurch ist dieser selbst „der Weg“ (Joh 14,6).

Stunde In alter Zeit kannte man keine Einteilung des → Tages in S.n.; man machte vielmehr allgemeine Angaben (z.B. „morgens“, 1 Sam 11,11). Z.Z. Jesu teilte man den Tag und die Nacht in je 12 S.n ein (Tag: ca. 6–18 Uhr, also: „6. S.“ ca. = 12 Uhr, Mk 15,33; Nacht: ca. 18–6 Uhr, also: „3. S. der Nacht“ ca. = 21 Uhr, Apg 23,23). Diese S.n waren verschieden lang, je nach der Tageslänge der betr. Jahreszeit.
Gott bestimmt die S.n, auch die des Endes (1 Joh 2,18). Diese ist auch dem „Sohn“ unbekannt (Mk 13,32). Doch sie ist eingeleitet durch die „S.“, in welcher der → Menschensohn überliefert wird (Mk 14,41; vgl.: Joh 2,4; 17,1).

Südreich Nach dem Tod v. → Salomo wird durch die → Reichstrennung das S. → Juda geschaffen. Es besteht 932–586 v.C., also fast 1 1/2 Jh. länger als das → Nordreich. Die Hauptstadt des S.es ist stets Jerusalem; die Herrscher sind fast immer Nachkommen Davids (im Unterschied zum Nordreich, wo sich zahlreiche Dynastien abwechseln). Die ersten Könige des S.es versuchen, das Nordreich zu erobern und so das Großreich Davids wiederherzustellen; spätere (z.B. → Joschafat) bemühen sich um gute polit. Beziehungen. Der erste König des S.es ist → Rehabeam; auf ihn folgen → Abija, → Asa, → Joschafat und → Joram (ein anderer als der gleichnamige König des Nordreiches). Er kann das Gebiet der → Edomiter nicht halten. Nur kurze Zeit regiert → Ahasja. Nun folgt das dreijährige Schreckensregiment der → Atalja, bevor in → Joasch wieder ein Angehöriger der davidischen Dynastie König wird. Er muss an das Reich von → Damaskus Tribut zahlen. → Amazja siegt über die Edomiter, kann aber mit dem Nordreich nicht ins Einvernehmen kommen und erleidet eine schwere Niederlage durch dessen König. Unter → Asarja (= Usija) erlebt das S. ein „Wirtschaftswunder" (wie das Nordreich ein wenig früher); das mag mit dem Sinken der Macht der beiden Großmächte Ägypten und Assyrien zusammenhängen. Elat am Golf v. Akaba wird zurückerobert. Später wird Asarja aussätzig und sein Sohn Nachfolger → Jotam Mitregent. → Jesaja beginnt seine Wirksamkeit. Inzwischen beginnt die Macht Assyriens erneut zu steigen. → Ahas soll vom Nordreich und vom Reich v. Damaskus zu einer antiassyr. Koalition gezwungen werden; als er nicht mittun will, wird er hart bedrängt. Jesaja denkt nicht an eine rein menschliche Lösung und möchte Ahas Gottes Hilfe verkünden. Aber Ahas verlässt sich auf die assyr. Militärmacht und schickt dem assyr. König (→ Tiglat-Pileser III.) Geschenke. Dieser befreit zwar Ahas v. seinen Gegnern, bringt das S. aber weitgehend unter assyr. Einfluss (auch religiös). → Hiskija versucht eine Reform: Der Kult wird v. fremden Einflüssen gereinigt, Jesaja und → Micha wirken. Er lässt den → Schiloachtunnel erbauen. Insgeheim verhandelt er mit den Gegnern Assyriens bei den Philistern (z.B. → Aschdod) und schließt sich gegen Jesajas Willen einem antiassyr. Bündnis an. Der assyr. König → Sanherib zieht 701 v.C. vor Jerusalem. Eine plötzliche Krankheit im Heer zwingt ihn jedoch, die Belagerung aufzugeben. Es folgt ein Vasall Assyriens, → Manasse. Assyr. Kulte und Terror gegen Rechtgläubige kennzeichnen seine Regierungszeit. Schließlich muss er Tribut an Assyrien zahlen (viell. Verdacht antiassyr. Maßnahmen). Auf → Amon folgt → Joschija. Unter ihm sind Jeremia, Zefania und Nahum tätig. Verknüpft ist sein Name mit der Zentralisation des → Kultes in Jerusalem (auch bisher legitime Kultstätten außerhalb Jerusalems werden abgeschafft) und der Auffindung eines Buches (621 v.C.), das wohl den Kern von Dtn bildet (→ Mosebücher). Joschija fällt im Kampf gegen die Großmacht Ägypten, die sich wieder erholt hat. Das S. steht jetzt zw. 2 Großmächten: Ägypten im S, Assyrien im N; das Nordreich ist v. Assyrien bereits vor mehr als 1 Jh. erobert worden. → Joahas wird nach Ägypten verschleppt, → Jojakim vom Pharao eingesetzt (zunächst äg. Vasall). Er erregt den Argwohn des assyr. Königs → Nebukadnezzar II., der aber erst z.Z. → Jojachins vor Jerusalem zieht und diesen deportiert. Sein Nachfolger → Zidkija verhandelt schließlich mit dem Ziel einer antiassyr. Politik. Dabei hofft er auf die Hilfe Ägyptens, entgegen Jeremias Warnung. Als Nebukadnezzar II. gegen Jerusalem heranzieht, versucht der Pharao, dem antiassyr. Vorposten Juda zu Hilfe zu kommen. Er erreicht aber nichts; 586 v.C. wird Jerusalem v. Nebukadnezzar II. erobert und zerstört; ein großer Teil der Bevölkerung wird deportiert (→ Exil). Für das eroberte Gebiet ernennt Nebukadnezzar den Gedalja als Statthalter; dieser wird aber bereits nach 3 Monaten ermordet. Der Rest der Bevölkerung flieht gegen Jeremias Warnungen nach Ägypten und zwingt diesen mitzugehen.

Sühne → Versöhnung

Sühneopfer → Opfer

Sünde AT und NT haben keine systematische Lehre von der S. entwickelt, sprechen aber in verschiedenster Weise von ihr. Nach Gen 2–3 stellt sich S. dar als Übertretung eines göttl. Gebots. Sie bewirkt die Entzweiung v. Gott und seinem Geschöpf sowie den → Tod und verhindert die Vollendung der Schöpfung. Die S. wird zur Macht. Das → Böse in der Welt ist nicht Werk einer Gottheit, sondern vom Menschen verursacht. Urgeschichte des Menschen wiederholt sich im Leben des einzelnen. Im AT wird diese Erfahrung ausgesprochen etwa in Jes 59,2 (S. als Scheidewand zw. Gott und Mensch); 2 Sam 12,7.9.10 (S. als Undank und Verachtung Gottes).

Die → synoptischen Evv bleiben bei der atl. Auffassung; sie sprechen nur dort von S., wo es zugleich um Bekehrung und → Umkehr des Menschen zu Gott geht (z. B. Lk 5,8; Mk 10,18); nach Mk 8,38 sind die Menschen ein böses, ehebrecherisches Geschlecht; um der S. willen sind sie alle dem Tod verfallen (Lk 13,3.5). Eine erweiterte Sicht findet sich in Joh. S. erfüllt die Welt mit → Finsternis (Joh 1,5); die Welt wird böse durch die Ablehnung des Wortes Gottes (Joh 1,11; 8,23; 9,39); die Welt lebt in der S., hat aber keine Entschuldigung dafür (Joh 15,22f); Ursünde ist der Unglaube (Joh 16,9). Paulus: Unter Hinweis auf Gen 2–3 wird in Röm 5,12–21 die S. als überpersönl. und vorgeschichtl. Macht bezeichnet. Durch die Verfehlung → Adams brach die S. in die → Schöpfung ein; im Gefolge der S. der Tod. Beide werden als Grundübel erfahren (Röm 6,23). Nicht nur der einzelne Mensch, auch die Menschheit ist der S. verfallen; sie ist in der S. solidarisch mit Adam; dennoch ist aus Röm 5,12d der Gedanke der *Erbsünde* nicht ableitbar, wie es im Anschluss an Augustinus geschah („S.n-Fall"). Wohl hat die S. ihren Ursprung in Adam; der einzelne Nachkomme jedoch wird jeweils schuldig durch seine eigene Entscheidung, die ihn vor Gott zum Sünder werden lässt (Röm 3,23); wäre die eine S. Adams für die Menschheit entscheidend, unterläge jeder einzelne einer fremden, fernen Tat, die ihn einem unentrinnbaren Schicksal auslieferte; wäre die Tat des Menschen dagegen nur von seinem Willen abhängig, könnte ein Moralismus entstehen: der Mensch brauche nur zu wollen, um das Gute zu vollbringen. Wie in Röm 5,12–21 werden auch in 1 Kor 15,21f Adam und Christus als Anfang und Grund neuer Wirklichkeiten gesehen: In Christus wird die sündige Menschheit verwandelt und zu neuem Leben erweckt. Röm 6,6: der alte, sündige Mensch (Adam) soll den neuen Menschen (Christus) anziehen. Röm 5,19; 11,32: in Sünde und Tod sind die Menschen solidarisch; Überwindung der S. durch das Eintreten Christi in diese Solidarität, der Mensch lebt in sündiger Existenz, Notwendigkeit dauernder → Umkehr; Überwindung des Streites zw. → Geist und → Fleisch (Gal 5,17), der → Begierde (Röm 8,6f), des Drangs zur S. (Röm 7,18.23).

Sündenbock Außerbibl. Ausdruck für den Ziegenbock, dem (am Versöhnungstag) nach Lev 16,20ff der → Hohepriester die Hände auflegte, ihm dadurch die Sünden des Volkes auflud und in die Wüste hinausjagen ließ.

Sündenfall → Sünde

Sukkot („Hütten") Ortsname, z. B. Ort ö des Jordan beim → Jabbok, erwähnt in der Jakobserzählung (Gen 33,17; mit volkstümlicher Deutung des Namens); → Gideon wird v. den Bewohnern S.s nicht unterstützt (Ri 8,5): vorisr. Kultur? Nach 1 Kön 7,46 errichtet Salomo bei S. eine Gießerei. Die Lage ist umstritten.

Sulamit (andere Übers.: „Sulamitin") wird in → Hoheslied 7,1 die besungene Frau genannt.

Sumer Landschaft im S Mesopotamiens. S.isch war keine semit. Sprache. Schon vor der Zeit Abrahams hatten die Stadtstaaten v. S. ihre polit. Selbstständigkeit an → Amoriter verloren. Der s.ische Einfluss auf die Kultur v. → Akkad und → Babylon ist jedoch groß.

Susa (heute unbedeutender Ort im SW-Iran) Alte Hauptstadt v. → Elam, später Stadt des neubab. und des pers. Weltreiches. In S. wurd die Gesetzessammlung des → Hammurapi gefunden.

Susanna („Lilie") S. und → Daniel sind die Hauptpersonen einer Legende, die dem Danielbuch angehängt ist (Dan 13; deuterokanonisch/apokryph, → Kanon): S. weist die Anträge v. 2. Ältesten zurück, die sie beim Bad beobachten; sie wird v. ihnen fälschlich des Ehebruchs beschuldigt; der junge Daniel beweist jedoch die Unschuld S.s. Kern der Erzählung: Gott rettet Unschuldige; nicht nur Alte zeigen das Richtige, sondern auch Junge.

Sychar Ort in → Samaria, nahe beim Jakobsbrunnen (Joh 4,5). Oft mit → Sichem gleichgesetzt, was wohl unrichtig ist.

Syene (heute Assuan) Ort an der äg. S-Grenze (Ez 29,10).

Symmachus → Bibelübersetzungen, → Hexapla

Synagoge („Versammlung") Versammlungsort einer jüd. Gemeinde (selten: diese Gemeinde selbst). Durch die Zerstörung des Tempels (586 v.C.) und das → Exil war ein Opfergottesdienst unmöglich geworden; ebenso wenig war er in der → Diaspora möglich. Man beschränkte sich auf einen Wortgottesdienst (Gebet, Schriftlesung und -auslegung, Segen). Z.Z. Jesu gab es in S.n im ganzen Mittelmeerraum, sogar in Jerusalem selbst. Ihre Träger waren oft bestimmte jüd. Gruppen (z.B.: S. der Alexandriner). Sie waren die geistige Heimat des verstreuten Judentums. Meist waren sie Ausgangspunkt der apostolischen Verkündigung (z.B. Apg 13,14; vgl.: Mk 1,39; Lk 4,16–21); ohne sie wäre wohl die Verbreitung des Christentums zu Beginn schwierig gewesen; außerdem richtete sich die Verkündigung der neuen Botschaft zunächst an die Juden (vgl. Mt 10,6), die sie aber meist ablehnten. Die meisten Vorschriften über Einrichtung der S. sind nachbibl. Die alten S.n haben prächtige, bilderreiche Mosaikböden und Fresken (→ Dura Europos).

Synedrium → Hoher Rat

Synopse („Zusammenschau") Ausgabe der → synoptischen Evangelien, die in Spalten nebeneinander abgedruckt sind, sodass die in 2 oder 3 Evv überlieferten Stücke (Parallelberichte) nebeneinander zu stehen kommen und man sofort Beziehungen und Unterschiede sehen kann. Eine S. ist wohl das wichtigste Instrument für eine Arbeit mit den ersten 3 Evv. Es gibt S.n im Urtext und in vielen Übersetzungen.

Versucht man, die Verschiedenheit der Evv dadurch zu überbrücken, dass man aus ihrem Stoff ein neues Ev schafft, so entsteht eine *Evangelienharmonie*. Jede solche verfehlt den einzigartigen Charakter eines Ev, der nicht durch Stücke aus anderen Evv verdunkelt werden darf. Für die Geschichte des → Bibeltextes ist bedeutungsvoll, dass schon sehr früh Teile v. Evangelienharmonien geschaffen wurden, die durch ihren Mischtext die Textüberlieferung der Einzel-Evv beeinflussten.

Synoptische Evangelien nennt man die 3 ersten → Evangelien, da man sie oft in einer → Synopse zusammenstellt. Sie haben denselben Aufriss (*eine* Reise nach Jersualem), haben viel Stoff gemeinsam (z.B. steht fast 90% des v. Mk überlieferten Stoffes auch in Mt) und berühren sich oft im Wortlaut. Andererseits ist die Zielsetzung der 3 S.E. verschieden (→ Markusevangelium, → Matthäusevangelium, → Lukasevangelium); alle enthalten Sondergut, das sie mit keinem anderen Ev gemeinsam haben (z.B. die → Kindheitsgeschichten); Mk enthält im Vergleich mit den anderen S.E. fast nur Taten, nicht Reden Jesu (außer: Mk 4,3–34; 13,2–27). Von dem Stoff, der *nicht* in Mk steht, haben wiederum Mt und Lk einen Teil gemeinsam.

Seit fast 2 Jh. bemüht man sich, Gemeinsamkeit *und* Verschiedenheit zu erklären. Nach vielen Versuchen kam man zur „Zweiquellentheorie", welche die meisten Ausleger als richtig betrachten: Sie S.E. entstanden dadurch, dass 2 Quellen benutzt wurden: 1) Eine Quelle, welche eine direkte Vorstufe v. Mk war („Ur-Markus": Taten Jesu). 2) Eine Quelle, die vor allem → Herrenworte enthielt; meist wird sie mit dem Buchstaben Q bezeichnet. Außerdem benutzten die Ev Sonderquellen. Mt und Lk sind nicht voneinander abhängig. Folgende Skizze zeigt das Verhältnis der Quellen (Sonderquellen sind weggelassen): Einige Bibelausleger betrachten Q als griech. Übertragung einer aram. Urfassung, die v. Matthäus stammte.

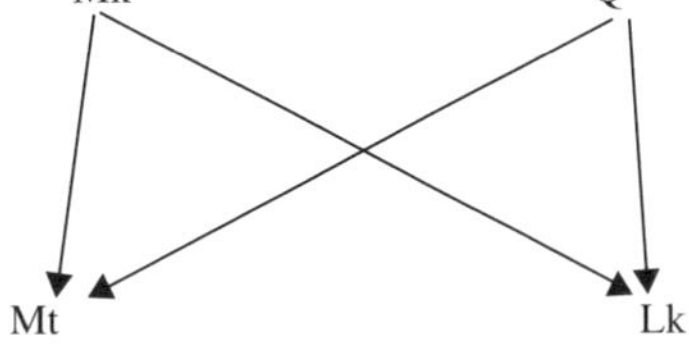

Syntyche Christin in → Philippi, die Paulus ermahnt, Eintracht mit Evodia zu halten (Phil 4,2).

Syrien (wohl Kurzform v. „Assyrien“) Seit dem 4. Jh v.C. Name des Gebietes zw. Eufrat und Mittelmeer, zw. Taurus und Palästina (heute: S., Libanon, SO der Türkei). In diesem Bereich entwickelten sich seit etwa 1000 v.C. die Kleinstaaten der → Aramäer, z.B. das Reich v. → Damaskus, das in vielen Übers. einfach „S.“ genannt wird. Doch S. wird bald wieder polit. abhängig, z.B. vom neubab. Reich (605 v.C.). In der Zeit des → Hellenismus wurde S. in den Konkurrenzkampf zw. → Seleukiden (Herrscher in Babylonien) und → Ptolemäern (Herrscher in Ägypten) hineingezogen; 64/63 v.C. wurde S. röm. Provinz (Hauptstadt: → Antiochia). Diese ist gemeint, wenn das NT v. S. spricht (z.B. Lk 2,2). Einige Zeit war zw. → Zölesyrien und dem übrigen S. unterschieden worden.

T

Taanach Kanaanitische Königsstadt (Jos 12,21); ist lange von den Israeliten unabhängig (Ri 1,27). Wird noch einmal als Stadt von → Leviten erwähnt, verliert aber in der Königszeit ihre Bedeutung.

Tabita (griech.: *dorkas*, „Gazelle"); Name einer Christin in → Jafo, die nach Apg 9,36–43 von Petrus zum Leben erweckt wird.

Tabor Einzelner Bergkegel, 588 m ü. d. M. im NO der Ebene → Jesreel; liegt an der Stammesgrenze von → Issachar, → Sebulon und → Naftali (Joh 19,12.22.34). Auf seinem Gipfel versammelt → Barak Sebulon und Naftali zum Kampf gegen → Sisera (Ri 4,6.12.14), den er besiegt (vgl. Ri 5); der T. ist nach Dtn 33,18f auch Kultstätte von Issachar und Sebulon, die in Hos 5,1 bekämpft wird.
Nach alter Überlieferung sei der T. Ort der → Verklärung (Mt 17,1–9) und der → Erhöhung Jesu (Mt 28,16).

Tachpanhes Ägypt. Aufenthaltsort jüd. Flüchtlinge im O des Nildeltas; sie waren nach der Ermordung → Gedaljas dorthin geflohen, darunter gezwungenermaßen auch → Jeremia (Jer 43,7–9; 44,1; Ez 30,18) und → Baruch.

Tadmor In hellenist. Zeit Palmyra; Oasenstadt in der syr. Wüste, erwähnt in 2 Chr 8,4. Die dabei genannte Befestigung durch → Salomo ist eine Fehldeutung von 1 Kön 9,18.

Talmai
1) Ein → Enakiter aus → Hebron (Num 13,22; Jos 15,14; Ri 1,10).
2) Name des Königs von → Geschur, Schwiegervater des → David, der → Abschalom Zuflucht gewährt (2 Sam 3,3; 13,37; 1 Chr 3,2).

Tamar
1) Schwiegertochter des → Juda; nach dem Tod ihres Mannes dem → Onan zur Frau gegeben (Gen 38).

Der **Tabor,** *hl. Berg seit alter Zeit, gilt als der Ort der Verklärung Jesu.*

2) Tochter des → David, durch → Amnon entehrt (2 Sam 13,1–29).
3) Tochter des → Abschalom (2 Sam 14,27)
4) Stadt im S von Juda, die von → Salomo befestigt wird (1 Kön 9,18).

Tammus Urspr. sumerischer Hirtengott, der dann auch als Vegetationsgott verehrt wird; verwandt mit dem westsem. Gott Adonis, dessen Kultstätte in → Baalbek ist. Ez erwähnt eine Beweinung des T., die zum Ritus der Verehrung gehört, jedoch als Gräuel vor dem Herrn verurteilt wird (Ez 8,14).

Tappuach
1) Kanaanitische Stadt w von → Betlehem (Jos 15,34).
2) Königsstadt an der Grenze zw. → Manasse und → Efraim (Jos 12,17; 17,8).

Tarschisch Griech. Stadt (Gen 10,4) im entferntesten W (Jes 66,19; Ps 72,10), deren genaue Lage nicht mehr feststellbar ist; meist mit der südspanischen Stadt Tartessos identifiziert. T. war eine reiche Stadt (Ez 38,13), die → Tyrus mit Silber, Eisen, Blei und Zinn belieferte (Jer 10,9; Ez 27,12); in Jona 1,3 und 4,2 als Zufluchtsort des Propheten → Jona genannt. Nach 1 Kön 10,22 und Jes 2,16; 60,9 bezeichnete man große Handelsschiffe als T.-schiffe.

Tartak Name eines sonst unbekannten Gottes (2 Kön 17,31).

Tartan Assyr. Feldherr, der → Jerusalem belagert (2 Kön 18,17; Jes 20,1).

Tattenai Statthalter des Königs Darius I., der den Wiederaufbau des → Tempels überwacht (Esra 5,3.6; 6,6.13).

Täufer Beiname des Johannes, der als letzter → Prophet des Alten → Bundes bezeichnet wird. Nach Lk ist er Sohn des Priesters → Zacharias aus der Priesterklasse des → Abija (Lk 1,5; vgl. 1 Chr 24,10); Geburt und Auftrag des T.s werden durch → Gabriel angekündigt (Lk 1,13–17); bei der → Beschneidung wird er Johannes genannt und von seinem Vater als Vorbote des → Messias gepriesen (Lk 1,67-69). Während sein Vater im priesterl. Tempeldienst bleibt, geht Johannes in die → Wüste, um dort die Taufe zur Vergebung der Sünden zu predigen (Lk 3,3). Beziehungen zu → Qumran sind möglich, aber nicht sicher feststellbar. Als Tauforte werden → Betanien (Joh 1,28) und Änon bei Salim genannt (Joh 3,23). Neben der Bußpredigt (Mt 3,7–12; Lk 3,7–9) werden die Standespredigt an das Volk (Lk 3,10–14), sein Messiaszeugnis und die Taufe Jesu überliefert (Mk 1,9–11 par). Er weist seine Jünger auf Jesus hin, dem sie als dem Größeren nachfolgen sollen (Joh 1,35ff). Über den Freimut, mit dem der T. den → Herodes Antipas (4) wegen seines Ehebruchs rügt und der zur Hinrichtung des T.s führt (nach Flavius → Josephus auf der Festung → Machärus), wird in Mk 6,17–29 berichtet. Die Jünger des T.s haben eine eigene Gebetsform (Lk 11,1) und Fastenpraxis (Mk 2,18–22 par), gegen die sich Jesus stellt. Ihr Einfluss reicht so weit, dass → Paulus selbst in Kleinasien Jünger antrifft, die nur die Taufe des Johannes empfangen, jedoch den hl. Geist noch nicht kannten (Apg 18,25; 19,1–7).

Tag bedeutet urspr. Zeit von morgens bis abends; Gegensatz zur Nacht (vgl. Gen 1,5); die Zeit von 24 Stunden hieß „Tag und Nacht“ (vgl. Ex 13,21; 1 Sam 30,12 u. a.). Es liegt nahe, den Tagesbeginn nach dieser Vorstellung auf den Morgen zu verlegen (vgl. Ri 19,4–9). In späterer Zeit herrschte die umgekehrte Benennung (und Vorstellung) „Nacht und Tag“ (vgl. Dtn 28,66). Danach beginnt der Tag mit dem (vorhergehenden) Abend (vgl. Neh 13,19). In dieser Form berechnet das NT den Tag, vornehmlich – Sabbat (vgl. 1 Kor 11,25; Mt 27,62). Die Tageszeiten wurden nur ungenau nach Naturerscheinungen eingeteilt (Morgen, Abend, Mittag, Sonnenuntergang, Morgenröte usw.). Ein kleinerer Zeitabschnitt (etwa Stunde) ist im AT nicht mit Sicherheit zu bestimmen, wohl aber im NT (→ Stunde).

Tag des Herrn Der Auferstandene war den seinen am ersten Wochentag erschienen (Lk 24,30; Joh 20,19), daher war der T. d. H. ein Festtag zur Erinnerung an die → Auferstehung Jesu, Versammlungstag (Apg 20,6; vgl. 1 Kor 16,1f), Tag der Feier des → Abendmahls. Er wurde auch als Tag des → Gerichts (vgl. Jer 13.6.9; Joel 2,11) gefeiert sowie in der Hoffnung

auf die → Wiederkunft Christi. Der T.d.H. galt als Tag bes. Offenbarungen (vgl. Offb 1,10). Er war urspr. kein Ruhetag; erst Kaiser Konstantin erklärte den Sonntag im 4. Jh. v.C. zum gesetzl. Feiertag im Anschluss an das atl. Sabbatgebot. Immer mehr machte man den T.d.H. zu einer Art „christl. → Sabbat", ohne zu bedenken, dass Sabbatpflichten und -feiern des Alten Bundes nur „Schatten" waren, die durch Christus aufhörten (Kol 2,16f; Mk 2,28 par). → Judenchristen hielten urspr. den Sabbat *neben* dem T.d.H. (vgl.: Apg 3,1; 5,20.25; 9,20). Diese Sitte wurde abgeschafft, je mehr Heidenchristen es gab (→ Gesetz).
Nach Lk 17,22.24.27.30 bezieht Jesus den T.d.H. auf sich und stellt sich ihm gleich: Er ist Weltenrichter (1 Kor 4,4), aber auch Retter der Glaubenden (1 Thess 4,15–18).

Taglöhner → Lohn

Talente → Gewichte

Talita kum Aram. überliefertes Wort Jesu in Mk 5,41.

Talmud („Lehre", „Studium") Aus dem Bestreben, die HS als Grundlage für das alltägl. Leben anzusehen, entsteht eine ausführl. Gesetzessammlung (→ Mischna), die um 200 n.C. abgeschlossen ist; sie wird in den nachfolgenden Jh. mit Erklärungen und Ergänzungen versehen, die Gemara genannt werden. Sie entstehen vor allem in → Palästina und → Babylonien. Mischna und Gemara bilden den T. Der palästinische T. ist gegen 400 n.C. abgeschlossen und mehr von histor. Interesse. Der ausführlichere bab. T. ist gegen 500 n.C. beendet und bildet zusammen mit der HS die Glaubensgrundlage des Judentums bis zur Gegenwart; er enthält nicht nur Erklärungen zur HS und zu den → Mosebüchern, sondern auch Weisheitssprüche, wissenschaftl. Fragen und Erzählungen; darum ist er eine wichtige Quelle für das Verständnis der HS.

Tanis → Zoan, → Ramses

Targum Übersetzung des AT in die aram. Volkssprache in teilweise erklärender und erbaulicher Erweiterung. Je nach Zeit und Ort unterscheidet man:
1) T. aus → Qumran (Fragmente zu Lev und Ijob).
2) T. Onkelos (zu den → Mosebüchern), in → Palästina mündl. entstanden, um 500 n.C. in → Babylonien schriftl. fixiert.
3) T. Jerusalem (Palästinisches Pentateuch-T. bzw. Fragmenten-T.) mit Ergänzungen.
4) T. Jonatan (zu den → Propheten).
5) T. Pseudo-Jonatan (besteht etwa aus T. Jerusalem und T. Onkelos).
6) T.e zu Ijob, Spr und Pss.
Wichtig sind die T.e für die Erforschung der Sprache Jesu und die Kenntnis der geistig-relig. Umwelt des NT.

Tarsus In röm. Zeit Hauptstadt von → Zilizien. Von den Phöniziern am Kydnos gegründet, wurde es unter den → Seleukiden hellenisiert (2 Makk 4,30); T. war wegen des regen geistigen Lebens berühmt (Apg 2,139). Heimat des → Paulus (Apg 22,3), wo er einige Zeit nach seiner Bekehrung lebte (Apg 9,30; 11,25).

Tatian → Bibeltext

Taub → Ohr

Taufe Rituelle Waschungen sind in allen Religionen bekannt. Weil man um → Bund und → Heiligkeit Gottes weiß und das menschl. Versagen als Unreinheit vor Gott empfindet, werden im AT ausführl. Vorschriften über Reinigungsriten erlassen (z.B.: Lev 12–16; Num 19). Asketische Bestrebungen (→ Qumran) im letzten Jh. v.C. führten zu differenzierteren Waschungsvorschriften (vgl. Mk 7,1–5) und zur T. der → Proselyten (zusätzlich zur → Beschneidung). Eine Sonderstellung nimmt Johannes d. → Täufer ein; seine T. zur Vergebung der Sünden und zur Vorbereitung auf den kommenden → Messias wird nur einmal empfangen (Mk 1,2ff) und genügt noch nicht, das → Gottesreich zu erlangen; dies geschieht erst durch die T. aus Wasser und hl. Geist (Joh 3,5; Apg 1,5). Die T. Jesu stellt eine Anerkennung der Johannes-T. dar (Mt 3,14f) und dient zum Zeugnis, dass Gott mit Jesus als seinem Sohn verbunden ist (Mk 1,9ff par). Im NT ist die T. eine totale Hinwendung zu Christus im Glauben und damit notwendige Voraussetzung des christl. Lebens (Apg 2,38ff); sie wird als Tat Gottes durch Vermittlung von Menschen verstanden, was durch die Formeln ausgedrückt wird: T. im Namen Jesu Christi (Apg 10,48), auf den → Namen Jesu (Apg 8,16), auf → Christus (Röm 6,3). Als Bad der → Wiedergeburt und Erneuerung im hl. Geist (Tit 3,5) und als Teilnahme an Tod und Auferweckung Jesu (Röm 6,4) schenkt die T. Befreiung von → Sünde (Röm 6,1–23) und schafft einen neuen Menschen, der Christus „angezogen" hat (Gal 3,27) und von Heiligkeit und → Gerechtigkeit erfüllt ist (Röm 6,1–14; 1 Kor 6,11). Die T. ist Eingliederung des Menschen in die kirchliche Gemeinschaft (Apg 10) und begründet die Einheit des Leibes Christi (Eph 4,1–7). Die T.-Praxis der Kirche findet im T.-Befehl ihren deutlichsten Ausdruck (Mt 28,19). Die T. erwirkt dem Menschen nur dann das Leben im Gottesreich, wenn das Leben Gottes durch → Glauben entfaltet wird; sie ist keine Garantie für die → Rechtfertigung. Deshalb ist es verständlich, dass man die Frage nach der Rechtfertigung der Kinder-T. stellt. Sie ist im NT nicht wortwörtlich bezeugt, jedoch überall dort anzunehmen, wo von der Bekehrung eines „Hauses" die Rede ist (Apg 16,15.33; 18,8). Sie muss immer im Zusammenhang mit dem Glauben gesehen werden und kann nur als Zeugnis der Glaubensbereitschaft verantwortet werden.

Tausendjähriges Reich → Chiliasmus

Tebet → Kalender

Tebez Stadt, die ca. 15 km nö von → Sichem liegt. Nach Ri 9,50–53 und 2 Sam 11,21 kommt → Abimelech nach der Eroberung von T. durch eine Frau ums Leben.

Tekoa Stadt auf dem Gebirge Juda, s von → Betlehem (1 Chr 2,24; 4,5), von → Jerobeam befestigt (2 Chr 11,6; Jer 6,1) und nach dem → Exil wieder besiedelt (Neh 3,5.27). Heimat des → Amos (Am 1,1), eines Gefolgsmannes Davids (2 Sam 23,26) und der Frau, die → David mit → Abschalom versöhnt (2 Sam 14,2–9).

Tel-Abib („Sturmfluthügel") Kolonie jüd. Exulanten und Wohnort des → Ezechiel am → Kebar in der Nähe von → Nippur (Ez 3,15).

Tema Oase in NW-Arabien am Kreuzungspunkt zweier Karawanenstraßen (Jes 21,14; Jer 25,23; Ijob 6,19), in welcher der letzte neubab. König → Nabunid acht Jahre lang lebte.

Teman Im AT als Enkel des → Esau genannt (Gen 36,11.15.42); als Ort in 1 Chr 1,36.53 zum Stamm der → Edomiter gerechnet (vgl. Jer 49,20). Eine genaue Lokalisierung ist nicht möglich; nach Am 1,12 liege T. neben → Bozra, nach Obd 9 auf dem Gebirge Esaus, nach Hab 3,3 auf dem Gebirge → Paran. Jer 49,7 nennt die Bewohner von T. bes. weise; der Freund des → Ijob, → Elifas, kommt aus T. (Ijob 2,11).

Tempel In der Zeit der → Erzväter werden Kultstätten der Kanaaniter (Masseben, Bäume, Quellen in eingefriedeten Bezirken) mit Speise-, Trank- und Menschenopfern übernommen (Heiligtümer von → Bet-El und → Dan). Nach dem Buch Exodus haben die Israeliten während der Wüstenwanderung ein bewegliches Heiligtum (→ Zelt), das zusammen mit der Bundeslade und der → Wolke die Gegenwart Gottes versinnbildlicht. Nach der → Landnahme wird Jahwe an verschiedenen Kultorten verehrt wie → Schilo (1 Sam 1–3), → Mizpa (1 Sam 7,6–12), → Gilgal (1 Sam 11,15), Bet-El, → Rama, → Gibea (1 Sam 16,1–5; 20,6.29). Infolge der Eroberung durch → David wird → Jerusalem Hauptstadt, das kanaanitische Höhlenheiligtum Kultstätte für Jahwe (vgl.: Erzählung vom Kauf der Tenne des → Arauna durch David: 2 Sam 24,16–25; 1 Chr 21,25). David plant den Bau eines T.s neben seinem Palast (2 Sam 7,1–4); Gott weist diesen Plan ab (2 Sam 7,6–12). Von → Salomo wurde (neben den T.n von → Arad, Bet-El, Hebron u.a.) auch der T. zu Jerusalem gebaut. Nach einer Bauzeit von 7 Jahren war der T. vollendet und wurde mit großer Freude eingeweiht, obwohl er Mitursache von Steuerlast, Fron und späterer Zerstörung des Reiches wurde. Der T. war ein rechteckiger Bau von 35 m Länge und 10 m Breite und in drei Teile gegliedert: Vorhalle, 5 m lang, 10 m breit, mit den Säulen → Jachin und Boas (1 Kön 6,3; 7,15–22.41f); ö des T.s waren Brandopferaltar und Ehernes Meer; die Vorhalle war offen

Rekonstruktion des herodianischen **Tempels.** *Vor dem eigentlichen Tempelgebäude die Vorhöfe.*

und wurde von O betreten (1 Kön 7,39; Ez 47,1). An sie schloss sich, durch zwei Flügeltüren aus Zypressenholz getrennt, das Heilige an. Es war 20 m lang, 10 m breit, 15 m hoch und hatte in der oberen Wandhälfte Fenster (1 Kön 6,2–35; 7,50). Im Heiligen standen der Rauchopferaltar, der Tisch für die → Schaubrote und zwei fünfarmige Leuchter (1 Kön 7,48f). Durch zwei Türen aus Zedernholz war das Allerheiligste vom Heiligen getrennt. Es lag erhöht, hatte die Form eines Würfels mit 10 m Seitenlänge und war fensterlos (1 Kön 6,20–28; 8,6–12). Unter den Flügeln zweier → Cherube stand die → Bundeslade (1 Kön 6,19–28; 8,6f). Der T. war im Innern mit Holz vertäfelt und einschließlich der Türen mit Blattgold überzogen (1 Kön 6,15–35). Um das Heilige und Allerheiligste war ein Umbau mit 7,5 m Höhe errichtet, dessen Räume als Magazine verwendet wurden (1 Kön 6,5–10). 586 wurde der T. durch → Nebukadnezzar zerstört (2 Kön 25,9.13–16). Nach dem → Exil konnte auf Grund des Edikts von → Kyrus (2 Chr 26,23) unter → Serubbabel, dem Statthalter → Darius' I., mit dem Wiederaufbau des T.s begonnen werden, der 515 vollendet war. Dieser zweite T. hatte die Maße des salomonischen T.s, allerdings fehlten Bundeslade, Ehernes Meer und die Säulen Jachin und Boas; die zwei Leuchter wurden durch einen siebenarmigen Leuchter ersetzt (Esra 6,3–7; Sach 4,2); zw. Heiligem und Allerheiligstem war eine Steinmauer, in deren Türrahmen ein kostbarer Vorhang hing (1 Makk 1,22; 4,51). Für den Rohbau trug der pers. König die Kosten, für die Innenausstattung musste Jerusalem aufkommen (Esra 5,14f; 6,4–8). Durch → Antiochus IV. wurde 169 v.C. der T. geplündert, durch Aufstellen einer Götterstatue entehrt (1 Makk 1,21–24.44–49), jedoch von → Judas Makkabäus zurückerobert und wiedereingeweiht (1 Makk 4,36–59; → Tempelweihefest). 20 v.C. begann → Herodes d.Gr. (1) mit dem Neubau des T.s, der 64 n.C. beendet war. Die Vorhalle wurde vergrößert, ihre Fassade erhöht; außerdem wurde das Heilige und Allerheiligste um ein Stockwerk erhöht. Der Bereich um den T. wurde eingeteilt in je einen Vorhof der Priester, der Männer und der Frauen. Dieser engere T.bezirk war umschlossen vom Vorhof der Heiden, der von Säulenhallen umgeben war (Joh 10,23) und der nur durch Unterbauten und Stützmauern geschaffen werden konnte (ein Teil davon ist die heutige Klagemauer). Den Heiden war der Zutritt zum eigentl. Tempelbereich unter Todesstrafe verboten. 70 n.C. wurde durch → Titus Flavius auch dieser T. zerstört. – Die Einheit vom Königtum Jahwes und Salomos fand ihren Ausdruck in der Verbindung zw. T. und Königspalast. Trotz des T.s wusste man, dass Gott auf ein Haus aus Stein nicht angewiesen ist (1 Kön 8,22–28), und er nur aus Gnade den T. mit seiner → Herrlichkeit erfüllt (1 Kön 8,10f). Dennoch drohte die Gefahr einer falschen Sicherheit, die sich in abergläubischem Vertrauen äußerte (Jer 7,4). Man meinte, Gott sei verpflichtet, sein Heiligtum und damit auch die Stadt zu schützen. Der T. ist Schauplatz der prophetischen → Berufung (Jes 6), aber auch von Götzendienst (Ez 8,7–18) und Oberflächlichkeit des Kultes (Jes 1,11–17). So weisen die Propheten auf die Möglichkeit hin, dass Jahwe seinen T. auch verlassen kann (Jer 7,12–15; Ez 9–10). Trotz relig. Reformen unter → Hiskija (2 Kön 18,4; 2 Chr 29–31) und → Joschija (2 Kön 23,4–27) gingen die Ankündigungen der Propheten in Erfüllung: Gott verließ seinen T. (Ez 10,4.18). Im Exil erscheint das Bild des neuen T.s in einer Vision des → Ezechiel (Ez 40–44,3) als Zeichen eines neuen Heils: Gott allein wird Herr seines Volkes sein (angedeutet in der Trennung von Palast und T.). Der T. ist Jahwes unbeflecktes Heiligtum (Ez 43,1–12); die T.quelle wird zum Symbol geistiger Fruchtbarkeit (Ez 47,1–12). Trotz des erneuten T.baus wird mit Nachdruck auf den notwendigeren geistigen Kult hingewiesen (Jer 31). Jesus achtet den T. (Lk 2,41–50; Joh 2,14), verurteilt aber jeden relig. Formalismus (Mt 5,23f; 12,3–7; 23,16–22). Er kündigt die Zerstörung des T.s an (Mt 23,28f; 24,2); zugleich spricht er in neuer Weise von seinem Leib als T. (Joh 2,19–22). Mit diesem T. hat Gott ein neues Zeichen seiner Gegenwart geschaffen. Aus der → Einheit mit Christus erklärt es sich, dass sich die → Kirche als geistiger T. versteht (2 Kor 6,16ff; Eph 2,20ff), selbst die einzelnen Christen sind T. Gottes, T. des hl. Geistes (Röm 8,11; 1 Kor 6,19).

Tempelreinigung Nach der Darstellung der → Synoptischen Evv treibt Jesus Händler aus dem Vorhof, der als Geschäftszentrum eine Profanierung des Tempels darstellt (Mk 11,16). Durch diese Tat fordert Jesus die führende Schicht heraus und besiegelt so sein Schicksal (Mk 11,15–19 par).

Tempelrolle Pergament-Hs. aus dem Einflussbereich von → Qumran. Sie ist abgefasst als → „Tora" Gottes und fügt neue Gebote hinzu. Ferner enthält sie Vorschriften über Feste am → Tempel und über → Reinheit sowie über den Bau des Tempels.

Tempelschatz Die antiken Heiligtümer wurden durch die ihnen anvertrauten Weihegeschenke zu Schatzkammern bzw. „Banken". So bildete sich auch im → Tempel ein Schatz; es waren Weihegeschenke, Opfergaben, Tempelsteuer und Geldhinterlegungen von Witwen, Waisen und reichen Leuten (2 Makk 3,10f). Der T. wurde nach dem Untergang des → Königtums zugleich Staatsschatz. Er wurde des öfteren geplündert, u.a. von → Schischak (1 Kön 14,26), → Hasaël (2 Kön 12,17f), → Joasch (2 Kön 14,14), → Nebukadnezzar (2 Kön 24,13), → Antiochus Epiphanes (1 Makk 1,21ff).

Tempelsteuer → Steuer

Tempelweihefest (Chanukka = „Einweihung") Das eigentliche T. erinnert an die Reinigung des Tempels und die Errichtung des neuen → Brandopferaltars unter → Judas Makkabäus im Jahr 165 v.C. (1 Makk 4,54–59). Mit ihm verbindet sich auch die Erinnerung an das letzte in Bedrängnis gefeierte → Laubhüttenfest (2 Makk 10,6) und wird deshalb acht Tage lang gefeiert. Als Tag der Lichtfeier erinnert es auch an das neue Entzünden des Leuchters im → Tempel (1 Makk 1,18–2,18). Im NT wird das T. in Joh 10,22–39 erwähnt, wobei Jesus die Messiasfrage gestellt wird.

Terach Nach Gen 11,24–32 Sohn des → Nahor, Vater von → Abraham, Nahor und → Haran. Zieht aus → Ur nach → Kanaan, lässt sich bei Haran nieder und ist dort auch gestorben. Jos 24,2 sagt, dass T. anderen Göttern gedient habe. Die Bedeutung des Namens T. ist ungeklärt.

Terafim in Ri 17,5; 18,17ff und Hos 3,4 in Zusammenhang mit dem → Efod als Zubehör eines Heiligtums angesehen und nach Ez 21,26 sowie Sach 10,2 zur Befragung eines → Orakels benutzt. Bei den T. handelt es sich auch um einen verächtl. Ausdruck für Götzenbilder (2 Kön 23,24). Eine weitere Bedeutung hat T. als Hausgott, dessen Besitz einen Erbanspruch garantiert (Gen 31,19–35); in 1 Sam 19,13.16 ist bei T. möglicherweise an eine kultische Gesichtsmaske zu denken.

Tertullus Ankläger des → Paulus vor → Felix (Apg 24,1ff).

Testament Nur Gal 3,15ff; Hebr 9,16f „letztwillige Verfügung". Diese Bedeutung (neben anderen) hatte später auch das griech. Wort für → Bund. „T." (in: AT, NT) bedeutet „Bund". Da „T." in unserem Sprachgebrauch eine andere Bedeutung hat, ist der Ausdruck missverständlich.

Testament der zwölf Patriarchen → Kanon

Tetradrachme → Münzen

Tetragramm Bezeichnung für die vier Buchstaben JHWH des Gottesnamens → Jahwe.

Tetrarch → Vierfürst

Teufel (Satan, Widersacher) Im AT wird T. zunächst als Widersache im Sinn von Ankläger bei Gericht aufgefasst (Ps 109,6), er zählt zu den „Gottessöhnen" und tritt im → Himmel vor Gott als Ankläger des → Ijob auf (Ijob 1,6–12; 2,1–7), ähnlich in Sach 3,1f; eine Verbindung des T.s mit → Dämonen oder einem Engelfall kennt das AT nicht (1 Kön 22,19-23; Jes 14,12). Das späte Judentum nennt den T. → Belial und → Beelzebul, Fürst der Finsternis und Herr der Verderber-Engel; es taucht die Meinung auf, der T. sei durch einen Sündenfall zum Feind Gottes geworden, der aus → Neid, Wollust und Machtgier handle. Im NT ist T. der Verkörperung des Bösen (Mt 13,19), der Feind (Mt 13,25.28; Lk 10,19). Er steht in Gegensatz zu Gottes Heilsplan (Mt 4; Mk 4,15), macht die Menschen blind für Gottes Willen (2 Kor 4,4), führt zu Unglaube und → Sünde (Eph 2,2). Er heißt Versucher (Mt 4,3; 1 Thess 3,5), der Starke (Mt 12,29), Vater der → Lüge (Joh 8,44), Fürst dieser → Welt (Joh 12,31), Gott der Welt (2 Kor 4,4). Die Niederlage des T.s bei der Versuchung Jesu (Mt 4,1–11) deutet an: Durch → Jesus wird die Macht des T.s ein für alle Mal gebrochen und als Fürst der Welt seiner Macht beraubt (Joh 14,30), jedoch noch nicht endgültig, sondern erst bei der → Wiederkunft (2 Thess 2,8; Offb 20,7–10). Für jetzt sind die Menschen in die Entscheidung gegen den T. gestellt, den sie durch das → Wort Gottes, durch → Glaube usw. bestehen können (Eph 6,11–18). Mit ihm wird auch der → Antichrist als sein Diener (1 Joh 2,18; 2 Thess 2,8f) besiegt.

Text → Bibeltext

Textkritik Wichtiger Zweig der → Bibelwissenschaft. Versucht aus der Fülle der vorhandenen Hss (über 5000) die verschiedenen → Bibeltexte nach ihrer Entstehungsgeschichte zu ordnen, Textverderbnisse und falsche Lesarten festzustellen und den urspr. Wortlaut des bibl. Textes zu rekonstruieren. Dies geschieht nicht nur auf Grund von bibl. Hss, sondern auch von Zitaten bei → Kirchenvätern und alten → Bibelübersetzungen.

Thaddäus („der Mutige"?) Nur in Mt 10,3; Mk 3,18 als → Apostel genannt; in w Hss (→ Bibeltext) *Lebbäus*; der in Lk 6,16; Apg 1,13 angeführte → Judas, Bruder des → Jakobus (2), wurde mit T. identifiziert, seit → Origenes zum Doppelnamen Judas T. verbunden, um Schwierigkeiten der Traditionen zu harmonisieren; von seiner Wirksamkeit und seinem Tod ist nichts bekannt.

Theben Name für NO-Amon (Stadt des → Amon); ca. 740 km s von Kairo; während des Neuen Reiches (etwa 1600–663 v.C.) Hauptstadt von → Ägypten, berühmt wegen der Tempel von Karnak und

Luxor (ö vom Nil) und der Totentempel im Tal der Könige (w vom Nil). Im letzten Jt. v.C. hatte T. eine Vorrangstellung im relig. Leben. Durch den assyr. König Assurbanipal wurde T. 665 v.C. erobert (Nah 3,8; vgl. Jer 4,625; Ez 30,14).

Theodotion Jüd.-hellenist. Bibelübersetzer. Lebte gegen Ende des 2. Jh. n.C. und stammte wahrscheinlich aus → Ephesus. Sein Werk ist mehr eine Überarbeitung der LXX auf Grund des hebr. Textes als eine neue Übersetzung. Das Dtn der LXX wurde durch seine Überarbeitung fast völlig verdrängt.

Theophanie Mit T. meint man die jeweilige Art und Weise, in der sich eine → Epiphanie Gottes ereignet. Nach dem AT kann der Mensch Gott nicht schauen, ohne zu sterben (Ex 33,20; Ri 6,22; Jes 6,5); dennoch berichtet die HS, dass Gott in Menschengestalt (Gen 18) und als Engel Jahwes (→ Engel) erschienen sei (Gen 16,10ff; Num 22,31–35). Bedeutsam sind die T.berichte im Buch Exodus. Gott offenbart sich im Feuer (Ex 3,1ff) als Zeichen seiner → Heiligkeit. Beim Bundesschluss zeigt sich Gott in Feuer, Rauch und Erdbeben (Ex 19,18), in Posaunenschall und Gewitter (Ex 19,19; 20,18). Durch die T.n zeigt Gott, dass er seinem Volk gegenwärtig sein will (Ex 19,12–24; 20,18–21). Es ist bemerkenswert, dass weder in den Berichten vom Bundesschluss (Ex 24,9ff; Num 12,8) noch in den Visionsberichten der → Propheten von einer Gestalt Jahwes gesprochen wird (Jes 6,1ff; Ez 1,4–2,9). Eine wesentliche Rolle bei T.n spielt die → Wolke (vgl. Ex 13,21f; Num 14,14).

Theophilus („Freund Gottes") Angesehener Mann, dem zur Bestätigung des Glaubens das dritte Ev und die Apg gewidmet sind (Lk 1,3f; Apg 1,1).

Thessalonich Handelsstadt in → Mazedonien, nö des Golfes von Thermae an der röm. Heerstraße Via Egnatia. Um 315 v.C. von König Kassandros als griech. Kolonie Therme gegründet und nach dem Namen seiner Frau, einer Schwester Alexanders d.Gr., Thessalonike benannt. Unter der Römerherrschaft wurde T. 148 v.C. Hauptstadt Mazedoniens. Z.Z. des → Paulus lebte dort eine jüd. Gemeinde; in deren Synagoge predigte Paulus auf seiner 2. Missionsreise, jedoch ohne größeren Erfolg (Apg 17,1.11.13; Phil 4,16). Bei seiner 3. Missionsreise kam er möglicherweise wieder nach T. (Apg 20,1–4); aus T. stammten seine Reisebegleiter → Aristarch und Sekundus. An die Christen zu T. sind die beiden → Thessalonicherbriefe gerichtet.

Thessalonicherbriefe Während der zweiten Missionsreise hatte Paulus in → Thessalonich eine kleine Christengemeinde gegründet. Auf der Weiterreise schickt er ihr von Athen aus die beiden T.

1 Thess gliedert sich in zwei Abschnitte:
1) Rückblick auf seine Verkündigung in Thessalonich, auf die Auserwählung und Glaubensbereitschaft der dortigen Christen, auf seine Mühe und Arbeit, auf die Widerstände und Verfolgung (1,3–3,13).
2) Mahnung zum christl. Leben in der Ehe, zu Brüderlichkeit, zu Wachsamkeit für das kommende Gericht, zu → Glaube, → Hoffnung und → Liebe, ferner ein Wort der Klärung zur Auferstehung der Entschlafenen (4,1–5,22).

2 Thess weist das Missverständnis von Schwärmern zurück, dass die → Wiederkunft Christi und damit das Ende der Welt unmittelbar bevorstehe (2,1–11) und irdisches Mühen überflüssig mache (3,6–15). Paulus glaubt hier offensichtlich an eine noch zu seinen Lebzeiten erfolgende Wiederkunft Christi, er weist auf Hindernisse für seine Verwirklichung und auf noch ausstehende Vorzeichen hin. Dadurch bleibt der Zeitpunkt des endgültigen → Heiles menschl. Erkenntnis unzugänglich. Die Schilderung des → Antichristen (2,3–10) ist eine jener dunklen Schrift-Prophezeiungen, deren geschichtl. Deutung nur zu Vermutungen führen kann. Um so klarer steht die Anweisung des Apostels, mit Nüchternheit und Hoffnung in aller irdischen Tätigkeit für das kommende Heil zu wirken (3,11–13).

1 Thess ist sicher von Paulus, wohl 51/52 n.C. in Korinth geschrieben worden. Für 2 Thess wird die Verfasserschaft des Paulus bezweifelt, da eine ganze Reihe Wiederholungen von 1 Thess hier vorkom-

men, andererseits ein deutlicher Hinweis auf diesen Brief fehlt. Stil und Inhalt von 2 Thess sprechen jedoch dafür, dass er von Paulus geschrieben wurde. Schon zu Beginn des 2. Jh. n.C. war er als Paulusbrief bezeugt. Heute wird vorwiegend der Apostel als Verfasser angesehen. 2 Thess ist demnach wie 1 Thess wohl um 52 n.C. in Korinth entstanden. 1 Thess gilt als die älteste Schrift des NT.

Theudas Jüd. Führer einer Gruppe Aufständischer. Er wird von Flavius → Josephus in die Zeit des Statthalters Cuspius Fadus (44–66 n.C.) datiert und von den Römern hingerichtet. Ob dieser T. mit dem von → Gamaliel in Apg 5,36–39 zitierten T. identisch ist, lässt sich nicht mehr genau feststellen.

Thiglath-Pileser → Tiglat-Pileser

Thomas („Zwilling“, Didymus) Einer der Zwölf (→ Apostel); in den → Synoptischen Evv nur in den Apostellisten erwähnt (Mt 10,3 par; vgl. Apg 1,13); bes. spricht das Joh-Ev von ihm: 11,6 (Beteuerung seiner Treue), 14,5 (Glaubensunsicherheit), 20,24–29 (Glaube an den Auferstandenen). Er habe in Nordsyrien, bei den Parthern und in Indien gewirkt und sei durch Lanzenstiche umgekommen.

Thrazien Landschaft zw. → Mazedonien und Schwarzem Meer; Soldaten aus T. dienten im griech.-hellenistischen und röm. Heeren (2 Makk 12,35).

Thron ist Symbol der Macht. Der Davids-T. bedeutet die von Gott garantierte Herrschaft des Hauses → David (2 Sam 7,16; vgl. → Natan). Mit der Einführung des weltl. → Königtums wird der Gedanke an Gottes Königtum lebendig. Gottes T. ist im → Himmel (Ps 11,4; 103,19) oder der Himmel selbst (Jes 66,1); auch → Jerusalem wird sein T. genannt (Jer 3,17); Gott thront inmitten seines Hofstaates (1 Kön 22,19). Nach der Auffassung des AT stellen die Erde (Jes 66,1), die → Bundeslade (1 Chr 28,2) und → Zion (Klgl 2,1) den Schemel von Gottes T. dar. In Dan 7,9 und in der spätjüd. → Apokalyptik findet vor dem T. Gottes das → Gericht statt. Die Vorstellung des T.es Gottes wird vom NT übernommen und inhaltlich erweitert. Schon bei der Verkündigung der Geburt (→ Kindheitsgeschichte) wird Jesus die messian. Königsherrschaft verheißen (Lk 1,32). Er wird als Weltenrichter erscheinen (Mt 26,64), vor seinem T. die Völker richten (Offb 20,11ff) und mit seinen Jüngern über Israel regieren (Mt 25,31). Die Einheit Christi in der Herrschaft mit seinem Vater ist in Hebr 1,5-13 erwähnt. In Offb 4,5–10 ist der T. Schauplatz der Huldigung vor Gott. Weiterhin ist der T. Quelle des neuen Lebens (Offb 22,1), Mittelpunkt des neuen Jerusalem (Offb 22,3). T. der → Gnade und der Majestät sind verdeutlichende Umschreibung für Gott (Hebr 4,16 und 8,1).

Thronbesteigungsfest Charakter und Einzelheiten dieses Festes sind sehr unklar. Im Anschluss an das bab. T. des Gottes → Marduk glaubt man, ein ähnliches Fest auch in Israel annehmen zu können. Demnach sei das T. Jahwes zusammen mit dem → Laubhüttenfest als → Neujahrsfest begangen worden: diese Annahme stützt sich auf eine entsprechende Auslegung der Thronbesteigungspsalmen (47; 93; 96–99). Andere Exegeten lehnen dies unter Hinweis darauf ab, dass → Jahwe kein Naturgott sei, der im Zyklus der Naturereignisse sterbe und auferstehe; außerdem seien die Thronbesteigungspsalmen auf die Inthronisation eines irdischen Königs zu beziehen. Eine andere Deutung meint im Hinblick auf Jes 40–55, das T. sei eine Feier, in der das weltweite und ewige Königtum Jahwes begangen werde; die Thronbesteigungspsalmen seien dafür Kultgesänge gewesen.

Thronbesteigungslieder → Psalmen

Throne → Engel

Thyatira Stadt in Lydien, sö von → Pergamon (Kleinasien); wegen ihrer Purpurfärbereien war T. sehr bekannt. In der HS wird T. erwähnt, weil → Paulus von einer gewissen Lydia aufgenommen wird (Apg 16,14); außerdem erhält die Christengemeinde ein Sendschreiben des erhöhten Herrn (Offb 2,18–28).

Tiamat → Schöpfungsberichte

Tiberias (See) → Gennesaret

Tiberias Stadt an der W-Küste des sog. Galiläischen Meeres, von → Herodes Antipas (4) um 20 n.C. als neue Hauptstadt von → Galiläa erbaut und nach seinem Freund → Tiberius benannt. Für die frommen Juden galt T. als unreine Stadt (→ Reinheit); wird im NT nur einmal (Joh 6,23), der See → Gennesaret als „See T." nur zweimal erwähnt (Joh 6,1; 21,1). War bedeutendes Zentrum des → Hellenismus. Durch Übersiedlung der Rabbinenschule von Sepphoris wird T. gegen Ende des 2. Jh. Mittelpunkt rabb. Gelehrsamkeit. Hier entsteht um 200 die palästinische → Mischna und gegen 400 der palästinische → Talmud.

Tiberius Röm. Kaiser von 14–37 n.C., Nachfolger von → Augustus. Nach der Chronologie von Lk 3,1 tritt der → Täufer im 15. Jahr der Regierung T. auf.

Tibni Sohn des Ginat; wollte Nachfolger des → Simri werden, wurde jedoch von → Omri verdrängt (1 Kön 16,21f).

Tidal Name eines heidnischen Königs in Gen 14,1.

Tifsach Name einer Stadt am → Eufrat (bei griech. Schriftstellern „Thapsakos"), welche auch die N-Grenze des Reiches → Salomos bezeichnet (1 Kön 5,4).

Tiglat-Pileser Name von assyr. Königen; in der HS ist nur von T. III. die Rede, der von 745–727 v.C. regiert. Er unterwirft den Aramäerstaat → Humat und → Baschan, erhält Tribut vom König → Rezin von → Damaskus sowie von → Menahem, dem König des → Nordreichs Israel (2 Kön 15,19). 734 zieht er nach Philistäa, unterwirft die Grenzstadt → Gaza und erreicht die Grenze Ägyptens. Auf den Hilferuf des Königs → Ahas, der ihm auch tributpflichtig ist (2 Kön 16,7.10; 2 Chr 28,20), dringt T. ein zweites Mal im Nordreich ein, erobert verschiedene Städte, deren Bevölkerung er nach → Assyrien deportiert (2 Kön 15,29; 1 Chr 5,6.26) und setzt den Vasallenkönig → Hoschea ein (2 Kön 15,30). Nach der Unterwerfung von Damaskus (2 Kön 16,9) ist T. Herrscher über → Syrien und → Palästina. In 2 Kön 15,19; 1 Chr 5,26; Jes 66,19 erscheint T. unter dem Namen „Pul".

Tigris gehört zusammen mit dem → Eufrat zu den Paradiesströmen (vgl. Sir 24,25). An seinem Ufer lagen die Städte → Assur und → Ninive. Im Altertum mündeten beide Flüsse getrennt im Persischen Golf, heute sind sie bereits vor ihrer Mündung vereinigt.

Timna

1) Edomiterin, → Nebenfrau des Elifas, Mutter des Amalek (Gen 36,12.22; 1 Chr 1,39).

2) Ort im Stammesgebiet von → Dan, an der N-Grenze Judas zw. → Bet-Schemesch und → Ekron (Jos 15,10; 19,43; Ri 14,1ff; 2 Chr 28,18).

3) Stadt im s Juda; genaue Lage unbekannt (Gen 38,12ff; Jos 15,57).

Timnat-Heres Ort auf dem Gebirge Efraim, Begräbnisstätte des → Josua (Ri 2,9). In Jos 19,50 als Timnat-Serach wiedergegeben.

Timnat-Serach → Timnat-Heres

Timotheus Sohn eines heidn. Vaters und einer judenchristl. Mutter namens → Eunike aus Lystra (Kleinasien). Von Paulus in → Ikonion bekehrt, wurde er von der zweiten Missionsreise an sein ständiger Begleiter (Apg 16,1–3). Wegen seiner Hilfe in schwieriger Missionsarbeit (1 Thess 3,2–6; 1 Kor 4,17) wird er vom Apostel sehr geschätzt (Phil 2,19–23). Die Überlieferung kennt ihn als ersten Bischof von Ephesus (1 Tim 1,3; 2 Tim 1,6). Im NT sind unter den Paulusbriefen zwei Briefe an T. erhalten (→ Pastoralbriefe).

Timotheusbriefe → Pastoralbriefe

Tirhaka Von 689–663 v.C. König über → Ägypten und Nubien (→ Äthiopien). Unterstützt palästinische Kleinfürsten gegen → Assyrien; in seiner Regierungszeit erobern die Assyrer Unterägypten und vertreiben ihn aus → Memfis; T. kann er zwar für kurze Zeit zurückerobern, muss sich aber unter Assurbanipal aus Memfis nach Napata zurückziehen. In der HS wird T. in 2 Kön 19,9 und Jes 37,9 erwähnt.

Tirza Kanaanitische Stadt (Jos 12,24), zu → Manasse gerechnet (Jos 17,3); war vor → Samaria Hauptstadt des → Nordreichs unter den Königen → Bascha, → Ela und → Omri (1 Kön 15,21.33; 16,23). Von T. aus unternimmt → Menahem seinen

Staatsstreich gegen → Schallum in Samaria (2 Kön 15,14). Die Lage von T. ist nicht mehr genau festzustellen.

Tischbe Nach 1 Kön 17,1 Heimatort des → Elija in → Gilead.

Tischri Monatsname, → Kalender

Titus Heidenchrist, Begleiter des Apostels Paulus zum → Apostelkonzil (Gal 2,1–3). Später wurde er von Paulus nach Korinth gesandt, um dort die nach heftigen Auseinandersetzungen bedrohte Übereinstimmung mit Paulus wiederherzustellen (2 Kor 7,13; 8,6). Nach Tit 1,5 beauftragte Paulus ihn mit der Leitung der christl. Gemeinde in Kreta. T. ist der Empfänger eines zum NT gehörenden Briefes (→ Pastoralbriefe).

Titus Flavius Vespasianus, röm. Kaiser von 79–81 n.C. Im ersten jüd. Krieg erhält er bereits wichtige Aufgaben und ist seit 69 Mitregent seines Vaters Vespasian; i.J. 70 erobert er → Jerusalem, zerstört Stadt und → Tempel und lässt die Tempelgeräte nach Rom bringen, wo sie im Triumphzug mitgeführt werden (Titusbogen). Bekannt ist sein Verhältnis zu → Berenike.

Titusbrief → Pastoralbriefe

Tob Landschaft im n Teil des → Ostjordanlandes; Zufluchtstätte des → Jiftach (Ri 11,3.5).

Tobija („Jahwe ist gut"), atl. Personenname:

T. der Ammoniter, der als Gegner des → Nehemia mit → Sanballat den Wiederaufbau der Stadtmauern von Jerusalem zu verhindern sucht (Neh 2,10.19); infolge seiner verwandtschaftl. Beziehungen zu vornehmen Juden besitzt er großen Einfluss (6,17–19); in Abwesenheit Nehemias richtet er im Tempel einen Wohnraum für sich ein und wird nach Rückkehr Nehemias von diesem vertrieben (13,4–9).

Tobit T. der Ältere und T. der Jüngere, Hauptpersonen im Buch Tob des AT.

Tobit (Buch) Urspr. wohl in hebr. oder aram. Schrift verfasst, jedoch nur in Übersetzungen (vor allem der → Septuaginta) bekannt (→ Kanon). Es erzählt das Schicksal eines deportierten (→ Exil) Israeliten, der in Ninive zu Ansehen gelangte. Gehorsam gegen Gottes Gesetz, begräbt er trotz Verbot die auf Befehl Sanheribs (705–681 n.C.) erschlagenen Juden. Dabei wird er über Nacht blind (1,1–3,6). Zur gleichen Zeit betet Sara in Ekbatana, Gott möge sie vom Dämon Aschmodai (Asmodäus) befreien, der nacheinander ihre sieben Männer in der Hochzeitsnacht tötete. Der Engel → Rafael wird von Gott gesandt, um Sara zu helfen (3,7–17). Rafael begleitet den jungen T. auf dem Weg, verhilft ihm zur Hochzeit mit Sara, indem er den Dämon überwindet (5–8), gibt dem jungen T. zugleich ein Mittel, den Vater vor seiner Erblindung zu heilen (11). Nach dieser Fügung Gottes stimmt der alte T. einen Lobgesang an (13) und beauftragt seinen Sohn, nach seinem Tod nach Ekbatana zu ziehen (14).

Die mit Reden, Gebeten und Weisheitssprüchen kunstvoll gestaltete Erzählung entstand viell. um 200 v.C. und ist nicht als histor. Bericht, sondern als „Novelle" der Weisheitsliteratur anzusehen. Ihr Sinn ist, Gottes wunderbare Hilfe gegenüber seinen Getreuen zu bezeugen und durch das Beispiel der Hauptpersonen zu Gesetzestreue, Gebet, Nächstenliebe (vor allem Kindesliebe und Elternsorge) und Geduld in Prüfungen anzuleiten.

Tochter Auf Grund des stark ausgeprägten Stammesdenkens untersteht sie ganz der Autorität ihres Vaters (Gen 29,21ff; Num 30,4ff) und wird erst mit der Heirat (→ Ehe von ihr befreit. Die T. ist im Erbrecht benachteiligt (Num 36,1–12) und kann als Sklavin verkauft werden (Ex 21,7–11). T. bedeutet im weiteren Sinn: „Schwieger-T." u.Ä. (Gen 24,48; Rut 1,11), „Frau eines Volkes" (Gen 27,46; Ps 9,15) und im übertragenen Sinn: „Stadt" (Jes 1,8; 62,11), „Land" (Jer 46,11.19.24).

Tod wird im AT weithin nicht als Trennung von Leib und Seele verstanden; T. ist urspr. Aufhören des Lebens (vgl. Num 6,6: Leiche = tote „Seele"). Mit dem letzten Atemzug strömt die Lebenskraft (Odem) aus dem Leib (vgl. Gen 35,18). Da der Leib (d.h. der Mensch) nicht vernichtet wird, lebt der Tote in einem Schatten-Dasein in der Unterwelt (Scheol)

weiter (vgl. Jes 14,9). Ins Grab sinken bedeutet: hinabsteigen zur Unterwelt (vgl. Spr 1,12; Ez 32,18). Auf Grund der Vorstellung, dass der Mensch noch empfinden könne, wird der Leib des Verstorbenen mit Sorgfalt behandelt.
Die Verweigerung des Begräbnisses bedeutet Schmach und Strafe für den Verstorbenen (Jer 16,4). Jeder Leichnam galt als unrein, ebenso das Haus, in dem er lag, alle Geräte, ferner wer einen Toten, ein Grab oder Skelett berührte (vgl. Num 19,11–16).
Der T. wird als Folge der → Sünde und als Strafe für das → Böse angesehen (Ez 18,20; Lev 20,8–21; Röm 5,12–17). Die HS spricht nicht nur vom leibl., sondern auch vom geistlichen T., der durch Unglaube und Sünde das Ende des gemeinsamen Lebens mit Gott zur Folge hat (Joh 5,24; Röm 8,6; 1 Kor 15,21); durch den T. Christi ist neue Gemeinschaft mit Gott möglich, der geistliche T. überwunden (Joh 5,24; 1 Joh 3,14); in der Erwartung der Auferstehung hat der T. seinen Schrecken verloren.

Todesstrafe → Strafe

Tofet Feuerstätte im Tal → Hinnom, an der Kinder dem → Moloch geopfert wurden (2 Kön 23,10); vor allem → Jeremia bekämpft diesen Kult (Jer 7,31f).

Togarma In der bibl. Genealogie Sohn des Gomer, Enkel des → Jafet (Gen 10,3; 1 Chr 1,6). In Ez 27,14 wird T. als Stamm erwähnt, der mit → Tyrus Handel treibt (Pferde und Maulesel).

Toï Name eines Königs von → Hamat; er ließ → David durch seinen Sohn Hadoram segnen (1 Chr 18,9f; 2 Sam 8,9f).

Tora Im Hebräischen eine Bezeichnung für das → Gesetz (Gen 26,5), für die im Pentateuch (→ Mosebücher) aufgeschriebenen Gesetze (Dtn 4,44), dann für den Pentateuch als Ganzes. Im Frühjudentum und in der Zeit des NT bezeichnet T. das ganze AT (vgl. Joh 10,34; Röm 3,19f), nicht nur den Pentateuch.

Torheit ist mangelnde Klugheit, Unordnung und Unbesonnenheit (Sir 21,22ff), Hilflosigkeit, Ratlosigkeit (Jes 19,11; 35,8) und Überheblichkeit (Spr 28,26; Sir 21,28); aus T. geschieht → Sünde (Gen 34,7; Jer 29,23). T. ist auch, Gott nicht anzuerkennen (Ps 41,1; Jer 4,22), von ihm abzufallen (Dtn 32,6.21) und sich fremden Göttern zuzuwenden (Jer 5,21–24). Die T. hindert den Menschen, sich auf die → Wiederkunft Christi vorzubereiten (Mt 25,1–13; Lk 12,16–21) und verführt ihn zu leerem Geschwätz (Eph 5,4; 2 Tim 2,23; Tit 3,9). Paulus bezeichnet als Toren sowohl die Heiden, wenn sie Gottes Gesetz nicht anerkennen (Röm 1,21f; 2,20), als auch die Menschen ohne Glaubenswissen (1 Kor 15,36); er bezeichnet die Kreuzesbotschaft als „T.“, weil sie der menschl. Vorstellung von Gott widerspricht (1 Kor 1,18f; 2,14).

Torhüter Bewacher eines Stadt- (2 Kön 7), eines Palast- (2 Sam 11,9; Est 2,21), vor allem des Tempeltors (Esra 2,42; Neh 7,45). Die T. gelten als niedere Tempelbedienstete und sind möglicherweise auch als Sänger tätig gewesen (vgl. 1 Chr 9,33; 15,16–24).

Tosefta Sammlung von Überlieferungen (etwa im 3. Jh.), die nicht in die → Mischna aufgenommen, nur als Hinzufügung betrachtet und zum Unterricht in den Rabbinenschulen verwendet wurden. Vieles aus der T. findet sich in der Gemara des palästinischen und bab. → Talmud.

Totenbeschwörung Sie ist eine bes. Form des → Orakels und des → Aberglaubens. Im AT bezeugt u. a. Lev 19,31, dass die T. praktiziert wurde. Sie gilt als Möglichkeit, vor allem in hoffungslosen Situationen Rat zu erhalten (1 Sam 28). Nach Dtn 18,11 ist die T. verboten, da sie als Verachtung Gottes (Jes 8,18ff) und Abfall von ihm gilt (Lev 20,6; 1 Chr 10,13); die Verwerfung des → Saul wird auch auf seine T. zurückgeführt. Man meint, der Totengeist sei im Totenbeschwörer und rede durch ihn; nach Lev 20,27 muss ein Totenbeschwörer getötet werden.

Totenerweckung Im Gegensatz zur → Auferstehung bedeutet T. Rückkehr ins menschl. Leben. T.en werden von → Elija und → Elischa berichtet und stellen eine Beglaubigung ihres prophetischen Dienstes dar (1 Kön 17,17–24). Die T.en Jesu (Mk 5,21–43; Lk 7,11–17; Joh 11,1–44)

Blick durch das enge Tal von En-Gedi zum **Toten Meer** *und auf die Höhen von Moab.*

verkünden die Ankunft der messianischen Zeit (vgl. Mt 11,3ff) und ihn selbst als Herrn des Lebens. T.en durch die → Apostel gelten als Bestätigung der Frohbotschaft (Apg 9,36-42: → Tabita; 20,7–12: → Eutychus).

Totenklage → Trauerbräuche

Totenreich → Unterwelt

Totes Meer In der HS: „Wüstenmeer", „Östl. Meer", „Salzmeer" (Gen 14,3; Jos 15,2.5; 18,19), etwa 85 km lang und bis zu 15 km breit; Oberfläche ca. 400 m u.d.M.; in das T.M. münden → Jordan, → Arnon und andere kleinere Flüsse, es hat keinen Abfluss; infolge starker Verdunstung hoher Salzgehalt des Wassers, in dem sich deshalb kein Leben befindet. Die Erzählung von Gen 19,23–29 (→ Sodom und → Gomorra) weist auf die Trostlosigkeit des T.M.es hin. In Nähe des nw Ufers liegt → Qumran, ca. 10 km n des T.M.es → Jericho.

Totschlag → Mord

Trachonitis Gebiet ö des Sees → Gennesaret (Lk 3,1).

Trankopfer → Opfer

Trauer → Grab

Trauerbräuche Zeichen der Trauer: man zerriss die Kleider, zog Trauergewänder an (vgl. Gen 37,34; 2 Sa 3,31), verhüllte das Haupt (2 Sam 15,30), legte die Hände auf den Kopf (2 Sam 13,19), wusch und salbte sich nicht (vgl. 2 Sam 12,20), man fastete (1 Sam 31,13; Jdt 8,6), legte sich auf einen Sack oder Asche (Est 4,3; Ez 27,30), streute Staub aufs Haupt (Jos 7,6; Ijob 16,15). Nach Ablauf oder während der Trauerzeit, die gewöhnlich sieben Tage dauerte (vgl. Gen 50,10; Sir 22,12), gab es ein Trauermahl (vgl. Tob 4,17).

Die wichtigste Trauerzeremonie war die Totenklage mit lauten Weh-Rufen (Jer 22,18). Sie wurden von den nächsten Angehörigen ausgestoßen (vgl. Gen 23,2), andere Anwesende stimmten in die Klage ein (1 Sam 25,1). Sehr früh wurden die Rufe mit Klagegesang verbunden (z. B. Lied Davids auf Saul und Jonatan, 2 Sam 1,17–27), zu dem oft „Klageweiber" verpflichtet wurden (vgl. 2 Chr 35,25; Jer 9,16–19), die das Geschick des Toten wie auch sein Lob besangen. Propheten gebrauchten des öfteren die Totenklage für den Wehruf

Gottes über Israel und seine Feinde (vgl. Ez 19,1–4; Jer 9,20–21; Klgl).
Die Deutung der Trauerriten ist im einzelnen umstritten. Sie dürften jedoch kaum irgendeine Art von Totenkult oder Dämonenbeschwörung ausdrücken, da in diesem Sinn deutbare Riten im AT abgelehnt werden (vgl. Speiseopfer: Bar 6,26; gewisse Trauerriten: Dtn 14,1). Sie sind hauptsächlich als Zeichen menschl. Erschütterung und der gottgeforderten Ehrfurcht, Pietät (vgl. Tob 1,16–17) zu verstehen. Als eigentlich relig. Bräuche finden sich erst in der Makkabäerzeit Gebet und Sühneopfer für die Verstorbenen (vgl. 2 Makk 12,38–46).

Traum Bes. Zeichen von Weissagung und → Offenbarung, von Mahnung und Befehl (Gen 20,3–6; Ri 7,13f; Mt 1,20.24; 2,12f.19.22), auch von → Trost (Apg 16,9). T. bedarf oft der Deutung durch einen Weisen, der mit → Jahwe verbunden ist (Gen 41,1–32; Dan 2,24–46), wird darum als Gottesgabe oder Wirkung des Geistes Gottes angesehen.

Treue Sie ist Teil der → Gnade und → Barmherzigkeit Gottes (Gen 24,27; Ex 34,6) und Beweis seiner Liebe (Dtn 32,4). T. Gottes ist Grundlage des Vertrauens (1 Kor 10,13; 2 Kor 1,18) und der Gewissheit des → Heils (1 Kor1,9; 1 Thes 5,24; Phil 1,6). Umkehr und Glaube (→ Berufung) ist die Antwort des Menschen auf die T. Gottes.

Trito-Jesaja (= dritter Jesaja) Bezeichnung für den unbekannten Verfasser der Kap 56–66 des Buches → Jesaja, nach Meinung mancher Forscher vom → Deutero-Jesaja (Kap 40–55) zu unterscheiden. Seit 200 Jahren ist die bibl. Forschung aus historischen und literarischen Gründen zur Erkenntnis gekommen, dass nur Jes Kap 1–39 vom Propheten Jesaja des 8. Jh. v.C. stammen können, dagegen Kap 40–66 die Zeit des bab. → Exils und später (6.–5. Jh. v.C.) zum Hintergrund haben. Da die Kap. 56–66 als Sammlung von Prophetenworten gewisse Verschiedenheiten zu Kap 40–55 aufweisen, schrieb man sie seit Ende des 19. Jh. dem sog. T. zu, dessen Entstehung heute fast allg. in die nachexilische Zeit verlegt wird. Umstritten bleibt, ob ein einziger Verfasser unmittelbar nach der Heimkehr (nach 538 v.C., viell. Deutero-Jesaja selber bzw. einer seiner Schüler) oder mehrere Verfasser im Laufe des 5. Jh. v.C. anzunehmen sind. Inhaltlich bringt T. Hinweise zum Gemeindeleben (Gottesdienst, wahre und falsche Frömmigkeit, Warnung vor Götzendienst und Sünde) sowie Sehnsucht und → Hoffnung auf das neue Jerusalem, das Gericht und die kommende Herrlichkeit der Endzeit.

Triumph → Sieg

Troas Stadt an der Küste des Ägäischen Meeres, von → Paulus bei seiner 2. und 3. Missionsreise besucht (Apg 16,8-11; 20,5–12).

Trophimus aus → Ephesus, Begleiter des → Paulus (Apg 20,4; 21,27ff; 2 Tim 4,20).

Trost Die HS kennt die Erfahrung der T.losigkeit (Gen 37,35) und die menschl. Fähigkeit zu trösten (Gen 24,67). Vor allem aber weiß Gott um das → Leiden und die Erniedrigung seines Volkes (Ex 3,7ff); bes. im → Exil wird das Volk durch die → Propheten getröstet, die ihm Hoffnung auf ein neues Leben verkünden (Jes 40; 52,7–10). Jahwe ist Gott des T.es (Jes 51,12; 2 Kor 1,3), der durch sein Wort den Menschen aufrichtet (Jos 1,5–9; Jer 15,16.20) und durch T. seine → Liebe offenbart (Jes 40,11; 66,11ff). Es gehört auch zur Sendung Jesu, den T. des Heiles zu verkünden (Mt 5,4); Christus ist T. (Mt 14,27; 2 Kor 1,5) und Enthüllung der Liebe Gottes (2 Kor 1,3–11; 2 Thess 2,16f). Die HS als T. (Röm 15,4) ist Ursache des → Glaubens als T. (Röm 1,12; 1 Thess 3,7; Hebr 6,18).

Trübsal, auch Not oder Angst, wird manchmal als Strafe (Jes 8,22) bzw. Prüfung Gottes verstanden (Tob 3,1–6). T. gehört zum Wesen der Christen in der → Welt (Mt 13,21; 1 Thess 3,3f). Die Leiden Christi, die sich im Leben der → Kirche wiederholen (Kol 1,24), haben endzeitliche Bedeutung (Mt 24,21; 2 Thess 1,6f). T. weckt Verlangen nach Gott (Jes 26,16), Geduld und Bewährung (Röm 5,3f; 12,12); durch Gemeinschaft im Leiden kann T. überstanden werden (Jak 1,2f).

Trunkenheit Sie ist in der HS u. a. in Jes 28,7ff und Spr 23,29–34 erwähnt; nach Dtn 21,20f soll T. mit Steinigung bestraft werden. Vor T. wird gewarnt (Röm 13,13; 1 Kor 5,11), da sie den Zugang zum Reich Gottes verschließt (1 Kor 6,10). T. bedeutet auch Götzendienst (Offb 17,2), Sich-Berauschen am Blut der Christusjünger (Offb 17,6) und Taumeln unter Gottes Gericht (Jes 19,14). Paulus stellt der T. die geisterfüllte Freude gegenüber (Eph 5,18ff).

Tryphon Beiname des Diodotus, Feldherr von → Alexander Balas und Vormund des Antiochus VI. (1 Makk 11,39f.54ff), den er ermorden ließ (1 Makk 13,31), um selbst König zu sein (um 142–137 v.C.). Kämpft gegen die → Seleukiden → Demetrius II. und → Antiochus VII. (1 Makk 14,1; 15,10–14) und lässt → Jonatan (4) töten (1 Makk 12,39–54; 13,12–23). T. wird von Antiochus VII. besiegt und zum Selbstmord gezwungen (1 Makk 15,10–39).

Tubal Im bibl. Geschlechtsregister Sohn des → Jafet, Enkel des Noach (Gen 10,2).

Tubal-Kajin Nach Gen 4,22 Sohn des → Lamech und der Zilla. Wird als Stammvater der Schmiede angesehen (→ Jabal; → Jubal).

Tugend als sittl. Vollkommenheit ist dem AT begrifflich nicht geläufig, in einzelnen Darstellungen jedoch bekannt; sie ist Beharrlichkeit und mannhaftes Verhalten (2 Makk 10,28; 15,12), → Ruhm Gottes (Jes 43,21; 63,7), Pracht und → Herrlichkeit (Hab 3,3; Sach 6,13). Das NT spricht von T. als Gotteskraft (1 Petr 2,9; 2 Petr 1,3), nicht als menschl. → Ethik (Phil 4,8; 2 Petr 1,5), sondern als Darstellung christl. Lebens, das von Gott her möglich wird. Im Vordergrund stehen → Glaube, → Hoffnung, → Liebe (1 Kor 13,13), denen die übrigen T.en folgen (Gal 5,22f).

Tummim→ Urim

Tunnel → Schiloach

Turmbau zu Babel → Babylon

Tychikus Mitarbeiter und Begleiter des → Paulus (Apg 20,4; Eph 6,21; Kol 4,7).

Typologie (Bibl. T.) ist eine bes. Darstellungsform der HS. Personen, Gegenstände oder Ereignisse des AT werden im Licht der → Offenbarung als *Vorbild* ntl. Geschehens gedeutet.

In dieser Weise stehen sich so z. B. gegenüber: Alter und Neuer → Bund (1 Kor 10,6), altes und neues Heiligtum (Hebr 9,24), Wasser aus dem Felsen – Christus, Quell des Lebens (1 Kor 10,4), Adam → Christus (Röm 5,14), Priestertum des → Melchisedek – Priestertum Christi (Hebr 7), irdisches und himmlisches Jerusalem (Gal 4,26).

Tyrus Alte phön. Handelsstadt an der O-Küste des Mittelmeers; unterhielt freundschaftl. Beziehungen zu Israel (Handel mit → Salomo: 1 Kön 5,15–32; Verheiratung der → Isebel mit → Ahab: 1 Kön 16,31). Als T. Israel in seine Politik einbeziehen wollte, traten die → Propheten energisch dagegen auf (Jes 23; Am 1,9f); T. konnte sich gegenüber → Babylonien und → Assyrien behaupten; auswandernde Tyrier gründeten Karthago. Erst → Alexander d. Gr. eroberte T. (Errichtung eines Dammes zw. T. und dem Festland; durch beiderseitige Anschwemmungen wurde T. zur Halbinsel). In der Römerzeit war T. autonom. Im NT wird T. in Mt 15,21; Mk 3,8 und Apg 21,3f. erwähnt.

U

Übel → Böse, → Leiden

Überlieferung Die HS kennt u. a. stammesgeschichtl. Ü.en (→ Geschlechtsregister), ebenso Ü.en, die mit Namen (z. B. → Abraham, → Mose, → Elija), Kultorten (→ Bet-El, → Sichem), Kultstätten (→ Zelt, → Tempel) oder bestimmten Ereignissen verbunden sind. Die verschiedenen mündl. Ü.en erfahren in späterer Zeit eine je eigene schriftl. Fixierung und werden in einzelnen Büchern als Qellenwerke benutzt (→ Mosebücher). Themen der Ü. sind u. a. die Frühzeit Israels, der → Auszug aus Ägypten (mit Betonung der mündl. Ü.: Ex 12,26f), Wüstenwanderung und Bundesschluss (→ Bund), → Landnahme. Zeugnisse für eine schriftl. prophetische Ü. finden sich in Jes 8,1ff und Jer 36,1ff. Nach Meinung des nachexilischen Judentums bürgt die Ü. für die göttl. Wahrheit und hat, wie das → Gesetz, verpflichtenden Charakter. Die Ü. wird dann bes. in den verschiedenen Rabbinenschulen gepflegt, wovon → Midrasch, → Targum und → Talmud zeugen. Jesus wendet sich nach Mt 5,20–48 gegen die Überbewertung der Ü. durch die pharisäischen Kreise. Jesus selbst ist Ausgangspunkt einer Ü., die in der → Urgemeinde beginnt und zunächst → Tod und → Auferstehung Christi sowie die Notwendigkeit der → Taufe betont. Diese Ü. erscheint in bekenntnismäßigen Formulierungen (Apg 2,14–39), vor allem in der Taufunterweisung (z. B. Röm 1,3f); die Ü.sbildung ist auch vom gottesdienstl. Leben geprägt (1 Kor 11,23–26). Die Ü. ist nichts Nebensächliches, vielmehr kann sich der Verkünder des Glaubens auf sie berufen (1 Kor 11,23f; 15,3ff) und deshalb mit Autorität auftreten. Die Bedeutung der Ü. im kirchl. Leben wird deutlich in der Entwicklung des Kanons der ntl. Schriften. Die apostolische Ü. ist z. B. Lehr-Ü. (1 Tim 6,20), welche die Botschaft Christi durch den Beistand des hl. → Geistes vermittelt (Joh 16,13ff); sie wendet sich in erster Linie an die noch nicht Glaubenden. Die kirchl. Ü. ist keine inhaltl. Erweiterung der Offenbarung durch Christus, wie sie von den Aposteln formuliert wurde, sondern Deutung und Erklärung für die jeweilige Zeit.

Übermut → Demut

Übertretung Die HS kennt Ü.en menschl. Gesetze (Est 1,19) und Vorschriften (Mt 15,2; Lk 15,29f), die durch Liebe vergeben werden können (Spr 10,12). Obwohl Ü.en als Ungehorsam zu bestrafen sind (Dtn 17,2–5; Jak 2,10–13), steht doch der Glaube im Vordergrund, dass Gott bereit ist zu vergeben (Ez 18,30ff).

Ugarit (heute: Ras Schamra) Phöniz. Stadtstaat im n Syrien, dessen Siedlungsgeschichte bis in 6./7. Jt. v. C. zurückreicht; in den Amarnabriefen (→ Amarna) wird U. als bedeutende Hafenstadt erwähnt. Etwa seit dem 2. Jh. von → Semiten besiedelt, erlangt U. zw. 15. und 13. Jh. seinen wirtschaftl. und polit. Höhepunkt. Die Politik U.s ist anfangs stark an → Ägypten orientiert, gerät dann in den Einflussbereich der → Hurriter, wendet sich nach der Zeit der → Hyksos erneut Ägypten zu und nimmt gleichzeitig Verbindung mit den → Hetitern auf, die im N angrenzen; gegen Ende des 13. Jh. unterliegt es dem Ansturm der → Seevölker.

Die Ausgrabungen in den Jahren 1929–39 und seit 1948 geben Aufschluss über Paläste, Tempel, Götterbilder, Reliefs, keramische Kleinkunst u. a.; bedeutsamer ist die aufgefundene Literatur in sumerischer, akkadischer, äg. und vor allem ugaritischer Sprache. Sie ist in äg. und hetitischen Hieroglyphen sowie in den bekannten und in einer bisher unbekannten Keilschrift abgefasst. Die Sprache U.s war ein kanaan. Dialekt, die Keilschrift basierte auf einem Alphabet (→ Buchstabe). Die gefundenen Texte enthalten: Verträge, Urkunden, Personen- und Ortslisten, Verzeichnisse von Göttern und Opfern und relig. Urkunden; sie sind sehr aufschlussreich für das Verständnis der Umwelt des AT z. Z. der einwandernden Israeliten (→ Landnahme). In U. kannte man ein Götterpantheon mit dem obersten Gott → El, den Göttern → Baal, → Dagon, Mot (Totengott), Jam (Meergott) sowie den Göttinnen → Aschera und Anat; in U.texten kommt auch der in Ez 14,14.20 und 28,3 erwähnte Daniel vor, ebenso der → Leviatan (Jes 27,1). Die Religion Israels war zur Auseinandersetzung mit Polytheismus, Mythologie und einem reich entfalteten Kult gezwungen. Auch die isr. Dichtung scheint von U. beeinflusst zu sein, wie die Verwendung der Begriffspaare: Erde – Staub, Hand – Rechte, Zelt – Wohnstätte u. a. erweist.

Ulai Fluss ö von → Susa; Ort einer Vision des → Daniel (Dan 8,2.16).

Umkehr (Bekehrung, Buße) Seit dem → Bund ist Gottes → Volk zu bes. → Treue aufgefordert; durch Begegnung mit anderen Völkern und deren Göttern wird es zu Untreue und Abfall von Gott verführt. In der HS ergeht darum immer wieder der Ruf der U.; sie wird vollzogen durch bestimmte gemeinsame Bußübungen wie → Fasten (1 Sam 7,6; Joel 1,14), Weinen und Klagen, Tragen eines Bußgewandes (2 Sam 12,16) und Bestreuen des Hauptes mit Asche (Neh 9,1) verbunden mit Sündenbekenntnis (Lev 5,5) und formulierten Gebeten (Dan 9,4–19), wie sie auch in den Bußpsalmen (→ Psalmen) erhalten sind. U., die aus → Demut übernommen wird, befähigt die Menschen, die → Barmherzigkeit Gottes zu erlangen (2 Sam 12). Die Bußpraxis erstarrte jedoch immer mehr zu einem äußerlichen Formalismus. Die → Propheten verkünden deshalb eine neue Art der U., die im Herzen des Menschen geschehen muss (Ez 11,19; 18,31). Nur diese U. wird das Volk vor dem → Tag des Herrn bewahren; sie allein ist Voraussetzung einer → Versöhnung mit Gott (Jer 31,33; Ez 11,19). Der prophetische Ruf nach U. wird im NT zunächst vom → Täufer aufgenommen. U. ist notwendige Vorbereitung auf den kommenden → Messias (Mt 3,7ff). Anruf Gottes und Gehorsam des Menschen werden in der U. zur Einheit. Nach der Botschaft Jesu ist U. Bedingung zum Eintritt ins → Gottesreich. Sie ist Vorbereitung auf die nicht berechenbare → Wiederkunft des Herrn (Mk 13,28f; Lk 17,20f; 2 Kor 6,1ff).

Ungesäuertes → Sauerteig

Unheil → Böse

Unschuld → Reinheit, → Vollkommenheit

Unser Vater → Vaterunser

Unsterblichkeit → Leben

Unterdrückung Zur relig. Grunderfahrung Israels gehört die Erinnerung an die U. in Ägypten (Ex 1; 6,5) und die Errettung durch Gott (Ex 3,7-10; 13,1–16). Israel wird deshalb gewarnt, Fremde zu unterdrücken (Ex 23,9); es muss gegen U. im eigenen Volk vorgehen und für Gerechtigkeit sorgen (Jes 1,17). U. von Fremden, Witwen und Waisen ruft den → Zorn Gottes hervor, zieht Strafe nach sich (Ex 22,21–24) und macht den Gottesdienst wertlos (Jes 1,10–17).

Unterwelt (auch: Scheol, Abaddon, Hades, Totenreich) ist unter der Erde in der Tiefe lokalisiert (Dtn 32,22; Jes 59,9) und wird als Reich der Schatten verstanden (Jes 26,19); als Strafort (Jes 5,14) ist die U. ein Land ohne Wiederkehr (Ps 16,10), der Gottesferne (Ps 6,6; 30,10), des Vergessens (Ps 88,13). Da Jahwe Herr der U. ist (Ps 139,8), kann der Fromme um Rettung aus der U. bitten (Ps 49,16); dies zeigt, dass die U. als Ort der auf Erlösung wartenden Gerechten betrachtet wird, während die Hölle als Strafort nach dem → Gericht gilt. Das NT hat die gleiche Vorstellung von U. (Mt 11,23; Offb 9,1) und bezeichnet sie darüber hinaus als Gefängnis des → Antichrist (Offb 20,1f). Der Gedanke der → Höllenfahrt Jesu ist begründet in den Aussagen von Röm 10,7; 1 Petr 4,6; Offb 1,18.

Unzucht ist durch das → Gesetz verbotener geschlechtl. Umgang, aber nicht identisch mit dem Begriff → „Fleisch“. Mit schwerer Strafe (vielfach Todesstrafe) werden → Ehebruch, Verkehr mit nächsten Verwandten, Homosexualität, Bestialität, Begegnung mit der Frau während der Menstruation geahndet (Lev 20,9–21). Im NT bezeichnet U. die sexuelle Ungebundenheit der hellenistischen Welt (Röm 1,24; 2 Kor 12,21), Verfehlungen gegen das Geschlechtsleben (Gal 5,19), Ehebruch (Mt 5,32) und Abgötterei (Joh 8,41; Offb 2,21).

Ur Stadt im s → Babylonien und Kultstadt des Mondgottes Sin, dem ein umfangreicher Tempelbezirk mit einem stufenförmigen Tempelberg geweiht war. Etwa seit dem 5./4. Jt. v.C. besiedelt; die größte Bedeutung erlangte U. im 3. Jt. v.C. Seinen Reichtum verdankte U. seiner Lage am Pers. Golf, durch den es mit dem → Eufrat verbunden war. Nach der jüngsten Schicht bibl. Überlieferung ist U. die Heimat der Familie → Abrahams gewesen (U. der → Chaldäer: Gen 11,27–31; 15,7).

Urartu Assyr. Bezeichnung für → Ararat.

Urflut (bzw. Abgrund) befindet sich als große Wassermasse unter dem Festland (Gen 49,25). Bei der → Schöpfung wurde die U. in eine obere und unter Flut geschieden (Gen 1,6f); das Zusammenströmen beider Fluten bezeichnete man als → Sintflut (Gen 7,11.17). Nach dem NT ist der Abgrund Aufenthaltsort der → Dämonen (Offb 9,1.11; 17,8); in der Zeit des endgültigen → Heiles gibt es keine Bedrohung mehr durch die U. (Offb 21,1).

Urgemeinde Sie entsteht aus dem Kreis der „Zwölf“ (→ Apostel), der sich durch die Erfahrung der → Auferstehung Christi, das Pfingstereignis (Apg 2) sowie durch die Predigt der Apostel festigt und erweitert. Nachdem → Petrus die U. zu Jerusalem verließ (Apg 12,17), wird sie von → Jakobus (3) geleitet (Apg 15,13); nach dessen Tod übernehmen Apostel und Älteste die Leitung (Apg 15,4). Bestimmend für das Leben der U. sind: Bindung an das jüd. Frömmigkeitsleben (Apg 2,46), teilweise Gütergemeinschaft (Apg 2,44f), Betonung der Brüderlichkeit (Apg 4,32.35), Bewusstsein der → Einheit durch → Taufe, Brotbrechen (→ Abendmahl), Erwartung der → Wiederkunft des Herrn. Obwohl zunächst als jüd. Sekte angesehen, wird die U. vom offiziellen

Ur *in Chaldäa gilt seit der Zeit des Babylonischen Exils als Heimat Abrahams (Gen 11).*

Judentum verfolgt (Apg 4,1–31; 5,17–42). Neben der U. entwickelt sich eine Gemeinde von Diasporajuden, die sich von Tempelkult und Gesetz lösen (ihr bedeutendster Wortführer: → Stephanus); sie muss Jerusalem verlassen, was zur Gründung neuer Gemeinden außerhalb der Stadt führt (z.B. Samaria: → Philippus (6), vgl. Apg 8,5ff, → Antiochia (1), vgl. Apg 11,19ff). Unter dem Einfluss von → Paulus entstehen starke heidenchristl. Gemeinden, die wegen Nichtbeachtung des jüd. → Gesetzes den Argwohn der U. hervorrufen; durch das → Apostelkonzil wird ihnen Freiheit zugestanden, der Weg zur Heidenmission wird frei (Apg 15). Durch Unterstützung der U. versucht Paulus, die Gemeinschaft zw. der jüd. und den heidenchristl. Gemeinden zu erhalten (2 Kor 8; 9; Gal 2,10). Eine Unterdrückung der heidenchristl. Gemeinde durch judaistische Kreise veranlasst Petrus, sich von den Heidenchristen abzusondern, weshalb er von Paulus zurechtgewiesen wird (Gal 2,11–14). Zu Beginn des Jüdischen Krieges (66–70 n.C.) muss die U. aus Jerusalem ins → Ostjordanland fliehen.

Urgeschichte Sie ist eine Sammlung verschiedener Erzählungen über die Anfänge der Menschheit bis zur Berufung → Abrahams und enthält Berichte von der → Schöpfung (Gen 1,1–2,4), von der Erschaffung des Menschen (Gen 2,4–7; vgl. → Adam), vom → Paradies (Gen 1,8–17), von Sündenfall (Gen 3), Brudermord (Gen 4), → Sintflut (Gen 7), Turmbau zu → Babylon und der Sprachverwirrung (Gen 11) und erwähnt → Geschlechtsregister. Die U. enthält die erste Geschichte der Menschheit von Adam bis zur Sintflut und lässt mit → Noach eine zweite Geschichte beginnen, die durch Gott mit einem → Bund besiegelt wird (Gen 9). Die U. versucht, bestimmte Erscheinungsformen des Lebens zu erklären, wie z.B.: gegenseitige Liebe von Mann und Frau (Gen 2,24), Schmerzen der Mutterschaft (Gen 3,16), Fluch der Arbeit (3,17ff), Ursprung von → Sünde und Tod (Gen 3,22ff), das Kriechen der Schlange auf dem Bauch (Gen 3,14), Herkunft der verschiedenen Sprachen (Gen 11,9). Der U. geht es nicht um eine histor. Mitteilung von Vergangenem; sie zeigt vielmehr, dass trotz Schuld Gott den Menschen nicht verlässt.

Urija

1) Name des Hetiters im Heer Davids, dessen Frau → Batseba von → David verführt wurde und der auf Befehl Davids im Kampf fallen musste (2 Sam 11).

2) Priester z.Z. des → Ahas (2 Kön 16,10; Jes 8,2).

Uriël

1) Personenname in 1 Chr 6,9; 15,5.11; 2 Chr 13,2.

2) In der jüd. → Apokalyptik ein Engelname.

Urim und Tummim sind nicht näher beschriebene Gegenstände, mit deren Hilfe ein → Orakel Gottes vermittelt werden sollte (Dtn 33,8); in Num 27,21 und 1 Sam 28,6 werden nur die U. genannt. Sie befinden sich in der Brusttasche des → Efods (Ex 28,30; Lev 8,8).

Uruk → Erech;

Urvater (Urväter) In bibl. Vorstellung sind die zehn U. von → Adam bis → Noach Stammväter der Menschheit, von einzelnen Geschlechtern (Gen 4,17–24; 5,3–32) oder von Bevölkerungsschichten (Gen 4,20ff). → Urgeschichte

Usa Begleitete die → Bundeslade und wird mit dem Tod bestraft, da er sie berührte (2 Sam 6,3–7; 1 Chr 13,10).

Usija Anderer Name des Königs → Asarja.

Uz Heimat des → Ijob (Ijob 1,1); die Lage ist unbekannt.

V

Vater Neben der allg. Bedeutung von leibl. V. spricht die HS von Groß-V. (Gen 28,13), Stamm-V. (Gen 10,21) und Vorfahre (Gen 48,21; Lev 26,39). Er ist das Haupt der Familie (Gen 12,1), der sie autoritativ führt (Gen 24,2ff; Ex 21,7). Der V. gilt als Priester (Gen 8,20), Vermittler göttl. Segens (Gen 27,34), Lehrer (Dtn 32,7; Jes 38,19) und Erzieher (Spr 23,22); im bes. ist er Vorbild des Glaubens (Jes 51,2; Joh 8,39ff). Ferner ist V. die ehrfürchtige Anrede des Schülers für seinen Lehrer (2 Kön 2,12), wie es im Rabbinentum üblich wird, was Jesus jedoch ablehnt (Mt 23,9). Das AT nennt Gott V. des Volkes (2 Sam 7,14; Ps 89,27), des Frommen (Sir 23,1) und des Armen (Ps 68,6). Im NT ist Gott in erster Linie V. Jesu Christi (häufig in den → Synoptischen Evv, vor allem bei Joh) und bedeutet das bes. Vertrauensverhältnis zw. V. und Sohn. Wer mit Christus verbunden ist, darf ebenso Gott seinen V. nennen; dabei ist weniger an den einzelnen Menschen, als vielmehr an die Gemeinschaft gedacht (Mt 6,9; Joh 15,16; Röm 1,7). Gabe des V.s ist der hl. → Geist (Lk 11,13; Joh 15,26). → Gotteskindschaft

Vaterunser Der Text ist in Mt 6,9–13 und Lk 11,1–4 überliefert. Mt stellt es als Teil der → Bergpredigt in die Auseinandersetzung zw. der neuen Botschaft Jesu und der bisherigen Gesetzesreligion hinein; es ist das Gebet der → Jünger, wodurch sie sich vom jüd. Leben unterscheiden (→ Achtzehngebet). Dies wird dadurch betont, dass die Jünger Gott mit der vertrauten Anrede → „Vater“ ansprechen dürfen. Das V. ist Bekenntnis und Vertrauen zum Vater, Äußerung der Gotteskindschaft und Zeichen der Jüngergemeinschaft. Durch die Aufteilung in Du- und Wir-Bitten werden deutl. Akzente für das relig. Leben gesetzt. Bei den Du-Bitten stehen Gottes Verherrlichung, das erwartete Kommen des Reiches Gottes und das Vertrauen auf ihn im Vordergrund. In den Wir-Bitten geht es nicht um irgendeine Not, in die das gemeinschaftl. Leben des Menschen geraten kann. So wie der Leib der Nahrung, so bedarf der gefährdete Mensch des vergebenden Wortes Gottes und des Menschen; das Wort „Schuldiger“ bei Mt bezeichnet dabei den Menschen, der vor einem anderen schuldig geworden ist. Da der Mensch auch vom Bösen bedroht ist, muss er immer wieder um Hilfe Gottes in der → Versuchung bitten. Damit wird deutlich, dass das V. mehr ist als eine Gebetsformel. Es ist Ruf Gottes, die Gesinnung Christi in die Tat umzusetzen, d.h. es ist zu wenig, das V. nur mit den Lippen zu sprechen und nicht seine Anliegen zu verwirklichen.

Verbot Im AT ist vor allem an das Bilder-V. (Ex 20,41; Dtn 5,8) und an Tabuisierungen zu denken (Ex 19,12f), die alles Heilige aus dem profanen Gebrauch ausschließen (z.B. → Sabbat: Ex 20,8ff; vgl. Gen 2,3; hl. → Zelt: Ex 29,44; → Bundeslade: 2 Sam 6,6f; das Allerheiligste im → Tempel: 1 Kön 8,6.10f; vgl. Ex 26,33); das V. will der Abkehr von Bräuchen umliegender Völker dienen und die relig. Exklusivität Israels betonen (Lev 10,1). Im NT werden V.e in positive Weisungen für das Verhalten dem Nächsten gegenüber abgewandelt (Mt 5,22–43). Bei Paulus hat das V. relative Bedeutung (1 Kor 11,1–16), da die Christen nur dem Gesetz Christi, dem Gebot der → Liebe (Gal 5,14), als alleinigem Maßstab ihres Lebens unterworfen sind (Joh 12,49; 15,12).

Verbrennung → Grab, → Strafe

Verdammen im Sinn von Verurteilen geschieht im menschl. Rechtsbereich (Dtn 25,1; Joh 8,10). Eine durch Gott angedrohte Verurteilung kann durch → Umkehr (Mt 12,41f) und → Glaube (Hebr 11,7) abgewendet werden; die Jünger sollen sich deshalb in bes. Weise hüten, andere Menschen zu verurteilen (Lk 6,37; Röm 2,1). Von einem endgültigen V. spricht das NT u. a. in Mt 23,33; Mk 9,43f; das nach Röm 2,5ff Folge von Verstocktheit und Unbußfertigkeit sowie nach Mk 16,16 Folge von Unglaube ist. → Verwerfung

Verderben kann vom Menschen ausgehen (Spr 26,28) oder von Gott als → Gericht verhängt (Jes 10,22; 60,12) und durch ihn selbst (Gen 6,13), durch Engel (Ex 12,23) oder durch Menschen (Jes 13,4f) ausgeführt werden; auch schuldhaftes Verhalten (Gen 6,11) sowie Not nennt die Bibel V. (Jer 8,21). In Dan 9,27 ist V. Zeichen des endzeitl. Gerichts, während es in der kommenden Heilszeit kein V. mehr gibt (Jes 65,25). Im NT werden Abfall von Christus und Ausschluss vom → Heil als V. angesehen (Mt 10,28; 1 Kor 5,5; 1 Thess 5,3) und mit Verdammnis (→ Verdammen) gleichgesetzt (2 Petr 2,1.3; 3,7).

Verdienst ist Beurteilung menschl. Taten durch Gott (Ijob 34,11; Lk 23,41). Verfolgte Fromme dürfen um Anrechnung ihres V.es bitten (Ps 28,4; Jer 50,29), müssen sich aber dem → Gericht Gottes beugen (Jer 14,7; Dan 9,5ff). Im Gegensatz zum späteren Judentum, das den eigenen V. Gott vorrechnet und entsprechenden Lohn erwartet, wird im NT V. nicht als Folge menschl. Leistung, sondern als Gnade Gottes betrachtet (Mt 20,1–16); jedes ethisch-relig. V.-Denken wird abgelehnt (Lk 17,1–10). Bes. → Paulus bekämpft eine V.-Gerechtigkeit, die aus menschl. Berechnung kommt; nur die → Gnade Gottes schenkt dem Glaubenden Heil (Röm 3,24.28; 4,4; 9,12; 11,6).

Verfolgung Gott ist Verfolger der Feinde Israels (Dtn 30,7), wird jedoch selbst zum Verfolger seines untreuen Volkes (Ri 2,11–23). Bes. betont werden die V.en einzelner aus relig. Gründen: z. B. des → David (1 Sam 19,9ff), eines Frommen (Ps 31,16), vor allem der → Propheten: → Elija (1 Kön 19), → Amos (7,10–17), → Jeremia (11,18–12,6) und der Märtyrer aus der Zeit der → Makkabäer (1 Makk 1,57–64; 2 Makk 6f). Die V. der Gläubigen ist Prüfung ihrer Treue sowie Vorbereitung auf das → Gericht und das Kommen des Gottesreiches (Dan 7,25ff). Im NT ist → Jesus der um seiner Sendung willen Verfolgte, der aber gerade dadurch den Willen Gottes erfüllt (Joh 5,16; 1 Thess 2,15). Wie ihm selbst, so drohen auch seinen → Jüngern, folglich der → Kirche, immer wieder neue V.en (Mt 10,23; Apg 8,1), die damit zum Wesen des Christentums gehören (Lk 21,12; 2 Tim 3,11f). Das entscheidend Neue ist aber, dass der Verfolgte selig gepriesen wird (Mt 5,10f), dass ihn durch die Nachfolge Christi (2 Kor 4,9ff) die V. mit Freude erfüllt (Mt 5,12; 1 Kor 4,12) und er darum für die Verfolger zu beten vermag (Mt 5,44).

Verführung wird in Gen 3,1–13 und Spr 7,10–21 als Beeinflussung zum Bösen geschildert. Die HS warnt vor V. zu falscher Lehre, Götzendienst, Unglaube und Sünde (Jer 10,15; Am 2,4; Lk 21,8; Röm 16,18). Im AT gilt als größte Schuld die V. zum Abfall von Jahwe (Ex 23,24.33; 1 Kön 21,25f; Neh 13,26f); der Untergang von → Nord- und → Südreich, vor allem → Jerusalems wird jeweils auf Götzendienst zruückgeführt (1 Kön 12,26–30; 2 Kön 21,11–16; 25). Die V. kann von falschen Propheten (Dtn 13) sowie von den beauftragten Führern des Volkes ausgehen (Jes 3,12; 9,15). Das Judentum z. Z. Jesu spricht nicht nur von V. durch Menschen, sondern auch durch teuflische Mächte; Jesus warnt vor falschen Propheten (Mk 13,5f par); Ziel dieser V. ist die Leugnung, dass Jesus der → Christus ist (1 Joh 2,22). In der Offb sind der → Teufel (Offb 12,9; 20,3.10), der Prophet des → Antichrist (Offb 13,12; 19,20), → „Babylon" (Offb 18,23) die großen Verführer. Der Hass der Welt betrachtet Jesus selbst (Mt 27,63; Joh 7,12) und seine → Jünger als Verführer (2 Kor 6,8).

Vergänglichkeit Die Erfahrung, dass alles vergänglich ist (Ps 102,26f; Jes 40,6ff), wird auf die erste Schuld zurückgeführt (Gen 3,19; Ps 90,7ff); dem ewigen Gott steht nach Jer 10,15 die V. der Götzen gegenüber. So wie die Schöpfung vergeht (Mk 13,31 par; Röm 8,20f; 1 Joh 2,17), ist auch das Leben des Menschen der V. preisgegeben (2 Sam 14,14; Ps

39,6f; Jak 1,9ff), doch steht über aller V. die → Verheißung einer neuen Welt, die ewig bleiben wird (Röm 8,18–23; Offb 21,1–5.23). Nur um dieser → Hoffnung willen vermag der Mensch die richtige Einstellung zu den vergängl. Dingen zu finden (Mt 6,19; 1 Kor 7,31).

Vergebung → Versöhnung

Vergeltung Nach menschl. Recht ist V. Wiedergutmachung eines Schadens (Ex 21,23ff; Lev 24,19) und ist eng verbunden mit der → Blutrache (Num 35,19ff), ja mit → Rache überhaupt. Gott übt V. an den Feinden Israels (Ex 23,27; Jos 24,12), aber auch an seinem untreuen Volk (Num 25,3). Nicht für den Einzelnen, sondern auch für seine Umgebung wirken sich Lohn und → Strafe aus (2 Sam 6,12; Jos 7,5–12.24f). Diese Auffassung der Kollektiv-V. (Num 16,20ff) wird durch die → Propheten korrigiert, indem sie die Verantwortung des einzelnen für sein Leben betonen (Jer 31,29f); Gott wird jedem nach seinen → Werken vergelten (Jer 31,16; Jes 59,18). Die Ankündigung strafender V. soll zur → Umkehr führen (Am 5,11–15), deren Ziel die Vergebung der Schuld ist (Jer 18,1–8). V. als Lohn und Strafe zeigt sich im Leben des Menschen (Ri 9,22–57; 1 Sam 15,10–33). Im Sinn einer doppelten V. teilt Gott als Richter dem Sünder Strafe, dem Gerechten Lohn zu (Sir 11,26f; 17,19.23); dass aber der Fromme oft im Unglück leben muß, wird allg. als Strafe für geheime Sünden betrachtet (vgl. Joh 9,1ff). Wegen der damit gegebenen Zwiespältigkeit taucht der Gedanke einer jenseitigen V. auf (Weish 1–6). Das NT kennt die doppelte V. (Lk 13,1–9), weist aber die jüd. Vorstellung ab (Joh 9,1f). Krankheit, Not und Unglück werden als allg. Form der Ursünde, nicht aber als Strafe für einzelne Sünden angesehen; „V." ist Erprobung des Glaubens (Hebr 12,3–11). Gott vergilt jedem nach seinen Werken (Mt 16,27; Gal 6,7f; 2 Tim 4,14) und seinem Glauben (Joh 12,47–50). Das Gute, nur um des eigenen Ansehens willen getan, wird von Gott nicht anerkannt (Mt 6,1–16; Lk 14,12ff), ebenso wenig eine Berufung auf die Verdienste der Väter (Joh 8,33–40). V. ist Verheißung des Jüngerlohns (Mk 10,29f), des inneren Friedens (Mt 11,28f), des ewigen Lebens oder Todes (Mt 25,46). Zwar kennt das NT eine V. Gottes im irdischen Leben (1 Kor 11,30), betont aber die eigentl. V. im → Gericht (2 Kor 5,10). Gott selbst ist Lohn (Lk 17,7–10), jedoch als Gnadengabe (Röm 6,23) sowie als Teilnahme an der Herrlichkeit Christi (Kol 3,4).

Verheißung und Erfüllung gehören zu den Aussagen der HS über das → Heil. V.en sind Versprechen, an denen sich die die schrittweise Offenbarung Gottes erkennen lässt. V.en werden einzelnen gegeben: → Abraham (Gen 15; 17), → David (2 Sam 7) und dem Volk (Ex 19–34; Lev 26; Dtn 28). Sie stehen meist im Zushg. mit → Bund. Die V.en an die → Erzväter: Land (Gen 12,1–3.7), Nachkommenschaft (Gen 17,1–8), Segen (Gen 22,17f) gehen bei der Landnahme in Erfüllung (Ex 3,8; Dtn 26,8f; Jos 5,6f); die V. an David (→ Natan) wird später vertieft (Jes 9,1–7; Am 9,11f) und vollendet (Lk 1,32f). Die dem Volk gegebene V. ist abhängig von der Bundestreue (Ex 24,3–8; 34,10–17); sie wird durch Untreue hinfällig (Ri 2,20–23; Jer 18,9f) oder auf Gottesfürchtige eingeschränkt (Mal 3,17f) oder nur noch einem kleinen Teil des Volkes zugesagt (Jes 1,9; Jer 5,18; Ez 6,8ff.). Nach dem → Exil besteht die V. in der Zusage einer neuen Heilszeit (Jes 2,1–5; Jer 31), der Umwandlung des Herzens (Jer 31,33f; Ez 11,19), der Geistmitteilung (Jes 44,1–5; Joël 3,1f) und der neuen Vergebung (Jes 53).

Weil Gott zu seinen V.en steht, kann sich der gläubige Beter auf sie berufen (Ps 42,9; 77,9) und um Verzeihung bitten (Ex 32,13; Neh 9). Jesus ist Erfüllung atl. V. und zugleich neue V. Gottes, die ihre bes. Bedeutung in Mt 5 (→ Bergpredigt) offenbart. Die V.en Christi richten sich auf den Bestand der → Kirche (Mt 16,18f) und die Zusage des Gottesreiches (Mt 25,34), des → Lebens (Mt 19,29), der → Freude (Lk 6,21), des Lohnes (Lk 6,23), des Schauens Gottes (Mt 5,8), des hl. → Geistes (Lk 24,49; Joh 16,13ff; Apg 2,33). Die Erfüllung der V. schenkt → Gotteskindschaft

(Röm 9,8f), → Rechtfertigung (Röm 4,23f) und → Freiheit (Gal 4). Die V.en sind ohne Vorbedingung gegeben (Gal 3,15ff), verlangen aber → Glaube (Röm 4,13–16) und Warten auf Erfüllung in Geduld (Hebr 6,12ff), Eifer (Hebr 4,1) und Heiligung (2 Kor 7,1).

Verherrlichung → Herrlichkeit

Verhüllen Das Angesicht vor Gott v. ist Zeichen der Ehrfurcht und des Erschrekkens (Ex 3,6). Gott verhüllt sein Angesicht wegen der Sünde des Menschen (Dtn 31,17f; Jes 8,17). Trotz der → Offenbarung durch Christus bleibt die Botschaft Gottes dem Ungläubigen verhüllt (Mt 11,25–30). Dem Gläubigen ist die Verheißung des unverhüllten Schauens Gottes gegeben (1 Kor 13,12; 2 Kor 3,18).

Verkauf → Handel

Verklärung Die V. Jesu wird in Mk 9,2–10 par berichtet. Sie geschieht unter den Offenbarungszeichen der → Herrlichkeit: → Licht, → Wolke und → Wort Gottes (vgl. Dan 7,9–13; Offb 1,13ff). Das Sprechen des → Mose und → Elija mit Jesus soll ihn den Jüngern als verheißenen Messias und Sohn Gottes offenbaren (Mk 9,4.7), Jesus auf dem Weg des Leidens stärken sowie den Jüngern zum Verständnis der kommenden Ereignissen dienen (Lk 9,31f). Im Leben der Christen soll die V. durch Erneuerung des Denkens vorbereitet (Röm 12,2) und durch Umwandlung zum Bild des Herrn vollendet werden (2 Kor 3,18).

Verkündigung bedeutete im AT das Bekanntmachen von Gottes Königtum, Frieden und Heil (Ex 9,16; Jes 40,2), seiner Gerechtigkeit und Wahrheit (Ps 9,12; 19,2) sowie seiner Macht, Sündenvergebung und Erhöhung (Dan 9,9f; Tob 13,4; 2 Makk 3,22–36). Auch die Größe des Namens Gottes (Sir 17,8ff; Neh 9,5) ist Gegenstand atl. V., verbunden mit Aussagen über Gottes Handeln (Ex 3,15–22; 13,1–16). Im NT geht V. aus von Johannes dem → Täufer (Mk 1,4.7), vollendet sich in Jesus (Mk 1,14f; Hebr 2,3) und wird durch die → Apostel weitergeführt (Mk 16,15; 1 Joh 1,3.5). Ohne Predigt kann sich das → Heil Gottes nicht verwirklichen (Mk 1,38; 1 Kor 1,17); nur der Beauftragte kann legitim die V. ausüben (Mt 12,18; Röm 10,15). Jesu Sendung ist Gegenstand seiner eigenen V. (Joh 5,36ff; 17,21). Die V. ist Heilstat Gottes (Mt 11,5) und fordert zur → Umkehr auf (Mt 3,1f); sie ist Botschaft vom → Gottesreich (Mt 4,23) und → Wort Gottes (Mk 4,33). Die Apostel verkünden vor allem Tod und → Auferstehung Jesu (1 Kor 15,1–8; 1 Tim 3,16), Vergebung der Sünden (Röm 1,16; 2 Kor 5,19f), Auferstehung der Toten (1 Kor 15,12–19) und die → Wiederkunft (Apg 3,20f; 2 Petr 1,16); dabei betonen sie, dass sie glaubwürdige → Zeugen Jesu sind (Apg 1,8.21f; 1 Joh 1,1ff). Die V. geschieht nicht nur durch das Wort, sondern auch durch die Feier in der Gemeinde (1 Kor 11,23–26); sie wendet sich an die Bereitschaft zum → Hören (Apg 16,14), ist Grund des → Glaubens (Röm 10,14–18), scheidet Glaubende und Nicht-Glaubende (Mk 16,16), macht die Menschen zu Kindern Gottes (Jak 1,18) und ist Rettung aus Schuld (1 Kor 15,1). Die V. wendet sich zuerst an Israel (Mt 10,5f), dann aber an alle Völker (Mt 28,19). Die V. wird beglaubigt durch → Wunder (vgl. Mt 4,23; Apg 5,12–16). Die V. erneuert das Leben Gottes im Menschen (Röm 15,18f; 1 Joh 5,11ff) und ist Quelle der → Freude (1 Thess 1,6).

Verleugnen Die Versuchung, Christus zu v., kommt aus Menschenfurcht (→ Petrus: Mt 26,70ff), aus Irrlehren (1 Tim 5,8; 1 Joh 2,22ff) und aus blossem Gerede über Christus, dem die Taten nicht entsprechen (Tit 1,16). Jesus will, dass die Glaubenden ihn bekennen (Mt 10,33); er wendet sich von denen ab, die ihn v. (Lk 12,9). Die von Jesus geforderte Selbstverleugnung bedeutet selbstlose Liebe zu ihm und kann auch nur aus → Liebe geleistet werden (Mk 8,34 par).

Verleumdung als ungerechtfertigte Verdächtigung wird verurteilt (Lev 19,16; Jer 9,4–9) und soll unter Christen nicht vorkommen (Jak 4,11). V. ist Ungehorsam gegen Gott (Röm 1,30; 2 Tim 3,3). Die Christen müssen damit rechnen, wegen ihres Glaubens verleumdet zu werden (Apg 19,9; 1 Petr 2,12), was ihnen aber zum Heil dient (Mt 5,11f).

Vers → Kapiteleinteilung

Versammlung ist enger Kreis von Vertrauten (Ijob 19,19) und Gleichgesinnten (Jer 15,17), Volksgemeinschaft (Gen 49,6; Ez 13,9) und Truppenansammlung (Ri 21,5.8). Im übertragenen Sinn ist V. das um Jahwe versammelte Volk (Lev 23,2ff; 1 Kön 8; Neh 9). Das in der Verbannung lebende Volk wird von Gott wieder zusammengeführt zum Zeichen seiner Herrschaft (Ez 36,24; 39,27). Bedeutsam sind im Judentum die Einrichtung des → Hohen Rates und der → Synagoge. Die Predigt Jesu richtet sich an das *versammelte* Volk (Mk 3,20; Mt 13,2); in der V. der → Pharisäer setzt sich Jesus mit ihnen auseinander (Mt 22,41). Die V. um Jesus wird → Kirche im umfassenden Sinn (Mt 16,18; Apg 9,31; 1 Kor 1,2) und im Sinn von Einzelgemeinde genannt (Apg 5,11; 1 Kor 4,17). Die V. der Christen ist Voraussetzung der Gegenwart Christi (Mt 18,20); in ihr geschehen Predigt, → Abendmahl, Gebet, Geistsendung (Apg 4,31; 12,12; 1 Kor 11,18). Das Gericht und die ewige Herrlichkeit werden als V. dargestellt (Mt 25,32; Offb 19,12).

Verschnittene(r) Im AT ist Entmannung von Tier und Mensch verboten; ein V. darf dem Gottesvolk nicht angehören (Lev 22,24; Dtn 23,1f). Trotzdem kennt die HS V. als Hofbeamte in bes. Vertrauensstellung (Est 2,3.14; Jes 56,3f; Apg 8,27). Das NT spricht vom V., der um des Himmelsreiches willen auf die Ehe verzichtet (Mt 19,12).

Versöhnung unter Menschen besteht für das AT darin, Schaden gutzumachen (Lev 22,1–15), keinen Hass gegen Angehörige des eigenen Volkes zu hegen (Lev 19,17f) und sich nicht am Feind zu rächen (Ex 23,4f). Im relig. Bereich ist V. Bedekkung von Schuld (Ex 32,30), Nicht-Anrechnen (Dtn 21,8) und Verzeihen von → Sünde (Jer 18,33), Reinigung (Jer 33,8) und Heiligung (Jes 6,10; Jer 3,22); trotz der V. hat der Schuldige noch Folgen seiner Sünden zu tragen (Ex 34,7; Jer 30,11). Die V. geht immer von Gott aus (Jes 44,22; Mi 7,18). Sie ist Geschenk seiner Barmherzigkeit (Ex 34,6; Joel 2,13) und der Treue zu seinem Bund (Num 14,19). Gott ist nicht gezwungen, V. zu gewähren (Jer 7,16); nur der kann sie erlangen, der zur → Umkehr bereit ist und seine Schuld bekennt (Ex 9,27; 2 Chr 12,6). Die V. kann durch einen priesterl. Vermittler (Lev 14,19), durch bes. Fürbitte (Ex 9,27ff; 32,32ff) oder auch direkt dem Menschen aus Gnade geschenkt werden (Ex 33,19; Jes 43,25). Die V. durch einen Mittler ist mit einem V.s-Ritus verbunden, bei dem das Blut eines Opfertieres beim Altar ausgegossen wird; denn das → Blut wird als heilig vor Gott und darum als geeignetes Mittel zur V. angesehen. Den bedeutendsten Tag im relig. Leben Israels stellt der große *Versöhnungstag* dar, dessen Ritual in Lev 16 ausführlich beschrieben wird. V. gehört zu den Gütern der messianischen Heilszeit (Jer 31,34); sie findet in der Gestalt des → Gottesknechts (Jes 53; Sach 12,10–14) ihre bes. Verdeutlichung. Nach dem NT hat Gott durch den Tod seines Sohnes die V. mit der Welt hergestellt (Mt 26,28; Eph 2,13–17), die Zeichen seiner Liebe ist (2 Kor 5,19; 1 Joh 4,7). V. ist an Jesus gebunden und wird dem Menschen durch seinen Namen (Apg 10,43; Röm 5,11) und auf seine Fürbitte hin geschenkt (Joh 14,23ff); sie kann nur dem zugesprochen werden, der sich versöhnen lassen will (2 Kor 5,20). Frucht der V. sollen Nächstenliebe (1 Petr 4,8), Leben im Licht Gottes (1 Joh 1,7) und Bereitschaft zum Verzeihen sein (Mt 18,23–35; Lk 11,4). Die V. wird bes. als notwendige Voraussetzung zum Kult betrachtet (Mt 5,24). Erst durch die V. wird Gemeinschaft mit Christus in → Taufe (Apg 22,16) und → Glaube (Apg 10,43; Röm 4) und damit → Rechtfertigung möglich (Röm 5,2; Eph 3,12). „Sühne“ ist nicht ein Werk des Menschen, sondern Teilnahme an der V.s-Tat Christi, die er ein für alle Mal vollbracht hat (Hebr 7,27).

Verstockung ist der Zustand des Menschen, der sich Gott verschließt. V. wird berichtet u. a. vom Pharao (Ex 4,21), von → Sihon (Dtn 2,30), von den → Philistern (1 Sam 6,6), bes. aber von Israel und einzelnen seiner Führer (1 Kön 12,15; 2 Chr 36,13). Sie erscheint als Tat Gottes, die der

Offenbarung seiner Macht dient (Ex 4,21). Die V. besteht in der Verhärtung des → Herzens und Widerspenstigkeit bis zum göttl. → Gericht (Jes 6,9–13). Die zunächst fehlende Bereitschaft zur → Umkehr (Jer 3,7.10) lässt die Sünde nicht mehr spüren (Jer 2,23.35) und verhindert schließlich jede Umkehr (Am 4,5–12). Das NT führt den Gedanken der V. weiter und bezieht ihn auf den Unglauben des Volkes, das die Botschaft Jesu nicht hören will und deshalb am → Heil vorbeigeht (Mk 4,12; Joh 12,37–40). Bei → Paulus ist V. Bindung des Menschen an seine Sünde (Röm 1,24); diese V. it aber nicht als Verwerfung, sondern als Gerichtsdrohung zu verstehen (Röm 11,8). Dass zur V. das Motiv des Heils gehört, wird im Bild des „Restes" dargestellt, der gerettet wird (Röm 9,27; 11,11ff; vgl. Jes 4,3); auch hinter dem Geheimnis der V. steht der rettende Wille Gottes (Röm 11,25–32).

Versuchung Deutlich wird sie in Gen 3,1–16 und 22,1–14 geschildert. Das AT spricht von V. des Menschen durch Gott zum Zeichen des Gehorsams (Ex 16,4), der Bewährung (Weish 3,5), der Läuterung (Sir 4,17), der Gottesfurcht (Ex 16,4; Ri 2,22). Mittel der V. sind entweder der → Teufel (Ijob 1,6–12; 2,1–8), Demütigung (Dtn 8,2) oder falsche Propheten (Ri 2,22). Das AT kennt auch eine „V." Gottes durch den Menschen durch Unzufriedenheit und Murren (Ex 17,2ff; Num 14,22ff) sowie durch Unglaube und Zeichenforderung (Jes 7,12). Nach dem AT kommen V.en sowohl vom Teufel (1 Thess 3,5; vgl. Lk 22,31) als auch vom Menschen selbst (1 Kor 10,22; Gal 6,1). Die V. kann von einer → Begierde verursacht sein, die den Ungläubigen mit unwiderstehlicher Macht zum → Bösen treibt (Röm 7,14–25), aber auch im Glaubenden eine dauernde Gefährdung darstellt (Röm 6,12); daneben kann auch starke geschlechtl. Enthaltsamkeit in V. führen (1 Kor 7,5). Eine eigene Quelle von V.en sind → Leiden (Jak 1,2f.12; 1 Petr 1,6), die in Zeiten der → Not Zeichen des satanischen Bemühens sind, die Menschen von Gott zu trennen (Offb 2,10). Die V.en sollen durch Gebet überwunden werden (Mk 14,38 par). Die V. Jesu (Mt 4,1–11) dient der Darstellung seiner Sendung, die nicht im Aufrichten einer irdischen Herrschaft, sondern in der Verkündigung des Gottesreiches besteht; durch die Bewährung Jesu wird die Macht des Bösen gebrochen.

Vertrauen Die HS kennt gegenseitiges menschl. V. (2 Kor 7,4; Gal 5,10), auch das Anvertrauen eines Gutes (Lk 1,611), eines Amtes (Gal 2,7; 1 Thess 2,4), des Ev (1 Tim 1,11; 6,20). Dem falschen V. auf Reichtum (Spr 11,28), Gewalt (Ps 62,11) und auf Menschen (Ps 146,3) stehen Zeugnisse echten V.s gegenüber (2 Kön 18,5; Jdt 8,11–17; Dan 13,35.42f; 2 Makk 15,7); das V. auf Gott ist Ursache von Glück (Ps 2,12) und erwirkt Hilfe (Sir 2,6). Christus ist durch seinen Gehorsam Zeugnis des V.s zu Gott. Das V. auf Christus ist nur dem Glauben zugänglich (Phil 3,4–9), zeigt sich im → Gebet (Lk 11,9–13) und verschafft Rechtfertigung (Lk 7,50; 18,13f); es erfüllt die Menschen mit Zuversicht (1 Thess 2,2) und Mut (Röm 5,1–5) und stärkt die Liebe zu Gott (1 Joh 4,16ff). Das V. zu Gott ist Voraussetzung menschl. V.s (2 Kor 7,4). Mit der Botschaft Christi lässt sich falsches V. in Selbstgerechtigkeit und Überheblichkeit nicht vereinbaren (Lk 3,8; vgl. Jer 7,4). Wer sein V. aufgibt, gerät in Anfechtung und Gefahr (Hebr 10,35).

Verwalter sind im AT entweder Statthalter des Königs, Palastvorsteher oder Haus-V. (1 Kön 4,6; Jes 36,3.22; Est 1,8). In Gleichnisreden des NT wird vom V. als Beispiel für Klugheit, Treue und Wachsamkeit gesprochen (Lk 12,42; 16,1–8). → Paulus betrachtet sich und die anderen Apostel als V. der Geheimnisse Gottes, da ihnen die Wahrheit des Ev anvertraut ist (1 Kor 4,1f; Tit 1,7); ähnlich wird jeder Christ ein V. der Gnadengabe genannt; die ihm geschenkt wurde (1 Petr 4,10).

Verwerfung ist im Recht geläufig als Verstoßung der Frau (Jes 54,6; Jer 4,30) sowie als Ablehnung von Recht und Unrecht (Jes 7,15f). V. steht in enger Verbindung mit Erwählung (→ Berufung) und zeigt sich in zweifacher Weise: der Mensch verwirft Gott (Ex 32; 1 Sam 8,10.19), sein Wort (Jes 30,12), sein Gesetz (Ez 5,6) und Gott verwirft den Menschen, was zunächst angedroht (1 Sam 15,23; Jer 6,27ff), dann erfüllt wird (2 Kön 15,8–29; 25,1–21). Erwählung schließt V. nicht aus (Am 5,18ff; 9,7) und stellt deshalb keine Garantie für das Heil dar. Im → Exil wird erneut die Erwählung betont, durch die sich Gott seinem Volk wieder zuwendet (Jes 41,9; Ez 20,13ff). Das NT spricht von V. Jesu durch die amtl. Führer (Mk 8,31; Lk 17,25). Im bes. betont Paulus den Heilswillen Gottes, der sich an alle Menschen wendet (1 Tim 2,4), dem der Mensch jedoch entfliehen kann und sich so seine V. zuzieht (Mt 25,31–46; Offb 20,15). In Röm 9,1–11,36 geht es um die V. Israels, der aber Erwählung und Treue Gottes gegenüberstehen (Röm 11,25ff).

Verzeichnis bzw. Liste zählt zur Gruppe von Urkunden, die in der HS im profanen und relig. Bereich eine Rolle spielen. So kennt das AT V.se von Beamten und Begleitern der Könige (2 Sam 20,23–26; 23,8–39; 1 Kön 4), von Orten und Grenzen (Jos 13–19), von besiegten Königen (Jos 12), von Geschlechtern und Stämmen (→ Geschlechtsregister) und Heimkehren aus dem → Exil (Esra 1,3–67; Neh 7,6–69). Im NT werden angeführt: → Stammbäume Jesu, V.se der → Apostel (Mk 3,16–19 par), der sieben → Diakone (Apg 6,5) und verschiedene Grußlisten (Röm 16,3–16; Kol 4,10–17). Zu den V.en zählt man auch die sog. Laster- und Tugendkataloge (Röm 1,29ff; Eph 5,3ff; Gal 5,19–23).

Verzicht auf Speise, Trank und geschlechtl. Hingabe wird als Zeichen der Buße und Trauer, aber auch der Vorbereitung auf die Begegnung mit Gott verlangt (Ex 19,15; 34,28; 1 Sam 31,13). In nachexilischer Zeit wird V. als Leistung betrachtet, mit der man Gottes Willen beeinflussen könne (Jdt 8,5f; Jes 58,3f). Im NT ist auf Ehe, Geborgenheit in der Familie, Besitz dann zu verzichten, wenn es einem Menschen um des Himmelsreiches willen als notwendig erscheint (Mk 10,17–31 par; 1 Kor 7,32–35). Dieser V. soll von Jesu Heilstat und deren kommender Erfüllung Zeugnis ablegen (1 Kor 7,26.29ff). Wenn von Überwindung der → Welt durch V. die Rede ist (1 Kor 9,25ff; Eph 4,22), so ist damit keine leibfeindliche oder die Welt ablehnende Haltung gemeint.

Vetus Latina („Alte lat." Bibelübersetzung) Sammelausdruck für alle lat. → Bibelübersetzungen des Altertums außer der → Vulgata. Der Ausdruck „Itala" muss vermieden werden, da er höchstens für einen Zweig der V.L. gilt. Die Geschichte der V.L. muss für jedes bibl. Buch gesondert untersucht werden. Die V.L. wurde durch die Vulgata verdrängt. Das bedeutet, dass die meisten lat. Bibelhss nur Vulgata-Text enthalten. Die wichtigsten Quellen für unsere Kenntnisse über die V.L. sind also nicht Bibelhss, sondern Bibelzitate der alten Kirchenschriftsteller, Hss liturgischer Texte und V.L.-Lesarten, die in Vulgata-Hss eingedrungen sind und irrtümlich als „Vulgata" überliefert wurden.
Die V.L. gibt ein Abbild der außerlat. Textgeschichte, von der wir nur Spuren und Ergebnisse kennen. Ferner gestattet sie Einblicke in Kultur und Zivilisation (z. B. Geschichte der Sprache, der Schrift, Geistes- und Theologiegeschichte). In Beuron besteht ein ökumenisches Institut zur Wiederherstellung des Textes der V.L.

Vierfürst Herrscher des Teilgebiets eines viergeteilten Reiches. Diese urspr. Bedeutung wird z. Z. der Römerherrschaft allg. für Herrscher über kleinere Territorien angewendet (vergleichbar mit „Herzog"). Herrscher mit dem Titel V. begegnen uns in der HS z. B. in Mt 1,41; Lk 3,1; Apg 13,1.

Vision („Gesicht") wird auf göttl. Ursprung zurückgeführt (Am 7,1.4.7; Jer 1,11) und ist Teil der prophetischen → Berufungen (Jes 6; Jer 1,5–10; Ez 1–3). Sie ist zu verstehen als geistiges Schauen und stellt eine Hauptquelle prophetischer Zukunftserkenntnis dar (Jer 24; Am 7,1–9) und ist bes. Merkmal jüd. → Apokalyptik (Dan 2,19.28; 7,1; 8,18). Im NT werden die Taufe Jesu (Mt 3,16f) und das Schauen der Jünger bei der → Verklärung (Mk 9,2–10 par) auch als V. verstanden. Weiterhin berichtet das NT von einer V.

des → Stephanus (Apg 7,55) und → Petrus (Apg 10,11–16). Paulus beruft sich auf V.en als Grund seiner Berufung (Apg 26,12–18). Die → Offenbarung des Johannes ist teilweise unter der Darstellungsform von „V.en“ geschrieben.

Völkertafel (auch Völkerliste) in Gen 10 führt alle Völker der Erde auf → Noach zurück; die Absicht ist, alle Menschen als von Gott anerkannt zu betrachten, Israel jedoch als auserwähltes Volk darzustellen.

Volk bedeutet Zusammenleben von Menschen im gemeinsamen Lebensraum mit gleicher Sprache und gleichem Recht (Gen 11,6; Spr 11,14); V. bezeichnet auch Stämme (Ri 5,18), Fremdvölker („Heiden“) (Lev 26,33), Volksmenge (Lk 1,21) und in spätjüd. zeit die sozial schlechter gestellte Bevölkerung (Joh 7,49). Israel betrachtet sich auf Grund seiner Erwählung als Eigentum Gottes (Ex 19,5; Dtn 7,6f). Gott wendet sich in Liebe seinem V. zu wie ein Vater seinem Sohn (Ex 4,22f) oder wie ein Mann seiner Frau (Hos 1–3). In der prophetischen Verkündigung wird betont, dass Gott mit seinem untreuen V. einen neuen ewigen → Bund schließen will (Jer 31,31ff; Ez 11,20), damit seine Barmherzigkeit den anderen Völkern offenbar werde. Die Verheißungen in Jes 9,1f; 11 u. a. deuten auf eine neue Erfüllung durch Jesus hin. Durch den → Glauben an ihn soll zunächst Israel (Mt 10,5f), dann alle anderen Völker zu einem neuen Gottes-V., zu einem neuen Bund werden, der durch sein Blut (→ Blut Christi) gestiftet wird (1 Kor 11,25f). Die → Kirche versteht sich als Erfüllung des atl. Gottes-V.es und weiß sich zugleich auf dem Weg zur letzten Vollendung (Hebr 3,7–47; Offb 21,3; 22,3ff). → Leib

Volkszählung → Zensus

Vollendung ist im AT Abschluss eines Zeitraums (Gen 29,21) und das Eintreffen von Heils- oder Unheilsbotschaften (1 Kön 8,24f; 2 Chr 36,21f). Diese V. dient der Beglaubigung von Gottes Wort (Jos 21,43ff); trotz mancher Erfüllungen werden dem Volk neue Verheißungen gegeben (1 Kön 2,4; Jes 7,1–16; 9,2–7 u. a.), die der V. harren, welche durch Jesus eintritt (Mk 1,15). Er ist mit seiner Liebe die V. des alten Gesetzes (Röm 13,10f; Gal 5,14). Da Christus die V. alles Geschaffenen ist (Eph 1,23), darf auch der Christ hoffen, mit ihm vollendet zu werden (1 Petr 5,10; Hebr 10,14).

Vollkommenheit wird gebraucht im Sinn von „fehlerlos“ (Ex 12,5), „ganz“ (1 Kor 13,10) und „erwachsen“ (1 Chr 25,8). Die V. gehört zum Wesen Gottes (Mt 5,48). Im AT gelten → Abraham (Gen 17,1), → Noach (Gen 6,9) und → Ijob (Ijob 2,3; 8,20) als „gerecht“ und „vollkommen“. Gottes V. erscheint in Jesus, der dem Vater gleich ist (Phil 2,6; Kol 2,9); seine V. zeigt sich in seiner Liebe (Mt 5,43–48; Joh 13,1), seiner Barmherzigkeit (Lk 6,36), seinem Gehorsam (Phil 2,8) und seinem Leiden (Hebr 2,10). Der mit Christus verbundene Mensch hat den Auftrag, nach V. zu streben (Mt 5,48), die sich in → Glaube (Jak 2,22), Gehorsam (1 Joh 2,5), gegenseitiger Liebe und Barmherzigkeit (Lk 6,36; Kol 3,14) erweisen soll. Der Christ wird immer sein Unvermögen spüren, die V. zu erreichen (Jak 3,2; 1 Joh 1,8); dennoch kann er sich durch sein Bemühen der Gnade Gottes öffnen (1 Joh 2,5) und in die V. mit Christus hineinwachsen (Eph 4,13).

Vorbild → Typologie

Vorhaut → Beschneidung

Vorherbestimmung → Vorsehung

Vorhölle → Höllenfahrt Jesu

Vorhof → Tempel

Vorsehung wird in der HS nicht als Begriff behandelt, sondern aus den Werken Gottes erschlossen. Er schenkt → Leben und Fruchtbarkeit (Gen 1,22.28; Jes 42,5) und sorgt für seine Geschöpfe (Ijob 38; Ps 104). Die V. gehört zur Erwählung (→ Berufung) und zeigt sich u. a. in: → Auszug aus Ägypten, → Bund, → Landnahme, überhaupt im Schicksal des Volkes (Ez 20,8–12); sie offenbart Gottes Liebe auch zu fremden Völkern (Am 9,7), die der Ausführung seiner Pläne dienen müssen (Jes 10,5–14; Ez 26,7). In Verbindung mit dem Bund gereicht die V. dem Volk zu → Heil oder Unheil, je nachdem, ob es dem Bund treu ist oder nicht (Ri 2,11–15;

1 Sam 4–7), und begleitet auch das Leben des einzelnen (Ps 37,23). Das NT übernimmt die atl. Vorstellng, bezieht aber die V. bes. auf Gott als → Vater (Mt 5,45), deshalb darf der Mensch vorbehaltlos sein → Vertrauen Gott schenken (Mt 7,7–11). Das Leben Jesu ist Offenbarung des liebenden Gottes und Ursache der Hoffnung, dass denen alles zum Guten gereicht, die ihn lieben (Röm 8,28). Mit V. hängt auch der Begriff der *Vorherbestimmung* zusammen; er erscheint in bibl. Redeweise als Ratschluss Gottes (Jes 19,17; Jer 49,20), der seit Ewigkeit geplant ist (Jes 25,1). Über dem Leben Christi steht der Wille des Vaters (Mk 9,11ff; Eph 1,5–9) und der Plan, der Schöpfung das Heil zu schenken (Röm 8,28ff). Die Vorherbestimmung Gottes ist nicht zu lösen von der → Berufung, die zur Verherrlichung und → Rechtfertigung führt (Röm 5,2.28), wenn sie vom Menschen angenommen wird. Der V. scheint die Erfahrung des Bösen zu widersprechen. Für die HS ist das → Böse verursacht von der Schuld des Menschen (Ps 1,4f; Röm 5,12) und wird als Läuterungsmöglichkeit betrachtet (Ijob 33,15–30); am Tag des → Gerichts bereitet Gott dem Bösen ein Ende.

Vorsteher → Oberster, → Älteste.

Vulgata („Allgemein Gebräuchliche") heißt diejenige der lat. → Bibelübersetzungen, die sich seit dem 4. Jh. n.C. durchsetzte. Sie ist kein einheitl. Werk, sondern das Ergebnis einer Sammlerarbeit: Das lat. AT (außer Ps, Weish, Sir, Bar, 1.2 Makk) geht zurück auf die Übersetzung des Hieronymus aus dem Hebr. (seit 390 n.C.), die V. der Evv auf seine Bearbeitung eines bereits vorhandenen lat. Textes. Die lat. Übersetzung des restl. NT stammt nicht von ihm. Das Konzil v. Trient erklärte die V. als „authentisch" (d.h.: rechtlich und dogmatisch zuverlässig; über ihren literarhistor. Wert ist nichts ausgesagt). Die Ausgabe v. Papst Sixtus V. (1590) wurde nach dessen Tod zurückgezogen und durch eine andere ersetzt („Sixto-Clementina"). Der Vulgataausgabe Sixto-Clementina von 1592 folgte 1889–1954 die Oxforder Vulgata des Neuen Testaments, dann von *R. Weber* (Hg.), Biblia sacra iuxta vulgatam versionem, 2 Bde., Stuttgart (1969) [3]1984 und *Nova Vulgata*, Vatikan 1979.

W

Wachen ist nach dem AT ein W. Gottes über sein Wort (Jer 1,12) sowie über Heil und Unheil (Jer 3,128). Im NT ist Wachsamkeit unerlässlich zur Vorbereitung auf die → Wiederkunft (Mt 24,42ff) und zum ewigen Leben (Lk 12,37f; Offb 16,15). W. und beten ist nötig, um die Forderungen Christi erfüllen zu können (Mk 14,34–38 par; Kol 4,2); die Mahnung, wachsam zu sein, richtet sich bes. an die Vorsteher (→ Älteste) der Gemeinden (Hebr 13,17) und an die Gläubigen, damit sie der Macht der → Dömonen widerstehen können (1 Petr 5,8).

Wahrheit ist in der HS kein philosophischer Begriff; sie wird vielmehr aus dem → Bund abgeleitet. Da Gott zu seiner → Verheißung steht, ist er Zuflucht für den Gerechten (Ps 91,4). W. zw. Menschen meint Zuverlässigkeit, Aufrichtigkeit im Handeln (Ex 18,21) und soll als W. des Wortes mit der Wirklichkeit übereinstimmen (1 Kön 22,16). W. zw. Mensch und Gott ist verbunden mit: „Gott dienen" (Jos 24,14), „nach Gottes Gesetz wandeln oder die W. tun" (2 Kön 20,3). Im Spätjudentum festigt sich die Auffassung, dass Gott selbst die W. ist. In der Welt kämpfen W. und Lüge gegeneinander. Das NT spricht von W. auch im Sinn von Zuverlässigkeit, Aufrichtigkeit und Treue (Röm 3,7). Bei seiner Verkündigung beruft sich Paulus auf die W. des Ev (Gal 2,5), er fordert auf, dieser absoluten W. zu gehorchen (Gal 5,7) und so das Heil zu erlangen (2 Thess 2,13). Liebe erweist sich als W. in Denken und Handeln (1 Joh 3,18). Nach Joh ist die W. unlösbar mit Jesus verbunden (Joh 8,40.45), er ist die W. (Joh 14,6). Der Mensch muss sich entscheiden, in → Glaube und Liebe auf Jesus zu hören (Joh 18,37) und durch den Geist der W. Zeugnis für Jesus abzulegen (Joh 15,26f; 16,13). Erst durch das Bekenntnis der W. wird → Einheit der Gemeinde möglich (Eph 4,15).

Wahrsagerei als Form von → Aberglaube ist der Versuch, das Dunkel menschl. Zukunft zu erhellen; dabei bedient sie sich z. B. der Beobachtung von Wolken (Dtn 18,10; Jer 27,9), der Sterndeutung (Dan 2,27), der Opfer- und Leberschau (Num 23,4; Ez 21,26), der → Totenbeschwörung (2 Sam 28,3–17) und des Schlafens auf Grabstätten, um von den Toten Auskunft zu erhalten (Jes 65,4). Trotz ausdrückl. Verbots (Dtn 18,9ff) wurde in Israel W. betrieben (2 Kön 17,17). Auch das NT muss sich gegen die W. stellen (Apg 16,16).

Waise → Witwen

Walkerquelle (*'en rogel*) sö von → Jerusalem in der Nähe des → Hinnom-Tales, nach Jos 15,7 Grenzpunkt zw. → Juda und → Benjamin und in 1 Kön 1,9 im Zushg. mit → Adonijas Aufstand erwähnt; ferner ist die W. bei 2 Kön 18,17f (vgl. Jes 7,3) genannt.

Wallfahrt Nach dem → Gesetz waren die Männer zu drei W.en verpflichtet: → Pascha, → Pfingsten und → Laubhüttenfest (Ex 23,17; Dtn 16); möglicherweise genügte auch eine W. im Jahr (1 Sam 1,3; Lk 2,41). Die Juden in der → Diaspora waren gehalten, wenigstens einmal in ihrem Leben eine W. zu unternehmen. Nach der prophetischen Verkündigung werden auch die Heiden nach Jerusalem wallfahren (Jes 2,1–5). Das NT spricht von W.en in Lk 2,41; Joh 7,2ff und 10,22. Eine Gruppe von → Psalmen ist mit der Überschrift „Wallfahrtslieder" gekennzeichnet.

Wallfahrtslieder → Psalmen

Waschung war erforderlich zur Wiederherstellung kultischer → Reinheit (Lev 15). W. der Hände vor Mahlzeiten (Mk 7,2ff) hatte nur noch symbolischen Charakter als Zeichen der Unschuld (Mt 27,24). Da man in bibl. Zeit barfuß ging, war die W. der Füße bes. notwendig; es galt deshalb als Ausdruck von Gastfreundschaft und Höflichkeit, Wasser zur W. der Füße bereitzustellen (Ri 19,21; vgl. Lk 7,44) oder durch einen Sklaven dem Gast die Füße waschen zu lassen. Zum Zeichen seines sich hingebenden Dienstes wäscht Jesus seinen → Jüngern die Füße (Joh 13,1-16).

Waschti Frau des → Xerxes, von ihm wegen ihres Ungehorsams verstoßen (Est 1,9ff); an ihrer Stelle wird → Ester Königin (Est 2,15–18).

Wasser gehört im Orient zur wichtigsten Voraussetzung des Lebens. W. bedeutet in der HS Glück und Gesichertheit (Ez 47,1). Gott wird angesprochen als Quell lebendigen W.s (Jer 17,13), in dessen Nähe der Fromme leben kann (Ps 1,3; Jer 17,8); auch Jesus bezeichnet sich als lebendiges W. (Joh 4,10.13f); wer an ihn glaubt, wird selbst zu einer Quelle des Lebens (Joh 7,37f). Das W. der → Taufe ist Zeichen des neuen Lebens (Joh 3,5; Apg 8,36). Ausgeschüttetes oder vorbeifließendes W. bedeutet Vergeblichkeit des Lebens und seine Vergänglichkeit (Ps 22,15; 2 Sam 14,14); Sünder ist der, welcher die Sünde wie W. in sich hineintrinkt (Ijob 15,16); durch W.-fluten oder verdorbenes W. kommt das → Gericht (Gen 6; 7; Offb 8,11).

Wechsler Die in Ex 30,11–16 und Neh 10,32f vorgeschriebene Tempelsteuer musste in alten Münzen entrichtet werden, weshalb griech. und röm. Münzen von den W.n gegen Aufgeld umgetauscht wurden. Daneben betrieben sie auch die üblichen Bankgeschäfte; ihr Bezirk war der äußere Vorhof des Tempels (Mk 11,15ff par; Mt 25,27; Joh 2,14). → Tempelreinigung

Weg Neben der wörtl. Bedeutung (Verbindung von Städten und Orten) bezeichnet das AT menschl. Leben als W. (Ps 37,5), auf dem der Mensch von Gott geführt wird (Ex 13,21), den der Einzelne gehen (Ijob 23,11) oder ablehnen kann (Mal 2,9). Daher mahnen die → Propheten, sich vom falschen W. abzuwenden (Jer 25,5) und sich auf den rechten W. zu begeben (Jer 31,21). Der Fromme bittet deshalb, dass Gott ihm den W. zeige (Ps 27,11; 119). Die Zeit des Neuen Bundes wird durch den Ruf des → Täufers eingeleitet, dem Herrn einen W. zu bereiten (Mk 1,3 par). Jesus ist Erfüllung der W.e, die Gott zum Heil plant (Röm 11,33ff); er bezeichnet sich selbst als W. (Joh 14,6). Christus hat durch seine Menschwerdung einen neuen W. aufgetan, auf dem der Mensch zu Gott gelangen kann (Hebr 10,19f). Sowohl im AT als auch im NT findet sich die Darstellung zweier W.e, zw. denen der Mensch zu wählen hat (Ps 1,6; Spr 15,19; Mt 7,13f). → Didache

Weheruf Ausdruck der Klage über die eigene Person (Ri 6,22; 1 Sam 4,7f) oder Gerichtsdrohung über → Jerusalem (Jer 13,27), das Volk und seine Führer (Jes 5,8–22; Jer 23,1; Ez 3,2) oder über fremde Völker (Jes 10,5; Jer 48,46). In der Bergpredigt nach Lk 6,20–26 stehen die vier Seligpreisungen vier W.e gegenüber; ebenso finden sich Gerichtsdrohungen Jesu gegen unbußfertige Städte (Mt 11,20–24) sowie scharfe W.e gegen den Pharisäismus (Mt 23,13–36). Gottes Gericht wird in der → Offenbarung des Johannes mit W.en eingeleitet (Offb 8,13; 12,12; 18,10.16).

Weib → Frau

Weihrauch → gehört im atl. Kult zum Rauchopfer (Ex 30.34–37), Speiseopfer (Lev 2,1) und wird auf die → Schaubrote gestreut (Lev 24,7); als Herkunftsland wird → Saba genannt (Jes 60,6). Im NT als Huldigungsgabe an Jesus (Mt 2,11) und als Symbol der zu Gott aufsteigenden Gebete erwähnt (Offb 5,8).

Wein gilt als Zeichen der Freude (Ps 104,15), fehlt bei keinem Mahl (1 Sam 25,36; Joh 2,1–11) und dient zu Heilzwecken (Lk 10,34; 1 Tim 5,23). Aus relig. Gründen enthält man sich des W.es (Num 6,1–4; Ri 13; Lk 1,15). Die HS warnt vor Missbrauch des W.es (Spr 23,31–35), da Trunkenheit vom → Gottesreich ausschließt (Gal 5,21). Im Zushg. mit W. wird in bildhafter Weise auch vom *Weinstock* gesprochen. Israel ist der von Gott gepflanzte W.-stock (Ps 80,9–12) oder auch W.berg (Jes 5,1–4). Im NT steht das Bild vom W.stock für die Gemeinschaft Jesu mit seinen Jüngern (Joh 15,1–8), während W.berg in verschiedenen Gleichnisreden auftaucht (Mt 20,1–16; 21,33–46). Der Gottlose gleicht dem unfruchtbaren W.stock (Joh 15,6; vgl. Jes 5,2); er muss vom Zorn-W. des göttl. Gerichtes trinken (Offb 14,10; vgl. Jer 25,15–29). Der Gerechte darf teilhaben an der Vollendung des Bundes, den Jesus beim → Abendmahl unter der Gestalt des W.es stiftete (1 Kor 11,25f; vgl. Mk 14,23ff).

Weinstock → Wein

Weisheit als Form der Lebenskunst wird von der HS bei den → Edomitern (Jer 49,7) und in → Ägypten (Gen 41,8; Jer 50,35) geschätzt. W. als rechte Lebensgestaltung ist in der Furcht des Herrn begründet (Spr 1,7; Ijob 28,28). Darstellungen dieser „W." finden sich in der sog. W.-Literatur des AT (z.B.: → Ijob, → Sprüche, → Prediger, → Weisheit (Buch), → Sirach). Wie das AT, so rühmt auch das NT die W. Gottes (Röm 16,27), betont jedoch, dass in Christus Gottes W. in die Welt gekommen ist (1 Kor 1,24). Diese W. offenbart sich in der Botschaft des → Kreuzes und wird dadurch zur Herausforderung des Menschen (1 Kor 1,21–25). Es ist die verborgene W. Christi (Kol 2,3), die sich in verschiedener Weise offenbart (1 Kor 13,9f.12); sie wird als Gabe des hl. Geistes geschenkt (1 Kor 2,13; Eph 1,8.17) und soll erbeten werden (Jak 1,5). Zeugnis für die W. Gottes ist der rechte Lebenswandel des Christen (Kol 3,16).

Weisheit (Buch) (in den griech. Hss = Weisheit Salomos; → Kanon). Heute wird allg. angenommen, dass das Buch der W. nicht von Salomo, sondern von einem Juden (vermutlich in Alexandria) in griech. Sprache im 1. Jh. v.C. verfasst wurde. In seinen drei Teilen stellt der Verfasser dar:

1) den Wert der W., die im Menschen wohnt, wenn er sich ihr öffnet, und die ihn auf den Weg der Gerechtigkeit zu Gott führt. Im Gericht Gottes offenbart sich dieser Wert (Kap 1–5);

2) die W. der Könige, die mit ihr herrschen und sie allen anderen Gütern vorziehen, wie es sich segensreich im Leben Salomos erwies; Schönheit und Wesen der W. als Gottes Gabe (Kap 6–9);

3) die Werke der W. bei der Führung der Menschheit, zumal des Volkes Israel, das aus Ägypten gerettet wurde, während die Gottlosen ihre Strafe erhielten (Kap 10–19).

Der Verfasser will so die Überlegenheit der → Weisheit im Volk Israel gegenüber dem Denken der griech. Philosophie beweisen. Er beschreibt die W. in Worten und Bildern, die im NT von Johannes und Paulus für das göttl. Wort (Logos) und den verliehenen Gottes-Geist aufgenommen und weitergeführt werden.

Weissagung Bezeichnet zwar das prophetische Auftreten in Ekstase (1 Kön 22,10ff), wird aber in ungenauem Sprachgebrauch für jedes prophetische Verkündigen gebraucht; dabei steht die W. nicht so sehr die Zukunft im Vordergrund, sondern die Deutung der Gegenwart. → Propheten

Welt ist Schöpfung Gottes (Gen 1; Ps 19,2ff) und findet in der Erschaffung des Menschen ihren Höhepunkt (Gen 1,26–2,24). Die W. ist in ihrer Herrlichkeit Zeugnis göttl. Größe (Ps 145,10; Jes 6,3) und Teil seiner → Offenbarung; sie ist ihrer → Natur nach urspr. gut und vollkommen (Gen 1,31), auch wenn nach Gen 2 und 3 das → Böse in die W. eintritt; in ihr herrscht Gott, auf den alles gute und böse Geschehen, selbst der Tod, zurückgeführt wird (Ijob 5,8–20; Jes 45,7). Die W. besteht nicht für immer (Gen 8,22); sie wird vielmehr am → Tag Jahwes beim Gericht ein Ende haben (Jes 24,17–23). Nach dem NT ist die W. von Gott ausgegangen, von Christus geschaffen (Joh 1,3.10; 1 Kor 8,6) und in ihrem Wesen nicht böse (Röm 14,14.20; 1 Tim 4,3f); durch die Schuld des Menschen, seinen Unglauben und den Einfluss des → Teufels ist die W. gegen Gottes Angebot eingestellt. Weil die → Jünger das Ev verkünden (Mt 28,19; Lk 24,27), sind sie „Salz" und „Licht" für die W. (Mt 5,13f). Für → Paulus ist die Situation der W. zunächst hoffnungslos (Röm 1,18–3,20), doch durch Christi Tod ist eine neue Herrlichkeit, ein neues Heil möglich (Röm 8,3.13.18.20f). Im → Glauben ist der Christ befähigt, die → Dämonen der W., die ihn durch Weckung von → Begierde zum Bösen verleiten wollen, zu beherrschen (Röm 8,35–39). Bei Johannes ist die „W." grundsätzlich gegen Gott, obwohl sie von ihm geschaffen ist (Joh 8,12; 15,22ff); die Sünde der W. ist Unglaube (Joh 16,9) und wird ihr zum Gericht (Joh 3,17ff; 12,31), welches sich durch das Wort Jesu in der Gegenwart vollzieht (Joh 9,39ff); nach Joh geht das Unheil vom Teufel aus (Joh 8,44), der zwar von Jesus seiner Herrschaft beraubt ist (Joh 12,31), dennoch die Christen gefährdet. In diese W. tritt Jesus ein als Licht (Joh 8,12; 12,35), das den Menschen erleuchtet (Joh 15,18f; 1 Joh 1,5–10), das ihn über die W. hinaushebt (1 Joh 4,4f) und ihn alle → Trübsal überwinden lässt.

Da die W. als gut angesehen wird, ist im AT kaum ein Zug von *Weltverneinung* festzustellen; jedoch wird auf Grund des Heiligkeitsgesetzes (Lev 11,44f) verlangt, sich von den Dingen fern zu halten, die mit jahwefeindl. Kulten verbunden sind (Lev 11; Dtn 14,3–21). → Verzicht. Jesus bejaht die W. dadurch, dass er in ihr lebt (Joh 1,14). Die Forderung, sich von der W. abzuwenden (1 Kor 7,31) und Jesus nachzufolgen (Phil 2,4–13; 3,7–14), wird um des Glaubensdienstes willen erhoben und nicht als Vorwand, der W. zu entfliehen. 1 Tim 4,3ff wehrt sich gegen eine Weltverneinung, weil sie *nicht* christlich ist.

Werk(e) Zu den W.en Gottes zählen seine → Schöpfung (Gen 1,31; Ps 139,14) und die Führung seines Volkes (Dtn 3,24; Jes 60,21). Jesus ist gesandt, die W. des Vaters zu tun (Joh 4,34; 17,4); sie dienen zur Bestätigung seiner Botschaft und wollen den → Glauben an ihn wecken (Joh 5,36; 14,12; 15,24). Die W. des Menschen sind vergänglich (Ps 90,17), böse (Joh 3,19), dem → Fleisch unterworfen (Gal 5,19); die W. des Gesetzes schaffen keine → Rechtfertigung (Röm 3,20) und verführen zur Heuchelei (Mt 23,3.5). Erst das → Blut Christi reinigt von toten W.n (Hebr 9,14); gute W. sind nicht Verdienst des Menschen, sondern Frucht der Gnade (1 Kor 15,10; 1 Tim 1,12f) und so indirekt Verherrlichung Gottes (Mt 5,16). Zeichen lebendigen Glaubens werden die guten W. in Jak 2,14–24 genannt und dienen der Bestätigung des Glaubens. Nicht nach den Worten, sondern nach den W.en wird der Mensch im → Gericht beurteilt (Mt 16,27; 1 Kor 3,13f; 2 Kor 11,15; Offb 2,23).

Widerstand → Staat

Wiedergeburt In Mt 19,28 im Zushg. mit der Neugestaltung der Welt und in Tit 3,5 als Bezeichnung des neuen Lebens aus der → Taufe genannt. Inhaltlich ist auch dort von W. die Rede, wo von neuer Schöpfung (2 Kor 5,17; Gal 6,15) oder einem Wiedergeboren-Werden (Joh 3,3–9) gesprochen wird. Dabei geht es immer um ein Wirken Gottes oder seines → Geistes, das den Menschen umwandelt und ihn beschenkt. Ziel der W. ist das → Heil, die Verähnlichung mit Gott, die sich in der Liebe zum → Bruder äußern soll (1 Joh 4,7; 5,1ff) und die den Menschen vor dem Bösen bewahrt (1 Joh 5,18).

Wiederkunft (Parusie) Als Ausdruck der → Eschatologie bezeichnet W. das Kommen Jesu in → Herrlichkeit (Mt 16,27; 26,64), um → Gericht zu halten und das → Gottesreich zu vollenden; sie wird plötzlich über den Menschen kommen (Mt 24,27.43). Als vorbereitende Verkündigung der W. gilt die Feier des → Abendmahls (1 Kor 11,26). Die Urkirche betrachtet bereits ihre Zeit als letzte Zeit (1 Kor 10,11), glaubt an die Nähe des Herrn (Phil 4,5; Jak 5,9) oder sagt, dass der → Tag des Herrn bereits gekommen sei (2 Thess 2,2). Unter dem Gesichtspunkt der W. sind manche Ratschläge des Paulus in Bezug auf Ehe (1 Kor 7,1.8.25–29) und Besitz (1 Kor 7,30f) zu verstehen. Unter Hinweis, dass bei Gott die irdische Zeit nicht gelte (2 Petr 3,8ff), versucht man die Frage zu beantworten, weshalb die W. noch nicht eingetreten ist (1 Thess 5,2ff.9; 2 Thess 2,1ff).

Wille Gottes offenbart sich in der → Schöpfung als sein Ratschluss, als Ursache des Heils und Quelle alles Seins (Ijob 38,2; Ps 33,11). Der Wille des Menschen neigt dem Bösen zu, doch durch die Begegnung mit dem W.n G. (Joh 6,38ff) kann er sich für das Gute entscheiden

(2 Kor 8,10f). Auftrag Jesu ist Erfüllung des W.ns G. (Mt 26,42; Lk 22,42), um dadurch die Menschen zu heiligen (Eph 1,5.11). Nach Mk 3,31–35 par darf sich jeder als → Bruder Christi wissen, der den W.n G. erfüllt.

Wir-Berichte → Apostelgeschichte, → Lukas.

Witwe Eine W. trug bestimmte Zeit nach dem Tod des Mannes Trauerkleidung (vgl. 2 Sam 14,2). Als kinderlose → Frau hatte sie Recht auf die → Leviratsehe, konnte aber auch ins elterliche Haus zurückkehren (vgl. Rut 1,8; Gen 38,11). Eine Wiederverheiratung war möglich (ausgenommen mit Priestern; vgl. Lev 21,14; Ez 44,22), geschah jedoch nicht oft. Daher die häufige Erwähnung des W.n.-Standes, seiner wirtschaftl. Not, des gesetzl. Schutzes der W. und der Pflicht zur mildtätigen Hilfe (vgl. Dtn 14,29; Jer 22,3). Jahwe selber setzt sich für die Not leidenden W.n und Waisen ein (vgl. Ex 22,21; Dtn 10,18). Sorge der Urgemeinde um die W.n (Apg 6,1ff) und Hilfe in ihrer Trübsal (Jak 1,27) werden im NT bes. hervorgehoben; es gab den Stand der W.n, deren Aufgaben in 1 Tim 5,9–16 umschrieben sind.

Woche ist die gut bezeugte Zeiteinheit zw. → Tag und Monat (vgl. Gen 2,2 3; Lev 23,3). Des öfteren werden im AT Perioden zu sieben Tagen genannt (oft für Feste: Lev 23,4-44; Est 1,5; bei Hochzeiten; bei Trauer: Gen 50,10; bei langem Reiseweg: 2 Kön 3,9), was auf eine entsprechende Kalendereinheit hinweist. Die W. ist kaum auf eine Vierteilung des Mondmonats zurückzuführen; eher rührt sie von geheiligter Siebenzahl her. Der Wochenrhythmus durchbricht die Monats- und Jahreseinheit des → Kalenders.

Wohlgefallen Gottes bedeutet, dass er an Opfern (Lev 19,5), an Gebeten (1 Kön 3,10; Ps 19,15), am Leben der Gerechten (Spr 11,20) und an seinem Volk (Ps 44,4) Freude hat. Durch sein W. bekennt sich Gott zu seinem Erwählten (Jes 42,1), bes. zu seinem Sohn (Mt 3,17; 17,5). Umgekehrt gehört es zum Leben des Christen, nach Gottes W. zu streben (2 Kor 5,9).

Wohlgeruch ist Zeichen göttl. Segens (Gen 27,27) oder auch bildhafter Ausdruck für das Gott wohlgefällige Opfer (Ex 29,18; Eph 5,2).

Wohltätigkeit → Almosen, → Familie, → Gastfreundschaft, → Witwe.

Wohnung Israel kennt zwei Grundformen: Zelt und Haus. Wenn in bildl. Redeweise von W. Gottes gesprochen wird, verdeutlicht man damit, dass Gott trotz seines eigentl. Wohnens im → Himmel (Ps 2,4; 14,2) seinem Volk nahe ist, sei es bei der Wüstenwanderung (Ex 25,8f; Num 9,15–23) oder nach der → Landnahme (Ez 9,3; 1 Kön 8). Dennoch war man sich bewusst, dass kein irdisches Haus, wie z.B. der → Tempel, Gott zu fassen vermag (1 Kön 8,16.29; 2 Sam 7,13). Im NT ist der Tempel W. Gottes (Mt 23,21); es kennt auch die Verheißung, dass der Mensch bei Gott wohnen wird (Joh 14,2; Offb 21,3; vgl. Ez 37,27f). Bedeutsamer ist, dass der Mensch selbst als W. des hl. Geistes (Röm 8,9ff), des Vaters und Christus (Joh 14,23) verstanden wird. Dadurch ist er Christus ähnlich, in dem der Vater (Joh 1,410) und die Fülle der Gottheit wohnen (Kol 1,19; 2,9).

Wolke dient als Begleiterscheinung bei → Theophanien und deutet Gottes Gegenwart zum Heil (1 Kön 8,10; Ez 10,3f) oder zum Gericht an (Joel 2,2; Mt 26,64; Offb 1,7). Gott führt die Israeliten durch die Wolken- und Feuersäule (Ex 13,21f; 14,19.24; 36); sie ist Zeichen seiner verhüllten Herrlichkeit (Ex 40,34.38). Im NT wird das Zeichen der W. nur bei der → Verklärung (Mk 9,7 par) und bei der → Erhöhung (Apg 1,9) genannt.

Wort → Logos

Wort Gottes ist wesentl. Bestandteil der → Offenbarung, die vor allem durch die → Propheten vermittelt wird (1 Chr 17,3; Jer 7,1). Durch sein W. greift Gott in die Geschichte seines Volkes ein (Jer 5,14; 23,29), indem er ihm seine Weisungen (→ Zehn Gebote) (Dtn 5,5; 2 Sam 12,9) und sein Gesetz gibt (Dtn 30,19). Das W.G. ist Grund der → Schöpfung (Gen 1), des menschl. Lebens (Gen1,26) und der Erhaltung des Lebens (Dtn 8,3; Weish 16,26); es schafft Heil und neues Leben (Ps 119,25.107.144). Im NT ist das W.G.

noch an einen Propheten gerichtet und von ihm verkündet (Lk 2,29; 3,2). Das W. Christi und seiner Jünger ist durch → Wunder bekräftigt und so als wirksam erwiesen (Mk 2,10; Apg 14,3). Dieses W. ist Heil (Apg 13,26), Leben (Apg 5,20), Wahrheit (Eph 1,13), Kraft Gottes (1 Kor 1,18) und Rettung (Jak 1,21); es ist Zeichen seiner Macht (Mk 1,22) und erwirkt dem Glaubenden neues Leben (Joh 6,63). Das Heil ist an die Verkündigung des W.es G. durch die → Apostel (Kol 1,25ff; Apg 4,31) und die Gemeinde gebunden (1 Thess 1,9). Der Mensch soll die → Begierde überwinden, die ihn hindert, das W.G. aufzunehmen (Mk 4,19). Jakobus mahnt die Christen, nicht nur Hörer, sondern auch Vollbringer dse W.es G. zu sein (Jak 1,22).

Wucher Das Ausleihen von Geld oder Lebensmitteln war gestattet; Zins dafür zu nehmen war verboten (Dtn 15,7ff; 23,20), da dies als W. angesehen wurde und dem Gebot der Liebe zum eigenen Volk widersprochen hätte.

Wüste bedeutet nicht nur Sand-W., sondern meist steppenartige Gebiete, die teilweise für Kleintierzucht nutzbar sind. In der HS werden namentlich die syr.-arab. W. mit den Teilen → Moab und Edom (→ Edomiter) (Dtn 2,8; 2 Kön 3,8), die W. Sinai (Ex 19,1; Lev 7,39) und die W. Juda genannt (Ri 1,16). Die W. ist Aufenthaltsort der Vertriebenen oder Verfolgten (Gen 21,14; 1 Makk 2,29), Wohnstatt böser Geister (Mt 12,43), oder auch Stätte der Bewährung (Hos 2,14; vgl. → Auszug aus Ägypten).

Die Botschaft vom Gottesreich beginnt mit der Predigt des → Täufers in der W., wohin sich Jesus nach seiner Taufe zurückzieht, um sich auf seine Sendung vorzubereiten (Mt 4,1).

Wunder werden im AT nicht als „Sensation“ berichtet, sondern als Taten Gottes betrachtet. Durch W. befreit er sein Volk (Ex 3,20; 7,3ff), unter W.zeichen führt er es durch die Wüste (Ex 16,4ff; 13ff). W. als Zeichen und symbol. Handlungen eines → Propheten dienen ausschließlich der Bekräftigung seiner Verkündigung (1 Sam 10,1–9; 2 Kön 19,29; Ez 4). Das NT setzt das W.-Wirken Jesu als selbstverständlich voraus und bezieht es auf Natur-W. (Mk 6,30–44 par: → Brotvermehrung; Lk 5,1–11); Heilungen (Mk

Wüste Juda *zw. Jerusalem und Jericho.*

1,40–45 par; 7,31–37); Dämonenaustreibungen (Mk 5,1–20) und → Totenerweckungen (Mk 5,21–43 par; Lk 7,11–17; Joh 11,33–44). Die W. Jesu sind Zeichen der in ihm erschienenen Gottesherrschaft (Mk 4,35–41 par). Bes. betont Joh den zeichenhaften Charaker der W. für den Anspruch Christi, mit dem Vater eins zu sein (Joh 2,11; 11,41ff). Weil es ganz im Dienst seiner Verkündigung steht, lehnt Jesus ein W. ab, das er nur um der Sensation willen wirken soll oder das aus Unglauben gefordert wird (Mk 6,5; Lk 23,8–12). Nur die Menschen erfahren ein W., die im → Glauben zu ihm kommen (Mk 1,40; 6,54ff u. a.) und ihn darum bitten (Mt 8,2; 15,25; → Anbetung). Da durch die → Apostel die Verkündigung weitergeführt wird, ist ihnen auch W.macht verliehen (Mk 3,14; Apg 2,43; 4,30), damit ihr Wort als glaubhaft erscheine und die Menschen Gott zu erkennen vermögen (Röm 15,18f; 2 Kor 12,12; Gal 3,5).

X Y Z

Xerxes (bibl.: Ahasveros) Sohn des → Darius I., regiert als pers. König von 486–465 v.C. Er besiegt → Ägypten, unterwirft → Babylonien, unterliegt aber den Griechen in der Schlacht bei Salamis; er wird von Verschwörern ermordet. Die HS berichtet von ihm im Buch → Ester und in Esra 4,6.

Ysop ist eine an Mauern wachsende kleine Pflanze (1 Kön 5,13). Ihre Zweige wurden beim Reinigungsopfer verwendet (Ex 12,22; Num 19,6.18); darauf bezieht sich der Beter in Ps 51,9. Bei Joh 19,29 ist der Stängel des Y. erwähnt.

Zachäus In Lk 19,1–10 ein Oberzöllner (→ Zöllner), in dessen Haus Jesus einkehrt.

Zacharias Nach Lk 1,5 gehört er der Priesterklasse des → Abija an (1 Chr 24,10). Beim Rauchopfer wird ihm von → Gabriel ein Sohn (→ Täufer) verheißen. Das dem Z. zugeschriebene „*Benedictus*“ enthält im ersten Teil einen Lobpreis Gottes (Lk 1,68–75) wegen der Erfüllung seiner Verheißungen, im zweiten Teil einen Hinweis auf die Sendung des Täufers, Wegbereiter des Herrn zu sein (Lk 1,76–79).

Zadok Er zählt nach 2 Sam 8,17 – 1 Kön 4,2 zu den Priestern → Davids und → Salomos und beaufsichtigt die → Bundeslade (2 Sam 15,24–29).

In den Wirren um die Nachfolge Davids stellt er sich auf Seite Salomos (1 Kön 1,8) und bekommt dafür das Amt des Hohenpriesters (1 Kön 2,27–36). Ez 44,15 lässt nur die Nachkommen Z.s als rechtmäßige Priester gelten.

Zahlensymbolik Wie bei allen Völkern im Orient, ist auch in Israel die Zahl nicht nur eine Wertangabe, sondern hat eine bestimmte Bedeutung z.B.: Zwei = „ein Paar“ (Dtn 32,30), „viel“ (Jes 40,22), Sieben = „größere Anzahl“ (Dtn 7,1; Mt 18,21), Zehn = „sehr große Zahl“ (Gen 31,7; Lk 15,8; Offb 2,10), Vierzig = „lange Periode“ oder „Generation“ (Num 14,22.34; Ri 3,11). Symbol. Charakter hat die Zahl Drei bei rituellen Handlungen (1 Kön 17,21), gesetzl. Vorschriften (Ex 23,14; Dtn 17,6), Erscheinungen (Gen 18,2) und göttl. Dingen (Num 6,24ff). Vier bezeichnet eine Gesamtheit und Fülle (Gen 2,10; Ez 14,21; Mk 13,27). Sieben ist symbol. Zahl im isr. Ritual (Lev 4,6–17) und bei Offenbarungen (Jer 15,9; Dan 4,13–29; Offb 1,12.16). Zwölf ist die Zahl der Erzväter und Stämme (Ex 24,4), der Schaubrote (Lev 2,45) der → Apostel (Mt 10,2; 26,14; Apg 6,2), der Auserwählten (Offb 7,4ff; 14,1ff) und der Vollendung (Offb 21,12.14.16.20f).

Zauberei ist in Israel bekannt und wird trotz Verbots in Ex 22,17 ausgeübt (Gen 30,14.27f); sie wird dem Götzendienst gleichgestellt (Dtn 18,9–13; 1 Sam 15,23), da der Gebrauch von Amulett und ähnlichen Abwehrmitteln gegen Dämonen aus mangelndem Glauben an Gott kommt. Das NT berichtet von jüd. Zauberern, die gegen die Apostel auftreten (Apg 19,13–18); Z. ist auch im NT verboten (Gal 5,10; Offb 21,8).

Zebaot → Namen Gottes

Zebedäus Fischer am See → Gennesaret (Mk 1,20), Vater der Apostel → Jakobus (1) und → Johannes (Mt 4,21; 20,20); nach Mt 27,56 war seine Frau Salome beim Tod Jesu dabei.

Zebojim Nach Gen 10,19; Dtn 29,22 Stadt am Toten Meer.

Zeboïm

1) Stadt → Benjamins (Neh 11,34).

2) Tal in der Wüste Juda (1 Sam 13,18).

Zeder Im AT wird die Z. wegen ihrer Größe und Schönheit gerühmt (Ez 31,3–7) und gern in bild. Redeweise gebraucht (2 Kön 14,9; Ps 92,13). Das Holz der Z. wurde von → David und → Salomo zum

Bau von Palast und → Tempel (2 Sam 7,2; 1 Kön 6,16–20) sowie beim Bau des zweiten Tempels verwendet (Esra 3,7). Eine große Rolle spielte das Z.nholz im isr. Kult bei den Reinigungsriten (Lev 14,1–9.48–53). Durch Raubbau ist der früher üppige Bestand von Z.n im Libanon auf einen kümmerl. Rest zusammengeschrumpft.

Zefanja (Sophonias, „Jahwe verbirgt, schützt"), einer der kleinen Propheten, Zeitgenosse des → Nahum in der 2. Hälfte des 7. Jh. v. C.

Zefanja (Buch). Das Buch des Propheten Z. hat mehrere Themen:

1) die Gerichtsandrohung gegen Juda und Jerusalem (Kap. 1,1–2,3),
2) die Wehe-Rufe gegen die anderen Völker (2,4–3,8) und
3) die Verheißung für Israel und alle Völker (3,9–20) aus.

Die Echtheit des Buches ist in seinem Grundbestand nicht zu bezweifeln. Z. schrieb es vor der Reform des → Joschija (621 v. C.). Zufügungen aus der Zeit während oder nach dem → Exil haben ihm die heutige Form gegeben. Mit großer dichterischer Ausdruckskraft stellt Z. den kommenden Gerichtstag als Tag des → Zornes Gottes dar, was in der Sequenz der Totenmesse „Dies irae" nachklingt. Inhaltlich wendet sich Z. vor allem gegen den Hochmut der Selbstsicherheit sowie gegen Götzendienst; er mahnt zur Demut und Unterwerfung unter den völlig souveränen Willen Gottes.

Zehn Gebote (= Dekalog) Urspr. keine Einheit (zum Inhalt der einzelnen Gebote: → Götzendienst, → Sabbat, → Liebe, → Eltern, → Mord, → Ehe, → Eigentum, → Eid, → Ethik), verschiedenartige Elemente (z. B. Verbote, Gebote): Die Einzelelemente sind verhältnismäßig alt; ihre Zusammenfassung zum „Dekalog" (Ex 20,1–17; Dtn 5,6–21; vgl. Ex 34) ist wohl jung (Bundeskult kurz nach der Reichstrennung 932 v. C.?). Für das hohe Alter der Einzelgebote spricht auch ihre Formulierung als „apodiktisches" Recht („du sollst ..."), nicht z. B. als „kasuistisches" Recht („wenn ..., dann ..." z. B. Dtn 15,13ff).

Zehnte → Steuer

Zeit Das AT denkt geschichtlich, nicht philosophisch; Z. wird zurückgeführt auf die → Schöpfung (Gen 8,22), wird immer bezogen auf den Menschen und seine → Geschichte und ist Geschenk Gottes (Ps 90,3–12; Ijob 1,21); Gott ist Herr der Z., er plant sie (Jes 5,19; 22,11). *Ewigkeit* ist nicht Zeitlosigkeit; Gott ist ewig, weil er über die Zeit mächtig ist (Ps 90,4; Jes 43,10ff); wie er selbst, so sind auch sein Wort (Jes 40,8) und seine Hilfe (Jes 51,6) ewig. Sprachlich wird Ewigkeit formuliert durch: „auf ewig und immer" (Ex 15,18), „von Ewigkeit zu Ewigkeit" (Jer 7,7). Das NT spricht von Z. unter „Zeitdauer" (Äon, *chronos*), „Zeitpunkt" (*kairos*), „Tag" (*hemera*) und „Stunde" (*hora*). *Äon*: Gott ist Herr der Z. (1 Tim 1,17), gibt ihr Inhalt (2 Tim 1,9), teilt sie den Völkern zu (Apg 17,26), ist dem Menschen nicht verfügbar (Apg 1,7). Die Überlegenheit Gottes über die Z. wird formuliert in: Äonen (Lk 1,33), Äonen der Äonen (Gal 1,5); vor Gott ist Z. bruchstückhaft (2 Petr 3,8); was von ihm gesagt wird, gilt auch für Christus (Hebr 13,8; Offb 1,17f). In Jesus geschieht Anbruch einer entscheidenden Z. (Mk 1,15), sie bedeutet Königsherrschaft Gottes in → Gericht und → Gnade (Lk 11,20); entzieht sich der Kenntnis der → Welt (Joh 1,10; 7,6). Die Z. als Merkmal dieses Äons (Lk 16,8) wird sich vollenden im künftigen Äon (Mk 10,30). Bes. → Paulus betont die Z. als Ablauf des Planes Gottes: Christus kam in der Fülle der Z. (Gal 4,4), sie ist zu unserer Herrlichkeit bestimmt (1 Kor 2,7). Paulus spricht von Unzulänglichkeit und Torheit der Z. (1 Kor 1,20; 3,18), aber auch von Erlöstheit (Gal 1,4); die Kirche steht in der Spannung der Z. *Zeitpunkt*: meint Entscheidungscharakter der Z., z. B. in Gleichnissen, die zur Wachsamkeit mahnen (Mt 24,42–44), oder in den Mahnungen des Paulus in 2 Kor 6,2 (Z. der Gnade), Röm 13,11 (Z. des Heiles); die Bewältigung der Gegenwart wird vom Christen gefordert (Lk 19,42; 2 Kor 6,2). *Tag*: gemeint ist die Vollendung der Z. → Eschatologie; bezeichnet Gericht und → Heil (Mt 26,29; Lk 21,28); die Welt lebt in → Hoffnung auf Erfüllung des Tages, der in Christus angebrochen ist (Mk 1,15; 1 Kor 10,11).

Zeitrechnung, biblische In → Assyrien zählt man die Jahre nach Namen von Königen, Statthaltern oder Hofbeamten; in der Frühzeit → Babyloniens und → Ägyptens nimmt man wichtige Ereignisse zur Zählung und fasst sie in Listen zusammen: später geht man dazu über, die Jahre nach Königen zu zählen, und zwar:
1) Zählung vom Tag der Thronbesteigung an (mit Differenz zum normalen Jahr),
2) Thronbesteigung bis Neujahr = „das 1. Jahr der Regierung ..." (so genannte „vordatierende Rechnung") und
3) Thronbesteigung bis Neujahr = „Anfang der Regierung ..." (sog. „nachdatierende Rechnung"), wobei das 1. Regierungsjahr mit dem Neujahr beginnt.
Wie man im Israel der Vorkönigszeit datierte, ist unbekannt. In der Königszeit bürgert sich die Zählung nach den Regierungszeiten der Könige von Israel und Juda (d.h. seit der → Reichstrennung: → Nord- bzw. → Südreich) ein. Ein erster Hinweis auf diese Art der Zählung ist in 6,37f (4. und 11. Jahr Salomos). In der HS findet sich die vordatierende (anzunehmen z.B. in 1 Kön 15,1–9) und nachdatierende Zählung (z.B. in Jer 26,1; 49,34); wahrscheinlich vollzog sich der Wechsel von Vor- auf Nachdatierung unter dem Einfluss von → Tiglat-Pileser III. Trotz eines sicheren Ausgangspunktes für die Z. (1. Eroberung Jerusalems durch → Nebukadnezzar am 16. III. 597 v.C.), lässt sich die Chronologie der Könige nicht fehlerlos rekonstruieren. Nach der 2. Eroberung Jerusalems (586) wurde während des → Exils und in darauf folgender Zeit nach den Jahren → Jojachins bzw. nach den Jahren der Verbannung gezählt (2 Kön 25,27; Ez 33,21). In der Zeit des späten Judentums rechnete man nach den Jahren der bab., dann der pers. Könige (Hag 1,1; Sach 1,1.7); in hellenistischer Zeit begann die Zählung nach dem Zeitalter der → Seleukiden im Herbst 312 v.C. → Alter (1).

Zeitrechnung, christliche Das Christentum übernahm vom Judentum einige Elemente der Z. (z.B. die Einteilung in 7-Tage-Wochen), machte sich jedoch bald von ihm unabhängig. Der Mönch Dionysius Exiguus verrechnete sich um einige Jahre, als er das Geburtsjahr Christi feststellte (532 n.C.). Diese falsche Berechnung setzte sich durch: Die Geburt Christi liegt einige Jahre *vor* dem Beginn der Z.

Zela Ort in → Benjamin (Jos 18,28), wo → Saul begraben wurde (2 Sam 21,14).

Zelofhad aus dem Stamm → Manasse; da er nur Töchter hatte, musste das isr. Erbrecht (→ Erbe) neu geregelt werden (Num 26,33; 27,1–10; 36).

Zeloten Gruppe jüd. Fanatiker, die das Volk aus der Herrschaft der Römer befreien wollte und sich teilweise – ähnlich wie die → Makkabäer – als Eiferer für die Sache Gottes betrachtete (1 Makk 2,54ff). In den Jahren 66–70 n.C. errangen sich die Z. eine politisch führende Rolle und stürzten das Volk in einen aussichtslosen Kampf gegen Rom, der mit der Zerstörung Jerusalems durch → Titus Flavius endete. Im NT wird → Simon (3) als ehemaliger Anhänger der Z. bezeichnet; Apg 5,37 erwähnt die Bewegung der Z.

Zelt, heiliges Weil das Zelt Heimat der → Nomaden ist, verdeutlicht man Gottes Gegenwart durch ein Z., das z.Z. der Wüstenwanderung Heiligtum des Volkes Israel ist und es auf seiner Wanderung begleitet. Es erscheint als Aufbewahrungsort der → Bundeslade mit den steinernen Gesetzestafeln (Ex 25,16), als Wohnung Gottes (Ex 26,1) und als Stätte der bes. Offenbarungen an → Mose (Ex 25,22; 33,7–11; viell. auch als → Orakel-Stätte aufgefasst: Num 12,5). Die Beschreibung der Einteilung des Z.es in ein Heiliges (mit → Räucheraltar, Tisch für → Schaubrote, Leuchter) und Allerheiligstes (mit Bundeslade) in Ex 26; 36,8–37 scheint vom → Tempel her inspiriert. Nach der → Landnahme verliert das Z. seine Bedeutung an die verschiedenen → Heiligtümer.

Zeltmacher fertigten Decken und Zeltbahnen an. Paulus erwähnt seinen Beruf, um seine finanzielle Unabhängigkeit von der Gemeinde zu betonen (Apg 18,3; 1 Kor 4,12; 2 Kor 12,13).

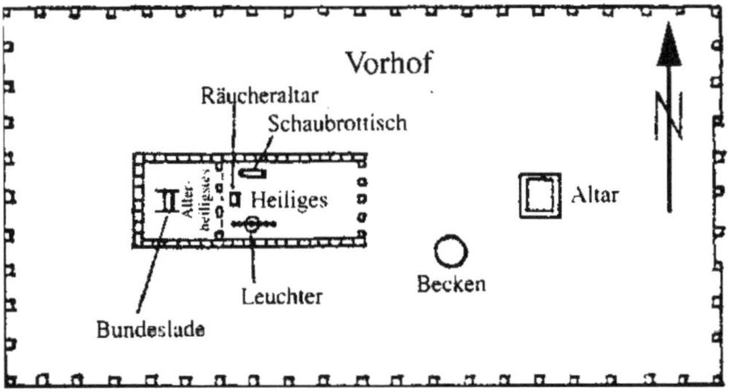

Grundriss der Stiftshütte

Zemarajim Name eines Ortes in → Benjamin (Jos 18,22) und eines Berges, wo → Abija den → Jerobeam besiegt (2 Chr 13,4).

Zemariter werden in Gen 10,18 und 1 Chr 1,16 erwähnt (→ Geschlechtsregister).

Zensus (Schätzung, Volkszählung) Als steuerl. Maßnahme in Rom bekannt, in → Ägypten vor röm. Zeit gebräuchlich und in 14-jährigem Turnus durchgeführt; er vollzog sich in der Feststellung der Steuerobjekte, zu der die Steuerpflichtigen mit ihren Familienmitgliedern in ihrem Heimatort erscheinen mussten, und der Steuerveranlagung. Aus den Angaben bei → Josephus (Z. erst i. J. 6 n. C.) und der Tatsache, dass es keinen allg. Reichs Z. unter → Augustus gegeben hat, bezweifelt man die Richtigkeit der histor. Angaben des Lukas-Ev. Außerdem war Quirinius nicht Statthalter von Syrien, sondern Beauftragter des Kaisers für den Orient. Bekannt sind jedoch Z.erhebungen in einzelnen röm. Provinzen, die sich jahrzehntelang hinziehen konnten; so kann man annehmen, dass auch im Gebiet → Herodes (1) ein Z. durchgeführt wurde, allerdings unter dem Statthalter Sentius Saturninus. Zum ersten Akt des Z., der steuerl. Erfassung, hätte → Josef (2) mit → Maria (6) in Betlehem erscheinen müssen. Wenn in Lk die Geburt → Jesu mit einer Erwähnung des Z. verbunden ist (Lk 2,1–7), dann nicht in erster Linie aus histor. Interesse, sondern um darzustellen, dass sich das Wirken Gottes durch menschl. Handeln vollzieht und dass Jesus in einer Zeit polit. Erniedrigung zum Heil des Volkes und der Welt geboren wird; ferner spiegelt sich hier die Absicht wider, die Sendung Jesu in die Weltgeschichte einzuordnen.

Zerstörung → Gericht

Zerstreuung → Diaspora

Zeuge(n) Im Rechtsverfahren zur Beweisaufnahme (Num 5,13; 35,30) notwendig und zur wahrheitsgemäßen Aussage verpflichtet (Ex 23,1ff). Die Folgen falscher Z.-Aussagen werden in 1 Kön 21,9–13 berichtet. Unwahres Zeugnis ist nach Ex 20,26 verboten und wird nach dem Grundsatz der → Vergeltung von Gleichem mit Gleichem bestraft (Dtn 19,16ff). Zum Beweis einer Anklage sind übereinstimmende Aussagen zweier oder dreier Z. erforderlich (Dtn 19,15; vgl. Mt 26,59ff: Verurteilung Jesu); Frauen sind als Z. nicht zugelassen. Gott wird als Ursache der Wahrheit zum Z. bei Abkommen oder → Eid angerufen (Gen 31,50; Röm 1,9; 2 Kor 1,23); durch sein → Gericht ist Gott Z. gegen die Bösen (1 Sam 12,5f); das Volk Israel wird durch Gott zum Z. eigener Bosheit (Dtn 31,19; Jos 24,22). Israel ist berufener Z. für die Wahrheit und Einzigkeit Gottes (Jes 43,9ff; 44,7ff). Das NT betont, dass die → Apostel Z. der ntl. Heilsbotschaft sind (Lk 24,48; Apg 2,32); ihr Zeugnis ist Bekenntnis mit dem Leben, nicht nur mit dem Wort. In bes. Weise sind diejenigen wahre Z. Christi, die ihr Zeugnis mit der Hingabe des Lebens besiegeln (Apg 22,20; Offb 2,13; 17,6).

Zidkija (vorher: Mattanja) Von → Nebukadnezzar 597 v.C. als König von Juda (→ Südreich) eingesetzt (2 Kön 24,17-25,7; Jer 21,1–52,11); Z. fällt trotz der Warnungen durch → Jeremia vom bab. König ab; Nebukadnezzar belagert Jerusalem, zerstört es und nachdem er Z. für seinen Abfall grausam bestraft hatte, brachte er ihn 586 ins → Exil (2 Kön 25,6f).

Ziklag Stadt im s Kanaan, die der Philisterkönig Achisch dem vor Saul flüchtenden David als Wohnort anwies (1 Sam 27,6). David führte von hier aus Kriegszüge gegen die Stämme im S (1 Sam 27,8–12; 1 Chr 12,1–22). Z. wird zu Simeon (Jos 19,5) oder zu Juda (Jos 15,31) gerechnet. Die Lage ist vermutlich am Weg von Hebron nach Gaza anzunehmen.

Zilizien Landschaft in Kleinasien, schon in sehr alten Inschriften erwähnt, seit 66 v.C. röm., später eigene Provinz; Apg 6,9 bezeugt, dass in Z. auch Juden lebten. Ihre Hauptstadt → Tarsus war Geburtsort des Apostels Paulus.

Die Lage von Zilizien

Zimbel hauptsächlich als kultisches Musikinstrument (Schlagzeug bzw. Bekken) bezeugt (2 Sam 6,5; Esra 3,10 u.a.).

Zimmermann Beruf von → Jesus und → Josef (2). Wegen des wenig angesehenen Berufs wird Jesu Botschaft von seiner Heimatstadt abgelehnt (Mt 13,55ff; Mk 6,3–6).

Zin Wüste im S Kanaans (Num 34,4; Jos 15,3).

Zinne des Tempels Bezeichnung der SO-Ecke des Tempelplatzes. Nach Mt 4,5; Lk 4,9 sollte sich Jesus bei der Versuchung durch den Satan von der Z.d.T. herabstürzen.

Zins → Leihen

Zion Vorisr. Name des SO-Hügels von Jerusalem (bzw. des Hügels, auf dem die von → David eroberte Stadt der → Jebusiter lag), der nach der Eroberung Davidsstadt genannt wird (2 Sam 5,7; 1 Chr 11,5). In späterer Zeit bedeutet Z. den Tempelberg, die ganze Stadt und ihre Bevölkerung (Ps 48,13; Am 6,1). Bedeutsam ist Z. in der prophetischen und kultischen Literatur und bezeichnet darin: Gottesstadt (Ps 48,2f; Jer 31,6), Stadt Jahwes (Jes 30,14), hl. Berg (Ps 2,6), Wohnung Gottes (Ps 9,12). In exilischer und nachexilischer Zeit ist Z. Symbol des neuen Heils, wodurch das Volk gerettet wird (Ps 14,7; 2,3f). Vom Z. (als Zeichen der → Gegenwart Gottes) aus offenbart sich Gott (Am 1,2), sendet er Hilfe und Segen (Ps 128,5; 134,3). Außer im Zushg. mit atl. Zitaten (z.B. Mt 2,15; Joh 12,15; Röm 11,26) wird Z. im NT als Wohnstätte des erlösten Menschen (Hebr 12,22) und Sinnbild endzeitl. Heils verstanden (Offb 14,1). Der *Zionismus* war eine Bewegung im 19. Jh., die aus der Sehnsucht der Juden nach Rückgewinnung ihrer Heimat entstand. Entscheidender Initiator war Theodor Herzl (1860–1904). Etappen bis zur Gründung des Staates Israel (14.5.1948) waren u.a. Einrichtung eines jüd. Nationalfonds (1901), Landkäufe und Gründungen von Siedlungen und Städten.

Zippora Frau des → Mose (Ex 2,16–22; 4,24ff) und Mutter von → Gerschom (Ex 2,22) und → Eliëser (Ex 18,4).

Zisterne diente zur Speicherung von Regenwasser (Dtn 6,11; 2 Chr 26,10). Besitz einer eigenen Z. war Zeichen von Wohlstand und Friede (2 Kön 18,31). Für Unfälle durch offene Z.n haftete der Eigentümer (Ex 21,33f; Lk 1,45); manchmal wurden Feinde (Gen 37,20.24; Jer 38,6–13) oder auch Leichen in Z.n geworfen (Jer 41,7).

Zoan (griech. Tanis) Stadt im nö Teil des Nildeltas und z. B. in Num 13,22; Jes 19,11.13; Ez 30,14 erwähnt.

Zoar Stadt in der s Jordanebene (Gen 13,10; in Gen 14,2.8 auch Bela genannt); sie ist Zufluchtsort für → Lot (Gen 19,22f.30). Z. wird ferner in Jes 15,5; Jer 48,4 als Stadt in → Joab erwähnt.

Zoba Aram. Stadtstaat (1 Sam 14,47), der von → David besiegt wurde (2 Sam 8,3–12; 1 Kön 11,23).

Zölesyrien („das hohle → Syrien", *el-beqā'*) Urspr. Tal zw. Libanon und Antilibanon, bezeichnet 1 Makk 10,69; 2 Makk 3,5; 4,4; 8,8; 10,11 den Südteil dse Seleukidenreiches mit dem Hauptort → Damaskus.

Zöllner waren Privatpersonen, die von Rom das Recht zur Einnahme von Zöllen gepachtet hatten. Sie mussten eine festgesetzte Summe abliefern und konnten darüber hinaus Zollgeld für ihren eigenen Lebensunterhalt aufschlagen; hatten sie selbst Beamte unter sich, nannte man sie Oberzöllner. Wegen ihrer Aufgabe und ihres oft betrügerischen Verhaltens waren sie beim Volk sehr unbeliebt und mit „Sündern" gleichgestellt (Mt 9,10; 11,19); der Umgang mit ihnen war ein Ärgernis. Zeichen der Barmherzigkeit Gottes ist es, dass Jesus beim Ober-Z. → Zachäus einkehrte (Lk 19,2–10) und → Matthäus (Mt 9,9) zum → Apostel berufen hatte.

Zofar Freund des → Ijob (Ijob 2,11; 11,1; 20,1; 42,9).

Zora Ort im Stammesgebiet von → Dan (Jos 19,41; Ri 18,2.8.11), gehört später zu → Juda (1 Chr 2,53). Ist in Ri 13,2.25; 16,31 als Begräbnisstätte → Simsons genannt.

Zorn Gottes Die HS spricht in sehr menschl. Weise vom Lachen (Ps 2,4), Lieben (Hos 11,1), von Freude (Dtn 28,63), Hass (Am 5,21) und vom Z. G. Er kommt aus dem Anspruch, den Gott als Heiliger auf den Menschen erhebt (Dtn 6,13ff). Der Z.G. ist seine Antwort auf schuldhaftes Verhalten, wie es sich im Bundesbruch (Ex 32; Dtn 11,13–17) und Ablehnen von Jahwes Heilswillen äußert (Num 11,1; 13,25–14,38). Die → Propheten verkünden den Z.G. als Folge verachteter Liebe Gottes (Jes 9,7–20; Jer 4,1–4); sehr bildhaft schildert Jes 30,27–30 den Z.G., dessen Folgen in Hunger, Krankheiten und Niederlagen bestehen (Num 12,9f; 2 Sam 24,13–27) und alle Schuldigen treffen. Nach prophetischer Verkündigung ist der → Tag des Herrn ein bes. Tag des Z.es G. Wenn bei rituellen Übertretungen der Z.G. wirksam wird, dann unterstreicht dies die göttl. Heiligkeit (1 Sam 6,19f; 2 Sam 6,6ff). In der Predigt des → Täufers kündet sich das kommende Zorngericht an (Mt 3,7), von dem Jesus in Gleichnissen (Mt 18,32ff; Lk 14,21–24) redet und das er gegen → Dämonen (Mk 1,25; Lk, 4,41) sowie gegen Unbußfertigkeit (Mt 11,20–24), Verstockheit (Lk 15,28) und Missachtung der Ehre seines Vaters ausspricht (Mt 21,12f.23–45). Wie im AT wird auch im NT vom Z.G. in Bildern wie z. B. Feuer (Mt 5,22; 1 Kor 3,13), Zornbecher (Offb 14,8.10; 16) und Kelter des Zornes (Offb 14,19f) gesprochen. Bei → Paulus ist der Z.G. Offenbarung von Gottes → Gerechtigkeit und → Heiligkeit (Röm 3,5; 1 Thess 1,10), die am Gerichtstag, dem Tag des Z.es G. (Röm 2,5), sich vor aller Welt zeigen wird. Weil die Menschen Sünder sind, sind sie dem Z.G. unterworfen (Röm 1,18–3,20); dennoch wendet sich ihnen Gott mit seinem Erbarmen zu (Röm 9,23). Das atl. → Gesetz vermag vor dem Z.G. nicht zu retten (Röm 4,15), sondern nur Jesus, der die Sünde auf sich nahm (Joh 1,29; 2 Kor 5,21); wer durch → Umkehr und → Glaube sich Jesus zuwendet, wird vom Z.G. errettet werden (Joh 3,36; 1 Thess 1,10).

Zuchtmeister war meist ein Sklave, der minderjährige Knaben zu beaufsichtigen hatte. Paulus spricht in Gal 3,24f vom jüd. → Gesetz als Z.; es war den Menschen gegeben, die im Glauben noch nicht mündig waren.

Zukunft → Wiederkunft

Zungenreden sind bes. in der Gemeinde von → Korinth bekannt und bedeuten eine Art schwärmerischer Frömmigkeit, die einen einzelnen in Ekstase bringen konnte und dem Wirken des hl. Geistes zugeschrieben wurde (1 Kor 12–14). Paulus verlangt, dass die Z. gedeutet werden, weil sie sonst für das Leben der Gemeinde sinnlos sind (1 Kor 14,26–29).

Zuf Name eines Vorfahren des Elkana, Vater des → Samuel (1 Sam 1,1) und einer Landschaft in 1 Sam 9,5.

Zuversicht → Vertrauen

Zweifel → Glaube

Zwölfapostellehre → Didache

Zwölfstämmesystem → Stämme

Zypern Insel im O des Mittelmeeres; traditionell sind die Beziehungen zum griech. Raum, zu Ägypten, zu Vorderasien. Spätestens seit dem Beginn des 3. Jh. v.C. wohnten auch Juden auf Z. (vgl. 1 Makk 15,23; 2 Makk 4,29; 10,12f; 12,1f). Seit 58 v.C. war die Insel röm., Heimat des → Barnabas, Zufluchtsort der Christen bei der ersten Verfolgung (Apg 11,19f). Nach Apg 13,6–12 wurde der Prokonsul von Z., Sergius Paulus, nach der Überwindung des Barjesus durch Paulus Christ. → Kittäer.

Zyrene (Kyrene) Griech. Kolonie (z.Z. Jesu: röm.) w v. Ägypten mit großen Judengemeinde (vgl. 1 Makk 15,23). Aus Z. stammte Simon v. Z., den man zwang, Jesu Kreuz zu tragen (oder dessen Querbalken?) → Kreuzigung; Mk 15,21). Juden aus Z. waren am Pfingstfest in Jerusalem (Apg 2,10) und lösten (mit anderen) die Stephanus-Verfolgung aus (Apg 6,9ff). → Judenchristen aus Z. wirkten auch in der Heidenmission (Apg 11,20; → Heidenchristen).

Notizen

Notizen

Notizen

Notizen

Notizen

Notizen

Notizen

Notizen